Steuerbefreiungen im Investmentsteuerrecht

Forum Unternehmens-, Steuer- und Bilanzrecht

Deutsche, europäische und internationale Rechtsfragen
Herausgegeben von Oliver Fehrenbacher / Michael Stöber

Band 26

PETER LANG

Niels Michael Schneider

Steuerbefreiungen im Investmentsteuerrecht

Kritische Bestandsaufnahme und Reformempfehlung

PETER LANG

Bibliografische Information der Deutschen Nationalbibliothek
Die Deutsche Nationalbibliothek verzeichnet diese Publikation in der Deutschen Nationalbibliografie; detaillierte bibliografische Daten sind im Internet über http://dnb.d-nb.de abrufbar.

Zugl.: Kiel, Univ., Diss., 2022

D 8
ISSN 2366-293X
ISBN 978-3-631-88284-9 (Print)
E-ISBN 978-3-631-89372-2 (E-PDF)
E-ISBN 978-3-631-89373-9 (EPUB)
DOI 10.3726/b20400

Peter Lang – Berlin · Bern · Bruxelles · New York · Oxford · Warszawa · Wien

Diese Publikation wurde begutachtet.

www.peterlang.com

Steuerbefreiungen im Investmentsteuerrecht
–
Kritische Bestandsaufnahme und Reformempfehlung

Inaugural-Dissertation

zur Erlangung der Doktorwürde

der Rechtswissenschaftlichen Fakultät der
Christian-Albrechts-Universität zu Kiel

Vorgelegt von Niels Michael Schneider aus Düsseldorf

Vorwort

Die vorliegende Arbeit wurde im Wintersemester 2021/2022 von der Rechtswissenschaftlichen Fakultät der Christian-Albrechts-Universität zu Kiel als Dissertation angenommen.

Ich bedanke mich sehr herzlich bei Herrn *Prof. Dr. Michael Stöber*, meinem Doktorvater, dass er diese Arbeit ermöglicht hat. Er ließ mir bei der Bearbeitung alle nötigen Freiheiten und hat mich stets ermutigt, meine Gedanken weiter zu verfolgen.

Mein weiterer Dank gilt Herrn *Prof. Dr. Dietmar Gosch* für die Übernahme des Zweitgutachtens. Seine Anmerkungen und Anregungen haben diese Arbeit vervollständigt.

Mein größter Dank gebührt meiner Familie, insbesondere meiner Ehefrau *Prof. Dr. Yvonne Jockel-Schneider*, die mir während der Erstellung dieser Arbeit den Rücken freigehalten und sich in unnachahmlicher Weise um mich und unsere Kinder gekümmert hat. Ihr widme ich diese Arbeit.

Meinen Kindern *Charlotte* und *Philippa* danke ich dafür, dass sie über lange Phasen hinweg auf ihren Papa verzichtet haben und viel Verständnis für mich und mein Vorhaben aufgebracht haben. Ohne Eure Unterstützung hätte ich mein Projekt nicht zu Ende bringen können!

Last but not least danke ich meiner Mutter *Ulrike Schneider*. Sie hat mich während meiner gesamten Ausbildung vorbehaltlos unterstützt.

Inhaltsverzeichnis

Einleitung

§ 1 Gegenstand, Ziel und Methode der Untersuchung

I. Ausgangslage bei Inkrafttreten des Investmentsteuergesetzes 2018

Als am 1.1.2018 das Investmentsteuergesetz 2018 in Kraft trat,[1] waren bereits fast eineinhalb Jahre seit dessen Verkündung im Bundesgesetzblatt am 26.7.2016 vergangen.[2] Das neue Gesetz war seit seiner Verkündung und vor seinem Inkrafttreten bereits zwei Mal geändert worden.[3] Trotzdem bestanden zu diesem Zeitpunkt noch eine Vielzahl ungeklärter Fragen, so dass sogar eine Verschiebung des Inkrafttretens des InvStG diskutiert wurde.[4] Dies ist auch nicht weiter verwunderlich, da schließlich für niemanden eine Gelegenheit bestanden hatte, praktischen Erfahrungen mit dem neuen, wesentlich umfangreicheren Gesetz zu sammeln. Der Gesetzgeber räumte den Beteiligten daher auch eine eineinhalbjährige Übergangszeit bis zum Inkrafttreten des InvStG am 1.1.2018 ein.

Zu dem von 24 auf 56 Paragrafen angewachsenen Gesetz ergaben sich zahlreiche Unklarheiten sowohl auf Seiten der Finanzinstitute als auch auf Seiten der Beraterschaft sowie der Finanzverwaltung, welche das neue Gesetz umzusetzen hatten. In der Literatur wurden früh zahlreiche teils grundlegende Fragen diskutiert und diverse Anpassungen vorgeschlagen.[5] Die Finanzverwaltung versuchte

---

1 Grundlegend zur Reform der Investmentbesteuerung u. a. *Haisch*, RdF 2015, 294; *Rehm/Nagler*, BB 2015, 1248; *Stadler/Jetter*, DStR 2015, 1833; *Buge/Bujotzek/Steinmüller*, DB 2016, 1594; *Helios/Mann*, DB, Sonderausgabe 01/2016, 1; *Lechner*, RdF 2016, 208; *Stadler/Bindl*, DStR 2016, 1953; *Kammeter*, ISR 2016, 99; *Schraufl*, GStB 2017, 342; *Delp*, DB 2017, 447; *Carlé*, ErbStB 2017, 20.

2 BGBl. I 2016, 1730 ff.; soweit hier auf die Normen des InvStG Bezug genommen wird, ist das seit dem 1.1.2018 geltende InvStG gemeint.

3 Änderungen durch das Gesetz zur Umsetzung der Änderungen der EU-Amtshilferichtlinie und von weiteren Maßnahmen gegen Gewinnkürzungen und Verlagerungen vom 20.12.2016, BGBl. I 2016, 3000 ff.; Gesetz zur Bekämpfung der Steuerumgehung und zur Änderung weiterer steuerlicher Vorschriften vom 23.6.2017, BGBl. I 2017, 1682 ff.

4 Eine vom Bundesverband Investment und Asset Management e.V. (BVI) aufgrund der zahlreichen Unklarheiten geforderte Verschiebung der Reform um ein Jahr erfolgte nicht, vgl. Positionspapier des BVI vom 23.3.2017, abrufbar unter https://www.bundestag.de/blob/499872/875f36f685e0513d0381963aacd21ef1/05-data.pdf (zuletzt abgerufen am 18.8.2020).

5 Bspw. die Reichweite des anteiligen Abzugsverbots im Zusammenhang mit der Teilfreistellung, die Anwendung der Steuerbefreiungen gem. der §§ 8 bis 10 InvStG bei mehrstufigen Investmentstrukturen, die Auslegung der Tatbestandsmerkmale des § 26 InvStG oder die Besteuerung von Dachfonds, vgl. dazu bspw. *Bindl/Mager*,

bis zum 31.12.2017 mit mehreren Erlassen, die ihr offenbar als besonders wichtig erschienen bzw. auf die die Branche besonders drängte, zumindest in einigen Bereichen für Anwendungssicherheit zu sorgen. So waren zu diesem Zeitpunkt folgende Erlasse bzw. Erlasse im Entwurfsstadium verfügbar:

- Erster Entwurf eines Einführungsschreibens, insbesondere zu den allgemeinen Regelungen, steuerbegünstigten Anlegern, Teilfreistellung und Übergangsregelung,[6]
- Finales Schreiben zu § 36a EStG im Zusammenhang mit Cum/Cum-Geschäften,[7]
- Finales Schreiben zum anwendbaren Teilfreistellungssatz nach § 20 InvStG,[8]
- Entwurf zu „Teilfreistellungen bei fondsgebundenen Lebensversicherungen nach § 20 Abs. 1 Nr. 6 S. 9 EStG“,[9]
- Finales Schreiben zu Formular InvSt 4B „Statusbescheinigung“,[10]
- Zweiter Entwurf eines Einführungsschreibens mit weiteren Regelungen zu (Publikums-)Investmentfonds und den Übergangsvorschriften (§ 56 InvStG),[11]
- Finales Schreiben zur Selbstdeklaration von Investmentfonds nach § 10 InvStG und von Spezial-Investmentfonds,[12]
- Finales Schreiben zu dringlichen Fragen der Deutschen Kreditwirtschaft (DK) und des Bundesverbandes Investment und Asset Management e.V. (BVI),[13]
- Finales Schreiben zur Steuerbescheinigung nach § 45a EStG,[14]
- Finales Schreiben zu weiteren dringlichen Fragen der DK und des BVI.[15]

Ein umfassendes BMF-Schreiben, wie dies bspw. im Hinblick auf das Investmentsteuergesetz 2004[16] oder zu Einzelfragen im Zusammenhang mit der Abgeltungsteuer[17] existiert, lag zu diesem Zeitpunkt noch nicht vor. Lediglich die zweite (im Vergleich zur ersten Version wesentlich erweiterte) Entwurfsfassung des

---

BB 2016, 2711; *Bindl/Mager*, DStR 2017, 465; *Neumann*, DB 2016, 1779; *Stadler/Bindl*, DStR 2016, 1953.

6 Dem Verfasser liegt der Entwurf eines BMF-Schreibens zu Anwendungsfragen zum Investmentsteuergesetz in der Fassung des Gesetzes zur Reform der Investmentbesteuerung (InvStE-Entwurf) vom 24.3.2017, Az. IV C 1 – S 1980-1/16/10010 :001, vor.

7 BMF vom 3.4.2017, Az. IV C 1 – S 2299/16/10002, BStBl. I 2017, 726.

8 BMF vom 14.6.2017, Az. IV C 1 – S 1980-1/16/10010 :001, DB 2017, 1485.

9 BMF vom 16.6.2017, Az. IV C 1 – S 2252/15/10008 :011, liegt dem Verfasser vor.

10 BMF vom 26.7.2017, Az. IV C 1 – S 1980-1/16/10012 :001, BeckVerw Dokument 444419.

11 Dem Verfasser liegt der 2. Entwurf des InvStE vom 11.8.2017, Az. IV C 1 – S 1980-1/16/10010 :001, vor.

12 BMF vom 21.9.2017, Az. IV C 1 – S 1980-1/16/10010 :009, DStR 2017, 2123.

13 BMF vom 8.11.2017, Az. IV C 1 – S 1980-1/16/10010 :010, DStR 2017, 2736.

14 BMF vom 15.12.2017, Az. IV C 1 – S 2401/08/10001 :018, BStBl. I 2018, 13.

15 BMF vom 21.12.2017, Az. IV C 1 – S 1980-1/16/10010 :016, DStR 2018, 194.

16 BMF vom 18.8.2009, Az. IV C 1 – S 1980-1/08/10019, BStBl. I 2009, 931.

17 BMF vom 18.1.2016, Az. IV C 1 – S 2252/08/10004 :017, BStBl. I 2016, 85.

Einführungsschreibens zum InvStG[18] zeigte auf, welche Meinungen sich auf Seiten der Finanzverwaltung zu verdichten schienen, sofern nicht bereits finale BMF-Schreiben zu Einzelfragen ergangen waren. Die Entwurfsfassung enthielt allerdings lediglich Ausführungen zu Investmentfonds, die in der Terminologie des InvStG den Begriff der Publikumsinvestmentfonds ersetzen. Der große und noch komplexer gewordene Bereich der Spezial-Investmentfonds hatte dort noch keinen Niederschlag gefunden. Es wurde lediglich in einer Art Präambel klargestellt, dass die Ausführungen für Investmentfonds auch für Spezial-Investmentfonds gelten sollten,[19] auch wenn dieser Hinweis angesichts der völlig unterschiedlichen Besteuerungssysteme nicht mit großem praktischem Nutzen verbunden war.[20]

Die offenen Fragestellungen stellten die Marktteilnehmer vor große Herausforderungen, da der Gesetzgeber mit dem InvStG 2018 ein völlig neues System der Besteuerung von Investmentfonds und Spezial-Investmentfonds sowie deren Anlegern einführte. Statt mit einem Besteuerungssystem haben Anleger, Kapitalverwaltungsgesellschaften und Verwahrstellen seit dem 1.1.2018 mit drei Systemen umzugehen, je nachdem ob in einen Investmentfonds, einen Spezial-Investmentfonds ohne Transparenzoption oder einen Spezial-Investmentfonds mit ausgeübter Transparenzoption investiert wird.

Als Ausgleich für die in allen Bereichen bestehenden Unklarheiten nahm die Finanzverwaltung eine anwenderfreundliche Position ein und kam den Steuerpflichtigen mit zahlreichen Übergangsregelungen entgegen. Zu vielen Detailfragen ließen sich in den verfügbaren BMF-Schreiben Formulierungen wie „Es ist nicht zu beanstanden, wenn ... bis zum ..." finden,[21] die dem Normadressaten eigene Entscheidungsspielräume beließen, bis die Finanzverwaltung selbst eine Meinung hierzu veröffentlicht hatte.[22] Dass viele offene Fragen bestanden, ist

---

18 InvStE-Entwurf vom 11.8.2017, Az. IV C 1 – S 1980-1/16/10010 :001, liegt dem Verfasser vor.

19 InvStE-Entwurf vom 11.8.2017, Az. IV C 1 – S 1980-1/16/10010 :001, Rn. 0.1, liegt dem Verfasser vor.

20 Zum Stand der Verwaltungsanweisungen und Antwortschreiben an die Verbände bis zur Veröffentlichung des Schreibens betr. Investmentsteuergesetz; Anwendungsfragen zum Investmentsteuergesetz in der ab dem 1. Januar 2018 geltenden Fassung (InvStG) vom 21.5.2019 (InvStE), Az. IV C 1 – S 1980-1/16/10010 :001, BStBl. I 2019, 527 vgl. *Stadler/Mager*, BB 2019, 1760, 1765 f.

21 So bspw. im Zusammenhang mit der Ausübung der Transparenzoption bei Spezial-Investmentfonds gem. § 31 Abs. 1 S. 1 InvStG. Die Finanzverwaltung wollte „es daher nicht beanstanden", wenn der Spezial-Investmentfonds die Transparenzoption für 2019 anders ausübt als in 2018, vgl. BMF vom 8.11.2017, Az. IV C 1 – S 1980-1/16/10010 :010, DStR 2017, 2736 m. Anm. *Lechner*, RdF 2018, 172.

22 Die Transparenzoption kann gem. § 30 Abs. 1 S. 1 InvStG *unwiderruflich* ausgeübt werden. Auch wenn der Wortlaut auf den ersten Blick eindeutig erscheinen mag, wurden bspw. hierzu zunächst unterschiedliche Auffassungen vertreten. Für eine wortlautgetreue Auslegung *Helios/Mann*, DB, Sonderausgabe 01/2016, 1, 8; *Mann* in

angesichts des Umfangs und der Bedeutung des InvStRefG auch nicht verwunderlich und es konnte zu diesem Zeitpunkt auch nur davon ausgegangen werden, dass mit zunehmender Praxiserfahrung aller Beteiligten die offenen Fragen schrittweise beantwortet werden würden.

Bei Fertigstellung dieser Arbeit im Frühjahr 2022 haben die Beteiligten bereits Praxiserfahrungen mit dem neuen Recht gesammelt. Es liegt ein finales BMF-Schreiben zu Anwendungsfragen des InvStG in Bezug auf Investmentfonds und vielen für die Spezial-Investmentfonds geltenden Normen vor, das fortlaufend ergänzt und geändert wird[23], während insbesondere für die Spezial-Investmentfonds lange nur ein Erlassentwurf existierte.[24] Das InvStG selbst wurde seit dem 1.1.2018 sechs weitere Male geändert, zuletzt mit Wirkung zum 2.8.2021 durch das Fondsstandortgesetz (FoStoG).[25] Möglicherweise ist daher nun ein guter Zeitpunkt erreicht, den inzwischen etwas gefestigten Status Quo zum Gegenstand dieser Untersuchung zu machen – wohlwissend, dass auch künftig weitere Änderungen folgen.[26]

Weitnauer/Boxberger/Anders KAGB, § 30 InvStG Rn. 5; *Mann* in Brandis/Heuermann, § 30 InvStG Rn. 15; für eine punktuelle Ausübung der Transparenzoption nur in Bezug auf bestimmte Beteiligungseinnahmen oder bestimmte Anleger *Behrens*, RdF 2017, 297, 298; für die Möglichkeit, die Option für jeden Veranlagungszeitraum neu auszuüben *Wolny* in BeckOK InvStG, § 30 Rn. 30.

23 Schreiben betr. Investmentsteuergesetz; Anwendungsfragen zum Investmentsteuergesetz in der ab dem 1. Januar 2018 geltenden Fassung (InvStG) vom 21.5.2019 (InvStE), Az. IV C 1 – S 1980-1/16/10010 :001, BStBl. I 2019, 527, zuletzt ergänzt durch Erlass vom 18.6.2021, Az. IV C 1 – S 1980-1/19/10008 :002, abrufbar unter https://www.bundesfinanzministerium.de/Web/DE/Themen/Steuern/Steuerarten/Investmentsteuer/investmentsteuer.html (zuletzt abgerufen am. 25.7.2021).

24 Dem Verfasser liegt der Entwurf des BMF-Schreibens Anwendungsfragen zum Investmentsteuergesetz in der ab dem 1.1.2018 geltenden Fassung (InvStG); Ergänzung des BMF-Schreibens vom 21.5.2019, Az. IV C 1 – S 1980-1/19/10008 :005 vom 16.12.2019 (InvStE-E) vor. Vgl. dazu die Stellungnahme des BVI, abzurufen unter http://www.bvi.de/fileadmin/user_upload/BVI-Stellungnahme_zum_BMF-Schreiben_vom_16._Dezember_2019.pdf (zuletzt abgerufen am 25.7.2021). Weitere Anmerkungen durch den Verband der Auslandsbanken in Deutschland e.V. abzurufen unter https://www.vab.de/stell_bmf_280720/ (zuletzt abgerufen am 25.7.2021) sowie *Stadler/Sotta*, BB 2020, 279; *Bindl/Schober*, BB 2020, 599.

25 Gesetz zur Stärkung des Fondsstandorts Deutschland und zur Umsetzung der Richtlinie (EU) 2019/1160 zur Änderung der Richtlinien 2009/65/EG und 2011/61/EU im Hinblick auf den grenzüberschreitenden Vertrieb von Organismen für gemeinsame Anlagen (Fondsstandortgesetz – FoStoG) vom 3.6.2021, BStBl. I 2021, 1498.

26 So zum 1.1.2022 durch das Gesetz zur Modernisierung des Körperschaftsteuerrechts vom 25.6.2021, BGBl. I 2021, 2050, im Hinblick auf die Möglichkeit für Personengesellschaften, zur Körperschaftsbesteuerung zu optieren, vgl. dazu *Lüdicke/Eiling*, BB 2021, 1439.

II. Gang der Untersuchung

Zum 31.12.2020 verwalteten offene Publikumsfonds in Deutschland ein Vermögen von ca. 1.180 Mrd. Euro, wobei der Großteil mit 459 Mrd. Euro auf Aktien-, mit 215 Mrd. Euro auf Renten- und mit 327 Mrd. Euro auf Mischfonds entfällt. 118 Mrd. Euro sind in Immobilienfonds investiert.[27] Das Volumen offener Spezialfonds belief sich sogar auf 1.990 Mrd. Euro, wobei 1.974 Mrd. Euro davon in Wertpapieren und Beteiligungen investiert war. Lediglich 115 Mrd. Euro davon waren in Immobilienfonds und 107 Mrd. Euro über Dachfonds investiert.[28] Diese Zahlen belegen eindrücklich, welche Relevanz die Investmentbesteuerung hat, auch wenn es bei der überwiegenden Anzahl der Anleger nicht im Fokus der Aufmerksamkeit steht. Demnach hat die grundlegende Neuordnung des InvStG auch eine enorme wirtschaftliche Bedeutung.

Das seit dem 1.1.2018 geltende Investmentsteuerrecht für Investmentfonds, das nach der Vorstellung des Gesetzgebers künftig überwiegend für die Publikumsfonds gelten soll, ist in Kapitel 2 des InvStG kodifiziert und baut auf einer Abkehr vom bislang herrschenden semi-transparenten Besteuerungssystem von Investmentfonds und deren Anlegern auf.[29] Der Grundgedanke des bis zum 31.12.2017 geltenden Rechts, den Anleger im Wesentlichen so zu stellen, als hätte er direkt in die von dem Fonds erworbenen Wertpapiere investiert,[30] wurde aufgegeben. Die beabsichtigte steuerliche Gleichbehandlung mit einem Direktanleger wurde durch abschließend im InvStG 2004 geregelte „Transparenznormen" erreicht. Enthielt das InvStG 2004 keine spezialgesetzliche Regelung, wurde keine vollständige Transparenz erzielt. Eine vollständige Gleichstellung mit dem Direktanleger bestand somit, auch wenn dies der Grundgedanke des InvStG 2004 war, ohnehin nicht.[31]

Stattdessen wurde zum 1.1.2018 ein intransparentes System eingeführt, bei dem der Investmentfonds mit bestimmten Erträgen selbst steuerpflichtig ist, nachdem bereits am 3.3.2011 die Finanzministerkonferenz die enorme Komplexität des Investmentsteuerrechtes festgehalten und daraufhin eine Arbeitsgruppe

---

27 BVI Jahrbuch 2021, 34, 46, abzurufen unter https://www.bvi.de/uploads/tx_bvibcenter/BVI_Jahrbuch_2021_Webversion.pdf (zuletzt abgerufen am 25.7.2021).

28 Vgl. hierzu die Investmentstatistik des BVI abzurufen unter https://www.bvi.de/fileadmin/user_upload/Statistik/Investmentstatistik_2103_Gesamtmarkt_DE.pdf (zuletzt abgerufen am 25.7.2021).

29 *Delp*, DB 2017, 447; *Helios/Mann*, DB, Sonderausgabe 01/2016, 1; *Buge/Bujotzek/Steinmüller*, DB 2016, 1594, 1596.

30 Vgl. den Entwurf eines Gesetzes zur Modernisierung des Investmentwesens und zur Besteuerung von Investmentvermögen (Investmentmodernisierungsgesetz) vom 19.9.2003, BT-Drucks. 15/1553, 120; ferner bspw. *Wenzel* in Brandis/Heuermann, Vor § 1 InvStG 2004 Rn. 9; *Lübbehüsen* in Berger/Steck/Lübbehüsen InvStG 2004, Vor §§ 1 ff. Rn. 18 ff. m. w. N.

31 *Völker*, DStR 2016, 265, 266.

eingesetzt hatte, die ein vereinfachtes Besteuerungssystem entwickeln sollte. Der Entwurf der Arbeitsgruppe sah eine sog. transparente Besteuerung von Investmentvermögen nur noch für Spezialfonds vor, die keine natürlichen Personen als Anteilseigner haben. Publikumsinvestmentvermögen sollten hingegen grundsätzlich einer sog. intransparenten Besteuerung unterliegen.[32]

Inländische Investmentfonds gelten nun gem. § 6 Abs. 1 S. 1 InvStG als Zweckvermögen nach § 1 Abs. 1 Nr. 5 KStG, ausländische Investmentfonds gem. § 6 Abs. 1 S. 2 InvStG als Vermögensmassen nach § 2 Nr. 1 KStG. Zusätzlich zur Besteuerung auf Fondsebene erfolgt auch die Besteuerung aller Investmenterträge i. S. v. § 16 Abs. 1 InvStG nach dem neu eingeführten § 20 Abs. 1 Nr. 3 und Nr. 3a EStG auf Anlegerebene. Für diese doppelte Besteuerung der Erträge sieht das Gesetz beim Anleger eine Kompensation durch die neu eingeführte Steuerbefreiung (Teilfreistellung) gem. §§ 20 ff. InvStG vor.

Ferner will der Gesetzgeber bestimmte Anlegergruppen wie bspw. gemeinnützige Stiftungen oder bestimmte Formen der Altersvorsorge nicht belasten[33] und hat Befreiungen von der Körperschaftsteuerpflicht auf Fondsebene durch die Regelungen der §§ 8 bis 14 InvStG geschaffen. Hier wird bereits auf Fondsebene entweder vollständig auf den Steuerabzug (§ 10 Abs. 1 InvStG) oder entsprechend dem Anteil der steuerbefreiten Anleger teilweise auf die Abführung der KSt verzichtet bzw. diese den Anlegern erstattet, §§ 8 Abs. 3, 11 Abs. 1 Nr. 3 InvStG.[34]

Bei Spezial-Investmentfonds i. S. v. § 26 InvStG stehen künftig zwei weitere Besteuerungssysteme zur Auswahl. Übt der Investmentfonds die sog. Transparenzoption nach § 30 Abs. 1 InvStG nicht aus, kommt es ebenso wie bei Investmentfonds zu einer Besteuerung bestimmter Erträge auf Fondsebene. Hier gilt jedoch das bis 31.12.2017 bestehende semi-transparente System mit der Maßgabe fort, dass bereits auf Fondsebene steuerlich belastete Erträge auf Anlegerebene teilweise von der Besteuerung befreit werden.[35] Wird die Transparenzoption dagegen ausgeübt, werden dem Anleger die Erträge nach § 31 Abs. 1 S. 1 InvStG direkt zugerechnet. Eine Besteuerung auf Fondsebene erfolgt nicht. Es ist daher keine Kompensation erforderlich.

Der Gesetzgeber hat mit dem InvStG 2018 also nicht nur ein grundlegend neues System der Besteuerung von Investmentfonds und Spezial-Investmentfonds sowie deren Anlegern eingeführt, sondern zur Vermeidung übermäßiger Belastungen mit den §§ 8, 10, 20, 42, 43, 48 und 49 InvStG auch ein neues bislang nicht erforderliches, ausdifferenziertes System von Steuerbefreiungen, das teilweise

32 *Steinmüller*, RdF 2012, 127; vgl. auch *Terhürne/Otto*, DStR 2013, 2037, 2040. Die Verfasser plädierten ebenfalls für ein intransparentes System, das jedoch eine reine Schlussbesteuerung aller Erträge bei Veräußerung der Fondsanteile vorsah.

33 Gesetzesbegründung zum InvStRefG, BT-Drucks. 18/8045, 77.

34 Ausführlich unten, § 7 II. 3.

35 Ausführlich unten, § 12 II. 3. a).

die Regelungen der §§ 3 Nr. 40 EStG und 8b KStG nachempfindet bzw. diese auf Anlegerebene vermittelt.[36]

Diese Untersuchung behandelt insbesondere diese neuen Steuerbefreiungen im System des Investmentsteuerrechts. Es soll geprüft werden, wie das Zusammenspiel von Steuerpflicht und Steuerbefreiungen funktioniert. Es soll ferner geprüft werden, ob dabei grundlegende Prinzipien des Steuerrechts berücksichtigt wurden. Inkonsistenzen innerhalb des InvStG sollen adressiert und wo erforderlich versucht werden, einen Vorschlag zur Anpassung des InvStG zu formulieren. Dabei sollen insbesondere die tragenden Motive für das InvStRefG als Orientierung dienen, aber auch selbst kritisch hinterfragt werden. Ferner soll untersucht werden, wie sich einzelne Regelungen des InvStG mit höherrangigem Unionsrecht vereinbaren lassen. Abschließend soll eine Einschätzung erfolgen, inwieweit die Ziele des Gesetzgebers erreicht wurden und grundsätzliche Empfehlungen für eine Novellierung des InvStG aufgestellt werden.

Für die Untersuchung wird die Gesetzeslage anhand von Gesetzgebungsmaterialien, verfügbarer Literatur, Verwaltungsanweisungen und Rechtsprechung analysiert, die stetig umfangreicher wird. Die Untersuchung erhebt aufgrund des Umfangs und der Komplexität des InvStG keinen Anspruch auf Vollständigkeit, sondern versteht sich lediglich als Beitrag zu einer möglichst konstruktiven Diskussion, bei der die Interessen von Steuerpflichtigen, Kapitalverwaltungsgesellschaften, Verwahrstellen und dem Fiskus miteinander so gut es geht in Einklang gebracht werden.

In Kapitel I sollen in der gebotenen Kürze die Grundlagen des Investmentrechts und das aufsichtsrechtliche Verständnis der Investmentvermögen i. S. d. KAGB dargestellt werden, da das InvStG im Hinblick auf die Definition des Investmentfonds hierauf referenziert. Ferner soll ein kurzer Überblick über die verschiedenen Anleger, Fondstypen und Anlagestrategien gegeben werden, wobei sich diese Untersuchung stets auf Investmentfonds und Spezial-Investmentfonds i. S. d. Steuerrechts bezieht und Abgrenzungsfragen insoweit von untergeordneter Bedeutung sind. Zum besseren Verständnis erfolgt ein kurzer Rückblick in das InvStG 2004, bevor die Ziele und Hintergründe der Reform des InvStG dargelegt werden, die als wichtiger Gratmesser dienen, um den Erfolg des InvStRefG beurteilen zu können.

Kapitel II beschäftigt sich mit dem zentralen Element der Investmentbesteuerung, dem Investmentfonds. Hier wird die neue steuerrechtliche Sichtweise wiedergegeben. Ebenso wird auf die Erweiterungen des Investmentfondsbegriffs durch das InvStG eingegangen und aufgezeigt, welche Wechselwirkungen sich hier aufgrund der Steuerbefreiungen mit anderen Rechtsgebieten ergeben können. Ferner wird die Besteuerung der Anleger von Investmentfonds näher betrachtet. Dabei soll zunächst das grundsätzliche Verhältnis von Investmentfonds zu Spezial-Investmentfonds dargestellt werden. Im Anschluss erfolgt eine

36 *Lampert* in BeckOK InvStG, § 42 Rn. 1; *Brandl* in Brandis/Heuermann, § 42 Rn. 3.

detaillierte Darstellung der Besteuerung auf Fondsebene sowie der möglichen Steuerbefreiungen. Hier sollen auch Wirtschaftlichkeits- und Effizienzüberlegungen eine Rolle spielen. Sodann werden die Besteuerung sowie die Steuerbefreiungen auf Ebene des Anlegers näher untersucht und ein Belastungsvergleich unter Berücksichtigung der Steuerbefreiungen vorgenommen, um daraus mögliche Handlungsempfehlungen abzuleiten.

Kapitel III widmet sich den Spezial-Investmentfonds. Dieses wichtige Instrument der Vermögensverwaltung erfährt tiefgreifende Veränderungen, da es zukünftig deutlich restriktiver gehandhabt wird als in dem bis 31.12.2017 geltenden Recht. Hier kommen auf Fondsebene künftig zwei unterschiedliche Besteuerungssysteme zur Anwendung, die von zahlreichen Steuerbefreiungen auf Anlegerebene begleitet werden. Hier soll insbesondere die gestiegene Komplexität diskutiert und herausgefunden werden, ob sich Alternativen zu dem bestehenden System anbieten.

Den Abschluss bildet Kapitel IV, welches die rechtspolitischen Folgerungen zusammenfasst und die Zielerreichung des InvStG im Hinblick auf die neu eingeführten Steuerbefreiungen beurteilt sowie Anhaltspunkte für eine mögliche erneute Novellierung des InvStG zusammenfasst. Des Weiteren enthält es einen Ausblick, wie das InvStG möglicherweise weiterentwickelt werden könnte – zum einen konzeptionell, zum anderen aber auch in Form eines konsolidierten Formulierungsvorschlags für eine Anpassung des InvStG, des InvStE und des AStG.

Kapitel I: Grundlagen der Untersuchung

§ 2 Grundprinzipien und Grundlagen des Investmentrechts

Die wesentlichen Grundprinzipien des Investmentrechts gelten bereits, seit 1957 das Gesetz über Kapitalanlagegesellschaften (KAGG)[1] in Kraft trat.[2] Auch wenn das Investmentrecht als solches im Laufe der Jahre zunächst durch das Auslandsinvestmentgesetz (AIG) von 1969[3] ergänzt und im Jahr 2003 durch das Investmentgesetz (InvG)[4] ersetzt wurde, fanden viele Grundsätze bis zur Einführung des Kapitalanlagegesetzbuchs (KAGB) im Zuge der Umsetzung der AIFM-Richtlinie[5] immer wieder ihren Niederschlag im Gesetz.[6] Sie sind nach wie vor tragende Elemente des Investmentrechts und werden auch durch das InvStRefG nicht berührt.

I. Staatliche Aufsicht

Die staatliche Aufsicht, der Investmentfonds i. S. d. Anlegerschutzes aufgrund der fehlenden Kontrollmöglichkeit jedes einzelnen Anlegers unterstellt sind, führte der Gesetzgeber bereits mit dem KAGG im Jahr 1957 als Reaktion auf die „schamlose Bereicherung der Investmentmanager" ein.[7] Heute ist sie in § 5 KAGB festgeschrieben und wird durch die Bundesanstalt für Finanzdienstleistungsaufsicht (BaFin) ausgeübt.[8] Sie übt mit dem Ziel des kollektiven Anlegerschutzes eine intensivierte staatliche Rechts- und Fachaufsicht i. S. v. Anordnungs- und Auskunftsbefugnissen aus.[9] § 5 KAGB enthält eine allgemeine Ermächtigungsgrundlage

---

1 Gesetz über Kapitalanlagegesellschaften vom 16.4.1957, BGBl. I 1957, 378.
2 *Bödecker* in BeckOK InvStG 2004, Einleitung Rn. 2.
3 Gesetz über den Vertrieb ausländischer Investmentanteile und über die Besteuerung der Erträge aus ausländischen Investment-Anteilen vom 28.7.1969, BGBl. I 1969, 986.
4 Investmentmodernisierungsgesetz vom 15.12.2003, BGBl. I 2003, 2676.
5 Gesetz zur Anpassung des Investmentsteuergesetzes und anderer Gesetze an das AIFM-Umsetzungsgesetz vom 18.12.2013, BGBl. I 2013, 4318; vgl. dazu u. a. *Klebeck*, DStR 2009, 2154; *Spindler/Tancredi*, WM 2011, 1393; *Spindler/Tancredi*, WM 2011, 1441; *Patzner/Wiese*, IStR 2013, 73; *Elser/Stadler*, DStR 2014, 233; *Kempf/Seledina*, SteuK 2014, 467; *Kleutgens/Geißler*, IStR 2014, 280; für einen Ausblick auf die AIFMD II *Herring/Dahmen*, RdF 2021, 4.
6 KAGB zuletzt geändert durch das FoStoG vom 3.6.2021, BStBl. I 2021, 1498.
7 *Bödecker* in BeckOK InvStG 2004, Einleitung Rn. 2.
8 Daneben nehmen externe Bewerter, die Verwahrstelle sowie der Abschlussprüfer Kontroll- und Überwachungsaufgaben im Hinblick auf die zutreffende Bewertung und Überprüfung von Vermögensgegenständen des Investmentfonds wahr und tragen damit wesentlich zum Schutz der Anleger bei, vgl. dazu *Patz*, BKR 2015, 193.
9 *Emde* in Emde/Dornseifer/Dreibus KAGB, Einleitung Rn. 15.

zum Erlass von Anordnungen und Eingriffen bei Missständen, welche durch eine Vielzahl weiterer Normen, die nicht nur im KAGB enthalten sind, ergänzt wird.[10]

Im Einzelnen ist § 5 Abs. 1 KAGB zu entnehmen, dass der Aufsicht sämtliche im Inland oder mit Inlandsbezug tätigen Verwaltungsgesellschaften, Investmentgesellschaften, Verwahrstellen sowie die für diese Unternehmen handelnden oder sie überwachenden Personen sowie ferner alle sonstigen Rechtssubjekte, die Adressaten von Verhaltenspflichten nach dem KAGB sind, unterliegen.[11] § 5 Abs. 4 KAGB erstreckt die Aufsicht und die Überwachung auf EU-Verwaltungsgesellschaften, die Investmentvermögen im Inland über eine Zweigniederlassung verwalten oder vertreiben, und auf ausländische AIF-Verwaltungsgesellschaften, deren Referenzmitgliedstaat nicht die Bundesrepublik Deutschland ist.[12] Im Übrigen ist die BaFin gem. § 5 Abs. 6 S. 2 Nr. 1 KAGB berechtigt, von jedermann Auskünfte einzuholen, Unterlagen zu verlangen und Personen zu laden, sofern dies zur Einhaltung der Gebote und Verbote des KAGB erforderlich ist.

Die Aufsicht sieht nach § 5 Abs. 2 und Abs. 4 KAGB für in- und ausländische Normadressaten die Überwachung der allgemeinen Wohlverhaltenspflichten des Verwalters und die Einhaltung der Vorgaben im Hinblick auf die Identifikation und Vermeidung von Interessenskonflikten sowie die Einhaltung geldwäscherechtlicher Vorschriften vor.[13]

§ 5 Abs. 5 KAGB regelt die Vertriebsüberwachung, wobei sich Nr. 1 der Vorschrift auf die Inlandssachverhalte und Nr. 2 und Nr. 3 auf Auslandssachverhalte bezieht. Die BaFin überwacht nach Nr. 1 sämtliche auf das Inland bezogene Vertriebsaktivitäten der Verwaltungsgesellschaften und der von ihnen beauftragten anderen Unternehmen im Hinblick auf die Einhaltung der Vorschriften in Kapitel 4 des KAGB, aber auch die sonstigen beim Vertrieb zu beachtenden Vorschriften, also bspw. auch die Normen des UWG oder des VAG.[14] In Bezug auf den Vertrieb ausländischer AIF verleiht § 5 Abs. 5 Nr. 2 und Nr. 3 KAGB der BaFin

---

10 Im Rahmen ihrer Aufsicht hat die BaFin zusätzlich die nach dem KAGB erlassenen Rechtsvorschriften, insbesondere die durch die Vielzahl der Verordnungsermächtigungen durch das BMF oder häufig mittels Übertragung durch die BaFin erlassenen Rechtsverordnungen (z. B. KAPrüfbV, FinSV, KARBV, EAKAV und DerivateV), zu beachten, ferner die kraft gesetzlicher Ermächtigung erlassenen Richtlinien (z. B. die gem. § 4 Abs. 2 KAGB erlassene Richtlinie zur Festlegung von Fondskategorieren), *Boxberger* in Weitnauer/Boxberger/Anders KAGB, § 5 Rn. 1 f.

11 Hierunter fallen bspw. Abschlussprüfer, Inhaber bedeutender Beteiligungen, Auslagerungspartner und Vertriebshelfer, *Emde* in Emde/Dornseifer/Dreibus KAGB, § 5 Rn. 7 f.

12 *Wieland* in Assmann/Wallach/Zetzsche KAGB, § 5 Rn. 15; *Emde* in Emde/Dornseifer/Dreibus KAGB, § 5 Rn. 35.

13 *Köndgen/Schmies* in Schimansky/Bunte/Lwowski BankR-HdB Bd. 1, § 113 Rn. 85 ff.; *Köndgen* in Berger/Steck/Lübbehüsen InvStG 2004, Einleitung InvG Rn. 40.

14 *Emde* in Emde/Dornseifer/Dreibus KAGB, § 5 Rn. 38 f.; vgl. zur Durchsetzung des Verbraucherschutzes *Rott*, WM 2019, 1189; zum Kleinanlegerschutz *Buck-Heeb*, NJW

ebenfalls die Zuständigkeit zur Überwachung der Vertriebstätigkeit. Bei Verdacht auf einen unzulässigen Vertrieb von Investmentfonds normiert § 5 Abs. 7 KAGB umfangreiche Auskunftsrechte der BaFin.

Die Aufsicht erstreckt sich aber nicht nur auf eine übergeordnete Aufsicht über die Marktteilnehmer, sondern greift nach § 5 Abs. 6 S. 2 KAGB auch auf der Ebene einzelner Produkte im Hinblick auf die Einhaltung von Anlagebedingungen, der Satzung oder des Gesellschaftsvertrags.[15] Sie hat Missständen entgegenzuwirken, welche die ordnungsgemäße Verwaltung von Investmentvermögen, den Vertrieb von Investmentvermögen, die ordnungsgemäße Erbringung von Dienstleistungen oder Nebendienstleistungen oder die Tätigkeit einer Verwahrstelle beeinträchtigen oder erhebliche Nachteile für den Finanzmarkt oder den Markt für ein Finanzinstrument bewirken können, § 5 Abs. 6 S. 7 und 8 KAGB.[16] Besondere Bedeutung haben hier insbesondere der Vertrieb und das Portfoliomanagement und damit der Schutz der Anleger aufgrund einer rechtswidrigen oder unverantwortlichen Portfoliosteuerung sowie vor Fehlvorstellungen beim Erwerb von Investmentfonds.[17]

Bei Feststellung erheblicher Missstände stehen der BaFin bspw. die Versagung der Erlaubnis zum Geschäftsbetrieb einer Kapitalverwaltungsgesellschaft (KVG) nach § 23 KAGB, die Aufhebung der Erlaubnis gem. § 39 Abs. 3 KAGB, die Abberufung von Geschäftsleitern gem. § 40 KAGB, die Aufhebung der Registrierung gem. § 44 Abs. 5 KAGB oder allgemeine Untersagungs- und Unterlassungsverfügungen, bspw. bei unzureichenden Eigenmitteln der KVG gem. § 41 KAGB, zu.[18]

II. Aufsichtsrechtliche Definition des Investmentvermögens

Da das InvStG keine eigene Definition des Investmentfonds enthält, sondern sich durch die Verweisung in § 1 Abs. 2 InvStG auf § 1 Abs. 1 KAGB der dortigen aufsichtsrechtlichen Definition bedient, soll hier zunächst der Begriff des Investmentvermögens i. S. d. KAGB definiert werden. Dies soll allerdings keine vertiefte Darstellung der Abgrenzung verschiedener Anlagevehikel des KAGB zu solchen außerhalb des KAGB sein, da sich diese Arbeit auf Investmentvermögen i. S. d. KAGB und Investmentfonds sowie Spezial-Investmentfonds i. S. d. InvStG bezieht und daher die Anwendbarkeit dieser Normen unterstellt

---

2015, 2535; im Hinblick auf die Einführung neuer Technologien (Tokens) bspw. *Fischer*, WM 2019, 2004.

15 *Boxberger* in Weitnauer/Boxberger/Anders KAGB, § 5 Rn. 9.

16 *Wieland* in Assmann/Wallach/Zetzsche KAGB, § 5 Rn. 34 f.

17 Des Weiteren wurden die Verwahrstellen durch den Gesetzgeber bewusst als unabhängiger Dritter und somit als institutionalisierter Schutz des Anlegers konzipiert, vgl. dazu *Emde* in Emde/Dornseifer/Dreibus KAGB, § 5 Rn. 72.

18 *Boxberger* in Weitnauer/Boxberger/Anders KAGB, § 5 Rn. 10.

wird.[19] Das InvStG beschränkt sich jedoch nicht auf die Definition des KAGB, sondern erweitert diese teilweise bzw. schränkt sie ein und löst sich damit in Teilen von der aufsichtsrechtlichen Betrachtung.[20]

Nach § 1 Abs. 1 KAGB ist ein Investmentfonds jeder Organismus für gemeinsame Anlagen, der von einer Vielzahl von Anlegern Kapital einsammelt, um es gem. einer festgelegten Anlagestrategie zum Nutzen dieser Anleger zu investieren, und der kein operativ tätiges Unternehmen außerhalb der Finanzindustrie ist. Im KAGB gilt aufgrund der AIFM-Richtlinie der materielle Investmentfondsbegriff i. S. v. § 1 Abs. 1 KAGB.[21] Danach muss ein Investmentvermögen sämtliche Tatbestandsmerkmale der vorstehenden Definition tatsächlich erfüllen.[22] Erfüllt es sie nicht, handelt es sich um ein unerlaubtes Investmentgeschäft.[23] In diesem Fall kann die BaFin gem. § 15 KAGB die sofortige Einstellung des Geschäftsbetriebs und die sofortige Abwicklung der Geschäfte verfügen. Des Weiteren kann sie gem. § 16 KAGB bspw. Durchsuchungen durchführen. Gem. § 339 KAGB kann das Betreiben von unerlaubten Investmentgeschäften mit Freiheitsstrafe von bis zu fünf Jahren bestraft werden.[24]

Der Begriff des Investmentvermögens in § 1 Abs. 1 KAGB ist möglichst weit zu verstehen.[25] Die weite Legaldefinition des Investmentvermögens wird in dem Auslegungsschreiben zum Anwendungsbereich des KAGB und zum Begriff des Investmentvermögens der BaFin und in den Leitlinien zu Schlüsselbegriffen der AIFMD der ESMA näher erläutert.[26] Unter einem Organismus ist dabei jegliches Poolen von Kapital zu verstehen, unabhängig davon, über welches Anlagevehikel

---

19 Ausführlich zu den Bereichsausnahmen (bspw. Holding- und Verbriefungsgesellschaften, Arbeitnehmerbeteiligungssystemen oder -sparplänen) und Anwendungsbeschränkungen (kleine AIF, EuVECA, EuSEF und ELTIF) *Eckhold/Balzer* in HdB KapitalanlageR, § 22 Rn. 33 ff; *Schneider*, GWR 2016, 287; *Niedner/Städter*, EuZW 2019, 68.

20 Ausführlich unten, § 5 II.

21 *Wenzel* in Brandis/Heuermann, § 1 InvStG Rn. 4; *Zetzsche* in Assmann/Wallach/Zetzsche KAGB, § 1 Rn. 9 ff.

22 *Häuselmann*, Investmentanteile, Kapitel 1 Rn. 13.

23 Den Vorgängernormen des InvG lag noch ein formeller Fondsbegriff zugrunde. Fonds, die den Anforderungen des InvG nicht entsprachen, waren dennoch zulässig, unterfielen jedoch teilweise anderen Gesetzen (z. B. dem Vermögensanlagegesetz). Fand auf einen Organismus kein Gesetz Anwendung, war dieser zwar unreguliert, jedoch trotzdem zulässig, vgl. dazu *Niewerth/Rybarz*, WM 2013, 1154, 1156; *Köndgen/Schmies* in Schimansky/Bunte/Lwowski BankR-HdB Bd. 1, § 113 Rn. 56 f.

24 *Geurts/Schubert*, WM 2014, 2154, 2155; *Wagner*, ZfBR 2015, 113, 115.

25 *Volhard/Jang* in Weitnauer/Boxberger/Anders KAGB, § 1 Rn. 2.

26 BaFin Auslegungsschreiben zum Anwendungsbereich des KAGB und zum Begriff des Investmentvermögens vom 14.6.2013, Az. WA 41-Wp 2137-2013/0006, geändert am 9.3.2015, abrufbar unter https://www.bafin.de/SharedDocs/Veroeffentlichungen/DE/Auslegungsentscheidung/WA/ae_130614_Anwendungsber_KAGB_begriff_invvermoegen.html (zuletzt abgerufen am 18.8.2020); ESMA Leitlinien zu

dies geschieht bzw. welche Rechtsform dieses hat.[27] Dabei kommen grundsätzlich Personen-, Kapitalgesellschaften oder Sondervermögen als Anlagevehikel in Frage, wobei in Bezug auf inländische Investmentvermögen bestimmte Rechtsformen vorgeschrieben sind. Auch die Form, wie der Anleger sich an dem Investmentvermögen beteiligt, soll keiner Einschränkung unterliegen. Denkbar soll auch hier jede mögliche Form der Beteiligung bspw. durch gesellschaftsrechtliche, mitgliedschaftliche oder schuldrechtliche Teilhabe sein.[28] Ferner muss der Organismus auf eine gemeinschaftliche Anlage abzielen, was ihn von der Finanzportfolioverwaltung einzelner Anleger unterscheidet,[29] und es müssen dabei gemeinsame Risiken eingegangen werden, die Anleger müssen also am Gewinn und Verlust der gemeinschaftlichen Anlagen beteiligt sein.[30] Eine Kontrolle der Geschäfte durch den Anleger findet nicht statt.[31]

Im Hinblick auf die Anzahl möglicher Anleger muss es grundsätzlich möglich sein, dass sich eine Vielzahl von Anlegern an dem Investmentvermögen beteiligt. Es ist jedoch nicht erforderlich, dass dies auch tatsächlich so ist, es darf lediglich nicht ausgeschlossen sein.[32] Das Einsammeln des Kapitals kann sich in einem einmaligen Vorgang erschöpfen, es kann aber auch fortlaufend passieren.[33] In puncto Anlagestrategie wird eine Verbindlichkeit und Nachvollziehbarkeit in Bezug auf konkrete Finanzinstrumente gefordert, die das Investmentvermögen erwerben darf. Es muss eine Anlagestrategie fixiert sein, die sich von allgemeiner Geschäftspolitik abhebt und genaue Anlagegrenzen bestimmt.[34] Ferner darf das Investmentvermögen kein operativ tätiges Unternehmen außerhalb des Finanzsektors sein. Hierunter fallen alle Unternehmen, die bspw. Handels-, Dienstleistungs- oder Entwicklungstätigkeiten außerhalb des Finanzsektors erbringen und bspw. Immobilien kaufen oder entwickeln, Handelswaren

---

Schlüsselbegriffen der Richtlinie über die Verwalter alternativer Investmentfonds (AIFMD) vom 13.8.2013 (ESMA/2013/611), Ziff. III.4.

27 *Volhard/Jang* in Weitnauer/Boxberger/Anders KAGB, § 1 Rn. 5; *Wenzel* in Brandis/Heuermann, § 1 InvStG Rn. 14.

28 BaFin Auslegungsschreiben Investmentvermögen, Ziff. I.1.

29 Zu nicht unter § 1 Abs. 1 KAGB fallenden Sachverhalten *Jakovou* in Langenbucher/Bliesener/Spindler Bankrechts-Kommentar, 39. Kapitel Rn. 28; *Häuselmann*, Investmentanteile, Kapitel 1 Rn. 2 ff. *Volhard/Jang* in Weitnauer/Boxberger/Anders KAGB, § 1 Rn. 6.

30 ESMA Leitlinien AIFMD, Ziff. II und VI.12.(b); BaFin Auslegungsschreiben Investmentvermögen, Ziff. I.2.

31 *Volhard/Jang* in Weitnauer/Boxberger/Anders KAGB, § 1 Rn. 9; *Wenzel* in Brandis/Heuermann, § 1 InvStG Rn. 15.

32 BaFin Auslegungsschreiben Investmentvermögen, Ziff. I.4.

33 ESMA Leitlinien AIFMD, Ziff. VII.14.

34 *Volhard/Jang* in Weitnauer/Boxberger/Anders KAGB, § 1 Rn. 23; *Wenzel* in Brandis/Heuermann, § 1 InvStG Rn. 18.

kaufen und verkaufen oder sonstige Dienstleistungen erbringen.[35] Es darf keinen allgemein-kommerziellen oder allgemein-industriellen Zweck verfolgen.[36]

III. Arten von Investmentvermögen

Im KAGB wird zwischen Organismen für gemeinsame Anlagen in Wertpapieren (OGAW) und alternativen Investmentfonds (AIF) unterschieden, § 1 Abs. 4 Nr. 1 und Nr. 2 KAGB. OGAW sind gem. § 1 Abs. 2 KAGB Investmentfonds, welche die Anforderungen der Richtlinie 2009/65/EG des Europäischen Parlaments und des Rates vom 13.7.2009 zur Koordinierung der Rechts- und Verwaltungsvorschriften betreffend bestimmte Organismen für gemeinsame Anlagen in Wertpapieren erfüllen.[37] AIF sind gem. § 1 Abs. 3 KAGB alle Investmentvermögen, die keine OGAW sind. Des Weiteren wird zwischen offenen und geschlossenen Investmentvermögen unterschieden, wobei OGAW stets offene Investmentvermögen sind und geschlossene AIF gem. § 1 Abs. 5 KAGB alle AIF sind, die keine offenen AIF sind. Seit Einführung des KAGB unterfallen damit auch erstmals die Anbieter geschlossener Fonds der Regulierung durch das KAGB, wodurch die Anleger geschützt und der graue Kapitalmarkt eingedämmt werden sollen.[38] Sodann ist zwischen Publikumsinvestmentvermögen und Spezial-AIF zu unterscheiden.

1. Organismen für gemeinsame Anlagen in Wertpapieren

OGAW sind nach § 1 Abs. 4 KAGB offene Investmentvermögen. Ein offenes Investmentvermögen liegt vor, wenn dessen Anteile vor Beginn der Liquidationsphase direkt oder indirekt aus den Vermögenswerten des Investmentvermögens zurückgenommen oder zurückgekauft werden.[39] Für sie stehen nach dem Typenzwang des Investmentrechts nur das rechtlich unselbständige Sondervermögen nach § 92 ff. KAGB, die Investmentaktiengesellschaft mit veränderlichem Kapital nach §§ 108 ff. KAGB sowie für professionelle und semiprofessionelle Anleger die Investmentkommanditgesellschaft mit jährlichem Rückgaberecht nach §§ 124 ff. KAGB zur Verfügung.[40]

---

35 *Wenzel* in Brandis/Heuermann, § 1 InvStG Rn. 20; zu typischen Grenzfällen *Häuselmann*, Investmentanteile, Kapitel 1 Rn. 38.

36 ESMA Leitlinien AIFMD, Ziff. IV.12.a.

37 Amtsblatt der Europäischen Union, L 302 vom 17.11.2009, 1.

38 Entwurf eines Gesetzes zur Umsetzung der Richtlinie 2011/61/EU über die Verwalter alternativer Investmentfonds (AIFM-Umsetzungsgesetz – AIFM-UmsG) vom 6.2.2013, BT-Drucks. 17/12294, 187.

39 *Eckhold/Balzer* in HdB KapitalanlageR, § 22 Rn. 46; *Jakovou* in Langenbucher/Bliesener/Spindler Bankrechts-Kommentar, § 113 Rn. 17.

40 *Weitnauer* in Weitnauer/Boxberger/Anders KAGB, Einleitung 7 ff.

OGAW sind als Publikumsinvestmentvermögen mit dem geringsten Risiko für jedermann gedacht und einer weitreichenden Regulierung unterworfen.[41] Um den Schutz der Privatanleger zu gewährleisten, sind gem. §§ 193 ff. KAGB die zulässigen Anlagegenstände begrenzt, die Anlagestrategie beschränkt und es muss eine angemessene Risikomischung gewährleistet sein. OGAW dürfen ausschließlich in liquide Vermögenswerte investieren. Hierzu findet sich der Katalog erlaubter Vermögensgegenstände in den §§ 193 bis 198 KAGB (z. B. Wertpapiere, Geldmarktinstrumente, Bankguthaben, Investmentanteile).[42] Die Aufnahme von Darlehen sowie Wertpapierdarlehen und Pensionsgeschäfte werden nach §§ 199 bis 203 eingeschränkt. Gleichzeitig wird mit den Emittenten- und Anlagegrenzen nach §§ 206 bis 211 KAGB gewährleistet, dass es nicht zur Bildung von Klumpenrisiken kommt und die Vermögensanlage ausreichend diversifiziert ist.[43]

2. Alternative (Publikums-)Investmentfonds

Bei den Publikums-AIF ist zwischen offenen und geschlossenen AIF zu unterscheiden. Der offene Publikums-AIF ist das funktionelle Pendant zum OGAW, bei dem der Anleger zwar ein Rückgaberecht hat, aber nicht in Wertpapiere investiert wird.[44] Sie haben ebenfalls den Grundsatz der Risikomischung zu beachten und können nur als Gemischte Investmentvermögen gem. §§ 218 ff. KAGB, als Sonstige Investmentvermögen gem. §§ 220 ff KAGB, als Dach-Hedgefonds gem. §§ 225 ff. KAGB, als Immobilien-Sondervermögen gem. §§ 230 ff. KAGB und als Infrastruktur-Sondervermögen gem. §§ 260a ff. KAGB aufgelegt werden.[45] Sie bieten im Gegensatz zu den OGAW die Möglichkeit einer angemessenen Darlehensaufnahme.[46]

Gemischte Investmentvermögen i. S. v. § 218 KAGB können in die gleichen Vermögensgegenstände investieren wie OGAW und gem. § 219 Abs. 1 Nr. 2 KAGB zusätzlich in Anteile anderer AIF (ebenfalls gemischte Investmentvermögen oder sonstige Investmentvermögen gem. §§ 220 bis 224 KAGB). Hier sind bspw. auch Investitionen in Edelmetalle und unverbriefte Darlehensforderungen möglich.[47]

---

41 *Emde* in Emde/Dornseifer/Dreibus KAGB, Einleitung Rn. 91.

42 Ausführlich *Köndgen/Schmies* in Schimansky/Bunte/Lwowski BankR-HdB Bd. 2, § 113 Rn. 164 ff.

43 *Eckhold/Balzer* in HdB KapitalanlageR, § 22 Rn. 51 ff.

44 *Emde* in Emde/Dornseifer/Dreibus KAGB, Einleitung Rn. 93.

45 Letztere eingeführt durch das FoStoG vom 3.6.2021, BStBl. I 2021, 1498; vgl. dazu *Johannsen*, AG 2021, R20; ausführlich *Wollenhaupt/Beck*, RdF 2021, 98.

46 *Weitnauer* in Weitnauer/Boxberger/Anders KAGB, Einleitung I.7; *Eckhold/Balzer* in HdB KapitalanlageR, § 22 Rn. 55; ausführlich *Schultz-Süchting/Thomas*, WM 2009, 2156; *Niewerth/Rybarz*, WM 2013, 1154, 1162.

47 Eine Darlehensvergabe durch den AIF selbst (Venture Debt) ist gem. § 285 Abs. 2 KAGB aber nur geschlossenen Spezial-AIF möglich, vgl. dazu *Thom/Dürre*, WM 2018, 502.

Dach-Hedgefonds gem. § 225 KAGB können nur in Hedgefonds investieren. Für sie hat der Gesetzgeber das Risiko einer direkten Investition für Privatanleger aufgrund der Möglichkeit, beträchtliche Darlehen aufzunehmen und Leerverkäufe[48] zu tätigen, als zu hoch eingestuft. Sie sollen daher nur als Dachfonds zugänglich sein.[49] Immobilien-Sondervermögen gem. § 230 bis 260 KAGB sind die bekannten offenen Immobilienfonds, bei denen es im Zuge der Finanzkrise im Jahr 2008 zu erheblichen Wertverlusten und einer Vielzahl von Fondsschließungen und Abwicklungen kam.[50] Im Zuge dessen schränkte der Gesetzgeber insbesondere die Rückgabemöglichkeiten von Anteilen ein, damit die Fondsgesellschaften ausreichend Zeit zur Generierung der benötigten liquiden Mittel im Falle von Anteilsrückgaben haben.[51] Sie können gem. § 231 Abs. 1 Nr. 1 bis Nr. 7 KAGB in alle Arten von Grundstücken und grundstücksgleichen oder Nutzungsrechten, gem. § 234 S. 1 Nr. 2 KAGB in Beteiligungen an Immobilien-Gesellschaften investieren und unter den Voraussetzungen des § 240 KAGB Darlehen an Immobilien-Gesellschaften vergeben.[52] Die durch das FoStoG neu eingeführten Infrastruktur-Sondervermögen sollen insbesondere Kleinanlegern diese Anlageklasse erschließen.[53] Gem. § 260b Abs. 1 KAGB dürfen hier insbesondere Beteiligungen an Infrastruktur-Projektgesellschaften und Immobilien erworben werden, wobei diese Beteiligungen 80 % des Werts des Sondervermögens nicht übersteigen und maximal 10 % des Fondsvermögens in eine Projektgesellschaft investiert werden dürfen, § 260b Abs. 2 KAGB.[54]

Geschlossene Publikums-AIF sind in den §§ 261 ff. KAGB geregelt. Geschlossene AIF sind gem. § 1 Abs. 5 KAGB alle AIF, die keine offenen AIF sind. Gem. § 139 KAGB dürfen geschlossene inländische Investmentvermögen nur als Investmentaktiengesellschaft mit fixem Kapital oder als geschlossene Investment KG gem. §§ 149 ff. KAGB strukturiert werden.[55] Es fallen allerdings nur

48 Vgl. dazu *Stabenow* in Emde/Dornseifer/Dreibus KAGB, § 283 Rn. 8 ff.

49 Entwurf AIFM-UmsG vom 6.2.2013, BT-Drucks. 17/12294, 191.

50 Vgl. dazu *Billand/Lauterfeld* in Schäfer/Conzen Praxishdb. Immobilien-Investitionen, Teil 2 VIII. 1; *Ising*, NZG 2012, 651; zu Anlegerklagen gegen offene Immobilienfonds *Stumpf/Kotte*, BB 2013, 1613; zu Aufklärungspflichten der Banken im Zusammenhang mit der Möglichkeit der Aussetzung der Anteilsscheinrücknahme vgl. BGH vom 29.4.2014, Az. XI ZR 130/13, NJW 2014, 2945.

51 Eingeführt durch das Anlegerschutz- und Funktionsverbesserungsgesetz vom 5.4.2011, BGBl. I 2011, 538; vgl. dazu *Stumpf/Kotte*, BB 2013, 1613, 1618; zur weiteren Einschränkung von Liquiditätsinteressen der Anleger durch Umsetzung der AIFM-Richtlinie *Servatius*, ZfIR 2013, 709.

52 Vgl. dazu *Hartrott/Goller*, BB 2013, 1603, 1608; wesentlich erweitert durch § 240 Abs. 2 KAGB i. d. F. des FoStoG, vgl. *Johannsen*, AG 2021, R196, R197.

53 *Johannsen*, AG 2021, R20; *Wollenhaupt/Beck*, RdF 2021, 98.

54 Ausführlich *Johannsen*, AG 2021, R84.

55 Beachte hier die durch das Gesetz zur Einführung von Sondervorschriften für die Sanierung und Abwicklung von zentralen Gegenparteien und zur Anpassung des Wertpapierhandelsgesetzes an die Unterrichtungs- und Nachweispflichten nach

solche geschlossenen Fonds unter den Anwendungsbereich des KAGB, welche die Voraussetzungen des § 1 Abs. 1 KAGB erfüllen. Nach Auffassung der BaFin fallen solche geschlossenen Immobilienfonds nicht unter das KAGB, die operativ tätig sind und z. B. Projektentwicklung betreiben, während der Erwerb, die Vermietung, Verpachtung, Verwaltung und der Verkauf von Immobilien keine operative Tätigkeit sein sollen.[56] Für die geschlossenen Publikums-AIF gilt insbesondere ebenfalls ein Katalog bestimmter Anlagegegenstände sowie Anlagegrenzen. Es ist gem. § 262 KAGB der Grundsatz der Risikomischung zu beachten, wenn Privatanleger in den Fonds investieren, und die Aufnahme von Darlehen ist gem. § 263 KAGB begrenzt.[57] Typischerweise werden sie für Investitionen in Sachwerte, ÖPP-Projektgesellschaften, Unternehmensbeteiligungen und Gelddarlehen verwendet, § 261 Abs. 1 KAGB. Seit 2.8.2021 ist auch ihre Ausgestaltung als Feeder-AIF in Master-Feeder-Konstruktionen möglich.[58] Für die Vermögensgegenstände des Fonds ist gem. § 261 Abs. 5 KAGB die Bewertung durch externe Bewerter einschließlich einer kontinuierlichen Folgebewertung erforderlich.[59]

3. Alternative (Spezial-)Investmentfonds

Spezial-AIF sind ebenfalls in einer offenen (§§ 282 bis 284 KAGB) und einer geschlossenen Variante (§§ 285 bis 292c KAGB) denkbar. Gem. § 1 Abs. 6 KAGB dürfen sie nur von professionellen und semiprofessionellen Anlegern[60] i. S. v. § 1 Abs. 19 Nr. 32 und Nr. 33 KAGB erworben werden, was jedoch auch natürliche Personen umfasst.[61] Da das Anlagespektrum der Spezial-AIF im Vergleich zu den Publikums-AIF wesentlich erweitert ist, grundsätzlich in alle beliebigen Vermögensanlagen investiert werden kann und auch größere Spielräume bei der Darlehensaufnahme bestehen, sind Privatanleger i. S. v. § 1 Abs. 19 Nr. 31 KAGB von einer Investition in Spezial-AIF ausgeschlossen, um den erhöhten Anlagerisiken zu begegnen.[62] In der Praxis bilden die Spezial-AIF das institutionelle Marktsegment, während Publikums-AIF das Retail-Segment für Privatanleger bilden.[63]

---

den Artikeln 4a und 10 der Verordnung (EU) Nr. 648/2012 vom 19.3.2020, BGBl. I 2020, 529, eingeführte neue Möglichkeit der Bildung von Teilinvestmentvermögen, dazu ausführlich *Verfürth/Hecht*, BB 2020, 1927, 1928.

56 *Wagner*, ZfBR 2015, 113, 114.

57 Ausführlich zu Unterschieden offener und geschlossener AIF vgl. *Geurts/Schubert*, WM 2014, 2154, 2157; zur Darlehensaufnahme *Niewerth/Rybarz*, WM 2013, 1154.

58 Eingeführt durch das FoStoG vom 3.6.2021, BStBl. I 2021, 1498.

59 *Niewerth/Rybarz*, WM 2013, 1154, 1164.

60 Zur Definition ausführlich unten, § 2 IV.

61 *Köndgen/Schmies* in Schimansky/Bunte/Lwowski BankR-HdB Bd. 2, § 113 Rn. 192 f.

62 *Emde* in Emde/Dornseifer/Dreibus KAGB, Einleitung Rn. 104.

63 *Schwarz van Berk/Käpplinger/Schade/Junginger/Hillebrand* in Pöllath/Rodin/Wewel PE und VC Fonds, § 14 Rn. 1; *Köndgen/Schmies* in Schimansky/Bunte/Lwowski BankR-HdB Bd. 2, § 113 Rn. 192.

Offene Spezial-AIF kommen insbesondere in folgenden Ausprägungen vor: als allgemeiner offener Spezial-AIF gem. § 282 KAGB, als Hedgefonds gem. § 283 KAGB und als offener Spezial-AIF mit festen Anlagebedingungen gem. § 284 KAGB. Für offene Spezial-AIF gem. § 282 KAGB hat der Gesetzgeber im Unterschied zu den Spezial-AIF gem. § 284 keinen ausdrücklichen Katalog zulässiger Vermögensgegenstände normiert.[64] Für den Fonds gelten daher keine Einschränkungen oder spezifischen quantitativen Vorgaben im Hinblick auf mögliche Anlagen. Einschränkungen sieht § 282 KAGB lediglich im Hinblick auf die Risikomischung (mehr als drei Vermögensgegenstände mit unterschiedlichen Anlagerisiken),[65] die Bewertbarkeit der Anlagen (Investition ausschließlich in bewertbare Anlagen gem. § 278 KAGB) und die Rücknahme von Fondsanteilen vor. Bei den AIF gem. § 284 KAGB gelten grundsätzlich die gleichen Anlagebeschränkungen wie bei OGAW und offenen Publikums-AIF, von denen jedoch gem. § 284 Abs. 2 KAGB mit Zustimmung der Anleger abgewichen werden darf.[66] Durch das FoStoG wurde der zulässige Anlagekatalog um Kryptowährungen i. S. v. § 1 Abs. 11 S. 4 KWG in Höhe von maximal 20 % des Fondsvermögens erweitert.[67] Neu ist hier seit 2.8.2021 auch die Möglichkeit zur Auflage von Entwicklungsförderungsfonds gem. § 292a KAGB zu nennen, die als offene wie auch als geschlossene inländische Spezial-AIF aufgelegt werden dürfen.[68] Hier dürfen insbesondere Darlehen, Bürgschaften und sonstige Garantien für Projekte in Entwicklungsländern vergeben werden, § 1 Abs. 19 Nr. 10a KAGB.[69]

Die Rückgabe muss mindestens einmal vor Beginn der Liquidations- und Auslaufphase möglich sein, § 1 Abs. 4 KAGB.[70] Für Hedgefonds gelten grundsätzlich die für allgemeine offene Spezial-AIF geltenden Bestimmungen, ihre Anlagebedingungen müssen nach § 283 Abs. 1 KAGB jedoch zusätzlich entweder den Einsatz von Leverage in beträchtlichem Umfang (dreifaches Übersteigen des Netto-Inventarwerts) oder Leerverkäufe von Vermögensgegenständen des Fonds vorsehen.[71]

Geschlossene Spezial-AIF können gem. § 285 KAGB in alle Vermögensgegenstände investieren, für die ein Verkehrswert ermittelbar ist. Der Grundsatz der

---

64 *Baum* in Weitnauer/Boxberger/Anders KAGB, § 282 Rn. 1.

65 Kritisch zum Grundsatz der Risikomischung aufgrund von Wettbewerbsnachteilen im internationalen Vergleich *Baum* in Weitnauer/Boxberger/Anders KAGB, § 282 Rn. 5 ff.

66 *Eckhold/Balzer* in HdB KapitalanlageR§ 22 Rn. 59.

67 Eingeführt durch das FoStoG vom 3.6.2021, BStBl. I 2021, 1498; hierunter fällen insbesondere Bitcoins, ausführlich *Johannsen*, AG 2021, R196, R197.

68 Eingeführt durch das FoStoG vom 3.6.2021, BStBl. I 2021, 1498.

69 Ausführlich *Johannsen*, AG 2021, R196.

70 Zur Abgrenzung der Spezial-AIF vgl. die auch Übersicht bei *Schober/Weiss*, RdF 2019, 306, 307.

71 *Emde* in Emde/Dornseifer/Dreibus KAGB, Einleitung Rn. 108; *Köndgen/Schmies* in Schimansky/Bunte/Lwowski BankR-HdB Bd. 2, § 113 Rn. 199.

Risikomischung findet hier keine Anwendung, so dass auch Ein-Objekt-Fonds möglich sind.[72] Darlehen können grundsätzlich unbegrenzt aufgenommen werden, sofern nicht im Einzelfall eine Beschränkung durch die Aufsicht erfolgt.[73]

Gem. § 139 S. 2 KAGB dürfen geschlossene inländische Spezial-AIF seit dem FoStoG auch als nicht rechtsfähige Sondervermögen aufgelegt werden.[74] Davor konnten geschlossene inländische Investmentvermögen gem. § 139 KAGB nur als Investmentaktiengesellschaft mit fixem Kapital oder als geschlossene Investmentkommanditgesellschaft aufgelegt werden. Das Sondervermögen ist wesentlich einfacher zu handhaben als die geschlossene Investment-KG, insbesondere entfällt das Erfordernis der Eintragung der Kommanditisten im Handelsregister oder die Pflicht zur Durchführung von Gesellschafterversammlungen.[75]

Die unterschiedlichen Investmentvermögen lassen sich schematisch wie folgt darstellen:

72 *Geurts/Schubert*, WM 2014, 2154, 2158.
73 *Eckhold/Balzer* in HdB KapitalanlageR, § 22 Rn. 60.
74 Eingeführt durch das FoStoG vom 3.6.2021, BStBl. I 2021, 1498.
75 *Johannsen*, AG 2021, R20.

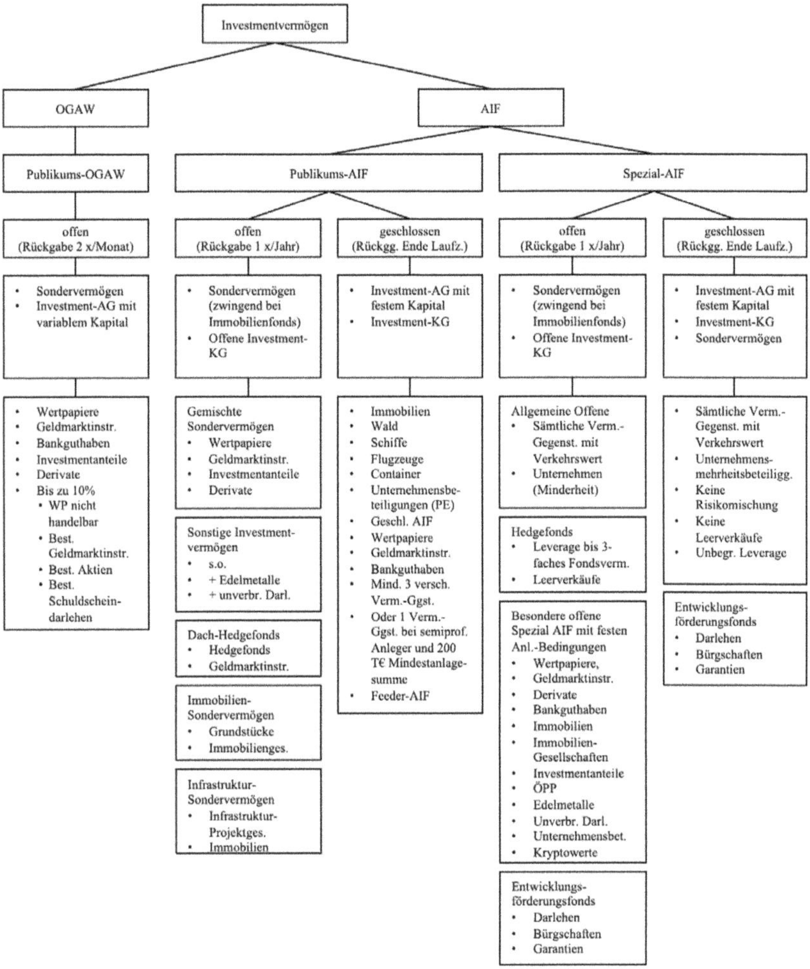

Abbildung 1: *Investmentvermögen nach KAGB*
(Quelle: Eigene Darstellung)

IV. Arten von Anlegern

Wie bereits erwähnt, sind bestimmte Investmentvermögen bestimmten Anlegern vorbehalten. Grund hierfür ist die unterschiedliche Schutzbedürftigkeit der Anleger. Abhängig von dem geplanten Investment wird gem. § 1 Abs. 19 Nr. 31 bis Nr. 33 KAGB zwischen Privatanlegern, professionellen und semiprofessionellen

Anlegern[76] differenziert. Dabei werden nur die professionellen Anleger und die semiprofessionellen definiert. Geborene professionelle Anleger sind dabei insbesondere Kreditinstitute oder andere zugelassene bzw. beaufsichtigte Finanzinstitute oder institutionelle Anleger. Gekorene professionelle Anleger müssen von der KVG als solche anerkannt werden und erfüllen mindestens zwei der drei folgenden Merkmale: Sie besitzen ein Wertpapiervermögen von mindestens 500.000 Euro, eine einjährige berufstypische Erfahrung oder praktische Handelserfahrung (mindestens 10 Transaktionen von erheblichem Ausmaß in den letzten zwölf Monaten).[77] Semiprofessionelle Anleger investieren gem. § 1 Abs. 19 Nr. 33 a) KAGB mindestens 200.000 Euro, geben in einem Vertrag mit der KVG an, dass sie sich der Risiken bewusst sind, und erhalten von der KVG eine schriftliche Bestätigung hierüber. Privatanleger sind gem. § 1 Abs. 19 Nr. 31 KAGB alle anderen Anleger.

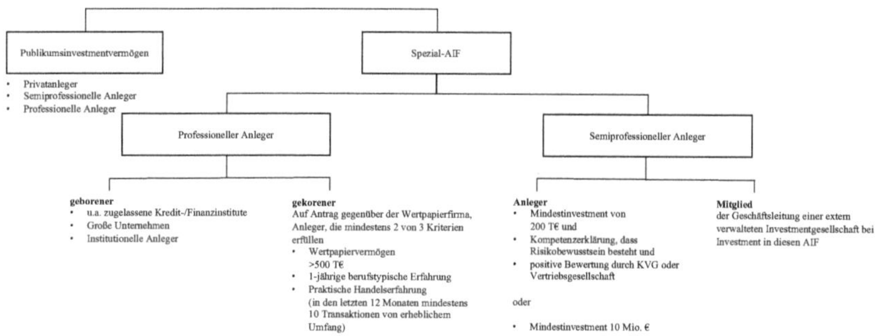

Abbildung 2: *Anleger nach KAGB*

(Quelle: Eigene Darstellung)

V. Investmentdreieck

Das Investmentgeschäft ist nach deutschem und europäischem Recht zwingend als dreiseitiges Rechtsgeschäft zwischen dem Anleger, der KVG und der

76 Dies können bspw. Stiftungen, Versorgungswerke oder vermögende Privatpersonen sein, die zwar nicht die Merkmale eines professionellen Anlegers aufweisen, aber dennoch nicht mit Privatanlegern verglichen werden können, vgl. dazu *Volhard/Jang* in Weitnauer/Boxberger/Anders KAGB, § 1 Rn. 113; *Jakovou* in Langenbucher/Bliesener/Spindler Bankrechts-Kommentar, 39. Kapitel Rn. 23.

77 *Eckhold/Balzer* in HdB KapitalanlageR, § 22 Rn. 74.

Verwahrstelle organisiert.[78] Diese Form der Aufgabenteilung zwischen KVG und Verwahrstelle schreibt den Gedanken des Anlegerschutzes weiter fort, da die Verwahrstelle auf Anweisung der KVG die Vermögensgegenstände für den Fonds erwirbt und verwahrt.[79] Dabei hat sie die Interessen des Anlegers zu wahren und die KVG i. S. d. Anlegers zu überwachen.[80]

Inhalt des Investmentgeschäfts ist zunächst der Investmentvertrag zwischen dem Anleger und der KVG als Geschäftsbesorgungsvertrag i. S. v. § 675 BGB. Der Anleger verpflichtet sich darin zur Zahlung des Ausgabepreises und die KVG gegen Entgelt zur umfassenden Vermögensverwaltung für den Anleger. Die KVG schuldet dem Anleger damit insbesondere die Portfolioverwaltung, das Risikomanagement und administrative Tätigkeiten.[81] Ihre Vergütung bezieht sie gem. § 93 Abs. 3 KAGB direkt aus dem Fondsvermögen. Die Vermögensgegenstände stehen gem. § 92 Abs. 1 KAGB dabei entweder im Eigentum der KVG (Treuhandlösung) oder im Miteigentum der Anleger (Miteigentumslösung).[82]

Die KVG ihrerseits beauftragt gem. § 68 Abs. 1 KAGB für OGAW und gem. § 80 Abs. 1 KAGB für AIF die Verwahrstelle im Rahmen eines Verwahrstellenvertrages. Mindestinhalt dieses Vertrags ist der Informationsaustausch zwischen Verwahrstelle und KVG, die Verwahrung der Vermögensgegenstände sowie die gegenseitige Kontrolle, § 68 Abs. 6 KAGB.[83] Gem. §§ 72 Abs. 1, 81 Abs. 1 KAGB ist die zentrale Aufgabe der Verwahrstelle zum einen die Verwahrung der Finanzinstrumente, die Sicherstellung der Verbuchungsmöglichkeit, aber auch die Eigentumsprüfung für den OGAW gem. §§ 72 Abs. 1 Nr. 2 a) und b), 81 Abs. 1 Nr. 1 a) und b) KAGB. Bei AIF, bei denen nicht alle Vermögenswerte bankmäßig verwahrt werden können (bspw. Immobilien), ist die Prüfung der Eigentumsrechte und etwaiger entgegenstehender Rechte Dritter (z. B. Belastungen, Pfandrechte, Verfügungsbeschränkungen) für den AIF gem. § 81 Abs. 1 Nr. 2 KAGB ebenfalls von zentraler Bedeutung.[84] Hinzu tritt mangels Verbuchungsmöglichkeit die

---

78 Ausführlich zu den vertraglichen Beziehungen im sog. Investmentdreieck *Hoch/Preller*, BKR 2019, 22; *Dorn*, InvStR, 54 ff.; *Emde* in Emde/Dornseifer/Dreibus KAGB, Einleitung Rn. 12 ff.

79 Die Ausführungen beziehen sich auf den Fall des Investmentfonds in Form eines rechtlich unselbständigen Sondervermögens, da dies in der Praxis aufgrund der leichteren Initiationsmöglichkeit und der geringeren Gründungskosten verglichen mit der Investmentaktiengesellschaft mit veränderlichem Kapital der am weitesten verbreitete Fall ist, *Hoch/Preller*, BKR 2019, 22, 23.

80 *Köndgen/Schmies* in Schimansky/Bunte/Lwowski BankR-HdB Bd. 1, § 113 Rn. 202.

81 *Hoch/Preller*, BKR 2019, 22, 24 f.

82 Ausführlich *Anders* in Weitnauer/Boxberger/Anders KAGB, § 92 Rn. 6; kritisch zum Miteigentumsmodell *Zetzsche/Nast* in Assmann/Wallach/Zetzsche KAGB, § 92 Rn. 9.

83 *Klusak* in Weitnauer/Boxberger/Anders KAGB, § 68 Rn. 25.

84 Sofern die Verwahrstelle dies nicht selbst kann, hat sie damit fremde Dritte (z. B. einen Rechtsanwalt) zu beauftragen, *Kunschke/Bachman* in Assmann/Wallach/Zetzsche KAGB, § 81 Rn. 18.

Pflicht, ein aktuelles Bestands- und Vermögensverzeichnis für die Vermögenswerte, bei denen eine Eigentumsverifikation stattgefunden hat, zu führen.[85] Des Weiteren umfasst der Verwahrstellenvertrag die Kontenführung, Ausführungen zu organisatorischen Abläufen, Details zu Verwahr- und Aufsichtsfunktionen sowie Haftungserklärungen, das Verfahren zum Informationsaustausch und Regelungen zu Geheimhaltungspflichten.[86]

Die Verwahrstelle gibt die Fondsanteile an den Anleger aus und nimmt sie zurück. Dabei besteht keine vertragliche Beziehung zwischen Anleger und Verwahrstelle, da diese nur im Auftrag der KVG tätig wird, wofür sie gem. § 79 Abs. 2 KAGB mit Zustimmung der KVG ein Entgelt aus dem Fondsvermögen erhält. Dennoch wird nach h. M. ein gesetzliches Schuldverhältnis zwischen Anleger und Verwahrstelle angenommen, welches sich aus einer Gesamtschau der Rechte und Pflichten der Verwahrstelle in Bezug auf den Anleger gem. §§ 70, 85 und §§ 78, 89 KAGB entnehmen lässt.[87] Die Verwahrstelle muss stets im Interesse des Anlegers und des Investmentfonds tätig werden. Haftungsansprüche der Anleger (und des OGAW bzw. AIF) gegenüber der Verwahrstelle sind in den § 77 Abs. 1 und Abs. 2 KAGB sowie § 88 Abs. 1 und Abs. 2 KAGB ausdrücklich geregelt. Für den Fall des Abhandenkommens von Vermögensgegenständen sowie für Verluste aufgrund vorsätzlicher oder fahrlässiger Verletzungen der im KAGB geregelten Pflichten steht dem Anleger ein Anspruch gegen die Verwahrstelle auf Schadensersatz zu.[88] Diesem kann durch Rückgabe eines Finanzinstruments gleicher Art oder Erstattung eines Geldbetrages Genüge getan werden.[89] Denkbar sind hier bspw. schuldhafte Kontrollpflichtverletzungen hinsichtlich der Eigentumsverhältnisse, der Zahlungsströme oder bei fehlerhafter Anteilswertermittlung.[90]

Häufig wird das Asset Management bzw. die Portfolioverwaltung jedoch nicht von der KVG selbst übernommen, sondern auf einen externen Asset Manager ausgelagert. Dies gilt insbesondere im Bereich der Spezial-AIF, bei denen die KVG häufig nur die Infrastruktur stellt und einer oder mehrere Asset Manager das Vermögen des AIF verwalten.

Sofern die KVG das Asset Management des Fonds nicht selbst übernimmt, kommt es zu einer Trennung von Fondsträgergeschäft und Fondsverwaltung. Sämtliche Aufgaben der Fondsverwaltung werden dann einer externen KVG

---

85 *Boxberger* in Weitnauer/Boxberger/Anders KAGB, § 81 Rn. 18.

86 *Hoch/Preller*, BKR 2019, 22, 26.

87 *Eckhold/Balzer* in HdB KapitalanlageR, § 22 Rn. 91 m. w. N.; so auch OLG Frankfurt vom 19.12.1996, NJW 1997, 745, 747; für ein vertragliches Schuldverhältnis *Klenk*, Rechtliche Behandlung des Investmentanteils, 15; für einen Vertrag zugunsten Dritter *Einsele*, Bank- und KapitalmarktR, § 10 Rn. 37; *Ohl*, Rechtsbeziehungen im Investmentdreieck, 64.

88 *Klusak* in Weitnauer/Boxberger/Anders KAGB, § 77 Rn. 5.

89 *Dreibus* in Emde/Dornseifer/Dreibus KAGB, § 77 Rn. 12.

90 *Patz*, BKR 2015, 193, 197.

zugewiesen.[91] Die Aufgaben der KVG, die das Investmentvermögen initiiert hat, beschränken sich in diesem Fall auf rein administrative Aufgaben wie die Prospektierung, das Berichtswesen oder Sanktionierungsmöglichkeiten bei Fehlverhalten der externen KVG. Auch hier wird ein Verwaltungsvertrag in Form eines Geschäftsbesorgungsvertrages gem. § 675 BGB mit der externen KVG geschlossen und es entsteht ein gesetzliches Schuldverhältnis analog dem Schuldverhältnis zwischen Anleger und externer KVG.[92] In diesem Fall wird häufig auch von einem Investmentviereck gesprochen.[93]

Ähnlich gelagert ist der Fall, dass die KVG das Portfoliomanagement gem. § 36 Abs. 1 Nr. 3 KAGB auf eine hierfür zugelassene Vermögensverwaltungsgesellschaft auslagert (Outsourcing). In diesem Fall schließt die KVG einen Beratungsvertrag mit einem externen Vermögensverwalter ab, welcher der KVG Anlagevorschläge unterbreitet.[94] Die KVG selbst trifft keine qualifizierte Anlageentscheidung, sondern prüft lediglich die Einhaltung der formalen Anlagebedingungen und setzt im Übrigen die Empfehlung des externen Vermögensverwalters um.[95] Von der Möglichkeit der Auslagerung insbesondere der Portfolioverwaltung wird verbreitet Gebrauch gemacht, da der KVG so eine effiziente Geschäftsführung und Konzentration auf die häufig administrativen Tätigkeiten ermöglicht wird, während professionelle Asset Manager die Vermögensgegenstände des Fonds verwalten.[96]

Kein obligatorisches, aber bei Spezial-AIF mit nur einem oder wenigen Anlagern ein häufig anzutreffendes Gremium ist der sog. Anlageausschuss. Der Anlageausschuss wird üblicherweise mit Vertretern der KVG, des Asset Managers und des Anlegers besetzt. Der Anlageausschuss wirkt regelmäßig bei der Ausgestaltung und Umsetzung der Anlagerichtlinien mit und nimmt insoweit eine beratende Funktion der KVG ein, wobei seine Empfehlungen nicht bindend

---

91 *Köndgen/Schmies* in Schimansky/Bunte/Lwowski BankR-HdB Bd. 1, § 113 Rn. 244.

92 *Hoch/Preller*, BKR 2019, 22, 28.

93 *Köndgen/Schmies* in Schimansky/Bunte/Lwowski BankR-HdB Bd. 1, § 113 Rn. 244 f.

94 *Vollhard/Jang* in Weitnauer/Boxberger/Anders KAGB, § 36 Rn. 7.

95 *Döser* in Emde/Dornseifer/Dreibus KAGB, § 36 Rn. 48. Vgl. dazu auch das Rundschreiben der BaFin 01/2017 (WA) – Mindestanforderungen an das Risikomanagement von Kapitalverwaltungsgesellschaften (KAMaRisk) vom 1.10.2017, Ziff. 10.1, abrufbar unter https://www.bafin.de/SharedDocs/Downloads/DE/Rundschreiben/dl_rs_1701_KAMaRisk.html (zuletzt abgerufen am 22.8.2020).

96 *Vollhard/Jang* in Weitnauer/Boxberger/Anders KAGB, § 36 Rn. 2. Vielfach arbeiten KVGen mit mehreren hundert Asset Managern zusammen und stellen für sie und die von ihnen vertriebenen Produkte die Infrastruktur. Siehe dazu bspw. das Profil der Universal-Investment-Gesellschaft mbH, die als größte unabhängige KVG in Deutschland für ca. 400 Asset Manager ca. 1.900 Fonds in sämtlichen Anlageklassen und Rechtsformen verwaltet, https://www.universal-investment.com/de/permanent-seiten/profil (zuletzt abgerufen am 31.7.2021).

sind.[97] Über ihn kann der Anleger ein gewisses Maß an Einfluss und Kontrolle auf bzw. über die im Übrigen ausgelagerte Portfolioverwaltung, die Ausschüttungspolitik oder die Umstrukturierung des Fonds ausüben.[98]

Die vertraglichen Beziehungen lassen sich schematisch wie folgt darstellen:

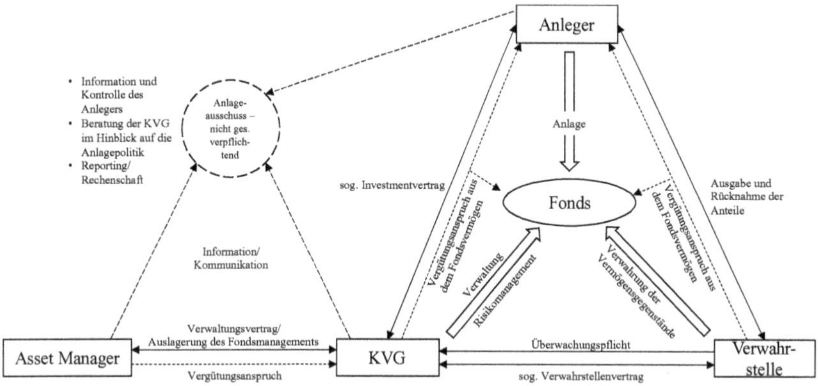

Abbildung 3: *Investmentdreieck*

(Quelle: *Hoch/Preller*, BKR 2019, 22, eigene Darstellung)

VI. Zusammenfassung zu § 2

Die kollektive Vermögensanlage mittels Investmentvermögen ist ein hoch regulierter Bereich, in dem ein möglichst hohes Maß an Anlegerschutz gewährleistet werden soll. Dabei berücksichtigt das KAGB die unterschiedlichen Anforderungen der Anleger. Investmentvermögen unterliegen einer weitreichenden Rechts- und Fachaufsicht durch die BaFin. Der BaFin stehen zur Ausübung einer effektiven Aufsicht zahlreiche Maßnahmen zur Verfügung. Hierzu zählen nicht nur das Recht auf Auskunft und Information sowie das Recht, Durchsuchungen anzuordnen oder den Betrieb einer Fondsgesellschaft vollständig zu untersagen, um Missbrauch zu Lasten der Anleger zu verhindern. Vielmehr beinhaltet das KAGB auch eigene Straf- und Bußgeldvorschriften. Dabei sind die Vorschriften des KAGB zum Schutz der Anleger nicht abschließend, sondern es finden sich

97 Dem Anlageausschuss kommt ausschließlich eine Beratungsfunktion zu. Im Übrigen steht der KVG als unabhängigem Treuhänder im Anlegerinteresse das alleinige Verwaltungsrecht bezüglich des Investmentvermögens zu, vgl. *Zirlewagen* in Emde/Dornseifer/Dreibus KAGB, § 284 Rn. 163.

98 *Jakovou* in Langenbucher/Bliesener/Spindler Bankrechts-Kommentar, 39. Kapitel Rn. 22.

auch in einer Vielzahl anderer Gesetze und Verordnungen weitere Vorschriften, welche die Erreichung dieses Ziels gewährleisten sollen.

Dieser weitreichenden staatlichen Aufsicht sollen nach dem Willen des Gesetzgebers möglichst viele Vehikel zur kollektiven Kapitalanlage unterliegen. Daher ist der Begriff des Investmentvermögens in § 1 Abs. 1 KAGB denkbar weit gefasst und schließt seit Einführung des KAGB auch die geschlossenen Publikums-AIF ein, die bis Juli 2013 noch keiner staatlichen Aufsicht unterlagen.

Auch im Hinblick auf die Ausgestaltung eines Investmentvermögens ist der Anlegerschutz – bzw. wie viel davon durch den Gesetzgeber als erforderlich erachtet wird – das maßgebliche Leitmotiv. Bei den offenen Publikums-Investmentvermögen für Wertpapiere (OGAW) und für andere Vermögenswerte (AIF) lässt sich ein hohes Maß an Anlagerestriktionen und staatlicher Aufsicht feststellen, um die Risiken der Kapitalanlage für den Anleger möglichst zu minimieren. Im Bereich der offenen Spezial-AIF nimmt der Schutzgedanke durch eine Ausweitung der Anlagemöglichkeiten und der Aufnahme erhöhter Fremdfinanzierungen merklich ab, bis er bei den geschlossenen Spezial-AIF, die beinahe jedes Investment erlauben, sein Mindestmaß erreicht.

Dem entspricht auch die Klassifizierung der Anleger in private, professionelle und semi-professionelle Anleger. Während Spezial-AIF nur professionellen und semi-professionellen Anlegern mit entsprechender Sachkunde und Kapitalausstattung vorbehalten sind, können Klein-/Privatanleger ausschließlich in OGAW und offene sowie geschlossene Publikums-AIF investieren.

Um den Anlegerschutz auch fortlaufend zu gewährleisten, hat sich der Gesetzgeber für eine klare Gewaltenteilung im Hinblick auf die erforderlichen Funktionen entschieden. Hierbei wird die Verwahrung der Vermögensgegenstände des Investmentvermögens bewusst von ihrer Verwaltung getrennt und eine gegenseitige Überwachung von KVG und Verwahrstelle zum Schutze des Anlegers etabliert.

Mit der Weiterentwicklung des KAGB durch das FoStoG versucht der Gesetzgeber, Deutschland als Fondsstandort zu stärken. Durch die Erweiterung der Anlagegegenstände und Rechtsformen werden bestimmte Fondstypen flexibler. Als besonders förderungswürdige Zwecke eingestufte Investitionsvorhaben sollen einer breiteren Anlegerschaft zugänglich gemacht werden. Fraglich ist indes, wie die neuen geschlossenen Sondervermögen steuerlich aus internationaler Sicht beurteilt werden bzw. ob sie im Ausland als transparent oder intransparent angesehen werden. Trotzdem kann das Gesetz als Schritt in die richtige Richtung bezeichnet werden. Eine weitere Fortentwicklung des KAGB erscheint aber ebenso möglich und zur weiteren Stärkung des Fondsstandorts Deutschland wünschenswert. Hier ist bspw. die Einführung weiterer Rechtsformen wie etwa einer Investment-AG mit variablem Kapital für nicht liquide Vermögenswerte oder die Einführung von Investmentvermögen in Form einer KGaA ähnlich der luxemburgischen SCA (société en commandite par actions) vorstellbar.

§ 3 Rückblick: Grundprinzipien des InvStG 2004

Nachfolgend sollen ebenfalls in der gebotenen Kürze einige zentrale Merkmale des InvStG 2004 dargestellt werden, da auf diese im Verlauf der Untersuchung Bezug genommen wird. Dies soll zum grundlegenden Verständnis der Reform des InvStG beitragen sowie die Brücke schlagen zur Besteuerung der Spezial-Investmentfonds, bei denen weiterhin eine Semi-Transparenz für einen großen Teil der Erträge und auch das Prinzip der ausschüttungsgleichen Erträge gilt.

I. Lex Specialis

Sowohl das InvStG 2004 als auch das InvStG 2018 regeln einheitlich die steuerrechtlichen Folgen von Investitionen in inländische, ausländische offene und geschlossene Investmentfonds. Dabei gilt das InvStG nach wie vor als lex specialis, die vorrangig vor anderen steuerrechtlichen Normen des EStG, des KStG und des GewStG Anwendung findet.[99] Enthält es keine Regelung, finden die allgemeinen steuerrechtlichen Vorschriften Anwendung. Aufgrund seines Charakters als Spezialgesetz enthielt und enthält das InvStG zahlreiche Verweise auf die allgemeinen Regelungen, die dadurch für entsprechend anwendbar erklärt werden. Hier sind insbesondere § 8b KStG und § 3 Nr. 40 EStG zu nennen, die im alten wie im neuen Recht in unterschiedlicher Weise Geltung entfalten und abhängig vom Regelungszusammenhang für anwendbar oder nicht anwendbar erklärt werden.[100] Zu anderen Gesetzen wie bspw. dem AStG besteht gem. § 7 Abs. 5 S. 1 AStG dagegen ein Ausschließlichkeitsverhältnis, so dass dieses Gesetz vollständig hinter das InvStG zurücktritt.[101]

---

99 Zur bis zum 31.12.2017 geltenden Rechtslage *Wenzel* in Brandis/Heuermann, Vorbemerkungen zu § 1 InvStG 2004 Rn. 5; *Helios/Gstädtner* in Haisch/Helios RHdB Finanzinstrumente, § 7 Rn. 1; *Haase/Dorn*, InvStR, 31; *Lübbehüsen* in Berger/Steck/Lübbehüsen InvStG 2004, Vor §§ 1 ff. Rn. 25; zur ab 1.1.2018 geltenden Rechtslage *Dorn*, InvStR, 30; Gloßner in Brandis/Heuermann, § 43 InvStG Rn. 16; des Weiteren im Verhältnis zur AO *Mann* in Brandis/Heuermann, § 5 InvStG Rn. 8; im Verhältnis zum OWiG *Gloßner* in Brandis/Heuermann, § 55 InvStG Rn. 23.

100 Ausführlich unten, § 12 II. 3.

101 Ausführlich unten, § 5 II. 3.

II. Eingeschränktes Transparenzprinzip und Steuerbefreiung des Investmentfonds

Unter dem InvStG 2004 wurde ein Investmentfonds, der die Kriterien des § 1 Abs. 1b InvStG 2004 einhielt und eine der vorgesehenen Rechtsformen nach § 1 Abs. 1 f InvStG 2004 hatte, privilegiert besteuert. Auf der Fondseingangsseite (Ebene des Investmentfonds) galt gem. § 11 Abs. 1 S. 2 InvStG 2004 eine Steuerbefreiung für Zwecke der KSt und der GewSt, obwohl der Investmentfonds aufgrund von §§ 11 Abs. 1 InvStG 2004, 1 Abs. 1 Nr. 5 KStG als selbständiges KSt-Subjekt galt.[102] Die Besteuerung fand nach § 20 Abs. 1 Nr. 1 EStG allein auf der Fondsausgangsseite (Ebene des Anlegers) statt, der die Erträge als Ausschüttungen, ausschüttungsgleiche Erträge oder Veräußerungsgewinne zu versteuern hatte.

Dabei war der Leitgedanke des Gesetzgebers, dass der Anleger so gestellt sein sollte, als habe er direkt in die Wertpapiere investiert, in die der Investmentfonds investiert (sog. eingeschränktes Transparenzprinzip).[103] In zahlreichen Entscheidungen findet sich dazu die Formel, dass der Anleger durch die Zwischenschaltung eines Investmentfonds nicht schlechter, aber auch nicht besser als ein Direktanleger gestellt werden soll.[104] Das Transparenzprinzip war als Grundsatz allerdings nicht ausdrücklich normiert, sondern galt nur soweit, wie es im Einzelfall gesetzlich geregelt war.[105] Unter dem Begriff wurden nur die expliziten Regelungen zusammengefasst, mit denen der Gesetzgeber für bestimmte Fälle ausnahmsweise zur Vermeidung einer Doppelbesteuerung sicherstellen wollte, dass Erträge aus dem Fondsvermögen nur beim Anleger versteuert werden, wie wenn dieser sie direkt bezogen hätte. Das Transparenzprinzip hatte dabei für den Anleger den Vorteil, dass dessen persönliche steuerliche Verhältnisse vollständig berücksichtigt werden konnten.[106]

Laufende Erträge hatte der Anleger im Falle einer Ausschüttung i. S. v. § 1 Abs. 3 S. 1 und S. 2 InvStG 2004 gem. §§ 2 Abs. 1 S. 1 InvStG 2004, 20 Abs. 1 Nr. 1 EStG sofort zu versteuern. Im Falle der Thesaurierung wurden ihm die laufenden Erträge des Investmentfonds als ausschüttungsgleiche Erträge i. S. v. § 1 Abs. 3

---

102 *Lübbehüsen* in Berger/Steck/Lübbehüsen InvStG 2004, Vor § 1 ff. Rn. 6.

103 *Wenzel* in Brandis/Heuermann, InvStG 2004 Rn. 9; *Helios/Gstädtner* in Haisch/Helios RHdB Finanzinstrumente, § 7 Rn. 12; *Lübbehüsen* in Berger/Steck/Lübbehüsen InvStG 2004, Vor §§ 1 ff. Rn. 20 ff.

104 EuGH vom 21.5.2015, Az. C-560/13, IStR 2015, 516 m. Anm. *Patzner/Nagler*, IStR 2015, 511; *Faller*, RdF 2015, 251; BFH vom 6.8.2013, Az. VIII R 39/12, DStRE 2014, 38 m. Anm. *Faller*, RdF 2014, 78; BFH vom 25.6.2014, Az. I R 33/09, DStRE 2014, 1374 m. Anm. *Reislhuber*, RdF 2014, 346; BFH vom 28.10.2009, Az. I R 27/08, IStR 2010, 218; FG Baden-Württemberg vom 30.7.2009, Az. 13 K 224/04, BeckRS 2009, 72773; BVerfG vom 17.12.2013, Az. 1 BvL 5/08, NVwZ 2014, 577.

105 BFH vom 11.10.2000, Az. I R 99/96, BStBl. II 2001, 22; BFH vom 7.4.1992, Az. VIII R 97/88, BStBl. II 1992, 786; BFH vom 4.3.1980, Az. VIII R 48/76, BStBl. II 1980, 453.

106 *Helios/Gstädtner* in Haisch/Helios RHdB Finanzinstrumente, § 7 Rn. 12.

S. 3 und S. 4 InvStG 2004 gem. §§ 2 Abs. 1 S. 2 InvStG 2004, 20 Abs. 1 Nr. 1 EStG mit Ablauf des Geschäftsjahresendes, in dem sie dem Fonds zugeflossen waren, zugerechnet.[107] In diesem Fall erhielt der Anleger keine tatsächliche, sondern lediglich eine fiktive Ausschüttung, die aber trotzdem nach § 20 Abs. 1 Nr. 1 S. 2 EStG zu den laufenden Einkünften aus Kapitalvermögen zählte und im Jahr des Zuflusses zu versteuern war.[108] Den KapESt-Abzug nahm die depotführende Stelle des Anlegers gem. § 43 Abs. 1 S. 1 Nr. 1, 1a und S. 2 sowie Abs. 3a und Abs. 3b EStG vor.[109]

Damit dem Anleger auch im Falle der Thesaurierung kein Liquiditätsnachteil entstand, errechneten die Fondsgesellschaften bei inländischen Investmentfonds die Steuer, die der Anleger voraussichtlich über die depotführenden Stellen an das Finanzamt abzuführen hatte, und stellten diese in Form der sog. Steuerliquidität auf dem Konto des Anlegers bereit.[110] Bei ausländischen thesaurierenden Investmentfonds mussten die ausschüttungsgleichen Erträge individuell von jedem Steuerpflichtigen erklärt werden, da von ihnen nicht wie bei den inländischen Investmentfonds gem. § 7 Abs. 3 InvStG 2004 KapESt erhoben wurde. Thesaurierende ausländische Fonds waren nicht verpflichtet, KapESt für Rechnung inländischer Anleger einzubehalten. Der KapESt-Abzug fiel gem. § 7 Abs. 1 Satz 1 Nr. 3 InvStG 2004 erst dann an, wenn der Anleger diese Erträge durch Anteilsrückgabe über ein inländisches Kreditinstitut realisierte (sog. nachholender Steuerabzug).[111] Die Bemessungsgrundlage umfasste dann auch die nach dem 31.12.1993[112] als zugeflossen geltenden akkumulierten ausschüttungsgleichen Erträge, die noch nicht dem KapESt-Abzug unterworfen worden waren.[113] Der Anleger konnte dies im Rahmen seiner Veranlagung wieder berichtigen, wenn er den Nachweis erbringen konnte, dass er sämtliche Erträge zuvor versteuert hatte.[114]

Die Besteuerung bei Veräußerung oder Rückgabe von Fondsanteilen richtete sich nach § 8 InvStG 2004 i. V. m. den allgemeinen Vorschriften der §§ 20 und 23

---

107 *Lübbehüsen* in Berger/Steck/Lübbehüsen InvStG 2004, § 2 Rn. 72 f.; *Haase/Dorn*, InvStR, 146.

108 Vgl. dazu auch *Ebner*, RdF 2016, 218, 219.

109 *Gloßner* in Brandis/Heuermann, InvStG 2004 § 7 Rn. 10.

110 Vgl. dazu die ausführlichen Berechnungsbeispiele bei *Rhodius/Lofing*, KapESt/AbgSt 2015, 77 ff.; sie mindert entsprechend den Fondsanteilswert, *Hartmann* in BeckOK InvStG 2004, § 8 Rn. 68; zur Berücksichtigung der Steuerliquidität im Rahmen des Übergangs in das InvStG 2018 vgl. *Schlund*, DStR 2017, 2710, 2713.

111 *Ramackers* in Berger/Steck/Lübbehüsen InvStG 2004, § 7 Rn. 33.

112 Einführung der Zinsabschlagsteuer durch Gesetz zur Neuregelung der Zinsbesteuerung (Zinsabschlaggesetz) vom 9.11.1992, BGBl. I 1992, 1853, vgl. dazu etwa *Heuer*, DStR 1993, 1322; *Streck*, DStR 1993, 342.

113 *Wellisch/Quast/Lenz*, BB 2008, 490, 493; *Gloßner* in Brandis/Heuermann, § 7 InvStG 2004 Rn. 5.

114 BMF vom 18.8.2009, Az. IV C 1 – S 1980-1/08/10019, BStBl. I 2009, 931, Rn. 196c.

EStG. Für betriebliche Anleger hatte der Fonds fortlaufend den Aktiengewinn gem. § 8 Abs. 1 bis Abs. 4 InvStG 2004 zu ermitteln, damit hierauf §§ 8b KStG und 3 Nr. 40 EStG Anwendung finden konnten.[115] Gewinne aus der Veräußerung von Wertpapieren, Termingeschäften oder Stillhalterprämien auf Fondsebene waren dergestalt privilegiert, dass diese nicht zu den ausschüttungsgleichen Erträgen i. S. v. § 1 Abs. 3 S. 3 InvStG 2004 zählten und damit auf Ebene des Anlegers erst dann zu versteuern waren, wenn dieser die Fondsanteile veräußerte und einen Veräußerungsgewinn erzielte (sog. Fondsprivileg).[116] Bis zu diesem Zeitpunkt konnten diese Erträge thesauriert und die Versteuerung aufgeschoben werden.

Diesen Mechanismus machten sich viele Anleger vor Einführung der Abgeltungsteuer zum 1.1.2009 zu Nutze und investierten in Investmentfonds, damit sie nach Abschaffung der Steuerfreiheit für Veräußerungsgewinne aus privaten Veräußerungsgeschäften nach §§ 20, 23 EStG ab dem 1.1.2009 unter Inanspruchnahme des Bestandsschutzes noch steuerfreie Veräußerungsgewinne erzielen konnten.[117] Im Zuge des InvStRefG ist dieser Bestandsschutz aufgrund von § 56 Abs. 6 entfallen, so dass nun auch die nach dem 1.1.2018 angefallenen Veräußerungsgewinne aus diesen vor 2009 erworbenen Altanteile weitestgehend steuerpflichtig sind.[118]

Voraussetzung für die privilegierte Form der Besteuerung als Investmentfonds war, dass der Fonds sämtliche Besteuerungsgrundlagen nach § 5 Abs. 1 InvStG 2004 für die Anleger ermittelte und im elektronischen Bundesanzeiger veröffentlichte.[119] Auch für jede Ausschüttung waren insoweit die gleichen Voraussetzungen einzuhalten und sämtliche Ertragsbestandteile im Einzelnen aufzugliedern, damit der Anleger seine Einkünfte aus Kapitalvermögen zutreffend ermitteln konnte.[120]

Erfüllte ein Investmentvermögen die Anforderungen an die Veröffentlichung der Besteuerungsgrundlagen nach § 5 InvStG 2004 nicht, kam die sog. „Strafbesteuerung" nach § 6 InvStG 2004 zur Anwendung.[121] Danach wurden beim Anleger die Ausschüttungen auf in- und ausländische Investmentanteile, der Zwischengewinn sowie 70 % der jährlichen Steigerung des Anteilwertes besteuert (sog. Mehrbetrag). Dieser ermittelte sich aus der Differenz zwischen dem ersten im Kalenderjahr festgesetzten Rücknahmepreis und dem letzten im Kalenderjahr

---

115 *Haase/Dorn*, InvStR, 170; *Hartmann* in Brandis/Heuermann, § 8 InvStG 2004 Rn. 10.

116 Vgl. dazu *Wellisch/Quast/Lenz*, BB 2008, 490, 491.

117 Gesetzesbegründung zum InvStRefG, BT-Drucks. 18/8045, 126; *Spengel/Ernst*, DStR 2008, 835, 837.

118 Ausführlich unten § 8 III. 2 sowie *Schlund*, DStR 2017, 2710, 2715.

119 *Hartmann* in BeckOK InvStG 2004, § 5 Rn. 3.

120 Ausführlich *Wenzel* in Brandis/Heuermann, § 5 InvStG 2004 Rn. 18 ff.

121 Ausführlich *Egner/Wölfert*, DStR 2013, 381; *Ernst* in BeckOK InvStG 2004, § 6 Rn. 9 ff. Allerdings wurde dem Anleger durch BFH vom 17.11.2015, Az. VIII R 27/12, DStRE 2016, 354, eine Nachweismöglichkeit hinsichtlich der Besteuerungsgrundlagen zugesprochen.

festgesetzten Rücknahmepreis. Mindestens aber musste der Anleger 6 % des letzten im Kalenderjahr festgesetzten Rücknahmepreises ansetzen und versteuern.[122] Dieser vermeintliche Nachteil wurde jedoch bei Verkauf der Fondsanteile durch Anrechnung bereits versteuerter Ertragsbestandteile wieder ausgeglichen.[123]

III. KapESt-Abzug und Quellensteuern

Im Hinblick auf den Abzug von KapESt und Quellensteuern galten vor der Reform des InvStG bei inländischen Investmentfonds im Wesentlichen die allgemeinen Regelungen der §§ 43 ff. EStG.[124] Sofern ein Investmentfonds kapitalertragsteuerpflichtige Erträge wie inländische Zinsen oder Dividenden i. S. v. § 43 Abs. 1 Nr. 1 und Nr. 7 EStG erzielte, waren durch die Verwahrstelle grundsätzlich 25 % KapESt einzubehalten. Da sowohl Sondervermögen als auch Investmentaktiengesellschaften aufgrund von § 11 Abs. 1 S. 1 InvStG 2004 von der KSt und der GewSt befreit waren,[125] wurde bei Vorliegen einer NV-Bescheinigung gem. § 44a Abs. 4 EStG vom Steuerabzug Abstand genommen.[126] In den übrigen Fällen, bspw. bei verspäteter Vorlage einer NV-Bescheinigung, konnte gem. § 11 Abs. 2 S. 1 und S. 2 InvStG 2004 eine Erstattung der einbehaltenen KapESt durch das Finanzamt (bspw. bei Zinsen) bzw. die Verwahrstelle (bspw. bei Dividenden) erfolgen.[127] Die Steuerbefreiung galt für sämtliche Erträge des Investmentfonds und diente damit auch der Umsetzung des steuerlichen Transparenzprinzips.

Bei ausländischen Investmentfonds kamen bei inländischen Erträgen grundsätzlich die gleichen Regelungen zum KapESt-Abzug zur Anwendung. Im Unterschied zu inländischen Investmentfonds bestand hier jedoch nicht die Möglichkeit einer Erstattung einbehaltener Steuern gem. § 11 Abs. 2 InvStG 2004, da dieser nur für inländische Investmentfonds Geltung entfaltete.[128] Die ausländischen Investmentfonds vereinnahmten die dem KapESt-Abzug unterliegenden Erträge damit netto, konnten gem. § 4 Abs. 2 S. 7 und Abs. 4 InvStG 2004 aber anrechenbare oder abziehbare ausländische Steuer oder die als ausländische Steuer fingierte KapESt bei der Ermittlung der Erträge auf Fondsebene als Werbungskosten abziehen.[129] Die Möglichkeit des Werbungskostenabzugs nach § 4 Abs. 4

---

122 *Büttner/Mücke* in Berger/Steck/Lübbehüsen InvStG 2004, § 6 Rn. 6 ff.

123 *Haase/Dorn*, InvStR, 171.

124 *Gloßner* in Brandis/Heuermann, § 7 InvStG 2004 Rn. 10 ff.

125 Vgl. dazu *Bödecker/Intemann/Ronig* in BeckOK InvStG 2004, § 11 Rn. 20.

126 Detailliert zum Steuerabzug *Rhodius/Lofing*, KapESt/AbgSt 2015, 145 f.

127 Zu Einzelheiten *Haase/Dorn*, InvStR, 114 f.; *Englisch* in Berger/Steck/Lübbehüsen InvStG 2004, § 11 Rn. 33, wobei die Abstandnahme vom KapESt-Abzug vorrangig vor der Erstattung zur Anwendung kam.

128 *Mann* in Brandis/Heuermann, § 11 InvStG 2004 Rn. 6.

129 *Stock/Oberhofer* in Berger/Steck/Lübbehüsen InvStG 2004, § 4 Rn. 125; *Haase/Dorn*, InvStR, 116.

InvStG 2004 galt gem. § 15 Abs. 1 S. 1 InvStG 2004 jedoch nur für ausländische Publikumsfonds und nicht für Spezial-Investmentfonds.[130] Im Gegenzug schied eine Anrechnung der einbehaltenen Steuern auf Ebene der Anleger aus, wenn der Werbungskostenabzug im Rahmen der Gewinnermittlung des Fonds gem. § 3 InvStG 2004 gewählt wurde.[131]

Inländische Investmentfonds, die im Ausland Erträge erzielten, welche dort einem Quellensteuerabzug unterlagen, konnten ebenfalls gem. § 4 Abs. 4 InvStG 2004 wählen, ob sie die dort einbehaltenen Steuern als Werbungskosten im Rahmen der Gewinnermittlung des Fonds nach § 3 InvStG 2004 abziehen wollten oder eine Anrechnung dieser Steuern auf Anlegerebene ermöglichen wollten.[132] Dieses Wahlrecht übte der Investmentfonds durch konkludentes Handeln aus.[133]

Erfolgte kein Werbungskostenabzug, kam eine Anrechnung der im Ausland einbehaltenen Steuer auf Ebene des Anlegers in Betracht. Gerade bei Zins- und Dividendenerträgen sehen die meisten von Deutschland abgeschlossenen DBA einen Höchstsatz für die Belastung mit ausländischen Quellensteuern von 10 % bzw. 15 % vor.[134] Sofern im Ausland eine höhere Steuer einbehalten wurde,[135] kam es zur Prüfung von Erstattungsansprüchen auf das DBA zwischen dem Sitzstaat der auszahlenden Stelle und Deutschland als Ansässigkeitsstaat seines Anlegers an. Der Fonds selbst wurde im Regelfall als transparentes Vehikel angesehen.[136] Daher erfolgte die Berücksichtigung von im Ausland einbehaltener Quellensteuer auf der Ebene des Anlegers. Der Fonds konnte für jeden Anleger und für jeden Ertrag die Erstattung der im Ausland unter Berücksichtigung des DBA zu viel einbehaltenen Quellensteuer beantragen. Da dies einen erheblichen Aufwand bedeutete, der im Einzelfall kaum in einer vernünftigen Relation zu der Steuererstattung stand, verzichteten Fonds bis zur Einführung der Abgeltungsteuer gem. § 4 Abs. 4 InvStG 2004 vielfach auf die Antragstellung.[137] Ferner

130 *Ernst* in BeckOK InvStG 2004, § 4 Rn. 62.

131 *Haase/Dorn*, InvStR, 116; *Ernst* in BeckOK InvStG 2004, § 4 Rn. 59.

132 *Stock/Oberhofer* in Berger/Steck/Lübbehüsen InvStG 2004, § 4 Rn. 125.

133 *Haase/Dorn*, InvStR, 119.

134 Gem. Art 10 Abs. 2 b OECD-MA 15 % für Dividenden und gem. Art. 11 Abs. 2 S. 1 OECD-MA 10 % für Zinsen.

135 Vgl. dazu die Übersicht zur Anrechenbarkeit der Quellensteuer auf Dividenden und Zinsen von Staaten, mit denen Deutschland ein DBA abgeschlossen hat, herausgegeben vom BZSt, abrufbar unter https://www.bzst.de/DE/Privatpersonen/Kapitalertraege/AuslaendischeQuellensteuer/auslaendischequellensteuer_node.html (zuletzt abgerufen am 1.8.2021).

136 *Haase/Dorn*, InvStR, 118; *Haug*, IStR 2020, 866, 868 m. w. N. für eine anderslautende Ansicht. Zur Abkommensberechtigung von Investmentfonds ausführlich unten, § 6 V.

137 *Zetzsche*, IStR 2015, 8, 11.

waren den Kapitalverwaltungsgesellschaften die Anleger in den Fonds auch gar nicht bekannt, da diese die Fondsanteile über eine Kette von zwischengeschalteten Finanzinstituten halten.[138]

Nach Einführung der Abgeltungsteuer war der Werbungskostenabzug für den Anleger nachteilhaft, da sich die Berücksichtigung der Quellensteuer als Werbungskosten nur in Höhe der hierauf ersparten AbgSt auswirkte und nicht in voller Höhe berücksichtigt wurde.[139]

IV. Zusammenfassung zu § 3

Kennzeichnend für das InvStG 2004 war sein spezialgesetzlicher Charakter, aufgrund dessen eine ansonsten nicht geltende Transparenz immer dort vorgesehen wurde, wo von den allgemeinen Besteuerungsregelungen eine Ausnahme i. S. d. vorgenannten Transparenzgedankens der Fondsanlage gemacht werden sollte. Der Anleger sollte nicht schlechter, aber auch nicht besser gestellt werden, als wenn er direkt in die jeweiligen Wertpapiere investiert hätte. Dabei galt das Transparenzprinzip jedoch nicht uneingeschränkt, denn der Investmentfonds wurde auch unter dem InvStG 2004 als eigenständiges KSt und GewSt-Subjekt gesehen, das jedoch von diesen Steuern befreit war. Wie bei anderen steuerbefreiten Anlegern auch, wurde daher bei Vorlage einer NV-Bescheinigung durch den Investmentfonds von einem Steuerabzug Abstand genommen. Ein Merkmal der eingeschränkten Transparenz und der Anerkennung des Investmentfonds als Steuersubjekt war, dass die Gewinnermittlung zunächst vollständig auf Ebene des Investmentfonds zu erfolgen hatte und die einzelnen Erträge erst in einem zweiten Schritt dem Anleger real oder fiktiv zuflossen. Erst dann hatte der Anleger durch den Investmentfonds erzielten Erträge zu versteuern. Dabei kam es nicht zu einer Umqualifizierung der Erträge, sondern diese behielten ihre ursprüngliche Natur. Dies führte zum Erfordernis des komplexen Anlegerreportings nach § 5 InvStG 2004, welches die Veröffentlichung von bis zu 33 Besteuerungsgrundlagen des Anlegers beinhaltete. Anderenfalls kam es zur sog. Strafbesteuerung gem. § 6 InvStG 2004.

Im internationalen Zusammenhang stieß das Leitmotiv der Transparenz jedoch an seine Grenzen. Es zeigte sich bei inländischen Anlegern, die ausländische Erträge erzielten, dass grundsätzlich nur eine Berücksichtigung einbehaltener Steuern auf Ebene des Investmentfonds sinnvoll und umsetzbar war, auch wenn rechtlich zumindest die Möglichkeit einer Berücksichtigung auf Anlegerebene bestanden hätte. Ausländische Investmentfonds wurden dagegen nicht als steuerbefreite Anleger anerkannt mit der Folge, dass der Einbehalt von KapESt

138 *Schweinitz, v./Thiems*, DStR 2016, 1198.

139 *Gloßner* in Brandis/Heuermann, § 4 InvStG 2004 Rn. 12.

in Deutschland in einer definitiven Belastung, teilweise mit der Möglichkeit des Werbungskostenabzugs, resultierte. U. a. diese Ungleichbehandlung führte dazu, dass Ausweichgestaltungen gesucht wurden, um diese Benachteiligung zu vermeiden, was nachfolgend noch ausführlicher besprochen werden soll.

§ 4 Ziele und Hintergründe der Reform der Investmentbesteuerung

I. Vereinfachung

Der Gesetzgeber erhoffte sich von den neuen Regelungen zur Besteuerung von Investmentfonds eine Vereinfachung, um die massenhafte Besteuerung von Anlegern, die über Investmentfonds in Kapitalanlagen investieren, nachvollziehbar und ohne Mitwirkung der Fondsgesellschaften durchführen zu können.[140] Da nun die Feststellung von bis zu 33 Besteuerungsgrundlagen nach § 5 InvStG 2004 sowie zwölf Verlustverrechnungskreisen nicht mehr erforderlich ist und für die zutreffende Besteuerung der Anleger nur noch vier Kennziffern erforderlich sind (Höhe der Ausschüttung, Wert des Fondsanteils am Jahresanfang, Wert des Fondsanteils am Jahresende, Fondskategorie), könnte zumindest in Teilbereichen eine Vereinfachung für den Investmentfondsanleger erreicht worden sein.[141]

Ob die Komplexität des InvStG insgesamt jedoch geringer geworden ist, kann bezweifelt werden. Zum einen lässt die schlichte Zunahme der Anzahl der Normen dies nicht erwarten.[142] Zum anderen könnte insbesondere durch die Einführung einer Steuerpflicht auf Fondsebene bei gleichzeitigem Versuch einer Kompensation auf Anlegerebene und den damit verbundenen Wechselwirkungen die Ursache für zusätzliche Komplexität geschaffen worden sein. Dies könnte um so mehr für Spezial-Investmentfonds gelten, da hier ein bestehendes System in Teilen übernommen und an das neue Ziel der Einführung einer Steuerpflicht auf Fondsebene angepasst werden musste. Parallel entfallen zentrale Mechanismen wie der steuerliche Ertragsausgleich[143] bei gleichzeitiger Einführung einer strengen besitzzeitanteiligen Zurechnung von Erträgen auf Ebene des Anlegers.[144] Auch bei der Berücksichtigung steuerbefreiender Merkmale des Anlegers durch die KVG wird Anstieg der Komplexität in der Administrierung der Investmentvermögen erwartet.[145]

Das Motiv der Vereinfachung des Steuerrechts sollte inzwischen generell bei jeder Gesetzesreform kritisch hinterfragt werden, da es beinahe inflationär

---

140 Gesetzesbegründung zum InvStRefG, BT-Drucks. 18/8045, 53.

141 *Helios/Mann*, DB, Sonderausgabe 01/2016, 1, 3; *Carlé*, ErbStB 2017, 20, 22. Ausführlich unten, § 8.

142 *Patzner/Nagler*, IStR 2016, 725, 728; *Stadler/Bindl*, DStR 2016, 1953, 1966; *Lechner*, RdF 2016, 208.

143 Ausführlich unten, § 4 III. 4.

144 Ausführlich unten, § 12 II.

145 Vgl. *Schweinitz, v./Thiems*, DStR 2016, 1198.

gebraucht wird und es häufig fraglich ist, ob sich es tatsächlich erreicht wird – so auch im Rahmen des InvStG.

II. EU-rechtliche Risiken des InvStG 2004

1. Das deutsche System der Dividendenbesteuerung bei ausländischen Investmentfonds

Im Hauptanwendungsfall der liquiden Wertpapiere deutscher Emittenten in Girosammelverwahrung behielt die Wertpapiersammelbank (in der Regel die Clearstream Banking AG) bei ausländischen Investmentfonds als letzte inländische auszahlende Stelle gem. § 44 Abs. 1 S. 4 Nr. 3b EStG die KapESt ein.[146] Eine Abstandnahme von der Erhebung der KapESt gem. § 44a Abs. 4 S. 1 Nr. 1 i. V. m. S. 2 EStG kam nicht in Betracht, da die Abstandnahme nur für inländische Vermögensmassen gilt. § 44a Abs. 10 EStG fand ebenfalls keine Anwendung.[147] Der Abzug von KapESt wirkte für den ausländischen Investmentfonds wie erwähnt deshalb als Definitivbelastung oder resultierte in erheblichem administrativem Aufwand.[148]

Im Gegensatz dazu erfolgte bei inländischen Investmentfonds nach § 11 Abs. 2 InvStG 2004 von vornherein in den meisten Fällen kein KapESt-Abzug und im Übrigen eine Erstattung gezahlter Steuern, da diese in der Regel eine NV02-Bescheinigung der Art 05 erhielten und somit gem. § 1 Abs. 1 Nr. 5 KStG i. V. m. § 11 Abs. 1 InvStG 2004 von der Körperschaft- und Gewerbesteuer befreit waren.[149] Eine Besteuerung der Erträge erfolgte erst mit Ausschüttung oder Thesaurierung am Geschäftsjahresende des Fonds nach § 20 EStG. Bereits diesen Barwertvorteil inländischer Fonds, die nicht auf eine etwaige Erstattung gezahlter KapESt im Folgejahr warten müssen, sah der EuGH als Diskriminierung der ausländischen Fonds an.[150]

2. Die Rechtsprechung des EuGH zur Dividendenbesteuerung

Der EuGH hat in einer Vielzahl von Verfahren zur Besteuerung von Dividenden im grenzüberschreitenden Kontext Stellung genommen und entschieden, dass

146 *Rhodius/Lofing*, KapESt/AbgSt 2019, 28 f., 40.
147 *Haase/Dorn*, DStR 2015, 1158, 1159.
148 Ausführlich oben, § 3 III. sowie *Zetzsche*, IStR 2015, 8, 12.
149 Vgl. zur Funktionsweise der NV02-Bescheinigung Art 05 für Investmentvermögen *Rhodius/Lofing*, KapESt/AbgSt 2019, 155.
150 EuGH vom 8.3.2001, Az. C-397/98 und C-410/98, Slg. 2001, I-1727, Rn. 51 ff., IStR 2001, 215.

die Vorschriften einzelner Mitgliedstaaten nicht mit Art. 63 und 65 AEUV vereinbar sind.

Mit Urteil vom 20.10.2011 (*Kommission/Deutschland*)[151] entschied er für die Direktanlage, dass das deutsche System zur Besteuerung von Streubesitzdividenden bei beschränkt steuerpflichtigen Dividendenempfängern im EU- und EWR-Ausland nicht mit Art. 63 und 65 AEUV vereinbar ist, woraufhin mit dem Gesetz zur Umsetzung des EuGH-Urteils vom 20.10.2011 in der Rechtssache C-284/09[152] die Steuerpflicht für Streubesitzdividenden durch einen neuen § 8b Abs. 4 KStG eingeführt wurde.[153]

Bei Investmentfonds als Dividendenempfängern ergingen ebenfalls bereits seit dem Jahr 2009 Entscheidungen des EuGHs zur Dividendenbesteuerung u. a. in den Verfahren *Aberdeen Property Fininvest Alpha,*[154] *FIM Santander,*[155] *Emerging Markets,*[156] *Fidelity Funds*[157] und *Köln-Aktienfonds/Deka*[158] zum finnischen, französischen, polnischen, dänischen und niederländischen Recht. Darin hat der EuGH klargestellt, dass eine nationale Regelung, nach der bei Dividenden, die von einer im Inland ansässigen Gesellschaft an einen im Ausland ansässigen Investmentfonds gezahlt werden, die Erhebung einer Quellensteuer bzw. einer pauschalen Körperschaftsteuer gegen die Kapitalverkehrsfreiheit gem. Art. 63 AEUV verstößt, wenn bei Dividendenzahlungen an im Inland ansässige Investmentfonds keine Steuer erhoben wird.[159] Ein ähnlich lautendes Urteil ist zu einem kanadischen Pensionsfonds ergangen.[160]

Der EuGH stellt in seinen Entscheidungen für alle Auslandsfonds, unabhängig davon, ob diese innerhalb oder außerhalb der EU domizilieren, einheitlich fest, dass die entsprechenden Vorschriften des nationalen Rechts einen Verstoß gegen die Kapitalverkehrsfreiheit nach Art. 63 AEUV darstellen, der nicht durch

---

151 EuGH vom 20.10.2011, Az. C-284/09, DStR 2011, 2038.

152 BGBl. I 2013, 561.

153 Ausführlich *Linn*, IStR 2013, 235; *Benz/Jetter*, DStR 2013, 489; *Maciejewski/Rehr*, DStR 2015, 1481.

154 EuGH vom 18.6.2009, Az. C-303/07, IStR 2009, 499.

155 EuGH vom 10.5.2012, Az. C-338/11 sowie die verbundenen Rechtssachen Az. C-339/11 bis Az. C-347/11, DStR 2012, 1016. Vgl. dazu *Wünsche/Brielmaier*, BB 2012, 2467; *Patzner/Nagler*, IStR 2012, 255.

156 EuGH vom 10.4.2014, Az. C-190/12, IStR 2014, 334 m. Anm. *Patzner/Nagler.*

157 EuGH vom 21.6.2018, Az. C-480/16, IStR 2018, 590 m. Anm. *Patzner/Nagler.*

158 EuGH vom 30.1.2020, Az. C-156/17, DStRE 2020, 385.

159 Zur Unionsrechtswidrigkeit der KapESt-Erhebung auf Portfoliodividenden in Verlustsituationen siehe EuGH vom 22.11.2018, Az. C-575/17, DStRE 2019, 760; vgl. dazu bereits *Haase/Dorn*, DStR 2015, 1158, 1161; ferner *Leich*, IStR 2020, 121; *Patzner/Nagler*, RdF 2019, 330, 332; zur GewSt EuGH vom 20.9.2018, Az. C-685/16, IStR 2018, 802, dazu *Cloer/Schleis*, DStRK 2018, 317; *Eberhardt*, IStR 2019, 584.

160 EuGH vom 13.11.2019, Az. C-641/17, Vorabentscheidungsersuchen des FG München vom 23.10.2017, Az. 7 K 1435/15, IStR 2017, 1029; dazu auch *Knebel*, IStR 2019, 595.

Art. 65 AEUV gerechtfertigt ist. Gebietsansässige Anleger könnten durch den Einbehalt einer Steuer bei ausländischen Investmentfonds möglicherweise von einer Investition in diese Fonds abgeschreckt werden, da diese einer höheren Steuerbelastung unterliegen als Inländische und damit stets eine höhere Rendite erwirtschaften müssten.[161] Die Entscheidungen gelten auch für Investmentvermögen aus Drittstaaten.[162] Nach Ansicht des EuGH muss bei der Beurteilung der Europarechtswidrigkeit allein auf das ausländische Investmentvermögen abgestellt werden und nicht auf die dahinter stehenden Anleger, da auch die nationalen Begünstigungsvorschriften allein auf dieses Merkmal abstellten.[163] Dabei ist auch die Vergleichbarkeit der in- und ausländischen Fonds ohne Bedeutung.[164]

Ebenso ließ der EuGH Argumente, die auf die Sicherstellung der Besteuerung auf Ebene des Anlegers abstellen, nicht gelten. Der deutsche Gesetzgeber hatte sein System der Dividendenbesteuerung stets dadurch gerechtfertigt, dass er sicherstellen wollte, dass die inländischen Dividenden auf jeden Fall einmal besteuert werden.[165] Diese Ansicht wird unterstützt durch eine Entscheidung des FG Münster, das für den Fall eines ausländischen Immobilienfonds in Form eines FCP (fonds commun de placement), der inländische Einkünfte aus der Veräußerung mehrerer Immobilien erzielte, davon ausging, dass die Ebene des Anlegers in die Beurteilung einbezogen werden müsse.[166] Würde man nur auf die Ebene des Investmentfonds abstellen und die Steuerbefreiung nach § 11 Abs. 1 S. 2 InvStG 2004 anwenden, könne eine Besteuerung der Einkünfte nicht sichergestellt werden. Eine ähnliche Sichtweise nimmt das FG Hessen in zwei Urteilen

161 EuGH vom 10.5.2012, Az. C-338/11, DStR 2012, 1016, Rn. 17; EuGH vom 10.4.2014, Az. C-190/12, IStR 2014, 334, Rn. 42; EuGH vom 21.6.2018, Az. C 480/16, IStR 2018, 590, 593.

162 Während dies im Urteil vom 10.5.2012 mitentschieden wurde, war der Drittstaatenbezug im Urteil vom 10.4.2014 ein zentraler Bestandteil des Verfahrens.

163 EuGH vom 10.5.2012, Az. C-338/11, DStR 2012, 1016, Rn. 13; EuGH vom 10.4.2014, Az. C-190/12, IStR 2014, 334, Rn. 63; anders in der Entscheidung vom 20.5.2008, Az. C-194/06, Slg. 2008, I-3747, IStR 2008, 435, die zu einer niederländischen Steuervorschrift erging, bei der jedoch die steuerliche Situation des Anlegers das Unterscheidungskriterium darstellte.

164 EuGH vom 10.4.2014, Az. C-190/12, IStR 2014, 334, Rn. 68; *Linn*, IStR 2012, 455, 456.

165 EuGH vom 10.5.2012, Az. C-338/11, DStR 2012, 1016, Rn. 90.

166 FG Münster vom 20.4.2017, Az. 10 K 3059/14 K, EF 2017, 1110, Revision anhängig unter BFH, Az. I R 33/17, das im Gegensatz zur EuGH-Rechtsprechung ebenfalls damit argumentiert, dass die Situation des Anlegers in die Betrachtung einbezogen werden muss und eine Besteuerung der Erträge durch den Steuerabzug in Deutschland sicherzustellen ist. Entscheidend in diesem Verfahren ist allerdings die noch höchstrichterlich zu klärende Frage, ob ein FCP als ausländische Vermögensmasse gem. § 2 Nr. 1 KStG anzusehen ist und damit der beschränkten Körperschaftsteuerpflicht in Deutschland unterliegt.

ein.[167] In Teilen der Literatur wird diese Argumentation befürwortet.[168] Es stellt sich jedoch die Frage, inwieweit diese Entscheidung im Hinblick auf die inzwischen ständige Rechtsprechung des EuGH Bestand haben wird.[169]

3. Reaktion des Gesetzgebers

Nachdem der EuGH Regelungen, welche ausländische Investmentvermögen im Vergleich zu Inländischen auf die oben beschriebene Art und Weise diskriminieren, eine so deutliche Absage erteilt hatte, musste der deutsche Gesetzgeber damit rechnen, dass auch die sehr ähnlichen deutschen Regelungen einer europarechtlichen Überprüfung nicht standhalten würden.[170] In seinen Entscheidungen stellte der EuGH gerade nicht darauf ab, ob die Anleger der ausländischen Investmentfonds die Ausschüttungen der Fonds versteuern, und erteilte den von der deutschen Regierung vorgetragenen Argumenten damit eine deutliche Absage.[171] Das Risiko, dass die deutschen Regelungen einer Überprüfung nicht standhalten, beläuft sich lt. Bundesrechnungshof auf ca. 2 Mrd. Euro/Jahr zzgl. 6 % Zinsen, da bereits seit 2005 zahlreiche ausländische Fonds auf EU-Recht gestützte Erstattungsanträge für gezahlte Kapitalertragsteuer stellen.[172]

Um die EU-rechtswidrige Dividendenbesteuerung zu beseitigen,[173] hat der Gesetzgeber mit dem Gesetz zur Umsetzung des EuGH-Urteils vom 20.10.2011 in der Rechtssache C-284/09 (*Kommission/Deutschland*) die Steuerpflicht für Streubesitzdividenden durch einen neuen § 8b Abs. 4 KStG eingeführt und damit inländische Dividendenempfänger genauso schlecht gestellt wie ausländische.[174]

---

167 FG Hessen vom 21.8.2019, Az. 4 K 999/17, 4 K 2079/16, Revision unter BFH Az. I R 1/20 (4 K 999/17) und I R 2/20 (4 K 2079/16) eingelegt, IStR 2020, 143; dazu *Kleinert*, IStR 2020, 210.

168 *Hahne*, BB 2017, 2010, 2013.

169 So *Patzner*, IStR 2018, 597, der im Gegensatz zum FG Münster davon ausgeht, dass sich im Hinblick auf die Entscheidungssachverhalte kein Mangel der objektiven Vergleichbarkeit ergibt und auch die von der deutschen Finanzverwaltung angeführten Rechtfertigungsgründe der ausgewogenen Aufteilung des Besteuerungssubstrats sowie der Kohärenz des Steuersystems nicht greifen.

170 Nach Ansicht von *Patzner*, IStR 2018, 597 f. sind die Grundsätze der EuGH-Rechtsprechung auf das deutsche Recht übertragbar und damit zu rechnen, dass der EuGH auch das deutsche System der Investmentfondsbesteuerung für Zeiträume vor 2018 als europarechtswidrig ansehen wird.

171 Ebenso ist der EuGH nicht der ähnlichen Argumentation der französischen Regierung gefolgt, EuGH vom 10.5.2012, Az. C-338/11, DStR 2012, 1016, Rn. 29-32.

172 *Patzner/Nagler*, IStR 2016, 725, 726; *Herr/Stiefel*, IStR 2019, 929.

173 EuGH vom 20.10.2011, Az. C-284/09, DStR 2011, 2038.

174 Eingeführt durch Gesetz vom 21.3.2013 zur Umsetzung des EuGH-Urteils vom 20.10.2011 in der Rechtssache C284/09, BGBl. I 2013, 561. Ausführlich oben, § 3 III. sowie *Haisch/Helios*, DB 2013, 724; *Linn*, IStR 2013, 235; *Benz/Jetter*, DStR 2013, 489; *Maciejewski/Rehr*, DStR 2015, 1481.

Aufgrund des Transparenzprinzips galt dies auch für Dividendenerträge, die über Investmentfonds erzielt wurden.[175] Insofern war der Aspekt der EU-rechtlichen Risiken, die aus der Dividendenbesteuerung resultierten, an sich bereits geregelt und bedurfte keiner weiteren Regelung mehr.[176] Mit dem InvStG 2018 hat sich der deutsche Gesetzgeber dennoch für eine umfassende Reform entschieden und die Besteuerung inländischer Dividenden auf die Fondsebene verlagert.[177]

III. Vermeidung von Steuergestaltungen

Des Weiteren waren dem Gesetzgeber eine Reihe bekannter und möglicherweise nicht bekannter Steuergestaltungen, die über Investmentfonds abgewickelt wurden, ein Dorn im Auge. Durch ein komplett neues System sollte die Gestaltungsanfälligkeit insgesamt verringert werden.[178] Die aus Sicht des Gesetzgebers wichtigsten dieser Steuergestaltungen sollen hier kurz erwähnt werden.[179]

1. Cum/Ex-Geschäfte

Prominentestes Beispiel der Steuergestaltungen sind die Cum/Ex-Geschäfte, durch die dem Fiskus nach unterschiedlichen Schätzungen ein Schaden zwischen 7,2 Mrd. Euro[180] und 12 Mrd. Euro[181] entstanden sein soll. Teilweise wird sogar von einem Schaden von bis zu 32 Mrd. Euro[182] gesprochen. Damit werden die Cum/Ex-Geschäfte als „größter Fall der Finanzkriminalität der Bundesrepublik" bezeichnet.[183]

---

175 Ausführlich oben, § 3 II.

176 So auch *Kußmaul/Kloster*, StB 2017, 22, 27.

177 Ausführlich unten, § 6 I. 1.

178 Gesetzesbegründung zum InvStRefG, BT-Drucks. 18/8045, 49; zweifelnd, ob dies tatsächlich erreicht wird *Haisch*, RdF 2015, 294, 302; *Stadler/Bindl*, DStR 2016, 1953; *Kral/Watzlaw*, BB 2015, 2198; *Rehm/Nagler*, BB 2015, 2006, 2007; *Stadler/Jetter*, DStR 2015, 1833, 1843.

179 Zu weiteren Gestaltungsmöglichkeiten nach alter Rechtslage siehe u. a. *Meinhardt*, DStR 2003, 1234; *Lechner*, BB 2005, 1771.

180 Betrifft den Zeitraum von 2005 bis 2011, Information des Netzwerks Steuergerechtigkeit Deutschland „Cum-Ex und was daraus folgt", Ausgabe # 18, Mai 2019, abzurufen unter https://www.netzwerk-steuergerechtigkeit.de/wp-content/uploads/2019/12/c39cberarbeitete-cum-ex-broschc3bcre_04.12.pdf (zuletzt abgerufen am 22.8.2020).

181 Beschlussempfehlung und Bericht des 4. Untersuchungsausschusses nach Art. 44 GG zu Cum/Ex-Geschäften vom 19.6.2017, BT-Drucks. 18/12700, 271.

182 „Cum-Ex"-Geschäfte: Bundestags-Untersuchungsausschuss endet ohne einheitliches Ergebnis, Meldung vom 20.6.2017, becklink 2006997, beck-online.

183 Der Spiegel vom 18.10.2018, abzurufen unter https://www.spiegel.de/wirtschaft/soziales/cum-ex-skandal-das-geld-floss-an-eine-gruppe-von-betruegern-a-1233956.html

Vereinfacht gesagt liefen die Cum/Ex-Geschäfte wie folgt ab: Ein Leerverkäufer verkaufte Aktien vor dem Dividendenstichtag an einen Leerkäufer mit (cum) Dividendenanspruch. Beide vereinbarten, dass die Lieferung erst nach dem Dividendenstichtag erfolgen sollte. Nach dem Dividendenstichtag deckte sich der Leerverkäufer von einem Dritten mit den Aktien ein und lieferte sie ohne (ex) Dividendenanspruch und demnach auch zu dem um die Dividendenzahlung geminderten Kurswert an den Leerkäufer. Da der Leerkäufer weniger bekam, als ursprünglich vereinbart war (Lieferung mit Dividendenanspruch), zahlte der Leerverkäufer eine Kompensationszahlung an den Leerkäufer in Höhe der Nettodividende. Sowohl der ursprüngliche Inhaber der Aktien, der sie dem Leerverkäufer verkaufte und dem die Dividende unter Einbehalt von KapESt tatsächlich zugeflossen war, als auch der Leerkäufer als neuer wirtschaftlicher Eigentümer, der nur die Netto-Kompensationszahlung erhalten hatte, erhielten von ihrer Bank eine Bescheinigung nach § 45a Abs. 2 bzw. Abs. 3 EStG, mit welcher sie sich die auf die Dividende und die vermeintlich auf die Dividendenkompensationszahlung gezahlte KapESt anrechnen lassen konnten.[184]

Dieses grundsätzliche Muster wurde in zahlreichen Varianten umgesetzt. Während im Ausgangsfall eine GmbH als Leerkäufer auftrat, bei der die Dividendenkompensationszahlung eine nach § 8b Abs. 1 KStG steuerfreie Einnahme darstellte, wurden später auch Investmentfonds oder ausländische Pensionsfonds in die Gestaltungen einbezogen.[185]

Investmentfonds eigneten sich ebenfalls besonders für diese Gestaltungen, da sie gem. § 11 Abs. 1 InvStG 2004 von der KSt und GewSt befreit waren und aufgrund der NV-Bescheinigung in der Regel kein KapESt-Abzug vorgenommen wurde. Daher konnte auch eine Erstattung sehr viel schneller durch die Depotbank erfolgen, als dies bei der GmbH der Fall war, bei der dies erst nach erfolgter Veranlagung geschah.[186] Hinzu kommt, dass die Finanzämter die Erstattungssummen an die Investmentfonds nicht erkannten, weil die Erstattungen über die Depotbanken der Fonds abgewickelt wurden und in deren KapESt-Anmeldungen nicht mehr identifizierbar waren.[187] Die Investmentfonds boten zudem den Vorteil, dass sich hieran sehr viel mehr Anleger beteiligen konnten und der Anteilserwerb sehr viel einfacher erfolgen konnte, wohingegen das Investmentsteuerrecht

---

(zuletzt abgerufen am 22.8.2020). Zum aktuellen Stand *Lechner*, BB 2020, Umschlagteil I.

184 Zur grundsätzlichen Funktionsweise der Cum/Ex-Geschäfte und Gestaltungsvarianten vgl. insbesondere die Darstellung bei *Spengel*, DB 2016, 2988, 786; ferner *Salzmann/Heufelder*, IStR 2017, 125, 126; *Rau*, DStR 2021, 6, 7; sowie die sehr detaillierte Darstellung bei *Loritz*, WM 2017, 309; *Loritz*, WM 2017, 353.

185 Beschlussempfehlung und Bericht des 4. Untersuchungsausschusses nach Art. 44 GG zu Cum/Ex-Geschäften vom 19.6.2017, BT-Drucks. 18/12700, 169 ff.

186 Beschlussempfehlung und Bericht des 4. Untersuchungsausschusses nach Art. 44 GG zu Cum/Ex-Geschäften vom 19.6.2017, BT-Drucks. 18/12700, 170.

187 Gesetzesbegründung zum InvStRefG, BT-Drucks. 18/8045, 50.

keine hinreichenden Instrumente enthielt, um unberechtigte Steuererstattungen auf der Anlegerebene zurückzufordern.

Am 28.7.2021 erging das erste höchstrichterliche Urteil, welches durch die Cum/Ex-Geschäfte in der dort getätigten Form den Straftatbestand der Steuerhinterziehung i. S. v. § 370 AO als erfüllt ansieht.[188] Der BGH verwarf darin die Revision gegen das Urteil des LG Bonn. In diesem Verfahren waren zwei beteiligte, ehemals in London ansässige Aktienhändler zu Freiheitsstrafen auf Bewährung und einer von ihnen zur Herausgabe der erlangten Vorteile verurteilt worden.[189] Des Weiteren hat die Depotbank als Einziehungsbeteiligte 176 Mio. Euro Steuerschulden zurückzuzahlen. Einer der mutmaßlichen Drahtzieher der Cum/Ex-Geschäfte wurde in der Schweiz verhaftet und steht inzwischen ebenfalls vor dem LG Bonn und dem LG Wiesbaden vor Gericht.[190]

Am 2.2.2022 folgte das Urteil des BFH.[191] Der BFH verneinte den gem. § 50d Abs. 1 S. 2 EStG geltend gemachten Anspruch auf Erstattung von KapESt und SolZ eines US-amerikanischen Pensionsfonds, der über eine in Gibraltar ansässige transparente Personengesellschaft Transaktionen mit Aktien deutscher Emittenten um den Dividendenstichtag herum vorgenommen hatte, aufgrund fehlenden wirtschaftlichen Eigentums. Die Personengesellschaft hatte sich für die Dividendengeschäfte eines in London ansässigen Investmentmanagers bedient, der unter Einschaltung internationaler Banken und Broker in Irland, Australien und Deutschland die Aktientransaktionen umsetzte. Finanziert wurden die Geschäfte sowohl durch einen Kredit in Milliardenhöhe als auch durch einen in Luxemburg ansässigen Investmentfonds, an dem sich Anleger beteiligen konnten und dessen Wertentwicklung im Wesentlichen von dem Erfolg der getätigten Cum/Ex-Transaktionen abhängig war, die über Swap-Geschäfte wirtschaftlich an den Fonds weitergegeben wurden. Der BFH verneinte in der vorliegenden Konstellation den Erstattungsanspruch des Pensionsfonds aufgrund des nicht vorhandenen wirtschaftlichen Eigentums des Leerkäufers an den Aktien vermittelt

---

188 BGH vom 28.7.2021, Az. 1 StR 519/20, DStR 2021, 2453; Vorinstanz LG Bonn vom 18.3.2020, Az. 62 KLs – 213 Js 41/19 – 1/19.

189 LG Bonn vom 18.3.2020, Az. 62 KLs – 213 Js 41/19 – 1/19, BeckRS 2020, 13619.

190 Handelsblatt vom 9.7.2021, abzurufen unter https://www.handelsblatt.com/finanzen/banken-versicherungen/cum-ex/cum-ex-skandal-steueranwalt-hanno-berger-in-der-schweiz-festgenommen/27407474.html?ticket=ST-2461113–d6asF5KtEFbiYx1VYVyI-ap5 (zuletzt abgerufen am 1.8.2021) und 27.2.2022, abzurufen unter https://www.handelsblatt.com/finanzen/banken-versicherungen/cum-ex/steuerskandal-bonn-und-wiesbaden-gerichte-rangeln-um-cum-ex-strippenzieher-hanno-berger/28110898.html?nlayer=Themen_11804704 (zuletzt abgerufen am 21.8.2022).

191 BFH vom 2.2.2022, Az. I R 22/20, DStR 2022, 525; NZWiSt 2022, 285, m. Anm. *Hanslik*; Vorinstanz FG Köln vom 19.7.2019, Az. 2 K 2672/17, DStRE 2020, 713; IStR 2020, 178, m. Anm. *Salzmann*; zum Urteil des BFH auch *Schmid*, DStR 2022, 1142; zu BGH und BFH *Sartorius/Henckel*, DStR 2022, 1022.

durch die Personengesellschaft, da dieser bei einer Gesamtschau aller zwischen den Beteiligten geschlossenen Verträge nur als passives Transaktionsvehikel die Rechtsform in die Transaktion einbrachte, jedoch zu keinem Zeitpunkt derart über die Aktien verfügen konnte, wie es kennzeichnend für das vom zivilrechtlichen Eigentum abweichende wirtschaftliche Eigentum sei.[192] Nicht maßgeblich sei dabei der Durchführungsweg der Transaktion, die teilweise over-the-counter (OTC) und teilweise über die Handelsplattform XETRA abgewickelt wurden.[193]

Es ist nachvollziehbar, dass der Gesetzgeber Gestaltungen dieser Art jeglichen Boden entziehen wollte, da dem Staat hier etwas genommen wurde, auf das zumindest einer der Empfänger bei Lichte betrachtet keinen Anspruch haben konnte.[194] Dass einzelne Beteiligte nicht in der Lage waren, ohne Weiteres zu prüfen, ob ein Erstattungsanspruch tatsächlich gegeben war, erscheint nachvollziehbar.[195] Der BFH hat daher zutreffender Weise in seiner Entscheidung vom 2.2.2022 auch auf eine Gesamtschau aller Vereinbarungen und Transaktionen abgestellt und das wirtschaftliche Eigentum aufgrund eines Alternativitätsprinzips nur einem an der Transaktion Beteiligtem zugeordnet.[196]

Dabei war das Problem schon lange bekannt. Bereits 1978 wurden Cum/Ex-Geschäfte erstmals vom Bankenverband und dem BMF diskutiert. Zwischen 1990 und 1992 gab es erste Hinweise darauf, dass Steuerbescheinigungen systematisch produziert wurden, um sich nicht bezahlte Steuern erstatten zu lassen. Und spätestens 2006 sollen sich in großem Stil Anwälte, Banken und Investoren zusammengefunden haben, um die Geschäfte zu tätigen.[197]

Der Gesetzgeber hat darauf zunächst unvollständig durch das Jahressteuergesetz 2007[198] reagiert und versucht, die Cum/Ex-Geschäfte zu unterbinden, konnte dabei jedoch nicht die ausländischen Depotbanken in den Regelungsbereich einbeziehen, weshalb die Transaktionen in der Folge ungebremst und vermehrt über ausländische Depotbanken abgewickelt wurden.[199] Die Unterbindung der Cum/Ex-Geschäfte erfolgte erst durch das OGAV-IV-Umsetzungsgesetz mit Wirkung

---

192 BFH vom 2.2.2020, Az. I R 22/20, NZWiSt 2022, 285, 293, 295.

193 BFH vom 2.2.2020, Az. I R 22/20, NZWiSt 2022, 285

194 So auch *Seer/Krumm*, DStR 2013, 1814, 1818.

195 Zur Reichweite der Nachforschungspflichten *Loritz*, WM 2017, 353, 356.

196 BFH vom 2.2.2020, Az. I R 22/20, NZWiSt 2022, 285, 293, 295.

197 Information des Netzwerks Steuergerechtigkeit Deutschland „Cum-Ex und was daraus folgt“, Ausgabe # 18, Mai 2019, 10, abzurufen unter https://www.netzwerk-steuergerechtigkeit.de/wp-content/uploads/2019/12/c39cberarbeitete-cum-ex-broschc3bcre_04.12.pdf (zuletzt abgerufen am 22.8.2020).

198 JStG 2007 vom 13.12.2006, BGBl. I 2006, 2878.

199 FG Köln vom 19.7.2019, Az. 2 K 2672/17, IStR 2020, 178, m. Anm. *Salzmann*, der darauf hinweist, dass der Gesetzgeber bewusst eine unvollständige Regelung getroffen hat.

ab 2012.[200] Ab diesem Zeitpunkt wurde das Auseinanderfallen von Abführung durch die ausschüttende Gesellschaft und Bescheinigung der KapESt durch den Wechsel vom Schuldner- zum Zahlstellenprinzip (§§ 43 Abs. 1 Nr. 1a, 44 Abs. 1 S. 4 Nr. 3, 45a Abs. 2 S. 1 Nr. 2 EStG) beseitigt und damit eine mehrfache Anrechnung der KapESt für eine Dividendenzahlung verhindert.[201]

Einigkeit besteht heute darüber, dass die Aufarbeitung der Fälle noch lange andauern wird.[202] Mit den Entscheidungen des BGH vom 28.7.2021 und des BFH vom 2.2.2022 liegen erste höchstrichterliche Entscheidungen vor, welche den Cum/Ex-Geschäften eine klare Absage erteilen, die bereits zu Teilaspekten ergangenen Urteile weiter entwickeln und präzise den jeweiligen Sachverhalt subsumieren.[203] Allerdings werfen sie teilweise auch neue Fragen bspw. im Hinblick auf die Steuerpflicht von Dividendenkompensationszahlungen auf.[204] Diese Urteile geben den Rahmen für künftige Entscheidungen vor. Ferner hatte bereits das OLG Frankfurt in einem Fall neben der Strafbarkeit nach § 370 Abs. 3 AO auch einen Fall des gewerbsmäßigen Bandenbetrugs gem. § 263 Abs. 5 StGB angenommen.[205] In einem zivilrechtlichen Verfahren wegen fehlerhafter Anlageberatung hat der Kläger überwiegend Recht bekommen und die Bank wurde zur Zahlung von Schadensersatz verurteilt.[206]

Daneben liegen ein BFH-Urteil aus dem Jahr 2014[207] sowie eine Reihe finanzgerichtlicher Entscheidungen vor,[208] die nach Ansicht von Teilen der Literatur sehr im Sinne eines „es kann nicht sein, was nicht sein darf" argumentieren.[209] Das BFH-Urteil aus dem Jahr 2014 hatte nur eine beschränkte Aussagekraft, da es

---

200 OGAV-IV-Umsetzungsgesetz vom 22.6.2011, BGBl. I 2011, 1126. Siehe dazu auch *Häuselmann*, der bereits 2009 ein Zusammenlegen von bescheinigender auszahlender und zum KapESt-Abzug verpflichteter Stelle empfahl, *Häuselmann*, DStR 2009, 1996, 1997.

201 Zu einem alternativen System, in dem sämtliche KapESt-Bescheinigungen an eine zentrale Prüfstelle gemeldet werden, *Jarass/Schick*, BB 2019, 1568; zustimmend *Anzinger*, RdF 2019, Umschlagteil I.

202 Zur Verjährung im Zusammenhang mit Cum/Ex-Geschäften *Asmus/Werneburg*, DStR 2018, 1527.

203 BFH vom 2.2.2020, Az. I R 22/20, NZWiSt 2022, 285, 299, m. Anm. *Hanslik*.

204 *Schmid*, DStR 2022, 1142, 1144 f.

205 OLG Frankfurt vom 9.3.2021, Az. 2 Ws 132/20, StB 2021, 228.

206 OLG Stuttgart vom 14.9.2018, Az. 5 U 98/17, BeckRS 2018, 21723; dazu *Heilbock/Geissler*, GWR 2019, 120.

207 BFH vom 16.4.2014, Az. I R 2/12, DStR 2014, 2012.

208 Vgl. FG Düsseldorf vom 12.12.2016, Az. 6 K 1544/11 K AO, EFG 2017, 602; FG Hamburg vom 14.10.2016, Az. 3 V 201/16, EFG 2016, 1845; FG Düsseldorf vom 12.12.2016, Az. 6 K 1544/11 K AO, DStRE 2017, 1424; FG Kassel, 10.2.2016, Az. 4K168414 4 K 1684/14, EFG 2016, 761; FG Hessen vom 10.3.2017, Az. 4K 977/14, EFG 2017, 656; zu Letzterem *Rau*, DStR 2017, 1852.

209 So *Loritz*, BB 2017, 2327, 2334.

zu einem Fall ergangen ist, in dem der Verkäufer kein Leerverkäufer war. Auch der parlamentarische Untersuchungsausschuss zur Aufarbeitung der Cum/Ex-Sachverhalte war nicht zu einem einheitlichen Abschlussbericht gekommen.[210]

In der Literatur wurde vielfach davon ausgegangen, dass bestimmte Handlungen nicht strafbar waren, wobei es angesichts der Komplexität der Sachverhalte sehr darauf ankommt, welche mit den Cum/Ex-Geschäften im Zusammenhang stehende Handlung zu würdigen ist und ob die Beteiligten Kenntnis von der fehlenden Abführung der Steuern hatten.[211] Dabei bleibt die große Herausforderung für die Gerichte sicherlich, die Abläufe des Aktienhandels in seiner heutigen Form bezogen auf die Cum/Ex-Geschäfte sowie deren komplexe Ausgestaltung im Einzelfall zutreffend unter die anwendbaren Rechtsnormen zu subsumieren, auch wenn nun zwei wichtige Entscheidungen Orientierung geben.[212]

Auch die Frage der Haftung der Depotbanken der Beteiligten[213] sowie von deren Vorständen[214] wird thematisiert und zeigt, dass viele komplexe Fragestellungen noch nicht beantwortet sind. Ferner wird gefordert, dass die Beteiligung an den Cum/Ex-Transaktionen in öffentlichen Vergabeverfahren abgefragt wird und ggf. zum Ausschluss des Bewerbers führt.[215]

---

210 „Cum-Ex"-Geschäfte: Bundestags-Untersuchungsausschuss endet ohne einheitliches Ergebnis, Meldung vom 20.6.2017, becklink 2006997, beck-online.

211 *Knauer/Schomburg*, NStZ 2019, 305, 317; eine Strafbarkeit verneinend etwa *Seer/Krumm*, DStR 2013, 1814, 1815; *Weidemann*, BB 2014, 2135; *Loritz*, WM 2017, 353, 360; eine Strafbarkeit bejahend *Spengel/Eisgruber*, DStR 2015, 785.

212 *Loritz* weist darauf hin, dass in vielen Entscheidungen völlig verkannt wird, dass der Handel mit Aktien heute vollständig über elektronische Handelssysteme abläuft und nichts mehr mit der Übereignung eines körperlichen Wertpapiers nach § 929 BGB zu tun hat, die den Verfassern des BGB im Jahre 1896 vorschwebte. Viele Millionen Transaktionen mit Aktien werden heute nur noch auf Ebene der Banken elektronisch für die Kunden und den Eigenbestand in den Systemen geführt. Anschließend erfolgt ein Clearing zwischen den Banken, bei dem die gegenseitigen Forderungen auf Übereignung verschiedener Aktien gegeneinander aufgerechnet werden und es nur noch zu einem Spitzenausgleich überschießender Forderungen kommt. Daher wird ein Käufer einem Verkäufer heute niemals eine bestimmte Aktie verkaufen, sondern es kommt in einem vollständig anonymen Handel mit zahlreichen zwischengeschalteten Banken lediglich zur Lieferung einer bestimmten Aktiengattung, vgl. *Loritz*, BB 2017, 2327, 2329 f. Perspektivisch soll das Gesetz zur Einführung von elektronischen Wertpapieren (eWpG) vom 3.6.2021, BGBl. I 2021, 1423, auch auf Aktien ausgeweitet werden, vgl. dazu ausführlich *Möslein/Omlor/Urbach*, ZIP 2020, 2149. Bislang beschränkt sich das eWpG auf elektronische Schuldverschreibungen, Pfandbriefe und Investmentanteilsscheine, dazu ausführlich *Lehmann*, NJW 2021, 2318, 2319; *Preuße/Wöckener/Gillenkirch*, BKR 2021, 460; *Wieneke/Kunz*, NZG 2021, 316.

213 Vgl. dazu *Habammer*, DStR 2017, 1958; *Jehke/Blank*, DStR 2017, 905; *Florstedt*, DStR 2019, 655, 656 ff.; *Lechner*, RdF 2019, 218.

214 *Florstedt*, NZG 2017, 601.

215 *Walter/Glaßl/Löschan*, BB 2020, 642.

Klar ist, dass solch aggressiven Gestaltungen rechtzeitig durch den Gesetzgeber Einhalt geboten werden muss. Im Hinblick auf die Cum/Ex-Geschäfte wurde dies wohl durch das OGAW-IV-Umsetzungsgesetz erreicht. Cum/Ex-Geschäfte sind ferner in § 20 Abs. 1 Nr. 1 S. 4 EStG ausdrücklich erfasst. Es ist daher fraglich, ob die Cum/Ex-Geschäfte bei Lichte betrachtet noch als Rechtfertigungsgrund für das InvStRefG herangezogen werden konnten.[216]

Durch Änderung der §§ 45a, 45b und 45c EStG[217] werden ab dem Jahr 2024 umfassende Meldepflichten der Depotbanken an das BZSt im Hinblick auf die vollständige Erfassung der einbehaltenen und abgeführten KapESt eingeführt. Sowohl bei inländischen wie auch bei ausländischen Empfängern von inländischen Dividenden girosammelverwahrter Aktien und bestimmten Zinseinnahmen sind dann Gläubigerdaten, Kapitalertragsdaten sowie Wertpapierdaten und Verwahrketten elektronisch an das BZSt zu melden.[218] Hierdurch soll ein weiterer Missbrauch durch Ausnutzen der Schwachstellen des dezentralisierten papierhaften Verfahrens des KapESt-Einbehalts unterbunden werden.[219]

2. Cum/Cum-Geschäfte

Unterschiedlich werden die sog. Cum/Cum-Geschäfte beurteilt, obwohl sie häufig im gleichen Atemzug mit den Cum/Ex-Geschäften genannt werden.[220] Im Kern ging es hierbei darum, dass ein im Ausland ansässiger Aktionär einer inländischen börsennotierten Kapitalgesellschaft seine Aktien kurz vor dem Dividendenstichtag mit (cum) Dividendenanspruch an einen im Inland ansässigen körperschaftsteuerpflichtigen Entleiher oder Käufer überträgt und diesem die Wertpapiere noch vor dem Stichtag mit (cum) Dividendenanspruch geliefert hat. Die Dividende wurde unter Einbehalt der KapESt an den im Inland ansässigen

216 So auch *Kußmaul/Kloster*, StB 2017, 22, 27.

217 Geändert durch Gesetz zur Modernisierung der Entlastung von Abzugsteuern und der Bescheinigung der Kapitalertragsteuer (Abzugsteuerentlastungsmodernisierungsgesetz – AbzStEntModG) vom 2.6.2021, BGBl. I 2021, 1259.

218 Ausführlich *Beckert/Schober*, RdF 2021, 49, 51.

219 Vgl. dazu auch *Hoffmann/Watzlaw*, DStR 2021, 633, 634; *Florstedt*, BB 2021, 1757.

220 Beschlussempfehlung und Bericht des 4. Untersuchungsausschusses nach Art. 44 GG zu Cum/Ex-Geschäften vom 19.6.2017, BT-Drucks. 18/12700, 281 ff. und Information des Netzwerks Steuergerechtigkeit Deutschland „Cum-Ex und was daraus folgt", Ausgabe # 18, Mai 2019, 5, abzurufen unter https://www.netzwerk-steuergerechtigkeit.de/wp-content/uploads/2019/12/c39cberarbeitete-cum-ex-broschc3bcre_04.12.pdf (zuletzt abgerufen am 1.8.2021). Grundlegend zu Cum/Cum-Geschäften *Altvater/Buchholz*, RdF 2016, 132; *Fiand*, NWB 2016, 344; *Haisch/Hüniken*, BB 2016, 345; *Haisch*, RdF 2016, 85; *Knobloch*, DB 2016, 1825; *Ebner*, NWB 2017, 2110; *Kretzschmann/Schwarz*, FR 2017, 223; *Nagler/Niedling/Patzner*, RdF 2017, 289; *Rau*, DStR 2021, 6; *Haselmann/Holle*, DStR 2021, 2425; *Hansen/Haselmann/Holle*, DStR 2022, 1407.

Entleiher ausbezahlt, welcher bspw. aufgrund von § 8b Abs. 1 KStG oder § 11 Abs. 1 InvStG zur Anrechnung bzw. umgehenden Erstattung der KapESt berechtigt war.[221] Der Entleiher bezahlte entweder eine Leihgebühr an den im Ausland ansässigen Aktionär oder verkaufte die Aktien später zu einem geringeren Preis an den ursprünglichen Verkäufer zurück.[222] Da der Entleiher/Käufer die abgeführte KapESt anrechnen bzw. sich erstatten lassen konnte, belastete ihn die zuvor abgeführte Steuer nur kurzzeitig. Da zusätzlich die erhaltene Dividende höher war als das Entgelt, das er an den Verleiher bezahlte, machte die Transaktion wirtschaftlich für ihn Sinn.[223] Der Verleiher/Verkäufer erhielt zwar nicht die volle Dividende, dafür aber eine Leihgebühr, die nicht dem KapESt-Abzug im Inland unterlag, oder er erzielte einen Veräußerungsgewinn dadurch, dass er die Wertpapiere zu einem geringeren Preis zurückkaufte. Die Leihgebühr und der Veräußerungsgewinn waren typischerweise zwar geringer als die Bruttodividende, aber höher als die Nettodividende unter Berücksichtigung des definitiv wirkenden KapESt-Abzugs im Inland von zumeist 15 % nach Maßgabe des jeweiligen DBA.[224]

Hier „teilten" sich die Beteiligten wirtschaftlich betrachtet also den Vorteil aus der Transaktion.[225] Im Grunde sollte so verhindert werden, dass es bei einem im Ausland ansässigen Aktionär eines inländischen Emittenten aufgrund des in Deutschland vorgenommenen KapESt-Abzugs und der fehlenden Anrechnungsmöglichkeit des Ausländers zu einer endgültigen Belastung kommt.[226] Dieser Fall ist nach verbreiteter Ansicht in der Literatur weder mit den Cum/Ex-Geschäften vergleichbar noch illegal,[227] da niemand gezwungen werden kann, sehenden Auges einen drohenden Nachteil hinzunehmen. Für die Entleiher gelte schließlich eine vollständige oder partielle Steuerbefreiung, aufgrund dessen die Erstattung bzw. Anrechnung der KapESt erfolge, weshalb auch nicht von der

---

221 *Salzmann/Heufelder*, IStR 2017, 125, 125; *Helios/Lenz*, DB 2017, 1738; *Spengel*, DB 2016, 2988; *Brühl/Holle/Weiss*, DStR 2017, 2093; *Kretzschmann/Schwarz*, FR 2017, 223; *Anemüller*, ErbStB 2017, 352; *Ebner*, NWB 2017, 2110; *Fiand*, NWB 2016, 344.

222 BMF vom 9.7.2021, Az. IV C 1 – S 2252/19/10035 :014, Rn. 12 ff., DStR 2021, 1767; vgl. dazu auch das Beispiel bei *Ettlich* in Brandis/Heuermann, § 36a EStG Rn. 2.

223 Zur Vorteilhaftigkeit von Cum/Cum-Geschäften siehe insbesondere die Berechnungen bei *Knobloch*, DB 2016, 1825, 1828; und detailliert zur Preisfindung bei Cum/Cum-Transaktionen *Ebner*, NWB 2017, 2110, 2111.

224 Siehe zu möglichen Gestaltungsvarianten auch BMF vom 9.7.2021, Az. IV C 1 – S 2252/19/10035 :014, Rn. 7 ff., DStR 2021, 1767.

225 Die teilweise irreführende Terminologie in Bezug auf Cum/Cum-Geschäfte wird insbesondere von *Loritz* kritisiert, *Loritz*, BB 2017, 2327, 2336; *Loritz*, BB 2017, 2394.

226 *Loritz*, BB 2017, 2327; *Salzmann/Heufelder*, IStR 2017, 125, 127; *Helios/Lenz*, DB 2017, 1738; *Spengel*, DB 2016, 2988; *Brühl/Holle/Weiss*, DStR 2017, 2093; *Kretzschmann/Schwarz*, FR 2017, 223, 224; *Anemüller*, ErbStB 2017, 352, 353; *Ebner*, NWB 2017, 2110, 2111.

227 So *Spilker/Kremer*, BB 2018, 2775, 2779.

Inanspruchnahme eines ungerechtfertigten Steuervorteils gesprochen werden könne.[228]

Es lässt sich jedoch feststellen, dass sich die öffentliche Wahrnehmung in den letzten Jahren dergestalt gewandelt hat, dass Steuervermeidungsstrategien grundsätzlich vielen als unangebracht erscheinen, obwohl sie nicht illegal sind und der BFH in ständiger Rechtsprechung klarstellt, dass jeder das Recht hat, seine steuerliche Situation so zu gestalten, dass er möglichst wenig Steuern bezahlt.[229] Dazu trägt natürlich bei, dass mit den in Frage stehenden Transaktionen hohe Steuerausfälle verbunden werden.[230] Vermutlich auch aufgrund der begrifflichen Nähe zu den Cum/Ex-Geschäften werden die Cum/Cum-Geschäfte ähnlich rigoros von den Finanzbehörden aufgearbeitet, obwohl gute Argumente dafür sprechen, dass hierdurch lediglich die bereits mehrfach durch den EuGH festgestellte Diskriminierung der Steuerausländer verhindert wurde.[231] Auch in der Literatur werden teilweise Parallelen zu den Cum/Ex-Geschäften gesehen und ein Anspruch auf Anrechnung oder Erstattung von KapESt abgelehnt[232] oder Nachforderungsansprüche gegen Investmentfonds bejaht.[233] So ist es nicht

---

228 Siehe hierzu insbesondere *Loritz*, BB 2017, 2327, der darauf hinweist, wie Finanzverwaltung und Gerichte von teilweise unzutreffenden Sachverhalten und nicht vorhandenen Tatbestandsmerkmalen in Bezug auf die KapESt-Anrechnung/Erstattung ausgehen; *Salzmann/Heufelder*, IStR 2017, 125, 129, die darauf hinweisen, dass ausländische Anteilseigner nicht verpflichtet sind, sich steuerlich schlechter stellen zu lassen als Inländer und dass daher keine Steuerersparnis, sondern lediglich eine Wahrung der Folgerichtigkeit des Körperschaftsteuersystems erreicht wird. Ein Missbrauch nach § 42 AO bzw. der Tatbestand der Steuerhinterziehung nach § 370 AO lägen daher fern; ebenso *Haarmann*, IStR 2018, 561, 572; *Stöber* in Gosch AO/FGO, § 42 AO Rn. 116; *Helios/Lenz*, DB 2017, 1738; *Haisch*, RdF 2016, 85; *Haisch/Hüniken*, BB 2016, 345, 346; *Lindermann*, DStR 2019, 1549, 1556; a. A. *Spengel*, DB 2016, 2988, 2993, der den Tatbestand des § 370 AO erfüllt sieht. Das BMF sieht den Tatbestand des Gestaltungsmissbrauchs gem. § 42 AO in allen Fällen der Cum/Cum-Geschäfte als potenziell erfüllt an, BMF vom 9.7.2021, Az. IV C 1 – S 2252/19/10035 :014, DStR 2021, 1767, Rn. 16.

229 BFH vom 12.9.1995, Az. IX R 54/93, BStBl. II 1996, 158, BB 1996, 203; BFH vom 9.7.1997, Az. VIII B 40/97, NV 1998, 23, BeckRS 1997, 14026; BFH vom 5.3.1998, Az. IV R 23/96, BB 1998, 1250; BFH vom 10.8.2011, Az. I R 45/10, DStR 2011, 2283.

230 Angeblich beläuft sich der Schaden durch die Cum/Cum-Geschäfte auf 24,6 Mrd. Euro, *Salzmann/Heufelder*, IStR 2018, 62, m. w. N. Teilweise wird sogar von bis zu 82 Mrd. Euro gesprochen, Information des Netzwerks Steuergerechtigkeit Deutschland „Cum-Ex und was daraus folgt", Ausgabe # 18, Mai 2019, 9, abzurufen unter https://www.netzwerk-steuergerechtigkeit.de/wp-content/uploads/2019/12/c39cberarbeitete-cum-ex-broschc3bcre_04.12.pdf (zuletzt abgerufen am 1.8.2021).

231 So insbesondere *Salzmann/Heufelder*, IStR 2017, 125.

232 *Fiand*, NWB 2016, 344; *Spengel*, DB 2016, 2988.

233 *Habammer*, RdF 2019, 212, 215; kritisch zu Rückforderungsansprüchen aufgrund § 37 Abs. 2 AO *Bindl/Haisch*, DStR 2021, 1520.

verwunderlich, dass mit voller Härte gegen die Cum/Cum-Geschäfte vorgegangen wird, zumal man bei den Cum/Ex-Geschäften sehr lange nicht reagiert hat.

Der Gesetzgeber hat mit dem durch das InvStRefG vom 16.7.2016 zum 1.1.2016 rückwirkend eingeführten § 36a EStG eine Regelung geschaffen, die diese Geschäfte auf allen Ebenen möglichst weitreichend vermeiden soll.[234] Zusätzlich wurde mit § 50j EStG zum 1.1.2017 eine weitere Norm eingeführt, welche den umgekehrten Fall des § 36a EStG erfassen soll, also den Fall, bei dem ein Steuerinländer einem Steuerausländer Aktien inländischer Emittenten leiht.[235] Flankiert wird § 36a EStG seit 1.1.2019 durch § 44a Abs. 10 S. 1 Nr. 3 EStG, der durch das Gesetz zur Vermeidung von Umsatzsteuerausfällen im Handel mit Waren im Internet und zur Änderung weiterer steuerlicher Vorschriften[236] mit Wirkung zum 1.1.2019 eingefügt wurde.[237] Dieser sieht nun auch für steuerbefreite Anleger bei Überschreiten einer Schwelle von 20.000 Euro einen Steuerabzug auf inländische Dividenden vor.[238] Die Umsetzung von § 36a EStG ist im Detail mit vielen Fragen behaftet. Dies gilt insbesondere auch im Bereich der Fondsanlagen, wo er bspw. im Rahmen der §§ 8 Abs. 4 S. 1, 10 Abs. 1 S. 1 und 31 Abs. 3 InvStG zu berücksichtigen ist.[239] Eine erneute Verschärfung erfolgte zum 1.1.2020 durch Änderung des § 31 Abs. 3 InvStG.[240]

Zentrale Frage im Hinblick auf die Erstattung/Anrechnung der KapESt gem. § 36 Abs. 2 Nr. 2 EStG ist auch hier, ob der Entleiher das wirtschaftliche Eigentum gem. § 39 Abs. 2 AO an den entliehenen Aktien erworben hat, da nur derjenige, dem die Anteile im Zeitpunkt des Gewinnverteilungsbeschlusses zuzurechnen sind, auch die Einkünfte hieraus erzielt und anrechnungs-/erstattungsberechtigt ist.[241] Die Rechtsprechung sieht das wirtschaftliche Eigentum bis

---

234 Nach Ansicht des Gesetzgebers stellt dies eine verfassungsrechtlich zulässige unechte Rückwirkung dar, Gesetzesbegründung zum InvStRefG, BT-Drucks. 18/8045, 140. Siehe dazu aber *Helios/Lenz*, DB 2017, 1738, 1741, die die faktische Anwendung auch für Zeiträume vor dem 1.1.2016 feststellen.

235 Gesetz zur Umsetzung der Änderungen der EU-Amtshilferichtlinie und von weiteren Maßnahmen gegen Gewinnkürzungen und -verlagerungen vom 20.12.2016 (Erstes BEPS-UmsG), BGBl. I 2016, 3000.

236 Gesetz vom 11.12.2018, BGBl. I 2018, 2338.

237 Kritisch dazu Stiftungspositionen des Bundesverbands Deutscher Stiftungen 8-2018 und 1-2019 abrufbar unter https://www.stiftungen.org/ueber-uns/wer-wir-sind/interessenvertretung.html (zuletzt aufgerufen am 1.8.2021); zu den Hintergründen *Thiede*, NWB 2018, 264, 266; *Schlund*, NWB 2018, 2614, 2615; *Ortmann-Babel/Bolik*, DB 2018, 1876, 1881.

238 Siehe dazu *Thiede*, NWB 2018, 264, 266; *Schlund*, NWB 2018, 2614, 2616.

239 Ausführlich unten, § 7 I. 1. d).

240 Geändert durch Gesetz zur weiteren steuerlichen Förderung der Elektromobilität und zur Änderung weiterer steuerlicher Vorschriften vom 12.12.2019, JStG 2019, BGBl. I 2019, 2451. Ausführlich unten, § 11 III. 1. b.

241 *Mann* in BeckOK EStG, § 36a Rn. 38.

auf Ausnahmefälle überwiegend beim Entleiher der Wertpapiere, wenn dieser frei über die Aktien verfügen kann bzw. auch das Risiko von Wertänderungen trägt.[242] Hierüber bestand zunächst ein Konsens zwischen Finanzverwaltung und Rechtsprechung,[243] bis der BFH in seinem Urteil vom 18.8.2015 ausnahmsweise den Übergang des wirtschaftlichen Eigentums im Rahmen einer strukturierten Wertpapierleihe verneinte, da die rechtliche Position des Entleihers aufgrund der vertraglichen Gestaltung einer „leeren Hülle" gleiche.[244] Diese Sichtweise machte sich die Finanzverwaltung in der Folge zu eigen und verneinte den Übergang des wirtschaftlichen trotz des Übergangs des zivilrechtlichen Eigentums in bestimmten Ausnahmefällen.[245] In Bezug auf Cum/Cum-Transaktionen sah sie zunächst einen Übergang des wirtschaftlichen Eigentums als gegeben an,[246] verneint dies heute jedoch grundsätzlich in Anlehnung an das Urteil des FG Hessen vom 28.1.2020.[247]

Hierdurch kann sich ein Widerspruch zur aktuellen Rechtsprechung des BFH ergeben, da dieser für eine Reihe von standardisierten Wertpapierleihgeschäften entschieden hat, dass das wirtschaftliche Eigentum auf den Darlehensnehmer übergeht.[248] Insbesondere, wenn der Darlehensnehmer von Kursbewegungen der geliehenen Wertpapiere selbst profitieren könne und nicht verpflichtet sei, etwaige Gewinne herauszugeben, sei von einem Übergang des wirtschaftlichen Eigentums auszugehen. Da der Darlehensnehmer im entschiedenen Fall nur Aktien der gleichen Gattung zurückzugewähren hatte und nicht einen bestimmten Nominalwert, sah der BFH mehr als nur eine „leere Eigentumshülle". Sofern diese Merkmale auch im Rahmen zu beurteilender Cum/Cum-Transaktionen eingehalten werden, muss damit auch bei diesen von einem Übergang des wirtschaftlichen Eigentums ausgegangen werden.

Vermeintlich unangemessenen Gestaltungen kann möglicherweise auch durch § 42 AO nicht begegnet werden, obwohl dieser gem. § 36a Abs. 7 EStG

---

242 Zu Pensionsgeschäften BFH vom 29.11.1982, Az. GrS 1/81, BStBl. II 1983, 272; zur Wertpapierleihe BFH vom 17.10.2001, Az. I R 97/00, DStR 2002, 78; BFH vom 16.4.2014, Az. I R 2/12, DStR 2014, 2012; BFH vom 29.9.2021, Az. I R 40/17, DStR 2022, 482; ausnahmsweise kein wirtschaftliches Eigentum in BFH vom 18.8.2015, Az. I R 88/13, DStR 2016, 168; dazu auch *Behnes/Hoene*, RdF 2022, 116; *Hansen/Haselmann/Holle*, DStR 2022, 1407.

243 BFH vom 29.11.1982, Az. GrS 1/81, BStBl. II 1983, 272; zur Wertpapierleihe BFH vom 17.10.2001, Az. I R 97/00, DStR 2002, 78; BFH vom 16.4.2014, Az. I R 2/12, DStR 2014, 2012; BMF vom 3.4.1990, Az. IV B 2 – S 2134 – 2/90, BeckVerw 071903.

244 BFH vom 18.8.2015, Az. I R 88/13, DStR 2016, 168.

245 BMF vom 11.11.2016, Az. IV C 6 – S 2134/10/10003-02, BStBl. I 2016, 1324.

246 BMF vom 17.7.2017, Az. IV C 1 – S 2252/15/10030:005, BStBl. I 2017, 986.

247 BMF vom 9.7.2021, Az. IV C 1 – S 2252/19/10035 :014, DStR 2021, 1767, Rn. 16; FG Hessen vom 28.1.2020, Az. 4 K 890/17, IStR 2020, 628 m. Anm. *Salzmann*; *Müller/Günther*, RdF 2020, 289.

248 BFH vom 29.9.2021, Az. I R 40/17, DStR 2022, 482.

grundsätzlich neben § 36a EStG anzuwenden ist. Es stellt sich die Frage, in welchen Fällen standardisierte Wertpapierleihgeschäfte eine solche unangemessene Gestaltung darstellen sollen, wenn diese im Bereich der Kreditwirtschaft so üblich sind, dass sogar ein Vertragsmuster des Bankenverbands hierfür existiert.[249] Des Weiteren ist fraglich, ob im Fall der Steueranrechnung von einem gesetzlich nicht vorgesehenen Steuervorteil gesprochen werden kann, da der Steuerinländer seine Dividendeneinkünfte der ordentlichen Besteuerung zuführt und nur für den im Ausland ansässigen Darlehensgeber ein Vorteil entsteht. Außersteuerliche Gründe sind mit der beabsichtigten Erwirtschaftung von Leihgebühren häufig ebenfalls gegeben.[250]

Unter Umständen ist ein Rückgriff auf § 42 AO jedoch auch nicht nötig, da die Entscheidung des BFH vom 29.9.2021 nach wie vor durchaus Raum für eine Verneinung des Übergangs des wirtschaftlichen Eigentums lässt. Dies ist gerade dann der Fall, wenn nicht auf Standardverträge zurückgegriffen wurde oder im Fall der Ausgestaltung der Transaktion als Veräußerung der Inländer die Aktien zu einem bestimmten vordefinierten Preis an den Steuerausländer zurückzuveräußern hatte und damit nicht in vollem Umfang von der Kursentwicklung profitieren konnte.

Auch hier liegt die besondere Herausforderung für die Gerichte darin, sich nicht davon leiten zu lassen, was in der Öffentlichkeit als das richtige Ergebnis angesehen wird, sondern den gesamten Sachverhalt unter Berücksichtigung des modernen Aktienhandels und der aktuellen BFH-Rechtsprechung zutreffend zu würdigen.[251] Im Regelfall von einem Übergang des wirtschaftlichen Eigentums und einer Anrechnungsmöglichkeit auszugehen, entspricht auch der Argumentation, dass es sich bei den Cum/Cum-Geschäften gerade nicht um illegale Transaktionen handelte und es deswegen auch noch nicht zu einer strafrechtlichen Verurteilung gekommen ist. Im Übrigen bleibt jedoch auch hier festzuhalten, dass den Cum/Cum-Geschäften mit § 36 a EStG primär durch eine außerhalb des InvStG liegende Norm begegnet wurde und sie damit an sich als Rechtfertigung für eine Gesetzesänderung nicht in Frage kommen.

3. Kopplungsgeschäfte

Sog. Kopplungsgeschäfte haben bislang bei Weitem nicht so viel Aufmerksamkeit erfahren wie die beiden zuvor genannten Gestaltungen. In welchem Umfang sie genutzt wurden und wie viele potenzielle Steuereinnahmen dem Fiskus dadurch möglicherweise verloren gingen, lässt sich nicht abschätzen.

---

249 *Hansen/Haselmann/Holle*, DStR 2022, 1407, 1411.

250 *Hansen/Haselmann/Holle*, DStR 2022, 1407, 1412.

251 Dazu *Bindl/Haisch*, DStR 2021, 1520; *Loritz*, BB 2017, 2327, 2329 ff. Vgl. in diesem Zusammenhang aber nun das Gesetz zur Einführung von elektronischen Wertpapieren vom 3.6.2021, BGBl. 2021, 1423.

Bei den Kopplungsgeschäften handelte es sich um gegenläufige Geschäfte mit Aktien und Finanzderivaten, bei denen mittels Termingeschäften auf Aktien Veräußerungsgewinne und in gleicher Höhe Verluste aus Termingeschäften erzielt werden sollten.[252] Kapitalgesellschaften sollten als Anleger von Investmentfonds Aktiengewinne aufgrund von § 8b Abs. 2 S. 1 KStG steuerfrei vereinnahmen und gleichzeitig steuerwirksame Verluste aus Termingeschäften geltend machen können, um Verlustverrechnungspotential zu schaffen.[253] Dazu verkaufte der Investmentfonds eine Aktie auf Termin zu einem festgelegten Preis. Gleichzeitig erwarb er eine Call-Option, die ihm die Anschaffung der Aktien desselben Emittenten zum Datum des geplanten Verkaufs ermöglichte. Der durch die Call-Option festgelegte Bezugspreis der Aktien war so gewählt, dass der Verkaufspreis auf Termin zum einen die Anschaffungskosten der Aktie bei Ausübung der Call-Option, die gezahlte Optionsprämie und zusätzlich eine geldmarktähnliche Verzinsung des eingesetzten Kapitals abdeckte.[254] Wie sich der zugrundeliegende Basiswert dabei entwickelte, war durch die Abstimmung der beiden Geschäfte aufeinander unerheblich. Am zuvor festgelegten Datum übte der Fonds die Call-Option aus und ließ sich die Aktie liefern. Anschließend verkaufte er sie über die Börse zum aktuellen Kurs. Ein etwaiger Gewinn aus dem Verkauf der Aktien konnte zur Zahlung des Differenzausgleichs aus dem Termingeschäft genutzt werden. Eingesetzt wurden hierfür auch Futures, Forwards oder andere Derivate.[255] Der Verkauf der Aktie auf Termin sollte dabei im Rahmen des Aktiengewinns zu einem nach §§ 8 Abs. 1 S. 2 InvStG 2004, 8b Abs. 2 S. 1 KStG zu 95 % steuerfreien Veräußerungsgewinn für die anlegende Kapitalgesellschaft führen, während die gezahlten Optionsprämien einen steuerlich relevanten Verlust ergeben sollten.

Das FG Niedersachsen hat in einem solchen Fall entschieden, dass bei der Ermittlung des positiven Aktiengewinns gem. § 8 Abs. 1 InvStG 2004 Verluste und Gewinne des Fonds aus Options- und Termingeschäften in die Ermittlung des Aktiengewinns einzubeziehen sind.[256] Damit hat es sich der Verwaltungsauffassung angeschlossen, die nun auch Einzug in § 39 Abs. 3 InvStG gefunden hat.[257] Einige Jahre zuvor hatte es in einem ähnlichen Verfahren einen Gestaltungsmissbrauch gem. § 42 AO angenommen.[258] Das Urteil aus dem Jahr 2012 stieß in der Literatur teilweise auf Kritik, insbesondere im Hinblick auf den

---

252 *Völker*, DStR 2016, 265; *Völker*, DStR 2016, 334; *Ebner*, RdF 2016, 218.

253 Gesetzesbegründung zum InvStRefG, BT-Drucks. 18/8045, 110.

254 Vgl. dazu die Beispiele in der Gesetzesbegründung zum InvStRefG, BT-Drucks. 18/8045, 110 sowie in InvStE-Entwurf vom 17.5.2021, Az. IV C 1 – S 1980-1/19/10008 :022, Rn. 39.17.

255 *Mann* in Weitnauer/Boxberger/Anders KAGB, § 39 InvStG Rn. 3.

256 FG Niedersachsen vom 06.7.2017, Az. 6 K 150/16, BeckRS 2017, 120594.

257 InvStE-Entwurf vom 17.5.2021, Az. IV C 1 – S 1980-1/19/10008 :022, Rn. 39.18.

258 FG Niedersachsen vom 01.11.2012, Az. 6 K 382/10, EFG 2013, 328; die Revision beim BFH führte zu einer Zurückverweisung an das FG, BFH vom 22.12.2015, Az. I R 43/13, BFH/NV 2016, 1034.

Gestaltungsmissbrauch.[259] Es gab jedoch auch Stimmen, die ebenfalls zu dem Ergebnis kamen, dass der Fondsaktiengewinn nicht in der zunächst bescheinigten Höhe entstanden sein kann, da die planmäßigen Verluste aus den Optionsgeschäften in die Berechnung des Fondsaktiengewinns nach § 8 Abs. 2 S. 1 InvStG 2004 einzubeziehen sind, sofern der Fonds die Aktien physisch erwirbt.[260] Spätestens mit der Reform des Investmentsteuerrechts soll den Kopplungsgeschäften mit der gesetzlichen Normierung in § 39 Abs. 3 InvStG nun der Boden entzogen werden.

4. Ertragsausgleich

Über das investmentrechtliche Instrument des Ertragsausgleichs wurde erreicht, dass alle Anleger eines Investmentfonds, auch wenn sich sowohl der Bestand der Anleger als auch das Volumen des Fonds ständig veränderten, stets die gleiche Ausschüttung je Investmentanteil erzielten.[261] Beteiligte sich ein neuer Anleger an einem bestehenden Investmentfonds, drohte eine Verwässerung der Erträge der bereits im Fonds befindlichen Anleger.[262] Um eine Benachteiligung der Altanleger zu verhindern, zahlte der neue Investor einen Teil seiner Anschaffungskosten zum Ausgleich der bereits im Fonds aufgelaufenen Erträge. Er kaufte sich in die mit dem bestehenden Kapital der Altanleger erwirtschafteten Erträge hinein.[263] Ohne den Ertragsausgleich wäre es bei Mittelabflüssen zu einer höheren Ausschüttung je Anteilsschein und bei Mittelzuflüssen zu einer geringeren Ausschüttung je Anteilsschein gekommen, da nur die tatsächlich vorhandenen Erträge unter den Anlegern hätten ausgeschüttet werden können.[264]

Die Regelung des § 9 InvStG war erforderlich, da das Steuerrecht ein dem Ertragsausgleich ähnliches Institut nicht kennt. Ohne Übernahme der investmentrechtlichen Berechnungsgröße des Ertragsausgleichs hätte es keinen Gleichlauf der steuerlichen Behandlung der Erträge und der investmentrechtlichen Ergebnisermittlung gegeben.[265] Die von den Anlegern in den Fonds eingezahlten

---

259 *Ebner*, RdF 2016, 218, 221. Im Hinblick auf die alte Regelung des § 8 InvStG 2004 zeigte sich, dass bei seiner Einführung im Jahr 2000 die Verweisung auf § 8b Abs. 3 KStG schlicht vergessen wurde, weshalb der BFH in einigen Entscheidungen zur Vorgängernorm § 40a KAGG eine Saldierung der Einnahmen nach § 8b Abs. 2 KStG mit Kursverlusten ablehnte.

260 *Völker*, DStR 2016, 334, 338.

261 Grundlegend *Berger* in Berger/Steck/Lübbehüsen InvStG 2004, § 9 Rn. 3 ff.; *Hammer* in Brandis/Heuermann, § 9 InvStG 2004 Rn. 13 ff.; *Schönbach/Welzel*, IStR 2009, 675; *Höring*, SteuK 2010, 201. Vgl. dazu BMF vom 18.8.2009, Az. IV C 1 – S 1980-1/08/10019, BStBl. I 2009, 931, Rn. 197 ff. geändert durch BMF vom 9.3.2010, Az. IV C 1 – S 1980-1/09/10001, BeckVerw 236046.

262 *Ernst* in BeckOK InvStG 2004, § 9 Rn. 1.

263 *Berger* in Berger/Steck/Lübbehüsen InvStG 2004, § 9 Rn. 4; *Höring*, DStZ 2010, 84.

264 *Hammer* in Brandis/Heuermann, § 9 InvStG 2004 Rn. 13.

265 *Hammer* in Brandis/Heuermann, § 9 InvStG 2004 Rn. 2.

Ertragsausgleichsbeträge teilten ab diesem Zeitpunkt das steuerliche Schicksal der bereits im Fonds vorhandenen Erträge und ggf. gezahlter ausländischer Quellensteuern.[266] Die ausgeschütteten und ausschüttungsgleichen Erträge und die anrechenbaren oder abziehbaren ausländischen Quellensteuern pro Fondsanteil wurden so konstant gehalten.[267] Durch den Mechanismus des Ertragsausgleichs wurde eingezahlte Substanz in Erträge des Fonds umgewandelt,[268] was vom BFH im Grunde auch nicht beanstandet wurde.[269]

Für Investmentfonds bestand grundsätzlich keine Pflicht, den Ertragsausgleich zu rechnen.[270] Die in Deutschland ansässigen Fonds führten diesen jedoch weitestgehend durch und auch ausländische Fonds, die in Deutschland vertrieben wurden, taten dies weitgehend.[271]

Der Ertragsausgleich wirkte sich zum einen bei der Ermittlung der Besteuerungsgrundlagen gem. § 5 InvStG 2004 und zum anderen auf den Zwischengewinn gem. § 1 Abs. 4 InvStG 2004 aus. Bei dem Zwischengewinn handelte es sich um die auf Ebene des Fonds unterjährig erzielten Zinsen und Zinssurrogate, die noch nicht an den Anleger ausgeschüttet wurden oder an diesen ausgeschüttet gelten.[272] Er war vom Fonds börsentäglich zu ermitteln und bekannt zu machen, § 5 Abs. 3 InvStG 2004. Ein Anleger, der unterjährig in den Fonds investierte, zahlte mit dem Zwischengewinn ein Entgelt für die bereits aufgelaufenen Zinsen und Zinssurrogate. Damit es nicht zu einer doppelten Besteuerung dieses Fondszwischengewinns kam, konnte der Anleger den gezahlten Zwischengewinn als negative Einnahmen bei den Einkünften aus Kapitalvermögen ansetzen. Bei Verkauf des Fondsanteils stellte der vereinnahmte Zwischengewinn positive Einkünfte aus Kapitalvermögen dar.[273] Dass der Fonds einen Ertragsausgleich rechnete, war Voraussetzung dafür, dass der Anleger einen gezahlten Zwischengewinn als negative Einkünfte aus Kapitalvermögen geltend machen konnte, vgl. § 5 Abs. 3 InvStG 2004.[274]

Der Mechanismus der Umqualifizierung eingezahlter Substanzbeträge in bestehende Investmentfonds führte jedoch auch dazu, dass Anleger sich dies gezielt zu Nutze machten. Durch den Ertragsausgleich konnten beinahe beliebig in den Investmentfonds eingezahlte Beträge in andere Ertragsbestandteile (bspw. Dividenden, gezahlte Quellensteuern oder Zinsen) umqualifiziert werden und

266 *Berger* in Berger/Steck/Lübbehüsen InvStG 2004, § 9 Rn. 12; *Ernst* in BeckOK InvStG 2004, § 9 Rn. 2.;

267 *Hammer* in Brandis/Heuermann, § 9 InvStG 2004 Rn. 1.

268 *Hammer*, Spezialfonds, 46.

269 BFH vom 4.3.1980, Az. VIII R 48/76, BStBl. II 1980, 453.

270 BMF vom 18.8.2009, Az. IV C 1 – S 1980-1/08/10019, BStBl. I 2009, 931, Rn. 197.

271 *Schmitt*, DStR 2010, 1610; *Sradj/Schmitt/Krause*, DStR 2009, 2283, 2286; *Ernst* in BeckOK InvStG 2004, § 9 Rn. 10.

272 *Hartmann* in BeckOK InvStG 2004, § 5 Rn. 227.

273 BMF vom 18.8.2009, Az. IV C 1 – S 1980-1/08/10019, BStBl. I 2009, 931, Rn. 21a.

274 *Hammer* in Brandis/Heuermann, § 9 InvStG 2004 Rn. 2.

dadurch künstliches Verlustverrechnungspotential zur Verrechnung mit anderen Einkünften erzielt werden – je nachdem, welche Erträge vor der Investition des Anlegers bereits in dem Fonds vorhanden waren. Durch entsprechende Fremdfinanzierung konnte das Verhältnis von eingesetztem Kapital zu verrechenbarem Verlust sogar noch gesteigert werden.[275]

Eine weitere Gestaltungsvariante zeigte sich bei Einführung der Abgeltungsteuer auf Kapitaleinkünfte mit dem Übergang vom progressiven Einkommensteuertarif auf den pauschalen Steuersatz von 25 % gem. § 32d Abs. 1 S. 1 EStG. Hier beteiligten sich Anleger kurz vor Einführung der Abgeltungsteuer an einem Investmentfonds. Der Investmentfonds verfügte in der Regel über einen hohen Zwischengewinn, bspw. i. H. v. 46 %. Von den gesamten Anschaffungskosten des Anlegers stellten damit 46 % Entgelt für den vorhandenen Zwischengewinn dar. Diese machte der Anleger als negative Einkünfte bei seinen Einkünften aus Kapitalvermögen i. S. v. § 2 Abs. 1 S. 1 InvStG 2004 i. V. m. § 20 Abs. 1 Nr. 1 EStG geltend und beantragte im Rahmen seiner Veranlagung, seine Einkünfte entsprechend zu mindern.[276]

Ursache für den hohen Zwischengewinn waren häufig zuvor auf Fondsebene durchgeführte Bondstripping-Transaktionen, bei denen bspw. eine Staatsanleihe in das Rentenstammrecht (sog. Zero-Bond) und die Zinskupons aufgeteilt wurde (häufig entfielen in etwa jeweils 50 % der Anschaffungskosten auf das Rentenstammrecht und die Zinskupons).[277] Anschließend wurden die Zinskupons veräußert, wodurch ein im Verhältnis zum eingesetzten Kapital sehr hoher Anteil an Erträgen entstand, die über die Systematik des Ertragsausgleichs auch neu in den Fonds investierende Anleger übernahmen.[278] Ursächlich für die hohen

---

275 Vgl. dazu die ausführlichen Beispiele in der Gesetzesbegründung zum InvStRefG, BT-Drucks. 18/8045, 50 f.

276 BFH vom 28.6.2017, Az. IV R 57/14, DStRE 2017, 1368, Vorinstanz FG Baden-Württemberg vom 22.9.2014, Az. 10 K 1693/12, EFG 2015, 384; m. Anm. *Kleinert*, RdF 2017, 342; *Kleinert/Lübbehüsen*, RdF 2015, 140; *Höring*, GStB 2018, 6; BFH vom 7.5.2019, Az.VIII R 29/15, Vorinstanz FG Münster vom 18.6.2015, Az. 12 K 689/12 F, DStRE 2016, 259; m. Anm. *Kleinert*, RdF 2019, 266; FG Düsseldorf vom 17.8.2017, Az. 14 K 3722/13 E, EFG 2018, 46, Revision eingelegt beim BFH unter Az. VIII R 13/17; m. Anm. *Kretzschmann*, RdF 2018, 87; FG Köln vom 30.1.2018, Az. 1 K 2992/13, Revision eingelegt beim BFH unter Az. VIII R 13/18; m. Anm. *Schober*, RdF 2019, 90.

277 Ausführlich *Kußmaul/Kloster*, StB 2017, 22; *Strothenke*, DStR 2016, 2893; *Schmidt*, RdF 2017, 90.

278 Bondstripping-Transaktionen wurden auch in anderen Konstellationen über Investmentfonds oder direkt im Privatvermögen eingesetzt und führten hier bspw. zur Generierung von Verlustpotential, vgl. dazu BMF vom 2.12.2013, Az. IV C 1 – S 1980-1/12/10005 :004, DStR 2013, 2698; FG Düsseldorf vom 17.10.2017, Az. 6 K 1141/14, Revision beim BFH eingelegt unter Az. I R 74/17, m. Anm. *Jansen*, RdF 2018, 88; FG Düsseldorf, Urteil vom 29.3.2019, Az. 1 K 2163/16, Revision eingelegt beim BFH unter Az. VIII R 15/19, m. Anm. *Bünning*, RdF 2019, 347.

Erträge bzw. in anderen Konstellationen auch Verluste war die Aufteilung der Anschaffungskosten auf das Rentenstammrecht und die Zinskupons, die vollständig bei dem Rentenstammrecht verblieben und im Falle der Veräußerung für einen hohen Verlust sorgten.[279]

Der BFH und teilweise auch die erstinstanzlichen Gerichte stellten sich überwiegend auf die Seite der Steuerpflichtigen. Insbesondere erteilten sie den von der Finanzverwaltung vorgebrachten Argumenten, dass es sich hierbei um Steuerstundungsmodelle i. S. v. §§ 20 Abs. 2b S. 2, 15b Abs. 1 EStG bzw. einen Gestaltungsmissbrauch i. S. v. § 42 AO handele und gezahlte Zwischengewinne nicht als negative Einkünfte aus Kapitalvermögen anzuerkennen seien, eine deutliche Abfuhr.[280] In der Folge wurden die Regelungen zur Aufteilung der Anschaffungskosten beim Bondstripping geändert.[281]

Mit Einführung des InvStG 2018 schaffte der Gesetzgeber den Mechanismus des steuerlichen Ertragsausgleichs nach § 9 InvStG 2004 ersatzlos ab. Damit sind derartige Gestaltungen nicht mehr möglich, da im Geltungsbereich des InvStG 2018 nicht mehr differenziert wird, wofür der Anleger seine Anschaffungskosten aufwendet. Ferner wird bzgl. des Ertrags gem. § 20 Abs. 1 Nr. 3 und Nr. 3a InvStG nicht mehr differenziert, woraus sich die Investmenterträge zusammensetzen. Im Bereich der Spezial-Investmentfonds werden künftig der Anleger-Aktiengewinn, der Anleger-Abkommensgewinn und der Anleger-Teilfreistellungsgewinn gem. § 49 Abs. 1 InvStG sowie die ausschüttungsgleichen Erträge gem. § 36 Abs. 4 S. 1 InvStG exakt besitzzeitanteilig für jeden einzelnen Anleger ermittelt.[282]

---

279 *Strothenke*, DStR 2016, 2893, 2893.

280 BFH vom 28.6.2017, Az. IV R 57/14, DStRE 2017, 1368, Vorinstanz FG Baden-Württemberg vom 22.9.2014, Az. 10 K 1693/12, EFG 2015, 384; BFH vom 7.5.2019, Az.VIII R 29/15, Vorinstanz FG Münster vom 18.6.2015, Az. 12 K 689/12 F, DStRE 2016, 259; FG Köln vom 30.1.2018, Az. 1 K 2992/13, Revision eingelegt beim BFH unter Az. VIII R 13/18.

281 Vgl. § 3 Abs. 1a InvStG 2004, der im Rahmen des AIFMStAnpG vom 18.12.2013 geändert wurde. Die noch verbliebenen Gestaltungsmöglichkeiten im Bereich des steuerlichen Privatvermögens wurden durch Einführung von § 20 Abs. 2 S. 4 und 5 EStG im Rahmen des InvStRefG ab dem Veranlagungszeitraum 2017 unterbunden, dazu *Strothenke*, DStR 2016, 2893, 2894.

282 Bereits vor Beginn der Diskussion über steuerliche Gestaltungsmöglichkeiten mittels des Ertragsausgleichs wurde Kritik an einzelnen Aspekten geübt. Der Ertragsausgleich, der investmentrechtlich nur vorgenommen werde, um alle Anleger ertragsmäßig gleich zu stellen, sei eine dem Investmentsteuerrecht fremde und für die Ermittlung der steuerlichen Erträge nicht notwendige Vorgehensweise. Schlimmer noch sei, dass der investmentrechtlich ermittelte Ertragsausgleich für das Steuerrecht maßgeblich sei, ohne dass die ermittelten Werte bei Bedarf korrigiert werden könnten. Daher wurde gefordert, den Ertragsausgleich für Steuerzwecke nach steuerfreien, steuerpflichtigen, nicht steuerbaren und steuerbaren Erträgen sowie den damit im Zusammenhang stehenden Aufwendungen und

Demnach besteht kein Bedürfnis mehr für den Ertragsausgleich, dessen Anwendung allerdings ungleich einfacher erscheint als die Ermittlung der besitzzeitanteiligen Erträge je Anleger.[283] Seine Abschaffung war dennoch richtig, da ein Missbrauch des Ertragsausgleichs wohl nicht hätte verhindert werden können.[284]

IV. Ausräumung bestimmter Systemfehler

Bei der Ausräumung von Systemfehlern geht es in erster Linie um die rückwirkende bzw. um die gerade nicht rückwirkende Fehlerkorrektur im Zusammenhang mit der Feststellung von Besteuerungsgrundlagen für die Anleger von Publikumsinvestmentvermögen. Sofern hier im Rahmen einer Betriebsprüfung des Investmentfonds Fehler festgestellt wurden, konnte der Steueranspruch des Fiskus teilweise nicht mehr nachträglich in der zutreffenden Höhe durchgesetzt werden.[285] Dies hing damit zusammen, dass die Korrektur von fehlerhaften Besteuerungsgrundlagen gem. § 13 Abs. 4 S. 3 InvStG 2004 zeitlich verschoben und nicht für die Vergangenheit erfolgte.[286] Sie traf damit nicht die Anleger, die zum Zeitpunkt des Entstehens des Fehlers an dem Investmentfonds beteiligt waren.[287] Vielmehr wurden durch die gesonderte Feststellung der Unterschiedsbeträge die Anleger getroffen, die zu dem Zeitpunkt, in dem die gesonderte Feststellung unanfechtbar wurde, an dem Fonds beteiligt waren, § 13 Abs. 4 S. 3 InvStG 2004.[288] Da sich der Anlegerbestand im Vergleich zu dem Zeitpunkt, in dem der Fehler entstanden war, mit großer Wahrscheinlichkeit verändert hatte, hatten Anleger, die zu Unrecht von den festgestellten Unterschiedsbeträgen betroffen waren, einen Anspruch auf Korrektur, § 13 Abs. 4 S. 4 InvStG 2004. Die Anleger, die zum Zeitpunkt der Fehlerentstehung an dem Fonds beteiligt waren, waren, sofern der Anlegerbestand nicht unverändert geblieben war, nicht mehr betroffen, da sie dem Fonds nicht bekannt waren.[289] Es kam also zu einer interpersonellen Verschiebung der Steuerlast, die nach verbreiteter Ansicht den Grundprinzipien des Ertragsteuerrechts widerspricht.[290]

Gerade im Zusammenhang mit den vielfach über Investmentfonds getätigten Cum/Ex-Geschäften stellte die mangelnde Möglichkeit, den richtigen

---

Quellensteuern aufzuteilen, vgl. dazu *Hammer*, Spezialfonds, 49 f. mit Berechnungsbeispiel; *Wenzel* in Brandis/Heuermann, § 10 InvStG 2004 Rn. 24.

283 Ausführlich unten, § 12 II.

284 So auch *Kußmaul/Kloster*, StB 2017, 22, 27.

285 Gesetzesbegründung zum InvStRefG, BT-Drucks. 18/8045, 52.

286 *Intemann* in BeckOK InvStG 2004, § 13 Rn. 41.

287 *Helios/Mann*, DB, Sonderausgabe 01/2016, 1, 3.

288 *Hölzl* in Berger/Steck/Lübbehüsen InvStG 2004, § 13 Rn. 79 ff.

289 Gesetzesbegründung zum InvStRefG, BT-Drucks. 18/8045, 53.

290 *Intemann* in BeckOK InvStG 2004, § 13 Rn. 43.

Steuerpflichtigen in Anspruch nehmen zu können, ein handfestes Problem dar, da die Fonds in der Regel auch nur für eine Dividendensaison genutzt und anschließend liquidiert wurden.[291] Letztlich wurde das System jedoch aus den oben beschriebenen Gründen als alternativlos angesehen.[292]

Im InvStG 2018 entfällt die nachträgliche Fehlerkorrektur in ihrer bisherigen Form aufgrund des stark vereinfachten Systems, in dem die Feststellung von bis zu 33 Besteuerungsgrundlagen nicht mehr erforderlich ist. Da nur noch vier Werte für die zutreffende Besteuerung herangezogen werden müssen,[293] die sämtlich frei verfügbar sind und ohne Mitwirkung der Fondsgesellschaft ermittelt werden können, besteht für eine fehlerhafte Besteuerung des Anlegers im Bereich der Publikumsinvestmentvermögen wohl kein Raum mehr. Im Bereich der Spezial-Investmentfonds geht man davon aus, dass die Anleger bekannt sind und aufgrund der strengen besitzzeitanteiligen und anlegerbezogenen Ertragsermittlung auch nachträglich noch zutreffend besteuert werden können.

V. Zusammenfassung zu § 4

Betrachtet man das System des InvStG 2004 und die Gründe, die für seine Reformierung angeführt wurden, scheint es auf den ersten Blick so, als habe ein etwas in die Jahre gekommenes System vorgelegen, bei dem über die Zeit eine Reihe von Unzulänglichkeiten offenbar geworden sind. Hier fallen die Unvereinbarkeit der Dividendenbesteuerung mit Art. 63 und 65 AEUV sowie die vermeintliche Gestaltungsanfälligkeit auf. Gerade im Hinblick auf das letztgenannte Merkmal ließe sich der Eindruck gewinnen, dass an sich sinnvolle Mechanismen des InvStG wie der Ertragsausgleich oder übliche Börsenusancen wie bspw. das Dividendenstripping nicht mehr zeitgemäß waren. Stattdessen wurden sie wohl eher durch den besonderen Einfallsreichtum einzelner pervertiert. Die Komplexität der Ermittlung der Besteuerungsgrundlagen gem. § 5 InvStG 2004 war zweifelsfrei gegeben und auch im Hinblick auf die nachträgliche Fehlerkorrektur war der Zustand nicht wirklich befriedigend.

Auf den zweiten Blick zeigt sich jedoch auch, dass die Ursachen vieler für die Reform des InvStG angeführten Gründe gar nicht im InvStG 2004 begründet lagen, sondern ihren Ursprung allein in den allgemeinen steuerrechtlichen Regelungen hatten. Gegen viele der genannten unliebsamen Gestaltungen war der Gesetzgeber bereits vorgegangen oder konnte sie ohne eine Reform des kompletten InvStG regeln. Hier sind insbesondere die Vermeidung der Cum/Ex-Geschäfte durch Einführung des Zahlstellenprinzips, die Unterbindung der Cum/Cum-Geschäfte durch Einführung von § 36a EStG und begleitender Normen sowie die Einbeziehung von Verlusten aus den Optionsgeschäften in die Berechnung des

291 Gesetzesbegründung zum InvStRefG, BT-Drucks. 18/8045, 53.
292 *Carlé*, DStZ 2004, 74.
293 *Helios/Mann*, DB, Sonderausgabe 01/2016, 1, 3.

Fondsaktiengewinns gem. § 8 Abs. 2 InvStG 2004 zu nennen. Auch der Rechtsprechung des EuGH war der Gesetzgeber bereits im Jahr 2013 durch Einführung eines neuen § 8b Abs. 4 KStG nachgekommen, indem er eine Steuerpflicht für Streubesitzdividenden für Steuerinländer eingeführt hatte. Lediglich im Hinblick auf den Ertragsausgleich konnte eine Vermeidung unerwünschter Ergebnisse nicht durch Regelungen außerhalb des InvStG erfolgen, da er ein zentraler Bestandteil des alten Rechts war.

Im Übrigen erscheint es möglich, dass sich künftig eine Vereinfachung im Hinblick auf die Ermittlung der Besteuerungsgrundlagen ergibt. Die Frage, ob sich insgesamt durch das InvStG 2018 eine Vereinfachung ergibt, kann erst zu einem späteren Zeitpunkt beantwortet werden. Auch die Beseitigung der Mängel der nachträglichen Fehlerkorrektur nach § 13 Abs. 4 InvStG 2004 ist grundsätzlich zu begrüßen. Allerdings erscheint es eher so, als wäre dies ein Nebeneffekt des Systemwechsels und kein valider Grund für eine Reform.

Es lässt sich also festhalten, dass ein Großteil der angeführten Gründe für die Einführung des InvStG 2018 bei dessen Einführung nicht mehr bestand und diese daher auch eine Reform mit einer solch weitreichenden Systemumstellung an sich nicht rechtfertigen konnten.

Kapitel II: Die Besteuerung von Investmentfonds und ihren Anlegern

§ 5 Definition des Investmentfonds nach dem InvStG

I. Definition durch Verweisung auf das KAGB

Gem. § 1 Abs. 2 S. 1 InvStG sollen sämtliche Anlagevehikel des KAGB, die aufsichtsrechtlich ein Investmentvermögen i. S. v. § 1 Abs. 1 KAGB darstellen, auch steuerrechtlich als Investmentfonds i. S. d. InvStG behandelt werden.[1] Die mit dem AIFM-StAnpG eingeführte Differenzierung zwischen Investmentfonds und Kapital- bzw. Personen-Investitionsgesellschaften wird im InvStG 2018 wieder abgeschafft. Die bisherigen Kapital-Investitionsgesellschaften stellen künftig Investmentfonds dar. Die bisherigen Personen-Investitionsgesellschaften sind nicht mehr durch das InvStG erfasst und werden wie normale Personengesellschaften behandelt.[2] Im InvStG 2018 wird nicht zwischen OGAW und AIF unterschieden. In jedem Einzelfall ist bei inländischen und ausländischen Anlagevehikeln nur noch prüfen, ob die Tatbestandsmerkmale des § 1 Abs. 1 KAGB erfüllt sind (sog. materieller Investmentbegriff).[3]

Es gibt keine zusätzlichen steuerlichen Anforderungen an einen Investmentfonds mehr, wie sie noch das InvStG 2004 in § 1 Abs. 1b vorsah.[4] Für Investmentfonds sind daher eine Investmentaufsicht, ein mindestens jährliches Rückgaberecht, eine Anlage nach Grundsätzen der Risikomischung und eine Beschränkung auf bestimmte Vermögenswerte nicht mehr erforderlich. Die Grenzen für die inhaltliche Fondsgestaltung bestimmen sich daher künftig bei den Investmentfonds nach dem Aufsichtsrecht und nicht nach dem Steuerrecht.[5] Einzig die Spezial-Investmentfonds i. S. d. InvStG müssen heute die zusätzlichen Voraussetzungen des § 26 InvStG erfüllen, welche denen des § 1 Abs. 1b InvStG 2004 ähneln.[6]

Typischerweise spielt bei den Investmentfonds der Anlegerschutz eine wichtige Rolle, da dem einzelnen Anleger selbst die Kontrollmöglichkeiten über die Vermögensverwalter fehlen.[7] Darüber hinaus sollen in den Anwendungsbereich

---

1 Gesetzesbegründung zum InvStRefG, BT-Drucks. 18/8045, 57 und BR Drucks. 119/16, 66; *Anders/Mann* in Weitnauer/Boxberger/Anders KAGB, § 1 InvStG Rn. 2; *Bödecker* in BeckOK InvStG, § 1 Rn. 24. Ausführlich zum Begriff des Investmentvermögens nach § 1 Abs. 1 KAGB oben, § 2 II.

2 *Stadler/Bindl*, DStR 2016, 1953, 1955; *Buge/Bujotzek/Steinmüller*, DB 2016, 1594, 1595.

3 *Wenzel* in Brandis/Heuermann, § 1 InvStG Rn. 4; *Zetzsche* in Assmann/Wallach/Zetzsche KAGB, § 1 Rn. 5.

4 *Bödecker* in BeckOK InvStG 2004, § 1 Rn. 150.

5 *Wenzel* in Brandis/Heuermann, § 1 InvStG Rn. 4.

6 Ausführlich unten, § 10 III.

7 Ausführlich oben, § 2 I.

des InvStG aber auch diejenigen Anlagevehikel einbezogen werden, bei denen kein Anlegerschutz erforderlich ist, bei denen aber eine steuerliche Gleichbehandlung mit den Investmentfonds sinnvoll und geboten erscheint.[8] Das InvStG überlässt daher die Definition des Investmentfonds aus steuerlicher Sicht nicht allein dem Aufsichtsrecht bzw. der BaFin,[9] sondern erweitert den Begriff auch auf Investmentvermögen, an denen nur ein Anleger beteiligt ist (§ 1 Abs. 2 S. 2 Nr. 1 InvStG), auf sog. fiktive Investmentfonds in Form ausländischer Gesellschaften (§ 1 Abs. 2 S. 2 Nr. 2 InvStG) und auf konzerneigene Fonds (§ 1 Abs. 2 S. 2 Nr. 3 InvStG), bei denen ein Anlegerschutz nicht erforderlich ist.

Umgekehrt stellt das InvStG in § 1 Abs. 3 InvStG aber auch ausdrücklich klar, welche Erscheinungsformen nicht in seinen Anwendungsbereich fallen sollen, nämlich u.a. die in § 2 Abs. 1 und 2 KAGB genannten Gesellschaften, Einrichtungen und Organisationen wie z. B. Verbriefungsgesellschaften, Personengesellschaften, Unternehmensbeteiligungsgesellschaften, mittelständische Beteiligungsgesellschaften oder REITs. Sofern man also hinsichtlich des Investmentfondsbegriffs noch von einem Gleichlauf zwischen InvStG und KAGB sprechen konnte, endet dieser bereits hier wieder, da die steuerliche Beurteilung eines Anlagevehikels letztlich stets nach den Normen des InvStG durch die Finanzbehörden erfolgen soll, § 1 Abs. 2 S. 2 InvStG.[10] Wie erwähnt bezieht sich diese Untersuchung auf Investmentfonds und Spezial-Investmentfonds i. S. d. InvStG, weshalb Abgrenzungsfragen zu außerhalb des InvStG stehenden Anlagevehikeln hier dahinstehen können.

II. Relevante Erweiterung des Investmentfondsbegriffs

Unter diejenigen Anlagevehikel, um die das InvStG die Definition des § 1 Abs. 1 KAGB erweitert, fallen nach § 1 Abs. 2 Nr. 2 InvStG die vermögensverwaltenden, im Ausland ansässigen und dort steuerbefreiten Kapitalgesellschaften. Diese bieten Raum für Gestaltungsüberlegungen im Hinblick auf die Steuerbefreiungen des Investmentsteuerrechts, da deren Gesellschafter in den Anwendungsbereich der investmentsteuerlichen Teilfreistellung nach § 20 InvStG gelangen können. Im Folgenden soll der Frage nachgegangen werden, ob diese Erweiterung in allen Fällen sachgerecht erscheint.

---

8 *Wenzel* in Brandis/Heuermann, § 1 InvStG Rn. 23; *Helios/Mann*, DB, Sonderausgabe 01/2016, 1, 5 f.

9 Für die Auslegung des Investmentfondsbegriffs i. S. d. InvStG haben das BaFin-Auslegungsschreiben Investmentvermögen oder die ESMA-Leitlinien AIFMD keine Bedeutung, vgl. *Anders/Mann* in Weitnauer/Boxberger/Anders KAGB, § 1 InvStG, Rn. 4. So auch klargestellt durch die Regelung in § 1 Abs. 2 S. 2 InvStG i. d. F. des JStG 2020 vom 21.12.2020, BGBl. I 2020, 3096.

10 So auch schon *Anders/Mann* in Weitnauer/Boxberger/Anders KAGB, § 1 InvStG Rn. 6; *Carlé*, ErbStB 2017, 20, 22.

1. Im Ausland ansässige steuerbefreite Gesellschaften

Der Gesetzgeber wollte mit § 1 Abs. 2 Nr. 2 InvStG sicherstellen, dass auch bisher teilweise nicht erfasste Kapitalanlegevehikel wie bspw. eine Luxemburger SPF (societé de gestion patrimoine familial) dem InvStG unterfallen, eine sachgerechte Besteuerung der Erträge stattfindet sowie systemwidrige Besteuerungslücken vermieden werden.[11] Solche vermögensverwaltenden im Ausland steuerbefreiten Kapitalgesellschaften können zahlreiche Vorteile bieten.[12] Sie unterliegen grundsätzlich keiner staatlichen Aufsicht, die eines der Grundprinzipien des Investmentgeschäfts darstellt.[13] Dadurch sind sie wesentlich einfacher zu administrieren als ein regulierter Investmentfonds. Der Gesellschafter(geschäftsführer) kann auf die Anlage Einfluss nehmen, ohne eine Zurechnung der Erträge fürchten zu müssen.[14] Über die Regelung des § 1 Abs. 2 Nr. 2 InvStG gelangt er in den Anwendungsbereich des InvStG, wenn der Gesellschaft eine operative Tätigkeit untersagt ist,[15] und kann so von der später noch im Detail zu erläuternden Teilfreistellung der Erträge nach § 20 Abs. 1 bis 3 InvStG profitieren.[16]

2. Besteuerung der ausländischen Kapitalgesellschaft vor Geltung des InvStG

Dividendeneinkünfte einer ausländischen Kapitalgesellschaft von in Deutschland ansässigen Emittenten unterliegen der beschränkten KSt-Pflicht im Inland gem. §§ 2 Nr. 1 KStG, 8 Abs. 1 S. 1 KStG, 49 Abs. 1 Nr. 5a EStG.[17] Die KSt wird im Wege des KapESt-Abzugs i. H. v. 26,375 % an das Finanzamt abgeführt, § 43 Abs. 1 S. 1 Nr. 1 und 1a EStG. Für den Fall, dass zwischen Deutschland und dem Ansässigkeitsstaat der Gesellschaft kein DBA besteht, kann die ausländische

---

11 Gesetzesbegründung zum InvStRefG, BT-Drucks. 18/8045, 67.

12 Ausführlich zu Zweck, Rechtsform und Steuerregime der SPF *Steichen* in Wassermeyer DBA, DBA Luxemburg, Anhang Überblick über das Steuerrecht Luxemburgs, Rn. 122 ff.

13 Ausführlich oben, § 2 I.

14 Teilweise wurde Investmentfonds in der Vergangenheit der Status als Investmentfonds abgesprochen, da das (nicht im Gesetz geregelte) Erfordernis der Fremdverwaltung nicht gegeben war und somit nach Auffassung der Finanzverwaltung eine Versteuerung der Erträge des Fonds durch die Anleger hätte erfolgen müssen, vgl. dazu *Stöber/Kleinert*, BB 2016, 278; *Schwartz/Höpfner*, PStR 2016, 298; *Stöber/Kleinert*, BB 2019, 1174. A. A. BMF vom 26.7.2016, Az. IV C 1 – S 1980-1/15/10001:004, abrufbar unter https://files.vogel.de/infodienste/smfiledata/9/8/0/9/3/189165.pdf (zuletzt abgerufen am 3.8.2021).

15 Dies richtet sich ausschließlich nach den konstituierenden Dokumenten des Anlagevehikels, *Wenzel* in Brandis/Heuermann, § 1 InvStG Rn. 23.

16 Ausführlich unten, § 9 II.

17 Vgl. dazu *Loschelder* in Schmidt EStG, § 49 Rn. 97.

Gesellschaft keine Ermäßigung der KapESt erreichen. Sie kann allerdings beim Bundeszentralamt für Steuern eine Ermäßigung der Kapitalertragsteuer auf drei Fünftel gem. § 44a Abs. 9 EStG beantragen,[18] wenn sie die Voraussetzungen von § 50d Abs. 3 EStG (kein Treaty-Shopping durch ausländische Anleger) erfüllt.[19] Im Übrigen erzielt die Gesellschaft bei Veräußerungsgewinnen aus Aktien – abgesehen von dem Fall einer wesentlichen Beteiligung i. S. d. § 17 EStG und Zinserträgen aus Wertpapieren – keine nach § 49 EStG in Deutschland beschränkt steuerpflichtigen Einkünfte. Für den Fall, dass zwischen Deutschland und dem Ansässigkeitsstaat ein DBA besteht, steht Deutschland in der Regel das Recht zu, inländische Dividenden mit 15 % zu besteuern, vgl. Art. 10 Abs. 2 Nr. 2 OECD-MA.

Aus deutscher Sicht stellten die Einkünfte der ausländischen Gesellschaft bei Vorliegen entsprechender Substanz[20] im Ansässigkeitsstaat und bei Nichtanwendbarkeit der §§ 41[21] und 42[22] AO bislang grundsätzlich passive Einkünfte einer Zwischengesellschaft mit Kapitalanlagecharakter i. S. v. § 7 Abs. 6 S. 1 und Abs. 6a S. 1 AStG a. F. dar, wenn unbeschränkt Steuerpflichtige i. S. v. § 7 Abs. 6 S. AStG a. F. zu mindestens 1 % beteiligt waren, da die Einkünfte aus dem Halten und Verwalten von Wertpapieren stammten.[23] Nach § 10 Abs. 1 AStG a. F. waren

---

18 Vgl. dazu die Übersicht bei *Levedag* in Schmidt EStG, § 43b Rn. 3.

19 Vgl. zum Treaty Shopping mittels Investmentfonds bspw. *Eberhardt*, IStR 2013, 377, 378; zu den Voraussetzungen für eine Entlastungsberechtigung ausländischer Gesellschaften *Wilhelm*, SteuK 2012, 201; *Schaflitzl/Weidmann*, DStR-Beih 2013, 30.

20 Vgl. zu den Substanzanforderungen an ausländische Gesellschaften BFH vom 21.10.2009, BStBl. 2010 II, 774, *Goebel/Palm*, IStR 2007, 720, 723; *Rödel* in Kraft AStG, § 8 Rn. 740.

21 § 7 AStG gilt nicht für Einkünfte, die beim inländischen Gesellschafter infolge anderer Vorschriften, wie z. B. § 41 AO, zu erfassen sind. Ein Scheingeschäft i. S. d. § 117 Abs. 1 BGB, das nach § 41 Abs. 2 AO für die Besteuerung unerheblich ist, liegt vor, wenn sich die Vertragsbeteiligten über den Scheincharakter des Rechtsgeschäfts einig sind. Ein solches Scheingeschäft kann bei der Errichtung von Kapitalgesellschaften im Ausland meist nicht angenommen werden, weil es den Gründern in der Regel auf eine zivil- und gesellschaftsrechtlich gültige Gestaltung ankommt. Sie wollen die Gesellschaft in ihre Geschäftsbeziehungen einschalten und hierdurch ggf. steuerliche Vorteile erzielen. Vgl. hierzu *Protzen* in Kraft AStG, § 7 Rn. 45.

22 Nach § 42 Abs. 1 Satz 3 AO entsteht der Steueranspruch so, wie er bei einer den wirtschaftlichen Vorgängen angemessenen Gestaltung entsteht. Ist § 42 AO einschlägig, führt dies dazu, dass die Einkünfte demjenigen zugerechnet werden, der sie bei unterstellter angemessener Gestaltung erzielt hätte (in der Regel also ohne die ausländische Gesellschaft). Demgem. erzielen die hinter der ausländischen Gesellschaft stehenden inländischen Anteilseigner diese Einkünfte. Vgl. hierzu *Protzen* in Kraft AStG, § 7 Rn. 50.

23 Zu den Voraussetzungen der verschärften Hinzurechnungsbesteuerung ausführlich *Vogt* in Brandis/Heuermann, § 7 AStG Rn. 50 f.

dem Einkommen der unbeschränkt steuerpflichtigen Gesellschafter sämtliche Einkünfte der Gesellschaft hinzuzurechnen.[24] Bei den Gesellschaftern stellten diese gem. § 10 Abs. 2 S. 1 AStG a. F. Einkünfte aus Kapitalvermögen nach § 20 Abs. 1 Nr. 1 EStG dar.

Diese Systematik der Hinzurechnung gem. § 10 Abs. 1 AStG a. F. wurde durch die Einführung von § 8 Abs. 2 AStG a. F. im Jahr 2007 teilweise durchbrochen.[25] Danach kam es in vielen Fällen dazu, dass die Hinzurechnungsbesteuerung nach § 7 ff. AStG keine Anwendung mehr fand.[26] § 8 Abs. 2 AStG a. F. schloss diejenigen Gesellschaften mit Sitz in der EU bzw. im EWR von der Hinzurechnungsbesteuerung aus, die einer tatsächlichen wirtschaftlichen Tätigkeit nachgingen[27] und in deren Fall zwischen dem Ansässigkeitsstaat und der Bundesrepublik Deutschland ein Amtshilfeabkommen bestand. Die Regelung war infolge der EuGH-Entscheidung *Cadburry Schweppes*[28] eingeführt worden, in welcher der EuGH entschied, dass es die Niederlassungsfreiheit gem. Art 49 AUEV gebietet, dem Steuerpflichtigen im Rahmen der Prüfung der passiven Einkünfte nach § 8 AStG a. F. die Möglichkeit eines Gegenbeweises einzuräumen.[29] Gefordert wurden insbesondere eine aktive, ständige und nachhaltige Tätigkeit, geschäftsleitendes Personal mit hinreichender Qualifikation, eine Ursächlichkeit der eigenen Tätigkeit für die Einkünfteerzielung sowie eine wertschöpfende Bedeutung der Tätigkeit für den Leistungsempfänger.[30] Aus der EuGH-Rechtsprechung lassen sich diese Anforderungen jedoch nicht in Gänze ableiten, so dass in der Folge

---

24 Zur teilweisen Doppelbesteuerung von Kapital-Investitionsgesellschaften im Anwendungsbereich des AStG und des InvStG 2004 *Bachmann/Richter*, DB 2015, 274, 275; *Watrin/Eberhardt*, DB 2014, 795, 799.

25 Eingeführt durch das Jahressteuergesetz 2008 vom 20.12.2007, BGBl. I 2007, 3150.

26 *Anders/Mann* in Weitnauer/Boxberger/Anders KAGB, § 1 InvStG Rn. 10.

27 So sollen bspw. auch konzerninterne Leistungen eine Teilnahme am Wirtschaftsleben darstellen, sofern Leistungen von konzernzugehörigen Gesellschaften am Markt angeboten werden, bzw. auch eine reine Beschaffungstätigkeit ohne das Anbieten von Waren ausreichend sein, *Wassermeyer* in Flick/Wassermeyer/Baumhoff/Schönfeld AStG, § 8 Rn. 472, 474.

28 EuGH vom 12.9.2006, Az. C-196/04, DStR 2006, 1686 m. Anm. *Köhler/Eicker*, DStR 2006, 1871. Zu den objektiven Anhaltspunkten für eine tatsächliche Ansiedelung gehören danach eine stabile und kontinuierliche Teilnahme am Wirtschaftsleben des Ansässigkeitsstaates (Rn. 53), die Ausübung der wirtschaftlichen Tätigkeit mittels einer festen Einrichtung (Rn. 54) und das Vorhandensein von Geschäftsräumen, Personal und Ausrüstungsgegenständen (Rn. 67).

29 Vgl. hierzu BMF vom 8.1.2007, Az. IV B 4 – S 1351-1/07, IStR 2007, 151. Zu Drittsaatenkonstellationen im Hinblick auf die Kapitalverkehrsfreiheit vgl. BFH vom 18.12.2019, Az. I R 59/17, IStR 2020, 901; dazu *Kahlenberg/Quilitzsch*, IStR 2021, 135; *Heinsen/Gsödl/Dietrich*, IStR 2020, 729; *Heckerodt/Lück*, IStR 2020, 857.

30 Zum Entlastungsbeweis auch BMF vom 17.3.2021, Az. IV B 5 – S 1351/19/10002 :001, DStR 2021, 732; kritisch zu den Anforderungen der Finanzverwaltung *Köhler*, ISR 2021, 201.

erhebliche Unsicherheiten in Bezug auf die Substanzanforderungen an ausländische Gesellschaften bestanden.[31] Erst durch das ATADUmsG wurden diese Voraussetzungen gesetzlich normiert.[32]

Somit erstreckte sich der Anwendungsbereich der Hinzurechnungsbesteuerung nur auf diejenigen Fälle, in denen eine entsprechende Tätigkeit nicht nachgewiesen werden konnte. Durch Einbeziehung sämtlicher Auslandskapitalgesellschaften in den Anwendungsbereich des InvStG sollte diese Lücke geschlossen und deren Einkünfte (wieder) einer inländischen Besteuerung zugeführt werden.[33]

3. Besteuerung der ausländischen Kapitalgesellschaft nach Geltung des InvStG

Nach Inkrafttreten des InvStG 2018 kann die ausländische Kapitalgesellschaft nach § 1 Abs. 2 Nr. 2 InvStG als Investmentfonds qualifizieren, wenn sie die Voraussetzungen des § 1 Abs. 1 KAGB erfüllt und eine entsprechende Statusbescheinigung i. S. v. § 7 Abs. 3 S. 1 InvStG vorliegt.[34] Dann ist gem. § 7 Abs. 5 S. 1 AStG die Hinzurechnungsbesteuerung aufgrund des partiellen Vorrangs der Investmentbesteuerung vor der Hinzurechnungsbesteuerung ausgeschlossen.[35] In diesem Fall unterliegen die inländischen Dividendenerträge als inländische Beteiligungseinnahmen nach § 6 Abs. 2 InvStG der KSt von 15 % zuzüglich SolZ. Die Steuer wird als Kapitalertragsteuer mit abgeltender Wirkung nach § 43 Abs. 1 S. 1 Nr. 1a EStG erhoben. Veräußerungsgewinne fallen nicht unter § 6 InvStG und sind in der Folge auch nicht steuerpflichtig. Auf das Vorliegen eines DBA kommt es nicht an.[36]

Auch wenn der Gesetzgeber mit der Einbeziehung der Auslandskapitalgesellschaften in den Anwendungsbereich des InvStG eine durch 8 Abs. 2 AStG a. F. geschaffene Lücke geschlossen hat, sind die sich aus dem InvStG ergebenden steuerlichen Folgen für den Investor u. U. wesentlich besser als bei Anwendung der Hinzurechnungsbesteuerung. Im InvStG werden auf Anlegerebene seit

---

31 Dazu *Haase*, DStR 2019, 827, 829.

32 ATAD-Umsetzungsgesetz vom 25.6.2021, BStBl. I 2021, 2035.

33 *Buge/Bujotzek/Steinmüller*, DB 2016, 1594.

34 Zur Selbstdeklaration von Investmentfonds und Spezial-Investmentfonds BMF vom 21.9.2017, Az. IV C 1 – S 1980-1/16/10010, DStR 2017, 2123.

35 Der partielle Vorrang des InvStG wurde eingeführt durch ATAD-Umsetzungsgesetz vom 25.6.2021, BStBl. I 2021, 2035; vgl. dazu *Rechid/Schäfer*, BB 2020, 2071, 2074; *Stadler/Sotta*, BB 2020, 1943, 1946; zur Rechtslage vor dem ATAD-Umsetzungsgesetz *Vogt* in Brandis/Heuermann, § 7 AStG Rn. 93; *Ebner*, NWB 2017, 479, 486. Vgl. zur Entwicklung vor Einführung des InvStG 2018 *Fock*, IStR 2006, 734. Zu Zweifelsfragen im Hinblick auf die Abgrenzung zwischen AStG und InvStG nach der bis 2017 geltenden Rechtslage vgl. *Richter/Moser*, FR 2015, 888 ff.

36 Zur Besteuerung von Investmentfonds ausführlich unten, § 6.

1.1.2018 nur Veräußerungsgewinne, Ausschüttungen und die Vorabpauschale aus Investmentfondsanteilen besteuert.[37] Die Vorabpauschale vermeidet grundsätzlich eine dauerhafte vollständige Thesaurierung der Erträge und führt zu einem jährlich angenommenen zu versteuernden Mindestertrag.[38] Sie fiel gegenüber etwaigen Wertzuwächsen bislang jedoch kaum ins Gewicht und wird derzeit gar nicht erhoben.[39] Aus der weitgehenden Thesaurierungsmöglichkeit können sich daher erhebliche Stundungsvorteile ergeben.[40] Ein Stundungsgedanke ist dem AStG jedoch grundsätzlich fremd.[41]

Zusätzlich zu den oben genannten Vorteilen bei der vereinfachten Administration, der Einflussnahme und einer teilweisen steuerlichen Freistellung der Erträge gem. § 20 InvStG bei Erfüllen bestimmter Aktienquoten besteht somit heute die Möglichkeit, die Hinzurechnungsbesteuerung nach § 7 AStG bei der Anlage von Kapitalvermögen im Ausland zu verhindern.[42] Da die Besteuerung der inländischen Erträge auf der Fondseingangsseite verglichen mit der alten Rechtslage unverändert bei 15 % liegt, erwächst dem Anleger auch hier kein Nachteil durch die Qualifikation als Investmentfonds. Aus fiskalischer Sicht ist zwar grundsätzlich zu begrüßen, dass der Gesetzgeber eine Lücke geschlossen hat, auf der anderen Seite bleibt jedoch die Frage offen, ob diese Besteuerung wirklich sachgerecht ist[43] oder ob er sich nicht mit zu wenig zufrieden gegeben hat[44] und mit der Neuregelung über das Ziel hinausgeschossen ist.[45]

Die vorgenannten Grundsätze gelten gem. § 7 Abs. 5 AStG auch nach Inkrafttreten des zur Umsetzung der Anti-Steuervermeidungs-Richtlinie (Anti-Tax

---

37 Ausführlich unten, § 8.

38 *Mann* in Weitnauer/Boxberger/Anders KAGB, § 18 InvStG Rn. 1; *Kral/Watzlaw*, BB 2018, 2717.

39 Ausführlich unten, § 8 II. 1. Der maßgebliche Basiszins wird gem. § 18 Abs. 4 S. 1 InvStG von der Deutschen Bundesbank anhand der Zinsstrukturdaten auf den ersten Börsentag des Jahres ermittelt und betrug für die Vorabpauschale für das Jahr 2020, die am 4.1.2021 als zugeflossen galt, 0,07 %, vgl. BMF vom 29.1.2020, Az. IV C 1 – S 1980-1/19/10038 :001, BStBl. I 2020, 218. Für die Jahre 2021 und 2022 wird keine Vorabpauschale erhoben, BMF vom 6.1.2021, Az. IV C 1 – S 1980-1/19/10038 :004, BStBl. I 2021, 56; BMF vom 7.1.2022, IV C 1 – S 1980-1/19/10038 :005, BStBl. I 2022, 122.

40 Vgl. dazu den Belastungsvergleich im Zusammenhang mit der Entwurfsfassung des InvStG bei *Haug*, IStR 2016, 597, 604; ebenso auch *Delp*, DB 2017, 447, 449; *Ebner*, RdF 2018, 132, 139.

41 *Vogt* in Brandis/Heuermann, § 7 AStG Rn. 2.

42 So auch *Fischer*, NWB 2018, 163, 164.

43 Gesetzesbegründung zum InvStRefG, BT-Drucks. 18/8045, S. 67.

44 So im Ergebnis auch *Haug*, IStR 2016, 597, 606; anders *Stadler/Mager*, DStR 2016, 697, 701, die die Regelung für ausreichend erachten.

45 Aufgrund des weiten Anwendungsbereichs der Vorschrift wird auch eine Einschränkung im Erlasswege gefordert, *Helios/Mann*, DB, Sonderausgabe 01/2016, 1, 6.

Avoidance Directive – ATAD I)[46] erlassenen ATAD-Umsetzungsgesetzes, soweit der Investmentfonds die Beteiligungseinnahmen nicht über weitere Zwischengesellschaften und nicht zu mehr als einem Drittel seiner Einkünfte aus Geschäften mit dem Steuerpflichtigen oder ihm nahestehenden Personen erzielt.[47] Der Vorrang des InvStG vor dem AStG sollte durch das ATADUmsG zunächst vollständig gestrichen werden,[48] wurde dann aber in seiner zuvor beschrieben eingeschränkten Form beibehalten und die Hinzurechnungsbesteuerung nur auf dem Investmentfonds möglicherweise nachgelagerte Gesellschaften beschränkt.[49] Für den hier angesprochenen Fall der niedrig besteuerten ausländischen Gesellschaft bleibt es demnach beim Vorrang des InvStG vor dem AStG – unterstellt, sie erzielt die Beteiligungseinnahmen unmittelbar und führt keine Geschäfte im genannten Umfang mit ihrem beherrschenden Gesellschafter durch.[50]

4. Mögliche Alternativregelung: Einführung einer Quote für das Finanzanlagevermögen

Um zu verhindern, dass Gesellschaften, welche zwar die Voraussetzungen des § 8 Abs. 2 AStG n. F. erfüllen, deren wirtschaftliche Tätigkeit im Ansässigkeitsstaat jedoch gemessen an ihrem übrigen Vermögen eine nur untergeordnete Rolle spielt, aus dem Anwendungsbereich der Hinzurechnungsbesteuerung herausfallen, wäre zusätzlich bspw. die Einführung einer Quotenregelung bzw. eines Finanzmitteltests ähnlich den Regelungen im deutschen ErbStG zur Verschonung von Betriebsvermögen denkbar.[51] So könnte man bspw. auf den Regelungsgedanken

---

46 Richtlinie (EU) 2016/1164 des Rates vom 12.7.2016 mit Vorschriften zur Bekämpfung von Steuervermeidungspraktiken mit unmittelbaren Auswirkungen auf das Funktionieren des Binnenmarkts (Anti-Tax Avoidance Directive – ATAD I), ABlEU vom 19.7.2016, L 193, 1.

47 *Rechid/Schäfer*, BB 2020, 2071, 2075; *Stadler/Sotta*, BB 2020, 1943, 1946.

48 Entwurf des Gesetzes zur Umsetzung der Anti-Steuervermeidungsrichtlinie (ATAD-Umsetzungsgesetz – ATADUmsG), 10.12.2019, abrufbar unter https://www.bundesfinanzministerium.de/Content/DE/Gesetzestexte/Gesetze_Gesetzesvorhaben/Abteilungen/Abteilung_IV/19_Legislaturperiode/Gesetze_Verordnungen/ATADUmsG/0-Gesetz.html (zuletzt abgerufen am, 30.8.2020)

49 *Stadler/Sotta*, BB 2020, 1943, 1945; so bereits auch *Herr/Link*, RdF 2020, 20, 26.

50 Allgemein zu Beteiligungserträgen nach Inkrafttreten des ATADUmsG *Becker/Loose*, IStR 2021, 373; ausführlich zur Reform des AStG *Rechid/Schäfer*, BB 2020, 2071; *Rechid/Schäfer*, BB 2020, 2199; *Baumgartner*, IStR 2020, 524; *Kühn/Schienke-Ohletz*, BB 2020, 1562; *Herr/Link*, RdF 2020, 20.

51 Eine detaillierte Darstellung des ErbStG erfolgt an dieser Stelle nicht. Für einen Überblick über die ab 2016 geltenden Regelungen für Betriebsvermögen vgl. bspw. *Viskorf/Löcherbach/Jehle*, DStR 2016, 2425; *Bodden/Demuth*, Kösdi 2016, 20085; *Erkis*, DStR 2016, 1441; *Bäuml*, NWB 2016, 3516; *Crezelius*, ZEV 2016, 541; *Geck*, ZEV 2016, 546; *Reich*, BB 2016, 2647; *Hannes*, ZEV 2016, 554; *Kotzenberg/Jülicher*, GmbHR 2016, 1135; *Meyering*, DStR 2018, 538; *Dannecker*, DStR 2020, 853.

des § 13b Abs. 2 S. 2 ErbStG abstellen und Gesellschaften, deren Vermögen zu mehr als 90 % aus Kapitalanlagevermögen (analog zur 90 %-Grenze des Verwaltungsvermögens) besteht, von der Anwendung des § 8 Abs. 2 AStG ausschließen. Sofern dies nicht der Fall ist, könnte eine zulässige Quote des Finanzanlagevermögens definiert werden, wie dies bspw. in § 13b Abs. 4 Nr. 5 ErbStG der Fall ist.

Die Festlegung einer Obergrenze für das zulässige Verwaltungsvermögen in § 13b Abs. 2 S. 2 ErbStG dient in ihrer Zielsetzung dazu, Gestaltungen wie die früher häufig genutzte Cash-GmbH[52] zur Übertragung von an sich nicht verschonungsfähigem Vermögen im Sinne der §§ 13a und 13b ErbStG zu unterbinden.[53] Sämtliche Verschonungsregelungen für Betriebsvermögen finden in diesen Fällen keine Anwendung.[54] Die Grenze, ab der das gesamte Vermögen eines Betriebes als Verwaltungsvermögen qualifiziert, hat der Gesetzgeber auf mindestens 90 % des gemeinen Werts des begünstigungsfähigen Vermögens festgelegt, § 13b Abs. 2 S. 2 ErbStG. Wichtig wäre in diesem Zusammenhang, dass das Finanzanlagevermögen nicht wie das Verwaltungsvermögen zur Summe der Aktivwerte ins Verhältnis gesetzt wird, sondern zum gemeinen Wert des begünstigungsfähigen Vermögens,[55] also zum Unternehmenswert.[56] Der Unternehmenswert berücksichtigt auch die Schulden und muss daher entsprechend gemindert werden.[57] Dieser Umstand hat zu erheblicher Kritik in der Literatur im Hinblick auf das geltende ErbStG geführt[58] und sollte daher bei einer Anpassung des AStG vermieden werden. Dies könnte dadurch gewährleistet werden, dass das Finanzanlagevermögen der Gesellschaft brutto ins Verhältnis zur Summe aller Aktiva gesetzt wird oder dass das Finanzanlagevermögen netto zum Unternehmenswert als Nettogröße ins Verhältnis gesetzt wird.[59]

Sofern die 90 %-Grenze nicht zur Anwendung kommt, wäre es möglich, entsprechend dem Grundgedanken von § 13b Abs. 4 Nr. 5 ErbStG einen Teil des Vermögens bzw. einen Teil der damit im Zusammenhang stehenden Einkünfte von der Hinzurechnungsbesteuerung auszunehmen. § 13b Abs. 4 Nr. 5 ErbStG sieht vor, dass Finanzmittel nur insoweit zu Verwaltungsvermögen führen, als

---

52 Vgl. dazu insbesondere den Vorlagebeschluss des BFH zur Verfassungsmäßigkeit des ErbStG 2009, BFH vom 27.9.2012, Az. II R 9/11, BStBl. II 2012, 899, Rn. 117 f. (Vorinstanz FG Düsseldorf vom 12. 1. 2011, 4 K 2574/10 Erb).

53 *Brabender/Winter*, ZEV 2017, 81, 82; *Geck*, ZEV 2016, 546, 548.

54 Als zu weitgehend kritisiert von *Reich*, DStR 2017, 1858, 1859.

55 Zum Ablauf des Verwaltungsvermögenstests *Korezkij*, DStR 2016, 2434, 2435.

56 Dazu *Korezkij*, DStR 2017, 745, 748; für eine detaillierte Darstellung der Berechnung der 90 %-Grenze vgl. *Brabender/Winter*, ZEV 2017, 81, 82.

57 *Jülicher* in Troll/Gebel/Jülicher/Gottschalk ErbStG, § 13b Rn. 240.

58 *Wachter*, DB 2017, 804; *Korezkij*, DStR 2017, 745; *Piltz*, ZEV 2017, 255; *Demuth/Bodden*, Kösdi 2017, 20481, 20482; *Hannes*, ZEV 2016, 554, 556.

59 So zum ErbStG *Korezkij*, DStR 2017, 745, 748.

sie nach Abzug der Schulden 15 % des gemeinen Werts des Betriebs übersteigen.[60] Insoweit könnten bei Übertragung auf das AStG auch die Einkünfte aus Finanzanlagen, soweit diese nach Abzug der Schulden einen bestimmten Prozentsatz des gemeinen Werts der Gesellschaft übersteigen, der Hinzurechnungsbesteuerung unterfallen, während der Rest hiervon ausgenommen wäre. Die 15 % Grenze erscheint hier jedoch recht niedrig gegriffen. Evtl. wäre hier eher eine überwiegende Herkunft der Einkünfte aus Finanzanlagevermögen sachgerecht, mithin also mehr als 50 %.

So wäre in Fällen, in denen der Kapitalanlagecharakter der Einkünfte überwiegt, wieder die umfangreiche Hinzurechnungsbesteuerung nach § 7 Abs. 1 AStG gewährleistet, während im umgekehrten Fall eine sachgerechte Besteuerung der Gesellschaft im Ausland erfolgen könnte und die grundsätzlich bestehende Abschirmwirkung ausländischer Kapitalgesellschaften erhalten bliebe.[61]

Im Hinblick auf das vorstehend Gesagte sollte § 1 Abs. 2 InvStG wie folgt angepasst werden (Ergänzungen des Verfassers unterstrichen und kursiv):

> (2) Investmentfonds sind Investmentvermögen nach § 1 Absatz 1 des Kapitalanlagegesetzbuchs. Für Zwecke dieses Gesetzes besteht keine Bindungswirkung an die aufsichtsrechtliche Entscheidung nach § 5 Absatz 3 des Kapitalanlagegesetzbuches. Als Investmentfonds im Sinne dieses Gesetzes gelten auch
>
> 1. Organismen für gemeinsame Anlagen, bei denen die Zahl der möglichen Anleger auf einen Anleger begrenzt ist, wenn die übrigen Voraussetzungen des § 1 Absatz 1 des Kapitalanlagegesetzbuchs erfüllt sind,
>
> ~~2. Kapitalgesellschaften, denen nach dem Recht des Staates, in dem sie ihren Sitz oder ihre Geschäftsleitung haben, eine operative unternehmerische Tätigkeit untersagt ist und die keiner Ertragsbesteuerung unterliegen oder die von der Ertragsbesteuerung befreit sind, und~~
>
> ~~3.~~2. von AIF-Kapitalverwaltungsgesellschaften verwaltete Investmentvermögen nach § 2 Absatz 3 des Kapitalanlagegesetzbuchs.

Im Hinblick auf das vorstehend Gesagte sollte § 8 Abs. 2 AStG wie folgt angepasst werden (Ergänzungen des Verfassers unterstrichen und kursiv):

> [...] (2) Ungeachtet des Absatzes 1 ist eine ausländische Gesellschaft nicht Zwischengesellschaft für Einkünfte, für die nachgewiesen wird, dass die Gesellschaft in dem Staat, in dem sie ihren Sitz oder ihre Geschäftsleitung hat, insoweit einer wesentlichen wirtschaftlichen Tätigkeit nachgeht. Dies setzt insbesondere den Einsatz der für die Ausübung der Tätigkeit erforderlichen sachlichen und personellen Ausstattung in diesem Staat voraus. Die Tätigkeit muss durch hinreichend qualifiziertes

---

60 Im Rahmen des Freibetrags werden also anders als im Rahmen der 90 %-Grenze die Schulden abgezogen, *Jülicher* in Troll/Gebel/Jülicher/Gottschalk ErbStG, § 13b Rn. 328.

61 Dazu *Protzen* in Kraft AStG, § 7 Rn. 180.

Personal selbständig und eigenverantwortlich ausgeübt werden. Der wesentlichen wirtschaftlichen Tätigkeit der Gesellschaft sind nur Einkünfte der Gesellschaft zuzuordnen, die durch diese Tätigkeit erzielt werden und dies nur insoweit, als der Fremdvergleichsgrundsatz (§ 1) beachtet worden ist. Die Sätze 1 bis 3 gelten nicht, wenn die Gesellschaft ihre wesentliche wirtschaftliche Tätigkeit überwiegend durch Dritte besorgen lässt. *Abweichend von Satz 1 ist eine Gesellschaft Zwischengesellschaft im vorgenannten Sinne, wenn ihr Finanzanlagevermögen 90 % der Summe ihrer Aktiva entspricht. Soweit Satz 6 keine Anwendung findet und die Einkünfte der Gesellschaft aus Vermögen stammen, dessen gemeiner Wert nach Abzug der Schulden 50 % des gemeinen Werts der Gesellschaft übersteigt, stellen diese Einkünfte solche i. S. v. § 13 AStG dar.*

III. Zusammenfassung zu § 5

Der Gesetzgeber bedient sich zur Definition der Investmentfonds i. S. d. InvStG einer Verweisung auf das KAGB. Dabei lässt er es jedoch nicht bewenden, sondern schränkt den Investmentfondsbegriff des § 1 Abs. 1 KAGB teilweise ein bzw. erweitert diesen. Dies führt bei den ausländischen vermögensverwaltenden steuerbefreiten Gesellschaften zu Ergebnissen, die wie eine Überprivilegierung erscheinen. Die Einbeziehung dieser Gesellschaften in den Anwendungsbereich des InvStG eröffnet Gestaltungsspielräume, die der Gesetzgeber durch das InvStRefG an sich eindämmen wollte. Gerade die Möglichkeit, von Steuerbefreiungen des InvStG in Form der Teilfreistellung und der weitgehenden Thesaurierungsmöglichkeit zu profitieren und dabei im Ergebnis keiner Aufsicht und keinen Beschränkungen der Anlagepolitik zu unterliegen, erscheinen sehr attraktiv.

Eine Anpassung des AStG wäre an dieser Stelle möglicherweise sinnvoller gewesen, da die grundsätzliche Systematik des AStG in Bezug auf ausländische Zwischengesellschaften beibehalten worden wäre. Wie ausgeführt, hätte eine Regelung, die das Verhältnis von Finanzanlagevermögen zur übrigen wirtschaftlichen Tätigkeit der Gesellschaft berücksichtigt, u. U. eine Anwendung des AStG in einer größeren Zahl von Fällen erreicht, ohne diese Gesellschaften als privilegierte Investmentfonds zu behandeln. Hieran hat auch das ATADUmsG nichts geändert.

§ 6 Besteuerung von Investmentfonds

Im InvStG 2018 findet eine Abkehr vom Transparenzprinzip hin zum Trennungsprinzip und einem intransparenten Besteuerungssystem statt.[62] Es bringt eine grundlegende Änderung der Besteuerung von Investmentfonds mit sich, da der Investmentfonds selbst mit bestimmten Einkünften körperschaftsteuerpflichtig ist. Inländische Investmentfonds gelten gem. § 6 Abs. 1 S. 1 InvStG als Zweckvermögen nach § 1 Abs. 1 Nr. 5 KStG, ausländische Investmentfonds als Vermögensmassen gem. § 6 Abs. 1 S. 2 InvStG als Vermögensmassen nach § 2 Nr. 1 KStG. Für inländische und ausländische Investmentfonds ist einheitlich in § 6 Abs. 2 InvStG eine Besteuerung von inländischen Beteiligungserträgen, inländischen Immobilienerträgen und sonstigen inländischen Einkünften vorgesehen.[63] Die Besteuerung auf Fondsebene erfolgt unabhängig von der Besteuerung auf Anlegerebene, wodurch sich grundsätzlich die Möglichkeit einer doppelten Besteuerung ergibt, die jedoch durch Steuerbefreiungen auf Anlegerebene kompensiert werden soll.[64]

I. Inländische Beteiligungseinnahmen gem. § 6 Abs. 3 InvStG

Bei den Beteiligungseinnahmen i. S. v. § 6 Abs. 3 InvStG differenziert das Gesetz zwischen Beteiligungseinnahmen (Nr. 1) und Zahlungen, die im Zusammenhang mit Beteiligungserträgen stehen, diese wirtschaftlich ersetzen oder die als Umgehungsgeschäft eines Beteiligungsertrages angesehen werden könnten (Nr. 2).[65]

1. Inländische Dividendeneinkünfte als Grundtatbestand

Als inländische Beteiligungseinnahmen[66] gelten nach § 6 Abs. 3 S. 1 Nr. 1 InvStG i. V. m. § 43 Abs. 1 S. 1 Nr. 1 und § 20 Abs. 1 Nr. und 2 EStG vor allem Dividenden,

---

62 Gesetzesbegründung zum InvStRefG, BT-Drucks. 18/8045, 54; *Klein* in Herrmann/Heuer/Raupach EStG/KStG, § 6 Rn. 1; *Helios/Mann*, DB, Sonderausgabe 01/2016, 1, 9; *Schraufl*, GStB 2017, 342, 344; *Stadler/Bindl*, DStR 2016, 1953; *Roth*, GWR 2016, 457, 458; *Patzner/Nagler*, IStR 2016, 725, 728; *Lechner*, RdF 2016, 208, 209; *Kempf/Hirtz*, DStR 2016, 1, 2.

63 BMF vom 21.5.2019, Az. IV C 1 – S 1980-1/16/10010 :001, BStBl. I 2019, 527, Rn. 6.4.

64 Ausführlich unten, § 9 II.

65 Gesetzesbegründung zum InvStRefG, BT-Drucks. 18/8045, 73.

66 Der Begriff „Einnahmen" soll deutlich machen, dass es sich hierbei um Bruttoeinnahmen ohne Berücksichtigung von Werbungskosten handelt, es also zu einer Bruttobesteuerung kommt, *Helios/Mann*, DB, Sonderausgabe 01/2016, 1, 9; *Delp*, DB 2017, 447, 448.

Ausbeuten und sonstige Bezüge aus Aktien, eigenkapitalähnlichen Genussrechten, GmbH-Anteilen, Anteilen an Erwerbs- und Wirtschaftsgenossenschaften sowie an bergbautreibenden Vereinigungen, welche die Rechte einer juristischen Person haben. Ferner zählen dazu Bezüge, die nach Auflösung einer Körperschaft oder Personengesellschaft anfallen und die nicht in der Rückzahlung von Nennkapital i. S. d. § 27 KStG bestehen oder Bezüge, auf Grund einer Kapitalherabsetzung oder nach der Auflösung unbeschränkt steuerpflichtiger Körperschaften oder Personenvereinigungen, soweit Beträge i. S. d. § 28 S. 2 und 4 KStG als verwendet gelten.[67] Einnahmen aus Cum/Ex-Geschäften i. S. d. § 20 Abs. 1 Nr. 1 S. 4 EStG mit inländischen Aktien, verdeckte Gewinnausschüttungen gem. § 20 Abs. 1 Nr. 1 S. 2 EStG von inländischen Kapitalgesellschaften, Gewinne aus der Veräußerung von Dividendenscheinen und sonstigen Ansprüchen durch den Inhaber des Stammrechts gem. § 20 Abs. 2 Nr. 2 S. 1 a EStG, wenn die dazugehörigen Aktien oder die sonstigen Anteile nicht mitveräußert werden, zählen ebenfalls zu den steuerpflichtigen Einnahmen.[68]

Nach §§ 6 Abs. 3 Nr. 1, 43 Abs. 1 S. 1 Nr. 1a EStG fallen unter die Steuerpflicht auf Fondsebene auch Dividenden, wenn sich die Aktien in der Girosammel- oder Streifbandverwahrung befinden, sowie Bezüge aus Hinterlegungsscheinen auf inländische Aktien wie ADRs (American Depository Receipts),[69] EDRs (European Depository Receipts), GDRs (Global Depository Receipts), IDRs (International Depository Receipts), die einen Bestand an im Inland verwahrten Aktien verbriefen, und Anteile an REIT-AGs unter die steuerpflichtigen Einnahmen.[70] Hierunter wird auch der eher theoretische Fall von Einnahmen aus Tafelgeschäften mit Anteilen an inländischen Emittenten subsumiert.[71]

2. Inländische Dividendenkompensationszahlungen als Ergänzungstatbestand

Ergänzend zählen zu den inländischen Beteiligungseinnahmen gem. § 6 Abs. 3 S. 1 Nr. 2 InvStG Entgelte im Zusammenhang mit Wertpapierdarlehensgeschäften und Wertpapierpensionsgeschäften i. S. v. § 2 Nr. 2 a bis c KStG.[72] Der Begriff „Entgelte“ umfasst alle Leistungen, die aufgrund der Überlassung oder Übertragung

---

67 *Boxberger* in Weitnauer/Boxberger/Anders KAGB, § 6 Rn. InvStG 13 ff.; *Lindberg* in Brandis/Heuermann, § 43 EStG Rn. 21; *Ratschow* in Schmidt EStG, § 20 Rn. 61; vgl. auch die Übersicht bei *Levedag* in Schmidt EStG, § 43 Rn. 11.

68 Vgl. auch *Hahne*, DStR 2017, 2310, 2311.

69 Ausführlich zu ADRs *Weber/Krauß*, DStR 2019, 960, 961. Vgl. auch BMF vom 24.5.2013, Az. IV C I – S 2204/12/10003, BStBl. I 2013, 718; BMF vom 18.12.2018, Az. IV C 1 – S 2204/12/10003, BStBl. I 2018 S. 1400 sowie ausführlich unten, § 9 I. 1. h) bb).

70 *Lindberg* in Brandis/Heuermann, § 43 EStG Rn. 38c.

71 *Hahne*, DStR 2017, 2310, 2311.

72 *Klein* in Herrmann/Heuer/Raupach EStG/KStG, § 6 Rn. 20.

von Anteilen einer inländischen Kapitalgesellschaft erbracht werden. Dies sind sowohl das Darlehens- oder Pensionsentgelt als auch der Ausgleich für die dem Darlehens- oder Pensionsgeber entgangenen Dividenden oder sonstigen Beteiligungseinnahmen (Kompensationszahlungen) und etwaige sonstige Leistungen (z. B. Zinsen oder sonstige Erträge aus einem als Sicherheit überlassenen Wertpapier).[73] Hierdurch soll im Wesentlichen eine Umgehung der Steuerpflicht von Dividenden verhindert werden.[74]

Gem. § 2 Nr. 2a KStG sind Entgelte steuerpflichtig, die dafür gezahlt werden, dass inländische Kapitalgesellschaftsanteile einem anderen überlassen werden und diese oder gleichartige Anteile zurückzugeben sind. Hierunter fallen insbesondere Wertpapierdarlehensgeschäfte[75] i. S. v. § 607 Abs. 1 BGB und vergleichbare Geschäfte.[76] Entgelte nach § 2 Nr. 2b KStG sind solche, die aufgrund eines Wertpapierpensionsgeschäfts gem. § 340b Abs. 2 HGB gezahlt werden.[77] Erfasst sind nur echte Wertpapierpensionsgeschäfte, bei denen der Investmentfonds zur Rückübertragung der in Pension genommenen Wertpapiere verpflichtet ist.[78] Ebenso fallen unter die Vorschrift auch wirtschaftlich entsprechende Geschäfte.[79] Nach § 2 Nr. 2c KStG sind die in § 8b Abs. 10 S. 2 KStG genannten Einnahmen oder Bezüge aus der Überlassung von Streubesitzanteilen, die eine Beteiligung von unter 10 % vermitteln, oder Anteilen im Handelsbestand von Banken und Versicherungen erfasst. Hier sollen insbesondere Umgehungsgeschäfte verhindert werden, bei denen der Entleiher statt einer Zahlung ein Wirtschaftsgut erhält, aus dem er seine Vergütung bezieht.[80] Neben den Dividenden sind hier auch Veräußerungsgewinne gemeint.[81]

Gem. § 6 Abs. 6 InvStG findet § 8b KStG keine Anwendung, obwohl inländische Investmentfonds gem. § 6 Abs. 1 S. 1 InvStG als Zweckvermögen nach § 1 Abs. 1 Nr. 5 KStG gelten und damit grundsätzlich dem KStG unterliegen. Damit soll der Investmentfonds einem Anleger mit Streubesitzbeteiligung i. S. d. § 8b Abs. 4 KStG gleichgestellt werden, für den ebenfalls keine Steuerfreiheit für Dividenden gelten würde.[82] Auf ausländische Investmentfonds findet § 8b KStG

---

73 BMF vom 21.5.2019, Az. IV C 1 – S 1980-1/16/10010 :001, BStBl. I 2019, 527, Rn. 6.8; *Helios/Mann*, DB, Sonderausgabe 01/2016, 1, 9; *Kempf/Hirtz*, DStR 2016, 1, 2.

74 Gesetzesbegründung zum InvStRefG, BT-Drucks. 18/8045, 73.

75 OFD Frankfurt vom 17.2.2016, Az. S 2134 A – 15 – St 210, DStR 2016, 1112.

76 *Mann* in Brandis/Heuermann, § 6 InvStG Rn. 36 m. w. N.

77 Ausführlich *Merkt* in Baumbach/Hopt HGB, § 340b Rn 1 ff.

78 BFH vom 29.11.1982, Az. GrS 1/81, BStBl. II 1983, 272; OFD Frankfurt vom 17.2.2016, Az. S 2134 A – 15 – St 210, DStR 2016, 1112.

79 Vgl. dazu *Haisch* in Haisch/Helios RHdB Finanzinstrumente, § 1 Rn. 142 und 143.

80 *Mann* in Brandis/Heuermann, § 6 Rn. 39; *Pfirrmann* in Gosch KStG, § 2 Rn. 55; so auch die Intention des § 6 Abs. 3 S. 1 Nr. 2 InvStG, vgl. Gesetzesbegründung zum InvStRefG, BT-Drucks. 18/8045, 73.

81 *Rengers* in Brandis/Heuermann, § 8 KStG Rn. 560.

82 Gesetzesbegründung zum InvStRefG, BT-Drucks. 18/8045, 75.

ohnehin keine Anwendung. Der Verweis in § 6 Abs. 6 InvStG läuft im Hinblick auf Veräußerungsgewinne i. S. v. § 8b Abs. 4 KStG ins Leere, da diese keine auf Fondsebene steuerpflichtigen Einkünfte darstellen.[83]

§ 6 Abs. 3 S. 1 Nr. 2 InvStG wurde aus mehreren Gründen kritisiert. Zum einen werden hier Zahlungen im Zusammenhang mit der Überlassung von Wertpapieren einbezogen, auch wenn die Wertpapierleihe gar nicht über den Dividendenstichtag erfolgt und die Zahlung daher auch keinen die Dividende ersetzenden Charakter besitzt.[84] Dies hat die Finanzverwaltung erkannt und will keine Steuer erheben, wenn in dem betreffenden Zeitraum gar keine Dividende ausgezahlt wurde.[85]

Ferner fehlt eine Abstimmung mit den §§ 36a und 50j EStG, da diese dazu führen, dass die erzielten Dividenden beim Entleiher dem KapESt-Abzug nach § 44 Abs. 1 S. 3 EStG i. H. v. 15 % zzgl. SolZ unterliegen können, die Kompensationszahlung beim verleihenden Investmentfonds jedoch ebenfalls besteuert wird und sich eine doppelte Belastung ergibt.[86]

§ 6 Abs. 3 S. 1 Nr. 2 InvStG ist jedoch auch deshalb problematisch, weil bei Sachverhalten, in denen zwar inländische Aktien verliehen werden, im Übrigen jedoch nur im Ausland ansässige Investmentfonds als Verleiher bzw. Banken oder andere Fonds als Entleiher involviert sind, ein strukturelles Erhebungsdefizit besteht, was verfassungsrechtliche Bedenken aufwirft.[87] Die Steuerpflicht von Leihgebühren ist den im Ausland ansässigen Beteiligten möglicherweise gar nicht bekannt und die Finanzverwaltung hat keine Möglichkeit, die im Ausland ansässigen Steuerpflichtigen überhaupt zu identifizieren. Während es bei den ausländischen Investmentfonds möglich ist, die inländische Dividende durch Erhebung der KapESt bei der letzten inländischen Zahlstelle zu besteuern, gilt dies für die Zahlung einer Wertpapierleihgebühr von einem im Ausland ansässigen Entleiher an einen ebenfalls im Ausland ansässigen Investmentfonds nicht mehr. Die Pflicht zum Steuerabzug trifft hier grundsätzlich nach § 44 Abs. 1 S. 3 EStG für die Fälle des § 2 Nr. 2 a und b KStG den Schuldner der Kapitalerträge bzw. nach § 32 Abs. 3 S. 4 KStG für die Fälle des § 2 Nr. 2 c KStG die die Bezüge leistende Körperschaft, also den Entleiher der Wertpapiere, der das Entgelt an den Investmentfonds zahlt. Sofern dieser im Ausland ansässig ist, kann die Erhebung der Steuer durch die deutschen Finanzbehörden nicht sichergestellt werden und wird daher auch nicht erhoben.[88] Daher hat nach § 4 InvStG der Investmentfonds

---

83 *Wolny* in BeckOK InvStG, § 6 Rn. 347.

84 *Hahne*, DStR 2017, 2310, 2314.

85 BMF vom 21.5.2019, Az. IV C 1 – S 1980-1/16/10010 :001, BStBl. I 2019, 527, Rn. 6.9; *Hahne*, DStR 2018, 557.

86 *Lechner/Schober*, BB 2018, 1691, 1692. Ausführlich zu §§ 36a und 50j EStG unten, § 7 I. 1. c).

87 *Hahne*, DStR 2017, 2310, 2316.

88 So auch BMF vom 21.5.2019, Az. IV C 1 – S 1980-1/16/10010 :001, BStBl. I 2019, 527, Rn. 6.13. Zu den Voraussetzungen eines strukturellen Vollzugsdefizits im

die zuständige Finanzbehörde zu informieren, wenn er Einkünfte nach § 6 Abs. 3 Nr. 2 InvStG erzielt, bei denen kein Steuerabzug erfolgt ist.[89] Die Finanzbehörde kann in diesen Fällen die Steuer gem. §§ 44 Abs. 5 S. 2 EStG, 167 Abs. 1 AO, 155 AO nachfordern oder im Rahmen der Veranlagung erheben.

3. Stellungnahme

Die Bedenken im Hinblick auf die Verfassungsmäßigkeit der Norm sind nicht von der Hand zu weisen, da hier nicht nur die Möglichkeit besteht, dass eine an sich geschuldete Steuer nicht erhoben wird, sondern bereits durch Erlass der Finanzverwaltung eine Ungleichbehandlung manifestiert wird.[90] Die Abschaffung der Steuerpflicht für die hier in Frage stehenden Erträge auch bei Inlandssachverhalten würde jedoch weitreichende Folgen haben, die keinesfalls gewünscht sind.

Grundsätzlich ist es nicht erforderlich, Wertpapierleihgebühren bei reinen Auslandssachverhalten im Inland zu besteuern, nur weil Gegenstand des Geschäfts eine inländische Aktie ist. Sinn der Regelung des § 6 Abs. 3 Nr. 1 und 2 InvStG ist die Besteuerung von Dividenden und vergleichbaren Erträgen.[91] Im vorgenannten Auslandssachverhalt wird die inländische Dividende im Inland besteuert. Damit ist dem Sinn der Regelung Genüge getan. Eine darüberhinausgehende Steuerpflicht für Entgelte, die im Zusammenhang mit inländischen Aktien gezahlt werden, knüpft ausschließlich an das Tatbestandsmerkmal der inländischen Aktie an. Es erscheint sehr fraglich, ob hieran eine Steuerpflicht geknüpft werden sollte, wenn Empfänger und Schuldner der Zahlung im Übrigen im Inland nicht steuerpflichtig sind. Keiner der beiden erlangt durch die Wertpapierleihe einen Vorteil wie bei den Cum/Cum-Geschäften. Daher kann es zwar bei Inlandssachverhalten sinnvoll sein, diese Erträge zu besteuern, aber nicht, weil es sich dabei um inländische Aktien handelt, sondern weil die Beteiligten auch im Übrigen im Inland ansässig und steuerpflichtig sind.[92]

Zusammenhang mit Einkünften aus Kapitalvermögen vgl. u. a. BVerfG vom 19.4.2006, Az. 2 BvR 300/06, NVwZ-RR 2006, 570; BFH vom 16.7.2002, Az. IX R 62/99, DStRE 2002, 1431; BVerfG vom 10.1.2008, Az. 2 BvR 294/06, DStR 2008, 197.

89 Dies stellt im Vergleich zur Entwurfsfassung des BMF-Schreibens vom 15.5.2018 eine wesentliche Vereinfachung dar, da dieser noch eine in der Praxis vielfach kritisierte und im Gesetz nicht vorgesehene Steuererklärungspflicht des ausländischen Fonds vorsah, vgl. dazu *Lechner/Schober*, BB 2018, 1691, 1696.

90 BMF vom 21.5.2019, Az. IV C 1 – S 1980-1/16/10010 :001, BStBl. I 2019, 527, Rn. 6.13.

91 Gesetzesbegründung zum InvStRefG, BT-Drucks. 18/8045, 72.

92 So im Ergebnis auch *Hahne*, DStR 2017, 2310, 2316, der sich ebenfalls gegen eine zu weitreichende Anwendung der Norm ausspricht.

II. Inländische Immobilienerträge

Inländische und ausländische Investmentfonds unterliegen gem. § 6 Abs. 2 S. 2 InvStG mit ihren ordentlichen und außerordentlichen inländischen Immobilienerträgen der KSt. Zu den inländischen Immobilienerträgen zählen nach § 6 Abs. 4 S. 1 Nr. 1 InvStG Einkünfte aus Vermietung und Verpachtung von im Inland belegenen Grundstücken[93] oder grundstücksgleichen Rechten.[94] Gem. § 6 Abs. 4 S. 1 Nr. 2 InvStG sind Gewinne aus der Veräußerung von im Inland belegenen Grundstücken oder grundstücksgleichen Rechten steuerpflichtig. Gemeint sind die privaten Veräußerungsgeschäfte i. S. v. § 23 Abs. 1 Nr. 1 EStG.[95]

Da man befürchtete, dass Gewinne aus der Veräußerung von Immobilienpersonengesellschaften nach Ablauf der zehnjährigen Spekulationsfrist aufgrund des bisherigen Wortlauts nicht erfasst werden,[96] wurde § 6 Abs. 6a InvStG mit Wirkung zum 1.1.2020 eingeführt,[97] der bestimmt dass in diesem Fall die Wirtschaftsgüter der Personengesellschaft als anteilig veräußert gelten und somit auch unter die Steuerpflicht auf Fondsebene fallen.[98] Laufende Einkünfte sind zwar nicht ausdrücklich in § 6 Abs. 4 InvStG geregelt, sollen aber ebenfalls unter § 6 Abs. 4 fallen.[99]

Ebenfalls nicht ausdrücklich in § 6 Abs. 4 InvStG genannt sind die Immobilienerträge, die dem Investmentfonds aufgrund eines nachgeschalteten Spezial-Investmentfonds als ausgeschüttete oder ausschüttungsgleiche Erträge zufließen können. Diese werden durch § 33 Abs. 2 S. 1 InvStG den Einkünften i. S. v. § 6 Abs. 4 InvStG zugeordnet. Im Ergebnis behalten diese Erträge so ihren Charakter als Immobilienerträge, obwohl sie streng genommen Spezial-Investmenterträge gem. § 20 Abs. 1 Nr. 3a EStG wären.[100] Eine Differenzierung zwischen § 6 Abs. 4 Nr. 1 oder Nr. 2 InvStG sieht das Gesetz hier nicht vor. Diese fingierten

---

93 Zum Grundstücksbegriff BGH vom 19.12.1967, Az. V BLw 24/67, BGHZ 49, 145.

94 Gemeint sind nicht zwingend Einkünfte i. S. v. § 21 EStG, sondern der abstrakte Ertragstypus der zeitlich begrenzten Nutzungsüberlassung gegen Entgelt. Daher fallen Einkünfte aus der Veräußerung von Miet- oder Pachtzinsforderungen anders als bei § 21 Abs. 4 EStG nicht unter § 6 Abs. 4 InvStG, *Mann* in Brandis/Heuermann, § 6 InvStG Rn. 47.

95 *Wolny* in BeckOK InvStG, § 6 Rn. 148.

96 Im EStG führte bereits das Urteil des FG München vom 29.7.2013, Az. 7 K 190/11 (rkr.), IStR 2013, 963, dazu, dass § 49 Abs. Abs. 1 Nr. 2 Buchst. f S. 2 EStG mit Wirkung zum VZ 2017 durch Gesetz vom 19.7.2016, BGBl. I 2016, 1730, entsprechend angepasst wurde, vgl. zu den Hintergründen *Kudert/Schade*, IStR 2017, 605.

97 Gesetz zur weiteren steuerlichen Förderung der Elektromobilität und zur Änderung weiterer steuerlicher Vorschriften vom 12.12.2019 („Jahressteuergesetz 2019"), BGBl. I 2019, 2451.

98 *Hagen/Schober*, BB 2019, 1693, 1694; *Bindl/Leidel*, DB 2018, 722, 723.

99 *Bindl/Leidel*, DB 2018, 722.

100 *Bindl/Stadler*, BB 2017, 1943, 1944. Ausführlich unten, § 11 III. 2. b).

Immobilienerträge unterliegen jedoch bereits auf der Fondseingangsseite des Investmentfonds einem zwingenden Steuerabzug durch den nachgeschalteten Ziel-Spezial-Investmentfonds i. H. v. 15 % zzgl. SolZ gem. § 33 Abs. 2 S. 2.[101]

Die Ermittlung eines Veräußerungsgewinns erfolgt gem. § 6 Abs. 4 S. 2 InvStG in sinngemäßer Anwendung des § 23 Abs. 3 S. 1 bis 4 EStG unter Berücksichtigung der AfA, die bei der Ermittlung der laufende Einkünfte abgezogen worden ist.[102] Im Vergleich zum alten Recht ergibt sich hier auf den ersten Blick eine wesentliche Schlechterstellung der Fondsanlage gegenüber der Direktanlage, da Wertveränderungen, die ab dem 1.1.2018 eintreten, auf Fondsebene steuerpflichtig werden.[103] Im Privatvermögen können Immobilien in der Direktanlage immer noch nach Ablauf der Spekulationsfrist von zehn Jahren gem. § 23 Abs. 1 Nr. 2 S. 4 EStG steuerfrei veräußert werden. Für Wertveränderungen, die vor dem 1.1.2018 eingetreten sind, gilt insoweit gem. § 6 Abs. 4 S. 3 InvStG ein Bestandsschutz, wenn zwischen der Anschaffung und der Veräußerung der Immobilie mehr als zehn Jahre liegen.[104] Sofern keine Anhaltspunkte für einen bestimmten Wert zum 1.1.2018 vorhanden sind und wenn keine Verpflichtung zur Bewertung bestand, will die Finanzverwaltung die Wertsteigerungen linear auf die Haltedauer aufteilen.[105] Hält der Fonds die Immobilie insgesamt weniger als 10 Jahre, werden nach dem Gesetzeswortlaut allerdings auch die Wertsteigerungen vor 2018 in vollem Umfang erfasst.[106]

Nach der Gesetzesbegründung sollte die Regelung zunächst alle Veräußerungsgewinne umfassen.[107] Dies wurde im Gesetzgebungsverfahren allerdings noch einmal wegen verfassungsrechtlicher Bedenken angepasst.[108] Dies entspricht der Rechtsprechung zu Wertsteigerungen bei Beteiligungen i. S. d. § 17 EStG.[109]

---

101 Vgl. dazu *Behrens*, RdF 2017, 297, 301; *Wolny* in BeckOK InvStG, § 6 Rn. 179. Ausführlich unten, § 11 III. 2. b).

102 BMF vom 21.5.2019, Az. IV C 1 – S 1980-1/16/10010 :001, BStBl. I 2019, 527, Rn. 6.28.

103 Dazu *Stadler/Jetter*, DStR 2015, 1833, 1843; *Helios/Mann*, DB, Sonderausgabe 01/2016, 1, 10.

104 Die Regelung wird teilweise als halbherzig kritisiert und stattdessen eine Steuerbefreiung auch der nach dem 1.1.2018 eingetretenen Wertsteigerungen gefordert, wenn bei Veräußerung die zehn Jahre abgelaufen sind, so *Boxberger* in Weitnauer/Boxberger/Anders KAGB, § 6 InvStG Rn. 23.

105 BMF vom 21.5.2019, Az. IV C 1 – S 1980-1/16/10010 :001, BStBl. I 2019, 527, Rn. 6.32.

106 *Lechner*, RdF 2016, 208, 211.

107 Gesetzesbegründung zum InvStRefG, BT-Drucks. 18/8045, 73.

108 *Mann* in Brandis/Heuermann, 6 InvStG Rn. 55. Auch wenn der Fonds die entsprechende Immobilie nicht veräußert, erwirbt er nach Ablauf der Haltedauer eine bestandsgeschützte Rechtsposition, welche ihm nachträglich (durch Rechtsänderungen) nicht mehr entzogen werden kann, vgl. BVerfG vom 7.7.2010, Az. 2 BvL 14/02, BStBl. II 2011, 76.

109 BVerfG vom 7.7.2010, Az. 2 BvR 748/05, Az. 2 BvR 753/05, Az. 2 BvR 1738/05, DStR 2010, 1733.

Dass sich aus der Neuregelung allerdings eine Verschlechterung für den Anleger ergibt, ist in dieser Allgemeinheit nicht zutreffend. Zum einen waren auch nach alter Rechtslage Veräußerungsgewinne, die ein inländischer Investmentfonds erzielte, gem. § 2 Abs. 3 InvStG 2004 nur dann für den Anleger steuerfrei, wenn dieser den Gewinn an die Anleger ausgeschüttet hat. Wurde der Gewinn nicht ausgeschüttet, musste der Anleger diesen bei Verkauf des Fondsanteils versteuern. Lediglich bei ausländischen Investmentfonds waren die Gewinne aus der Veräußerung einer inländischen Immobilie nicht steuerbar, wenn diese außerhalb der zehnjährigen Spekulationsfrist erfolgte.[110] Da ausländische Fonds nach Ansicht der Rechtsprechung eine geschützte Rechtsposition erlangt hatten,[111] übernahm der Gesetzgeber dies auch für die inländischen Fonds.

Zum anderen ist zu berücksichtigen, dass die Steuerfreiheit nur für den Privatanleger galt, der ein Grundstück länger als zehn Jahre im Privatvermögen hielt. Bei kürzeren Haltedauern kann im Vergleich zur Direktanlage die Investition über einen Investmentfonds durchaus von Vorteil sein, da hier lediglich eine Steuerbelastung von 15 % zzgl. SolZ entsteht. Dies gilt auch für die Mieterträge, die ansonsten ebenfalls dem individuellen Steuersatz von bis zu 47,48 % unterliegen.[112]

Auch für ausländische Kapitalgesellschaften ohne Betriebsstätte im Inland, die infolgedessen nicht der deutschen Gewerbesteuer unterliegen, kann das Fondsinvestment vorteilhaft sein, da sich die Steuerbelastung der inländischen Einkünfte sowohl bei den laufenden wie auch bei den außerordentlichen Erträgen unverändert auf 15,83 % beläuft, für den Investor aber keine Deklarationspflichten im Inland bestehen.[113]

Im Übrigen wird die Steuerpflicht der Veräußerungsgewinne damit gerechtfertigt, dass ein Ausgleich für die steuerliche Mehrbelastung durch die Teilfreistellung auf Anlegerebe erreicht werde.[114] Die Freistellung bestimmter Immobiliengewinne hätte ein Ziel der Reform, die Vereinfachung, wesentlich erschwert, wenn diese aus den Investmenterträgen herausgerechnet werden müssten. Ferner kann sich die Steuerpflicht auch positiv für den Anleger auswirken, wenn nämlich Verluste im Zusammenhang mit der Veräußerung einer Immobilie entstehen.[115] Es bleibt abzuwarten, wie lange die Steuerfreiheit von Immobilienveräußerungsgewinnen im Privatvermögen erhalten bleibt oder

---

110 *Boxberger* in Weitnauer/Boxberger/Anders KAGB, § 6 InvStG Rn. 22.
111 BVerfG vom 7.7.2010, Az. 2 BvL 14/02, BStBl. II 2011, 76.
112 *Elser/Stiegler*, IStR 2017, 567, 571.
113 *Elser/Stiegler*, IStR 2017, 567, 571.
114 Ausführlich unten, § 9 II. 1.
115 Gesetzesbegründung zum InvStRefG, BT-Drucks. 18/8045, 73, 74.

ob diese analog zu den Einkünften aus Kapitalvermögen ebenfalls abgeschafft wird.[116]

III. Sonstige inländische Einkünfte

§ 6 Abs. 5 Nr. 1 InvStG wird als Auffangtatbestand gesehen,[117] dem selbst nach Ansicht des Gesetzgebers vermutlich keine große praktische Bedeutung zukommen wird.[118] Zu den sonstigen inländischen Einkünften zählen gem. § 6 Abs. 5 Nr. 1 InvStG Einkünfte i. S. d. § 49 Abs. 1 EStG mit Ausnahme gewerblicher Einkünfte aus der Veräußerung wesentlicher Beteiligungen gem. § 49 Abs. 1 Nr. 2 Buchst. e EStG. Erfasst sind gem. § 49 Abs. 1 Nr. 2 EStG im Übrigen bspw. Fälle, in denen ein Investmentfonds gewerbliche Tätigkeiten im Inland ausübt, wobei sich die Gewerblichkeit nach allgemeinen Grundsätzen des § 15 Abs. 2 EStG (aktive unternehmerische Bewirtschaftung) bestimmt,[119] Zinserträge aus mit inländischem Grundbesitz besicherten Darlehen gem. § 49 Abs. 1 Nr. 5a EStG erzielt oder bei Darlehen gem. § 49 Abs. 1 Nr. 5 Buchst. e EStG eine erfolgsabhängige Verzinsung vereinbart ist.[120]

Da die inländischen Einkünfte aus Kapitalvermögen gem. § 49 Abs. 1 Nr. 5 Buchst. a EStG nicht deckungsgleich mit dem Katalog des § 6 Abs. 3 InvStG sind, fallen bspw. Einnahmen aus Tafelgeschäften mit inländischen Emittenten, bestimmte Gewinne aus der Veräußerung von Dividendenscheinen und Gewinne aus der Veräußerung von Dividendenansprüchen in manchen Fällen zwar unter § 6 Abs. 3 Nr. 1 InvStG, nicht aber unter § 49 Abs. 1 Nr. 5 Buchst. a EStG.[121] Erträge aus stillen Beteiligungen, Wandelanleihen oder Gewinnobligationen inländischer Emittenten sind als sonstige inländische Einkünfte nach § 6 Abs. 5 Nr. 1 InvStG zu qualifizieren und fallen ebenfalls nicht unter § 6 Abs. 3 Nr. 1 InvStG.[122]

§ 6 Abs. 5 Nr. 2 InvStG erfasst ferner die Einkünfte, die eine Investmentaktiengesellschaft aus der Verwaltung des ihr anvertrauten Investmentvermögens ihrer Teilfonds erzielt, bzw. die Einkünfte, die aus der Verwaltung eigenen Vermögens

---

116 So bspw. enthalten im Parteiprogramm der Partei Die Linke zur Bundestagswahl 2021, abrufbar unter https://www.die-linke.de/wahlen/wahlprogramm-2021/ (zuletzt abgerufen am 16.8.2021).

117 *Haisch*, RdF 2015, 294, 296; *Boxberger* in Weitnauer/Boxberger/Anders KAGB, § 6 InvStG Rn. 29.

118 Gesetzesbegründung zum InvStRefG, BT-Drucks. 18/8045, 74.

119 BMF vom 21.5.2019, Az. IV C 1 – S 1980-1/16/10010 :001, BStBl. I 2019, 527, Rn. 6.36.

120 Gesetzesbegründung zum InvStRefG, BT-Drucks. 18/8045, 74; *Lechner*, RdF 2016, 208, 211; *Boxberger* in Weitnauer/Boxberger/Anders KAGB, § 6 InvStG Rn. 29.

121 Daher können ausländische Investmentfonds bei Vorliegen entsprechender DBA eine deutsche Besteuerung dieser Einkünfte vermeiden, vgl. dazu *Hahne*, DStR 2017, 2310, 2311.

122 *Hahne*, DStR 2017, 2310, 2312.

resultieren.[123] Die Normierung dieser beiden Steuertatbestände ist nachvollziehbar, da die Investment-AG als Aktiengesellschaft selbst über die notwendigen Organe verfügt, um sich zu verwalten. Die Einkünfte, die sie durch die Verwaltung der Anlegergelder verdient, sollen daher auch versteuert werden, während für die Gelder der Anleger die vorstehend dargestellten Regelungen gelten sollen. Dies gilt auch für Einkünfte, die sie durch Nutzung ihres Betriebsvermögens erzielt.[124]

IV. Steuertarif und Steuererhebung

Der KapESt-Tarif beläuft sich gem. § 7 Abs. 1 S. 1 InvStG bei Einkünften mit Steuerabzug i. S. d. § 43 Abs. 1 S. 1 EStG auf 15 %.[125] Dem KapESt-Abzug unterliegen bei in- und ausländischen Investmentfonds vor allem die inländischen Beteiligungseinnahmen, aber auch ausgeschüttete oder ausschüttungsgleiche inländische Immobilienerträge aus der Beteiligung eines Investmentfonds an einem Spezial-Investmentfonds oder Einnahmen aus typisch stillen Gesellschaften und partiarischen Darlehen inländischer Schuldner.[126] Die Besteuerung erfolgt in Form einer abgeltenden Besteuerung ohne Berücksichtigung von Werbungskosten, § 7 Abs. 2 InvStG. Wird SolZ erhoben, kann mit einem KapESt-Satz von 14,218 % und einem SolZ von 0,782 % gerechnet werden, so dass die Gesamtbelastung aus KSt und SolZ 15 % beträgt.[127] Der Gesetzgeber wollte so eine Benachteiligung inländischer Fonds gegenüber ausländischen Fonds verhindern, da nach vielen DBA der Quellensteuerhöchstsatz auf 15 % begrenzt ist.[128] Eine Erstattung von 2/5 der KapESt an ausländische Investmentfonds ist gem. § 44 Abs. 9 S. 1 EStG i. V. m. § 7 Abs. 1 S. 2 InvStG ausgeschlossen, da der KapESt-Satz ohnehin nur 15 % beträgt.

Damit bestehet ein weitgehender Gleichlauf der Besteuerung von Dividenden von inländischen und ausländischen Emittenten, da die inländischen Dividenden der KSt-Belastung i. H. v. 15 % auf Fondsebene unterliegen, während die

---

123 *Klein* in Herrmann/Heuer/Raupach EStG/KStG, § 6 Rn 30; *Lechner*, RdF 2016, 208, 211.

124 Vgl. dazu *Mann* in Brandis/Heuermann, § 6 InvStG 65 ff; *Boxbereger* in Weitnauer/Boxberger/Anders KAGB, § 6 InvStG Rn. 33 ff.

125 Ausführlich auch *Kral/Watzlaw*, BB 2015, 2198.

126 *Klein* in Herrmann/Heuer/Raupach EStG/KStG, § 7 InvStG Rn. 5 m. w. N. Ausführlich unten, § 11 III. 2. b).

127 BMF vom 21.5.2019, Az. IV C 1 – S 1980-1/16/10010 :001, BStBl. I 2019, 527, Rn. 7.2. Kritisch zur Berücksichtigung des SolZ u. a. *Schlund* in BeckOK InvStG, § 7 Rn. 50.

128 Gesetzesbegründung zum InvStRefG, BT-Drucks. 18/8045, 76. Für eine Übersicht der Quellensteuerhöchstsätze vgl. die Übersicht bei *Tischbirek/Specker* in Vogel/Lehner DBA, Art. 10 Rn. 67.

Dividenden von ausländischen Emittenten im Ergebnis einer Quellensteuerbelastung i. H. v. 15 % unterliegen.[129]

Bei Einkünften, die keinem Steuerabzug unterliegen, also bspw. bei Mieteinkünften oder Veräußerungsgewinnen aus Immobilien gem. § 6 Abs. 4 InvStG oder den meisten sonstigen inländischen Einkünften gem. § 6 Abs. 5 InvStG, erfolgt eine Besteuerung des Fonds im Wege der Veranlagung nach Berücksichtigung etwaiger Werbungskosten, § 6 Abs. 7 S. 1 InvStG. Hier beträgt die KSt 15 % zzgl. 5,5 % SolZ, insgesamt also 15,825 %.[130]

Die Erhebung der KapESt erfolgt durch die Verwahrstelle des Investmentfonds als Entrichtungspflichtiger i. S. d. § 7 Abs. 3 S. 1 InvStG.[131] Schematisch stellt sich der Steuerabzug bei inländischen Investmentfonds wie folgt dar:[132]

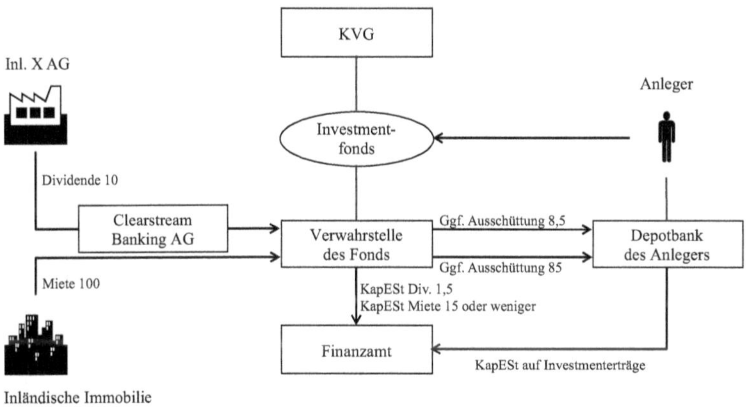

Abbildung 4: *Vereinfachte Darstellung bei inländischem Investmentfonds*
(Quelle: Eigene Darstellung)

129 Die Absenkung des KapESt-Satzes auf 15 % gem. § 7 Abs. 1 S. 1 InvStG schließt es allerdings nicht aus, dass ein ausländischer Investmentfonds z. B. gestützt auf ein DBA eine weitergehende Entlastung von deutscher KapESt durch das BZSt erreichen kann, § 50d Abs. 1 S. 2 EStG. § 7 Abs. 1 S. 1 InvStG lässt damit einen möglicherweise bestehenden weitergehenden Ermäßigungsanspruch nach einem DBA unberührt, vgl. dazu *Klein* in Herrmann/Heuer/Raupach EStG/KStG, § 7 InvStG Rn. 5.

130 *Bindl/Leidel*, DB 2018, 722; *Helios/Mann*, DB, Sonderausgabe 01/2016, 1, 10.

131 Ausführlich *Schweinitz, v./Thiems*, DStR 2016, 1198, 1200.

132 Bei ausländischen Investmentfonds ist in der Regel die Clearstream Banking Frankfurt AG als Zentralverwahrer der Entrichtungspflichtige, BMF vom 21.5.2019, Az. IV C 1 – S 1980-1/16/10010 :001, BStBl. I 2019, 527, Rn. 7.14.

V. Ausländische Quellensteuern und Abkommensberechtigung von Investmentfonds

Erzielt ein inländischer Investmentfonds Erträge aus Wertpapieren ausländischer Emittenten, kann es wie erwähnt im Ausland zum Einbehalt von Quellensteuern kommen.[133] Nach der seit 2020 durch das JStG 2019 geltenden Rechtslage[134] gilt der Investmentfonds als intransparentes Vehikel und ist selbst unbeschränkt körperschaftsteuerpflichtig gem. § 6 Abs. 1 S. 1 und S. 2 InvStG i. V. m. § 1 Abs. 1 Nr. 5 KStG bzw. § 2 Nr. 1 KStG. Daher ist eine Berücksichtigung von ausländischen Quellensteuern auf Ebene des Anlegers nicht mehr möglich.[135] Auf Fondsebene kommt es zu einer ggf. reduzierten Belastung durch den Quellenstaat.[136]

Bis zum 31.12.2019 wurde die Frage der Abkommensberechtigung der Investmentfonds auch unter dem InvStG 2018 uneinheitlich beantwortet. Bei der Abkommensberechtigung von Investmentfonds steht die Frage im Mittelpunkt, ob und inwieweit der Fonds selbst sich auf ein Doppelbesteuerungsabkommen berufen kann. Dies war bereits nach der bis zum 31.12.2017 geltenden Rechtslage umstritten und wurde zunächst auch unter dem InvStG 2018 uneinheitlich beantwortet.[137] Grundsätzlich ist vor der Frage der Abkommensberechtigung die Frage der Ansässigkeit zu beantworten, wobei beides Begriffe aus der Terminologie der Doppelbesteuerungsabkommen sind. Die Ansässigkeit ist die Voraussetzung für die Abkommensberechtigung. Sie bestimmt darüber, welches Land als Ansässigkeitsstaat gilt und welches als Quellenstaat. Voraussetzung für die Ansässigkeit ist in der Regel die unbeschränkte Steuerpflicht, die sich aus dem Ertragsteuerrecht der betroffenen Staaten ergibt.[138] Die unbeschränkte Steuerpflicht besteht regelmäßig dort, wo der Wohnsitz oder der gewöhnliche Aufenthalt besteht bzw. wo der Sitz oder der Ort der Geschäftsleitung einer Gesellschaft sich befindet, §§ 8 bis 11 AO. Demnach kann bei Vorliegen mehrerer Wohnsitze auch eine unbeschränkte Steuerpflicht in mehreren Ländern bestehen.[139] Für diesen Fall enthält das Abkommensrecht besondere Ansässigkeitsregelungen.[140] Zweifel an der Abkommensberechtigung ergaben sich insbesondere aufgrund

---

133 Ausführlich oben, § 4 II. Vgl. auch *Wassermeyer/Kaeser in Wassermeyer DBA, Art. 10 OECD-MA Rn. 59 ff.* Für eine Übersicht zur Anrechenbarkeit der Quellensteuer auf Dividenden und Zinsen von Staaten, mit denen Deutschland ein DBA abgeschlossen hat, vgl. die Darstellung des BZSt, abrufbar unter https://www.bzst.de/DE/Privatpersonen/Kapitalertraege/AuslaendischeQuellensteuer/auslaendischequellensteuer_node.html (zuletzt abgerufen am 6.3.2022).

134 JStG 2019 vom 12.12.2019, BGBl. I 2019, 2451.

135 Gesetzesbegründung zum InvStRefG, BT-Drucks. 18/8045, 55

136 Ausführlich *Haug*, IStR 2020, 866, 871.

137 Vgl. dazu *Haug*, IStR 2020, 866, 868; *Hagen/Schober*, BB 2019, 1693.

138 *Wassermeyer/Kaeser* in Wassermeyer DBA, Art. 4 MA Rn. 2.

139 BFH vom 4.10.1967, Az. I 422/62, BFHE 90, 357.

140 *Wassermeyer/Kaeser* in Wassermeyer DBA, Art. 4 MA Rn. 2.

der Steuerbefreiung von Investmentfonds und der dieser vorausgehenden Frage einer grundsätzlich bestehenden Steuerpflicht im Ansässigkeitsstaat.[141]

Da die Investment-AG unstreitig über eine eigene Rechtspersönlichkeit und über ihren Sitz in einem Ansässigkeitsstaat auch über einen Anknüpfungspunkt für die unbeschränkte Steuerpflicht verfügt, wurde die Frage nach der Abkommensberechtigung auch im neuen Recht durchweg positiv beantwortet.[142] Im Hinblick auf steuerlich transparente Fonds war dies allerdings nicht der Fall.[143] Anknüpfungspunkt an die deutsche Steuerpflicht ist nicht der Sitz des Fonds, sondern die Ausgestaltung nach deutschem Recht in den Anlagebedingungen.[144] Der Investmentfonds selbst unterliegt grundsätzlich einer Körperschaftsteuerpflicht nach § 6 Abs. 1 S. 1 InvStG und § 1 Abs. 1 Nr. 5 KStG bzw. § 2 Nr. 1 KStG bei den ausländischen Fonds. Durch das JStG 2019 ist dies erneut klargestellt worden, während der ausländische Investmentfonds hiervon abgegrenzt wird.[145] Erst danach wird nun die Steuerbefreiung in § 6 Abs. 2 S. 1 InvStG geregelt, der Umfang der Steuerpflicht in den S. 2 und 3 definiert und auf bestimmte Einkünfte beschränkt.[146] Die Finanzverwaltung sah den Fonds auch vor dem 1.1.2020 als in einem Vertragsstaat ansässig und damit abkommensberechtigt an und stellte inländischen Investmentfonds eine Ansässigkeitsbescheinigung aus, so dass sie sich für DBA-Zwecke hierauf berufen konnten.[147]

Ob diese im Ausland in allen Fällen anerkannt wird, bleibt zumindest für die Zeiträume vor dem 31.12.2019 fraglich, da dies von der Sichtweise des ausländischen Staates abhängt, für den die nationale Sichtweise nicht ausschlaggebend ist.[148]

---

141 *Prokisch* in Vogel/Lehner DBA, Art. 1 MA Rn. 54b; *Haug*, IStR 2020, 866, 868.

142 *Neumann*, FR 2018, 457, 459; *Hoor/Medler*, IStR 2017, 401, 405; *Martini/Valta*, IStR 2018, 623, 625.

143 Für eine Abkommensberechtigung siehe insbesondere *Neumann*, FR 2018, 457, 459, 460; *Stadler/Bindl*, DStR 2016, 1953, 1956; *Prokisch* in Vogel/Lehner DBA Art. 1 MA Rn. 541; dagegen *Helios/Mann*, DB, Sonderausgabe 01/2016, 1, 11; *Mann* in Brandis/Heuermann, § 6 InvStG Rn. 90; *Hoor/Medler*, IStR 2017, 401, 405; *Haug*, IStR 2020, 866, 870.

144 BMF vom 21.5.2019, Az. IV C 1 – S 1980-1/16/10010 :001, BStBl. I 2019, 527, Rn. 2.2.

145 Zu dieser und weiteren Änderungen des InvStG durch das JStG 2019 vgl. *Hagen/Schober*, BB 2019, 1693.

146 Siehe ausführlich zur Abkommensberechtigung von Investmentfonds nach Einführung des InvStG 2018 *Neumann*, FR 2018, 457, 459.

147 So enthielt der InvStE-Entwurf vom 15.6.2018, Rn. 1.18, zunächst einen entsprechenden Passus, der im finalen InvStE nicht mehr enthalten ist. Die Finanzverwaltung stellte trotzdem Ansässigkeitsbescheinigungen aus, so *Hagen/Schober*, BB 2019, 1693, 1694; vgl. auch *Elser/Stiegler*, IStR 2017, 567; *Stadler/Mager*, DStR 2016, 697, 699 f.

148 *Neumann*, FR 2018, 457, 461.

VI. Statusbescheinigung

Die Anwendung des reduzierten KapESt-Satzes von 15 % gem. § 7 Abs. 1 S. 1 InvStG setzt voraus, dass dem Entrichtungspflichtigen im Zeitpunkt des Zuflusses der Kapitalerträge eine Statusbescheinigung i. S. v. § 7 Abs. 3 InvStG vorliegt.[149] Der Fondsstatus des Investmentfonds ist an mehreren Stellen steuerlich relevant.[150] Er betrifft zum einen den zuvor dargestellten besonderen KapESt-Tarif gem. § 7 Abs. 1 InvStG. Dieser wird nur gewährt, wenn eine Statusbescheinigung nach § 7 Abs. 5 InvStG dem Entrichtungspflichtigen im Original vorgelegt wird bzw. in eine Datenbank eingestellt wird und dem Finanzinformationsdienstleister wie WM-Datenservice die Bescheinigung im Original vorlag.[151] Die Ausstellung der Statusbescheinigung erfolgt gem. § 7 Abs. 4 InvStG durch die zuständige Finanzbehörde und ist in der Regel drei Jahre gültig.[152] Bei inländischen Investmentfonds ist dies gem. § 4 Abs. 1 InvStG das örtlich zuständige Finanzamt und gem. § 4 Abs. 2 Nr. 2 InvStG das BZSt für ausländische Investmentfonds.[153]

Die Statusbescheinigung ist ein Verwaltungsakt i. S. v. § 118 AO, vergleichbar mit der Bescheinigung nach § 44a Abs. 2 EStG, die nach der Rechtsprechung des BFH kein Steuerbescheid, aber ein sonstiger begünstigender Verwaltungsakt i. S. d. § 130 AO ist.[154] Die Statusbescheinigung dient zum Nachweis des Status als Investmentfonds und ist gem. § 7 Abs. 4 S. 5 InvStG bei Wegfall der Voraussetzungen oder Rückforderung durch die Finanzbehörde zurückzugeben.[155]

VII. Steuerpflichtige Erträge bei Dach-Investmentfonds

Dach-Investmentfonds sind in § 2 Abs. 5 S. 1 InvStG als Investmentfonds, die Anteile an einem anderen Investmentfonds (Ziel-Investmentfonds) halten, definiert. Dach-Spezial-Investmentfonds sind gem. § 2 Abs. 5 S. 2 InvStG Spezial-Investmentfonds, die Anteile an einem anderen Spezial-Investmentfonds halten. Daneben ist es jedoch auch denkbar, dass ein Investmentfonds Anteile an einem

---

149 BMF vom 21.5.2019, Az. IV C 1 – S 1980-1/16/10010 :001, BStBl. I 2019, 527, Rn. 7.3. Amtliche Vordrucke und Muster als Anlage zu BMF vom 26.7.2017, Az. IV C 1 – S 1980-1/16/10012 :001, BeckVerw 444419.

150 So bspw. auch für die im Ausland ansässigen steuerbefreiten Gesellschaften i. S. v. § 1 Abs. 2 Nr. 2 InvStG, ausführlich oben, § 5 II.

151 Mit Ausweis der Daten hat der Datenbankanbieter zugleich die Echtheit der Original-Statusbescheinigung zu bestätigen, woraufhin diese Prüfung für den Entrichtungspflichtigen entfällt, BMF vom 21.5.2019, Az. IV C 1 – S 1980-1/16/10010 :001, BStBl. I 2019, 527, Rn. 7.16 f.

152 *Schlund* in BeckOK InvStG, § 7 Rn. 69.

153 *Kral/Watzlaw*, BB 2015, 2198.

154 *Link* in Herrmann/Heuer/Raupach EStG/KStG, § 7 InvStG Rn. 20; BFH v. 16.10.1991, Az. I R 65/90, BStBl. II 1992, 322.

155 BMF vom 21.5.2019, Az. IV C 1 – S 1980-1/16/10010 :001, BStBl. I 2019, 527, Rn. 7.21.

Spezial-Investmentfonds hält oder umgekehrt.[156] Die Finanzverwaltung will auch einen Spezial-Investmentfonds, der Anteile an einem Ziel-Investmentfonds hält, als Dach-Investmentfonds bezeichnen.[157] Da es einem Spezial-Investmentfonds nicht untersagt ist, in einen Investmentfonds zu investieren, solange die Voraussetzungen des § 26 InvStG eingehalten sind,[158] sollte auch die Verwendung des Begriffs nicht limitiert sein. Im Sinne der Rechtsklarheit wäre es sinnvoller, wenn sich die Bezeichnung daran orientieren würde, welchen steuerlichen Status der Dachfonds hat, unabhängig davon, ob er sich an Investmentfonds oder Spezial-Investmentfonds beteiligt.[159]

Da das Transparenzprinzip mit Einführung des InvStG 2018 abgeschafft wurde, ist jeder Investmentfonds als intransparentes Steuersubjekt zu betrachten. Auf Ebene eines Ziel-Investmentfonds sind Einkünfte i. S. v. § 6 Abs. 2 InvStG daher nach den beschriebenen Regelungen zu versteuern. Auf Ebene des Dach-Investmentfonds stellen die Erträge des Ziel-Investmentfonds Investmenterträge gem. § 20 Abs. 1 Nr. 3 EStG dar. Die Investmenterträge fallen dagegen nicht unter § 6 Abs. 2 InvStG und unterliegen daher auf Ebene des Dach-Investmentfonds keiner erneuten Steuerbelastung.[160] Für die Qualifizierung der Erträge nach § 20 Abs. 1 Nr. 3 EStG kommt es nicht auf den Anteilseigner an.[161] Dieses Ergebnis ist sachgerecht, da es nur auf Ebene des Ziel-Investmentfonds zu einer Besteuerung kommt und auch bei mehrfacher Ausschüttung an übergeordnete Dach-Investmentfonds keine erneute Besteuerung stattfinden würde.

Ausdrücklich geregelt ist dies jedoch nicht, so dass es nach dieser Systematik zunächst insbesondere bei Auslandssachverhalten und Immobilienfonds zu weißen Einkünften hätte kommen können.[162] Man musste davon ausgehen, dass die bis 2018 bei Dachfonds geltende Transparenz, die aus einem Umkehrschluss zu § 10 S. 2 InvStG 2004 im Zusammenhang mit der Strafbesteuerung abgeleitet

---

156 Für Immobilienfonds vgl. *Bindl/Stadler*, BB 2017, 1943, 1944.

157 BMF vom 21.5.2019, Az. IV C 1 – S 1980-1/16/10010 :001, BStBl. I 2019, 527, Rn. 2.5.

158 Ausführlich unten, § 10 III.

159 So auch *Bindl/Stadler*, BB 2017, 1943, 1945; *Hartmann* in BeckOK InvStG, § 2 Rn. 42.

160 *Bindl/Mager*, DStR 2017, 465, 466; *Bindl/Mager*, BB 2016, 2711, 2720.

161 *Klein* in Herrmann/Heuer/Raupach EStG/KStG, § 8 Rn. 15.

162 Denkbar war dies, wenn ein inländischer Investmentfonds sich an einem inländischen Spezial-Investmentfonds beteiligte, dieser Immobilienerträge erzielte und der Spezial-Investmentfonds zur Transparenz optierte. In diesem Fall wäre es auf Ebene des Spezial-Investmentfonds nicht zur Besteuerung der Immobilienerträge gekommen, da der Fonds auf der Fondsausgangsseite KapESt abgeführt hätte und der Investmentfonds steuerfreie Spezial-Investmenterträge i. S. v. § 20 Abs. 1 Nr. 3a EStG erzielt hätte. Bei einem ausländischen Anleger hätten die Erträge aus dem Investmentfonds mangels Einschlägigkeit von § 49 EStG nicht zu im Inland steuerpflichtigen Erträgen geführt, vgl. *Bindl/Mager*, DStR 2017, 465, 466; *Behrens*, RdF 2017, 297, 300.

wurde,[163] im intransparenten Besteuerungssystem des InvStG 2018 nicht mehr gilt. Anderenfalls wären bei mehrstufigen Fondskonstruktionen auf jeder Stufe erneut die nach § 6 Abs. 2 InvStG steuerpflichtigen Erträge versteuert worden. Eine übermäßige Besteuerung konnte aber nicht i. S. d. Gesetzgebers sein,[164] was durch einen Hinweis in der Gesetzesbegründung bestätigt wird.[165]

Daher musste einer möglichen Beteuerungslücke dadurch begegnet werden, dass für Immobilienerträge eine Transparenz durch das StUmgBG vom 23.6.2017 ausdrücklich geregelt wurde.[166] Hier wurde § 33 Abs. 2 InvStG angepasst, so dass die ausgeschütteten und ausschüttungsgleichen inländischen Immobilienerträge eines Ziel-Spezial-Investmentfonds, die normalerweise Spezial-Investmenterträge gem. § 34 InvStG darstellen, ausnahmsweise in Immobilienerträge nach § 6 Abs. 4 InvStG 2018 umqualifiziert werden, soweit es sich beim Anteilseigner um einen Investmentfonds oder um einen Spezial-Investmentfonds handelt. Dadurch behalten die Erträge hier ausnahmsweise ihren Charakter als Immobilienerträge. Ist der Anleger ein Investmentfonds, unterliegt er mit fiktiven Immobilienerträgen der Steuerpflicht nach § 6 Abs. 4 InvStG.[167]

VIII. Zusammenfassung zu § 6

Der mit dem InvStG 2018 vollzogene Systemwechsel hat zu einer weitreichenden Steuerpflicht von Erträgen im Zusammenhang mit Anteilen an inländischen Kapitalgesellschaften, inländischen Immobilien und sonstigen inländischen Einkünften auf Ebene des Investmentfonds geführt. Zum einen werden nicht nur die Kapitalgesellschaftsanteile selbst, sondern auch sie verbriefende Instrumente erfasst. Zum anderen fallen nicht nur Gewinnausschüttungen unter die Steuerpflicht, sondern auch sämtliche sie evtl. ersetzende Erträge sowie Erträge aus der Überlassung von Wertpapieren an Dritte. Im Hinblick auf die Immobilien wird es künftig keine steuerfreien Veräußerungsgewinne mehr geben.

Gerade im Zusammenhang mit der Überlassung von Wertpapieren an Dritte wird dabei bereits im Rahmen der Definition der steuerpflichtigen Erträge das Bemühen des Gesetzgebers deutlich, in seinen Augen missbräuchliche Gestaltungen zu verhindern. Dadurch ergeben sich teilweise überschießende Regelungen,

---

163 Dieses sah vor, dass Erträge eines Zielfonds bei Weiterleitung an einen Dachfonds nicht in Einkünfte aus Kapitalvermögen nach § 20 Abs. 1 S. 1 EStG umqualifiziert werden, sondern ihre ursprüngliche Eigenschaft bspw. als Mieterträge erhalten blieb, dazu *Bindl/Mager*, BB 2016, 2711, 2720.

164 So auch *Bindl/Mager*, BB 2016, 2711, 2721.

165 Gesetzesbegründung zum InvStRefG, BT-Drucks. 18/8045, 52.

166 Gesetz zur Bekämpfung der Steuerumgehung und zur Änderung weiterer steuerlicher Vorschriften vom 23.6.2017, BGBl. I 2017, 1682, vgl. dazu *Bindl/Stadler*, BB 2017, 1943.

167 Ausführlich unten, § 11 III. 2. b) sowie *Behrens*, RdF 2017, 297, 301 ff.

wenn bspw. während der Verleihzeit gar keine Dividende gezahlt wird, oder solche, die durch die deutsche Finanzverwaltung gar nicht umgesetzt werden können, wenn bspw. Verleiher und Entleiher einer inländischen Aktie im Ausland ansässig sind und dafür ein Entgelt gezahlt wird. Diese Beispiele belegen, dass einzelne Bereiche innerhalb des InvStG 2018 einer Nachbesserung bedürfen.

Der Steuersatz von 15 % inkl. SolZ auf Ebene des Investmentfonds sorgt dafür, dass es in der Gesamtbetrachtung von inländischen und ausländischen Dividendeneinkünften unter Einbeziehung der ausländischen Quellensteuern zu einem gewissen Gleichlauf kommt. Zumindest seit dem 1.1.2020 sollten inländische Investmentfonds aufgrund des eindeutigen Wortlauts des § 6 Abs. 1 InvStG im Ausland auch als abkommensberechtigt und damit ggf. als erstattungsberechtigt angesehen werden.

§ 7 Steuerbefreiungen auf Fondsebene

Abgesehen von den zuvor beschriebenen in § 6 Abs. 2 bis Abs. 5 InvStG genannten Einkünften werden auf Ebene des Investmentfonds gem. § 7 Abs. 1 S. 4 InvStG keine Steuern erhoben. Steuerfrei bleiben somit insbesondere ausländische Dividenden, ausländische Immobilienerträge, Zinsen, Veräußerungsgewinne aus Wertpapieren und Gewinne aus Termingeschäften.[168]

Damit bestimmte steuerbefreite Anlegergruppen, wie bspw. gemeinnützige Stiftungen, die bis 31.12.2017 weder im Rahmen der Fonds- noch der Direktanlage steuerlich belastet wurden, nicht benachteiligt werden, hat der Gesetzgeber mit den §§ 8 bis 14 InvStG Normen geschaffen, die eine Steuerbefreiung auf Fondsebene vorsehen.[169] Die Steuerbefreiung der Anleger strahlt insoweit also auf den Investmentfonds aus.[170] Sie beinhaltet zum einen die Möglichkeit einer vollständigen Steuerbefreiung des Investmentfonds oder der Anteilsklasse gem. § 10 Abs. 1 S. 1 InvStG, wenn sich nach den Anlagebedingungen ausschließlich steuerbefreite Anleger beteiligen dürfen, und zum anderen die Möglichkeit der anteiligen Steuerbefreiung gem. § 8 Abs. 1 S. 1 InvStG, soweit steuerbefreite Anleger an dem Fonds beteiligt sind.

Die anteilige Steuerbefreiung gem. § 8 InvStG wird dabei teilweise als Regelfall und die Möglichkeit der vollständigen Steuerbefreiung nach § 10 InvStG als Spezialfall bezeichnet.[171] Auch die systematische Anordnung spricht dafür, dass der Gesetzgeber die anteilige Steuerbefreiung als den Grundfall ansieht. Dem könnte die Vorstellung zugrunde gelegen haben, dass steuerbefreite Anleger grundsätzlich ihre bestehenden Anlagen beibehalten und, um keinen steuerlichen Nachteil zu erleiden, lediglich gegenüber dem Fonds einen Nachweis gem. § 9 InvStG über ihre Steuerbefreiung erbringen können sollen. Tatsächlich führte der Systemwechsel jedoch dazu, dass zahlreiche Fondsgesellschaften zunächst vollständig steuerbefreite Investmentfonds oder Anteilsklassen bevorzugten,[172] da ihnen der mit der anteiligen Steuerbefreiung verbundene Aufwand wirtschaftlich nicht

---

168 *Delp*, DB 2017, 447, 448; *Stadler/Bindl*, DStR 2016, 1953, 1955; *Helios/Mann*, DB, Sonderausgabe 01/2016, 1, 10; im Gesetzgebungsverfahren war zunächst eine umfangreichere Besteuerung auf Fondsebene geplant. Dies hätte jedoch eine massive Benachteiligung inländischer Fonds gegenüber ausländischen Investmentfonds zur Folge gehabt, weshalb der Gesetzgeber hiervon wieder abrückte, vgl. *Buge/Bujotzek/Steinmüller*, DB 2016, 1594, 1596.

169 *Neumann*, DB 2016, 1779, 1782; *Brandl* in Brandis/Heuermann, § 8 InvStG Rn. 1.

170 *Hahne/Völker*, BB 2017, 858, 860.

171 *Brandl* in Brandis/Heuermann, § 9 InvStG Rn. 1 und § 10 InvStG Rn. 2.

172 Zur Unterscheidung von Investmentfonds, Anteilsklassen und Teilfonds *Schäfer*, BB 2020, 23, 24.

gerechtfertigt erschien und sie eine klare Abgrenzung steuerbefreiter und steuerpflichtiger Anleger erreichen wollten.[173]

Wie noch ausgeführt wird, erscheint es fraglich, ob die anteilige Steuerbefreiung gem. § 8 Abs. 1 S. 1 InvStG wirtschaftlich zu rechtfertigen ist.[174] Zahlreiche Unwägbarkeiten in Bezug auf deren Umsetzung sowie der hohe Verwaltungsaufwand fördern diese Zweifel.[175] Es soll daher zunächst die nach Ansicht des Verfassers wesentlich stringentere Variante der vollständigen Steuerbefreiung dargestellt und erst im Anschluss daran auf die anteilige Steuerbefreiung eingegangen werden.

I. Vollständige Steuerfreiheit auf Fondsebene gem. § 10 InvStG

1. Voraussetzungen und Umfang der Steuerbefreiung

Nach § 10 Abs. 1 InvStG ist ein kompletter Investmentfonds oder eine Anteilsklasse steuerbefreit, wenn sich hieran ausschließlich steuerbefreite Anleger beteiligen dürfen, der Investmentfonds die Voraussetzungen für eine Anrechenbarkeit der KapESt nach § 36a EStG erfüllt und die Anteile gem. § 10 Abs. 3 InvStG nicht übertragbar sind. Die Steuerbefreiung gilt für alle Einkünfte eines Investmentfonds, eines Teilfonds oder einer Anteilsklasse.[176] Gem. § 10 Abs. 2 InvStG gilt sie auch für Immobilienerträge, jedoch ohne dass § 36a EStG zu beachten ist. Die Finanzverwaltung will über den Wortlaut hinaus die Steuerbefreiung auch bei sonstigen inländischen Einkünften i. S. d. § 6 Abs. 5 EStG anwenden, die im Falle der Direktanlage nicht steuerpflichtig wären.[177] Die Bestimmung des Status als steuerbefreiter Investmentfonds gem. § 10 InvStG erfolgte durch Selbstdeklaration und Umstellung der Anlagebedingungen bis zum 30.6.2018. Zur Erleichterung des Systemwechsels erlaubte die Finanzverwaltung partiell auch eine nachgelagerte Umsetzung der formellen Anwendungsvoraussetzungen.[178]

---

173 Vgl. dazu bspw. Fonds Professionell vom 5.12.2016, abrufbar unter https://www.fondsprofessionell.de/news/vertrieb/headline/flossbach-von-storch-hebt-stiftungsfonds-in-neue-gesellschaft-um-129319/ (zuletzt abgerufen am 16.8.2021) sowie Tabelle 2 unten, § 7 I. 4.

174 Ähnlich *Schäfer*, BB 2020, 23. Ausführlich unten, § 7 II. 4.

175 Zum anteiligen Verfahren des KapESt-Abzugs ausführlich unten, § 7 II. 3., sowie *Schweinitz, v./Thiems*, DStR 2016, 1198.

176 *Brandl* in Brandis/Heuermann, § 10 InvStG Rn. 7.

177 BMF vom 21.5.2019, Az. IV C 1 – S 1980-1/16/10010 :001, BStBl. I 2019, 527, Rn. 10.17; kritisch *Christ* in BeckOK InvStG, § 10 Rn. 37.

178 BMF vom 21.9.2017, Az. IV C 1 – S 1980-1/16/10010:009, DStR 2017, 2123; BMF vom 21.5.2019, Az. IV C 1 – S 1980-1/16/10010 :001, BStBl. I 2019, 527, Rn. 10.8.

a) Anlegerkreis und Nachweis der Steuerbefreiung

Die Möglichkeit für eine vollständige Steuerbefreiung besteht nach § 10 Abs. 1 i. V. m. § 8 Abs. 1 InvStG, wenn sich ausschließlich steuerbefreite Anleger gem. § 44a Abs. 7 S. 1 EStG und vergleichbare ausländische Institutionen beteiligen dürfen.[179] Unter § 44a Abs. 7 S. 1 EStG fallen insbesondere gemeinnützige, mildtätige oder kirchliche Körperschaften, Personenvereinigungen oder Vermögensmassen i. S. v. § 5 Abs. 1 Nr. 9 KStG (privatrechtliche gemeinnützige Stiftungen), Stiftungen des öffentlichen Rechts, wenn sie die vorgenannten Zwecke verfolgen, und juristische Personen des öffentlichen Rechts, die ausschließlich und unmittelbar kirchlichen Zwecken dienen, sowie vergleichbare ausländische Rechtsträger.[180]

Ferner fallen Investmentanteile im Rahmen von Altersvorsorge- oder Basisrentenverträgen (Riester- oder Rürup-Verträge) unter die Steuerbefreiung. Der Gesetzgeber wollte die Altersvorsoge nicht beeinträchtigen, weshalb grundsätzlich sämtliche Durchführungswege begünstigt sein sollen.[181] Dies ist jedoch nicht vollständig gelungen, da teilweise noch Klarstellungsbedarf diesbezüglich besteht. Insbesondere betrifft dies berufsständische Versorgungswerke, Pensions- und Unterstützungskassen, Direktzusagen und Contractual Trust Arrangements (kurz: CTA-Modelle).[182] Bei Letzteren handelt es sich um treuhandrechtliche Vertragsgestaltungen zum Zwecke der betrieblichen Altersvorsorge. Sie existieren in einer Vielzahl von Ausprägungen und verfolgen üblicherweise das Ziel einer insolvenzsicheren und ausfinanzierten Versorgungszusage bei gleichzeitig geringerem Ausweis der Versorgungsschuld in der Bilanz des Unternehmens.[183] Bei CTA-Modellen und Direktzusagen wird eine neue NV-Bescheinigung gefordert, welche die Wirkung des § 16 Abs. 2 InvStG auch für den KapESt-Abzug ermöglicht.[184]

Zur Erlangung der Steuerbefreiung hat der Anleger sowohl bei vollständig steuerbefreiten Investmentfonds gem. § 10 Abs. 1 InvStG als auch bei den anteilig steuerbefreiten Investmentfonds nach § 8 Abs. 1 InvStG einen Nachweis über seine Steuerbefreiung zu erbringen.[185] Gem. § 9 Abs. 1 Nr. 1 und Nr. 2 InvStG ist hierfür eine NV-Bescheinigung nach § 44a Abs. 7 S. 2 EStG oder bei ausländischen Rechtsträgern eine Bescheinigung des BZSt über die Vergleichbarkeit

179 *Christ* in BeckOK InvStG, § 10 Rn. 24; *Schäfer*, BB 2020, 23, 25.
180 *Boxberger* in Weitnauer/Boxberger/Anders KAGB, § 8 InvStG Rn. 5.
181 *Ernst*, BB 2017, 2723, 2726; *Patzner/Nagler*, IStR 2016, 725, 728.
182 *Jansen/Greger*, RdF 2017, 138, 142; *Boxberger* in Weitnauer/Boxberger/Anders KAGB, § 8 InvStG Rn. 8.
183 *Höfer/Reich* in Höfer/de Groot BetrAVG, Kapitel 12 Rn. 97 ff.
184 Vgl. *Jansen/Greger*, BB 2018, 1243, 1245.
185 Beim erstmaligen Erwerb und nach Ablauf der Bescheinigung zum Nachweis über die Steuerbefreiung, BMF vom 21.5.2019, Az. IV C 1 – S 1980-1/16/10010 :001, BStBl. I 2019, 527, Rn. 10.22.

mit inländischen steuerbefreiten Anlegern erforderlich (sog. Befreiungsbescheinigung).[186] Als Nachweis akzeptiert die Finanzverwaltung ferner den zuletzt erteilten Freistellungsbescheid, der für einen nicht länger als drei Jahre zurückliegenden Veranlagungszeitraum vor dem Veranlagungszeitraum des Zuflusses der Kapitalerträge erteilt worden ist, oder den KSt-Bescheid nebst dessen Anlage, in der die Steuerbefreiung für den steuerbegünstigten Bereich bescheinigt wird und der für einen nicht länger als drei Jahre zurückliegenden VZ erteilt worden ist.[187] Der Investmentfonds hat die Steuerbefreiung seiner Anleger wiederum gegenüber dem Entrichtungspflichtigen und im Veranlagungsfall gegenüber dem Finanzamt nachzuweisen, wofür alle steuerbefreiten Anleger aufzulisten sind.[188]

Die genannte Dreijahresfrist weicht dabei von der im Rahmen der Abstandnahme vom KapESt-Abzug nach § 44a Abs. 4 und 7 EStG geltenden Fünfjahresfrist ab.[189] Es läge auf der Hand, hier einen Fristengleichlauf zu schaffen, da Anleger ansonsten mit zwei unterschiedlichen Nachweisen – einmal gegenüber der KVG (drei Jahre) und einmal gegenüber der depotführenden Bank (fünf Jahre) – zurechtkommen müssten. Der bei der depotführenden Stelle des Anlegers hinterlegte Nachweis über die Steuerbefreiung wäre für den Nachweis gegenüber der KVG nicht geeignet, so dass zusätzlich ein neuer Nachweis beantragt werden müsste, obwohl noch ein gültiger Freistellungsbescheid vorliegt.[190]

Ferner soll nach Ansicht der Finanzverwaltung auch eine NV-Bescheinigung nach § 44a Abs. 8 EStG (NV Art 04) als Nachweis anzuerkennen sein, die u.a. für Gemeinden, Zweckverbände oder Pensionskassen gilt.[191] Hierbei kann es sich allerdings nur um ein Versehen handeln. Die dort bezeichneten Anleger sind gem. § 2 Nr. 2 KStG beschränkt steuerpflichtig. Inländische Dividendeneinkünfte unterliegen bei ihnen zu 2/5 der KapESt zzgl. SolZ. Diese Belastung ist endgültig.[192] Wäre der oben angesprochene Nachweis nach § 44a Abs. 8 EStG für die Beteiligung an einem ausschließlich steuerbefreiten Anlegern vorbehaltenen Investmentfonds zulässig, könnte der Anleger die Beteiligungseinnahmen i. S. v. § 6 Abs. 3 InvStG steuerfrei vereinnahmen und sich 15 % KSt zzgl. SolZ sparen, da Investmenterträge nicht unter die inländischen Einkünfte i. S. v. § 49 EStG fallen.

Auch wenn die vorgenannte Passage des InvStE richtiggestellt werden sollte, wäre eine Fondsinvestition für die vorgenannten Anleger immer noch minimal

---

186 Ausführlich zur Wirkungsweise der NV02-Bescheinigung nach Art 03, vgl. *Rhodius/Lofing*, KapESt/AbgSt 2019, 206.

187 BMF vom 21.5.2019, Az. IV C 1 – S 1980-1/16/10010 :001, BStBl. I 2019, 527, Rn. 9.2.

188 *Schäfer*, BB 2020, 23, 26.

189 BMF vom 18.1.2016, Az. IV C 1 – S 2252/08/10004 :017, BStBl. I 2016, 85, Rn. 295.

190 So auch das Schreiben des Bundesverbands der Auslandsbanken vom 27.7.2018, abrufbar unter https://www.vab.de/anwendungsfragen-investmentsteuergesetz/ (zuletzt abgerufen am 16.8.2021).

191 BMF vom 21.5.2019, Az. IV C 1 – S 1980-1/16/10010 :001, BStBl. I 2019, 527, Rn. 10.22; detailliert zur Wirkungsweise *Rhodius/Lofing*, KapESt/AbgSt 2019, 211.

192 *Rengers* in Brandis/Heuermann, § 2 KStG Rn. 70.

vorteilhaft, da die Beteiligungserträge i. S. v. § 6 Abs. 2 InvStG nur einer Belastung von 15 % KSt inkl. SolZ unterliegen würden, während in der Direktanlage 15 % KSt zzgl. SolZ anfallen.

Demnach sollten Rn. 9.2 und 10.22 des InvStE wie folgt angepasst werden:

Rn. 9.2 InvStE:

> Bei gemeinnützigen, mildtätigen oder kirchlichen Anlegern ist eine NV-Bescheinigung nach § 44a Absatz 7 Satz 2 EStG erforderlich (NV-Art 03). Es wird jedoch nicht beanstandet, wenn dem Entrichtungspflichtigen statt der NV-Art 03-Bescheinigung einer der folgenden Nachweise überlassen wird:
>
> - amtlich beglaubigte Kopie des zuletzt erteilten Freistellungsbescheides, der für einen nicht länger als ~~drei~~ *fünf* Jahre zurückliegenden Veranlagungszeitraum vor dem Veranlagungszeitraum des Zuflusses der Kapitalerträge erteilt worden ist oder
> - amtlich beglaubigte Kopie eines Körperschaftsteuerbescheides nebst dessen Anlage, in der die Steuerbefreiung für den steuerbegünstigten Bereich bescheinigt wird und der für einen nicht länger als ~~drei~~ *fünf* Jahre zurückliegenden Veranlagungszeitraum vor dem Veranlagungszeitraum des Zuflusses der Kapitalerträge erteilt worden ist.

Rn. 10.22 InvStE:

> Nach § 10 Absatz 4 Satz 2 InvStG haben die Anleger i. S. d. § 8 Absatz 1 Nummer 1 InvStG als Nachweis ihres steuerlichen Status eine Bescheinigung nach § 44a Absatz 7 Satz 2 EStG oder eine Befreiungsbescheinigung nach § 9 Absatz 1 Nummer 2 InvStG dem Investmentfonds zu übermitteln. ~~Darüber hinaus ist für Anleger i. S. d. § 8 Absatz 2 InvStG auch eine NV-Bescheinigung i. S. d. § 44a Absatz 8 Satz 2 EStG (NV-Art 04) als Nachweis für die Steuerbefreiung anzuerkennen.~~ Der Nachweis ist bei erstmaligem Anteilserwerb und bei Ablauf der Gültigkeit einer Bescheinigung nach § 44a Absatz 7 Satz 2 EStG~~, nach § 44a Absatz 8 Satz 2 EStG~~ oder einer Befreiungsbescheinigung nach § 9 Absatz 1 Nummer 2 InvStG zu erbringen.

b) Dach-Investmentfonds als steuerbefreite Anleger i. S. d. § 8 Abs. 1 InvStG

Die Investition steuerbefreiter Anleger über Dach-Investmentfonds oder Dach-Spezial-Investmentfonds[193] i. S. v. § 2 Abs. 5 InvStG hat eine hohe praktische Relevanz, da Dachfonds häufig zur Bündelung anderer Fondsinvestitionen bzw. aus Gründen der handelsrechtlichen Ergebnissteuerung oder zur Konsolidierung genutzt werden.[194] Hierbei kann sich der Status des steuerbefreiten Anlegers i. S. v.

---

193 Ausführlich unten, § 12 II. 3. d).

194 *Bindl/Mager*, DStR 2017, 465.

§ 8 Abs. 1 InvStG jedoch nicht auf Ebene des Zielfonds auswirken, was zunächst kritisch in der Literatur angemerkt wurde, da sich steuerbefreite Investoren einer drohenden definitiven Steuerbelastung ausgesetzt sahen.[195] Mittlerweile gilt es jedoch als gesichert, dass auch Investmentfonds, Dach-Investmentfonds und Dach-Spezial-Investmentfonds als steuerbefreite Anleger gelten, wenn sich an ihnen wiederum ausschließlich steuerbefreite Anleger beteiligen können.[196] Somit ist auch auf Ebene der Ziel-Investmentfonds kein KapESt-Abzug vorzunehmen, wenn sich ausschließlich die vorgenannten Anleger an ihm beteiligen können.

c) Erfüllung der Voraussetzungen des § 36a EStG

Bei den Beteiligungseinnahmen nach § 6 Abs. 3 InvStG wird gem. § 10 Abs. 5 InvStG vollständig vom KapESt-Abzug Abstand genommen, wenn der Investmentfonds gem. § 10 Abs. 1 S. 2 InvStG zur Vermeidung von Cum/Cum-Geschäften zusätzlich die Voraussetzungen des § 36a EStG erfüllt.[197] Zu beachten ist hier, dass die vollständige Steuerbefreiung i. S. v. § 10 InvStG – anders als die partielle Steuerbefreiung i. S. v. § 8 InvStG – ab dem ersten Haltetag gilt und es nicht zu einer zeitlich vorhergehenden Abführung und anschließenden Erstattung von KapESt an einzelne steuerbefreite Anleger wie im Rahmen des § 8 InvStG kommt.[198] Die Anforderungen im Hinblick auf Haltedauer, Wertveränderungsrisiko und Weitervergütung sowie die Ausnahmen unterscheiden sich hier grundsätzlich nicht vom Fall der Direktanlage, sie erhalten aber durch die Verbindung mit dem InvStG zusätzliche Komplexität. Nachfolgend sollen daher zunächst die Grundzüge von § 36a EStG im Rahmen der Direktanlage und anschließend im Kontext der Investmentfondsanlage erläutert werden.

aa) Exkurs: § 36a EStG und ergänzende Vorschriften im Rahmen der Direktanlage

Mit § 36a EStG wurde eine Norm geschaffen, die für alle unbeschränkt und beschränkt steuerpflichtigen einkommensteuerpflichtigen Anleger (natürliche Personen ebenso wie Körperschaften) gilt, die eine Anrechnung gezahlter KapESt

---

195 So *Bindl/Mager*, BB 2016, 2711, 2713; *Neumann*, DB 2016, 1779, 1782.

196 BMF vom 21.5.2019, Az. IV C 1 – S 1980-1/16/10010 :001, BStBl. I 2019, 527, Rn. 8.10. So zuvor auch bereits *Neumann*, DB 2016, 1779, 1783; *Boxberger* in Weitnauer/Boxberger/Anders KAGB, § 8 InvStG Rn. 12; *Bindl/Mager*, BB 2016, 2711, 2713 f.; *Klein* in Herrmann/Heuer/Raupach EStG/KStG, § 8 InvStG Rn. 15.

197 Vgl. dazu BMF vom 3.4.2017, IV C 1 – S 2299/16/10002, BStBl. I 2017, 726; BMF vom 21.5.2019, Az. IV C 1 – S 1980-1/16/10010 :001, BStBl. I 2019, 527, Rn. 10.12 ff. sowie *Ebner*, NWB 2017, 2110; *Kretzschmann/Schwarz*, FR 2017, 223; *Hahne/Völker*, RdF 2017, 50; *Hensel*, RdF 2019, 204, 24.

198 Ausführlich unten, § 7 II. 3.

beantragen.[199] Der Gesetzgeber hatte bereits vor der Einführung von § 36a EStG einen ersten Schritt zur Vermeidung der europarechtswidrigen Diskriminierung der Steuerausländer in Bezug auf inländische Dividenden durch Einführung der Steuerpflicht für Streubesitzdividenden nach § 8b Abs. 4 S. 1 KStG unternommen.[200] Zusätzlich sollten Cum/Cum-Geschäfte jedoch auch direkt andressiert und durch eine spezielle Missbrauchsbekämpfungsvorschrift vollständig verhindert werden.[201] Die Regelung des § 36a EStG ergänzt § 36 Abs. 2 Nr. 2 EStG und stellt an die Anrechenbarkeit gezahlter KapESt weitere Anforderungen bei Kapitalerträgen gem. § 43 Abs. 1 Nr. 1a EStG.[202] Um die vollständige Anrechenbarkeit zu erreichen, muss der Steuerpflichtige innerhalb eines Zeitraums von 45 Tagen vor und nach dem Dividendenstichtag (also innerhalb eines Betrachtungszeitraums von 91 Tagen, wobei die Handelstage nicht mitzuzählen sind)[203] mindestens 45 Tage wirtschaftlicher Eigentümer gewesen sein. Dabei darf das Kursrisiko (Mindestwertveränderungsrisiko) des Anlegers nicht weniger als 70 % betragen und er darf die Dividende nicht an einen Dritten vergütet haben, § 36a Abs. 1 S. 1 Nr. 1 – 3 EStG. Im Rahmen des Anrechnungsverfahrens trägt der Steuerpflichtige die Darlegungslast.[204] Wichtigste Ausnahme zu § 36a EStG sind die Einkünfte, die dem abgeltenden Steuerabzug nach § 32d EStG unterliegen, da § 43 Abs. 5 S. 1 EStG hier eine Abgeltungswirkung anordnet, die ohne Zutun des Steuerpflichtigen nicht durchbrochen werden kann.[205]

Die vorgenannten Voraussetzungen müssen nach § 36a Abs. 5 EStG nur dann nicht beachtet werden, wenn die Kapitalerträge i. S. v. § 43 Abs. 1 S. 1 Nr. 1a und Abs. 1 S. 4 EStG weniger als 20.000 Euro im Veranlagungszeitraum betragen oder der Steuerpflichtige die Aktien länger als ein Jahr vor dem Zufluss der Dividende als wirtschaftlicher Eigentümer gehalten hat (Nr. 2). Dadurch sollen Kleinanleger nicht belastet werden.[206]

(1) Wirtschaftliches Eigentum von mindestens 45 Tagen

Von den in § 36a EStG normierten Tatbestandsmerkmalen sollte die Haltedauer von 45 Tagen vor und nach dem Dividendenstichtag das am einfachsten nachweisbare Tatbestandsmerkmal sein. Von Seiten der Finanzverwaltung wird

---

199 *Ettlich* in Brandis/Heuermann, § 36a EStG Rn. 1; *Levedag* in Schmidt EStG, § 36a Rn. 2.

200 Eingeführt durch Gesetz vom 21.3.2013 zur Umsetzung des EuGH-Urteils vom 20.10.2011 in der Rechtssache C 284/09, BGBl. I 2013, 561. Ausführlich oben, § 4 II. 3.

201 *Ettlich* in Brandis/Heuermann, § 36a EStG Rn. 1; *Ebner*, NWB 2017, 2110; *Hahne/Völker*, RdF 2017, 50.

202 *Levedag* in Schmidt EStG, § 36a Rn. 1.

203 BMF vom 3.4.2017, Az. IV C 1 – S 2299/16/10002, BStBl. I 2017, 726, Rn. 5.

204 Vgl. auch *Anemüller*, ErbStB 2017, 352; *Kretzschmann/Schwarz*, FR 2017, 223.

205 *Kretzschmann/Schwarz*, FR 2017, 223, 227.

206 *Ettlich* in Brandis/Heuermann, § 36a EStG Rn. 91.

es nicht beanstandet, wenn auf den Ex-Tag als Dividendenstichtag abgestellt wird.[207] Der Anleger sollte sich idealerweise von seiner depotführenden Stelle eine Bescheinigung erstellen lassen, in der das Kaufdatum, das Verkaufsdatum, der Ex-Tag sowie die Dividendenzahlung auf die gehaltenen Aktien aufgeführt werden.[208] Diese Daten sind in den Banksystemen vorhanden. Bei der Bemessung der Haltedauer kommt dabei nach § 36a Abs. 2 S. 2 EStG depotübergreifend die FIFO-Methode zur Anwendung, was die Ermittlung für den Anleger auf der einen Seite zwar erschwert, in anderen Fällen aber zum Vorteil gereichen kann.[209] Es sollen grundsätzlich aber keine Vorteile aus der Nutzung von Unterdepots oder dem Einsatz mehrerer Banken erzielt werden können.[210]

Wirtschaftsgüter sind gem. § 39 Abs. 1 AO dem zivilrechtlichen Eigentümer zuzurechnen, womit das Steuerrecht grundsätzlich dem Zivilrecht folgt und sie demjenigen, der die absolute Herrschaftsmacht über sie ausübt, zurechnet.[211] Aktien, die ein Anleger erwirbt, befinden sich üblicherweise in Sammelverwahrung gem. § 5 Abs. 1 DepotG. Er verwahrt die Aktien bei seiner Depotbank, die wiederum die Aktien zur Verwahrung bei der Wertpapiersammelbank einliefert. Im Rahmen der Sammelverwahrung entsteht nach § 6 Abs. 1 DepotG für die Eigentümer Miteigentum nach Bruchteilen an den zum Sammelbestand des Verwahrers gehörenden Wertpapieren derselben Art i. S. v. §§ 1008 ff., 741 ff. BGB, wobei die §§ 6 ff. DepotG die allgemeinen Vorschriften als lex specialis verdrängen.[212] Im Regelfall wird der Anleger damit mit Erwerb der Aktie wirtschaftlicher Eigentümer i. S. d. § 36a Abs. 1 S. 1 Nr. 1 EStG.

Es stellt sich allerdings die Frage, ob auch der Darlehensnehmer bei der Wertpapierleihe das wirtschaftliche Eigentum an den entliehenen Aktien erwirbt und damit zur Steueranrechnung gem. § 36 Abs. 2 Nr. 2 EStG berechtigt ist.[213] Dies wurde vom BFH in Fortsetzung und Konkretisierung seiner bisherigen Rechtsprechung für eine Reihe von standardisierten Wertpapierleihgeschäften eindeutig bejaht.[214] Die Grundsätze dieser Rechtsprechung sollten auch auf Wertpapierleihgeschäfte im Rahmen von Cum/Cum-Transaktionen Anwendung finden, da der BFH in seiner Entscheidung nicht darauf abstellt, mit welcher Intention ein Leihgeschäft abgeschlossen wird.[215] Ferner hebt er deutlich das

---

207 BMF vom 3.4.2017, IV C 1 – S 2299/16/10002, BStBl. I 2017, 726, Rn. 4.

208 Ähnlich *Niederwettberg/Drinhausen/Kraus*, RdF 2020, 27.

209 BMF vom 3.4.2017, IV C 1 – S 2299/16/10002, BStBl. I 2017, 726, Rn. 94. Zu unsachgerechten Ergebnissen bei depotübergreifender Anwendung der FIFO-Methode *Hahne/Völker*, RdF 2017, 50, 53; zu vorteilhaften Konstellationen *Ebner*, NWB 2017, 2110, 2113.

210 *Anemüller*, ErbStB 2017, 352, 355.

211 *Koenig* in Koenig AO, § 39 Rn. 10.

212 *Kumpan* in Hopt HGB, § 6 DepotG Rn. 1.

213 Ausführlich oben, § 4 III. 2.

214 BFH vom 29.9.2021, Az. I R 40/17, DStR 2022, 482.

215 *Hansen/Haselmann/Holle*, DStR 2022, 1407, 1410.

Regel-Ausnahme-Verhältnis hervor, wonach nur in engen Ausnahmefällen nicht von einem Übergang des wirtschaftlichen Eigentums auf den Darlehensnehmer ausgegangen werden soll.[216] Solange der Darlehensnehmer das Kursrisiko trage und damit auch die Chance habe, von Kursänderungen zu profitieren und mit den Aktien zu handeln, liege keine „leere Eigentumshülle" vor, da bei Beendigung des Geschäfts nur Aktien der gleichen Gattung zurückzugewähren sein, nicht aber ein bestimmter Wert.

Das bedeutet, dass künftig im Regelfall davon auszugehen sein wird, dass der Anleger das wirtschaftliche Eigentum an den Aktien in seinem Depot erworben hat, auch wenn diese möglicherweise geliehen sind und sogar, wenn diese im Rahmen einer Cum/Cum-Transaktion geliehen sind und die Darlehensbedingungen denen der standardisierten Wertpapierleihe entsprechen. Die hierdurch gewonnene Rechtssicherheit ist zu begrüßen und sollte den Umgang mit § 36a EStG wesentlich erleichtern.

Es bleibt abzuwarten, wie sich das Urteil des BFH auf die derzeit konträre Auffassung der Finanzverwaltung[217] auswirkt. Es ist jedoch nicht davon auszugehen, dass möglicherweise als unangemessen eingestufte Gestaltungen ohne Weiteres gem. § 42 AO korrigiert werden können,[218] weshalb es wohl zu einer konsequenten Anwendung des Regel-Ausnahme-Verhältnisses nach den vom BFH aufgestellten Grundsätzen kommen muss.

(2) Wertveränderungsrisiko

Das Wertveränderungsrisiko muss gem. § 36a Abs. 2 S. 1 EStG vom Anleger zu mindestens 70 % während der Mindesthaltedauer getragen werden. Zu der Frage, ob diese Voraussetzung unter Berücksichtigung etwaig getätigter Absicherungsgeschäfte (sog. gegenläufige Geschäfte) erfüllt ist, hat die Finanzverwaltung umfangreich im Erlasswege Stellung genommen.[219] Als gegenläufige Absicherungsgeschäfte kommen insbesondere Optionen, Futures, Forwards, Swaps, Indexswaps, Leerverkäufe, Investmentfonds oder Zertifikate bzw. andere Derivate in Betracht, wenn ihr Wert sich gegenläufig zu dem abgesicherten Wertpapier entwickelt.[220] Inwieweit diese auf die 70 %-Grenze bei jedem einzelnen Wertpapier angerechnet werden, bemisst sich nach der Art des vorgenommenen Absicherungsgeschäfts. Hierbei wird zwischen dem Micro-Hedge (Absicherung einzelner Wertpapiere) und dem Macro-Hedge (Absicherung durch Erwerb eines gegenläufigen Index) unterschieden. Das jeweils getätigte Geschäft ist jeweils daraufhin zu beurteilen, inwieweit es das Wertveränderungsrisiko bezogen auf

---

216 BFH vom 29.9.2021, Az. I R 40/17, DStR 2022, 482, 485.

217 BMF vom 9.7.2021, Az. IV C 1 – S 2252/19/10035 :014, DStR 2021, 1767, Rn. 16

218 Ausführlich oben, § 4 III. 2; *Hansen/Haselmann/Holle*, DStR 2022, 1407, 1411.

219 BMF vom 3.4.2017, BMF IV C 1 – S 2299/16/10002, BStBl. I 2017, 726, Rn. 23 ff.

220 BMF vom 3.4.2017, BMF IV C 1 – S 2299/16/10002, BStBl. I 2017, 726, Rn. 15.

eine Aktie vermindert.[221] Dies stellt Steuerpflichtige sowie Banken vor erhebliche Herausforderungen.

Dass der Umfang schädlicher Absicherungsgeschäfte durch die Finanzverwaltung derart weit gefasst ist, wird durchaus kritisch gesehen, da zur Absicherung des Risikos aus einer bestimmten Aktie häufig eine Absicherung über einen Index ungeeignet bzw. unüblich sein dürfte. Es wird daher gefordert, börsennotierte Standard-Derivate auf Indices aus der für § 36a EStG maßgeblichen Betrachtung auszunehmen.[222] Bei den Absicherungen über Indexprodukte wird auch auf den kaum vertretbaren Ermittlungsaufwand des Wertveränderungsrisikos hingewiesen, wenn bspw. gehebelte Indexprodukte eingesetzt werden.[223] Allgemein wird die hohe Komplexität bei der Ermittlung des Mindestwertänderungsrisikos bemängelt.[224] Viele Anleger dürften sich angesichts des Aufwands, der sich auch aus der depotübergreifenden Betrachtung ergibt, dazu entscheiden, auf Absicherungsgeschäfte vollständig zu verzichten, auch wenn sie sinnvoll wären.

In die Betrachtung des Mindestwertrisikos werden gem. § 36a Abs. 3 S. 1 EStG auch nahestehende Personen einbezogen. Zur Definition der nahe stehenden Person wird auf § 1 Abs. 2 AStG zurückgegriffen.[225] Dadurch kann es auch zu dem unbeabsichtigten Ergebnis kommen, dass Absicherungsgeschäfte eines Dritten in die Beurteilung der eigenen Geschäfte einbezogen werden müssen.[226]

(3) Vergütung an einen Dritten

Typisch für die Cum/Cum-Gestaltungen ist wie ausgeführt, dass sich Verleiher und Entleiher den erlangten Vorteil aus der ersparten definitiven Belastung mit deutscher KapESt in irgendeiner Art und Weise teilen.[227] Wie dies geschieht, soll auch im Rahmen des § 36a EStG unerheblich sein. Es kann u.a. durch Vereinbarung einer Leihgebühr erfolgen, aber auch in die Geschäfte eingepreist werden.[228] Der Gesetzgeber wollte dem mit der Formulierung „unmittelbar oder mittelbar"

---

221 Ausführlich zur Berechnung *Niederwettberg/Drinhausen/Kraus*, RdF 2020, 27, 28; *Ebner*, NWB 2017, 2110; sowie *Hahne/Völker*, RdF 2017, 50, 55.

222 So *Jensch/Rüdiger*, RdF 2016, 319, 323.

223 Mit zahlreichen Beispielen *Hahne/Völker*, BB 2017, 858, 864.

224 *Hahne/Völker*, RdF 2017, 50, 55.

225 BMF vom 3.4.2017, BMF IV C 1 – S 2299/16/10002, BStBl. I 2017, 726, Rn. 64. Kritisch wegen mangelnden Beherrschungsverhältnisses *Hahne/Völker*, RdF 2017, 50. Ausführlich unten, § 7 I. 1. c) bb) (2).

226 Kritisch ebenfalls *Kretzschmann/Schwarz*, FR 2017, 223, 231; *Niederwettberg/Drinhausen/Kraus*, RdF 2020, 27, 32 einschließlich eines eigenen Modells zur Ermittlung des Wertveränderungsrisikos.

227 Ausführlich oben, § 4 III. 2.

228 BMF vom 3.4.2017, Az. IV C 1 – S 2299/16/10002, BStBl. I 2017, 726, Rn. 83.

in § 36a Abs. 1 Nr. 3 EStG Rechnung tragen und hat die Norm daher möglichst weit gefasst.[229]

Insoweit steht auch die Entscheidung des BFH vom 29.9.2021 nicht entgegen, da auch der BFH als wesentliches Merkmal beim Übergang des wirtschaftlichen Eigentums die Möglichkeit des Darlehensnehmers ansieht, von Kurssteigerungen zu profitieren.[230] Sollte diese Möglichkeit nach den Bedingungen des Darlehensvertrages ausgeschlossen oder eingeschränkt sein, könnte daher auch bereits das wirtschaftliche Eigentum des Anlegers zu vereinen sein.

(4) Steuerbefreite Anleger

Steuerbefreite Anleger haben aufgrund von § 36a Abs. 4 S. 1 Nr. 1 bis Nr. 3 EStG selbst zu prüfen, ob sie die vorgenannten Voraussetzungen einhalten, dies ihrem Finanzamt unverzüglich innerhalb von 10 Tagen nach Beendigung des Kalenderjahres anzuzeigen, die Steuer anzumelden und die angemeldete Steuer zu entrichten.[231] Die Norm wird ergänzt durch § 44a Abs. 10 S. 1 Nr. 3 EStG, der durch das Gesetz zur Vermeidung von Umsatzsteuerausfällen im Handel mit Waren im Internet und zur Änderung weiterer steuerlicher Vorschriften mit Wirkung zum 1.1.2019 eingefügt wurde.[232] Er bestimmt für den Fall der steuerbefreiten Anleger nach § 44a Abs. 7 S. 1 Nr. 1 EStG (insbesondere gemeinnützige Stiftungen), dass auch bei diesen ein KapESt-Abzug i. H. v. 3/5 zu erfolgen hat, sofern die inländischen Beteiligungseinnahmen 20.000 Euro übersteigen und die jeweilige Aktie nicht länger als ein Jahr im wirtschaftlichen Eigentum gehalten wurde.[233] Die Regelung soll verhindern, dass steuerbegünstigte Anleger für Cum/Cum-Geschäfte genutzt werden, um vom KapESt-Abzug unbelastete Erträge zu erzielen, ohne den Anzeige- und Zahlungspflichten nach § 36a Abs. 4 Folge zu leisten.[234]

---

229 Gesetzesbegründung zum InvStRefG, BT-Drucks. 18/8045, 133; kritisch aufgrund der möglichen Erfassung von Ergebnisabführverträgen, stillen Beteiligungen oder Gewinnpartizipationsrechten, *Hahne/Völker*, RdF 2017, 50, 57.

230 BFH vom 29.9.2021, Az. I R 40/17, DStR 2022, 482, 485.

231 BMF vom 3.4.2017, Az. IV C 1 – S 2299/16/10002, BStBl. I 2017, 726, Rn. 118. Zum verschärften Steuerabzug bei Stiftungen *Kraus*, npoR 2018, 97; zunächst fehlte die Begrenzung auf 3/5 der KapESt, *Hahne/Völker*, BB 2017, 858, 861; klargestellt durch JStG 2019 vom 12.12.2019, BGBl. I 2019, 2451, vgl. dazu *Hagen/Schober*, BB 2019, 1630, 1632.

232 Gesetz vom 11.12.2018, BGBl. I 2018, 2338. Zu den Hintergründen *Thiede*, NWB 2018, 264, 266; *Schlund*, NWB 2018, 2614, 2615; *Ortmann-Babel/Bolik*, DB 2018, 1876, 1881.

233 Siehe zu Einzelheiten im Zusammenhang mit der Abstandnahme vom KapESt-Abzug BMF vom 18.12.2018, Az. IV C 1 – S 2405/0:008, BStBl. I 2018, 1399.

234 Begründung des Gesetzes zur Vermeidung von Umsatzsteuerausfällen beim Handel mit Waren im Internet und zur Änderung weiterer steuerlicher Vorschriften, BT-Drucks. 19/4455, 47. Dazu auch *Thiede*, NWB 2018, 264, 266.

Der steuerbefreite Anleger hat dann seinerseits nicht nur wie oben zu prüfen, sondern zu belegen, dass er die Voraussetzungen von § 36a Abs. 1 S. 1 Nr. 1 bis 3 EStG eingehalten hat und kann dann eine Erstattung der KapESt nach § 44b Abs. 2 EStG beantragen.[235] Insoweit trifft also die steuerbefreiten Anleger hier die gleiche Darlegungslast, wie die steuerpflichtigen Anleger. Ein Steuerabzug war diesen in der bis 31.12.2018 geltenden Fassung des § 44a Abs. 10 EStG allerdings völlig fremd. Probleme kann dies insbesondere für steuerbefreite unselbständige Stiftungen mit sich bringen, die zwar als eigenständiges KSt-Subjekt gelten, bei denen jedoch der Treuhänder das zivilrechtliche Eigentum bzgl. der verwalteten Vermögenswerte innehat. Hier ist offen, wie die Stiftung ihre wirtschaftliche Eigentümerstellung nachweisen soll.[236]

bb) § 36a EStG im Rahmen der Investmentfondsanlage

(1) Wertveränderungsrisiko

Über §§ 8 Abs. 4, 10 Abs. 1 S. 2 und 31 Abs. 3 InvStG wirkt sich § 36a auch bei Fondsanlegern aus.[237] Grundsätzlich besteht hier allerdings kein Bedarf für die Anwendung von § 36a EStG, da auf Ebene des Investmentfonds im Regelfall 15 % KSt einschließlich SolZ erhoben wird und bei einer Wertpapierleihe an einen Investmentfonds nicht die Gefahr besteht, dass es im Rahmen von Cum/Cum-Geschäften zu einer geringeren Besteuerung inländischer Dividenden kommt.[238]

Sind jedoch ausschließlich steuerbefreite Anleger an dem Investmentfonds beteiligt und wird infolgedessen gem. § 10 Abs. 5 InvStG kein KapESt-Abzug vorgenommen, ist § 36a EStG zu beachten. Sodann hat der Investmentfonds unter Berücksichtigung von gegenläufigen Ansprüchen und Ansprüchen nahestehender Personen das Risiko aus einem sinkenden Wert der Anteile zu mindestens 70 % zu tragen. Zur Absicherung kommen wie erwähnt eine Vielzahl von möglichen Geschäften in Frage.[239] Diese können dazu führen, dass eine Übersicherung gegeben ist mit der Folge, dass der Investmentfonds nach § 36a Abs. 4 EStG nicht erhobene KapESt nachzuentrichten hat.[240] Die Finanzverwaltung geht jedoch

235 *Schlund*, NWB 2018, 2614, 2617.

236 Stiftungsposition des Bundesverbands Deutscher Stiftungen 1-2019, abrufbar unter https://www.stiftungen.org/fileadmin/stiftungen_org/Verband/Wer_Wir_sind/Positionen/StiftungsPosition-310119-offene-Anwendungsfragen-Bagatellgrenze.pdf (zuletzt aufgerufen am 20.8.2021).

237 Vgl. dazu BMF vom 21.5.2019, Az. IV C 1 – S 1980-1/16/10010 :001, BStBl. I 2019, 527, Rn. 10.12 ff.

238 *Behrens/Bielinis*, RdF 2020, 105, 106.

239 BMF vom 3.4.2017, IV C 1 – S 2299/16/10002, BStBl. I 2017, 726, Rn. 14 ff.

240 Zur Berechnung des Wertveränderungsrisikos ausführlich *Niederwettberg/Drinhausen/Kraus*, RdF 2020, 27, 28.

grundsätzlich davon aus, dass der Investmentfonds die erforderliche Haltedauer erreichen wird und auch das erforderliche Wertveränderungsrisiko trägt.[241]

Die Anleger profitieren davon, dass für die Beurteilung der Kriterien des § 36a Abs. 1 EStG auf den Investmentfonds abgestellt wird und somit die Verwahrstelle den Anlegern den Ermittlungsaufwand abnimmt.[242] Die KVG hat darauf zu achten, dass bei Überlassung von Daten, die ein Anleger evtl. für weitergehende Prüfungen benötigt, gem. § 27 KAGB keine Interessenkonflikte auftreten und nicht einzelne Anleger bevorzugt werden.[243]

(2) Nahe stehende Person

Im Hinblick auf das zu tragende Wertveränderungsrisiko sind gem. § 36a Abs. 3 S. 1 EStG neben dem Anleger und dem Investmentfonds auch nahestehende Personen in die Betrachtung einzubeziehen. Dabei ist der Begriff der nahestehenden Person im InvStG nicht näher definiert, weshalb die Finanzverwaltung auf § 1 Abs. 2 AStG zurückgreift.[244] Das AStG ging vor Inkrafttreten des ATADUmsG[245] von einer nahe stehenden Person aus, wenn entweder eine wesentliche Beteiligung in einem Umfang besteht, dass eine Einflussnahmemöglichkeit unterstellt werden kann (unabhängig davon, ob sie tatsächlich ausgeübt wurde), wenn auf andere Weise ein beherrschender Einfluss ausgeübt werden kann oder bei anderen Personen mit gleichgerichteten Interessen.[246] Durch die Erweiterung des § 1 Abs. 2 AStG im Rahmen des ATADUmsG u. a. auf die Berücksichtigung von Gewinnbezugsrechten sowie des Liquidationserlöses, von Stimmrechten und internationalen Netzwerken[247] sowie durch den vorgenannten Verweis auf das AStG dürften im Rahmen der Investmentfondsanlage künftig noch mehr Konstellationen in die Prüfung einzubeziehen sein. Die Finanzverwaltung sah bislang das Merkmal einer dem Fonds nahestehenden Person ab einer Beteiligung von 25 % an diesem als gegeben an.[248] Dabei kann aber gerade auch unbeabsichtigt eine „Infizierung“ durch Übersicherung von Investmentfonds erfolgen, wenn die nahestehende Person selbst Absicherungsgeschäfte betreibt, eine KVG mehrere Fonds einer nahestehenden Person verwaltet oder mehrere Anleger an einem Fonds beteiligt sind.[249]

---

241 BMF vom 21.5.2019, Az. IV C 1 – S 1980-1/16/10010:001, BStBl. I 2019, 527, Rn. 10.13.

242 BMF vom 21.5.2019, Az. IV C 1 – S 1980-1/16/10010 :001, BStBl. I 2019, 527, Rn. 8.29 ff.

243 *Jensch/Rüdiger*, RdF 2016, 319, 325.

244 BMF vom 3.4.2017, IV C 1 – S 2299/16/10002, BStBl. I 2017, 726, Rn. 64.

245 ATAD-Umsetzungsgesetz vom 25.6.2021, BStBl. I 2021, 2035

246 *Pohl* in Brandis/Heuermann, § 1 AStG Rn. 60 ff.; *Kraft* in Kraft AStG, § 1 Rn. 167 ff.

247 *Bärsch u. a.*, DStR 2021, 1785, 1786.

248 BMF vom 3.4.2017, Az. IV C 1 – S 2299/16/10002, BStBl. I 2017, 726, Rn. 74 mit weiteren Beispielen.

249 *Jensch/Rüdiger*, RdF 2016, 319, 324; *Hahne/Völker*, BB 2017, 858, 859 und 863.

Weder das Merkmal der wesentlichen Beteiligung noch das des beherrschenden Einflusses passen auf den Fall eines Investmentfondsanlegers. Zunächst dürfte es im Bereich der (Publikums-)Investmentfonds eher selten der Fall sein, dass ein einzelner Anleger überhaupt 25 % der ausgegebenen Anteile auf sich vereint. Denkbar ist dies eher bei den Spezial-Investmentfonds i. S. v. § 26 InvStG, da hier in der Regel nur wenige Anleger gemeinsam investieren und diese sich durch die Vereinbarung mit der KVG und der Verwahrstelle sämtlich bekannt sind.[250] Daher könnten bspw. OGAW grundsätzlich aus dem Anwendungsbereich der nahestehenden Personen herausgenommen werden.[251]

Dass der Steuerpflichtige auf die nahestehende Person aufgrund seiner Beteiligung mittelbar oder unmittelbar einen beherrschenden Einfluss nehmen kann, ist der Stellung des Anlegers eines OGAW grundsätzlich völlig fremd, da er aufgrund der Ausgestaltung seiner Beteiligung schon nicht mit einem Gesellschafter vergleichbar ist.[252] Der Anleger wählt für sein Vermögen bei Fondsinvestitionen gerade bewusst die Fremdverwaltung durch die KVG nach § 93 KAGB, bei der er in der Regel keinen Einfluss auf die Anlageentscheidungen nehmen kann. Anderenfalls kann es u.a. dazu kommen, dass sich Anleger mit einer Ablehnung der Anwendung der Regelungen über die Fondsbesteuerung, insbesondere der Thesaurierungsregelungen, auf ihr Anlagevehikel durch die Finanzverwaltung konfrontiert sehen.[253]

cc) Stellungnahme

Kennzeichnend für § 36a EStG ist, dass der Gesetzgeber die Cum/Cum-Geschäfte auf jeden Fall verhindern wollte und dafür nach Ansicht von Stimmen in der Literatur auch Kollateralschäden in Kauf genommen hat.[254] Sie bescheinigen ihr

---

250 Hier hat der Gesetzgeber jedoch mit Wirkung ab dem 1.1.2020 in § 31 Abs. 3 InvStG festgelegt, dass der Spezial-Investmentfonds und dessen Anleger immer nahestehende Personen sind und es insoweit nicht mehr auf den Beteiligungsumfang ankommt, vgl. dazu *Behrens/Bielinis*, RdF 2020, 105, 108. Im Hinblick auf Kapitel 2-Fonds findet sich eine solche Verschärfung jedoch nicht im Gesetz.

251 Ähnlich noch vor Veröffentlichung des BMF-Schreibens vom 3.4.2017 *Jensch/Rüdiger*, RdF 2016, 319, 324. Da unter dem InvStG 2018 sowohl Spezial-AIF als auch OGAW steuerrechtlich als Investmentfonds qualifizieren können, sollte hierbei aber auf die aufsichtsrechtliche Betrachtung abgestellt werden, nach der für OGAW bestimmte Beschränkungen bei im Hinblick auf Absicherungen über Derivate gelten, was wiederum zur Folge hat, dass sich diese grds. nur selten zur Absicherung eines Risikos aus einer offenen Wertpapierposition eignen sollten.

252 *Hahne/Völker*, BB 2017, 858, 862. Ausführlich auch oben, § 2 V.

253 Kritisch zur Ansicht der Finanzverwaltung unter dem InvStG 2004 *Stöber/Kleinert*, BB 2016, 278; *Stöber/Kleinert*, BB 2019, 1174, die darauf hinweisen, dass ein Erfordernis der Fremdverwaltung bei Investmentfonds gesetzlich nicht normiert ist und daher auch nicht zur Nichtanwendung der Regelungen über die Fondsbesteuerung führen kann.

254 *Haisch*, RdF 2016, 85.

überschießende Tendenzen[255] und es stellt sich teilweise auch die Frage, ob Aufwand und Ergebnis der vorzunehmenden Prüfungen in einem angemessenen Verhältnis stehen.[256] Dass davon auch gewöhnliche Anleger betroffen sind, die zweifelsfrei keine Cum/Cum-Geschäfte durchführen, hat der Gesetzgeber ebenfalls in Kauf genommen, um den vermeintlichen Missbrauch zu unterbinden.[257] Ferner ist zu berücksichtigen, dass die Norm auch dann Bedeutung erlangt, wenn noch nicht einmal Wertpapierleihgeschäfte oder Verkäufe rund um den Dividendenstichtag getätigt wurden, da die Voraussetzungen im ersten Jahr der Haltedauer eines Wertpapiers stets zu beachten sind, § 36a Abs. 5 Nr. 2 EStG.[258] Zwar gibt es die Ausnahme in § 36a Abs. 5 Nr. 1 EStG für die Kleinanleger, jedoch verbleibt ein Anwendungsbereich innerhalb der Jahresfrist, während derer der Anleger, der die vorgenannte Höchstgrenze überschreitet, ggf. sehr zeitnah erhöhte Nachweispflichten gegenüber der Finanzverwaltung zu erfüllen hat.[259]

Durch die Verknüpfung mit dem InvStG in § 10 Abs. 1 S. 2 InvStG gewinnt § 36a EStG u. a. aufgrund der Einbeziehung nahestehender Personen im Rahmen der Absicherungsgeschäfte noch einmal an Komplexität, der auch der Gesetzgeber nur schrittweise Herr wird.[260] Sehr weitgehend erscheint es, wenn er die Notwendigkeit für diese Komplexität darauf zurückführt, dass auch Investmentfonds in

---

255 Ausführlich unten, § 7 I. 1. c) und kritisch zum weitreichenden Anwendungsbereich der Norm *Haisch/Hüniken*, BB 2016, 345, 349 f; *Altvater/Buchholz*, RdF 2016, 132, 138; *Haisch*, RdF 2016, 85; *Anemüller*, ErbStB 2017, 352, 358; *Kretzschmann/Schwarz*, FR 2017, 223; *Hahne/Völker*, RdF 2017, 50; *Nagler/Niedling/Patzner*, RdF 2017, 289.

256 So bereits auch für den Fall der unmittelbaren Anwendung des § 36a EStG *Kretzschmann/Schwarz*, FR 2017, 223, 235; *Hahne/Völker*, BB 2017, 858, 58; und für die Investmentfonds *Jensch/Rüdiger*, RdF 2016, 319, 328. Vgl. dazu auch die Wirtschaftlichkeitserwägungen unten, § 7 I. 4.

257 Vgl. zu einem möglichen Missbrauch die Ausführungen unter § 3 III. 2. sowie *Loritz*, BB 2017, 2327; *Loritz*, BB 2017, 2394; *Salzmann/Heufelder*, IStR 2017, 125.

258 Hier wird inzwischen Erleichterung durch BMF vom 15.5.2018, Az. IV C 1 – S 1980-1/16/10010 :013, DStR 2018, 1176 gewährt; dazu *Hahne*, DStR 2018, 557.

259 Die Finanzverwaltung geht grundsätzlich von der Richtigkeit der Erklärung des Steuerpflichtigen aus, so dass es nur in Einzelfällen zu einer Überprüfung kommen sollte, vgl. BMF vom 3.4.2017, Az. IV C 1 – S 2299/16/10002, BStBl. I 2017, 726, Rn. 103.

260 Zunächst wurde bspw. bemängelt, dass die Normen nicht aufeinander abgestimmt waren, da Anleger, die Investmentfondsanteile im Rahmen von Altersvorsorgeverträgen i. S. v. § 8 Abs. 1 Nr. 2 InvStG hielten, gem. § 8 Abs. 4 InvStG nicht unter § 36a EStG fielen, während § 36a EStG Anwendung findet, wenn diese Anleger in Anteilsklassen von Investmentfonds investieren, die ausschließlich für steuerbefreite Anleger bestimmt sind, *Hahne/Völker*, BB 2017, 858, 860; angepasst durch JStG 2019 vom 12.12.2019, BGBl. I 2019, 2451, vgl. dazu *Hagen/Schober*, BB 2019, 1693, 1695; ferner zur Ermittlung des Mindestwertänderungsrisikos *Hahne/Völker*, RdF 2017, 50, 55.

der Vergangenheit eine ungerechtfertigte Erstattung von KapESt erhalten haben, da sie nach § 10 Abs. 1 S. 2 und 3 InvStG 2004 grundsätzlich von der KapESt befreit waren.[261] Letzten Endes lässt sich diese zusätzliche Komplexität aber nicht vermeiden, da neben dem Anleger richtigerweise auch noch der Investmentfonds in die Betrachtung einzubeziehen ist. Die Frage, ob der Investmentfonds auch wirtschaftlicher Eigentümer der Aktien ist, ist aufgrund der aktuellen BFH-Rechtsprechung jedenfalls geklärt, so dass sich hieraus im Regelfall nicht auch noch erhöhter Aufwand ergibt.

Problematisch kann für Anleger in diesem Zusammenhang allerdings sein, dass sowohl im Rahmen der diskretionären Portfolioverwaltung als auch im Rahmen der Fondsverwaltung möglicherweise nicht auf die Voraussetzungen der KapESt-Anrechnung und der Mindesthaltedauer geachtet wird, da der Grund für den Kauf oder Verkauf einer Aktie regelmäßig eine bestimmte Marktmeinung des Portfolioverwalters ist. Dieser wird im Interesse des Anlegers in der Regel eher eine Aktie verkaufen, um einen Verlust zu verhindern, als an dieser festhalten, um die Voraussetzungen der Steueranrechnung zu erfüllen. Daher ist anzunehmen, dass es in einer Vielzahl von Fällen zur Nichteinhaltung der Mindesthaltedauer kommen wird.

Der „normale" Rechtsanwender wird bei der Anwendung und Prüfung von § 36a EStG sicherlich an seine Grenzen stoßen – insbesondere, wenn er mehrere Depots, Absicherungsgeschäfte und von ihm initiierte Spezial-Investmentfonds in die Prüfung einzubeziehen hat.[262] Dabei trägt nach dem eindeutigen Gesetzeswortlaut der Steuerpflichtige die Darlegungslast, da er die Anrechnung der KapESt begehrt.[263] Insbesondere gemeinnützige Stiftungen erleiden durch den neuen KapESt-Abzug nach § 44a Abs. 10 S. 1 Nr. 3 EStG einen Liquiditätsnachteil und haben mit erhöhtem Verwaltungsaufwand zu kämpfen.[264]

§ 36a EStG versucht als typisierende Missbrauchsbekämpfungsvorschrift eine Vielzahl von besonders gelagerten Einzelfällen zu erfassen.[265] Es sind daher auch systematische Bedenken dahingehend nicht von der Hand zu weisen, dass hier die Grenzen der Typisierungsfreiheit überschritten sind, da nicht ein atypischer Fall als Vorbild für die Norm dienen dürfe, sondern der Regelfall.[266]

---

261 So auch *Loritz*, der darauf hinweist, dass der Investmentfonds per Gesetz keine Steuer schuldet und daher ein trotzdem erfolgter KapESt-Abzug so schnell wie möglich rückgängig zu machen ist, *Loritz*, BB 2017, 2327, 2338.

262 So auch *Hahne/Völker*, RdF 2017, 50, 55; *Jensch/Rüdiger*, RdF 2016, 319, 325.

263 *Anemüller*, ErbStB 2017, 352; *Kretzschmann/Schwarz*, FR 2017, 223.

264 Siehe dazu kritisch die Stiftungsposition des Bundesverbands Deutscher Stiftungen 8-2018 abrufbar unter https://www.stiftungen.org/fileadmin/stiftungen_org/Verband/Wer_Wir_sind/Positionen/StiftungsPosition-082018-Jahressteuergesetz.pdf (zuletzt aufgerufen am 22.8.2021) und *Kraus*, npoR 2018, 97, 98.

265 *Ebner*, NWB 2017, 2110, 2119; *Anemüller*, ErbStB 2017, 352.

266 *Altvater/Buchholz*, RdF 2016, 132, 139.

Etwas verwunderlich erscheint angesichts dieser Komplexität, dass als Nachweis dafür, dass der Anleger keine Absicherungsgeschäfte in dem vorgenannten Umfang getätigt hat, eine einfache Zusicherung von der Finanzverwaltung akzeptiert wird.[267] Da für die Zusicherung auch eine detaillierte Beurteilung teilweise komplexer Geschäfte im Portfolio erforderlich ist, wird sich zeigen, inwieweit die Finanzverwaltung möglicherweise mit Vorbehalten versehene Erklärungen akzeptiert.

All diese Umstände führen dazu, dass § 36a EStG in seiner heutigen Fassung wohl als eine Übergangsvorschrift angesehen werden muss, die erneut grundsätzlich anzupassen sein wird.[268] Mögliche Ansätze zur Änderung der Vorschrift scheinen zumindest wohl keine Verringerung der Komplexität mit sich zu bringen und könnten möglicherweise auch unbeabsichtigte Folgen für andere Konstellationen bewirken.[269]

Denkbar wäre eine sehr stark vereinfachende Lösung dergestalt, dass die Anrechnung der KapESt nur möglich ist, wenn der Anleger Aktien immer mindestens bspw. ein Jahr gehalten hat. Innerhalb dieser Frist wäre grundsätzlich keine Anrechnung mehr möglich. Die übrigen Tatbestandsmerkmale könnten entfallen. Der Zeitraum müsste in jedem Fall so gewählt sein, dass er eine Wertpapierleihe zu risikoreich erscheinen lässt und dennoch für den langfristig orientierten Anleger hinnehmbar ist. Dies würde jedoch zu erheblichen Einschränkungen für Anleger führen, weshalb dieser Gedanke hier nicht weiterverfolgt werden soll. Ferner könnte der Anwendungsbereich wie vorgeschlagen auf die Spezial-AIFs und bestimmte Absicherungsgeschäfte beschränkt werden. Wünschenswert ist jedenfalls, dass bei weiteren Änderungen des § 36a EStG keine zusätzliche Komplexität geschaffen wird. Unbeabsichtigte Ergebnisse sollten ggf. nicht erst in der Betriebsprüfung mit der Finanzverwaltung erörtert werden.

---

267 BMF vom 3.4.2017, Az. IV C 1 – S 2299/16/10002, BStBl. I 2017, 726, Rn. 103. Der Gesetzgeber geht davon aus, dass in der überwiegenden Zahl der Fälle keine detaillierte Überprüfung erforderlich sein wird, Beschlussempfehlung und Bericht des Finanzausschusses vom 8.6.2016 zu dem Gesetzentwurf der Bundesregierung BT-Drucks. 18/8045, 18/8345, 18/8461 Nr. 1.6, BT-Drucks. 18/8739, 89.

268 Hiervon geht wohl auch der Finanzausschuss aus, wenn er eine Überprüfung der Normen nach Ablauf von drei Jahren fordert, Beschlussempfehlung und Bericht des Finanzausschusses vom 8.6.2016 zu dem Gesetzentwurf der Bundesregierung BT-Drucks. 18/8045, 18/8345, 18/8461 Nr. 1.6, BT-Drucks. 18/8739, 91. Dies gilt auch im Hinblick auf unionsrechtliche Bedenken. Vgl. dazu *Nagler/Niedling/Patzner*, RdF 2017, 289; so auch *Lindermann*, DStR 2019, 1549, 1556.

269 So wird bspw. vorgeschlagen, das wirtschaftliche Eigentum für Cum/Cum-Geschäfte abweichend von der zivilrechtlichen Definition zu bestimmen, oder eine spezielle Steuerpflicht auch für Veräußerungsgewinne vorgeschlagen, die jedoch im Gegensatz zu sämtlichen DBA stehen würde, vgl. *Kretzschmann/Schwarz*, FR 2017, 223, 226.

d) Umfang der Steuerbefreiung

Kommt man zu dem Ergebnis, dass die vorgenannten Voraussetzungen nach § 10 Abs. 1 S. 1 und 2 InvStG erfüllt sind, wird auf Ebene des Investmentfonds zunächst grundsätzlich keine KapESt i. H. v. 15 % auf inländische Beteiligungseinnahmen abgezogen, § 10 Abs. 5 InvStG. Der Investmentfonds oder die Anteilsklasse sind vollständig steuerbefreit, sofern zusätzlich sichergestellt ist, dass § 10 Abs. 3 InvStG eingehalten wird und die Fondsanteile nicht übertragen und nur an die Fondsgesellschaft zurückgegeben werden können, wodurch Umgehungsgeschäfte verhindert werden sollen.[270] Diese Voraussetzung kann insbesondere durch Namensanteilscheine erreicht werden. Ferner kann die Wirksamkeit der Übertragung von Investmentanteilen durch eine Regelung in den Anlagebedingungen von der Zustimmung des Investmentfonds abhängig gemacht werden.[271] Die Befreiung gilt gem. § 1 Abs. 4 InvStG auch für Teilfonds oder Teilgesellschaftsvermögen, bei denen eine vermögensrechtliche und haftungsrechtliche Trennung zwischen den Teilsondervermögen eingehalten wird.[272]

Auch hier entfaltet die zum 1.1.2019 eingeführte Vorschrift des § 44a Abs. 10 S. 1. Nr. 3 EStG Wirkung.[273] Auch bei Investmentfonds, an denen ausschließlich steuerbefreite Anleger nach § 44a Abs. 7 S. 2 EStG beteiligt sind, hat ein KapESt-Abzug i. H. v. 3/5 (also 15 %) zu erfolgen, sofern die inländischen Beteiligungseinnahmen 20.000 Euro übersteigen und die jeweilige Aktie nicht länger als ein Jahr im wirtschaftlichen Eigentum des Investmentfonds gehalten wurde. Dabei hat der Fonds die Voraussetzungen des § 36a EStG zu prüfen und kann die nicht abzuführende Steuer auf einem Treuhandkonto vorhalten, bis feststeht, dass die Steuer nicht geschuldet ist. Erst dann dürfen diese Beträge auch in die Anteilspreisberechnung einbezogen werden.[274]

Bei den Immobilienerträgen erfolgt ebenfalls kein Abzug von KSt auf Ebene des Investmentfonds. Hier müssen auch die Voraussetzungen des § 36a EStG nicht vorliegen, da § 10 Abs. 1 S. 2 InvStG diese nur im Hinblick auf die Beteiligungseinnahmen i. S. v. § 6 Abs. 3 InvStG fordert. Hier soll der steuerbefreite Anleger so gestellt werden, wie dies bei der Direktanlage der Fall wäre.[275]

270 Gesetzesbegründung zum InvStRefG, BT-Drucks. 18/8045, 80.

271 BMF vom 21.5.2019, Az. IV C 1 – S 1980-1/16/10010 :001, BStBl. I 2019, 527, Rn. 10.20.

272 *Boxberger* in Weitnauer/Boxberger/Anders KAGB, § 10 InvStG Rn. 1.

273 Gesetz vom 11.12.2018, BGBl. I 2018, 2338. Siehe zu den Hintergründen *Thiede*, NWB 2018, 264, 266; *Schlund*, NWB 2018, 2614, 2615; *Ortmann-Babel/Bolik*, DB 2018, 1876, 1881.

274 BMF vom 21.5.2019, Az. IV C 1 – S 1980-1/16/10010:001, BStBl. I 2019, 527, Rn. 10.14.

275 *Brandl* in Brandis/Heuermann, § 10 InvStG Rn. 11.

2. Verstoß gegen § 10 InvStG und Haftung für zu Unrecht erlangte Vorteile aus der Steuerbefreiung gem. § 14 InvStG

Für den Fall, dass der Steuerabzug im Fall des § 10 InvStG auf Fondsebene zu Unrecht unterbleibt oder es im Fall des § 8 InvStG zu einer ungerechtfertigten Erstattung von KapESt kommt, regelt § 14 InvStG die Haftung für den ungerechtfertigt in Anspruch genommenen Vorteil. Nach § 14 Abs. 1 bis 5 InvStG können grundsätzlich der Anleger selbst, der Anleger, wenn er den Investmentanteil auf einen Dritten übertragen hat, der nicht die Voraussetzungen des § 8 Abs. 2 InvStG erfüllt, die Anbieter von Altersvorsorge- oder Basisrentenverträgen, die depotführenden Stellen bei einem falschen Investmentanteilsbestandsnachweis nach § 9 Abs. 1 Nr. 3 InvStG oder der gesetzliche Vertreter des Investmentfonds für die Befreiungsbeträge in die Haftung genommen werden. Der Investmentfonds und die Haftungsschuldner sind gem. § 14 Abs. 6 InvStG Gesamtschuldner. Die Haftung besteht verschuldensunabhängig, da lediglich ein nicht gerechtfertigter Steuervorteil wieder herauszugeben ist.[276] Sie ist nach § 14 Abs. 1 S. 2 InvStG auf die Höhe des dem Anleger zugewendeten und nicht dem Investmentfonds zurückgezahlten Befreiungsbetrags begrenzt. Fließen dem Investmentvermögen während der Beteiligung eines Anlegers, der die Voraussetzungen des § 8 Abs. 2 InvStG nicht erfüllt, keine Einnahmen zu, ist dessen Beteiligung unschädlich und es hat keine Erstattung von KapESt zu erfolgen. Sofern ein falscher Anleger beteiligt war, führt dies gem. § 13 Abs. 2 InvStG auch nicht zur Infizierung und einer Steuerpflicht des gesamten Investmentfonds oder der gesamten Anteilsklasse, sondern die Erstattung hat lediglich in dem Umfang zu erfolgen, wie sie auf den nicht steuerbegünstigten Anleger entfällt.[277]

Es ist denkbar, dass der Anleger noch nie über einen entsprechenden Nachweis nach § 44a Abs. 7 S. 2 EStG verfügt hat, weil er bspw. ein Verband in Form eines Vereins oder eine Körperschaft des öffentlichen Rechts ist und für ihn § 44a Abs. 8 EStG gilt.[278] Ferner können bspw. die Voraussetzungen der Steuerbefreiung des Anlegers entfallen, weil die Gemeinnützigkeit aufgrund anhaltender Verluste in der Vermögensverwaltung aberkannt wurde.[279] Unabhängig davon,

---

276 *Brandl* in Brandis/Heuermann, § 14 InvStG Rn. 4; *Boxberger* in Weitnauer/Boxberger/Anders KAGB, § 14 InvStG Rn. 1; nach dem Diskussionsentwurf zum InvStGRefG sollte noch vorrangig der Investmentfonds für unberechtigte Steuerbefreiungen oder Erstattungen haften, *Jetter/Mager*, SteuK 2016, 23.

277 *Schlund* in BeckOK InvStG, § 13 Rn. 30; *Brandl* in Brandis/Heuermann, § 13 InvStG Rn. 3.

278 Ausführlich oben, § 7 I. 1. a). Es ist davon auszugehen, dass der Nachweis nach § 44a Abs. 8 EStG irrtümlich in das finale BMF-Schreiben aufgenommen wurde.

279 Sofern der gemeinnützige Zweck aufgrund anhaltender Verluste in der Vermögensverwaltung nicht mehr erreicht werden kann, droht der Stiftung für die betreffenden Veranlagungszeiträume der Verlust der Gemeinnützigkeit *Söffing/Blusz* in Schäfer/Sethe/Lang, Vermögensverwaltung-HdB, § 14 Rn. 61; *Schauhoff*, DStR 1998, 701.

warum ein Anleger, der die Voraussetzungen des § 8 Abs. 1 InvStG nicht erfüllt, an dem Investmentfonds beteiligt ist, muss es eine Möglichkeit geben, diesem zu kündigen, damit so bald wie möglich wieder ein gesetzeskonformer Zustand hergestellt werden kann, bevor dem Fonds weitere Einnahmen i. S. v. § 6 InvStG zufließen, für die keine Steuer abgeführt wird. Soweit ersichtlich, enthält das InvStG hierzu keine Ermächtigung. Auch die Muster-AAB und BAB des BVI enthalten keine Kündigungsrechte bezogen auf einen einzelnen Anleger.[280] Auch das WpHG, das DepotG oder die Allgemeinen und Besonderen Geschäftsbedingungen der Banken und Sparkassen enthalten keine solche Regelung. Sofern sich kein Kündigungsrecht findet, wären die Verwahrstellen auf individualvertragliche Vereinbarungen mit den Anlegern angewiesen, was jedoch in einem Massenverfahren nicht praktikabel ist.

Beim Kauf und Verkauf von Finanzinstrumenten wird die Bank für den Kunden als depotführende Stelle in der Regel im Rahmen eines Finanzkommissionsgeschäfts i. S. v. § 1 Abs. 1 Nr. 4 KWG im eigenen Namen auf fremde Rechnung tätig.[281] Zwischen der Bank und dem Kunden kommt dadurch ein entgeltliches Geschäftsbesorgungsverhältnis im Sinne der §§ 675 BGB und 383 Abs. 1 HGB zustande.[282] Das Finanzkommissionsgeschäft wird im Rahmen des im Übrigen zwischen dem Kunden und der Bank bestehenden Bankvertrags als Grund- und Rahmenvertrag i. S. v. § 305 Abs. 3 BGB ausgeführt, für den insbesondere auch die Allgemeinen Geschäftsbedingungen der Banken und Sparkassen sowie eine Reihe besonderer Geschäftsbedingungen, hier im Speziellen die Sonderbedingungen für Wertpapiergeschäfte, gelten.[283] Bei depotgeschäftlichen Vertragsbeziehungen handelt es sich also um gemischttypische Verträge, bei denen ein Rahmenvertrag besteht und im Rahmen der Geschäftsverbindung weitere einzeln zu beurteilende Verträge abgeschlossen werden.[284]

Ein Kommissionsgeschäft i. S. v. § 383 HGB erfordert einen Kundenauftrag, der sich auf bestimmte Finanzinstrumente bezieht.[285] Sofern ein falscher Anleger beteiligt und ein Auftrag von ihm nicht zu bekommen ist, bspw. weil der gesetzliche Vertreter nicht erreichbar ist oder vor Ordererteilung eine Gremienentscheidung erforderlich ist, ergibt sich das Erfordernis eines entsprechenden

---

280 Vgl. dazu die mit der BaFin abgestimmten Allgemeinen und Besonderen Muster-Anlagebedingungen für OGAW-Sondervermögen des BVI (Stand: Juni 2021), abrufbar unter https://www.bvi.de/service/muster-und-arbeitshilfen/kapitalanlagegesetzbuch-muster-anlagebedingungen/ (zuletzt abgerufen am 22.8.2021); anders *Schäfer*, BB 2020, 23, 27.

281 *Seiler/Geier* in Schimansky/Bunte/Lwowski BankR-HdB Bd. 2, § 104 Rn. 1.

282 *Seiler/Geier* in Schimansky/Bunte/Lwowski BankR-HdB Bd. 2, § 104 Rn. 41.

283 *Hopt/Roth* in Schimansky/Bunte/Lwowski BankR-HdB Bd. 1, § 1 Rn. 27.

284 *Hopt/Roth* in Schimansky/Bunte/Lwowski BankR-HdB Bd. 1, § 1 Rn. 16 ff.

285 BVerwG vom 27.2.2008, Az. 6 C 11/07 und 12/07, WM 2008, 1359.

Kündigungsrechts. Weder das WpHG[286] noch das DepotG[287] oder die AGB der Banken und Sparkassen, hier insbesondere Nr. 11 (Vereinbarung eines Pfandrechts zugunsten der Bank), oder die Sonderbedingungen für Wertpapiergeschäfte bieten sich hierfür an. Kennzeichnend für diese Vertragsbedingungen ist, dass sie die Beziehung des Kunden zur Bank zu regeln. Im Fall des zu Unrecht in Anspruch genommenen Befreiungsbetrags haftet der Anleger nach § 14 Abs. 1 oder 2 InvStG in bestimmten Fällen gegenüber dem Investmentfonds. Die depotführende Stelle haftet nach § 14 Abs. 4 InvStG aber nur, sofern sie einen unrichtigen Investmentanteil-Bestandsnachweis ausgestellt hat. Demnach ist die depotführende Stelle nicht in das Verhältnis des Anlegers zu dem Investmentfonds einbezogen, wenn es um Fragen der Haftung nach § 14 InvStG geht, außer ihr unterläuft selbst ein Fehler.

Sinnvoller erscheint es daher angesichts des Sachzusammenhangs, ein Kündigungsrecht direkt in das InvStG aufzunehmen. § 13 InvStG regelt die Folgen des Wegfalls der Steuerbefreiung des Anlegers. Es würde sich daher anbieten, einen weiteren Satz zu ergänzen, der die entsprechende Befugnis zum Verkauf der Fondsanteile durch die depotführende Stelle regelt.

Eine entsprechende Ergänzung könnte in § 13 Abs. 1 InvStG neu aufgenommen werden und wie folgt lauten (Ergänzungen des Verfassers unterstrichen und kursiv):

> (1) Fallen die Voraussetzungen für eine Steuerbefreiung eines Anlegers eines Investmentfonds oder einer Anteilklasse nach § 10 weg, so ist der Anleger verpflichtet, dies dem Investmentfonds innerhalb eines Monats nach dem Wegfall der Voraussetzungen mitzuteilen. Das Gleiche gilt, wenn ein Anleger seine Investmentanteile an einem Investmentfonds oder einer Anteilklasse nach § 10 auf einen anderen Anleger überträgt. *Entfällt die Steuerbefreiung des Anlegers, so ist dieser verpflichtet, seine Anteile an dem Investmentfonds unverzüglich zurückgeben. Andernfalls ist die depotführende Stelle berechtigt, die Anteile auch ohne Zustimmung des Anlegers zu veräußern. Dem Investmentfonds steht insoweit ein Sonderkündigungsrecht zu.* [...]

286 Das WpHG und seine Nebengesetzte regen die grundlegende Funktionsweise des Kapitalmarkts. Es regelt u. a. die Rolle der Aufsichtsbehörde, die Überwachung des Marktes und das Verbot von Manipulationen, die Mitteilung von für den Kapitalmarkt wichtigen Informationen, bestimmte Verhaltenspflichten sowie Strafen und Bußgelder, sofern gegen seine Regelungen verstoßen wird, vgl. *Seiler/Geier* in Schimansky/Bunte/Lwowski BankR-HdB Bd. 1, § Vor 104 Rn. 54; *Fuchs* in Fuchs WpHG, § 1 Rn. 6 ff.

287 Das DepotG bezweckt in erster Linie den Schutz des Bankkunden, der Wertpapiergeschäfte betreibt. Das Gesetz will rechtliche und wirtschaftliche Risiken ausschalten, die sich für den Kunden daraus ergeben, dass er ein depotverwaltendes Kreditinstitut einschaltet, um Zugang zum Sekundärmarkt für Wertpapiere zu erhalten, vgl. *Scherer* in Scherer DepotG, Vor § 1 Rn. 2.

3. Zwischenerwerb durch nicht steuerbefreite Anleger

Eine andere Situation, in der ein nicht steuerbefreiter Anleger zeitweise Anleger eines steuerbefreiten Investmentfonds oder einer steuerbefreiten Anteilsklasse werden kann, ist der Zwischenerwerb durch Banken, wenn Investmentanteile im Rahmen eines Festpreisgeschäfts durch den Anleger erworben werden.[288] Für die Bank stellt ein solches Festpreisgeschäft Eigenhandel und eine Finanz- und Wertpapierdienstleistung gem. § 1 Abs. 1a Satz 1 Nr. 4 KWG bzw. nach § 2 Abs. 3 Nr. 2 WpHG dar. Dass die Bank dabei selbst die Wertpapiere erwirbt, um sie später auch an Kunden weiter zu verkaufen, stellt die Dienstleistungskomponente dieses Wertpapiergeschäfts dar. Dies ist nicht zu verwechseln mit dem sog. Nostrohandel oder Eigengeschäft, bei dem die Bank von vorneherein nur im eigenen Spekulationsinteresse Wertpapiere kauft und verkauft.[289]

Sofern die Bank im Rahmen des Eigenhandelsgeschäfts Anteilsinhaber eines steuerbefreiten Investmentfonds wird, stellt sie keinen Anleger i. S. v. § 8 Abs. 1 InvStG dar. Kommt es während dieser Zeit zur Zahlung einer Dividende eines inländischen Emittenten an den steuerbefreiten Investmentfonds, würde voraussichtlich keine KapESt auf Fondsebene abgeführt und damit die Steuerbefreiung zu Unrecht in Anspruch genommen.

Hierauf hat die Finanzverwaltung reagiert und in den InvStE aufgenommen, dass es unschädlich ist, wenn nicht steuerbefreite Anleger Investmentanteile zum Zwecke der technischen Orderabwicklung vorübergehend halten.[290] Die Intention der Regelung ist sinnvoll, da der Investmentfonds ansonsten gem. § 13 Abs. 2 InvStG seine Steuerfreiheit in dem Umfang, in dem nicht steuerbefreite Anleger an ihm beteiligt sind, verliert, nur weil vorübergehend ein nicht steuerbefreiter Anleger beteiligt ist. Bei wörtlicher Auslegung des Gesetzes kann es jedoch keinen Unterschied machen, warum der Käufer eines Fondsanteils diesen erwirbt und wie lange er diesen zu halten beabsichtigt. Ferner handelt es sich beim Eigenhandel der Banken, eben gerade nicht um eine reine Orderabwicklung für fremde Rechnung.[291]

Um diesen Fall korrekt im Sinne der geltenden Gesetze abzubilden, dürfte entweder die Bank keinen Eigenhandel mit steuerbefreiten Investmentfonds betreiben oder sie müsste der KVG wie jeder andere steuerbefreite Anleger anzeigen,

---

288 Das Festpreisgeschäft unterscheidet sich von einem Kommissionsgeschäft dadurch, dass der Kunde der Bank hier keinen Auftrag erteilt, ein bestimmtes Finanzinstrument im eigenen Namen, aber auf fremde Rechnung zu erwerben. Beim Festpreisgeschäft kommt vielmehr ein Kaufvertrag zwischen Kunde und Bank zustande, bei dem Bank und Kunde einen Preis vereinbaren und der Kunde die Lieferung der Wertpapiere von der Bank als Verkäuferin verlangen kann, vgl. *Seiler/Geier* in Schimansky/Bunte/Lwowski BankR-HdB Bd. 2, § 104 Rn. 4.

289 *Seiler/Geier* in Schimansky/Bunte/Lwowski BankR-HdB Bd. 2, § 104 Rn. 6 ff.

290 BMF vom 21.5.2019, Az. IV C 1 – S 1980-1/16/10010 :001, BStBl. I 2019, 527, Rn. 10.2.

291 *Schwennicke* in Schwennicke/Auerbach KWG, § 1 Rn. 127.

wenn sie solche Anteile im Rahmen des Eigenhandels erwirbt, und würde dann vom Erwerb ausgeschlossen. Nur dann könnte die KVG aber überprüfen, ob ein auf Fondsebene steuerpflichtiger Ertrag angefallen ist, und nachträglich den zutreffenden KapESt-Einbehalt vornehmen. Da dies erkennbar mit einem hohen Zusatzaufwand verbunden wäre, bietet es sich an, eine präzisierende Klarstellung in das Gesetz aufzunehmen.

Eine entsprechende Ergänzung könnte in die hier vorgeschlagene neue Formulierung des § 8 Abs. 1 S. 2 InvStG[292] neu aufgenommen werden und wie folgt lauten (Ergänzungen des Verfassers unterstrichen und kursiv):

(1) Investmentfonds oder Anteilklassen sind steuerbefreit, wenn sich an dem Investmentfonds nach den Anlagebedingungen nur

1. *Anleger, die die Voraussetzungen des § 44a Absatz 7 Satz 1 des Einkommensteuergesetzes erfüllen, oder vergleichbare ausländische Anleger mit Sitz und Geschäftsleitung in einem Amts- und Beitreibungshilfe leistenden ausländischen Staat beteiligen dürfen, oder*
2. *die Anteile an dem Investmentfonds im Rahmen von Altersvorsorge- oder Basisrentenverträgen gehalten werden, die nach den §§ 5 oder 5a des Altersvorsorgeverträge-Zertifizierungsgesetzes zertifiziert wurden.*

Inländische Beteiligungseinnahmen sind nur steuerbefreit, wenn der Investmentfonds die Voraussetzungen für eine Anrechenbarkeit der Kapitalertragsteuer nach § 36a des Einkommensteuergesetzes erfüllt. Der vorübergehende Erwerb durch Kreditinstitute im Rahmen des Eigenhandels ist unschädlich.

[...]

4. Wirtschaftliche Bedeutung der Steuerbefreiung

Die Tatsache, dass es möglich ist, steuerbefreite Investmentfonds und Anteilsklassen aufzulegen, ist grundsätzlich zu begrüßen. Dennoch muss die Frage erlaubt sein, ob der zusätzliche Aufwand, den eine steuerbefreite Anteilsklasse mit sich bringt, wirtschaftlich gerechtfertigt ist.[293] Hierzu lohnt ein Blick auf die nachfolgende Tabelle. Sie zeigt eine Auswahl in Deutschland vertriebener Investmentfonds für Stiftungen, wobei die Darstellung keinen Anspruch auf Vollständigkeit erhebt und auch die Anlagestrategien voneinander abweichen können. Sofern mehrere Anteilsklassen bestehen, wird nur eine dargestellt, wenn die Anlage im Übrigen gleich ist.

Die Tabelle zeigt, dass bei den 40 dargestellten Investmentfonds durchschnittlich eine Aktienquote (Asset Alloc Equity %) von 29,01 % besteht und der Anteil an inländischen Aktien (Equity Country Germany %) im Mittel bei 5,95 % bezogen auf das Fondsvolumen liegt. Bei einer unterstellten Dividendenrendite von

292 Ausführlich unten, § 7 II. 4.
293 So auch *Schäfer*, BB 2020, 23, 23; *Hensel*, RdF 2019, 204, 208.

Name	Auflage Datum	ISIN	Fondsvolumen EUR	Asset Alloc Cash % (Net)	Asset Alloc Equity % (Net)	Asset Alloc Bond % (Net)	Asset Alloc Other % (Net)	Equity Country Germany % (Net)
Allianz Stiftungsfds Nachhaltigkeit	18.05.06	LU0224473941	235.211.982,00	5,30	21,84	72,52	0,35	2,22
Berenberg 1590 Stiftung	04.05.09	DE000A0RE972	89.066.937,00	7,06	22,44	59,87	10,63	6,16
Bethmann Stiftungsfonds	01.11.11	DE000DWS08Y8	522.623.292,00	4,17	23,00	72,76	0,07	3,06
Commerzbank Stiftungsfonds A	03.02.14	DE000A1XADA2	475.716.877,00	1,75	18,36	79,00	0,89	2,25
D&R Invest - Rendite Aktiv A	31.07.08	LU0366013372	6.368.870,00	0,49	0,00	68,51	31,00	
Deka-Institutionell Stiftungen I	18.12.14	DE000DK2J6B1	32.143.968,00	17,27	40,25	40,40	2,08	5,74
Deka-Stiftungen Balance CF	28.04.03	DE0005896864	1.284.669.569,00	27,15	15,13	55,84	1,88	0,52
Deutscher Stiftungsfonds	19.09.16	LU1438966258	25.120.287,00	32,20	25,79	32,56	9,45	5,16
DJE INVEST - DJE Stiftungsfds Renten - I	25.05.09	LU0423128866	11.831.824,00	9,72	0,00	90,28	0,00	
Do - Stiftungsfonds	01.08.12	LU0785378091	23.779.771,00	18,31	30,65	46,14	4,90	3,04
DWS Stiftungsfonds LD	15.04.02	DE0005318406	1.822.772.833,00	3,86	24,27	71,38	0,49	3,09
DZPB II - Stiftungen A	07.01.15	LU1138506479	574.410.971,00	13,87	23,69	52,98	9,46	5,63
F&C HVB-Stiftungsfonds A	25.07.01	LU0132935627	124.259.231,00	10,77	46,82	32,51	9,90	6,05
Fonds für Stiftungen Invesco	17.02.03	DE0008023565	55.470.868,00	9,99	47,53	42,48	0,00	0,00
Frankfurter Aktienfds für Stiftungen T	15.01.08	DE000A0M8HD2	1.817.281.319,00	27,83	69,65	0,00	2,52	16,54
Frankfurter Stiftungsfonds G	01.09.17	DE000A2DTMS5	57.078.589,00	33,59	57,06	6,08	3,28	10,60
FVM-Stiftungsfonds S	17.11.14	DE000A1110H8	22.602.421,00	8,85	31,00	59,83	0,31	8,14
FvS Stiftung C70	30.10.07	LU0323577766	378.375.120,00	17,74	23,96	47,82	10,49	12,90
H & A Rendite - Rendite plus Stiftungen	08.11.10	LU0515461050	73.894.764,00	4,21	24,88	68,23	2,69	3,47
Hamburger Stiftungsfonds I	14.12.09	DE000A0YCK34	528.738.743,00	6,88	24,22	66,49	2,41	9,14
Kreissparkasse Heilbronn: Stiftung	02.01.13	DE000DK2D715	62.941.916,00	5,09	19,44	69,99	5,49	7,45
Landert Stiftungsfonds AMI I (a)	17.11.14	DE000A1WZ0S9	64.222.124,00	1,16	27,14	67,02	4,68	7,12
Marathon Stiftungsfonds H	30.12.15	LU1315150901	23.819.000,00	0,79	77,26	11,36	10,58	2,37
Merck Finck Stiftungsfonds UI	01.10.90	DE0008483983	43.893.650,00	4,62	27,07	64,51	3,80	8,07
Münsterländische Bank Stiftungsfonds	14.04.14	DE000A0YJMK3	28.140.000,00	3,74	18,49	77,42	0,35	3,56
NATIONAL-BANK Stiftungsfonds 1	15.09.11	DE000A1H44D5	31.691.000,00	-1,37	10,25	90,98	0,15	3,05
Nordlux Pro Fdmngmt Bürgerstiftungsfds P	07.10.13	LU0945096450	25.546.454,00	14,35	38,96	46,67	0,01	2,29
Nordlux Pro Fdmngmt StiftungsPartner A	02.11.15	LU1297767904	77.430.374,00	16,61	28,42	54,56	0,41	3,44
Steyler Fair Invest - Balanced I	23.02.15	DE000A111ZJ3	34.973.346,00	3,85	22,07	70,70	3,38	5,48
Stiftungsfonds Spiekermann & CO	02.08.10	DE000A1C1QH0	54.499.907,00	5,68	21,03	62,22	11,07	6,51
Stiftungsfonds Westfalen A	18.11.08	DE000A0RA4R0	29.693.059,00	7,68	39,75	49,78	2,79	26,09
Swisscanto Sammelstiftung EM Debt SST1	08.05.14	CH0238480898	472.675.528,90	0,71	0,00	99,29	0,00	
Swisscanto Sammelstiftung EM Eq SST1	08.05.14	CH0238480021	526.392.784,71	0,63	99,37	0,00	0,00	0,00
terrAssisi Stiftungsfonds I AMI	01.06.17	DE000A2DJT56	10.836.020,00	7,74	21,34	68,98	1,93	2,67
UBS (D) Stiftungsfonds I	10.08.07	DE000A0HMK66	7.290.706,00	2,42	0,00	88,11	9,47	
UniInstitutional Stiftungsfonds Nachhalt	15.02.18	DE000A2DMVH4	9.486.283,00	1,45	33,35	65,20	0,00	3,55
V/A® Stiftungsfonds UI	02.09.02	DE0005896922	8.117.193,00	12,00	26,56	58,55	2,89	8,44
VermögensManagement-Fds für Stiftungen I	08.05.14	DE000A1W2BR5	24.610.729,00	12,17	19,27	59,65	8,91	4,63
VR Premium Fonds - Securitas/Stiftungen	11.11.08	LU0392133038	139.281.137,00	3,82	28,80	59,64	7,74	10,15
Warburg - Stiftungsfonds	02.07.07	DE000A0LGSH9	552.843,00	3,26	31,20	65,19	0,35	5,76
Gesamtfondsvolumen			**9.837.512.290,61**					
Mittelwerte				**9,19**	**29,01**	**57,39**	**4,42**	**5,95**

Tabelle 1: *Übersicht in Deutschland vertriebener Stiftungsfonds, nicht abschließend*
(Quelle: Morningstar, Stand: 31.12.2019)

2,8 %[294] würden sich inländische Beteiligungseinnahmen i. H. v. 0,17 % bezogen auf das Fondsvolumen ergeben. Die KapESt i. H. v. 15 % hierauf würde sich auf 0,025 % des Fondsvolumens belaufen. Würde man das bekannte Volumen aller oben genannten Fonds addieren, ergäbe sich ein Betrag von ca. 9,8 Mrd. Euro und eine absolute KapESt i. H. v. 2,45 Mio. Euro.

294 Mittelwert der 10-Jahres-Durchschnittswerte der DAX 30 Unternehmen, abrufbar unter https://boersengefluester.de/10-jahres-durchschnitt-kgv-kbv-dividendenrendite/ (zuletzt abgerufen am 22.8.2021).

Stünde den Investmentfonds nicht die Möglichkeit der Steuerbefreiung offen, wäre die Performance des Fonds demnach durchschnittlich um 0,025 % schlechter als bei bestehender Steuerbefreiung. Der wirtschaftliche Vorteil der Steuerbefreiung fällt bei vielen Fonds somit so gering aus, dass auch in normalen Marktphasen die Wertschwankungen der Anlagen und die Verwaltungskosten einen deutlich größeren Einfluss auf die Wertentwicklung haben dürften als die Steuerfreiheit der Beteiligungseinnahmen. So wundert es auch nicht, dass längst nicht alle der genannten Stiftungsfonds eine steuerbefreite Anteilsklasse aufgelegt haben (siehe hierzu die nachfolgende Tabelle, wobei hier mangels anderer Angaben unterstellt wird, dass nur die Ende 2017 und zu Beginn des Jahres 2018 aufgelegten Investmentfonds oder Anteilsklassen steuerbefreit sind).

Name	Auflage Datum	ISIN
Allianz Stiftungsfds Nachhaltigk AT EUR	11.01.18	LU1735602226
Berenberg 1590 Stiftung S	05.02.18	DE000A2H7NJ4
Bethmann Stiftungsfonds SI	02.01.18	DE000DWS2TB1
DZPB II - Stiftungen E	03.07.18	LU1807305914
DZPB II Stiftungen:Steuerbegünst Anlgr A	08.05.18	LU1717192675
F&C HVB-Stiftungsfonds AN Acc	05.01.18	LU1744235554
FVM-Stiftungsfonds S+	18.12.17	DE000A2H5XR0
FvS Stiftung SR	10.01.17	LU1484808933
H&H Stiftungsfonds A	12.04.18	DE000A2H7PP6
UniInstitutional Stiftungsfonds Nachhalt	15.02.18	DE000A2DMVH4

Tabelle 2: *Übersicht steuerbefreiter Fonds und Anteilsklassen auf Basis der oben gezeigten Fondsliste*

(Quelle: Morningstar, Stand: 31.12.2019)

Trotz der geringen wirtschaftlichen Relevanz, die bereits der vollständigen Steuerbefreiung nach § 10 InvStG zukommt, ist sie zu begrüßen und sollte beibehalten werden, um eine Benachteiligung der Fondsanlage im Vergleich zur Direktanlage zu vermeiden. Die vorstehenden Überlegungen sollten allerdings in die Betrachtung der anteiligen Steuerbefreiung nach § 8 InvStG einbezogen werden.[295]

295 Ausführlich unten, § 7 II. 4.

5. Missbrauch durch ausländische steuerbefreite Stiftungen möglich?

Es stellt sich die Frage, ob die Steuerbefreiung gem. § 10 Abs. 5 InvStG nicht auch zur Umgehung der Steuerpflicht von Dividendenerträgen genutzt werden kann und so die Intention des Gesetzgebers der Missbrauchsbekämpfung konterkariert werden kann.[296] Denn wie anhand der Cum/Cum-Geschäfte offenbar wurde, konnten auch gemeinnützige Stiftungen für steuerliche Gestaltungen nutzbar gemacht werden, um vom KapESt-Abzug unbelastete Kapitalerträge zu erzielen.[297] Denkbar wäre folgende Fallgestaltung:

Ein bspw. in den Niederlanden ansässiger, dort steuerpflichtiger Anleger errichtet ebenfalls in den Niederlanden eine selbständige Stiftung (*Stichting*). Dies kann zunächst ohne Grundstockvermögen durch Erklärung vor einem niederländischen Notar erfolgen (Art. 2: 285 Abs. 1, 286 Abs. 1 BW).[298] Da sie ausschließlich und unmittelbar gemeinnützige Zwecke des Allgemeinwohls fördert, erhält sie eine Befreiungsbescheinigung des BZSt nach § 9 Abs. 1 Nr. 2 InvStG, weil sie insoweit mit einer inländischen gemeinnützigen Stiftung nach § 44a Abs. 7 EStG vergleichbar ist.[299] Der Anleger gibt der Stiftung anschließend ein erhebliches Darlehen, welches diese als eigenes Geld anlegt.[300] Die Stiftung investiert über einen in der Bundesrepublik Deutschland ansässigen Spezial-AIF i. S. v. § 284 KAGB, der ausschließlich in Aktien deutscher Emittenten investiert, steuerlich als Investmentfonds gem. § 1 Abs. 2 S. 1 InvStG qualifiziert und über eine Statusbescheinigung i. S. v. § 7 Abs. 3 S. 1 InvStG verfügt. In den Anlagebedingungen ist

---

296 Gesetzesbegründung zum InvStRefG, BT-Drucks. 18/8045, 49 ff.

297 Daher auch die Neufassung des § 44a Abs. 10 Satz 1 Nr. 3 EStG und Ergänzung des § 44b EStG um einen Abs. 2 zur Verhinderung von Cum/Cum-Geschäften bei steuerbefreiten Anlegern, vgl. dazu *Schlund*, NWB 2018, 2614, 2616; *Thiede*, NWB 2018, 264, 266. Ausführlich auch oben, § 7 I. 1. c) (4).

298 *Klostermann*, Die niederländische Stiftung, S. 114 ff. und S. 105.

299 Ob die Stiftung in den Niederlanden steuerbefreit ist bzw. sie als gemeinnützige Organisation über den ANBI-Status (Allgemein Nutz Bezweckende Institution) verfügt, ist aus deutscher Sicht nur ein schwaches Indiz. Maßgeblich für die Beurteilung der Gemeinnützigkeit einer Stiftung im Rahmen des § 9 Abs. 1 Nr. 2 InvStG ist allein die Beurteilung nach dem deutschen innerstaatlichen Recht, *Brandl* in Brandis/Heuermann, § 9 InvStG Rn. 14. Grundsätzlich dazu auch BFH vom 15.11.2017, Az. I R 39/15, IStR 2018, 321 für eine Stiftung Schweizer Rechts.

300 Das Darlehen gelangt mit Auszahlung endgültig aus dem Vermögen des Darlehensgebers und wird Teil des Vermögens des Darlehensnehmers, vgl. *Berger* in MüKo BGB, § 488 Rn. 27. Da der Stiftung die Nutzungen und Lasten aus dem Darlehen zustehen und sie darüber verfügen kann wie über eigenes Vermögen, ist ihr auch das wirtschaftliche Eigentum i. S. v. § 39 AO an der ausgezahlten Darlehensvaluta zuzurechnen, vgl. dazu *Ratschow* in Klein AO, § 39 Rn. 20. Zur Frage missbräuchlicher Gestaltungen beim Einsatz niederländischer Stiftungen vgl. auch BFH vom 17.11.2004, Az. I R 55/03, DStRE 2005, 580.

geregelt, dass sich ausschließlich steuerbefreite Anleger i. S. v. § 8 Abs. 1 InvStG beteiligen dürfen. Die Stiftung weist ihre Steuerbefreiung gegenüber dem Investmentfonds durch Vorlage der Befreiungsbescheinigung nach und versichert, keine Absicherungsgeschäfte i. S. v. § 36a Abs. 3 EStG zu tätigen. Gleichzeitig schließt der Investor einen Vertrag mit der KVG, dass er als Anlageberater des Fonds fungiert und hierfür ein Honorar erhält.[301]

Hier kommt es gem. § 44a Abs. 10 S. 1 Nr. 3 EStG zwar zunächst zu einem Einbehalt von KapESt, sofern die inländischen Beteiligungseinnahmen 20.000 Euro übersteigen. Weist der Fonds jedoch nach, dass die Voraussetzungen der §§ 8 Abs. 4 InvStG, 36a EStG eingehalten wurden, sind auch die nicht abgeführten Steuerbeträge wieder dem Fondsvermögen zuzurechnen.[302] Der Anleger hat sodann die Möglichkeit, über ein hoch angesetztes Beratungshonorar das wirtschaftliche Äquivalent der Dividendenzahlungen aus dem Fonds abzuschöpfen ohne, dass diese zuvor einer steuerlichen Belastung unterlegen haben. Alternativ oder kumulativ kann der Investmentfonds in den Grenzen des § 284 Abs. 4 KAGB selbst ein Darlehen bei dem Investor aufnehmen. Dabei kommt es nicht auf die Marktüblichkeit der Kreditbedingungen an.[303] Über die Ausgestaltung des Darlehenszinses können ebenfalls die zuvor nicht steuerlich belasteten Erträge abgeschöpft werden.

Ferner könnte man in diesem Zusammenhang auch über den Einsatz eines fiktiven ausländischen Investmentfonds i. S. v. § 1 Abs. 2 Nr. 2 InvStG in Form einer Kapitalgesellschaft nachdenken.[304] Hier bestehen keinerlei Beschränkungen hinsichtlich der Anlagerichtlinien. Das InvStG sieht für Kapitel 2-Fonds ebenfalls keine Begrenzungen der Anlagerichtlinien vor.

Wie man sieht, bieten hier auch die §§ 44a Abs. 10 S. 1 Nr. Nr. 3, 36a EStG keinen Schutz, weil diese Gestaltung nicht auf Wertpapierleihgeschäften beruht. Da § 10 Abs. 5 InvStG für in- und ausländische Investmentfonds gleichermaßen gilt,[305] wird in der vorgenannten Konstellation im Ergebnis keine Steuer auf Fondsebene einbehalten. Ebenso würde auch bei ausländischen Investmentfonds eine Rückkehr zu dem bis 31.12.2017 geltenden System des Quellensteuereinbehalts in Verbindung mit einem Erstattungsverfahren, das gerade durch den einheitlichen KapESt-Abzug des InvStRefG ersetzt werden sollte,[306] keine Lösung

301 Ausführlich oben, § 2 V.

302 Ausführlich oben, § 7 I. 1. d).

303 Eine Kreditaufnahme ist bis zu 30 % des Wertes des Spezial-AIF sowie bis zu 50 % des Verkehrswertes seiner Immobilien möglich, vgl. *Baum* in Weitnauer/Boxberger/Anders KAGB, § 284 Rn. 20 f.

304 Ausführlich oben, § 5 II. 1.

305 *Brandl* in Brandis/Heuermann, § 10 InvStG Rn. 7; *Klein* in Herrmann/Heuer/Raupach EStG/KStG, § 10 InvStG Rn. 1.

306 Vgl. dazu *Martini/Valta*, IStR 2018, 623, 625.

bringen, da sämtliche Voraussetzungen an steuerbefreite Anleger in diesem Fall erfüllt wären. Hier bleibt also eine offene Flanke bestehen.

II. Anteilige Steuerbefreiung auf Fondsebene gem. § 8 InvStG

1. Voraussetzungen der Steuerbefreiung

Anstelle der vollständigen Steuerbefreiung nach § 10 InvStG kann der Investmentfonds gem. § 8 Abs. 1 und Abs. 2 InvStG eine anteilige Steuerbefreiung beantragen, soweit über das Kalenderjahr betrachtet steuerbefreite Anleger i. S. v. § 44a Abs. 7 S. 1 EStG beteiligt waren oder Anteile im Rahmen von Altersvorsorge- oder Basisrentenverträgen gehalten wurden. Die anteilige Steuerbefreiung gem. § 8 InvStG wird auf formlosen Antrag gewährt,[307] da der Investmentfonds entscheiden können soll, ob er den Antrag stellt.[308] Dabei geht der Gesetzgeber davon aus, dass dies nicht erfolgen wird, sofern nur in geringem Maße steuerpflichtige Einkünfte erzielt werden,[309] nur wenige steuerbefreite Anleger in dem Fonds investiert sind[310] oder der KVG das anteilige Verfahren mit zu großem Aufwand verbunden ist. Tatsächlich sind die Kosten des Erstattungsverfahrens mit denen der Bildung vollständig steuerbefreiter Anteilsklassen zu vergleichen und wirtschaftlich abzuwägen.[311]

Weitere Voraussetzung für die Steuerbefreiung ist, dass der Investmentfonds gem. § 8 Abs. 4 S. 1 InvStG die Voraussetzungen des § 36a EStG erfüllt,[312] der Anleger gem. § 8 Abs. 4 Nr. 1 InvStG bereits seit mehr als drei Monaten zivilrechtlicher und wirtschaftlicher Eigentümer der Fondsanteile ist und gem. § 8 Abs. 4 Nr. 2 InvStG keine Verpflichtung besteht, die Anteile auf eine andere Person zu übertragen.[313] Man könnte insoweit also fast von einem doppelten § 36a EStG sprechen.[314] Anders als bei der vollständigen Steuerbefreiung nach § 10 InvStG

---

307 BMF vom 21.5.2019, Az. IV C 1 – S 1980-1/16/10010 :001, BStBl. I 2019, 527, Rn. 8.8.

308 Der Antrag hat innerhalb einer Frist von 18 Monaten seit dem Zufluss des Kapitalertrags zu erfolgen, soll aber auch noch nach Ablauf der in § 7 Abs. 5 InvStG bestimmten Frist gegenüber der Finanzverwaltung geltend gemacht werden, solange die KapESt vom Finanzamt des Entrichtungspflichtigen noch erstattet werden kann, vgl. *Klein* in Herrmann/Heuer/Raupach EStG/KStG, § 8 InvStG Rn. 5.

309 Gesetzesbegründung zum InvStRefG, BT-Drucks. 18/8045, 77.

310 *Klein* in Herrmann/Heuer/Raupach EStG/KStG, § 8 InvStG Rn. 5.

311 *Schäfer*, BB 2020, 23.

312 Ausführlich oben, § 7 I. 1. c).

313 In Anlehnung an § 36a EStG muss die Frist bei Zufluss des maßgeblichen Kapitalertrags erfüllt sein, BMF vom 21.5.2019, Az. IV C 1 – S 1980-1/16/10010 :001, BStBl. I 2019, 527, Rn. 8.24.

314 Bei der Forderung nach dem zivilrechtlichen Eigentum könnte es sich um ein redaktionelles Versehen handeln, da im Rahmen des § 36a EStG inzwischen nur

ist im Rahmen des § 8 InvStG die zusätzliche Haltedauer beim Anleger von drei Monaten erforderlich, da Übertragungen von Fondsanteilen vor dem Dividendenstichtag auf einen steuerbefreiten Anleger vermieden werden sollen.[315] Im Rahmen des § 10 InvStG ist diese Mindesthaltedauer nicht erforderlich, da die Anlagebedingungen bestimmen, dass andere als steuerbefreite Anleger ohnehin keine Anteile erwerben dürfen.

2. Umfang der Steuerbefreiung

Der Umfang der Steuerbefreiung richtet sich nach der Art des Anlegers. Bei steuerbefreiten Anlegern, welche die Voraussetzungen des § 44a Abs. 7 S. 1 EStG erfüllen, oder vergleichbaren ausländischen Anlegern sowie zertifizierten Altersvorsorge- oder Basisrentenverträgen, sind sowohl die Beteiligungseinnahmen als auch die Immobilienerträge und sonstigen inländischen Einkünfte steuerbefreit.[316]

Bei inländischen juristischen Personen des öffentlichen Rechts oder Pensions- und Unterstützungskassen gilt für Beteiligungseinnahmen grundsätzlich keine Steuerbefreiung, da für sie im Fall der Direktanlage auch der abgeltende Steuerabzug nach § 5 Abs. 2 KStG i. H. v. 3/5 des normalen KapESt-Satzes gilt.[317] Nach der Intention des Gesetzgebers soll hier der Status Quo fortgeführt werden und die Steuerbefreiung nur insoweit gewährt werden, wie sie auch im Rahmen der Direktanlage bestanden hätte.[318] Für Immobilienerträge hingegen gilt die Steuerbefreiung gem. § 8 Abs. 2 Nr. 1 InvStG, sofern die Anteile nicht im Rahmen eines steuerpflichtigen Betriebs gewerblicher Art gehalten werden.[319]

Im Fall der Einkünfte mit Steuerabzug wird bei Umsetzung der Steuerbefreiung auf das Verhältnis steuerbegünstigter zu steuerpflichtigen Anlegern im Zeitpunkt des Zuflusses der Einnahmen abgestellt, § 8 Abs. 3 S. 1 InvStG.[320] Bei den Einkünften ohne Steuerabzug wird für das Besitzverhältnis auf den durchschnittlichen Jahreswert während des Geschäftsjahres des Fonds abgestellt, § 8 Abs. 3 S. 2 InvStG.

---

noch das wirtschaftliche Eigentum maßgeblich ist, *Klein* in Herrmann/Heuer/Raupach EStG/KStG, § 8 InvStG Rn. 25; *Bindl/Mager*, BB 2016, 2711, 2714.

315 Gesetzesbegründung zum InvStRefG, BT-Drucks. 18/8045, 78.

316 *Christ* in BeckOK InvStG, § 8 Rn. 30; *Helios/Mann*, DB, Sonderausgabe 01/2016, 1, 11 f.

317 *Ernst*, BB 2017, 2723, 2714; *Boxberger* in Weitnauer/Boxberger/Anders KAGB, § 8 InvStG Rn. 14.

318 Gesetzesbegründung zum InvStRefG, BT-Drucks. 18/8045, 78.

319 *Bindl/Mager*, BB 2016, 2711, 2713; zur Abgrenzung wirtschaftlicher Geschäftsbetrieb von der Vermögensverwaltung vgl. *Söffing/Blusz* in Schäfer/Sethe/Lang, Vermögensverwaltung-HdB, § 14 Rn. 30 ff.

320 Maßgebend ist grundsätzlich der Bestand am Ende des Vortages des Zuflusses, BMF vom 21.5.2019, Az. IV C 1 – S 1980-1/16/10010 :001, BStBl. I 2019, 527, Rn. 8.21.

Um das Verhältnis der steuerbefreiten zu den nicht steuerbefreiten Anlegern zu ermitteln, muss auf den vom Anleger beizubringenden Investmentanteil-Bestandsnachweis i. S. v. § 9 Abs. 1 Nr. 3 InvStG zurückgegriffen werden. Dieser ist Teil der für die Erlangung der Steuerbefreiung einzureichenden Nachweise nach § 9 Abs. 1 InvStG und ist von der depotführenden Stelle des Anlegers nach amtlich vorgeschriebenem Muster zu erstellen.[321] Aus dem Investmentanteil-Bestandsnachweis ergibt sich, in welchem Umfang der Anleger während des Kalenderjahres Investmentanteile gehalten, erworben oder veräußert hat.[322] Anhand dieser Daten ermittelt die Verwahrstelle den Bestand der Anleger am Tag vor dem Zufluss der Beteiligungseinnahmen bzw. während des gesamten Jahres.[323] Zutreffend kann dies dabei nur im Nachhinein erfolgen, wenn alle Investmentanteil-Bestandsnachweise vorliegen.

3. Umsetzung des anteiligen Steuerabzugs

Die Nachweise über die Steuerbefreiung werden erst nachträglich erbracht, weshalb im Rahmen von § 8 InvStG nur ein nachträgliches Erstattungsverfahren möglich ist.[324] Maßgeblicher Zeitpunkt für das Beteiligungsverhältnis steuerpflichtiger und steuerbefreiter Anleger ist wie erwähnt gem. § 8 Abs. 3 InvStG bei den Einkünften mit Steuerabzug der Tag vor dem Zufluss der Einnahmen, bei Immobilienerträgen und sonstigen inländischen Einkünften der durchschnittliche Anlegerbestand während des Kalenderjahres.[325] Um das Verfahren der anteiligen Steuerbefreiung durchführen zu können, ist § 12 InvStG erforderlich. Investmentfonds, die den Antrag nach § 8 Abs. 1 InvStG gestellt haben, haben den steuerbefreiten Anlegern nach § 12 Abs. 1 InvStG den nicht erhobenen oder den zu erstattenden Steuerbetrag (sog. Befreiungsbetrag) auszuzahlen. Hieraus ergibt sich ein direkter zivilrechtlicher Anspruch des Anlegers gegen den Fonds mit einer korrespondierenden Verpflichtung zur Rückerstattung, sofern die Steuerbefreiung entfällt.[326] Da hier auch steuerpflichtige Anleger investiert sind, muss der

321 BMF vom 7.8.2019, Az. IV C 1 – S 1980-1/16/10012 :009, BStBl. I 2019, 871.

322 *Brandl* in Brandis/Heuermann, § 9 InvStG Rn. 12.

323 BMF vom 21.5.2019, Az. IV C 1 – S 1980-1/16/10010 :001, BStBl. I 2019, 527, Rn. 9.7.

324 *Christ* in BeckOK InvStG, § 8 Rn. 33; anders *Boxberger* in Weitnauer/Boxberger/Anders KAGB, § 8 InvStG Rn. 3. Dennoch soll bei Einkünften mit Steuerabzug auch eine Abstandnahme vom KapESt-Abzug auf Fondsebene zulässig sein, da sie in §§ 11 Abs. 1 S. 1 Nr. 2 und 12 Abs. 1 InvStG vorausgesetzt wird und § 7 Abs. 5 S. 2 InvStG eine Erstattung bei nachträglichen Nachweis der Steuerbefreiung erlaubt, so dass umgekehrt auch eine Abstandnahme vom Steuerabzug gestattet sein sollte, wenn die Voraussetzungen bereits nachgewiesen sind, *Klein* in Herrmann/Heuer/Raupach EStG/KStG, § 8 InvStG Rn. 5.

325 BMF vom 21.5.2019, Az. IV C 1 – S 1980-1/16/10010 :001, BStBl. I 2019, 527, Rn. 8.21 und 8.23.

326 *Klein* in Herrmann/Heuer/Raupach EStG/KStG, § 12 InvStG Rn. 12.

Befreiungsbetrag aus dem Fondsvermögen ausscheiden,[327] weil er ansonsten auch den steuerpflichtigen Anlegern zugutekäme.[328] Dies betrifft also nicht nur Erstattungen, die seitens des Finanzamts an den Fonds gerichtet sind,[329] sondern auch die fiktive, nicht erhobene Steuer,[330] die statt an das Finanzamt abgeführt an die steuerbefreiten Anleger ausgezahlt werden muss. Der ausgezahlte Befreiungsbetrag ist auf Anlegerebene nicht steuerbar.[331]

Die Verwahrstelle als Entrichtungspflichtiger hat daher von allen steuerbefreiten Anlegern eine Bankverbindung vorzuhalten, auf die sie die Befreiungsbeträge anweisen kann. Im Hinblick auf die Erstattung von Befreiungsbeträgen kann sie sich im Wege einer korrigierten Ertragsteueranmeldung den Erstattungsbetrag beschaffen und diesen auf einem Treuhandkonto bereitstellen. Die KVG muss nach § 12 Abs. 1 InvStG die Überweisung an die Anteilsinhaber vornehmen.[332] Bei den Altersvorsorge- und Basisrentenverträgen entfällt die Auszahlung bzw. Erstattung der Befreiungsbeträge, § 12 Abs. 2 InvStG. Hier werden diese ohne Auszahlung direkt wieder angelegt.[333]

4. Stellungnahme

Der Gesetzgeber entfernt sich mit § 8 InvStG von dem Ziel der Vereinfachung des InvStG. An dem Verfahren zur anteiligen Berücksichtigung steuerbefreiter Anleger ist auffällig, dass es sehr aufwendig ist, durch Auswertung aller Investmentanteil-Bestandsnachweise unter Beachtung der FIFO-Methode auf Ebene des Investmentfonds und zusätzlich des Anlegers[334] taggenau die Beteiligungseinnahmen bei den investierten Anlegern zu erfassen, um eine möglichst exakte Zuteilung der steuerpflichtigen Erträge zu erreichen und jedem einzelnen Anleger seinen Befreiungsbetrag auf sein Konto zu überweisen. Zusätzliche Komplexität verursacht, dass im praxisrelevanten Regelfall des § 43 Abs. 1 S. 1 Nr. 1a EStG gem. § 8 Abs. 4 InvStG auch die besonderen Anwendungsvoraussetzungen des § 36a EStG zu beachten sind.[335] Denn zum jeweiligen Zuflusszeitpunkt des

327 Bei vollständig steuerbefreiten Investmentfonds nach § 10 InvStG muss der Befreiungsbetrag nicht aus dem Fondsvermögen ausscheiden, sondern kann im Einvernehmen der Anleger ohne Ausgabe neuer Investmentanteile im Fondsvermögen verbleiben und wieder angelegt werden, BMF vom 21.5.2019, Az. IV C 1 – S 1980-1/16/10010 :001, BStBl. I 2019, 527, Rn. 12.4.

328 So auch *Neumann*, DB 2016, 1779 mit Verweis auf die Gesetzesbegründung zum InvStRefG, BT-Drucks. 18/8045, 81.

329 *Boxberger* in Weitnauer/Boxberger/Anders KAGB, § 8 InvStG Rn. 2.

330 BMF vom 21.5.2019, Az. IV C 1 – S 1980-1/16/10010 :001, BStBl. I 2019, 527, Rn. 12.2.

331 BMF vom 21.5.2019, Az. IV C 1 – S 1980-1/16/10010 :001, BStBl. I 2019, 527, Rn. 12.1.

332 Ausführlich *Schweinitz, v./Thiems*, DStR 2016, 1198, 1201.

333 Vgl. zu Einzelheiten *Klein* in Herrmann/Heuer/Raupach EStG/KStG, § 12 InvStG Rn. 15.

334 BMF vom 21.5.2019, Az. IV C 1 – S 1980-1/16/10010 :001, BStBl. I 2019, 527, Rn. 7.5.

335 *Hahne*, DStR 2017, 2310.

§ 8 Abs. 3 S. 1 InvStG ist nicht auf die vorhandenen Anleger abzustellen, sondern nur auf diejenigen, die zu diesem Zeitpunkt bereits drei Monate die Fondsanteile gehalten haben, ohne verpflichtet zu sein, sie auf eine andere Person zu übertragen. Im Rahmen der nach § 8 Abs. 3 S. 2 InvStG vorzunehmenden Durchschnittsbetrachtung ist dies nicht möglich.[336]

Aus Sicht des Verfassers ist zweifelhaft, ob sich das Verfahren zur anteiligen Steuerbefreiung überhaupt auf Dauer etablieren wird, da der Aufwand für die Abführung der Befreiungsbeträge an jeden einzelnen Anleger vielerorts angesichts immer geringer werdender Margen gescheut werden dürfte. Insbesondere im Bereich der ETFs, die mit hohen Fondsvolumina arbeiten und nur deshalb zu sehr günstigen Konditionen angeboten werden können, dürfte dies eher die Ausnahme sein. Es erscheint möglich, dass vielfach nur komplett steuerbefreite Investmentfonds oder Anteilsklassen angeboten werden, womit dem Bedürfnis der Anleger auch ausreichend Rechnung getragen ist. Jeder steuerbefreite Anleger kann sich entscheiden, ob er in ein steuerbefreites Produkt investiert, wovon wie aufgezeigt einige verfügbar sind, oder ob er auf die Steuerbefreiung verzichtet und dafür in die von ihm bevorzugte Anlagestrategie investiert und den oben dargestellten durchschnittlich sehr gering ausfallenden Steuernachteil in Kauf nimmt.

Dies wirft die Frage auf, ob sich für das Verfahren nach § 8 InvStG überhaupt eine wirtschaftliche Berechtigung findet. Aufgrund des hohen Aufwands und der damit verbundenen hohen Kosten für KVG, Verwahrstellen und depotführende Stellen ist höchst zweifelhaft, ob eine anteilige Ersparnis, die im Rahmen des § 8 InvStG im Verhältnis zum Fondsvolumen noch geringer ausfällt als die vorgenannten 0,025 %,[337] dieses Verfahren überhaupt rechtfertigt. Im Sinne der Vereinfachung, aber auch der gebotenen Effizienz sollte die Möglichkeit zur anteiligen Berücksichtigung steuerbefreiter Anleger vollständig gestrichen werden und der Steuerabzug entweder vollständig erfolgen oder vollständig unterbleiben. Es lässt sich nur schwer vertreten, im Geltungsbereich des InvStG 2018 drei verschiedene Verfahren zur Besteuerung von (Publikums-)Investmentfonds und drei weitere für Spezial-AIF vorzuhalten, wobei § 8 Abs. 3 InvStG auch noch zwei unterschiedliche Verfahren zur Ermittlung des Anteilsbesitzes enthält.

Im Hinblick auf das vorstehend Gesagte sollte § 8 InvStG in seiner jetzigen Form gestrichen und durch eine neue Fassung, die auf dem bisherigen § 10 InvStG aufbaut, wie folgt ersetzt werden (Änderungen des Verfassers unterstrichen und kursiv):

---

336 Die Regelungen innerhalb des § 8 InvStG wirken noch nicht ausgereift, wirken sich hier jedoch nicht aus, da es bei der Durchschnittsbetrachtung nicht erforderlich ist, kurzfristige Übertragungen auf steuerbefreite Anleger zu verhindern, *Klein* in Herrmann/Heuer/Raupach EStG/KStG, § 8 InvStG Rn. 20.

337 Ausführlich oben, § 7 I. 4.

§ 8 Investmentfonds oder Anteilklassen für steuerbegünstigte Anleger; Nachweis der Steuerbefreiung

(1) Investmentfonds oder Anteilklassen sind steuerbefreit, wenn sich an dem Investmentfonds nach den Anlagebedingungen nur

1. *Anleger, die die Voraussetzungen des § 44a Absatz 7 Satz 1 des Einkommensteuergesetzes erfüllen, oder vergleichbare ausländische Anleger mit Sitz und Geschäftsleitung in einem Amts- und Beitreibungshilfe leistenden ausländischen Staat beteiligen dürfen, oder*
2. *die Anteile an dem Investmentfonds im Rahmen von Altersvorsorge- oder Basisrentenverträgen gehalten werden, die nach den §§ 5 oder 5a des Altersvorsorgeverträge-Zertifizierungsgesetzes zertifiziert wurden.*

Inländische Beteiligungseinnahmen sind nur steuerbefreit, wenn der Investmentfonds die Voraussetzungen für eine Anrechenbarkeit der Kapitalertragsteuer nach § 36a des Einkommensteuergesetzes erfüllt.

(2) Inländische Immobilienerträge *oder sonstige inländische Einkünfte* eines Investmentfonds oder einer Anteilklasse sind steuerbefreit, wenn sich nur steuerbegünstigte Anleger nach *Absatz 1 oder inländische juristische Personen des öffentlichen Rechts, soweit die Investmentanteile nicht einem nicht von der Körperschaftsteuer befreiten Betrieb gewerblicher Art zuzurechnen sind, beteiligen dürfen und soweit diese Einkünfte im Falle der Direktanlage nicht steuerpflichtig sind.*

(3) Die Steuerbefreiung nach den Absätzen 1 und 2 setzt voraus, dass die Anlagebedingungen nur eine Rückgabe von Investmentanteilen an den Investmentfonds zulassen und die Übertragung von Investmentanteilen ausgeschlossen ist.

(4) Die Anleger haben ihre Steuerbefreiung gegenüber dem Investmentfonds nachzuweisen. Zum Nachweis der Steuerbefreiung hat

1. *ein Anleger nach Absatz 1 Nummer 1* eine gültige Bescheinigung nach § 9 Absatz 1 Nr. 1 oder Nr. 2 an den Investmentfonds zu übermitteln und
2. der Anbieter eines Altersvorsorge- oder Basisrentenvertrags gegenüber dem Investmentfonds mitzuteilen, dass er die Investmentanteile ausschließlich im Rahmen von Altersvorsorge- und Basisrentenverträgen erwirbt.

(5) Bei der Auszahlung von Kapitalerträgen an steuerbefreite Investmentfonds oder Anteilklassen ist kein Steuerabzug vorzunehmen.

Infolge dieser Änderung müssten u. a. die §§ 9 bis 14 InvStG redaktionell angepasst werden. § 10 InvStG in seiner jetzigen Form würde gestrichen und im Wesentlichen durch den wie vorstehend neu gefassten § 8 InvStG ersetzt.

In § 12 Abs. 1 InvStG sollte die Formulierung aus Rn. 12.4 des InvStE bezüglich der Wiederanlage des Befreiungsbetrages im Fondsvermögen aufgenommen werden, weil für eine Auszahlung des Befreiungsbetrages kein Bedürfnis besteht, sofern sich ausschließlich steuerbegünstigte Anleger beteiligen dürfen. Es ist davon auszugehen, dass die Zuführung zum Fondsvermögen den Regelfall darstellen würde, da es mit wesentlich weniger Aufwand für die KVG und die

Verwahrstelle verbunden ist, wenn keine Überweisungen an einzelne Anleger erfolgen müssen (Änderungen des Verfassers unterstrichen und kursiv):

§ 12 Leistungspflicht gegenüber steuerbegünstigten Anlegern

(1) Der Investmentfonds hat den steuerbegünstigten Anlegern einen Betrag in Höhe der aufgrund *des* ~~der~~ §§ 8 ~~und 10~~ nicht erhobenen Steuer und der nach § 7 Absatz 5 oder nach § 11 Absatz 1 Satz 1 Nummer 2 erstatteten Steuer (Befreiungsbetrag) auszuzahlen *oder ohne Ausgabe neuer Investmentanteile dem Fondsvermögen zuzuführen*. [...]

III. Zusammenfassung zu § 7

Ein Verfahren, das die Steuerbefreiung steuerbefreiter Anleger auch für die Fondsanlage gewährleistet, ist wichtig, um die Fondsanlage gegenüber der Direktanlage nicht zu benachteiligen. Fondsanlagen sind gerade für steuerbefreite Anleger ein wichtiges Instrument, um sich auch mit kleineren Investitionssummen vollständig auf sie abgestimmte Anlagestrategien einzukaufen. Dies könnte vielfach nicht gewährleistet werden, wenn diese Anleger zur Vermeidung steuerlicher Nachteile auf fremdverwaltete Direktanlagen in Form von Einzeltitelportfolios zurückgreifen müssten, da viele Banken und Vermögensverwalter ihre Einstiegsschwellen im Zuge des regulatorischen Mehraufwands der letzten Jahre erhöht haben.

Zwei Verfahren, um dies zu gewährleisten, sollten jedoch nicht erforderlich sein. Wie aufgezeigt, ist der wirtschaftliche Nachteil durch die zusätzliche Steuerbelastung auf Fondsebene sehr gering. Vielfach dürften die Wertschwankungen, denen die Vermögensgegenstände des Investmentfonds unter normalen Marktbedingungen unterliegen, gravierender sein und sich deutlicher auf die Wertentwicklung des Fonds auswirken. Man könnte daher sogar geneigt sein, die Steuerbefreiung auf Fondsebene gänzlich in Frage zu stellen. Der hohe Abwicklungsaufwand, den das Verfahren nach § 8 InvStG mit sich bringt, rechtfertigt den geringen steuerlichen Nachteil jedoch keinesfalls, da es viel manuellen Aufwand bei allen Beteiligten erfordert und so dem Charakter der Investmentfondsbesteuerung als Massenverfahren grundsätzlich entgegenläuft.

Verschärft wird die Thematik durch das Erfordernis zur Berücksichtigung von § 36a EStG auf Ebene des Investmentfonds. Mit § 36a EStG entfaltet eine Norm im Rahmen des InvStG Wirkung, die in ihren einzelnen Ausprägungen sehr komplex ist, wenn es bspw. um die Konkretisierung des Wertveränderungsrisikos unter Einsatz von Absicherungsgeschäften oder um die Zurechnung solcher Geschäfte bei nahestehenden Personen geht. Schwer beherrschbar ist dies vor allem für die handelnden Personen in den Gremien steuerbefreiter Anleger, die teilweise keine oder nur wenig steuerliche Vorkenntnisse haben. Eindeutig erkennbar ist in § 36a EStG und den ihn begleitenden Vorschriften der Charakter als Missbrauchsvermeidungsvorschriften, die das InvStG insgesamt weniger gestaltungsanfällig machen sollen. Wie aufgezeigt, bieten sich trotzdem auch weiterhin Möglichkeiten, Steuerbefreiungen zu Umgehungszwecken nutzbar zu machen.

Daher sollte auf das Verfahren der anteiligen Steuerbefreiung nach § 8 InvStG vollständig verzichtet werden. Steuerbefreite Anleger sollten sich auf vollständig steuerbefreite Investmentfonds konzentrieren, sofern sie nicht bereit sind, den geringen steuerlichen Nachteil aufgrund anderer Gründe in Kauf zu nehmen. Große steuerbefreite Anleger sollten künftig prüfen, ob ein Investmentfonds, der in seinen Anlagebedingungen ausschließlich steuerbefreite Anleger zulässt, nicht einem Spezialinvestmentfonds i. S. d. § 26 InvStG mit ausgeübter Transparenzoption vorzuziehen ist, weil bei ersterem insbesondere die Einschränkungen des § 26 Nr. 4 InvStG nicht bestehen und damit ein breiteres Anlageuniversum bei gleicher steuerlicher Behandlung gegeben ist.[338]

---

338 So *Boxberger* in Weitnauer/Boxberger/Anders KAGB, § 10 InvStG Rn. 5; zum engeren Wertpapierbegriff des § 26 Nr. 4 InvStG am Bsp. von Genussrechten einer Luxemburger Verbriefungsgesellschaft siehe *Stadler/Lechner*, DB 2018, 218. Ausführlich unten, § 10 III.

§ 8 Besteuerung der Anleger eines Investmentfonds

Neben der grundlegenden Änderung der Besteuerung auf Fondsebene hat sich durch das InvStRefG auch die Besteuerung der Anleger grundlegend geändert. Die Erträge aus Investmentfonds unterfallen als Einkünfte aus Kapitalvermögen dem neu eingeführten § 20 Abs. 1 Nr. 3 EStG und nicht mehr § 20 Abs. 1 Nr. 1 EStG. Der Anleger wird gem. § 16 Abs. 1 InvStG auf Basis von Ausschüttungen, Veräußerungsgewinnen und der neu eingeführten Vorabpauschale besteuert. Dabei verweist § 16 Abs. 1 InvStG zur Definition der Ausschüttungen auf § 2 Abs. 11 InvStG, für die Vorabpauschale auf § 18 InvStG und für die Veräußerungsgewinne auf § 19 InvStG als maßgebende Normen.

I. Ausschüttungen

1. Erfasste Beträge

Ausschüttungen sind gem. § 2 Abs. 11 InvStG die dem Anleger gezahlten oder gutgeschriebenen Beträge einschließlich des Steuerabzugs auf den Kapitalertrag. Beim Privatanleger unterliegen Ausschüttungen und Vorabpauschalen gem. § 43 Abs. 1 Nr. 5 EStG, § 43a Abs. 1 S. 1 Nr. 1 EStG dem KapESt-Abzug i. H. v. 25 % zzgl. SolZ. Investmenterträge zählen gem. § 20 Abs. 6 EStG bei betrieblichen Anlegern zu den Betriebseinnahmen. Hier sind die Einkünfte durch Betriebsvermögensvergleich nach § 4 Abs. 1 EStG oder durch Einnahmenüberschussrechnung nach § 4 Abs. 3 EStG zu ermitteln. § 3 Nr. 40 EStG und § 8b KStG sind gem. § 16 Abs. 3 InvStG nicht anzuwenden. Diese werden in pauschalierter Form durch die Steuerbefreiung in Form der Teilfreistellung nach § 20 InvStG nachempfunden.[339]

Als Ausschüttung gelten neben Barausschüttungen auch die Wiederanlage der Erträge unter Ausgabe neuer Anteile und ggf. auch Sachausschüttungen.[340] Im Gegensatz zum InvStG 2004 kommt es nicht mehr darauf an, aus welchen Ertragsbestandteilen eine Ausschüttung besteht,[341] was wesentlich zur Vereinfachung der Anlegerbesteuerung beiträgt. Grundgedanke hinter dieser sehr weitgehenden Vereinfachung ist, dass die Besteuerung des Anlegers aufgrund

---

339 *Remmel* in Herrmann/Heuer/Raupach EStG/KStG, § 20 InvStG Rn. 1. Ausführlich unten, § 9 II.

340 BMF vom 21.5.2019, Az. IV C 1 – S 1980-1/16/10010 :001, BStBl. I 2019, 527, Rn. 2.44; vgl. zur aufsichtsrechtlichen Möglichkeit der Sachauskehr bei OGAW und Spezial-AIF aufgrund von § 98 KAGB *Bauerfeind*, GWR 2018, 192.

341 Ausführlich *Rhodius/Lofing*, KapESt/AbgSt 2019, 74 ff.

von vier Kennzahlen (Höhe der Ausschüttung, Rücknahmepreis am Anfang und Ende des Kalenderjahres sowie die Angabe, ob es sich um einen Aktien-, Misch-, Immobilien- oder einen sonstigen Investmentfonds handelt) ohne Mitwirkung der Fondsgesellschaft erfolgen können soll, um den Anforderungen eines Massenbesteuerungsverfahrens gerecht zu werden.[342] Es soll verhindert werden, dass das alte Verfahren in Teilen wieder auflebt und ermittelt werden muss, aus welchen Ertragsbestandteilen sich eine Ausschüttung zusammensetzt.

Eine Folge dieser Vereinfachung ist, dass auch die Substanzauskehr unter den Begriff der Ausschüttung fällt,[343] da das Gesetz auf die gutgeschriebenen *Beträge* und nicht auf *Erträge* abstellt.[344] Um die Besteuerung der Subtanzauskehr wieder auszugleichen, wird der Anleger auf die Möglichkeit der Rückgabe seiner Fondsanteile verwiesen, wo sie im Rahmen der Versteuerung des Veräußerungserlöses Berücksichtigung findet.[345] Dies kann im Einzelfall zu einem erheblichen Stundungseffekt zu Gunsten des Fiskus führen, da zwischen zu versteuernder Ausschüttung (Substanzauskehr) und der Veräußerung des Fondsanteils ein erheblicher Zeitraum liegen kann, in dem der Anleger in Vorleistung tritt.[346]

Eine Ausnahme zu der grundsätzlichen Steuerpflicht sämtlicher Ausschüttungen regelt § 17 Abs. 1 InvStG während der Abwicklung/Liquidation eines Investmentfonds für einen Zeitraum von maximal fünf Jahren, § 17 Abs. 1 S. 4 InvStG.[347] Während Ausschüttungen hier zunächst steuerfrei waren, soweit sie keine Wertzuwächse des vorangegangenen Jahres enthielten und der KapESt-Abzug bei unterjährigen Ausschüttungen für alle Anleger gleichermaßen galt,[348] hat der Gesetzgeber § 17 Abs. 1 InvStG durch das JStG 2019 neu gefasst

342 Gesetzesbegründung zum InvStRefG, BT-Drucks. 18/8045, 85.

343 *Stadler/Bindl*, DStR 2016, 1953, 1958; *Delp*, DB 2017, 447, 449; *Helios/Mann*, DB, Sonderausgabe 01/2016, 1, 13; *Lechner*, RdF 2016, 208, 214.

344 *Mann* in Brandis/Heuermann, § 16 InvStG Rn. 2; wobei allerdings auch hierauf die Teilfreistellung nach § 20 InvStG anzuwenden ist, *Remmel* in Herrmann/Heuer/Raupach EStG/KStG, § 20 InvStG Rn. 5.

345 Gesetzesbegründung zum InvStRefG, BT-Drucks. 18/8045, 89. Vgl. dazu auch *Fischer*, NWB 2018, 163, 164.

346 Kritisch auch *Bindl/Mager*, BB 2016, 2711, 2715; *Helios/Mann*, DB, Sonderausgabe 01/2016, 1, 13, da der Anleger in Fällen, in denen es sich nicht um einen Fall des § 17 InvStG handelt und keine Möglichkeit der Rückgabe der Fondsanteile an die Fondsgesellschaft besteht, eine endgültige Belastung der Ausschüttung zu tragen hat.

347 Zur zentralen Funktion der Verwahrstelle bei Abwicklung eines Investmentfonds vgl. *Kraushaar*, WM 2016, 1377; zur steuerlichen Behandlung der Liquidation durch Rückgabe aller Anteile und Auskehrung des Vermögens ohne dass die Verwaltungsgesellschaft ihre Verwaltungsbefugnis verliert, siehe *Jansen/Greger*, BB 2018, 1243, 1247.

348 Gem. § 17 Abs. 1 S. 1 InvStG in der bis zum 31.12.2019 geltenden Fassung galt eine Begrenzung der steuerpflichtigen Ausschüttungen auf den Wertzuwachs während des Kalenderjahres. Zur Ermittlung dieses Wertzuwachses sollte der

und führt eine anlegerindividuelle Berücksichtigung der Anschaffungskosten ein. Die Ausschüttungen eines Kalenderjahres sollen nach § 17 Abs. 1 InvStG nur noch insoweit als steuerfreie Kapitalrückzahlung gelten, als der letzte in dem betreffenden Kalenderjahr festgesetzte Rücknahmepreis die fortgeführten Anschaffungskosten (bei Alt-Anteilen die fiktiven Anschaffungskosten gem. § 56 Abs. 2 S. 2 und S. 3 InvStG, im Übrigen die tatsächlichen Anschaffungskosten) des jeweiligen Anlegers unterschreitet. Damit soll verhindert werden, dass ein Anleger, der zu einem niedrigeren Anteilswert eingestiegen ist, von steuerfreien Ausschüttungen, die über seine Anschaffungskosten hinausgehen, profitieren kann bzw. es zu negativen Anschaffungskosten kommen kann.[349] Auf diese Weise kommt es nur zu steuerfreien Kapitalrückzahlungen, soweit die Ausschüttung die Anschaffungskosten, vermindert um den NAV zum Jahresende, übersteigt.[350] Die Anschaffungskosten der Investmentanteile sind entsprechend zu verringern, § 17 Abs. 3 InvStG.

Mit § 17 InvStG hat der Gesetzgeber sich dem Erfordernis angepasst, die laufenden Abwicklungen der ehemals offenen Immobilienfonds nicht über Gebühr zu Lasten der Anleger mit Steuern zu belegen. Die Vorschrift bildet im Prinzip genau diesen Fall ab, da hier über einen längeren Zeitraum zum Teil sehr große Portfolien von Immobilien auf dem Markt veräußert werden mussten. Im Falle eines einfachen Wertpapierfonds kann die Abwicklung häufig innerhalb weniger Tage erfolgen, da oft bereits vor Beginn der Liquidationsphase die Vermögenswerte verkauft und die Erlöse ausgekehrt sind.[351]

2. Stellungnahme

Es stellt sich die Frage, ob die Vereinfachung, nach der sämtliche Ausschüttungen i. S. v. § 2 Abs. 11 InvStG grundsätzlich steuerpflichtig sind, nicht zu weit geht. Schließlich wird in § 17 InvStG dargestellt, wie es ohne Ermittlung einzelner Geschäftsvorfälle auf Ebene des Investmentfonds[352] möglich ist, zwischen einer steuerfreien Subtanzausschüttung und einem steuerpflichtigen Wertzuwachs zu unterscheiden. Es ist nicht nachvollziehbar, warum dies nur während der Liquidationsphase gelten soll. Vielmehr erscheint es durchaus plausibel, diesen

---

Rücknahmepreis am Ende des Jahres mit den Ausschüttungen addiert werden. Der Betrag, um den der so ermittelte Wert den ersten Rücknahmepreis des Jahres überstieg, war der Wertzuwachs, vgl. Gesetzesbegründung zum InvStRefG, BT-Drucks. 18/8045, 87, f. So auch noch enthalten in BMF vom 21.5.2019, Az. IV C 1 – S 1980-1/16/10010 :001, BStBl. I 2019, 527, Rn. 17.1.

349 *Hagen/Schober*, BB 2019, 1693, 1695 mit Berechnungsbeispiel.

350 Zustimmend *Hensel*, RdF 2019, 204, 208.

351 Kritisch *Stadler/Mager*, DStR 2016, 697, 701, da die Vorschrift damit häufig ins Leere laufen dürfte und im Rahmen des § 17 InvStG keine bereits versteuerten Vorabpauschalen berücksichtigt werden.

352 Gesetzesbegründung zum InvStRefG, BT-Drucks. 18/8045, 85.

Gedanken auch auf gewöhnliche Ausschüttungen eines Investmentfonds anzuwenden. Dafür spricht auch, dass § 17 InvStG unterjährig im Rahmen des fortlaufenden KapESt-Abzugs nicht berücksichtigt wird und damit alle Ausschüttungen zunächst der KapESt unterliegen.[353] Erst nach Ablauf des Jahres sind alle für die Berechnung des steuerpflichtigen Wertzuwachses erforderlichen Daten verfügbar. Zu viel einbehaltene KapESt ist dann durch die auszahlende Stelle an den Anleger zu erstatten. So könnte ohne weiteres auch bei nicht in Liquidation befindlichen Fonds verfahren werden.

Dafür würde auch sprechen, dass im Übrigen bei einem Gesellschafter einer unbeschränkt steuerpflichtigen Körperschaft die Rückgewähr einer offenen oder verdeckten Einlage nicht zu einem steuerpflichtigen Ertrag führt, wenn dafür Beträge aus dem steuerlichen Einlagekonto i. S. d. § 27 KStG als verwendet gelten. Hierfür ist auch keine KapESt einzubehalten. Steuerlich gilt die Leistung dann als Kapitalrückzahlung, die vom Beteiligungsbuchwert abzuziehen ist.[354]

§ 2 Abs. 11 InvStG sollte daher im Hinblick auf die in diesem Fall fehlende Steuerbefreiung für Substanzausschüttungen und in Anlehnung an § 17 InvStG wie folgt angepasst werden. § 17 InvStG in seiner jetzigen Form wäre damit obsolet und könnte gestrichen werden. (Änderungen des Verfassers unterstrichen und kursiv):

> [...] (11) Ausschüttungen sind die dem Anleger gezahlten oder gutgeschriebenen Beträge einschließlich des Steuerabzugs auf den Kapitalertrag*, soweit sie nicht als steuerfreie Kapitalrückzahlung gelten. Eine steuerfreie Kapitalrückzahlung liegt vor, soweit der letzte in diesem Kalenderjahr festgesetzte Rücknahmepreis die fortgeführten Anschaffungskosten unterschreitet. Maßgeblich für die Zwecke des Satzes 1 sind bei bestandsgeschützten Alt-Anteilen die fiktiven Anschaffungskosten nach § 56 Absatz 2 Satz 2 und 3. Im Übrigen ist auf die tatsächlichen Anschaffungskosten abzustellen. Die Anschaffungskosten eines Investmentanteils sind um die Ausschüttungen, die nach S. 1 nicht zu den Erträgen gehören, zu mindern.* [...]

II. Vorabpauschale

Die Vorabpauschale ersetzt im InvStG 2018 die ausschüttungsgleichen Erträge des InvStG 2004.[355] Sie trägt dem Umstand Rechnung, dass Investmentfonds im Anwendungsbereich des InvStG 2018 grundsätzlich intransparent sind und nur eine Cashflow-Besteuerung[356] der Erträge auf Ebene des Anlegers erfolgt.[357] Bei

353 *Wenzel* in Brandis/Heuermann, § 17 InvStG Rn. 13.

354 *Häuselmann/Teufel* in Lüdicke/Sistermann UntStR, § 8 Rn. 115.

355 *Delp*, DB 2017, 447, 449; *Helios/Mann*, DB, Sonderausgabe 01/2016, 1, 14; *Lechner*, RdF 2016, 208, 214.

356 *Helios/Mann*, DB, Sonderausgabe 01/2016, 1, 13 mit Verweis auf BR-Drucks. 199/16, 98, in der die Bedenken gegen eine reine Cashflow-Besteuerung ausführlich dargestellt werden.

357 *Buge/Bujotzek/Steinmüller*, DB 2016, 1594, 1597.

der Vorabpauschale handelt es sich um eine jährliche nachträgliche Mindestbesteuerung in Höhe des risikolos erzielbaren Marktzinses, während der Anleger in einem Fonds investiert ist, auch wenn keine Ausschüttung aus dem Fonds erfolgt.[358] Durch sie hat der Gesetzgeber eine Möglichkeit geschaffen, die fiskalisch unerwünschte dauerhafte Thesaurierung der Erträge zu verhindern und die zu versteuernden Erträge trotzdem relativ einfach und ohne Mitwirkung der Fondsgesellschaft zu ermitteln.[359]

1. Ermittlung der Vorabpauschale

Die Vorabpauschale ist nach § 18 Abs. 1 S. 1 InvStG der Betrag, um den die Ausschüttungen den Basisertrag eines Investmentfonds unterschreiten. Wie bereits erwähnt, soll der Anleger, während er in einem Investmentfonds investiert ist, stets Erträge in Höhe einer risikolosen Marktverzinsung versteuern, damit es nicht zu einer dauerhaften Thesaurierung (aller) Erträge des Investmentfonds kommt.[360]

Zur Ermittlung der risikolosen Marktverzinsung ist zunächst der Basisertrag zu ermitteln. Dieser berechnet sich gem. § 18 Abs. 1 S. 2 und 3 InvStG auf Basis des Rücknahmepreises[361] eines Fondsanteils am Kalenderjahresanfang, multipliziert mit 70 % des Basiszinses gem. § 18 Abs. 4 InvStG,[362] begrenzt auf

---

358 *Kral/Watzlaw*, BB 2018, 2717; *Mann* in Weitnauer/Boxberger/Anders KAGB, § 18 InvStG Rn. 1; *Wenzel* in Brandis/Heuermann, § 18 InvStG Rn. 11.

359 *Remmel* in Herrmann/Heuer/Raupach EStG/KStG, § 18 InvStG Rn. 1; *Kral/Watzlaw*, BB 2018, 2717; *Lechner*, RdF 2016, 208, 214.

360 *Wenzel* in Brandis/Heuermann, § 18 InvStG Rn. 1.

361 Sofern kein Rücknahmepreis festgesetzt wird, ist auf den Börsen- oder Markpreis abzustellen, § 18 Abs. 1 S. 4 InvStG. Dies kann bei ETFs häufig der Fall sein, *Kral/Watzlaw*, BB 2018, 2717, 2718. Nach Auffassung der Finanzverwaltung ist auch auf den Börsen- oder Marktpreis abzustellen, wenn nicht mindestens monatlich fortlaufend ein Rücknahmepreis veröffentlicht wird, BMF vom 21.5.2019, Az. IV C 1 – S 1980-1/16/10010 :001, BStBl. I 2019, 527, Rn. 18.8.

362 Dieser wird gem. § 18 Abs. 4 S. 1 InvStG von der Deutschen Bundesbank anhand der Zinsstrukturdaten auf den ersten Börsentag des Jahres ermittelt und beträgt für die Vorabpauschale für das Jahr 2020, die am 4.1.2021 als zugeflossen gilt, 0,07 %, vgl. BMF vom 29.1.2020, Az. IV C 1 – S 1980-1/19/10038 :001, BStBl. I 2020, 218. Für die Jahre 2021 und 2022 wird keine Vorabpauschale erhoben, BMF vom 6.1.2021, Az. IV C 1 – S 1980-1/19/10038 :004, BStBl. I 2021, 56; BMF vom 7.1.2022, IV C 1 – S 1980-1/19/10038 :005, BStBl. I 2022, 122. Zunächst war im Rahmen des § 18 Abs. 3 InvStG ein Verweis auf § 203 BewG enthalten, der unter Berücksichtigung der ErbSt-Reform (Regierungsentwurf zum ErbStRefG, BT-Drucks. 18/5923) eine Verzinsung von 3,5 % bis maximal 5,5 % ermöglicht hätte, *Helios/Mann*, DB, Sonderausgabe 01/2016 2016, 1, 15; *Remmel* in Herrmann/Heuer/Raupach EStG/KStG, § 18 InvStG Rn. 25. Die Einführung des gesondert festzulegenden Basiszinssatzes ist angesichts des realen Niedrigzinsumfelds sehr zu begrüßen, *Buge/Bujotzek/Steinmüller*, DB 2016, 1594, 1597.

die Wertsteigerung während des Kalenderjahres zuzüglich der Ausschüttungen innerhalb des Kalenderjahres. Der Basisertrag abzüglich der Ausschüttungen ergibt sodann die Vorabpauschale, sofern der Wert positiv ist.[363] Dabei sollen durch die Kürzung des Basiszinssatzes um 30 % die Verwaltungskosten auf Ebene des Fonds pauschal Berücksichtigung finden.[364] Ausschüttungen mindern die Vorabpauschale ggf. bis auf null. Maßgeblicher Zeitpunkt der Ausschüttung ist der Ex-Tag, also der Tag, an dem die Ausschüttung den Rücknahmepreis des Fonds mindert.[365]

Es erfolgt auch keine Ermittlung einer negativen Vorabpauschale.[366] Bei einer negativen Wertentwicklung des Fonds ist der Ansatz der Vorabpauschale ausgeschlossen.[367] Wird der Investmentfonds unterjährig erworben, wird die Vorabpauschale für jeden vollen Monat vor dem Erwerbszeitpunkt um 1/12 verringert, § 18 Abs. 2 InvStG.

Dem Anleger fließt die Vorabpauschale für das vorangegangene Kalenderjahr jeweils am ersten Werktag des darauffolgenden Kalenderjahres zu, § 18 Abs. 3 InvStG, so dass die Vorabpauschale erstmals ab dem 1.1.2019 angesetzt und versteuert wurde. Da zu Beginn des Jahres der Sparerpauschbetrag bei den meisten Anlegern noch unangetastet ist, dürfte sich auch in vielen Fällen die Erhebung der KapESt auf die Vorabpauschale nicht in der Liquidität des Anlegers auf dem Konto auswirken.[368] Bei vorheriger Veräußerung der Investmentanteile erfolgt kein Ansatz der Vorabpauschale, da der Anleger in diesem Fall die Wertsteigerung im Rahmen des Verkaufs versteuert.[369]

---

363 Ausführlich zur Ermittlung der Vorabpauschale vgl. u. a. *Stadler/Bindl*, DStR 2016, 1953, 1958; *Mann* in Weitnauer/Boxberger/Anders KAGB, § 18 InvStG Rn. 5; *Kral/Watzlaw*, BB 2018, 2717, 2719.

364 Gesetzesbegründung zum InvStRefG, BT-Drucks. 18/8045, 88.

365 Jedoch mit verbleibendem Interpretationsspielraum, vgl. *Herr/Stiefel*, DStR 2019, 908, 909.

366 *Mann* in Weitnauer/Boxberger/Anders KAGB, § 18 InvStG Rn. 4; *Wenzel* in Brandis/Heuermann, § 18 InvStG Rn. 11 f.

367 *Buge/Bujotzek/Steinmüller*, DB 2016, 1594, 1597; *Delp*, DB 2017, 447, 449.

368 BMF vom 21.5.2019, Az. IV C 1 – S 1980-1/16/10010 :001, BStBl. I 2019, 527, Rn. 18.12. Zunächst war hier der Zufluss zum Jahresende geplant. Auf Empfehlung des Finanzausschusses des Bundestages wurde der Zuflusszeitpunkt jedoch wie dargestellt verschoben, vgl. hierzu auch *Mann* in Weitnauer/Boxberger/Anders, KAGB, § 18 InvStG Rn. 6.

369 *Wenzel* in Brandis/Heuermann, § 18 InvStG Rn. 22; *Kral/Watzlaw*, BB 2018, 2717, 2719, die darauf hinweisen, dass sich dies lediglich aus der Gesetzesbegründung ergibt und als neuer § 18 Abs. 2 S. 2 InvStG in das Gesetz aufgenommen werden sollte.

2. Erhebung der Vorabpauschale

Der Gläubiger der Kapitalerträge hat der zum Steuerabzug verpflichteten Bank die Liquidität zur Verfügung zu stellen, die zum Abzug der anfallenden KapESt erforderlich ist.[370] Beim Girokonto kann die Einziehung ohne Einwilligung des Kontoinhabers bzw. Gläubigers der Kapitalerträge erfolgen, § 44 Abs. 1 S. 8 EStG, was auch bei unbaren steuerpflichtigen Kapitalmaßnahmen in der Direktanlage gilt. Die Einwilligung des Kontoinhabers soll hier nicht erforderlich sein, da insbesondere im Massenverfahren des KapESt-Abzugs eine Meldung an das Betriebsstättenfinanzamt einen unverhältnismäßig hohen Aufwand bedeuten würde.[371]

Um ungewollten Zinsaufwand durch Inanspruchnahme des Kontokorrentkredits zu vermeiden, steht dem Anleger die Möglichkeit offen, dem KapESt-Abzug mit Wirkung für die Zukunft zu widersprechen.[372] Ein nachträglicher Widerspruch mit einer Erstattung bereits abgeführter KapESt ist nicht vorgesehen.[373] Soweit ein Kontokorrentkredit noch nicht in Anspruch genommen ist und der Kontoinhaber vor Zufluss der Kapitalerträge nicht widersprochen hat, kann gem. § 44 Abs. 1 S. 9 EStG auch dieser in Anspruch genommen werden. Kann die KapESt nicht erhoben werden, hat die depotführende Stelle gem. § 44 Abs. 1 S. 11 EStG eine Meldung an das Betriebsstättenfinanzamt vorzunehmen.[374] Das Finanzamt fordert in diesen Fällen die nicht erhobene KapESt beim Anleger nach.

Der Anleger hat die Erträge, die nicht dem KapESt-Abzug unterlegen haben, gem. § 32d Abs. 3 S. 1 EStG in seiner Veranlagung zu deklarieren. Sofern dies nicht geschieht, kann der Tatbestand der Steuerhinterziehung i. S. v. § 370 Abs. 1 Nr. 2 AO erfüllt sein.[375]

Bei zertifizierten Altersvorsorge- oder Basisrentenverträgen werden gem. § 16 Abs. 2 S. 1 InvStG keine Investmenterträge angesetzt, um die Altersvorsorge nicht zu beeinträchtigen.[376] Ferner wird keine Vorabpauschale angesetzt, wenn die Anteile im Rahmen der betrieblichen Altersvorsorge, von Versicherungsunternehmen im Rahmen bestimmter Rentenversicherungen und fondsgebundener

---

370 *Remmel* in Herrmann/Heuer/Raupach EStG/KStG, § 18 InvStG Rn. 1.

371 Beschlussempfehlung und Bericht des Finanzausschusses vom 8.6.2016 zu dem Gesetzentwurf der Bundesregierung BT-Drucks. 18/8045, 18/8345, 18/8461 Nr. 1.6, BT-Drucks. 18/8739,120.

372 *Mann* in Weitnauer/Boxberger/Anders KAGB, § 18 InvStG Rn. 7.

373 Beschlussempfehlung und Bericht des Finanzausschusses vom 8.6.2016 zu dem Gesetzentwurf der Bundesregierung BT-Drucks. 18/8045, 18/8345, 18/8461 Nr. 1.6, BT-Drucks. 18/8739,116.

374 Gesetzesbegründung zum InvStRefG, BT-Drucks. 18/8045, 138.

375 Insbesondere wenn der Steuerpflichtige die Aufforderung der Finanzverwaltung zur Angabe der unbaren Kapitalerträge in der Einkommensteuererklärung abwartet (§ 370 Abs. 2 AO), *Kral/Watzlaw*, BB 2018, 2717, 2721.

376 *Patzner/Nagler*, IStR 2016, 725, 728.

Lebensversicherungen oder von Kranken- und Pflegeversicherungsunternehmen zur Sicherung von Alterungsrückstellungen gehalten werden, § 16 Abs. 2 S. 2 InvStG.[377] Hier bestanden zunächst noch die oben erwähnten Unsicherheiten in Bezug auf einzelne Durchführungswege.[378] Die Finanzverwaltung hat jedoch inzwischen unter Nennung einzelner Einrichtungen klargestellt, dass bei allen Durchführungswegen der betrieblichen Altersvorsorge keine Vorabpauschale angesetzt wird.[379]

Der Hauptkritikpunkt in Bezug auf die Vorabpauschale richtet sich auf deren Erhebung beim Anleger, da hier erhebliche praktische Probleme gesehen werden.[380] So soll insbesondere der fehlende Liquiditätszufluss enorme praktische Bedeutung haben. Zu denken ist hier bspw. an die Vielzahl von Meldungen der depotführenden Stellen, die im Falle eines massenhaft ausgesprochenen Widerspruchs gegen die Inanspruchnahme oder Ausweitung eines Kontokorrentkredits erfolgen könnten. Auf Seiten der depotführenden Stellen wie auch auf Seiten der Finanzverwaltung bedeutet dies eine Befassung mit einer Vielzahl von Einzelfällen, die an sich effizient im Wege des automatischen KapESt-Abzuges abgehandelt werden sollten.[381]

3. Anrechnung auf den Veräußerungsgewinn

Die während der Besitzzeit eines Investmentfonds durch den Anleger so bereits versteuerten Vorabpauschalen sind bei Veräußerung von Fondsanteilen gem. § 19 Abs. 1 S. 3 InvStG gewinnmindernd zu berücksichtigen, um eine übermäßige Besteuerung zu verhindern.[382] Die Vorabpauschale ist stets in vollem Umfang gewinnmindernd zu berücksichtigen. Dies gilt also auch, sofern der Veräußerungsgewinn aufgrund der Teilfreistellung gem. § 20 InvStG gar nicht der vollen Besteuerung unterliegt oder die Vorabpauschale bspw. aufgrund eines noch nicht ausgeschöpften Sparerpauschbetrages nicht zu einer steuerlichen Belastung des Anlegers geführt hat.[383]

---

377 Zu den Konsequenzen für Lebens- und Krankenversicherungsunternehmen vgl. *Stadler/Bindl*, DStR 2016, 1953, 1959; ausführlich zur betrieblichen Altersvorsorge *Jansen/Greger*, RdF 2017, 138, 142 ff.; *Ernst*, BB 2017, 2723.

378 Vgl. *Jansen/Greger*, BB 2018, 1243, 1244.

379 Unter ausdrücklicher Nennung von CTA-Modellen und Direktzusagen vgl. BMF vom 21.5.2019, Az. IV C 1 – S 1980-1/16/10010 :001, BStBl. I 2019, 527, Rn. 16.12 f.

380 Vgl. dazu insbesondere *Kral/Watzlaw*, BB 2018, 2717, 2722.

381 Daher für eine reine Cashflow-Besteuerung ohne Besteuerung unbarer Erträge *Kral/Watzlaw*, BB 2018, 2717, 2721.

382 BMF vom 21.5.2019, Az. IV C 1 – S 1980-1/16/10010 :001, BStBl. I 2019, 527, Rn. 19.4.

383 BMF vom 21.5.2019, Az. IV C 1 – S 1980-1/16/10010 :001, BStBl. I 2019, 527, Rn. 19.5, es sei denn, die Investmentanteile wurden im Ausland verwahrt und es ist infolgedessen ein KapESt-Abzug erfolgt. Zur Wechselwirkung von Vorabpauschale und Teilfreistellung ausführlich *Herr/Stiefel*, DStR 2019, 908.

4. Stellungnahme

Die Vereinfachung, welche die Vorabpauschale mit sich bringt, ist sehr zu begrüßen und überwiegt nach Ansicht des Verfassers die möglichen Nachteile deutlich. Die Vereinfachungen betreffen mehrere Bereiche, wirken sich aber insbesondere für den Anleger positiv aus.

Im Gegensatz zur bis 31.12.2017 geltenden Rechtslage müssen keine in den ausschüttungsgleichen Erträgen enthaltenen Ertragsbestandteile mehr ermittelt werden.[384] Für den Zufluss beim Anleger kommt es auch nicht mehr auf das Geschäftsjahresende des Investmentfonds an.[385] Vielmehr wird bei allen Fonds einheitlich der Zufluss der Vorabpauschale am ersten Werktag eines Kalenderjahres rückwirkend für das vergangene Kalenderjahr fingiert und als Investmentertrag i. S. v. § 20 Abs. 1 Nr. 3 EStG dem KapESt-Abzug unterworfen.[386] Hier wird wie erwähnt zunächst der Sparerpauschbetrag verrechnet, so dass die Vorabpauschale in vielen Fällen keine Auswirkung auf die Liquidität des Anlegers haben wird.[387]

Eine zusätzliche erhebliche Vereinfachung im Vergleich zum alten Recht ergibt sich dadurch, dass die Vorabpauschale durch die depotführenden Stellen bei inländischen und ausländischen Fonds mit Inlandsverwahrung gleichermaßen erhoben wird. Hierdurch entfallen bei der Anlage in ausländische thesaurierende Investmentfonds die Fälle der Pflichtveranlagung nach § 32d Abs. 3 S. 1 EStG, weil die ausschüttungsgleichen Erträge hier während der Haltedauer des Fonds noch keinem KapESt-Abzug unterlegen haben.[388] Korrespondierend entfällt der früher gem. § 5 Abs. 1 Nr. 4 InvStG 2004 für die gesamte Haltedauer vorgenommene KapESt-Abzug auf die ausschüttungsgleichen Erträge bei Verkauf, der zunächst zu einer doppelten Steuerbelastung beim Anleger führte, wenn dieser seine ausschüttungsgleichen Erträge während der Haltedauer bereits ordnungsgemäß versteuert hatte.[389] Der Anleger konnte nur durch den Nachweis, dass er die Erträge bereits versteuert hatte, eine Erstattung bzw. Anrechnung der einbehaltenen KapESt erreichen. Aufgrund der erheblichen Komplexität der Besteuerung von Kapitalerträgen ist zu befürchten, dass auch steuerlich beratene Anleger dies vielfach versäumt haben und daher künftig bessergestellt sind.

Ferner entfällt auch die Berechnung und das Bereitstellen der Steuerliquidität durch inländische thesaurierende Investmentfonds. Diese haben bis 31.12.2017 die voraussichtlich von den Anlegern abzuführende KapESt berechnet und den Anlegern auf ihren Konten bereitgestellt, damit der KapESt-Abzug auf Ebene der

---

384 *Remmel* in Herrmann/Heuer/Raupach EStG/KStG, § 18 InvStG Rn. 1.
385 *Mann* in Weitnauer/Boxberger/Anders KAGB, § 18 InvStG Rn. 6.
386 BMF vom 29.1.2020, Az. IV C 1 – S 1980-1/19/10038 :001, BStBl. I 2020, 218.
387 BMF vom 21.5.2019, Az. IV C 1 – S 1980-1/16/10010 :001, BStBl. I 2019, 527, Rn. 18.12.
388 Dazu *Feyerabend/Vollmer*, BB 2008, 1088, 1095.
389 *Lübbehüsen* in Berger/Steck/Lübbehüsen InvStG 2004, § 5 Rn. 139.

Bank durchgeführt werden konnte.[390] Dabei hatten die Fonds alle unterschiedlichen Anlegertypen und ihre voraussichtliche Steuerbelastung zu berechnen. Künftig hat der Anleger selbst für die erforderliche Liquidität auf seinem Konto zu sorgen.

Da die Vorabpauschale zumindest derzeit nicht erhoben wird, werden dem Anleger auch keine Erträge zugerechnet.[391] Er kann also von einer umfangreichen Ertragsthesaurierung profitieren.[392] Sollte das Zinsniveau ansteigen, resultiert dies natürlich in steigenden Erträgen auf Anlegerebene und einer höheren steuerlichen Belastung während der Haltedauer.

Dass mit der Besteuerung unbarer Kapitalerträge vereinzelt Probleme verbunden sein können, ist nach Ansicht des Verfassers hinzunehmen, da die Vorteile für den Anleger überwiegen. Soweit gefordert wird, dass aufgrund der praktischen Probleme eine reine Cashflow-Besteuerung erfolgen sollte,[393] kann dem nicht uneingeschränkt zugestimmt werden. Der Zugriff der Banken auf das Konto der Kunden ist auch ohne deren Einwilligung gem. § 44 Abs. 1 S. 8 und 9 EStG möglich und inzwischen in nahezu allen AGB vorgesehen.[394] Zudem steht den Banken der Weg offen, mit ihren Kunden zu vereinbaren, dass auch Fondsanteile veräußert werden können, um die KapESt abführen zu können und Veranlagungsfälle zu vermeiden.[395] Eine weitere Möglichkeit zur Vermeidung der Besteuerung des unbaren Kapitalertrags sind unterjährige Ausschüttungen der Investmentfonds, durch die der Ansatz der Vorabpauschale grundsätzlich vermieden werden kann.[396]

Es bleibt also festzuhalten, dass die Vorabpauschale für den Anleger eine erhebliche Vereinfachung mit sich bringt und Lösungsmöglichkeiten bestehen, mit den praktischen Herausforderungen umzugehen.

III. Veräußerungsgewinne

Veräußerungsgewinne aus Investmentanteilen sind gem. § 16 Abs. 1 Nr. 3 InvStG Erträge aus Investmentfonds und werden den Einkünften i. S. d. § 20 Abs. 1 Nr. 3 EStG zugeordnet. Als Veräußerung gilt gem. § 2 Abs. 13 InvStG auch deren

390 *Rhodius/Lofing*, KapESt/AbgSt 2019, 76 ff.

391 Vgl. BMF vom 6.1.2021, Az. IV C 1 – S 1980-1/19/10038 :004, BStBl. I 2021, 56.

392 So auch *Delp*, DB 2017, 447, 449.

393 *Kral/Watzlaw*, BB 2018, 2717, 2722.

394 *Lindberg* in Brandis/Heuermann, § 44 EStG Rn. 23a.

395 Gesetzesbegründung zum InvStRefG, BT-Drucks. 18/8045, 137.

396 Es war zu beobachten, dass bis zum Jahr 2017 vollständig thesaurierende Fonds auf eine teilweise Thesaurierung umgestellt werden. Vgl. bspw. die Mitteilung der Commerzbank AG vom 13.4.2017, abzurufen unter https://www.comstage.de/Site Content/4/1/2/813/63/QA13.04.2017.pdf (zuletzt abgerufen am 20.8.2019).

Rückgabe, Abtretung, Entnahme oder verdeckte Einlage sowie nun auch die beendete Abwicklung oder Liquidation eines Investmentvermögens.[397]

Für die Ermittlung des Veräußerungsgewinns gelten die allgemeinen Regeln. Bei Privatanlegern, die der Abgeltungsteuer unterfallen, ist § 20 Abs. 4 EStG entsprechend anwendbar, § 19 Abs. 1 S. 1 InvStG.[398] Der steuerpflichtige Gewinn ist als Unterschiedsbetrag zwischen den Einnahmen aus der Veräußerung nach Abzug der Aufwendungen, die im unmittelbaren Zusammenhang mit dem Veräußerungsgeschäft stehen, und den Anschaffungskosten zu ermitteln. Bei betrieblichen Anlegern sind die Besonderheiten im Rahmen der Gewinnermittlung nach § 4 Abs. 1 bzw. § 4 Abs. 3 EStG zu berücksichtigen.[399] § 3 Nr. 40 EStG und § 8b KStG sind gem. § 16 Abs. 3 InvStG nicht anzuwenden. Bei Veräußerungsgewinnen richtet sich der KapESt-Abzug nach § 43 Abs. 1 Nr. 9 EStG. Der KapESt-Abzug erfolgt allerdings auch bei betrieblichen Anlegern immer nach den für Privatanlegern geltenden Grundsätzen, die dann im Rahmen der Veranlagung des Betriebs ggf. zu korrigieren sind (bspw. bei Berücksichtigung der Teilfreistellung).[400] Es gilt die FIFO-Methode im Hinblick auf die Erwerbs- und Veräußerungsreihenfolge.[401] Der ermittelte Gewinn ist nach § 19 Abs. 1 S. 3 InvStG um die bereits versteuerten Vorabpauschalen zu mindern.

1. Veräußerungsfiktion bei Verlust des Status als Investmentfonds

Neben den durch den Anleger herbeigeführten Veräußerungen sieht das InvStG an mehreren Stellen Veräußerungsfiktionen vor, um eine saubere Abgrenzung des anwendbaren Rechts auf das Investmentvehikel zu gewährleisten und um missbräuchlichen Gestaltungen entgegenzuwirken.[402] Solche Veräußerungsfiktionen wie die des § 19 Abs. 2 S. 1 InvStG waren bislang im InvStG 2004 nicht enthalten.[403] Verliert der Investmentfonds seinen Status als Investmentfonds, gelten seine Anteile gem. § 19 Abs. 2 S. 1 InvStG als veräußert. Grund für eine solche angenommene Veräußerung kann bspw. sein, dass der Investmentfonds die Voraussetzungen des § 1 Abs. 1 KAGB, die Voraussetzungen der Steuerbefreiung im Ansässigkeitsstaat nicht mehr erfüllt oder auch die bewusste Entscheidung, sich

---

397 Letzteres ergänzt durch JStG 2019 vom 12.12.2019, BGBl. I 2019, 2451.

398 § 20 Abs. 2 EStG enthält daher keine zusätzliche Vorschrift zur Erfassung der Veräußerungsgewinne, vgl. *Ratschow* in Brandis/Heuermann, § 20 EStG Rn. 197b.

399 Vgl. BMF vom 21.5.2019, Az. IV C 1 – S 1980-1/16/10010 :001, BStBl. I 2019, 527, Rn. 19.10 ff.; *Jung* in BeckOK InvStG, § 19 Rn. 44 ff.; *Mann* in Weitnauer/Boxberger/Anders KAGB, § 19 InvStG Rn. 1.

400 BMF vom 21.5.2019, Az. IV C 1 – S 1980-1/16/10010 :001, BStBl. I 2019, 527, Rn. 19.13.

401 BMF vom 21.5.2019, Az. IV C 1 – S 1980-1/16/10010 :001, BStBl. I 2019, 527, Rn. 19.14.

402 *Wenzel* in Brandis/Heuermann, § 19 InvStG Rn. 15 und Gesetzesbegründung zum InvStRefG, BT-Drucks. 18/8045, 93.

403 Gesetzesbegründung zum InvStRefG, BT-Drucks. 18/8045, 90.

nicht mehr den Regelungen eines ausländischen Fondsregimes unterwerfen zu wollen.[404]

Die Steuer auf einen möglichen Veräußerungsgewinn im Rahmen des § 19 Abs. 2 InvStG ist sofort, also in dem VZ fällig, in dem die Fiktion eingetreten ist.[405] Eine Besteuerung zu einem späteren Zeitpunkt wie im Rahmen des § 56 Abs. 2 S. 1 InvStG ist nicht vorgesehen. Dies ist nachvollziehbar, denn wenn der Investmentfonds aus dem Anwendungsbereich des InvStG ausscheidet, finden künftig die allgemeinen steuerlichen Regelungen Anwendung. Es ist daher sinnvoll, einen „Schlussstrich" unter die Besteuerung nach dem InvStG zu ziehen und abschließend nach den nach diesen Regelungen zu ermittelnden Veräußerungsgewinn zu versteuern.

2. Veräußerungsfiktion bei Beginn des Status als Investmentfonds?

Umgekehrt stellt sich die Frage, wie es zu würdigen ist, wenn der Status als Investmentfonds im Sinne von § 1 Abs. 2 S. 1 InvStG beginnt. Dies kann bspw. im Fall der oben beschriebenen ausländischen Kapitalgesellschaft[406] erhebliche Bedeutung erlangen. Sofern eine solche Gesellschaft bereits vor dem Inkrafttreten des InvStG 2018 bestand und sich in den von ihr gehaltenen Kapitalgesellschaftsanteilen erhebliche stille Reserven gebildet hätten, könnte es sinnvoll sein, bei Vorliegen der übrigen Voraussetzungen von § 1 Abs. 1 KAGB für diese eine Statusbescheinigung im Sinne von § 7 Abs. 3 InvStG zu beantragen. Ebenso könnte dies im Fall einer reinen Beteiligungsholding in Form einer inländischen GmbH der Fall sein, die bspw. für zahlreiche Mitglieder einer Familie Unternehmensbeteiligungen hält. Hier wären auf Ebene der Kapitalgesellschaft zwar mögliche Veräußerungsgewinne aufgrund einer Steuerbefreiung im Ausland oder aufgrund von § 8b Abs. 2 KStG weitestgehend steuerbefreit. Jedoch könnte bei der Besteuerung als Investmentfonds die Ausschüttung dieses Veräußerungsgewinns an die Gesellschafter aufgrund der Teilfreistellung gem. § 20 Abs. 1 S. 1 InvStG zu einem erheblichen Teil steuerfrei gestellt werden, was außerhalb des Anwendungsbereichs des InvStG nicht möglich wäre.[407]

Soweit ersichtlich, ist weder im InvStG noch im KStG eine Veräußerungsfiktion für den Fall geregelt, dass der Status als Investmentfonds beginnt. Im KStG könnte dies am ehesten über § 13 Abs. 1 KStG mit der Folge, dass es zu einer Besteuerung stiller Reserven aufgrund von § 13 Abs. 3 KStG käme,[408] hergeleitet

404 Gesetzesbegründung zum InvStRefG, BT-Drucks. 18/8045, 90; *Jung* in BeckOK InvStG, § 19 Rn. 70.

405 BMF vom 21.5.2019, Az. IV C 1 – S 1980-1/16/10010 :001, BStBl. I 2019, 527, Rn. 19.8.

406 Ausführlich oben, § 5 II.

407 Teilfreistellung bei natürlichen Personen bis zu 30 %, ausführlich unten, § 9 II.

408 *Märtens* in Gosch KStG, § 13 Rn. 32.

werden, allerdings wird der Investmentfonds gem. § § 6 Abs. 1 S. 1 bzw. S. 2 InvStG gerade nicht vollständig von der KSt befreit,[409] sondern gilt als unbeschränkt bzw. beschränkt steuerpflichtig. Ebenso erscheint fraglich, ob § 13 Abs. 5 KStG in diesem Fall einschlägig wäre. Während im Fall der inländischen GmbH ggf. noch ein Wechsel von einer teilweisen Steuerbefreiung hin zu einer vollständigen Steuerbefreiung von Veräußerungsgewinnen gesprochen werden und damit eine Anwendung von § 13 Abs. 5 KStG bejaht werden könnte,[410] kommt dies bei der im Ausland ansässigen und dort vollständig steuerbefreiten Gesellschaft jedoch nicht in Betracht. Hier besteht ggf. sowohl vor als auch nach dem Wechsel in den Status des Investmentfonds eine Steuerbefreiung. Sofern eine Anwendbarkeit von § 13 Abs. 5 InvStG verneint würde, könnte es im beschriebenen Fall zu einem „fließenden" Übergang der Besteuerungssysteme ohne die zuvor beschriebene eindeutige Abgrenzung kommen, mit der Folge, dass u. U. eine Steuerbefreiung für einen so nicht gedachten Fall genutzt werden könnte.[411]

Um dies zu verhindern, sollte § 19 Abs. 2 InvStG wie folgt ergänzt werden. (Änderungen des Verfassers unterstrichen und kursiv):

> [...] (2) Fällt ein Investmentfonds nicht mehr *oder eine Kapitalgesellschaft erstmalig* in den Anwendungsbereich dieses Gesetzes, so gelten seine ~~Anteile~~ *oder die Anteile der Kapitalgesellschaft* als veräußert. Als Veräußerungserlös gilt der gemeine Wert der Investmentanteile zu dem Zeitpunkt, zu dem der Investmentfonds nicht mehr in den Anwendungsbereich fällt. [...]

3. Veräußerungsfiktion zum 31.12.2017 und Freibetrag für sog. Altanteile

Wesentlich bedeutsamer als § 19 Abs. 2 S. 1 InvStG war die Veräußerungsfiktion zum 31.12.2017 gem. § 56 Abs. 2 S. 1 InvStG sowie die damit einhergehende Abschaffung der Steuerfreiheit für Veräußerungsgewinne (Grandfathering) aus vor dem 1.1.2008 erworbenen Investmentfondsanteilen (sog. Altanteile oder auch Uralt-Anteile[412]). Mit Ablauf des 31.12.2017 gelten alle Investment- und Spezial-Investmentfondsanteile gem. § 56 Abs. 2 S. 1 InvStG unabhängig von ihrem Anschaffungszeitpunkt als veräußert und zum 1.1.2018 wieder angeschafft, um einen einheitlichen Übergang auf das neue Recht zu gewährleisten.[413]

---

409 So im Rahmen von § 13 Abs. 1 KStG gefordert, *Pfirrmann* in Brandis/Heuermann, § 13 KStG Rn. 16.

410 So bei *Märtens* in Gosch KStG, § 13 Rn. 63; *Pfirrmann* in Brandis/Heuermann, § 13 KStG Rn. 70 f.

411 Erklärtes Ziel des Gesetzgebers ist die klare Abgrenzung bei einem Wechsel des maßgeblichen Besteuerungssystems, Gesetzesbegründung zum InvStRefG, BT-Drucks. 18/8045, 93.

412 *Stadler/Bindl*, DStR 2017, 1409, 1412.

413 Gesetzesbegründung zum InvStRefG, BT-Drucks. 18/8045, 124.

Der Gewinn aus der fiktiven Veräußerung ist nach § 56 Abs. 3 InvStG auf den 31.12.2017 zu ermitteln, gem. § 56 Abs. 4 InvStG bis zur tatsächlichen Veräußerung vorzuhalten und erst bei der tatsächlichen Veräußerung nach den dann für den Anleger geltenden Regelungen zu versteuern.[414] Ordentliche Erträge gelten gem. § 56 Abs. 7 S. 1 InvStG zum 31.12.2017 als zugeflossen, wenn sie nicht vorher ausgeschüttet wurden.[415]

Mit der Veräußerungsfiktion wollte der Gesetzgeber noch aus der Zeit vor der Einführung der Abgeltungsteuer herrührende Steuergestaltungen endgültig beenden.[416] Insbesondere war ihm die legale Möglichkeit der dauerhaften Thesaurierung der Veräußerungsgewinne bei vor dem 9.11.2007 erworbenen Anteilen an sog. Millionärsfonds und vor dem 1.1.2008 erworbenen Publikumsinvestmentfonds ein Dorn im Auge.[417] Durch die Veräußerungsfiktion des § 56 Abs. 2 InvStG sollten für die beiden vorgenannten wie auch für alle anderen Investment- und Spezial-Investmentfonds das InvStG 2018 sowie die seit 1.1.2008 geltende generelle Steuerpflicht für sämtliche Veräußerungsgewinne auf Anlegerebene gelten.

Dabei bleiben die bis zum 31.12.2017 aufgelaufenen Buchgewinne aus Altanteilen nach § 56 Abs. 6 S. 1 Nr. 1 InvStG, die seit der Anschaffung nicht im Betriebsvermögen gehalten wurden, steuerfrei. Sie werden ebenfalls auf den 31.12.2017 ermittelt. Alle nach dem 1.1.2018 erzielten Kursgewinne unterliegen gem. § 56 Abs. 6 S. 1 Nr. 2 InvStG der allgemeinen Steuerpflicht.

Eine Ausnahme dazu stellt lediglich der im gleichen Satz geregelte Freibetrag i. H. v. 100.000 Euro dar.[418] Alle Gewinne, die aus der Veräußerung von Altanteilen nach dem 1.1.2018 erzielt werden, sind demnach steuerpflichtig, soweit sie den einmalig zu gewährenden Freibetrag von 100.000 Euro übersteigen. Den Freibetrag[419] hat der Gesetzgeber geschaffen, da ihm bewusst war, dass mit

414 InvStE-Entwurf vom 15.6.2018, Rn. 56.51. Für eine detaillierte Darstellung der Folgen der Veräußerungsfiktion und der Ermittlung des Veräußerungsgewinns vgl. *Schlund*, DStR 2017, 2710, 2712 ff.; *Stadler/Bindl*, DStR 2017, 1409, 1410; zu mehrstufigen Fondsstrukturen *Meinhardt/Harm*, DStR 2019, 1023, 1026; *Boxberger* in Weitnauer/Boxberger/Anders KAGB, § 56 InvStG Rn. 21 ff.; *Hammer* in Brandis/Heuermann, § 56 InvStG Rn. 37 ff.

415 Ab 2018 unterfallen auch Ausschüttungen in 2017 erzielter Erträge dem InvStG 2018, *Jansen/Greger*, BB 2018, 407, 409.

416 Gesetzesbegründung zum InvStRefG, BT-Drucks. 18/8045, 126.

417 *Hammer* in Brandis/Heuermann, § 56 InvStG Rn. 137; *Schlund*, DStR 2017, 2710, 2716. Insbesondere erachtete der Gesetzgeber die durch das JStG 2008 eingeführte Regelung des § 21 Abs. 2a InvStG 2004 als nicht weitgehend genug, da hierdurch lediglich die nach dem 9.11.2007 aufgelegten Millionärsfonds erfasst wurden, Gesetzesbegründung zum InvStRefG, BT-Drucks. 18/8045, 126. Diese Anteile stellen keine bestandsgeschützten Alt-Anteile dar.

418 Ausführlich *Schäfer*, StB 2021, 85.

419 Es handelt sich nicht um eine Freigrenze, bei deren Überschreiten der vollständige Veräußerungsgewinn steuerpflichtig ist, sondern um einen Freibetrag, *Boxberger* in Weitnauer/Boxberger/Anders KAGB, § 56 InvStG Rn. 73.

Abschaffung des Bestandsschutzes für Altanteile das Vertrauen der Anleger enttäuscht würde.[420] Als „Ausgleich" wurde § 56 Abs. 6 S. 1 Nr. 2 eingeführt.[421]

Der Freibetrag findet losgelöst von der fortlaufenden Verlustverrechnung auf Bankebene nach § 43a Abs. 3 S. 2 EStG statt.[422] Die Gewinne aus der Veräußerung von Altanteilen können von den depotführenden Stellen im nachrichtlichen Teil im Rahmen der Jahressteuerbescheinigung gesondert ausgewiesen werden.[423] Der Anleger hat sie im Rahmen seiner Veranlagung geltend zu machen.[424]

Bei dem Freibetrag handelte es sich zunächst um einen „atmenden" Freibetrag.[425] Sofern er verbraucht war, sollte er nach der am 1.1.2018 geltenden Fassung des InvStG zunächst wieder aufleben, wenn danach Verluste aus der Veräußerung von Altanteilen erzielt wurden, § 56 Abs. 6 S. 4 und 5 InvStG a. F.[426] Dieses Wiederaufleben hat der Gesetzgeber durch das Gesetz zur Vermeidung von Umsatzsteuerausfällen beim Handel mit Waren im Internet und zur Änderung weiterer steuerlicher Vorschriften vom 11.12.2018 gestrichen.[427] Im Sinne der Vereinfachung sei es geboten, die Veräußerungsverluste auf Ebene der Bank zu belassen und nicht wieder auf die Veranlagungsebene zu ziehen. Dort würden sie ebenso im Rahmen der fortlaufenden Verlustverrechnung nach § 43a Abs. 3 S. 2 EStG Berücksichtigung finden.[428]

Für neue Veräußerungsverluste aus Altanteilen ist dies zwar zutreffend. Es wird dadurch jedoch der Weg verbaut, nach einer Verlustrealisierung wieder weitere Altanteile mit Gewinn zu veräußern und für diese erneut die Steuerbefreiung geltend zu machen. Ferner sind Konstellationen denkbar, in denen sich

---

420 Gesetzesbegründung zum InvStRefG, BT-Drucks. 18/8045, 126.

421 Es wird zu Recht darauf hingewiesen, dass die Festlegung des Freibetrags i. H. v. 100.000 Euro willkürlich ist und die Frage des Bestandsschutzes nicht an einem bestimmten Betrag festgemacht werden kann. Ferner werden auch verfassungsrechtliche Bedenken angemeldet, vgl. *Boxberger* in Weitnauer/Boxberger/Anders KAGB, § 56 InvStG Rn. 68 m. w. N.

422 Ausführlich *Kral/Watzlaw*, BB 2019, 471.

423 BMF vom 21.5.2019, Az. IV C 1 – S 1980-1/16/10010 :001, BStBl. I 2019, 527, Rn. 56.83.

424 BMF vom 21.5.2019, Az. IV C 1 – S 1980-1/16/10010 :001, BStBl. I 2019, 527, Rn. 56.97. Zur Haftung des Steuerberaters im Zusammenhang mit dem Freibetrag für Privatanleger vgl. *Schäfer*, BB 2019, 1879, 1882.

425 *Boxberger* in Weitnauer/Boxberger/Anders KAGB, § 56 InvStG Rn. 73; *Bindl/Leidel*, DStR 2019, 241, 244.

426 *Schlund*, DStR 2017, 2710, 2716; *Hammer* in Brandis/Heuermann, § 56 InvStG Rn. 142.

427 BGBl. I 2018, 2338, 2351, zunächst als JStG 2018 in das Gesetzgebungsverfahren. Ausführlich zu weiteren Inhalten *Ortmann-Babel/Bolik*, DB 2018, 1876; *Thiede*, NWB 2018, 264; *Schlund*, NWB 2018, 2614; *Hörster*, NWB 2018, 2538; *Bindl/Leidel*, DStR 2019, 241.

428 Begründung des Entwurfs des Gesetzes zur Vermeidung von Umsatzsteuerausfällen beim Handel mit Waren im Internet und zur Änderung weiterer steuerlicher Vorschriften vom 24.9.2018, BT-Drucks. 19/4455, 108.

Vorteile bei der Anrechnung ausländischer Quellensteuern ergeben hätten.[429] Insofern stellt die Streichung von § 56 Abs. 6 S. 4 und 5. InvStG a. F. eine weitere Kürzung der ohnehin schon weitgehend abgeschafften Steuerbefreiung von ehemals bestandsgeschützten Altanteilen dar. Führt man sich vor Augen, dass es sich bei dem Freibetrag im Ergebnis um einen vergleichsweisen geringen Betrag handelt, liegt die Vermutung nahe, dass der Gesetzgeber die Finanzverwaltung mit der aufwendigen Verrechnung von relativ kleinen Beträgen schlicht nicht mehr beschäftigen wollte.

4. Stellungnahme

Im Gegensatz zu den vergleichsweise geringen Restfreibeträgen für bestandsgeschützte Altanteile dürften die Gewinne aus der fiktiven Veräußerung zum 31.12.2017 gerade bei großen Vermögen häufig wesentlich höher ausfallen. Eine Besteuerung der dabei festgestellten bzw. bis Ende 2020 festzustellenden Gewinne erfolgt gem. § 56 Abs. 3 S. 1 und 3 InvStG aber erst im Zeitpunkt des tatsächlichen Verkaufs nach den dann für den Anleger geltenden Vorschriften.[430] Dass im Rahmen von §§ 56 Abs. 3 InvStG und 19 Abs. 2 InvStG unterschiedlich verfahren wird, ist nicht naheliegend und sollte im Sinne der Vereinheitlichung angepasst werden.

Dabei ist fraglich, ob die Regelung des § 56 Abs. 3 InvStG gelungen ist, da sie in bestimmten Fällen dazu führt, dass eine Besteuerung des Gewinns aus der fiktiven Veräußerung zum Jahreswechsel 2017/2018 vollständig unterbleiben kann.[431] Ändert sich nämlich die steuerliche Situation des Steuerpflichtigen danach etwa dergestalt, dass seine unbeschränkte Steuerpflicht endet, sind die Gewinne, die bis Ende 2017 entstanden sind, nicht mehr im Inland zu versteuern.[432] Dies erscheint beinahe wie eine Anleitung, wie der Anleger durch einen Wegzug die bis 31.12.2017 entstandenen Gewinne nicht versteuern muss. Allerdings ist im Hinblick auf eine mögliche Abschaffung der Abgeltungsteuer[433] auch die Kehrseite der Medaille zu bedenken,[434] da in diesem Fall wohl vielen Anlegern eine höhere Besteuerung mit dem individuellen ESt-Tarif drohen würde.

---

429 *Kral/Watzlaw*, BB 2019, 471, 475.

430 BMF vom 21.5.2019, Az. IV C 1 – S 1980-1/16/10010 :001, BStBl. I 2019, 527, Rn. 56.62; ausführlich zu den Übergangsregelungen des § 56 InvStG *Schlund*, DStR 2017, 2710.

431 BMF vom 21.5.2019, Az. IV C 1 – S 1980-1/16/10010 :001, BStBl. I 2019, 527, Rn. 56.64; vgl. dazu auch *Schlund*, DStR 2017, 2710, 2714; *Stadler/Bindl*, DStR 2017, 1409, 1411.

432 Hier wird ausdrücklich auf den Fall der Aufgabe der unbeschränkten Steuerpflicht abgestellt, der die steuerfreie Vereinnahmung des Gewinns zur Folge haben kann, InvStE-Entwurf vom 15.6.2018, Rn. 56.51.

433 Vgl. dazu bspw. *Mannefeld*, ErbStB 2017, 289; und zu einem Alternativkonzept *Körner*, DB 2015, 397.

434 *Stadler/Bindl*, DStR 2017, 1409, 1411.

Nichtsdestotrotz wäre eine Regelung wie die des § 52 Abs. 2 S. 4 InvStG a. F., bei der der Gewinn festgestellt, die Steuer nach dem im Zeitpunkt der fiktiven Veräußerung für den Anleger geltenden Recht festgesetzt und anschließend gestundet wird, wesentlich stringenter und mit dem zeitlichen Vorlauf auch umsetzbar gewesen. Diese wäre bei den depotführenden Stellen vorgetragen worden (so wie die festgestellten Gewinne nach § 56 Abs. 4 InvStG) und bei Verkauf an das Finanzamt abgeführt worden.

Generell wäre es wünschenswert, wenn es im Hinblick auf die Veräußerungsfiktionen des InvStG eine einheitliche Vorgehensweise gäbe. Dort, wo fortan das InvStG keine Anwendung mehr findet, erscheint eine sofortige Besteuerung bei Annahme einer fiktiven Veräußerung wie im Rahmen des § 19 Abs. 2 S. 1 InvStG wie oben ausgeführt sinnvoll. Fällt der Investmentfonds allerdings auch weiterhin in den Anwendungsbereich des InvStG, ist nicht nachvollziehbar, warum im Fall des § 56 Abs. 3 InvStG eine Ermittlung des Gewinns und eine Versteuerung zu einem späteren Zeitpunkt erfolgt, aber bspw. im Rahmen des § 22 Abs. 1 InvStG (Änderung des Teilfreistellungssatzes)[435] gem. § 22 Abs. 3 InvStG der Zufluss des Gewinns aus zurückliegenden fiktiven Veräußerungen erst im Zeitpunkt der tatsächlichen Veräußerung angenommen wird und bei einem Verlust des Status als Spezial-Investmentfonds nach § 52 Abs. 2 S. 4 InvStG a. F. eine Festsetzung mit Stundung bis zum tatsächlichen Verkauf normiert wurde. Letztere ist inzwischen mit Wirkung zum VZ 2020 aufgehoben worden, wodurch sich im Ergebnis eine sofortige Besteuerung ergibt.[436] Nach Ansicht des Verfassers wäre es konsequent gewesen, stets im Zeitpunkt der fiktiven Veräußerung auch die Steuer nach den zu diesem Zeitpunkt geltenden Regelungen zu bestimmen, zu stunden und sie zur Vermeidung von Dry-Income-Effekten[437] erst bei der tatsächlichen Veräußerung abzuführen.

Für das Stundungsmodell spricht auch, dass dies bereits unter dem InvStG 2004 ein gängiges Verfahren bei der Annahme fiktiver Veräußerungen war. Anwendungsfälle waren bspw. in § 20 Abs. 8 InvStG 2004 im Fall der Umwandlung einer Investitionsgesellschaft in einen Investmentfonds[438] oder in § 8 Abs. 8 InvStG 2004 im Fall des Verlusts des Status als Investmentfonds geregelt.[439] Auch hier endete mit der tatsächlichen Veräußerung die Stundung.

§ 56 Abs. 3 und 4 InvStG hätte daher im Hinblick auf das vorstehend Gesagte wie nachfolgend dargelegt gefasst werden sollen (Änderungen des Verfassers

435 Ausführlich unten, § 9 IV.

436 Geändert durch JStG 2019 vom 12.12.2019, BGBl. I 2019, 2451; vgl. dazu *Hagen/Schober*, BB 2019, 1693, 1697.

437 Vgl. dazu bspw. *Remmel* in Herrmann/Heuer/Raupach EStG/KStG, § 22 InvStG Rn. 1; *Kral/Watzlaw*, BB 2018, 2717.

438 *Ernst* in BeckOK InvStG 2004, § 20 Rn. 15 ff.

439 *Hartmann* in BeckOK InvStG 2004, § 8 Rn. 94 ff.

unterstrichen und kursiv), wobei mit einer nachträglichen Änderung zum jetzigen Zeitpunkt selbstredend nicht mehr zu rechnen ist.

> […] (3) *Die Steuer für den* ~~Der~~ nach den am 31. Dezember 2017 geltenden Vorschriften ermittelte*n* Gewinn aus der fiktiven Veräußerung nach Absatz 2 Satz 1 einschließlich außerbilanzieller Hinzurechnungen und Abrechnungen ist zu dem Zeitpunkt zu *ermitteln und festzusetzen* ~~berücksichtigen~~, zu dem der Alt-Anteil tatsächlich veräußert wird. Bei der tatsächlichen Veräußerung von Altanteilen gelten die zuerst angeschafften Anteile als zuerst veräußert. *Die Steuer für den* ~~Der~~ Gewinn aus der fiktiven Veräußerung nach Absatz 2 Satz 1 *ist bis* ~~unterliegt~~ zum Zeitpunkt der tatsächlichen Veräußerung des Alt-Anteils *zinslos zu stunden.* ~~dem Steuerabzug nach § 43 Absatz 1 Satz 1 Nummer 9 des Einkommensteuergesetzes.~~
>
> […]
>
> (4) Die inländische Stelle, die die Alt-Anteile verwahrt oder verwaltet, hat bis zum 31. Dezember 2020 Folgendes zu ermitteln und bis zur tatsächlichen Veräußerung vorzuhalten:
>
> 1. *die Steuer* ~~den Gewinn~~ aus der fiktiven Veräußerung nach Absatz 2 Satz 1 und
> 2. die Erträge nach § 7 Absatz 1 Satz 1 Nummer 3 und 4 des Investmentsteuergesetzes in der bis zum 31. Dezember 2017 geltenden Fassung. […]

IV. Zusammenfassung zu § 8

Die Besteuerung des Anlegers erfolgt im InvStG 2018 gem. § 16 Abs. 1 InvStG auf Basis von Ausschüttungen, Vorabpauschalen und Veräußerungsgewinnen. Hier sind erhebliche Vereinfachungen im Vergleich zum InvStG 2004 zu erkennen. Im Hinblick auf die Ausschüttungen äußert sich dies darin, dass grundsätzlich alle Ausschüttungen des Investmentfonds der Steuerpflicht unterliegen, wobei nicht mehr zwischen einzelnen Ertragsbestandteilen zu unterscheiden ist. Die aufwendige Ermittlung der Erträge nach § 5 InvStG 2004 entfällt vollständig. Der Anleger wird in die Lage versetzt, seine steuerpflichtigen Erträge ohne die Hilfe der Fondsgesellschaft zu ermitteln. Die Neuregelungen können bspw. für Anleger attraktiv sein, die über eine Bankverbindung im Ausland in im Ausland vertriebene Investmentfonds investieren, jedoch im Inland unbeschränkt steuerpflichtig sind und daher auch die Besteuerungsgrundlagen für die deutsche Veranlagung ermitteln müssen. Diese sind nun nicht mehr auf die Veröffentlichung der Besteuerungsgrundlagen nach § 5 InvStG 2004 angewiesen. Den Anlegern stehen damit grundsätzlich alle Fonds offen, in die sie vorbehaltlich der aufsichtsrechtlichen Zulässigkeit investieren dürfen.

Durch diese starke Vereinfachung kommt es bei Substanzausschüttungen ebenfalls zu einer Besteuerung, sofern diese nicht innerhalb der Liquidationsphase erfolgen, die für gewöhnlich erst im Rahmen einer späteren Veräußerung ausgeglichen werden kann, vereinzelt jedoch auch nicht mehr. Wie aufgezeigt, wäre es möglich, dies im Sinne der Anleger differenzierter zu regeln und Kapitalrückzahlungen steuerfrei zu belassen.

Die Vorabpauschale i. S. v. § 18 InvStG ersetzt die ausschüttungsgleichen Erträge und sollte für ein konstantes Mindeststeueraufkommen sorgen. Sie bringt ebenfalls eine Vielzahl von Vereinfachungen mit sich und ermöglicht aufgrund des niedrigen Zinsniveaus zumindest derzeit eine Thesaurierung von Fondserträgen. Gemessen an den Vorteilen sind vereinzelte Probleme im Zusammenhang bei der Besteuerung unbarer Vorgänge zu vernachlässigen.

Die Besteuerung von Veräußerungsgewinnen i. S. v. § 19 InvStG folgt den allgemeinen Regeln. Mit Übergang in das neue Recht, das durch eine Veräußerungsfiktion für alle Investmentfonds und Spezial-Investmentfonds gleichermaßen zum 31.12.2017 gilt, sind nun sämtliche Veräußerungsgewinne, die seit dem 1.1.2018 eintreten, steuerpflichtig. Klarstellend sollte ergänzt werden, dass nicht nur bei Wegfall des Status als Investmentfonds eine Veräußerung angenommen wird, sondern auch bei dessen Begründung. Aus Anlegersicht eindeutig nicht zu begrüßen ist der Wegfall des Bestandsschutzes für Alt-Anteile, die vor dem 1.1.2008 erworben wurden. Auch hier sind Veräußerungsgewinne, die nach dem 1.1.2018 entstehen, bis auf einen einmaligen Freibetrag von 100.000 Euro künftig steuerpflichtig.

Es lässt sich festhalten, dass der gesamte Bereich der Anlegerbesteuerung von Investmentfonds durch das InvStG 2018 wesentlich vereinfacht wurde, was sehr zu begrüßen ist. Dass dies vereinzelt auch Nachteile für den Anleger mit sich bringt, lässt sich nicht vollständig vermeiden. Wünschenswert wäre, dass es dort, wo ohne großen Aufwand eine Nachbesserung möglich wäre, zu Anpassungen kommt. Dies gilt vor allem im Hinblick auf Substanzausschüttungen und die einheitliche Behandlung von Veräußerungsfiktionen.

§ 9 Steuerbefreiungen auf Anlegerebene

Eines der für den Anleger wesentlichsten Elemente des InvStG 2018 ist die Steuerbefreiung von Investmenterträgen in Form der Teilfreistellung gem. § 20 Abs. 1 bis Abs. 3 InvStG.[440] Sie soll eine Kompensation für die Vorbelastung der inländischen Beteiligungseinnahmen, Immobilienerträge und sonstigen Einkünfte mit KSt auf Fondsebene darstellen.[441] Des Weiteren wird sie auch dafür gewährt, dass im neuen intransparenten System ausländische Quellensteuern nicht mehr auf Ebene des Anlegers angerechnet werden können, dass DBA-Freistellungen entfallen, dass § 3 Nr. 40 EStG und § 8b KStG auf Investmenterträge keine Anwendung finden und dafür, dass keine steuerfreien Ertragsbestandteile mehr in den Ausschüttungen enthalten sind.[442] Daher ist es sinnvoll, dass die Teilfreistellung nicht nur die Steuerbelastung auf Fondsebene kompensiert, sondern sie teilweise auch überkompensiert.[443] Durch Anwendung der Teilfreistellung soll verhindert werden, dass die Fondsanlage im Vergleich zur Direktanlage benachteiligt wird.[444] Sie wird in pauschalierter Form gewährt, wenn und solange bestimmte Voraussetzungen erfüllt sind, und sie ist nicht abhängig von der tatsächlichen Besteuerung der Erträge auf Fondsebene.[445]

I. Voraussetzungen für die Gewährung der Teilfreistellung

Voraussetzung für die Gewährung der Teilfreistellung ist, dass Aktienfonds gem. § 2 Abs. 6 S. 1 InvStG fortlaufend mehr als 50 % ihres Aktivvermögens in Kapitalbeteiligungen i. S. v. § 2 Abs. 8 InvStG investieren und Mischfonds gem. § 2 Abs. 7 S. 1 InvStG zu mindestens 25 % in Kapitalbeteiligungen anlegen.

Die bei Einführung des InvStG geltende Quote i. H. v. 51 % für Aktienfonds wurde durch das Gesetz zur Vermeidung von Umsatzsteuerausfällen beim Handel mit Waren im Internet und zur Änderung weiterer steuerlicher Vorschriften[446]

---

440 Dazu u. a. *Fischer*, NWB 2018, 163; *Ebner*, RdF 2017, 305; *Ebner*, RdF 2018, 132; *Herr/Stiefel*, DStR 2019, 908.

441 Gesetzesbegründung zum InvStRefG, BT-Drucks. 18/8045, 92.

442 *Fischer*, NWB 2018, 163, 164; *Herrmann* in Herrmann/Heuer/Raupach EStG/KStG, § 20 InvStG Rn. 1; *Ebner*, RdF 2017, 305, 306.

443 Gesetzesbegründung zum InvStRefG, BT-Drucks. 18/8045, 91; a. A. *Patzner/Nagler* in Patzner/Döser/Kempf InvestmentR, § 20 InvStG Rn. 3, die stets von einer pauschalen Schlechterstellung ausgehen.

444 *Delp*, DB 2017, 447, 450.

445 *Stadler/Bindl*, DStR 2016, 1953, 1959.

446 Gesetz vom 11.12.2018, BStBl. I 2018, 2338, 2349.

auf 50 % reduziert, um ausländische Investmentfonds nicht von der Teilfreistellung auszuschließen, da hier häufig lediglich eine überwiegende Investition in Aktien verlangt wird.[447]

1. Maßgebliche Kapitalbeteiligungen

a) Beteiligungen an Kapitalgesellschaften

§ 2 Abs. 8 S. 1 InvStG definiert insgesamt fünf mögliche Arten einer Kapitalbeteiligung, die für die Teilfreistellung gem. § 20 Abs. 1 bis Abs. 3 InvStG maßgeblich sind. Hierzu zählen börsennotierte Anteile an Kapitalgesellschaften, Anteile an in der EU oder im EWR ansässigen Kapitalgesellschaften, die keine Immobiliengesellschaften und nicht steuerbefreit sind, sowie Drittstaatengesellschaften, die keine Immobiliengesellschaften sind und einer Ertragsbesteuerung von mindestens 15 % unterliegen.[448] Ferner zählen Investmentanteile an Aktien- oder Mischfonds i. H. v. 51 % bzw. 25 % ihres Wertes als Kapitalbeteiligungen. Die vorgenannten Kapitalgesellschaften wurden bereits im Rahmen der zu Beteiligungseinnahmen i. S. v. § 6 Abs. 3 InvStG führenden Kapitalgesellschaftsanteile dargestellt.[449] Zusätzliche Voraussetzung für die Berücksichtigung als Kapitalbeteiligung ist, dass der Investmentfonds sowohl das zivilrechtliche als auch das wirtschaftliche Eigentum besitzt, weshalb im Rahmen der Wertpapierleihe verliehene Aktien keine Berücksichtigung finden, geliehene Aktien jedoch schon.[450] Keine Kapitalbeteiligungen sind grundsätzlich sonstige Investmentanteile, Hinterlegungsscheine auf Aktien (ADR, GDR oder EDR), Finanzderivate oder Anteile an Immobiliengesellschaften i. S. d. § 19 Nr. 22 KAGB, § 2 Abs. 8 S. 4 und S. 5 InvStG.[451]

Da sich im Gesetz keine weiteren Details zur Definition der Kapitalbeteiligungen finden, stellen Kapitalverwaltungsgesellschaften auf die Daten der Finanzinformationsdienstleister ab.[452] Dies ist im Massengeschäft nicht anders darstellbar, da hier keine umfangreichen Einzelfallprüfungen vorgenommen werden können.

---

447 Bereits vor der Gesetzesänderung wurde dies von der Finanzverwaltung gleichermaßen gehandhabt, vgl. dazu BMF vom 14.6.2017, DB 2018, 1485, IV C 1 – S 1980-1/16/10010:001. Zur Gesetzesänderung auch *Schlund*, NWB 2018, 2614, 2618; *Schwarz/Kohl*, DB 2018, 1947, 1950 f.; *Bindl/Leidel*, DStR 2019, 241; *Thiede*, NWB 2018, 264; *Ortmann-Babel/Bolik*, DB 2018, 1876.

448 Ausreichend soll die abstrakte Möglichkeit einer Besteuerung sein, nicht die konkrete Belastung, so u. a. *Helios/Mann*, DB, Sonderausgabe 01/2016, 1, 6.

449 Ausführlich oben, § 6 I.

450 *Jensch/Petzold/Ebner*, RdF 2020, 200, 203.

451 BMF vom 21.5.2019, Az. IV C 1 – S 1980-1/16/10010 :001, BStBl. I 2019, 527, Rn. 2.28; Immobiliengesellschaften sind aber ggf. für die Qualifikation als Immobilienfonds zu berücksichtigen, vgl. *Mann* in Weitnauer/Boxberger/Anders KAGB, § 2 InvStG Rn. 10.

452 *Hagen/Schober*, BB 2019, 1630, 1632; detailliert *Ebner*, RdF 2017, 305, 308.

b) *Indexfonds bzw. Exchange Traded Funds (ETFs)*

Indexfonds bzw. Exchange Traded Funds (ETFs) sind Investmentvermögen, die einen bestimmten marktgängigen Index zu mindestens 95 % durch die gehaltenen Wertpapiere oder Derivate nachbilden.[453] Typischerweise ist zwischen physisch replizierenden und swap-basierten ETFs zu unterscheiden.[454] Physisch oder voll replizierende ETFs erwerben mit dem Geld der Anleger die dem Index zugrundeliegenden Wertpapiere in einer solchen Gewichtung, dass sie diesen möglichst genau abbilden. Der Fonds vollzieht alle Änderungen des Index nach.[455] Im Falle eines Aktienindex erwirbt der Investmentfonds also Kapitalbeteiligungen i. S. v. § 2 Abs. 8 Nr. 1 InvStG und erzielt auf Fondsebene gem. § 6 Abs. 3 InvStG steuerpflichtige Beteiligungseinnahmen, sofern es sich um Aktien inländischer Emittenten handelt.[456] Aufgrund der Vorbelastung auf Fondsebene kommt es systemgerecht bei Ausschüttung oder Verkauf zur Kompensation durch die Anwendung der Teilfreistellung in dem oben dargestellten Umfang.

Demgegenüber erfüllen nach Ansicht der Finanzverwaltung Investmentfonds, die nach den Anlagebedingungen die Wertentwicklung von Kapitalbeteiligungen (auch) synthetisch mittels Finanzderivaten (z. B. Aktien-Swaps) abbilden, nicht die Voraussetzungen des § 2 Abs. 6 oder 7 InvStG, es sei denn, die Anlagebedingungen sehen auch eine Mindestbeteiligungsquote von 50 % unmittelbar in Kapitalbeteiligungen vor.[457] Eine Beimischung von Swap-Geschäften, wenn der Index im Übrigen physisch repliziert wird, erfolgt bspw., um den Tracking Error (also die Abweichung zur tatsächlichen Wertentwicklung des Index) möglichst gering zu halten.[458]

Bei swap-basierten ETFs erfolgt eine vollständige Replizierung der Wertentwicklung des Index durch den Abschluss von Swap-Geschäften.[459] Diese Form

---

453 Art. 3 Nr. 2 Fondskategorien-Richtlinie der BaFin, zuletzt geändert am 8.4.2020, abrufbar unter https://www.bafin.de/SharedDocs/Veroeffentlichungen/DE/Aufsichtsrecht/Richtlinie/rl_130722_fondskategorien.html (zuletzt abgerufen am 22.8.2021); zu den Voraussetzungen für eine zulässige Wertpapierindexnachbildung siehe auch *Kayser/Hollescheck* in Emde/Dornseifer/Dreibus/Hölscher InvG, § 63 KWG Rn. 13 ff.

454 Zur Funktionsweise von physisch und synthetisch replizierenden ETFs siehe die detaillierte Darstellung von *Kayser/Holleschek* in Emde/Dornseifer/Dreibus/Hölscher InvG, § 63 KWG Rn. 1 bis 4.

455 *Kayser/Hollescheck* in Emde/Dornseifer/Dreibus/Hölscher InvG, § 63 KWG Rn. 3.

456 Aufgrund der Steuerpflicht inländischer Dividenden stellt bspw. der physisch replizierende DAX-ETF unter steuerlichen Gesichtspunkten eine der ungünstigsten Anlagemöglichkeiten für steuerbefreite Anleger i. S. v. § 44a Abs. 7 EStG dar, sofern der Fonds nicht eine Steuerbefreiung gem. § 8 oder § 10 InvStG nutzt. Insbesondere die vorgenannten Anleger sollten daher ihre ETFs genau überprüfen.

457 BMF vom 21.5.2019, Az. IV C 1 – S 1980-1/16/10010 :001, BStBl. I 2019, 527, Rn. 2.6

458 *Kayser/Hollescheck* in Emde/Dornseifer/Dreibus/Hölscher InvG, § 63 KWG Rn. 4.

459 Siehe zu Ausgestaltung und Rechtsnatur von Swap-Geschäften *Jahn/Reiner* in Schimansky/Bunte/Lwowski BankR-HdB Bd. 1, § 114 Rn. 137 ff.; *Veil* in Meyer/

der Replizierung ist in der Regel präziser und mit weniger Aufwand verbunden, da der Investmentfonds in der swap-basierten Variante bestimmte zukünftige Zahlungsströme mit dem Swap-Partner tauscht.[460] Swap-Geschäfte sind teilweise auch deshalb sinnvoll, da beim Erwerb ausländischer Aktien Quellensteuern vermieden werden können. Der ETF erwirbt dabei ein Portfolio von Wertpapieren, die nicht notwendigerweise der Zusammensetzung des zugrundeliegenden Index entsprechen müssen. Soweit ersichtlich, bestehen die Wertpapierportfolios vieler Anbieter bei swap-basierten ETFs auf Aktienindices allerdings nahezu vollständig aus physisch erworbenen Aktien, um ebenfalls in den Genuss der Teilfreistellung zu kommen.[461] Durch den Abschluss des Swap-Vertrages wird die Wertentwicklung der Wertpapiere des Portfolios mit der eines bestimmten Index getauscht.

Nur wenn der ETF selbst keine Aktien erwerben, sondern ausschließlich Swap-Geschäfte tätigen würde, würde sich die Frage stellen, ob trotzdem eine Gleichbehandlung gerechtfertigt wäre. Auch in diesem Fall ist davon auszugehen, dass bspw. die Bank als Swap-Partner des ETF Aktien erwerben und Dividendenerträge erzielen würde, die bei der Bank im Handelsbestand aufgrund von § 8b Abs. 7 S. 1 KStG steuerpflichtig sind. Es käme also auch hier zur Vereinnahmung von steuerpflichtigen Dividenden, was Eingang in die Konditionsgestaltung des Swap-Geschäfts finden würde. Dies müsste ebenfalls berücksichtigt werden.[462] Daher wäre die Anwendung der Teilfreistellung im Ergebnis also auch bei swap-basierten ETFs gerechtfertigt.[463] Dies sollte im InvStE entsprechend geändert werden.[464]

Veil/Rönau Hdb Marktmissbrauchsrecht, § 4 Rn. 68 ff.; *Binder* in Langenbucher/Bliesener/Spindler Bankrechts-Kommentar, 37. Kapitel Rn. 29; und speziell zum Wertpapier-Swap *Jahn/Reiner* in Schimansky/Bunte/Lwowski BankR-HdB Bd. 1, § 114 Rn. 9.

460 *Kayser/Hollescheck* in Emde/Dornseifer/Dreibus/Hölscher InvG, § 63 KWG Rn. 4.

461 Die Fondspositionen können in der Regel bei den Fondsdokumenten der Fondsgesellschaften abgerufen werden, vgl. bspw. http://docfinder.bnpparibas-am.com/api/files/69e820dd-041e-490b-882c-532f3aa8d76b/214528 (zuletzt abgerufen am 22.8.2021).

462 A. A. BMF vom 14.6.2017 – IV C 1 – S 1980-1/16/10010:001, DB 2017, 1485; *Delp*, DB 2017, 447, 455.

463 So im Ergebnis auch *Link* in Herrmann/Heuer/Raupach EStG/KStG, § 2 InvStG Rn. 12, nach dessen Ansicht die restriktive Auffassung der Finanzverwaltung nicht durch den Gesetzeswortlaut gedeckt ist.

464 Bspw. in BMF vom 21.5.2019, Az. IV C 1 – S 1980-1/16/10010 :001, BStBl. I 2019, 527, Rn. 2.6., vgl. unten, § 9 I. 1. i).

c) *Dach-Investmentfonds*

Bei Dach-Investmentfonds i. S. v. § 2 Abs. 5 InvStG ergaben sich nach Verabschiedung des InvStRefG recht schnell Fragen, wie die Aktieninvestitionen von Ziel-Investmentfonds im Rahmen der Bestimmung der Kapitalbeteiligungsquote des Dach-Investmentfonds zu berücksichtigen seien. Das Gesetz sah zunächst in § 2 Abs. 8 Nr. 3 und Nr. 4 und Abs. 9 InvStG a. F. vor, dass hierfür allein auf die in den Anlagebedingungen festgelegten Mindestquoten von (ehemals) 51 % bzw. 25 % abzustellen sei. Es wurde daher vielfach darauf hingewiesen, dass es bei dieser Art der Berechnung nicht möglich sei, die erforderliche Kapitalbeteiligungsquote von 51 % auf Ebene des Dachfonds zu erfüllen, wenn auch nur ein Euro Liquidität im Dachfonds gehalten würde.[465] Die Finanzverwaltung kam den Markteilnehmern daher entgegen[466] und wollte es nicht beanstanden, wenn zur Ermittlung der Kapitalbeteiligungsquote des Dachfonds auch auf die tatsächlich veröffentlichten Kapitalbeteiligungsquoten der Zielfonds abgestellt wurde oder in den Anlagebedingungen tatsächlich höhere Quoten festgelegt wurden und auf diese abgestellt wurde.[467]

Die Verwaltungsauffassung ist mit dem Gesetz zur Vermeidung von Umsatzsteuerausfällen beim Handel mit Waren im Internet und zur Änderung weiterer steuerlicher Vorschriften weitestgehend gesetzlich normiert worden.[468] Zum einen wurde in § 2 Abs. 6 S. 2 ff. InvStG aufgenommen, dass bei Zielfonds, die nach den Anlagebedingungen laufend ihre Kapitalbeteiligungsquoten veröffentlichen, die fortlaufend veröffentlichten Quoten auf Ebene des Dachfonds berücksichtigt werden können. Voraussetzung ist jedoch nach S. 3, dass der Investmentfonds mindestens einmal pro Woche eine Bewertung vornimmt.[469] Durch diese Gesetzesänderung soll insbesondere die Attraktivität von (zumeist ausländischen) Zielfonds, die keine Mindestquoten in ihren Anlagebedingungen festlegen, gewahrt bleiben.[470]

In § 2 Abs. 8 S. 2 ff. InvStG findet sich inzwischen eine Regelung für alle Dachfonds, bei denen die Zielfonds nicht laufend ihre Quoten veröffentlichen, sondern die auf konkrete Anlagegrenzen in den Anlagebedingungen abstellen. In diesem Fall wird nur auf die dort festgelegten oberhalb von 51 % oder 25 % liegenden

---

465 So bspw. *Jetter/Mager*, SteuK 2016, 23, 27; *Bindl/Mager*, BB 2016, 2711, 2720; *Delp*, DB 2017, 447, 454; *Helios/Mann*, DB, Sonderausgabe 01/2016, 1, 17.

466 *Kelterborn/Küpper*, BB 2017, 2263, 2265.

467 InvStE-Entwurf vom 15.6.2018, Rn. 2.15; siehe dazu auch *Link*, der bereits darauf hingewiesen hat, dass die pragmatische Vorgehensweise der Finanzverwaltung nicht durch den Gesetzeswortlaut gedeckt war und daher eine gesetzliche Normierung forderte, *Link* in Herrmann/Heuer/Raupach EStG/KStG, § 2 InvStG Rn. 14.

468 Gesetzes vom 24.9.2018, BT-Drucks. 19/4455, BGBl. I 2018, 2338.

469 Kritisch unter Verweis auf Private Equity Fonds, die u. U. nur monatliche Bewertungen vornehmen, *Herr/Stiefel*, DStR 2019, 908, 912.

470 *Hartmann* in BeckOK InvStG, § 2 Rn. 112.

Anlagequoten abgestellt, deren Berücksichtigung dann aber zwingend ist, da verhindert werden soll, dass im Verlustfall die geringere Teilfreistellungsquote angewandt wird und im Gewinnfall die höhere.[471] Diese Regelung ist ausschließlich für Dach-Investmentfonds und deren Berechnung einer Aktienfonds- bzw. Mischfonds-Kapitalbeteiligungsquote relevant.

In beiden Fällen stellt sich aber die Frage, ob nicht auch eine unterhalb von 25 % liegende Kapitalbeteiligungsquote des Zielfonds auf Ebene des Dach-Investmentfonds berücksichtigt werden sollte.[472] Für den zuletzt genannten Fall (Festlegung in den Anlagebedingungen) ist dies in § 2 Abs. 8 Nr. 4 S. 4 InvStG eindeutig ablehnend durch eine gesetzliche Normierung beantwortet worden. Auch die Finanzverwaltung ging davon aus, dass die Möglichkeit, auf die tatsächlich von dem Investmentfonds veröffentlichten Kapitalbeteiligungsquoten abzustellen, nur für Ziel-Aktien- oder Ziel-Mischfonds mit einer *höheren* Mindestquote als (ehemals) 51 % bzw. 25 % gelten sollte.[473]

Alle verfügbaren Kapitalbeteiligungen zu Gunsten des Anlegers zu berücksichtigen, erscheint i. S. d. Steuerpflichtigen geboten, da auf Ebene der Zielfonds eine konkrete Steuerbelastung besteht und der Anleger dadurch letztlich nur die gesetzgeberisch intendierte Teilfreistellung erhält.[474] Auch beschränkt der Wortlaut des § 2 Abs. 6 S. 2 InvStG die Berücksichtigung der fortlaufend veröffentlichten Anlagequoten nicht auf eine bestimmte Mindesthöhe.[475] Technisch wäre sicherlich auch die Berücksichtigung geringerer Quoten möglich.[476]

Letzten Endes wäre es jedoch wenig stringent, im Rahmen des § 2 Abs. 8 Nr. 4 S. 4 InvStG nur höhere Anlagequoten zu berücksichtigen und im Rahmen des § 2 Abs. 6 S. 2 InvStG genau andersherum zu verfahren. Der Gesetzgeber hat die Anlagequoten festgelegt, um ein gewisses Maß an Vereinfachung durch die Pauschalierung zu erreichen, auch wenn sich hierdurch teilweise Unschärfen ergeben.[477] Es soll gerade nicht jeder Einzelfall exakt abgebildet werden. Wie die Ausführungen zur wirtschaftlichen Relevanz der anteiligen Steuerbefreiung auf Fondsebene gezeigt haben,[478] ist die erhobene KapESt bei Kapitalbeteiligungsquoten unterhalb von 25 % verhältnismäßig gering. Insofern ist die Vorgehensweise

---

471 Gesetzesbegründung zum Gesetz zur Vermeidung von Umsatzsteuerausfällen beim Handel mit Waren im Internet und zur Änderung weiterer steuerlicher Vorschriften, BT-Drucks. 19/4455, 65.

472 *Ebner*, RdF 2017, 305, 308; *Herr/Stiefel*, DStR 2019, 908, 912.

473 InvStE-Entwurf vom 15.6.2018, Rn. 2.15.

474 So auch *Herr/Stiefel*, DStR 2019, 908, 912; im Ergebnis wohl auch *Ebner*, RdF 2017, 305, 308.

475 *Herr/Stiefel*, DStR 2019, 908, 912.

476 Die täglich veröffentlichten tatsächlichen Kapitalbeteiligungsquoten sind beim Finanzinformationsdienstleister WM im Feld ID935 enthalten, *Ebner*, RdF 2017, 305, 309.

477 Gesetzesbegründung zum InvStRefG, BT-Drucks. 18/8045, 53.

478 Ausführlich oben, § 7 II. 4.

des Gesetzgebers konsequent und mit Blick auf den administrativen Aufwand auch wirtschaftlich sinnvoll.

d) Über Personengesellschaften gehaltene Kapitalbeteiligungen

Hält der Investmentfonds die Kapitalbeteiligungen nicht unmittelbar im Bestand, sondern über eine zwischengeschaltete (vermögensverwaltende oder gewerbliche) Personengesellschaft, sollen diese mit Ausnahme der in § 2 Abs. 8 S. 1 Nr. 3 und Nr. 4 InvStG genannten Investmentfonds in Form einer Personengesellschaft nach Ansicht der Finanzverwaltung für die Bestimmung der Teilfreistellung keine Berücksichtigung finden.[479] Dies ist durch das JStG 2019 auch gesetzlich in § 2 Abs. 8 S. 5 Nr. 1 InvStG normiert worden.[480]

Diese Sichtweise wird in der Literatur nicht geteilt und stößt vielfach auf Kritik, da es insbesondere bei Private Equity Fonds üblich ist, dass diese über zwischengeschaltete Personengesellschaften in Zielgesellschaften investieren.[481] Die Finanzverwaltung stellt hier erneut lediglich auf eine rein zivilrechtliche Sichtweise ab,[482] wenn sie zu Vereinfachungszwecken nur die gesellschaftsrechtliche Beteiligung des Fonds an der Personengesellschaft in ihre Betrachtung einbezieht. Lediglich bei unmittelbarem Besitz könne eine Überprüfung mit vertretbarem Aufwand durchgeführt und „Verschleierungen" über mehrstufige Strukturen vermieden werden.[483]

Die steuerliche Sichtweise bleibt hierbei außen vor. Hier wäre zunächst zu berücksichtigen, dass auf Ebene der Personengesellschaft grundsätzlich keine Besteuerung der Ausschüttungen der Zielgesellschaften vorgenommen wird. Da die Personengesellschaft ein steuerrechtlich transparentes Gebilde ist, wird auf dieser Ebene lediglich gem. § 180 Abs. 1 S. 1 Nr. 2 AO der Gewinn einheitlich und gesondert festgestellt und sodann den Gesellschaften zugewiesen, die ihn im Rahmen ihrer Veranlagung der Besteuerung unterwerfen.[484] Wirtschaftsgüter,

---

479 BMF vom 14.6.2017, Az. IV C 1 – S 1980-1/16/10010:001, Abschnitt 2, DB 2017, 1485; BMF vom 21.5.2019, Az. IV C 1 – S 1980-1/16/10010 :001, BStBl. I 2019, 527, Rn. 2.33.

480 JStG 2019 vom 12.12.2019, BGBl. I 2019, 2451; vgl. dazu auch *Ebner*, RdF 2019, 314, 319.

481 *Mann* in Brandis/Heuermann, § 20 InvStG Rn. 17; *Helios/Mann*, DB, Sonderausgabe 01/2016, 1, 17; *Link* in Herrmann/Heuer/Raupach EStG/KStG, § 2 InvStG Rn. 12; *Herr/Stiefel*, DStR 2019, 908, 913; *Hagen/Schober*, BB 2019, 1630, 1633.

482 Wie auch bei der Nichtberücksichtigung der Hinterlegungs- und Genussscheine, dazu ausführlich unten, § 9 I. 1. h) cc).

483 Begründung zu § 2 Abs. 8 S. 5 InvStG des Gesetzesentwurfs des Gesetzes zur weiteren steuerlichen Förderung der Elektromobilität und zur Änderung weiterer steuerlicher Vorschriften vom 23.9.2019, BT-Drucks. 19/13436, 170.

484 Im Rahmen dieser Darstellung wird davon ausgegangen, dass die Personengesellschaft die Option zur Körperschaftsbesteuerung gem. § 1a KStG nicht ausgeübt hat, vgl. dazu ausführlich *Kußmaul/Gottfreund*, StB 2021, 161; *Weiss*, BC 2021, 322; *Brühl/Weiss*, DStR 2021, 1617; *Brühl/Weiss*, DStR 2021, 889; *Bochmann/Bron*, NZG 2021, 613.

die über eine vermögensverwaltende Personengesellschaft gehalten werden, sind nach § 39 Abs. 2 Nr. 2 AO anteilig den Gesellschaftern zuzurechnen.

Ebenso wird nach den allgemeinen steuerlichen Grundsätzen bei ausländischen Personengesellschaften bspw. in Form der Luxemburger SCS (société en commandite simple) verfahren.[485] Handelt es sich, wie bei Private Equity Fonds üblich, um vermögensverwaltende Gesellschaften,[486] bleibt der Charakter von Investmenterträgen als Einkünfte aus Kapitalvermögen nach § 20 Abs. 1 EStG erhalten.[487] Es liegen demnach also weiterhin Einnahmen i. S. v. § 6 Abs. 3 Nr. 1 InvStG vor, die auf Ebene des Investmentfonds einer Vorbelastung mit 15 % KSt inklusive SolZ unterliegen.[488]

Auch im Rahmen von § 8b Abs. 6 KStG erfolgt eine Durchschau durch eine Personengesellschaft, so dass die Steuerbefreiung nach § 8b Abs. 1 S. 1 KStG auch gewährt wird, wenn Dividenden i. S. v. § 20 Abs. 1 Nr. 1 EStG über eine zwischengeschaltete Personengesellschaft erzielt werden.[489] Daher sollte dies auch im Fall der mittelbaren Beteiligung über eine steuerliche transparente Gesellschaft erfolgen.

Für die hier vertretene Ansicht spricht auch, dass bei der Ermittlung der Kapitalbeteiligungsquote eines Spezial-Investmentfonds gem. § 26 Nr. 6 S. 1 InvStG sowohl direkte Beteiligungen als auch mittelbar über Personengesellschaften gehaltene Beteiligungen an einer Kapitalgesellschaft in die Berechnung der 10 %-Quote einbezogen werden. Mit der Begrenzung der Beteiligung eines Spezial-Investmentfonds auf 10 % des Nominalkapitals der Zielgesellschaft soll der unternehmerische Einfluss des Fonds auf die Gesellschaft ausgeschlossen werden.[490] Zu diesem Zweck wird durch die Personengesellschaften hindurchgeschaut.[491] Ferner wird bei der Ermittlung der 100-Anleger-Grenze nach § 26 Nr. 8

---

485 *Mann* in Weitnauer/Boxberger/Anders KAGB, § 1 InvStG Rn. 23; *Hagen/Schober*, BB 2019, 1630, 1633.

486 Ziel der Strukturierung von Private Equity Fonds ist regelmäßig die Vermeidung der Gewerblichkeit i. S. v. § 15 EStG, da diese eine zusätzliche Belastung der Anleger mit GewSt mit sich bringen würde und auch die Gewährung des Teileinkünfteverfahrens im Hinblick auf den Carried Interest nach § 18 Abs. 1 Nr. 4 EStG nur bei Verneinung der Gewerblichkeit erfolgt, vgl. *Weitnauer* in Weitnauer, Hdb Venture Capital, Teil B Rn. 87 ff.; zur Abgrenzung der Vermögensverwaltung gegenüber dem Gewerbebetrieb siehe *Bode* in Brandis/Heuermann, § 15 EStG Rn. 151 ff. Zur Besteuerung des Carried Interest vgl. BFH vom 11.12.2019, Az. VIII R 11/16, DStR 2019, 1136; *Töben*, DStR 2019, 2105; *Mihm*, RdF 2020, 113, 114.

487 Zur Einordnung unterschiedlicher Private Equity Fonds in das InvStG vgl. *Niedling/Hempelmann*, RdF 2019, 41, 42.

488 So auch *Hahne/Michaelis*, RdF 2019, 196, 198.

489 So auch *Neumann*, DB 2016, 1779, 1779; *Remmel* in Herrmann/Heuer/Raupach EStG/KStG, § 20 InvStG Rn. 5.

490 Entwurf AIFM-StAnpG vom 8.11.2013, BR-Drucks. 740/13, 59.

491 *Bödecker* in BeckOK InvStG, § 26 Rn. 267.

S. 1 InvStG durch die Personengesellschaften hindurchgeschaut.[492] Die Finanzverwaltung wendet diese Sichtweise auch im Rahmen der Anwendung des besonderen Steuersatzes bei Back-to-Back-Finanzierungen nach § 32d Abs. 2 Nr. 1 Buchst. c EStG an.[493] Da das Prinzip der Transparenz bei Personengesellschaften im Steuerrecht – außer bei Option zur Körperschaftbesteuerung gem. § 1a KStG – durchgängig angewendet wird, müsste zumindest die Möglichkeit bestehen, dass der Steuerpflichtige in der Veranlagung einen Nachweis erbringt, dass über eine Personengesellschaft qualifizierte Kapitalbeteiligungen gehalten werden, auch wenn dies zugegebenermaßen im Steuerabzugsverfahren zu aufwendig ist.[494]

§ 2 Abs. 8 S. 1 InvStG sowie die entsprechenden Erlasse sollten daher wie folgt angepasst werden (Änderungen des Verfassers unterstrichen und kursiv).

> [...] (8) Kapitalbeteiligungen sind *unmittelbar oder mittelbar über eine Personengesellschaft gehaltene*
> 1. zum amtlichen Handel an einer Börse zugelassene oder auf einem organisierten Markt notierte Anteile an einer Kapitalgesellschaft*,*
> [...]

§ 2 Abs. 8 S. 5 Nr. 1 InvStG sollte gestrichen oder alternativ wie folgt mit einer Nachweismöglichkeit versehen werden.

> [...] (8) ... [5]Auch nicht als Kapitalbeteiligungen gelten
> 1. Anteile an Personengesellschaften, auch wenn die Personengesellschaften Anteile an Kapitalgesellschaften halten; *in diesem Fall steht dem Steuerpflichtigen jedoch die Möglichkeit des Nachweises im Veranlagungsverfahren offen.*
> [...]

e) *Kapitalbeteiligungen von Zielfonds in Form einer Personengesellschaft*

In Zusammenhang mit über Personengesellschaften gehaltenen Anteilen an Kapitalgesellschaften ist zu berücksichtigen, dass Personengesellschaften auch Investmentfonds darstellen können und dann eine gewöhnliche Dachfonds-Zielfonds-Konstruktion besteht, in welcher es normalerweise zur Berücksichtigung der durch den Zielfonds gehaltenen Anteile im Rahmen von § 2 Abs. 8 Nr. 3 und 4 InvStG kommt. § 1 Abs. 3 Nr. 2 InvStG bestimmt, dass Personengesellschaften zwar grundsätzlich vom Anwendungsbereich des InvStG ausgenommen sind,[495] enthält jedoch auch eine entsprechende Rückausnahme für OGAW gem.

---

492 *Bödecker* in BeckOK InvStG, § 26 Rn. 284.

493 Vgl. *Wenzel* in Brandis/Heuermann, § 26 InvStG Rn. 22; BMF vom 18.1.2016, Az. IV C 1 – S 2252/08/10004 :017, BStBl. I 2016, 85, Tz. 137.

494 So auch *Hagen/Schober*, BB 2019, 1630, 1633; *Herr/Stiefel*, DStR 2019, 908, 913.

495 Für die grundsätzlich vom Anwendungsbereich des InvStG ausgenommenen Personengesellschaften gilt nach § 180 Abs. 1 S. 1 Nr. 2 AO die einheitliche und gesonderte Feststellung, sofern mehr als ein Anleger beteiligt ist, *Mann* in Weitnauer/

§ 1 Abs. 2 KAGB und Altersvorsorgevermögen i. S. v. § 53 InvStG.[496] Organismen für gemeinsame Anlagen in Wertpapieren sind Investmentvermögen, welche die Anforderungen der OGAW-Richtlinie erfüllen.[497] Dabei kommt es auf die Rechtsform des Organismus grundsätzlich nicht an. So kann der Organismus in der Vertragsform als Sondervermögen oder in der Satzungsform als Kapital- oder Personengesellschaft aufgelegt werden, wobei zu berücksichtigen ist, dass das KAGB für inländische Investmentvermögen nur bestimmte Rechtsformen zulässt.[498] Die Finanzverwaltung hat ihre diesbezügliche Auffassung, dass auch in diesen Konstellationen die Kapitalbeteiligungen nicht berücksichtigt werden sollten,[499] inzwischen geändert und kommt zu einer Berücksichtigung in den Grenzen des § 2 Abs. 8 Nr. 3 und Nr. 4 InvStG.[500] Dies ist zu begrüßen, da die frühere Auffassung dem Gesetzeswortlaut des § 2 Abs. 8 Nr. 3 und 4 InvStG zuwiderlief.

Mit der zuvor vorgeschlagenen Änderung von § 2 Abs. 8 InvStG wären auch diese Sachverhalte abgedeckt, da damit grundsätzlich über alle Personengesellschaften gehaltene Kapitalbeteiligungen umfasst wären.

f) REITs als Kapitalbeteiligungen

Während im finalen InvStE REIT-Aktiengesellschaften ausdrücklich noch nicht als Kapitalbeteiligungen i. S. v. § 2 Abs. 8 InvStG klassifiziert werden,[501] hat der Gesetzgeber in § 2 Abs. 8 S. 5 Nr. 3 InvStG mit Wirkung zum 1.1.2020 eine Ausnahmeregelung aufgenommen, die insbesondere im Fall von REIT-Aktiengesellschaften Anwendung finden soll.[502] Hiernach werden auch Anteile von Kapitalgesellschaften, die von der Ertragsbesteuerung befreit sind, auf die

---

Boxberger/Anders KAGB, § 1 InvStG Rn. 23. Daher ist auch die Aufnahme dieser Einkünfte in das Muster der Steuerbescheinigung der Banken überflüssig, siehe hierzu BMF vom 27.6.2018, Az. IV C 1 – S 2401/08/10001:019, BeckVerw 436550. Denn auch wenn der Anleger entsprechende Anteile von Personengesellschaften halten würde, würden diese Einkünfte von der Bank gar nicht in der Steuerbescheinigung erfasst und dieser Abschnitt leer bleiben.

496 Nicht wirklich nachvollziehbar erscheint es, die Personengesellschaften zunächst mit Verweis auf das neue intransparente Besteuerungssystem der Investmentfonds aus dem Anwendungsbereich des InvStG auszunehmen, um sie umgehend durch die Rückausnahme wieder einzubeziehen, vgl. *Link* in Herrmann/Heuer/Raupach EStG/KStG§ 1 InvStG Rn. 10.

497 *Volhard/Jang* in Weitnauer/Boxberger/Anders KAGB, § 1 Rn. 36.

498 *Volhard/Jang* in Weitnauer/Boxberger/Anders KAGB, § 1 Rn. 5. Ausführlich oben, § 2 III.

499 BMF vom 14.6.2017, Az. IV C 1 – S 1980-1/16/10010:001, Tz. 2, DB 2017, 1485.

500 BMF vom 21.5.2019, Az. IV C 1 – S 1980-1/16/10010 :001, BStBl. I 2019, 527, Rn. 2.33.

501 BMF vom 21.5.2019, Az. IV C 1 – S 1980-1/16/10010 :001, BStBl. I 2019, 527, Rn. 2.28.

502 Eingefügt durch JStG 2019 vom 12.12.2019, BGBl. I 2019, 2451.

Kapitalbeteiligungsquote angerechnet, wenn die Ausschüttungen einer Besteuerung von mindestens 15 % unterliegen und der Investmentfonds nicht davon befreit ist. Typischerweise findet bei REIT-Aktiengesellschaften keine Besteuerung auf Ebene der Gesellschaft statt, sofern diese mindestens 90 % ihres Jahresüberschusses an die Aktionäre ausschüttet, § 13 Abs. 1 REITG.[503] Ausschüttungen unterliegen gem. §§ 20 Abs. 1 Nr. 1, 32d Abs. 1 S. 1 EStG der abgeltenden Besteuerung mit 25 % zzgl. SolZ und ggf. KiSt. Diese Änderung ist grundsätzlich zu begrüßen, auch wenn sie teilweise als nicht weitergehend genug angesehen wird, da sie sich lediglich auf Kapitalgesellschaften bezieht und gerade ausländische REITs häufig auch in anderen Rechtsformen auftreten.[504] Im Hinblick darauf erscheint es sinnvoll, die Formulierung auf Anteile an Körperschaften, Personenvereinigungen oder Vermögensmassen auszuweiten, wie dies auch in § 2 Abs. 9 S. 6 InvStG geschehen ist, und § 2 Abs. 8 S. 5 Nr. 3 InvStG wie folgt anzupassen (Änderungen des Verfassers unterstrichen und kursiv):[505]

> [...] Auch nicht als Kapitalbeteiligungen gelten
>
> [...]
>
> 3. Anteile an ~~Kapitalgesellschaften~~, *<u>Körperschaften, Personenvereinigungen und Vermögensmassen</u>*, die von der Ertragsbesteuerung befreit sind, soweit sie Ausschüttungen vornehmen, es sei denn, die Ausschüttungen unterliegen einer Besteuerung von mindestens 15 Prozent und der Investmentfonds ist nicht davon befreit und [...]

g) Holdinggesellschaften

Mit dem JStG 2019 wurde mit § 2 Abs. 8 S. 5 Nr. 4 InvStG ferner eine weitere Missbrauchsbekämpfungsvorschrift[506] in das InvStG aufgenommen.[507] Die Regelung soll Holdingkapitalgesellschaften aus dem Anwendungsbereich der qualifizierten Kapitalbeteiligungen ausnehmen, wenn ihre Einnahmen zu mehr als 10 % aus steuerbefreiten (Offshore-)Kapitalgesellschaften stammen und in Folge der Anwendung von § 8b KStG weitestgehend steuerbefreit wären. Hier soll das Dazwischenschalten einer Gesellschaft, die zwar grundsätzlich einer KSt-Pflicht unterliegt, jedoch weitestgehend von dieser befreit ist, um auf Fondsebene steuerlich unbelastete Einnahmen zu generieren, verhindert bzw. für Erträge dieser Art nicht auch noch die Teilfreistellung gewährt werden.[508] Dies ist grundsätzlich

503 Ausführlich *Amort/Blum*, DStR 2009, 1772, 1773.

504 Möglich sind bspw. US-amerikanische oder kanadische REITs in Form von Trusts, vgl. *Hagen/Schober*, BB 2019, 1630, 1634.

505 So auch *Hagen/Schober*, BB 2019, 1630, 1634.

506 *Hartmann* in BeckOK InvStG, § 2 Rn. 173.

507 Eingefügt durch JStG 2019 vom 12.12.2019, BGBl. I 2019, 2451.

508 Für weitere Beispiele vgl. die Begründung zum Gesetz zur weiteren steuerlichen Förderung der Elektromobilität und zur Änderung weiterer steuerlicher Vorschriften vom 12.12.2019, JStG 2019, BT-Drucks. 19/13436, 171.

nachvollziehbar, allerdings macht es eine Durchschau auf die von der Kapitalgesellschaft gehaltenen weiteren Kapitalbeteiligungen erforderlich. Hieran sollen zwar keine besonders hohen Anforderungen gestellt werden,[509] dennoch ist eine solche Prüfung im Massenverfahren grundsätzlich nicht vorgesehen.[510] Es belastet dieses mit erheblichem Feststellungsaufwand und hat bei den von Personengesellschaften gehaltenen Anteilen an Kapitalbeteiligungen zu deren Nichtbeachtung geführt. In konsequenter Fortsetzung des Leitgedankens aus § 2 Abs. 8 S. 5 Nr. 1 InvStG dürfte es auch hier nicht auf die von der Kapitalgesellschaft gehaltenen Beteiligungen ankommen.[511] Es müssten vielmehr sämtliche Beteiligungen, welche die Voraussetzungen des § 2 Abs. 8 Nr. 1 und Nr. 2 InvStG erfüllen, auf die Kapitalbeteiligungsquote anrechenbar sein.[512]

h) Andere Finanzinstrumente als Kapitalbeteiligungen i. S. v. § 2 Abs. 8 InvStG

aa) Einsatz von Derivaten

Auch wenn bei Verbriefungs- bzw. Derivategeschäften grundsätzlich keine direkte Beteiligung an einer Kapitalgesellschaft besteht, stellt sich dennoch die Frage, ob das jeweilige Finanzinstrument nicht der Aktienanlage so ähnlich ist oder es im Rahmen dieses Finanzinstruments nicht auch zum Erwerb von Aktien durch den Initiator kommt, so dass eine Gleichbehandlung im Hinblick auf die Steuerpflicht und die Anwendung der Teilfreistellung geboten ist. Denn an sich wäre es naheliegend, dort, wo Erträge aus bestimmten Finanzinstrumenten der Steuerbelastung auf Fondsebene unterliegen,[513] diese Finanzinstrumente im Gegenzug auch auf die Kapitalbeteiligungsquote anzurechnen und hierfür ggf. die Steuerbefreiung zu gewähren, da diese gerade als Kompensation für die Steuerbelastung konzipiert ist.[514]

Derivate können als Anlageinstrument oder zu Absicherungszwecken in Investmentfonds zum Einsatz gelangen.[515] Der Einsatz zu Absicherungszwecken

---

509 So soll bei international bekannten Aktiengesellschaften bspw. kein Nachweis erforderlich sein, vgl. *Jensch/Petzold/Ebner*, RdF 2020, 200, 203; *Wenzel* in Brandis/Heuermann, § 2 InvStG Rn. 51.

510 So auch *Hahne/Michaelis*, RdF 2019, 196, 199.

511 So auch *Hagen/Schober*, BB 2019, 1630, 1635.

512 Kritisch aufgrund der Nichtbeachtung weiterer Beteiligungsebenen, zu geringer Aufgriffsgrenzen und des weiten Anwendungsbereichs auch *Hahne/Michaelis*, RdF 2019, 196, 199.

513 Ausführlich oben, § 6 I.

514 Gesetzesbegründung zum InvStRefG, BT-Drucks. 18/8045, 92.

515 Zur grundsätzlichen steuerbilanziellen Behandlung strukturierter Finanzinstrumente BMF vom 19.12.2017, Az. IV C 6 – S 2133/09/10002:001, n. V.; dazu auch *Haisch*, RdF 2018, 159; zu möglichen Ausgestaltungsformen siehe bspw. *Veil* in Meyer/Veil/Rönau Hdb Marktmissbrauchsrecht, § 4 Rn. 65 ff.

führt nach Ansicht der Finanzverwaltung nicht zu einer Absenkung der angenommenen Kapitalbeteiligungsquote, da die Kapitalbeteiligungen immer noch im Fonds vorhanden sind.[516] Zu Anlagezwecken stellen sie jedoch keine Kapitalbeteiligungen dar und werden daher nicht angerechnet.[517] Dies ist nachvollziehbar, wenn Derivate als Schuldverschreibung i. S. v. § 793 BGB ausgestaltet sind und es sich infolgedessen lediglich um ein Darlehen handelt,[518] bei dem Zins und Rückzahlungsmodalitäten an bestimmte Bedingungen eines Basiswerts geknüpft sind und der Inhaber lediglich wirtschaftlich dem Aktionär ähnlich gestellt werden soll.[519]

bb) Hinterlegungsscheine bzw. ADR, GDR, IDR etc.

Wie ausgeführt, führen Einnahmen aus Hinterlegungsscheinen grundsätzlich zu steuerpflichtigen Beteiligungseinnahmen i. S. v. § 6 Abs. 3 InvStG.[520] Bei den ADR (American Depositary Receipts) handelt es sich um ein von einer in den USA ansässigen Depotbank emittiertes, in USD handelbares und dem amerikanischen Recht unterstehendes Namenspapier, das einen Anteil an einem außerhalb der USA ansässigen Unternehmen vermittelt, damit diese Aktien für Anleger, die bspw. bestimmten Anlagerestriktionen unterliegen und die Aktien nicht direkt erwerben können, erwerbbar gemacht werden.[521] Dabei schließen die Depotbank und der ADR-Inhaber einen Depotvertrag, der die Einzelheiten des ADR-Programms bestimmt. Die durch das ADR repräsentierten bspw. deutschen Aktien müssen jedoch bei einer Hinterlegungsstelle in Deutschland hinterlegt sein. Kennzeichnend für diese Art von Wertpapieren ist, dass sämtliche aus den Wertpapieren herrührenden Verwaltungs- und Vermögensrechte (insbesondere Dividendenanspruch und Stimmrecht) wie bei einer Treuhand an den ADR-Inhaber weitergeleitet werden, weshalb sowohl wirtschaftlich-normativ als auch steuerrechtlich eine weitgehende Gleichstellung mit Aktien gesehen wird.[522] Dies ist sachgerecht, da eine effektive Besteuerung im Rahmen des ADR im Hinblick auf Dividenden ebenfalls nicht stattfindet.[523]

---

516 BMF vom 21.5.2019, Az. IV C 1 – S 1980-1/16/10010 :001, BStBl. I 2019, 527, Rn. 2.6

517 BMF vom 14.6.2017, Az. IV C 1 – S 1980-1/16/10010:001, DB 2017, 1485, Tz. 2; BMF vom 8.11.2017, Az. IV C 1 – S 1980-1/16/10010:010, DStR 2017, 2736, Tz. 3.

518 *Veil* in Meyer/Veil/Rönau Hdb Marktmissbrauchsrecht, § 4 Rn. 57 f.

519 So bspw. bei Ausgestaltung als Discount- oder Expresszertifikat, siehe hierzu etwa *Fuchs* in Fuchs WpHG, § 2 Rn. 26.

520 Ausführlich oben, § 6 I. 1.

521 Ausführlich *Kumpan* in Schwark/Zimmer KMRK, § 2 WpHG Rn. 21; *Fuchs* in Fuchs WpHG, § 2 Rn. 22; *Harrer/King*, IStR 1999, 188; *Weber/Krauß*, DStR 2019, 960.

522 *Weber/Krauß*, DStR 2019, 960, 961; BMF vom 24.5.2013, Az. IV C I – S 2204/12/10003, BStBl. I 2013, 718.

523 BMF vom 24.5.2013, Az. IV C I – S 2204/12/10005, BStBl. I 2013, 718. In den letzten Jahren wurden als ADR bezeichnete Wertpapiere in den Umlauf gebracht, für die vertragswidrig keine Aktien hinterlegt waren. Außerhalb Deutschlands ansässige

Bei den Hinterlegungsscheinen wird der Konflikt zwischen der Qualifikation als Beteiligungseinnahme für die Erträge und der Versagung des Hinterlegungsscheins als Kapitalbeteiligung deutlich. Es wäre daher wünschenswert, wenn der Katalog der Kapitalbeteiligungen erweitert würde. Bei einer so weitreichenden Replizierung der Aktionärsstellung, bei der die Ausübung der Mitgliedschaftsrechte als wesentliches Element der Stellung als Gesellschafter durch einen Bevollmächtigten möglich ist, erscheint es angebracht, nicht formalistisch auf die Rechtsnatur des Hinterlegungsscheins, sondern auf die vermittelte Position abzustellen. Daher sollten auch die hier behandelten Hinterlegungsscheine als Kapitalbeteiligungen i. S. v. § 2 Abs. 8 InvStG anerkannt und der InvStE entsprechend angepasst werden.[524]

cc) Eigenkapitalähnliche Genussscheine

Gewinnanteile aus eigenkapitalähnlichen Genussscheinen führen gem. §§ 6 Abs. 3 Nr. 1 InvStG, 43 Abs. 1 S. 1 Nr. 1 EStG und 20 Abs. 1 Nr. 1 S. 1 EStG auf Ebene des Investmentfonds zu steuerpflichtigen Erträgen. Zivilrechtlich handelt es sich bei Genussscheinen[525] zunächst um eine Kapitalüberlassung an den Emittenten des Genussscheins im Rahmen eines Vertrages sui generis,[526] der seinem Inhaber schuldrechtliche Ansprüche auf aktionärstypische Vermögensrechte gewährt.[527] Der Genussscheininhaber ist nicht Mitgesellschafter,[528] es können aber abhängig von der vom Gesetz nicht näher vorgeschriebenen Ausgestaltung bspw. eine gewinnabhängige Vergütung, eine Beteiligung am Liquidationserlös der Gesellschaft oder auch eine Verlustbeteiligung vorgesehen sein.[529] In diesem Fall liegt ein eigenkapitalähnlicher Genussschein vor.[530] Fremdkapitalähnliche

---

Investoren sollen für diese „Phantom-Aktien" deutscher Gesellschaften Erstattungen von Quellensteuer mit erheblichen Schäden in Anspruch genommen haben, obwohl tatsächlich keine Kapitalertragsteuer auf Dividenden gezahlt worden war (sog. „Cum/Fake-Transaktionen"), vgl. dazu *Ebner*, RdF 2019, 169; *Weber/Krauß*, DStR 2019, 960.

524 Streichung von BMF vom 21.5.2019, Az. IV C 1 – S 1980-1/16/10010 :001, BStBl. I 2019, 527, Rn. 2.28, 2. Spiegelstrich. So im Ergebnis auch der Verband der Auslandsbanken in Deutschland e. V. vom 27.7.2018, abrufbar unter https://www.vab.de/anwendungsfragen-investmentsteuergesetz/ (zuletzt abgerufen am 23.8.2021).

525 Der Genussschein ist die als Wertpapier verbriefte Form des Genussrechts, *Habersack* in MüKo AktG, § 221 Rn. 63.

526 BGH vom 5.10.1992, Az. II ZR 172/91, NJW 1993, 57, 58 m. w. N.; BGH vom 21.7.2003, Az. II ZR 109/02, DStR 2003, 2031, 2032 f.; BGH vom 14.6.2016, Az. II ZR 121/15, NZG 2016, 983, 984.

527 *Habersack* in MüKo AktG, § 221 Rn. 64.

528 Zu den typischen Risiken *Fuchs* in Fuchs WpHG, § 31 Rn. 170.

529 *Weber-Grellet* in Schmidt EStG, § 17 Rn. 22; *Kraus* in Weitnauer, Hdb Venture Capital, Teil D. Rn 58.

530 Um zu ermitteln, ob und in welcher Höhe der Genussrechtsinhaber einen Anspruch gegenüber dem Emittenten hat, ist er auf Informationen des emittierenden

Genussrechte sind dagegen mit einer vom Unternehmenserfolg abhängigen Mindestverzinsung ausgestattet.[531] Die Zinszahlung entfällt jedoch, wenn ein Bilanzverlust entsteht oder durch die Zinszahlung entstünde.[532] In beiden Fällen ist eine Rückzahlung des Genussscheinkapitals vorgesehen.

Da auch die eigenkapitalähnlich ausgestalteten Genussscheine also nur schuldrechtliche Ansprüche auf bestimmte Aktionärsrechte vorsehen und am Ende der Laufzeit eine Rückzahlung des überlassenen Kapitals erfolgt, ähneln sie in ihrer zivilrechtlichen Ausgestaltung eher einem Darlehensvertrag als der Gesellschafterstellung. Sie fügen sich daher nicht ohne weiteres in die Systematik der auf Kapitalbeteiligungen aufbauenden, auf Fondsebene steuerpflichtigen Einkünfte i. S. v. § 43 Abs. 1 S. 1 Nr. 1 und 1a EStG ein.

Steuerrechtlich werden die Eigenkapitalgenussscheine jedoch unzweifelhaft unter § 20 Abs. 1 Nr. 1 EStG subsumiert, sofern mit ihnen kumulativ das Recht am Gewinn und am Liquidationserlös verbunden ist. Fremdkapitalgenussrechte fallen dagegen unter § 20 Abs. 1 Nr. 7 EStG.[533] Ferner werden Eigenkapitalgenussscheine steuerrechtlich an zahlreichen anderen Stellen im Gesetz ebenfalls wie Aktien behandelt und deren Erträge wie Dividenden.[534] Wenn dies zu auf Fondsebene nach § 6 Abs. 3 Nr. 1 InvStG steuerpflichtigen Erträgen führt, ohne dass zivilrechtlich Kapitalbeteiligungen vorliegen, sollte umgekehrt auch die steuerrechtliche Sichtweise beibehalten werden, die Anrechnung von Eigenkapitalgenussscheinen auf die Kapitalbeteiligungsquote möglich sein[535] und sie als Kapitalbeteiligungen i. S. v. § 2 Abs. 8 InvStG angesehen werden.[536]

Unternehmens angewiesen. Allgemeine Auskunftsrechte des Genussscheininhabers richten sich nach den §§ 242, 259, 315, 810 BGB bzw. werden in den Bedingungen des Genussscheins definiert, ausführlich *Stöber*, NZG 2017, 1401, 1402.

531 Zur Abgrenzung zwischen beteiligungs- oder obligationsähnlichen Genussrechten vgl. zuletzt BFH vom 14.8.2019, Az. I R 44/17, IStR 2020, 506.

532 *Kraus* in Weitnauer, Hdb Venture Capital, Teil D. Rn. 50.

533 *Ratschow* in Brandis/Heuermann, § 20 EStG Rn. 83 f.

534 Vgl. dazu bspw. § 36a Abs. 1 S. 1 EStG oder den Katalog der aktiven Einkünfte in § 8 Abs. 1 Nr. 8 AStG, denen auch Gewinnanteile aus eigenkapitalähnlichen Genussscheinen zugerechnet werden, *Rödel* in Kraft AStG, § 8 Rn. 505; *Wassermeyer* in Flick/Wassermeyer/Baumhoff/Schönfeld AStG, § 8 Rn. 283.

535 Zu den eigenkapitalähnlichen Genussscheinen haben sich bislang weder die Finanzverwaltung noch der Gesetzgeber geäußert. Lediglich die fremdkapitalähnlichen Genussrechte finden in BMF vom 21.5.2019, Az. IV C 1 – S 1980-1/16/10010 :001, BStBl. I 2019, 527, Rn. 6.35 Erwähnung.

536 So auch *Bindl/Mager*, BB 2016, 2711, 2716; *Mann* in Brandis/Heuermann, § 20 InvStG Rn. 17; *Ebner*, RdF 2017, 305, 306, die grds. die Anrechnung eigenkapitalähnlicher Instrumente fordern.

dd) *Wertpapierleihe*

Bei den Wertpapierleihgeschäften, die üblicherweise standardisierte Darlehensverträge i. S. d. § 607 BGB darstellen, ist der Entleiher nur verpflichtet, Aktien der gleichen Gattung zurückzuübertragen.[537] Ihm ist daher nicht nur das wirtschaftliche, sondern auch das zivilrechtliche Eigentum an den geliehenen Aktien zuzurechnen, weshalb auch eine steuerliche Zurechnung der Erträge nur bei dem Entleiher erfolgen kann.[538] Daher ist im Hinblick auf die Anrechnung auf die Kapitalbeteiligungsquote im Rahmen des § 2 Abs. 8 InvStG auch die grundsätzliche Berücksichtigung verliehener Aktien nur beim Entleiher, wie sie die Finanzverwaltung vornimmt, folgerichtig.[539]

i) *Stellungnahme*

Es besteht im InvStG kein Gleichlauf zwischen den Anlageinstrumenten, die zu Beteiligungseinnahmen i. S. d. § 6 Abs. 3 InvStG führen und auf Ebene des Investmentfonds einer Belastung mit 15 % KSt inkl. SolZ unterliegen, und solchen, die als Kapitalbeteiligung i. S. d. § 2 Abs. 8 InvStG gelten und für die Berechnung der Kapitalbeteiligungsquote im Hinblick auf die Teilfreistellung gem. § 20 Abs. 1 bis Abs. 3 InvStG maßgeblich sind. Die steuerlich auf Fondsebene vorbelasteten Erträge stammen aus einer wesentlich größeren Anzahl möglicher Finanzinstrumente als diejenigen, die als Kapitalbeteiligungen anerkannt werden.[540]

Sinn und Zweck des § 2 Abs. 8 InvStG ist es nach Ansicht der Finanzverwaltung, den Katalog der auf Ebene des Investmentfonds steuerpflichtigen Einkünfte typisiert nachzubilden.[541] Dies erfordert aber auch einen Gleichlauf bei der Besteuerung auf Fondsebene und bei der Gewährung der Kompensation hierfür. Da dies wie aufgezeigt nicht der Fall ist und auch die Finanzverwaltung grundsätzlich von einem Gleichlauf von § 6 Abs. 3 Nr. 1 und § 2 Abs. 8 InvStG ausgeht, sollte § 2 Abs. 8 Nr. 1 InvStG entsprechend weit gefasst werden, um dies auch gesetzlich zu normieren.

§ 2 Abs. 8 S. 1 Nr. 1 InvStG sollte daher im Hinblick auf das vorstehend Gesagte wie folgt angepasst werden (Änderungen des Verfassers unterstrichen und kursiv):

---

537 Im elektronischen Aktienhandel ist ohnehin nicht die Übertragung einer bestimmten Aktie möglich, vgl. *Loritz*, BB 2017, 2327, 2330.

538 Ausführlich oben, § 4 III. 2; *Wolny* in BeckOK InvStG, § 6 Rn. 98.

539 BMF vom 21.5.2019, Az. IV C 1 – S 1980-1/16/10010 :001, BStBl. I 2019, 527, Rn. 2.10, auch wenn hier die Übertragung des wirtschaftlichen Eigentums gefordert wird und die letztendliche Beurteilung von den Umständen des Einzelfalls abhängig gemacht wird.

540 Ausführlich oben, § 6 I.

541 BMF vom 14.6.2017, Az. IV C 1 – S 1980-1/16/10010:001, DB 2017, 1485; BMF vom 21.5.2019, Az. IV C 1 – S 1980-1/16/10010 :001, BStBl. I 2019, 527, Rn. 20.18.

> [...] (8) Kapitalbeteiligungen sind
> 1. zum amtlichen Handel an einer Börse zugelassene oder auf einem organisierten Markt notierte Anteile an einer Kapitalgesellschaft *und Finanzinstrumente, die zu Einnahmen nach § 43 Absatz 1 Nummer 1 und 1a Einkommensteuergesetz führen,*
> [...]

Ergänzend sollte Rn. 2.6 des InvStE wie folgt angepasst werden (Änderungen des Verfassers unterstrichen und kursiv):

Rn. 2.6

> [...] ~~Demgegenüber~~ *Ebenso* erfüllen Investmentfonds, die nach den Anlagebedingungen die Wertentwicklung von Kapitalbeteiligungen (auch) synthetisch mittels Finanzderivaten (z. B. Aktien-Swaps) abbilden können, ~~nicht~~ die Voraussetzungen des § 2 Absatz 6 oder 7 InvStG~~, es sei denn, die Anlagebedingungen sehen (ergänzend) eine Mindestbeteiligungsquote von 51 Prozent unmittelbar in Kapitalbeteiligungen vor.~~ [...]

Ebenso sollte Randnummer 2.28 des InvStE, S. 5, wie folgt angepasst werden (Änderungen des Verfassers unterstrichen und kursiv):

> [...] Kapitalbeteiligungen i. S. d. § 2 Absatz 8 InvStG *sind*:
>
> - Hinterlegungsscheine auf Aktien (sog. Depositary Receipts, z. B. American Depositary Receipts (ADR), Global Depositary Receipts (GDR), European Depositary Receipts (EDR)),
> - *im Vermögen und für Rechnung eines Investmentfonds abgeschlossene Swap-Geschäfte, welche die Wertentwicklung eines Aktienindex nachbilden,*
> - *Eigenkapitalgenussrechte i. S. v. § 20 Abs. 1 S. 1 Nr. 1 EStG.*
>
> [...]

2. Maßgebliche Immobilienbeteiligungen

Zur Gewährung der Immobilienteilfreistellung gem. § 20 Abs. 3 S. 1 InvStG muss der Investmentfonds gem. § 2 Abs. 9 InvStG in in- und ausländische Immobilien, Immobiliengesellschaften, Immobilienfonds oder REITs investieren. Um als Immobilienfonds bzw. Auslands-Immobilienfonds zu qualifizieren, müssen fortlaufend mehr als 50 % des Aktivvermögens des Fonds in inländische bzw. ausländische Immobilien und Immobiliengesellschaften investiert sein, § 2 Abs. 9 S. 1 und S. 2 InvStG.[542] Immobilienfonds wiederum gelten gem. § 2 Abs. 9 S. 4 zu 51 % selbst als Immobilien, sofern nicht gem. S. 5 in den Anlagebedingungen eine höhere Quote vorgesehen ist.[543] Später sind als qualifizierende Immobilien

---

542 Zum Umfang der zur berücksichtigenden Aktiva BMF vom 21.5.2019, Az. IV C 1 – S 1980-1/16/10010 :001, BStBl. I 2019, 527, Rn. 2.39 und 2.42 f.

543 BMF vom 21.5.2019, Az. IV C 1 – S 1980-1/16/10010 :001, BStBl. I 2019, 527, Rn. 2.36.

gem. § 2 Abs. 9 S. 6 InvStG auch Gesellschaften aufgenommen worden, deren Bruttovermögen zu mindestens 75 % aus Immobilien besteht und die entweder einer Ertragsteuerbelastung i. H. v. 15 % oder bei denen die Ausschüttungen einer Steuerbelastung i. H. v. 15 % unterliegen. Hiermit sollten insbesondere REITs umfasst werden.[544]

Mit der Gesetzesänderung wird insbesondere geregelt, in welchem Umfang unterschiedliche Immobiliengesellschaften als Immobilien gelten. Diese waren kurzzeitig aus dem Gesetz herausgefallen,[545] wurden dann jedoch wieder aufgenommen.[546] REITs waren zuvor nicht enthalten. Auch wenn die Erweiterung von § 2 Abs. 9 InvStG weitestgehend begrüßt wird, wird kritisch angemerkt, dass es aufgrund der Vorschrift nicht möglich ist, Anteile an Auslands-Immobilienfonds auch als ausländische Immobilien zu berücksichtigen, sondern nur als Immobilien, was wiederum nur die Immobilienteilfreistellung i. H. v. 60 % und nicht i. H. v. 80 % ermöglicht.[547] Das Gleiche sollte im Hinblick auf ausländische REITs gelten.[548] Die Kritik ist gerechtfertigt, da ausländische Immobilieneinkünfte gem. den DBA in Deutschland grundsätzlich von einer Besteuerung freigestellt sind.[549] Insofern sollte für Einkünfte, die aus ausländischen Immobilien und Immobiliengesellschaften stammen, eine möglichst weitreichende Freistellung zur Anwendung kommen. Aufgrund dessen sollten zumindest 80 % dieser Einkünfte freigestellt werden, es stellt sich aber auch die Frage, ob die Immobilienteilfreistellung bei Auslands-Immobilienfonds nicht eher 100 % als 80 % betragen sollte.[550]

Insofern sollte § 2 Abs. 9 S. 4 ff. InvStG im weiteren Gesetzgebungsverfahren wie folgt präzisiert werden (Änderungen des Verfassers unterstrichen und kursiv):

---

544 Vgl. Gesetzesbegründung des JStG 2019, BT-Drucks. 19/13436, 171; ausführlich oben, § 9 I. 1. f). Zu Zweifelsfragen im Zusammenhang mit der Ermittlung der Immobilienquote *Hahne/Schober*, BB 2021, 86, 87.

545 Versehentliche Streichung durch das Gesetz zur Vermeidung von Umsatzsteuerausfällen beim Handel mit Waren im Internet und zur Änderung weiterer steuerlicher Vorschriften, vgl. *Hahne/Michaelis*, RdF 2019, 196, 199.

546 BMF vom 21.5.2019, Az. IV C 1 – S 1980-1/16/10010 :001, BStBl. I 2019, 527, Rn. 2.34.

547 So auch die Verwaltungsauffassung in BMF vom 21.5.2019, Az. IV C 1 – S 1980-1/16/10010 :001, BStBl. I 2019, 527, Rn. 236. Hier müsste zumindest eine Nachweismöglichkeit des Investmentfonds bestehen, vgl. *Hahne/Michaelis*, RdF 2019, 196, 199; *Hagen/Schober*, BB 2019, 1630, 1636.

548 *Hahne/Michaelis*, RdF 2019, 196, 200.

549 Freigestellt sind Einkünfte aus unbeweglichem Vermögen gem. Art. 6 OECD-MA und Gewinne aus der Veräußerung von Immobiliengesellschaften gem. Art. 13 OECD-MA (bspw. Mieterträge, Veräußerungsgewinne aus ausländischen Grundstücken und ausländische Dividenden aus Grundstückskapitalgesellschaften), *Wassermeyer* in Wassermeyer DBA, Art. 6 OECD-MA Rn. 15 und Art. 13 Rn. 21.

550 Analog § 43 Abs. 1 S. 1 InvStG für Spezial-Investmentfonds, ausführlich unten, § 12 II. 4. b).

(9) [...] Investmentanteile an Immobilienfonds oder an Auslands-Immobilienfonds gelten i. H. v. 51 Prozent des Wertes des Investmentanteils als Immobilien _oder ausländische Immobilien_. Sieht ein Immobilienfonds oder ein Auslands-Immobilienfonds in seinen Anlagebedingungen einen höheren Prozentsatz als 51 Prozent seines Aktivvermögens für die fortlaufende Mindestanlage in Immobilien vor, gilt der Investmentanteil im Umfang dieses höheren Prozentsatzes als Immobilie _oder ausländische Immobilie_. Anteile an Körperschaften, Personenvereinigungen oder Vermögensmassen, bei denen nach gesetzlichen Bestimmungen oder nach deren Anlagebedingungen das Bruttovermögen zu mindestens 75 Prozent aus unbeweglichem Vermögen besteht, gelten i. H. v. 75 Prozent des Wertes der Anteile als Immobilien _oder ausländische Immobilien_, wenn die Körperschaften, Personenvereinigungen oder Vermögensmassen einer Ertragsbesteuerung i. H. v. mindestens 15 Prozent unterliegen und nicht von ihr befreit sind oder wenn deren Ausschüttungen einer Besteuerung von mindestens 15 Prozent unterliegen und der Investmentfonds nicht davon befreit ist. [...]

3. Festlegung der Quoten in den Anlagebedingungen

Erfolgt eine Festlegung von Mindestquoten für Aktien oder Immobilien in den allgemeinen oder besonderen Anlagebedingungen des Fonds,[551] liegt, wie ausgeführt, ein Aktien-, Misch- oder Immobilienfonds i. S. v. § 2 Abs. 6, Abs. 7 oder Abs. 9 InvStG vor. Dies ist der für den Anleger mit der meisten Klarheit verbundene Fall, weil diese Information über Finanzinformationsdienstleister wie bspw. WM Datenservice hinterlegt und von den depotführenden Stellen der Anleger beim KapESt-Abzug berücksichtigt wird.[552] Für den Fall, dass entweder keine Anlagebedingungen nach inländischen Standards existieren oder in diesen kein Mindestwert für die Kapitalbeteiligungsquote festgelegt ist, haben sowohl die Finanzverwaltung als auch der Gesetzgeber Erleichterungen vorgesehen.

a) Fehlende Anlagebedingungen

Grundsätzlich gelten als Anlagebedingungen die allgemeinen und besonderen Anlagebedingungen[553] sowie gem. § 2 Abs. 12 InvStG die Satzung, der Gesellschaftsvertrag oder vergleichbare konstituierende Rechtsakte eines Investmentfonds. Von Interesse sind hier insbesondere die Gegebenheiten bei ausländischen Investmentfonds. Diese haben häufig keine Anlagebedingungen i. S. d. deutschen InvStG, sondern lediglich eine Satzung bzw. einen Gesellschaftsvertrag und einen Verkaufsprospekt. In Luxemburg ist dies bspw. das Verwaltungsreglement,

551 BMF vom 21.5.2019, Az. IV C 1 – S 1980-1/16/10010 :001, BStBl. I 2019, 527, Rn. 2.48.
552 Zu Details des KapESt-Abzugs im Zusammenhang mit der Teilfreistellung *Ebner*, RdF 2017, 305, 308 ff. und allgemein *Rhodius/Lofing*, KapESt/AbgSt 2019, S. 86.
553 BMF vom 21.5.2019, Az. IV C 1 – S 1980-1/16/10010 :001, BStBl. I 2019, 527, Rn. 2.48.

das die allgemeinen Informationen enthält und für alle Teilfonds einer Umbrella-Struktur mit mehreren Teilfonds gilt, sowie der Verkaufsprospekt, der die detaillierten Informationen für die jeweiligen Teilfonds enthält und dessen Bestandteil das damit wiederum auch einer behördlichen Aufsicht unterliegende Verwaltungsreglement ist.[554]

Dieser Umstand war dem Gesetzgeber bei Abfassung des InvStG bekannt.[555] Durch die letzten Endes Gesetz gewordene Formulierung soll berücksichtigt werden, dass neben den zuvor genannten Dokumenten auch Rechtsnormen oder behördliche Rechtsakte maßgeblich für die rechtlichen Beziehungen zwischen Anlegern und Investmentfonds sein können.[556] Entscheidend ist aus Sicht der Finanzverwaltung, dass diese verbindlich für alle Anleger gelten und der Anleger ggf. auch Ansprüche gegen die Fondsgesellschaft ableiten kann.[557] Der Verkaufsprospekt soll allerdings nur dann ausreichend sein, wenn er nach ausländischem Recht das maßgebliche Dokument ist.[558] Die Finanzverwaltung hat offenbar erkannt, dass es hier bei ausländischen Investmentfonds zu erheblichen Problemen für die Anleger gekommen wäre. Nach verbreiteter Ansicht in der Literatur ist der Begriff der Anlagebedingungen ebenfalls weit zu interpretieren und insbesondere der Verkaufsprospekt ausreichend zur Festlegung der Anlagequoten.[559]

b) Keine Mindestquoten für Aktien oder Immobilien

Sofern für einen Fonds in den Anlagebedingungen keine der oben genannten Mindestquoten festgelegt werden, gilt der Fonds als sonstiger Fonds und es wird keine Teilfreistellung beim Steuerabzug für den Anleger berücksichtigt. Gem. § 20 Abs. 4 InvStG steht dem Anleger in diesem Fall aber die Möglichkeit eines Nachweises offen, dass der Investmentfonds während des gesamten Geschäftsjahres die Anlagequoten tatsächlich durchgehend überschritten hat. Dies gilt auch, wenn kein als Anlagebedingungen qualifizierendes Dokument oder ein entsprechender Rechtsakt existieren oder die Angaben dort unzureichend sind.[560]

Darüber hinaus sollte nach einer Ansicht in der Literatur der Nachweis nach § 20 Abs. 4 InvStG auch dann möglich sein, wenn in den Anlagebedingungen zwar Anlagequoten genannt sind, tatsächlich jedoch fortlaufend die

---

554 *Dietrich* in Baur/Tappen Investmentgesetze, Band 3 Investmentrecht Luxemburg, Rn. 22; *Hartmann* in BeckOK InvStG, § 2 Rn. 268.

555 Gesetzesbegründung zum InvStRefG, BT-Drucks. 18/8045, 92.

556 *Hartmann* in BeckOK InvStG, § 2 Rn. 267.

557 BMF vom 21.5.2019, Az. IV C 1 – S 1980-1/16/10010 :001, BStBl. I 2019, 527, Rn. 2.48.

558 BMF vom 21.5.2019, Az. IV C 1 – S 1980-1/16/10010 :001, BStBl. I 2019, 527, Rn. 2.49.

559 *Mann* in Weitnauer/Boxberger/Anders KAGB, § 2 InvStG Rn. 16; *Hartmann* in BeckOK InvStG, § Rn. 267; *Link* in Herrmann/Heuer/Raupach EStG/KStG, § 2 InvStG Rn. 23.

560 Gesetzesbegründung zum InvStRefG, BT-Drucks. 18/8045, 92; BMF vom 21.5.2019, Az. IV C 1 – S 1980-1/16/10010 :001, BStBl. I 2019, 527, Rn. 20.11.

nächsthöhere Anlagequote erfüllt wurde, da sich insoweit aus dem Gesetz keine Beschränkung auf die Fälle der fehlenden Anlagebedingungen oder Mindestquoten ableiten lässt.[561]

Dem ist zuzustimmen. Ein stärkeres Abstellen auf die tatsächlich erfüllte Kapitalbeteiligungsquote schafft dem Fondsmanager die Flexibilität zur Umsetzung seiner Anlagestrategie.[562] Denkbar sind bspw. Fälle, in denen der Fondsmanager grundsätzlich davon ausgeht, dass er stets über 50 % des Fondsvermögens in Aktien investiert, bei einem entsprechenden Marktumfeld die Aktienquote jedoch stark reduzieren möchte. Daher soll in die Anlagebedingungen nur die 25 %-Quote aufgenommen werden. Da dies eine reine Vorsichtsmaßnahme darstellt, um im Krisenfall nicht eine wesentliche und ggf. dauerhafte Verletzung der Anlagequoten mit der Folge einer Änderung des Teilfreistellungssatzes und einer fiktiven Veräußerung nach § 22 Abs. 1 S. 1 InvStG zu verursachen, wäre es nicht sachgerecht, dem Anleger hier die Nachweismöglichkeit abzuschneiden.[563] Dies würde letztlich auch den Grundsätzen des EuGH-Urteils in der Rechtssache *van Caster und van Caster* widersprechen.[564] Vielmehr sollte ein Höchstmaß an Flexibilität in der Anlage gewährleistet sein und dem Anleger die Kompensation der tatsächlichen steuerlichen Vorbelastung auf Fondsebene auch in vollem Umfang gewährt werden.[565] Dies stünde auch im Einklang mit § 2 Abs. 6 S. 2 und Abs. 8 S. 2 InvStG. Auch hier wird der Nachweis einer höheren Kapitalbeteiligungsquote zugelassen. Dem folgend sollte in § 20 Abs. 4 InvStG nicht die Möglichkeit des Anlegers geregelt werden, eine höhere Anlagequote nachzuweisen, sondern dass eine andere als die in den Anlagebedingungen bestimmte Anlagequote in der Veranlagung geltend zu machen ist.

Dabei scheint es aus Anlegersicht auch wesentlich sinnvoller zu sein, auf das *Kalenderjahr* abzustellen als auf das Geschäftsjahr des Investmentfonds, da der Anleger seine Steuererklärung nach § 149 Abs. 2 AO gewöhnlich bis zum 31.7. des

---

561 *Mertesdorf-Perathoner* in BeckOK InvStG, § 20 Rn. 67; *Remmel* in Herrmann/Heuer/Raupach EStG/KStG, § 20 InvStG Rn. 20.

562 Teilweise haben sich daher Fondsgesellschaften dazu entschieden, keine Anlagequoten in ihre Anlagebedingungen aufzunehmen, sondern die Anleger täglich fortlaufend über die Kapitalbeteiligungsquoten zu informieren, vgl. bspw. Flossbach von Storch SICAV – Multiple Opportunities II, abrufbar unter https://www.flossbachvonstorch.de/de/fonds/LU0952573482/ (zuletzt abgerufen am 13.9.2020).

563 Ähnlich *Mertesdorf-Perathoner* in BeckOK InvStG, § 20 Rn. 67.

564 In der Rechtssache *van Caster und van Caster* hat der EuGH in Bezug auf die im InvStG 2004 vorgesehene Pauschalbesteuerung entschieden, dass dem Anleger die Möglichkeit einzuräumen ist, Unterlagen beizubringen, mit denen sich die tatsächliche Höhe der Einkünfte nachweisen lässt, EuGH vom 9.10.2014, Az. C-326/12, IStR 2014, 808.

565 Diesem Gedanken folgen auch *Herr/Stiefel* mit Verweis auf die EuGH-Rechtsprechung *van Caster und van Caster*, C-326/12, IStR 2014, 808, siehe *Herr/Stiefel*, DStR 2019, 908, 913.

Folgejahres zu erstellen hat, das Geschäftsjahr des Fonds aber ohne Weiteres erst im September enden kann. Beim Abstellen auf das Geschäftsjahr des Fonds ist es dem Anleger nicht möglich, rechtzeitig die für seine Veranlagung erforderlichen Daten des Investmentfonds zu erhalten.[566]

Demnach sollte § 20 Abs. 4 InvStG im Hinblick auf das vorstehend Gesagte wie folgt angepasst werden (Änderungen des Verfassers unterstrichen und kursiv):

> [...] (4) Der Nachweis, ~~Weist der Anleger nach,~~ dass der Investmentfonds die Aktienfonds- oder Mischfonds-Kapitalbeteiligungsquote oder Immobilienfonds- oder Auslands-Immobilienfondsquote während des ~~Geschäftsjahres~~ *Kalenderjahres* tatsächlich durchgehend überschritten hat, ~~so~~ ist ~~die Teilfreistellung~~ auf Antrag des Anlegers in der Veranlagung ~~anzuwenden~~ *zu führen*. [...]

c) *Form des Nachweises und Anspruch auf Auskunft gegenüber dem Investmentfonds*

Wird auf die Möglichkeit des Nachweises der tatsächlichen Aktienquote abgestellt, sollten nach einer Ansicht in der Literatur keine allzu hohen Anforderungen an diesen zu stellen sein.[567] Der Finanzverwaltung genügen hier Vermögenverzeichnisse oder eine schriftliche Bestätigung des Investmentfonds, nicht hingegen punktuelle Aufnahmen wie bspw. Jahres- oder Halbjahresberichte.[568] Wichtig ist jedoch, dass der Nachweis erkennen lässt, dass durchgängig und fortlaufend die jeweilige Kapitalbeteiligungsquote erfüllt war, weshalb Vermögensverzeichnisse an sich diesen Nachweis nicht erbringen können. Daher wird regelmäßig nur eine Bescheinigung des Investmentfonds oder seines Abschlussprüfers sinnvoll sein, da nur diese über die erforderlichen Transaktionsdaten des Investmentfonds verfügen.[569]

Nach Ansicht des Verfassers wäre es wünschenswert, diesbezüglich mehr Klarheit zu erhalten, welche Mindestanforderungen eine solche Bestätigung des Investmentfonds nach Ansicht der Finanzverwaltung zu erfüllen hat. Möglicherweise wäre hier auch ein Muster hilfreich. Ferner ist nicht geregelt, dass Anleger überhaupt einen Anspruch auf eine solche Bestätigung, geschweige denn auf

---

566 *Mertesdorf-Perathoner* in BeckOK InvStG, § 20 Rn. 66. Vgl. insoweit aber BMF vom 21.5.2019, Az. IV C 1 – S 1980-1/16/10010 :001, BStBl. I 2019, 527, Rn. 20.17, wonach es möglich ist, die Teilfreistellung auch vorläufig gem. § 165 Abs. 1 S. 1 AO zu berücksichtigen.

567 *Mann* in Brandis/Heuermann, § 20 Rn. 42; *Mann* in Weitnauer/Boxberger/Anders KAGB, § 20 InvStG Rn. 14; *Helios/Mann*, DB, Sonderausgabe 01/2016, 1, 18.

568 BMF vom 21.5.2019, Az. IV C 1 – S 1980-1/16/10010 :001, BStBl. I 2019, 527, Rn. 20.12.

569 So auch *Helios/Mann*, DB, Sonderausgabe 01/2016, 1, 18. Vgl. dazu das Bsp. des Flossbach von Storch SICAV – Multiple Opportunities, abrufbar unter https://www.flossbachvonstorch.de/de/fonds/LU0323578657/ (zuletzt abgerufen am 25.8.2021).

die Überlassung der Vermögensverzeichnisse hat. Denkbar ist demnach, dass Anleger den erforderlichen Nachweis gar nicht erhalten oder sich dies aufgrund von abweichenden aufsichtsrechtlichen Regelungen im Hinblick auf die Einordnung als Kapitalbeteiligung bei ausländischen Fondsgesellschaften entsprechend schwierig erweist.[570]

Demnach sollte § 20 Abs. 4 InvStG um einen S. 2 ergänzt werden (Änderungen des Verfassers unterstrichen und kursiv):

> [...] (4) [...] *Im Hinblick auf die durchgehende Überschreitung der Anlagegrenzen steht dem Anleger ein Auskunftsanspruch gegen den Investmentfonds zu.*

4. Ermittlung der Kapitalbeteiligungsquote

Für die Ermittlung der Kapitalbeteiligungsquote kann seit 1.1.2019 gem. § 2 Abs. 9a InvStG auf das Aktivvermögen des Investmentfonds ohne Verbindlichkeiten (S. 1) oder alternativ auf den Wert des Investmentfonds (S. 2 bis 4), also den Nettoinventarwert, im Rahmen dessen auch Verbindlichkeiten Berücksichtigung finden, abgestellt werden.[571] Beide Methoden führen allerdings zum gleichen Ergebnis.[572] Maßgebend für die Bestimmung des Aktivvermögens ist der Wert der Anlagegegenstände des Investmentfonds.[573] Dabei stellen die Kapitalbeteiligungen den Zähler und das Aktivvermögen den Nenner bei der Ermittlung der Kapitalbeteiligungsquote dar.[574] Im Zuge der Einführung des § 2 Abs. 9a S. 2 InvStG kommt es zu einer anteiligen Verteilung der Verbindlichkeiten auf die im Fonds vorhandenen Wirtschaftsgüter anstelle der zuvor vorgenommen ausschließlichen Betrachtung der Vermögenswerte ohne Verbindlichkeiten. Als Verbindlichkeiten gelten vor allem Darlehen, die zur Finanzierung von Anlagegegenständen des Fonds aufgenommen werden.[575] Darüber hinaus können auch Kosten-, Steuer- oder Zinsverbindlichkeiten zu berücksichtigen sein.[576]

---

570 Dies sehen auch *Mertesdorf-Perathoner* in BeckOK InvStG, § 20 Rn. 68; *Remmel* in Herrmann/Heuer/Raupach EStG/KStG, § 20 InvStG Rn. 20.

571 Eingeführt durch das Gesetz zur Vermeidung von Umsatzsteuerausfällen beim Handel mit Waren im Internet und zur Änderung weiterer steuerlicher Vorschriften vom 24.9.2018, BGBl. I 2018, 2338.

572 Siehe hierzu die Berechnung bei *Hartmann* in BeckOK InvStG, § 2 Rn. 242.1, der ebenfalls die Erreichung der beabsichtigten Vereinfachung des Verfahrens nach S. 2 anzweifelt, sowie; *Bindl/Leidel*, DStR 2019, 241. Auch nach Ansicht der Finanzverwaltung ist nach beiden Größen eine Nettomethode anzuwenden, BMF vom 21.5.2019, Az. IV C 1 – S 1980-1/16/10010 :001, BStBl. I 2019, 527, Rn. 2.43.

573 BMF vom 21.5.2019, Az. IV C 1 – S 1980-1/16/10010 :001, BStBl. I 2019, 527, Rn. 2.42.

574 *Jensch/Petzold/Ebner*, RdF 2020, 200, 202.

575 BMF vom 21.5.2019, Az. IV C 1 – S 1980-1/16/10010 :001, BStBl. I 2019, 527, Rn. 2.43. Vgl. zu offenen Fragen bei der Definition von Krediten und zur Berücksichtigung von Kontoüberziehungen bei Anwendung der Nettomethode *Herr/Stiefel*, DStR 2019, 908, 910.

576 *Jensch/Petzold/Ebner*, RdF 2020, 200, 201.

Auch aus Derivaten können sich negative Positionen im Fondsvermögen ergeben. Durch den Einsatz von Derivaten können bspw. Kurs-, Zins-, Währungs- oder politische Risiken bei der Vermögensanlage abgesichert werden.[577] Als Absicherungsinstrumente kommen dabei insbesondere Optionen, Swaps, Futures, Forwards und andere Warenkontrakte in Frage, die bei bilanzierenden Anlegern als gegenläufige Geschäfte unter bestimmten Umständen nach den Grundsätzen des § 254 HGB zu Bewertungseinheiten zusammengefasst werden.[578] Die negativen und positiven Verkehrswerte der Vermögensgegenstände sollen aber auch bei der Ermittlung des Aktivvermögens von Investmentfonds saldiert und positive mit negativen Marktwerten verrechnet werden.[579] Dies ist folgerichtig, wenn man zur Bemessung des Nettoinventarwertes darauf abstellt, dass dieser die Summe der zum Vermögen des Investmentfonds gehörenden Vermögenswerte abzüglich der Verbindlichkeiten darstellt.[580]

II. Umfang der Teilfreistellung

1. Anwendung der vollständigen Teilfreistellung für Zwecke der Einkommen- und Körperschaftsteuer

Die Teilfreistellung beläuft sich für Aktienfonds i. S. v. § 2 Abs. 6 InvStG im Privatvermögen auf 30 %, im Betriebsvermögen auf 60 % und im Vermögen eines körperschaftsteuerpflichtigen Anlegegers auf 80 %, § 20 Abs. 1 S. 1 bis 3 InvStG. Damit soll die Logik des § 3 Nr. 40 EStG und des § 8b Abs. 2 KStG in pauschalierter Form nachempfunden werden.[581] Bei Anteilen im Gesamthandsvermögen einer vermögensverwaltenden Personengesellschaft oder einer Mitunternehmerschaft richtet sich die Teilfreistellung nach dem für den beteiligten Gesellschafter geltenden Teilfreistellungssatz.[582] Dies ergab sich zunächst nicht aus dem Gesetz, wurde aber durch das JStG 2019 durch Einführung eines neuen § 20 Abs. 1 Nr. 3a EStG geändert.[583]

---

577 Vgl. dazu allgemein *Rau*, DStR 2017, 737.

578 Vgl. bspw. *Barz/Meyding-Metzger/Weigel*, IRZ 2015, 285; *Rau*, DStR 2017, 737; *Tiedchen* in MüKo BilR, § 254 HGB Rn. 67; *Böcking/Morawietz/Torabian* in MüKo HGB, § 340e HGB Rn. 69.

579 *Herr/Stiefel*, DStR 2019, 908, 910; *Jensch/Petzold/Ebner*, RdF 2020, 200, 205.

580 So *Keyser/Selkinski* in Weitnauer/Boxberger/Anders KAGB, § 168 Rn. 12.

581 Gesetzesbegründung zum InvStRefG, BT-Drucks. 18/8045, 90.

582 BMF vom 21.5.2019, Az. IV C 1 – S 1980-1/16/10010 :001, BStBl. I 2019, 527, Rn. 20.5. Vgl. dazu auch *Jansen/Greger*, DStR 2018, 282.

583 *Ebner*, RdF 2019, 314, 315; *Hagen/Schober*, BB 2019, 1693, 1696.

	Privatanleger	Betrieblicher Anleger EStG	Betrieblicher Anleger KStG	Anleger i. S. d. § 20 Abs. 1 S. 4 InvStG
Aktienfonds	30 %	60 %	80 %	30 %
Mischfonds	15 %	30 %	40 %	15 %
Immobilienfonds Inland	60 %	60 %	60 %	60 %
Immobilienfonds Ausland	80 %	80 %	80 %	80 %
Sonstige Fonds	0 %	0 %	0 %	0 %

Tabelle 3: *Teilfreistellung im Überblick*
(Quelle: *Mann* in Weitnauer/Boxberger/Anders KAGB, § 20 InvStG Rn. 12.)

Bei Mischfonds i. S. v. § 2 Abs. 7 InvStG beträgt die Teilfreistellung die Hälfte des für Aktienfonds geltenden Teilfreistellungssatzes, § 20 Abs. 2 InvStG.[584] Bei Immobilienfonds gilt nach §§ 20 Abs. 3, 2 Abs. 9 S. 1 und S. 2 InvStG für alle Anleger einheitlich eine Freistellung von 60 %, wenn der Fonds zu mehr als 50 % seines Wertes in Immobilien oder Immobilien-Gesellschaften investiert ist, bzw. eine Freistellung von 80 %, wenn der Fonds zu mehr als 50 % in ausländischen Immobilien oder Immobilien-Gesellschaften investiert ist. Im Hinblick auf die Gewerbesteuer gelten die Teilfreistellungssätze nach § 20 Abs. 5 InvStG jeweils zur Hälfte. Somit ergibt sich folgendes Bild:

Dabei ist die Vorteilhaftigkeit der einen oder anderen Ausgestaltung eines Investmentfonds immer abhängig vom jeweiligen Anleger und dessen Anlagestrategie und daher nicht pauschal zu beantworten.[585] Es muss in jedem Einzelfall eine Prüfung der geplanten Investitionsstruktur erfolgen. Hierbei ist ferner ist wichtig, die Veräußerungsgewinne in die Betrachtung einzubeziehen und immer von einer kompletten Realisierung bis auf die Ebene des Anlegers auszugehen. Wie der untenstehende Belastungsvergleich zeigt, greift es zu kurz, lediglich auf die auf Fondsebene steuerpflichtigen Erträge und die Teilfreistellung abzustellen.[586] Eine weitere Steuerbefreiung ergibt sich aus § 20 Abs. 1 Nr. 6

584 Sofern der Investmentfonds nicht bereits aufgrund seiner Anlagebedingungen klassifiziert wird, stellt sich im Hinblick auf die Vorabpauschale die Frage, ob bei kalendergleichem Geschäftsjahr des Fonds die Teilfreistellung auf Basis der Vermögensverhältnisse des vorangegangenen oder des aktuellen Geschäftsjahres angewandt wird, siehe hierzu *Herr/Stiefel*, DStR 2019, 908.

585 So auch *Remmel* in Herrmann/Heuer/Raupach EStG/KStG, § 20 InvStG Rn. 5.

586 Ausführlich unten, § 9 II. 3 und § 16.

S. 9 EStG für fondsgebundene Lebensversicherungen. Sofern der steuerpflichtige Unterschiedsbetrag aus Investmenterträgen stammt, sind 15 % des Unterschiedsbetrages steuerbefreit.[587] Dies soll hier jedoch nicht weiter thematisiert werden.

2. Anteilige Befreiung für Zwecke der GewSt

Die Anwendung der Teilfreistellung für Zwecke der Gewerbesteuer trägt in pauschalierter Art und Weise dem Umstand Rechnung, dass die Steuerbefreiungen für Veräußerungsgewinne bei Körperschaften gem. § 8b Abs. 2 KStG zu 95 % und bei betrieblichen Anlegern zu 40 % gem. § 3c Nr. 40 EStG steuerbefreit sind und diese Steuerbefreiungen auch den Gewerbeertrag nach § 7 GewStG mindern.[588]

Allerdings bestimmt § 20 Abs. 5 InvStG, dass die vorgenannten Teilfreistellungssätze für Zwecke der Gewerbesteuer nur zur Hälfte gelten. Mit der hälftigen Anwendung soll dem Umstand Rechnung getragen werden, dass in der Regel auf Ebene des Investmentfonds keine GewSt anfallen wird.[589] Mangels Vorbelastung auf Ebene des Investmentfonds ist auch keine Kompensation auf Ebene des Anlegers erforderlich. Nicht geregelt ist, wie mit der hälftigen Teilfreistellung umzugehen ist, wenn wider Erwarten auf Ebene des Investmentfonds doch eine GewSt-Belastung entsteht und damit steuerlich vorbelastete Erträge.[590] Der Logik des Gesetzgebers folgend, müsste dann der volle Teilfreistellungssatz zur Anwendung kommen.[591] Dem ist grundsätzlich zuzustimmen, da es sich letztlich nicht ausschließen lässt, dass auf Fondsebene auch eine gewerbesteuerliche Belastung entsteht, und dies nicht zu Lasten des Anlegers vereinfacht werden sollte. Dementsprechend sollte die Regelung des § 20 Abs. 5 InvStG wie folgt erweitert werden (Änderungen des Verfassers unterstrichen und kursiv):

> „[...] (5) Bei der Ermittlung des Gewerbeertrags nach § 7 des Gewerbesteuergesetzes sind die Freistellungen nach den Absätzen 1 bis 3 nur zur Hälfte zu berücksichtigen*, sofern auf Ebene des Investmentfonds keine Gewerbesteuer entstanden ist. Anderenfalls sind die Steuerfreistellungen nach den Absätzen 1 bis 3 in voller Höhe zu berücksichtigen*."

587 Ausführlich BMF vom 29.9.2017, Az. IV C 1 – S 2252/15/10008 :011, BStBl. I 2017, 1314.

588 Zu Personengesellschaften als Anlegern vgl. insbesondere *Mertesdorf-Perathoner* in BeckOK InvStG, § 20 Rn. 75; *Jansen/Greger*, DStR 2018, 282.

589 Gesetzesbegründung zum InvStRefG, BT-Drucks. 18/8045, 92.

590 So bspw. denkbar bei Private Equity Fonds, vgl. dazu *Niedling/Hempelmann*, RdF 2019, 41, 44; *Mihm*, RdF 2020, 113, 155.

591 So *Remmel* in Herrmann/Heuer/Raupach EStG/KStG, § 20 InvStG Rn. 30.

3. Belastungsvergleich

Um ein Gefühl für die Auswirkungen der Teilfreistellung im Vergleich zur Direktanlage zu vermitteln, soll nachfolgend ein Vergleich verschiedener Konstellationen erfolgen. Dabei werden die untenstehenden Annahmen zugrunde gelegt. Ferner wird unterstellt, dass es sich dabei um einen (kostengünstigen) Spezial-AIF i. S. v. § 284 KAGB handelt, der steuerlich als Investmentfonds qualifiziert. Der Betrachtungszeitraum soll jeweils ein volles Kalenderjahr betragen.[592]

Anlagevolumen (Euro)		100.000.000		
Anteil Aktien	70%	70.000.000		
Anteil Aktien Inland	10%	7.000.000		
Dividenden Inland	2,5%	175.000		
Anteil Aktien Ausland	90%	63.000.000	Ausl. QSt (15%)	Div. Netto
Dividenden Ausland	2,5%	1.575.000	236.250	1.338.750
Realisierte Kursgewinne Aktien	4%	2.800.000		
Anteil Renten	25%	25.000.000		
Kursgewinne Renten	0,4%	100.000		
Zinsen	0,4%	100.000		
Liquidität	5%	5.000.000		
Zinsen	0%	0		

Teilfreistellung Investmentfonds	ESt/KSt	GewSt
Privatvermögen	30%	
GmbH & Co. KG	60%	30%
GmbH	80%	40%

Kosten Spezial-AIF		100.000.000
KVG	0,0500%	50.000
Verwahrstelle	0,0200%	20.000
Management Fee netto	0,250%	250.000
Management Fee brutto	0,298%	297.500

Persönliche Steuermerkmale Anleger		
Einkommensteuer		45%
SolZ	5,50%	2,48%
KiSt	9,00%	4,05%
ESt gesamt		51,53%
AbgSt		24,45%
SolZ	5,50%	1,34%
KiSt	9,00%	2,20%
AbgSt gesamt		28,00%

Tabelle 4: *Rahmendaten*

(Quelle: Eigene Berechnungen)

592 Vollständiger Belastungsvergleich unten, § 16. Weitere Belastungsvergleiche und Überlegungen zur Investmentstruktur finden sich u. a. bei *Elser/Stiegler*, IStR 2017,

	Direktanlage im Privatvermögen			Investmentfonds im Privatvermögen bei Verkauf aller Fondsanteile		
Ebene Fonds				Anlagevermögen		100.000.000
				Inländische Dividenden		175.000
				abzgl. 15% KSt inkl. SolZ		26.250
				Inl. Dividenden netto		148.750
				zzgl. ausl. Div. brutto		1.575.000
				abzgl. 15% QSt Ausland		236.250
				Ausl. Div. netto		1.338.750
				Dividenden gesamt netto		1.487.500
				zzgl. Zinsen		100.000
				zzgl. realisierte Kursgewinne Renten		100.000
				zzgl. realisierte Kursgewinne Aktien		2.800.000
				Nettoerträge vor Kosten		4.487.500
				abzgl. Kosten für KVG/Verwahrstelle		70.000
				abzgl. Management Fee netto		250.000
				Nettoerträge nach Kosten		4.167.500
Ebene Anleger	Anlagesumme		100.000.000			
	Dividenden		1.750.000	Veräußerung Investmentfonds		4.167.500
	zzgl. Zinsen		100.000	Bemessungsgrundlage AbgSt nach TF	30%	2.917.250
	zzgl. realisierte Kursgewinne Renten		100.000			
	zzgl. realisierte Kursgewinne Aktien		2.800.000			
	Ertrag brutto		4.750.000			
	abzgl. 50% der All-In-Fee		148.750			
	Bemessungsgrundlage AbgSt		4.601.250			
	abzgl. AbgSt gesamt	28,00%	1.288.131	abzgl. AbgSt gesamt	28,00%	816.691
	abzgl. Management Fee brutto		297.500			
	Ertrag nach Steuern und Kosten		3.164.369	Veräußerungserlös netto		3.350.809
Vermögen vor Steuern und Kosten			104.750.000			104.750.000
Steuerbelastung gesamt			-1.288.131			-1.079.191
Kosten gesamt			-297.500			-320.000
Vermögen nach Steuern und Kosten			103.164.369			103.350.809

Tabelle 5: *Direktanlage und Aktienfonds im Privatvermögen*
(Quelle: Eigene Berechnungen)

567 (für Inbound-Investitionen in deutsche Vermögenswerte); *Jansen/Greger*, RdF 2017, 138, 140 (für betriebliche Anleger); *Michalowski*, ErbStB 2018, 89, 93; *Ebner*, RdF 2018, 132, 137 (für Spezial-Investmentfonds).

	Direktanlage im Privatvermögen			Investmentfonds im Privatvermögen bei Verkauf aller Fondsanteile		
Ebene Fonds				Anlagevermögen		100.000.000
				Inländische Dividenden		175.000
				abzgl. 15% KSt inkl. SolZ		26.250
				Inl. Dividenden netto		148.750
				zzgl. ausl. Div. brutto		1.575.000
				abzgl. 15% QSt Ausland		236.250
				Ausl. Div. netto		1.338.750
				Dividenden gesamt netto		1.487.500
				zzgl. Zinsen		100.000
				zzgl. realisierte Kursgewinne Renten		100.000
				zzgl. realisierte Kursgewinne Aktien		2.800.000
				Nettoerträge vor Kosten		4.487.500
				abzgl. Kosten für KVG/Verwahrstelle		70.000
				abzgl. Management Fee netto		250.000
				Nettoerträge nach Kosten		4.167.500
Ebene Anleger	Anlagesumme		100.000.000			
	Dividenden		1.750.000	Veräußerung Investmentfonds		4.167.500
	zzgl. Zinsen		100.000	Bemessungsgrundlage AbgSt nach TF	15%	3.542.375
	zzgl. realisierte Kursgewinne Renten		100.000			
	zzgl. realisierte Kursgewinne Aktien		2.800.000			
	Ertrag brutto		4.750.000			
	abzgl. 50% der All-In-Fee		148.750			
	Bemessungsgrundlage AbgSt		4.601.250			
	abzgl. AbgSt gesamt	28,00%	1.288.131	abzgl. AbgSt gesamt	28,00%	991.697
	abzgl. Management Fee brutto		297.500			
	Ertrag nach Steuern und Kosten		3.164.369	Veräußerungserlös netto		3.175.803
Vermögen vor Steuern und Kosten			104.750.000			104.750.000
Steuerbelastung gesamt			-1.288.131			-1.254.197
Kosten gesamt			-297.500			-320.000
Vermögen nach Steuern und Kosten			103.164.369			103.175.803

Tabelle 6: *Direktanlage und Mischfonds im Privatvermögen*
(Quelle: Eigene Berechnungen)

			Direktanlage im Privatvermögen			Investmentfonds im Privatvermögen mit Ausschüttung
Ebene Fonds				Anlagevermögen		100.000.000
				Inländische Dividenden		175.000
				abzgl. 15% KSt inkl. SolZ		26.250
				Inl. Dividenden netto		148.750
				zzgl. ausl. Div. Brutto		1.575.000
				abzgl. 15% QSt Ausland		236.250
				Ausl. Div. netto		1.338.750
				Dividenden gesamt netto		1.487.500
				zzgl. Zinsen		100.000
				zzgl. realisierte Kursgewinne Renten		100.000
				zzgl. realisierte Kursgewinne Aktien		2.800.000
				Nettoerträge vor Kosten		4.487.500
				abzgl. Kosten für KVG/Verwahrstelle		70.000
				abzgl. Management Fee netto		250.000
				Nettoerträge nach Kosten		4.167.500
Ebene Anleger	Anlagesumme		100.000.000			
	Dividenden		1.750.000	Ausschüttung aus Investmentfonds		1.000.000
	zzgl. Zinsen		100.000	Bemessungsgrundlage AbgSt nach TF	30%	700.000
	zzgl. realisierte Kursgewinne Renten		100.000			
	zzgl. realisierte Kursgewinne Aktien		2.800.000			
	Ertrag brutto		4.750.000			
	abzgl. 50% der All-In-Fee		148.750			
	Bemessungsgrundlage AbgSt		4.601.250			
	abzgl. AbgSt gesamt	28,00%	1.288.131	abzgl. AbgSt gesamt	28,00%	195.967
	abzgl. Management Fee brutto		297.500			
	Ertrag nach Steuern und Kosten		3.164.369	Ertrag nach Steuern und Kosten		804.033
Vermögen vor Steuern und Kosten			104.750.000			104.750.000
Steuerbelastung gesamt			-1.288.131			-458.467
Kosten gesamt			-297.500			-320.000
Vermögen nach Steuern und Kosten			103.164.369			103.971.533

Tabelle 7: *Direktanlage und Aktienfonds im Privatvermögen bei Thesaurierung*
(Quelle: Eigene Berechnungen)

	Direktanlage in GmbH & Co. KG			Investmentfonds in GmbH & Co. KG bei Verkauf aller Fondsanteile		
Ebene Fonds				Anlagevermögen		100.000.000
				Inländische Dividenden		175.000
				abzgl. 15% KSt inkl. SolZ		26.250
				Inl. Dividenden netto		148.750
				zzgl. ausl. Div. brutto		1.575.000
				abzgl. 15% QSt Ausland		236.250
				Ausl. Div. netto		1.338.750
				Dividenden gesamt		1.487.500
				zzgl. Zinsen		100.000
				zzgl. realisierte Kursgewinne Renten		100.000
				zzgl. realisierte Kursgewinne Aktien		2.800.000
				Nettoerträge vor Kosten		4.487.500
				abzgl. Kosten für KVG/Verwahrstelle		70.000
				abzgl. Management Fee netto		250.000
				Nettoerträge nach Kosten		4.167.500
Ebene GmbH & Co. KG	Anlagevermögen		100.000.000			
	Dividenden		1.750.000	Veräußerung Investmentfonds		4.167.500
	Realisierte Kursgewinne Aktien		2.800.000	Bemessungsgrundlage GewSt nach TF	30%	2.917.250
			4.550.000			
	Ansatz zu 60% (TEV)		2.730.000			
	zzgl. Zinsen		100.000			
	zzgl. realisierte Kursgewinne Renten		100.000			
	Anzusetzende Erträge		2.930.000			
	abzgl. Management Fee netto		250.000			
	Ansatz Management Fee zu 60% (TEV)		150.000			
	Steuerlich relevanter Ertrag		2.780.000			
	Gewerbeertrag		2.780.000	Gewerbeertrag		2.917.250
	abzgl. Freibetrag		24.500	abzgl. Freibetrag		24.500
	Gewerbeertrag		2.755.500	Gewerbeertrag		2.892.750
	x Gewerbemesszahl		3,5%	x Gewerbemesszahl		3,5%
	Steuermessbetrag		96.443	Steuermessbetrag		101.246
	x Hebesatz		400%	x Hebesatz		400%
	GewSt		385.770	GewSt		404.985
Ebene Gesellschafter	Gewerblicher Gewinn		2.780.000	Gewerblicher Gewinn		4.167.500
				Bemessungsgrundlage ESt nach TF	60%	1.667.000
	abzgl. GewSt		385.770	abzgl. GewSt		404.985
	Gewerblicher Gewinn nach GewSt		2.394.230	Gewerblicher Gewinn nach GewSt		1.262.015
	ESt gesamt	51,53%	1.233.627	ESt gesamt	51,53%	650.253
	abzgl. anrechenbare GewSt		366.482	abzgl. anrechenbare GewSt		384.736
	Festzusetzende ESt		867.146	Festzusetzende ESt		265.517
Vermögen vor Steuern und Kosten			104.750.000			104.750.000
Steuerbelastung			-1.252.916			-933.002
Kosten			-250.000			-320.000
Vermögen nach Steuern und Kosten			103.247.084			103.496.998

Tabelle 8: *Direktanlage und Aktienfonds in GmbH & Co. KG*
(Quelle: Eigene Berechnungen)

	Direktanlage in GmbH			Investmentfonds in GmbH bei Verkauf aller Fondsanteile		
Ebene Fonds				Anlagevermögen		100.000.000
				Inländische Dividenden		175.000
				abzgl. 15% KSt inkl. SolZ		26.250
				Inl. Dividenden netto		148.750
				zzgl. ausl. Div. brutto		1.575.000
				abzgl. 15% QSt Ausland		236.250
				Ausl. Div. netto		1.338.750
				Dividenden gesamt		1.487.500
				zzgl. Zinsen		100.000
				zzgl. realisierte Kursgewinne Renten		100.000
				zzgl. realisierte Kursgewinne Aktien		2.800.000
				Nettoerträge vor Kosten		4.487.500
				abzgl. Kosten für KVG/Verwahrstelle		70.000
				abzgl. Management Fee netto		250.000
				Nettoerträge nach Kosten		4.167.500
Ebene GmbH	Anlagesumme		100.000.000	Veräußerung Investmentfonds		4.167.500
	Dividenden		1.750.000			
	zzgl. Zinsen		100.000			
	zzgl. realisierte Kursgewinne Renten		100.000			
	Bemessungsgrundlage		1.950.000			
	abzgl. KSt, SolZ, GewSt 30,825%		601.088			
				Bemessungsgrundl. KSt + SolZ nach TF	80%	833.500
	Realisierte Kursgewinne Aktien		2.800.000	abzgl. KSt + SolZ	15,825%	131.901
	Bemessungsgrundlage 5% aufgr. 8b KStG		140.000			
	abzgl. KSt, SolZ, GewSt 30,825%		43.155	Bemessungsgrundl. GewSt nach TF	40%	2.500.500
				abzgl. GewSt	15%	375.075
	abzgl. Management Fee netto		250.000			
	Ertrag netto		3.855.758	Erträge netto		3.660.524
Ebene Gesellschafter	Dividende GmbH		3.855.758	Dividende GmbH		3.660.524
	abzgl. AbgSt gesamt	28,00%	1.079.429	abzgl. AbgSt gesamt	28,00%	1.024.773
	Dividende netto		2.776.329	Dividende netto		2.635.751
Vermögen vor Steuern und Kosten			104.750.000			104.750.000
Steuerbelastung			-1.723.671			-1.794.249
Kosten			-250.000			-320.000
Vermögen nach Steuern und Kosten Ebene GmbH			103.855.758			103.660.524
Vermögen nach Steuern und Kosten Ebene Gesellschafter			102.776.329			102.635.751

Tabelle 9: *Direktanlage und Aktienfonds in GmbH*
(Quelle: Eigene Berechnungen)

4. Stellungnahme

Wie man sieht, ergibt sich in obigem Beispiel bei Realisation aller Gewinne ein Vorteil der Investmentfondsanlage gegenüber der Direktanlage (Tabellen 5 und 6). Dies ist auf die Teilfreistellung der Investmenterträge zurückzuführen und wirkt sich im Fall der Aktienfondsfreistellung noch deutlicher aus als bei der immer noch vorteilhaften Teilfreistellung für Mischfonds. Die zusätzlichen Kosten der Fondsstruktur werden im vorliegenden Beispiel teilweise bereits dadurch kompensiert, dass die Vergütung des Vermögensverwalters für das Fondsmanagement nach § 4 Nr. 8 h UStG umsatzsteuerbefreit ist, während dies nicht für die Direktanlage gilt.[593] Aber auch darüber hinaus lässt sich ablesen, dass die erzielten Erträge von 4,75 Mio. Euro (1,75 Mio. Euro Dividenden und 2,8 Mio. Euro Kursgewinne) einer effektiven Belastung von 27,11 % (1,28 Mio. Euro) unterliegen, während sie im Fall der Fondsanlage nur einer Belastung von 1,07 Mio. Euro oder 22,72 % unterliegen.

Während sich die Teilfreistellung im Vergleich zur Direktanlage bereits positiv für den Anleger auswirkt, stellt die Thesaurierungsmöglichkeit des Investmentfonds einen weiteren wesentlichen Vorteil dar (Tabelle 7).[594] Hier kann ein Großteil der Erträge für einen langen Zeitraum unbesteuert auf Fondsebene vorgetragen werden, da zumindest derzeit keine Vorabpauschale erhoben wird. Nur im Fall einer Ausschüttung kommt es zur Besteuerung nach dem üblichen Schema.

Ebenso stellt sich die Situation bei einem betrieblichen Anleger dar. Hier liegt der Nettoertrag in der Fondsanlage um ca. 250.000 Euro bzw. um 7,1 % höher als in der Direktanlage. Hier wirkt sich die Teilfreistellung i. H. v. 60 % deutlich stärker aus als die Freistellung i. H. v. 40 % im Teileinkünfteverfahren (TEV) der Direktanlage.[595] Für betriebliche Anleger ist die Investition über einen Investmentfonds ferner deshalb erwägenswert, weil dieser ebenfalls die Möglichkeit für eine weitgehende Thesaurierung bietet. Nur hierdurch kann, abgesehen von der Vorabpauschale, ein Zufluss von Kapitalerträgen auf Anlegerebene verhindert werden, da die Personengesellschaft im Übrigen steuerlich transparent ist und sämtliche Einkünfte den Gesellschaftern direkt zugerechnet werden und von diesen zum individuellen Einkommensteuertarif versteuern sind – ohne Berücksichtigung des ermäßigten Steuersatzes nach § 34a EStG bei auf Ebene der Personengesellschaft thesaurierten Gewinnen.[596]

Lediglich im Rahmen der Direktanlage bei der GmbH wird derzeit aufgrund von § 8b Abs. 2 KStG und der daraus resultierenden fast vollständigen Steuerfreiheit von Veräußerungsgewinnen aus Aktien ein um ca. 200.000 Euro höherer Nettoertrag erzielt als in der Investmentfondsanlage. Sollte die Steuerfreiheit der Kursgewinne von Streubesitzaktien ebenso wie bei Streubesitzdividenden abgeschafft werden,[597] würde sich dies ändern und die Investmentfondsanlage wäre auch hier eindeutig die zu favorisierende Lösung. Es lässt sich jedoch auch

593 Vgl. zur USt-Befreiung der Verwaltung von Investmentfonds *Hahne*, MwStR 2017, 604; *Jacobs/Stabenow*, UR 2018, 75; BFH vom 5.9.2019, Az. V R 2/16, MwStR 2020, 34, m. Anm. *Kratz*, RdF 2020, 77.

594 Ausführlich oben, § 8 II. 2.

595 A. A. *Patzner/Nagler* in Patzner/Döser/Kempf InvestmentR, § 20 InvStG Rn. 3, die von einer pauschalen Schlechterstellung ausgehen.

596 Ausführlich oben, § 9 I. 1. d).

597 Der Bundesrat fordert seit Jahren eine Abschaffung von § 8b Abs. 2 KStG für Streubesitzbeteiligungen unter 10 %. Die alte Bundesregierung ist dem jedoch nicht nachgekommen. Auch im Rahmen des InvStRefG ist dies nicht erfolgt, obwohl es im Referentenentwurf zunächst noch vorgesehen war, vgl. *Stadler/Jetter*, DStR 2015, 1833, 1835.

hier feststellen, dass die laufenden Erträge einer wesentlich höheren Steuerlast (30,825 %) unterliegen, als dies in der Fondsanlage der Fall ist (20 % der Erträge x 30,825 % = 6,16 %). Nur aufgrund des hohen nahezu steuerfreien Gewinns aus der Veräußerung von Aktien ist im gewählten Beispiel die Direktanlage in der Gesamtbetrachtung vorteilhaft. Sofern die Erträge bis auf die Ebene des Anlegers ausgeschüttet werden sollen – was jedoch bei vermögensverwaltenden Kapitalgesellschaften häufig nicht erforderlich ist, weil der Anleger die Abschirmwirkung der Kapitalgesellschaft bewusst nutzt, um einen steuerlichen Zufluss der Erträge zu vermeiden[598] –, ist die steuerliche Belastung der Ausschüttung mit weiteren 26,375 % Abgeltungsteuer bzw. nach dem TEV in die Betrachtung einzubeziehen.

Es darf allerdings auch nicht unerwähnt bleiben, dass sich die Teilfreistellungen auch negativ auswirken können. Im Fall von Veräußerungsverlusten oder beim Abzug von Veräußerungs- oder Werbungskosten gilt ein entsprechendes Abzugsverbot gem. § 21 S. 1 InvStG.[599] Dies gilt auch bei Privatanlegern, obwohl die Teilfreistellung dort als Abmilderung von auf Ebene eines Investmentfonds angefallenen, nicht anrechenbaren Quellensteuern gedacht ist. Dies führt dazu, dass der Privatanleger im Verlustfall also wirtschaftlich einen Teil der auf Ebene des Investmentfonds angefallenen Quellensteuern versteuert, die zu der negativen Entwicklung des Investmentfonds beigetragen haben.[600]

Dennoch ist die Teilfreistellung aus Anlegersicht zu begrüßen, da sie teilweise einen sehr hohen Anteil der Investmenterträge steuerfrei stellt, ohne dabei auf die Herkunft der Erträge abzustellen.[601] Es bleibt abzuwarten, welchen Bestand die hohen Freistellungsquoten haben werden, da über eine Anpassung der Quoten schnell und einfach das Steueraufkommen erhöht werden könnte und zunächst auch niedrigere Quoten geplant waren, die erst auf Druck der Verbände erhöht wurden.[602]

III. Kostenabzugsverbot

§ 21 InvStG sieht vor, dass jegliche Aufwendungen, die im Zusammenhang mit dem Erwerb von Investmentfonds stehen, nur in dem Umfang steuermindernd berücksichtigt werden dürfen, in dem auch die Erträge steuerpflichtig sind. Sofern Erträge aufgrund der Teilfreistellung nach § 20 InvStG steuerfrei gestellt sind, sind auch die Aufwendungen, die mit dem Erwerb im Zusammenhang stehen, nicht zu berücksichtigen.[603] Dabei ist der wirtschaftliche Zusammenhang

---

598 *Wälholz* in Spiegelberger, Vermögensnachfolge, § 14 Rn. 28 f.

599 Ausführlich unten, § 9 III.

600 *Hagen/Schober*, BB 2019, 1630, 1632.

601 *Jensch/Petzold/Ebner*, RdF 2020, 200.

602 *Kempf/Hirtz*, DStR 2016, 1, 3. So bspw. auch, wenn die zunächst zurückgestellte Ausweitung der Steuerpflicht für Aktienveräußerungsgewinne aus Streubesitzanteilen umgesetzt werden sollte, siehe dazu *Ebner*, RdF 2017, 305, 309.

603 *Fischer*, NWB 2018, 163, 165.

wie im Rahmen des § 3c Abs. 2 S. 1 EStG zu bestimmen.[604] Der Rechtsgedanke des § 3c Abs. 2 EStG soll auf das InvStG übertragen werden.[605]

Das Abzugsverbot soll nach dem Willen des Gesetzgebers nicht nur bei Privatanlegern, sondern auch bei betrieblichen Anlegern zur Anwendung kommen und betrifft daher auch Betriebsvermögensminderungen bzw. die Berücksichtigung im Rahmen von Anschaffungs- und Herstellungskosten im Rahmen der Bemessung eines möglichen Veräußerungsgewinns, § 21 S. 2 InvStG.[606] Ferner soll es nach S. 3 sogar dann gelten, wenn lediglich eine Gewinnerzielungsabsicht bestand, jedoch (noch) gar keine Gewinne erzielt wurden.[607]

In der Literatur wird dazu die Frage diskutiert, ob dem Privatanleger dadurch, dass § 21 S. 1 InvStG die Berücksichtigung von Aufwendungen in Höhe des anzuwendenden Teilfreistellungssatzes (bspw. 30 % bei einem Aktienfonds) verbietet, im Umkehrschluss in Höhe der nicht freigestellten Erträge (bspw. 70 % bei einem Aktienfonds) ein Abzug der Aufwendungen möglich sein soll.[608] Insoweit käme es also zu einer nicht gewollten Suspendierung des allgemeinen Werbungskostenabzugsverbots in § 20 Abs. 9 EStG.[609] Zur Begründung wird von den Befürwortern dieser Ansicht angeführt, dass § 21 InvStG gegenüber § 20 Abs. 9 EStG lex specialis sei und daher Vorrang habe.

Auch wenn an diesem Argument im Grundsatz nicht ernsthaft gezweifelt werden kann,[610] so führt es hier zu einem für den Anleger zwar vorteilhaften Ergebnis, das jedoch so nicht der Absicht des Gesetzgebers entsprochen haben kann. Es ist nicht davon auszugehen, dass der Gesetzgeber die Fondsanlage im Vergleich zur Direktanlage bei der Berücksichtigung von mit der Anlage im Zusammenhang stehenden Aufwendungen privilegieren wollte. Dieses würde der generellen Systematik der Abgeltungsteuer widersprechen, bei der aufgrund des pauschalierten Steuersatzes grundsätzlich[611] keine Werbungskosten

604 BMF vom 21.5.2019, Az. IV C 1 – S 1980-1/16/10010 :001, BStBl. I 2019, 527, Rn. 21.5; *Mann* in Weitnauer/Boxberger/Anders KAGB, § 21 InvStG Rn. 7; *Mertesdorf-Perathoner* in BeckOK InvStG, § 21 Rn. 19 f.; vgl. auch BFH vom 6.4.2016, Az. I R 61/14, IStR 2016, 666 zu Aufwendungen für Deckungsrückstellungen und Rückstellungen für Beitragsrückerstattungen bei Versicherungsunternehmen und CTA-Strukturen m. Anm. *Haisch*, RdF 2016, 329.

605 *Remmel* in Herrmann/Heuer/Raupach EStG/KStG, § 21 InvStG Rn. 1.

606 Gesetzesbegründung zum InvStRefG, BT-Drucks. 18/8045, 92.

607 *Mann* in Weitnauer/Boxberger/Anders KAGB, § 21 InvStG Rn. 10.

608 So wohl *Bindl/Mager*, BB 2016, 2711, 2717; *Stadler/Bindl*, DStR 2016, 1953, 1960; a. A. *Mann* in Brandis/Heuermann, § 21 InvStG Rn. 17; *Mann* in Weitnauer/Boxberger/Anders KAGB, § 21 InvStG Rn. 6.

609 *Mann* in Brandis/Heuermann, § 21 InvStG Rn 17.

610 *Lübbehüsen* in Berger/Steck/Lübbehüsen InvStG 2004, § 1 ff. Rn. 25; *Dyckmanns* in MünchHdB GesR VIII, § 73 Rn. 1; *Gloßner* in Brandis/Heuermann, § 43 InvStG Rn. 16.

611 Bei Vermögensverwaltungsverträgen lässt die Finanzverwaltung es zu, dass 50 % der Verwaltungsgebühren als Transaktionskosten in den allgemeinen Verlusttopf

berücksichtigt werden sollen.[612] Über den „Umweg" des § 21 InvStG wäre bei strikter vorrangiger Anwendung der lex specialis eine systemfremde Insellösung für die Aufwendungen im Zusammenhang mit Investmentfonds das Ergebnis. Wäre dieses Ergebnis gewünscht gewesen, hätte sich hierzu vermutlich eher eine allgemeine Regelung in § 20 Abs. 9 EStG gefunden.

Vor diesem Hintergrund ist eine gesetzliche Klarstellung empfehlenswert, auch wenn durch die Rechtsprechung immer mehr Fälle entschieden werden, in denen es zu einer Berücksichtigung von Aufwendungen im Anwendungsbereich der Abgeltungsteuer kommt.[613] § 21 InvStG sollte daher im Hinblick auf das vorstehend Gesagte um einen klarstellenden S. 4 ergänzt werden (Änderungen des Verfassers unterstrichen und kursiv):

> „[...] Für die Anwendung der Sätze 1 und 2 ist die Absicht zur Erzielung von Betriebsvermögensmehrungen oder von Erträgen aus Aktien-, Misch- oder Immobilienfonds ausreichend. *§ 20 Abs. 9 Einkommensteuergesetz bleibt unberührt.*"

IV. Änderung der Teilfreistellung

1. Änderung der fonds- oder anlegerbezogenen Merkmale

Ändert sich der Teilfreistellungssatz oder entfallen die Voraussetzungen für die Teilfreistellung vollständig, gilt der Investmentfondsanteil gem. § 22 Abs. 1 S. 1 InvStG als veräußert und am folgenden Tag als neu wieder angeschafft. Fälle in denen es zu einer fiktiven Veräußerung nach § 22 Abs. 1 InvStG kommen kann, sind insbesondere alle Änderungen des maßgeblichen Teilfreistellungssatzes aufgrund einer Änderung der Kapitalbeteiligungs-, Immobilien- oder

---

eingestellt werden, wenn dies dem Umfang der Transaktionen entspricht, BMF vom 18.1.2016, Az. IV C 1 – S 2252/08/10004 :017, BStBl. I 2016, Rn. 50.

612 Nach der Begründung des Unternehmenssteuerreformgesetzes 2008 sollen mit dem Werbungskostenabzugsverbot eine Typisierung der Werbungskosten in den unteren Einkommensgruppen vorgenommen und die Werbungskosten in den oberen Einkommensgruppen proportional durch den verhältnismäßig geringen Steuersatz von 25 % abgegolten werden, Gesetzesentwurf vom 27.3.2007, BT-Drucks. 16/4841, 57.

613 Zum Werbungskostenabzug in Verbindung mit dem Ausfall eines Darlehens für Anschaffungskosten BFH vom 16.3.2010, Az. VIII R 20/08, BStBl. II 2010, 787; zum insolvenzbedingten Ausfall einer Kapitalforderung BFH vom 24.10.2017, Az. VIII R 13/15, BB 2018, 99; zur Anerkennung von Kosten eines Zins-Swaps FG Baden-Württemberg vom 17.4.2013, Az. 4 K 2859/09, BeckRS 2013, 95900, Revision eingelegt unter BFH VIII R 32/13; zum Verlust aus der Veräußerung von Aktien BFH vom 12.6.2018, Az. VIII R 32/16, BB 2018, 2598; zur Berücksichtigung des Barausgleichs des Stillhalters bei Optionsgeschäften BFH vom 20.10.2016, Az. VIII R 55/13, DStR 2017, 250.

Immobilienfondsquoten. Dies soll insbesondere bei einer Änderung der Anlagebedingungen durch den Investmentfonds der Fall sein.[614] Über den Wortlaut der Norm hinaus soll auch der Fall erfasst sein, dass es erstmals zur Anwendung der Teilfreistellung kommt.[615] Zu einer fingierten Veräußerung zum Ende des Veranlagungszeitraums kommt es auch, wenn der Anleger in einem Veranlagungszeitraum einen Nachweis nach § 20 Abs. 4 InvStG erbringt und im darauffolgenden Veranlagungszeitraum keinen oder einen Nachweis über andere Anlagequoten als im Vorjahr erbringt, § 20 Abs. 1 S. 2 InvStG.

Die Anlagebedingungen ändern sich auch in Folge einer Verschmelzung von Investmentfonds gem. § 23 Abs. 1 InvStG. Weicht der Teilfreistellungssatz des übernehmenden von demjenigen des übertragenden Investmentfonds ab, ist ebenfalls § 22 Abs. 1 S. 1 InvStG anzuwenden, auch, wenn im Übrigen der aufnehmende Fonds steuerlich in die Fußstapfen des abgebenden Fonds tritt.[616] Auch durch externe Vorgänge wie bspw. eine Gesetzesänderung kann eine fiktive Veräußerung ausgelöst werden.[617]

Zu einer Änderung des anwendbaren Teilfreistellungssatzes kommt es auch, wenn sich die Eigenschaft des Anlegers ändert. Wenn der Privatanleger seine Fondsanteile bspw. in eine GmbH verdeckt einlegt, an der er zu 100 % beteiligt ist, ändert sich der Teilfreistellungssatz von 30 % auf 80 %. Dies folgt jedoch bereits aus § 2 Abs. 13 InvStG, der für diesen Fall eine Veräußerung auf Ebene des Anlegers vorsieht.[618] Dabei ist es im Ergebnis unerheblich, wenn das verdeckt eingelegte Wirtschaftsgut aus dem Privatvermögen stammt.[619] Gleiches gilt bei Entnahmen aus oder der Überführung in ein Betriebsvermögen, bei denen es zu einer echten Gewinnrealisation kommt.[620] Hier gelten ebenfalls die allgemeinen Vorschriften des EStG und des KStG, weshalb es für die Betrachtung im Rahmen des § 22 Abs. 1 InvStG nicht auf anlegerbezogene Merkmale ankommt.[621]

614 Allerdings soll ein Wechsel der Fondskategorie bei gleichem Teilfreistellungssatz nicht zu einer fiktiven Veräußerung führen, *Ebner*, RdF 2017, 305, 310.

615 BMF vom 21.5.2019, Az. IV C 1 – S 1980-1/16/10010 :001, BStBl. I 2019, 527, Rn. 22.2.

616 BMF vom 21.5.2019, Az. IV C 1 – S 1980-1/16/10010 :001, BStBl. I 2019, 527, Rn. 23.23; ausführlich *Hasbach*, FR 2018, 1117, 1121.

617 *Ebner*, RdF 2017, 305, 309; dies wäre bspw. denkbar, wenn die zunächst zurückgestellte Ausweitung der Besteuerung von Veräußerungsgewinnen bei Streubesitzaktien umgesetzt würde und infolgedessen auch die Teilfreistellungsquoten angepasst würden, *Helios/Mann*, DB, Sonderausgabe 01/2016, 1.

618 Zur steuerlichen Behandlung der verdeckten Einlage nach § 6 Abs. 6 S. 2 EStG im Einzelnen *Ehmcke* in Brandis/Heuermann, § 6 EStG Rn. 1410 ff.

619 *Kulosa* in Schmidt EStG, § 6 Rn. 743.

620 *Ebner*, RdF 2017, 305, 309.

621 *Remmel* in Herrmann/Heuer/Raupach EStG/KStG, § 22 InvStG Rn. 5, der feststellt, dass § 22 Abs. 1 InvStG bei einer Änderung der anlegergruppenbezogenen Merkmale ins Leere läuft. Zutreffender wäre wohl, dass § 22 Abs. 1 InvStG diese Fälle gar nicht erfassen soll.

Hieraus wird ersichtlich, dass es während der Haltedauer eines Investmentfonds zu einer Vielzahl fiktiver Veräußerungen und Anschaffungen kommen kann, die sämtlich bei Veräußerung mit der jeweils zutreffenden Teilfreistellung erfasst werden müssen. Dabei kommt es gem. § 22 Abs. 3 InvStG nicht zu einer sofortigen Besteuerung des möglichen Gewinns, sondern erst in dem Zeitpunkt, in dem der Anleger seine Fondsanteile tatsächlich veräußert.[622] Dies führt zu einer Zerlegung des nach einer längeren Haltedauer bei Veräußerung erzielten Veräußerungsgewinns oder -verlusts in zeitlich gestaffelte Teilbeträge, wenn sich der Teilfreistellungssatz während der Haltedauer mehrere Male ändert.[623] Diese werden bei Veräußerung saldiert und bei der Bemessung der KapESt zugrunde gelegt. Die Regelung ist für eine sachgerechte Aufteilung der Bemessungsgrundlage erforderlich, um den gleichen Teilfreistellungssatz auf Veräußerungsgewinne, Ausschüttungen und Vorabpauschalen anwenden zu können.[624] Durch die Veräußerungsfiktion bei Wechsel des anwendbaren Teilfreistellungssatzes sollen insbesondere missbräuchliche Gestaltungen verhindert werden, bei denen zunächst eine Ausschüttung unter Anwendung einer hohen Teilfreistellung getätigt wird und anschließend die Fondsanteile mit Verlust unter Anwendung einer geringeren Teilfreistellung veräußert werden.[625]

Aufgrund der Zuflussfiktion kann es jedoch ebenso wie im Rahmen von § 56 Abs. 3 InvStG dazu kommen, dass sich die steuerlichen Merkmale des Anlegers während der Haltedauer des Fonds ändern und er bspw. nicht mehr im Inland unbeschränkt steuerpflichtig i. S. v. § 1 Abs. 1 S. 1 EStG ist.[626] In diesem Fall würde der Gewinn aus einer oder mehreren fiktiven Veräußerungen nicht zur Zeit der Geltung der unbeschränkten Steuerpflicht zufließen und infolgedessen auch nicht mehr durch den KapESt-Abzug erfasst, da es sich nicht um inländische Einkünfte nach § 49 Abs. 1 Nr. 5 EStG handelt. Ebenso wie im Rahmen der zur Behandlung der fiktiven Veräußerung nach § 56 Abs. 3 InvStG vertretenen Auffassung sollte es daher hier auch auf Ebene der depotführenden Stellen zu einer Feststellung des Gewinns, einer Berechnung des Steuerbetrages und einer Stundung der Steuer bis zur Veräußerung kommen. Die Steuer kann ggf. mit negativen festgestellten Steuerbeträgen saldiert werden.

§ 22 Abs. 3 InvStG sollte daher im Hinblick auf das vorstehend Gesagte wie folgt angepasst werden (Änderungen des Verfassers unterstrichen und kursiv):

> „(3) Der Gewinn aus der fiktiven Veräußerung nach Absatz 1 ~~gilt in dem Zeitpunkt als zugeflossen~~ *wird durch die depotführenden Stellen nach den zur Zeit der Veräußerung maßgeblichen steuerlichen Merkmalen des Anlegers ermittelt und bis zu dem Zeitpunkt vorgetragen,* in dem der Investmentanteil tatsächlich veräußert wird. *Etwaige*

---

622 BMF vom 21.5.2019, Az. IV C 1 – S 1980-1/16/10010 :001, BStBl. I 2019, 527, Rn. 22.15.

623 *Mertesdorf-Perathoner* in BeckOK InvStG, § 22 Rn. 55.

624 BMF vom 21.5.2019, Az. IV C 1 – S 1980-1/16/10010 :001, BStBl. I 2019, 527, Rn. 22.15.

625 Gesetzesbegründung zum InvStRefG, BT-Drucks. 18/8045, 93.

626 Ausführlich oben, § 8 III. 3.

festgestellte negative Steuerbeträge können bei der Veräußerung von den nach Satz 1 ermittelten Steuerbeträgen in Abzug gebracht werden."

2. Wesentlicher Verstoß gegen die Anlagebedingungen

Der Teilfreistellungssatz ändert sich auch bei einem wesentlichen Verstoß gegen die in den Anlagebedingungen festgelegten Anlagequoten, § 2 Abs. 6 S. 4 und Abs. 7 S. 4 InvStG. Die in der Literatur aufgeworfene Frage nach der zeitlichen Komponente und der Frage, wie im Hinblick auf die ursprüngliche Teilfreistellung nach einem wesentlichen Verstoß zu verfahren ist,[627] ist im finalen InvStE teilweise beantwortet. Ein wesentlicher Verstoß soll demnach vorliegen, wenn der Investmentfonds in einem Geschäftsjahr an insgesamt bis zu 20 einzelnen oder zusammenhängenden Geschäftstagen bewusst die Vermögensgrenzen des § 2 Abs. 6 oder 7 InvStG unterschreitet.[628] Sofern der Fonds die Anlagegrenzen innerhalb dieser Frist wieder herstellt, kommt es nicht zu einem Wechsel des Teilfreistellungssatzes.[629]

Auf den ersten Blick ist der 20-Geschäftstage-Grenze ein Fallbeileffekt immanent. Wenn der Investmentfonds nach Ablauf der 20 Tage auch nur an einem weiteren Tag gegen die Anlagequoten verstößt, tritt die Rechtsfolge des § 22 Abs. 1 InvStG ein. Ferner sind in der Praxis auch Fälle denkbar, in denen eine Kapitalbeteiligung des Fonds falsch durch einen der Finanzdateninformationsdienstleister qualifiziert ist und dies erst nach einem längeren Zeitraum festgestellt und geändert wird. In einem solchen Fall ist es ohne weiteres möglich, dass der Verstoß bereits mehr als 20 Geschäftstage angedauert hat und damit sofort zu einer Änderung des Teilfreistellungssatzes führen würde. Der Zeitpunkt der fiktiven Veräußerung müsste streng genommen für die Vergangenheit korrigiert werden, was einen erheblichen Aufwand bedeuten würde, der dem Vereinfachungsgedanken des InvStRefG nicht gerecht würde. Weiter gedacht kann ein Aktienfonds auch zunächst für einen Tag auf bspw. 40 % Kapitalbeteiligungsquote absinken und ab dem zweiten Tag auf bspw. 20 %. Oder es könnte an zehn Geschäftstagen die Schwelle von 40 % erreicht worden sein und an elf der Wert von 20 %. Muss dann jeweils noch die Teilfreistellung für einen Mischfonds angewendet werden oder muss die Teilfreistellung dann vollständig entfallen?

Diesen unbeantworteten Fragen begegnet die Finanzverwaltung mit einer wertenden Betrachtungsweise, bei der insbesondere das Verschulden sowie die

---

627 Siehe dazu *Ebner*, RdF 2017, 305, 311, der sich für die Unschädlichkeit einer einmonatigen passiven Grenzverletzung ausgesprochen hat.

628 BMF vom 21.5.2019, Az. IV C 1 – S 1980-1/16/10010 :001, BStBl. I 2019, 527, Rn. 2.18.

629 Folge des wesentlichen Verstoßes sollte u. a. sein, dass der ursprünglich anwendbare Teilfreistellungssatz bis zum Ende des Geschäftsjahres gesperrt bleibt. So kann es bspw. nach einem wesentlichen Verstoß im Jahr 01 aufgrund eines dauerhaften Absinkens unter die 50 %-Grenze für Kapitalbeteiligungen dazu kommen, dass zu Beginn des Jahres 02 zunächst wieder der in den Anlagebedingungen

Zeitdauer und der Umfang des Verstoßes bezogen auf das Fondsvermögen eine Rolle spielen.[630] Aller Voraussicht nach werden die wesentlichen Verstöße insbesondere in Betriebsprüfungen eine Rolle spielen, in der dann eine Gesamtwürdigung anzustellen ist. Der Statusverlust soll dabei nur Ultima Ratio sein.[631] Ein bewusst herbeigeführter Verstoß soll dagegen stets zu einer Änderung des Teilfreistellungssatzes führen.[632] Unbeachtlich ist ein kurzfristiges Unterschreiten der Vermögensgrenzen des § 2 Abs. 6 oder 7 InvStG auf Grund von Wertveränderungen der gehaltenen Vermögensgegenstände oder einer unbeabsichtigten oder unverschuldeten fehlerhaften Einstufung eines Vermögensgegenstands als Kapitalbeteiligung. Eine passive Grenzverletzung führt daher nicht zum Verlust des Status, wenn der Investmentfonds unverzüglich nach Kenntnis ihm mögliche Maßnahmen unternimmt, um die erforderliche Kapitalbeteiligungsquote wiederherzustellen.[633]

V. Unionsrechtliche Betrachtung

War die Beseitigung EU-rechtlicher Risiken, die sich aus dem InvStG 2004 ergaben, einer der Beweggründe für das InvStRefG, so wurde in der Literatur bereits lange vor dem Inkrafttreten des InvStG 2018 die Frage aufgeworfen, ob der Systematik des neuen Rechts nicht eine erneute EU-Rechtswidrigkeit immanent ist, die sich aus der Teilfreistellung auf Anlegerebene ergibt.[634] Auf Fondsebene wird, wie ausgeführt, KSt i. H. v. 15 % auf bestimmte Einnahmen erhoben.[635] Diese Belastung ist für inländische und ausländische Fondsinvestoren gleich. Die Steuerbefreiung in Form der Teilfreistellung auf Anlegerebene führt im Ergebnis zu einer Ungleichbehandlung inländischer und ausländischer Fondsinvestoren, da der ausländische Fondsinvestor eine definitive Belastung i. H. v. 15 % KSt bei deutschen Fonds zu tragen hat, ohne dass die Teilfreistellung zur Anwendung kommt.

---

festgelegte Freistellungssatz zur Anwendung kommt, es jedoch aufgrund des weiterhin fortbestehenden Unterschreitens der 50 %-Grenze sofort zu einer erneuten fiktiven Veräußerung und einer erneuten Sperre des Teilfreistellungssatzes kommt, vgl. den Auszug aus einem den Bankenverbänden zur Stellungnahme zugeleiteten Entwurf eines BMF-Schreibens zu Anwendungsfragen zum InvStG vom 26.2.2019, liegt dem Verfasser vor. Hierzu finden sich in dem finalen InvStE jedoch keine Ausführungen.

630 BMF vom 21.5.2019, Az. IV C 1 – S 1980-1/16/10010 :001, BStBl. I 2019, 527, Rn. 2.18.

631 *Wenzel* in Brandis/Heuermann, § 2 InvStG Rn. 27; ähnlich *Ebner*, RdF 2019, 314, 315.

632 *Mann* in Brandis/Heuermann, § 22 InvStG Rn. 7.

633 BMF vom 21.5.2019, Az. IV C 1 – S 1980-1/16/10010 :001, BStBl. I 2019, 527, Rn. 2.18.

634 *Rehm/Nagler*, BB 2015, 2006; *Haisch*, RdF 2015, 294, 300; *Patzner/Nagler*, IStR 2016, 725, 729; a. A. *Helios/Mann*, DB, Sonderausgabe 01/2016, 1, 18; *Anders* in Weitnauer/Boxberger/Anders KAGB, § 20 InvStG Rn. 4.

635 Ausführlich oben, § 6 IV.

Diese Systematik weist nach Ansicht von *Patzner/Nagler*[636] erhebliche Parallelen zur Pkw-Maut auf, bei der eine Verletzung von Unionsrecht durch den EuGH in dem Verfahren *Republik Österreich/Bundesrepublik Deutschland*[637] inzwischen bestätigt wurde. Der EuGH nahm in dieser Entscheidung einen zeitlich und inhaltlich so engen Zusammenhang zwischen der Infrastrukturabgabe und der Steuerentlastung auf die deutsche Kfz-Steuer an, dass die Be- und die Entlastung nicht getrennt voneinander beurteilt werden konnten.[638] Die wirtschaftliche Last aus der Infrastrukturabgabe hätte danach allein die Ausländer getroffen, worin der EuGH eine ungerechtfertigte Diskriminierung von EU-Ausländern und einen Verstoß gegen Art. 18, 34, 56 und 92 AEUV sah.[639]

Ob die Grundsätze aus dem Urteil des EuGH auf die Anleger eines Investmentfonds übertragen werden können, wird in der Literatur bezweifelt. Bei der Infrastrukturabgabe treten die Belastung und die Entlastung bei der Kfz-Steuer in ein und derselben Person, nämlich dem Halter des Fahrzeugs, ein. Im Fall des Fondsanlegers treffe die Belastung jedoch den Investmentfonds als eigenständiges Steuersubjekt, während die Entlastung dem Anleger zugutekommt.[640] Für eine Vereinbarkeit des InvStG mit dem Unionsrecht wird auch angeführt, dass Investmenterträge, die an ausländische Anleger ausgeschüttet werden, aufgrund der beschränkten Steuerpflicht in Deutschland keiner Besteuerung unterliegen. Die Nichtfreistellung eines nicht zu besteuernden Ertrages könne jedoch keinen Verstoß gegen das Unionsrecht begründen.[641]

Letzten Endes werden sich die Zweifel an einer Vereinbarkeit mit dem Unionsrecht und damit die EU-rechtlichen Risiken nicht gänzlich ausräumen lassen. Es ist allerdings zu berücksichtigen, dass der EuGH in seiner bisherigen Rechtsprechung stets nur auf die Ebene des Investmentfonds abgestellt hat und die Ebene des Anlegers dabei nicht einbezogen hat.[642] Bei dieser Sichtweise lässt sich kein Verstoß gegen EU-Recht konstruieren. Ferner kann es nicht Aufgabe des deutschen Gesetzgebers sein, das deutsche Recht auf das Steuerrecht sämtlicher ausländischer Staaten abzustimmen, so dass sich nirgends ein wirtschaftlicher Nachteil für einen ausländischen Investor ergibt.[643] Dies ist schlicht nicht

---

636 *Patzner/Nagler*, IStR 2016, 725, 729.

637 EuGH vom 18.6.2019, Az. C-591/17, NJW 2019, 2369.

638 A. A. *Manger-Nestler/Will*, JA 2020, 41, 48.

639 Die Entscheidung sorgte für enorme Resonanz in der Literatur, die wegen des Scheiterns der Pkw-Maut sogar die Frage der Staatshaftung aufwarf, vgl. dazu *Kahle/Hafner*, NJW 2019, 2353; *Hofmann*, NVwZ 2019, 1257; *Kainer/Fischinger-Corbo*, EuZW 2019, 894; *Berwanger*, NVwZ 2019, 1642; *Manger-Nestler/Will*, JA 2020, 41.

640 *Herr/Stiefel*, IStR 2019, 929, 931, wobei sich auch hier die vom EuGH verneinte Frage stellt, ob Fonds- und Anlegerebene zusammenfassend betrachtet werden müssen, dazu ausführlich oben, § 4 II. 2.

641 *Helios/Mann*, DB, Sonderausgabe 01/2016, 1, 18; *Anders* in Weitnauer/Boxberger/Anders KAGB, § 20 InvStG Rn. 4.

642 Ausführlich oben, § 4 II. 2.

643 So auch *Herr/Stiefel*, IStR 2019, 929, 932; *Haug*, IWB 2018, 6, 14.

umsetzbar und es besteht auch keine Pflicht der Mitgliedsstaaten, ihre Besteuerungssysteme aufeinander abzustimmen, um eine doppelte Besteuerung zu vermeiden.[644]

Die Erhebung der Steuer auf Fondsebene war zumindest auch eine geeignete Vorgehensweise, die EU-rechtlichen Risiken zu beseitigen. Dabei auf die Besteuerung auf Anlegerebene abzustellen, hätte zum einen nicht im Einklang mit der EuGH-Rechtsprechung gestanden und ferner umfangreichen zusätzlichen Aufwand bedeutet, da dann bspw. pauschalierte Betrachtungsweisen mit der Möglichkeit von Günstigerprüfungen bei ausländischen Anlegern erforderlich geworden wären.[645] Für ein solches individuelles Verfahren hätten angesichts der Natur des Investmentgeschäfts als Massengeschäft voraussichtlich weder auf Seiten der Finanzverwaltung noch auf Seiten der Finanzinstitute ausreichende Kapazitäten bestanden.

Im Gegensatz dazu hätte eine europarechtskonforme Auslegung der §§ 11 Abs. 2 InvStG 2004 und 44a EStG mit einem für in- und ausländische Investmentfonds gleichermaßen geltenden Recht zur Abstandnahme vom KapESt-Abzug bzw. zur Erstattung[646] zu einem gänzlichen Verzicht auf die inländische Besteuerung von Dividenden im Falle von Fondsinvestments führen können. Damit wäre Deutschland im internationalen Vergleich eines der wenigen Länder gewesen, welches keine Quellensteuer auf inländische Dividenden erhebt.[647] Hierfür besteht auch aufgrund der Praxis der anderen Mitgliedstaaten kein Bedürfnis. Dies wäre vermutlich auch nicht mit dem Ziel des InvStRefG vereinbar gewesen, die Gestaltungsanfälligkeit des InvStG zu beseitigen, da über ausländische Fondskonstruktionen ohne Steuerabzug evtl. schnell Möglichkeiten einer steuerfreien Vereinnahmung von Erträgen bei in- und ausländischen Anlegern zu beobachten gewesen wären.

Es lässt sich also festhalten, dass der Gesetzgeber eine aus seiner Sicht nachvollziehbare und für die Marktteilnehmer praktikable Lösung gefunden hat. Im Ergebnis wird damit eine Gleichmäßigkeit der Besteuerung inländischer und ausländischer Dividenden auf Fondsebene erreicht. Inländische Dividenden, Immobilienerträge und sonstige inländische Einkünfte mit Steuerabzug unterliegen damit einer 15 %igen KSt-Belastung. Ausländische Dividenden unterliegen

---

644 EuGH vom 29.11.2011, Az. C-371/10, *National Grid Indus BV ./. Inspecteur van de Belastingdienst Rijnmond/kantoor Rotterdam,* DStR 2011, 2334, Rn. 62; EuGH vom 8.12.2011, Az. C-157/10, *Banco Bilbao Vizcaya Argentaria, SA/Administración General del Estado,* EuZW 2012, 272, Rn. 38.

645 Vgl. dazu insbesondere die Vorschläge von *Zetzsche,* IStR 2015, 8, 12.

646 *Englisch* in Berger/Steck/Lübbehüsen InvStG 2004, § 11 Rn. 27.

647 Vgl. tabellarische Übersicht des BZSt zur Anrechenbarkeit der Quellensteuer auf Dividenden und Zinsen von Staaten, mit denen Deutschland ein Doppelbesteuerungsabkommen abgeschlossen hat, abrufbar unter https://www.bzst.de/SharedDocs/Downloads/DE/EU_OECD/anrechenbare_ausl_quellensteuer_2019.html (zuletzt abgerufen am 6.3.2022).

nach den meisten Doppelbesteuerungsabkommen ebenfalls einer Belastung mit 15 % ausländischer Quellensteuer,[648] wenn die Abkommensberechtigung der Investmentfonds bejaht wird. Die überwiegenden Argumente dürften somit hier wohl für eine Vereinbarkeit des InvStG und insbesondere seiner Steuerbefreiungen in Form der Teilfreistellung nach § 20 InvStG mit dem Unionsrecht sprechen.

VI. Zusammenfassung zu § 9

Mit den Steuerbefreiungen von 15 % bis 80 % abhängig von der Art des Investmentfonds und des Anlegers hat der Gesetzgeber einen angemessenen Ausgleich für die auf Ebene des Investmentfonds eingeführte Steuerbelastung geschaffen. Der Ausgleich wird aber auch dafür gewährt, dass in einem intransparenten Steuersystem eine Anrechnung gezahlter ausländischer Quellensteuern auf Ebene des Anlegers nicht mehr möglich ist und DBA-Freistellungen entfallen. Weitere Gründe für den Umfang der Steuerbefreiungen sind, dass § 3 Nr. 40 EStG und § 8b KStG keine Anwendung finden und keine steuerfreien Ertragsbestandteile mehr in Ausschüttungen enthalten sind. Ob diese Steuerbefreiungen ewig in diesem Umfang erhalten bleiben, ist angesichts der Bestrebungen des Gesetzgebers, das Steueraufkommen fortlaufend zu sichern und ggf. zu erhöhen, zwar zweifelhaft. Für den Moment ist der Status Quo jedoch begrüßenswert. Im Ergebnis und unter Abwägung der Alternativen wird man wohl auch zu dem Ergebnis gelangen müssen, dass die Teilfreistellung unter unionsrechtlichen Gesichtspunkten tragbar ist, da der EuGH in seiner Rechtsprechung stets auf den Investmentfonds und nicht zusätzlich auf den Anleger abstellt und insofern keine Diskriminierung zu erkennen ist.

Wie sich die einzelnen Steuerbefreiungen im jeweiligen Einzelfall auf Ebene des Anlegers auswirken, ist stets gesondert zu prüfen. Wie der Belastungsvergleich zeigt, verbieten sich pauschale Aussagen. Vielmehr kommt es auf die Art des Anlegers und vor allem auf seine Anlagestrategie an. Dies sind künftig zentrale Überlegungen, die bei der Würdigung der Vorteilhaftigkeit des einen oder anderen Investments gegeneinander abgewogen werden müssen.

Maßgeblich für die Gewährung der Steuerbefreiung auf Anlegerebene ist die Einhaltung der in den Anlagebedingungen festgelegten Anlagequoten des Investmentfonds. Hier eröffnet der Gesetzgeber dem Anleger im Sinne der EuGH-Rechtsprechung Nachweismöglichkeiten für eine günstigere steuerliche Behandlung, sofern sich in den Anlagebedingungen keine oder nur unzureichende Angaben finden oder auch gar keine Anlagebedingungen nach deutschen Standards existieren. In der Praxis scheinen die Fondsgesellschaften ihren Anlegern bereitwillig Nachweise über die jeweiligen Anlagequoten zur Verfügung zu stellen, um letzten Endes auch nicht an Attraktivität als Fondsgesellschaft

648 Vgl. Art. 10 Abs. 2 Buchst. b OECD-MA und die Übersicht bei *Tischbirek/Specker* in Vogel/Lehner DBA, Art. 10 Rn. 67.

einzubüßen. Mögliche wesentliche Verstöße gegen die Anlagequoten sollten in der Betriebsprüfung mit Augenmaß und unter Einbeziehung der Art, des Umfangs und des Verschuldens gewürdigt werden, um nicht zu schnell die Konsequenzen des § 22 Abs. 1 S. 1 InvStG auszulösen.

Dabei besteht Nachbesserungsbedarf im Hinblick auf die Systematik der Kapitalbeteiligungen, deren Erträge auf Ebene des Investmentfonds einer Steuerbelastung unterliegen und die als qualifizierte Kapitalbeteiligungen auf die Anlagequoten angerechnet werden. Der Gesetzgeber hat es hier bislang unterlassen, für einen Gleichlauf zu sorgen, und die steuerlich relevanten Erträge wesentlich weiter gefasst als die anzurechnenden Kapitalbeteiligungen. Hierdurch wird teilweise mit grundlegenden Prinzipien des Steuerrechts gebrochen (so bei der transparenten Betrachtung von Personengesellschaften) bzw. es werden dem Anleger mit einem pauschalen Verweis auf den Vereinfachungsgedanken des InvStG Nachweismöglichkeiten abgeschnitten (so bei den über Personengesellschaften gehaltenen Kapitalbeteiligungen oder dem Bestand ausländischer Immobilien bei Immobiliengesellschaften), die ihm an anderer Stelle ermöglicht oder sogar von ihm gefordert werden (so bei der Einhaltung der Kapitalbeteiligungsquoten und Holdinggesellschaften). Auch die unterschiedliche Behandlung ein und desselben Finanzinstruments in der Direktanlage und in der Investmentfondsanlage (so bei dem Eigenkapitalgenussschein und den Hinterlegungsscheinen) sollte grundsätzlich vermieden werden. Dabei ist anzuerkennen, dass der Gesetzgeber jüngst mit dem JStG 2019 den Begriff der Kapitalbeteiligungen teilweise erweitert und überarbeitet hat. Es wäre allerdings zu begrüßen, wenn hier im weiteren Gesetzgebungsverfahren an mehreren Stellen weiter nachgebessert, die bestehenden Regelungen weiter präzisiert und insbesondere auch Nachweismöglichkeiten des Anlegers in größerem Umfang zugelassen würden.

Kapitel III: Die Besteuerung von Spezial-Investmentfonds und ihren Anlegern

§ 10 Definition des Spezial-Investmentfonds nach dem InvStG

I. Eigene Definition des InvStG

Ein Spezial-Investmentfonds i. S. v. § 26 InvStG liegt vor, wenn zunächst alle Voraussetzungen des § 1 Abs. 2 InvStG erfüllt sind und ein Investmentfonds im Sinne der Vorschrift gegeben ist, d. h. es muss sich grundsätzlich um einen OGAW oder AIF handeln.[1] Ferner zählen Ein-Anleger-Fonds, steuerbefreite, nicht wirtschaftlich tätige Kapitalgesellschaften im Ausland und konzerneigene Fonds dazu.[2] Nicht umfasst sind dagegen u. a. Personengesellschaften, die keine OGAW und keine Altersvorsorgevermögen sind, sowie keine Fonds, die Spezialgesetzen (bspw. dem REIT-Gesetz) unterliegen.[3]

Sofern ein Fonds die weiteren Voraussetzungen des § 26 InvStG erfüllt, kann er zum Spezial-Investmentfonds werden.[4] § 26 InvStG stellt insoweit die zentrale Vorschrift dar, die über die Anwendbarkeit der Transparenzoptionen der §§ 30 und 33 InvStG entscheidet.[5] Dazu darf der Investmentfonds nicht gewerblich i. S. v. § 15 Abs. 2 und 3 EStG tätig sein,[6] was bei Fonds, die ihren Anlageschwerpunkt im Bereich der Wertpapiere und Immobilien haben, überwiegend nicht der Fall sein dürfte.[7] Es darf also keine aktive unternehmerische Bewirtschaftung vorliegen und der Fonds muss auf die Anlage und Verwaltung seiner Mittel für gemeinschaftliche Rechnung der Anleger beschränkt sein.[8] Ferner darf er nicht wesentlich gegen die in § 26 Nr. 1 bis 10 InvStG geregelten weiteren Voraussetzungen verstoßen und gem. § 27 InvStG nur in den Rechtsformen des Sondervermögens i. S. v. § 1 Abs. 10 KAGB oder der Investmentaktiengesellschaft mit veränderlichem Kapital gem. § 108 KAGB aufgelegt werden. Ein wesentlicher Verstoß wird von der Finanzverwaltung allerdings wohl nur bei einem bewussten und zweckgerichteten Handeln mit dem Ziel missbräuchlicher Steuergestaltungen angenommen.[9]

---

1 Ausführlich oben, § 2 III.

2 Ausführlich oben, § 5 I., II.

3 Ausführlich oben, § 5 I. sowie *Patzner/Harm*, BB 2018, 2711.

4 *Stadler/Bindl*, DStR 2016, 1953, 1954; *Bödecker* in BeckOK InvStG, § 26 Rn. 1.

5 *Wenzel* in Brandis/Heuermann, § 26 InvStG Rn. 1.

6 Dazu u. a. *Niedling/Hempelmann*, RdF 2019, 41, 46.

7 Zur GewSt auf Anlegerebene siehe *Korff*, DStR 2018, 943; *Ebner*, RdF 2018, 132; *Jansen/Greger*, DStR 2018, 282.

8 *Wenzel* in Brandis/Heuermann, § 26 InvStG Rn. 15; zur Abgrenzung der Vermögensverwaltung von der gewerblichen Tätigkeit *Bode* in Brandis/Heuermann, § 15 EStG Rn. 151 ff.

9 BMF vom 21.5.2019, Az. IV C 1 – S 1980-1/16/10010 :001, BStBl. I 2019, 527, Rn. 26.3 ff.

Dies gilt für inländische und ausländische Investmentfonds gleichermaßen.[10] Die vorgenannten Voraussetzungen müssen kumulativ vorliegen.[11] Die Finanzbehörden überprüfen sie und erteilen eine Statusbescheinigung nach § 7 Abs. 3 InvStG, aus welcher ersichtlich wird, ob es sich um einen Investmentfonds oder Spezial-Investmentfonds handelt.[12] § 26 InvStG beruht weitestgehend auf § 1 Abs. 1b S. 2 InvStG a. F., welcher die besonderen Voraussetzungen eines Investmentfonds für steuerliche Zwecke festgelegte.[13] Diese früher für sämtliche Investmentfonds geltenden Einschränkungen gelten unter dem InvStG 2018 nur noch für die Spezial-Investmentfonds i. S. v. § 26 InvStG.[14]

Hieraus ergibt sich, dass ein Spezial-Investmentfonds i. S. d. InvStG nicht immer dann vorliegt, wenn aufsichtsrechtlich ein Spezial-AIF im Sinne der §§ 282 oder 284 KAGB vorliegt.[15] Der Spezial-AIF kann vielmehr darüber entscheiden, ob er als Investmentfonds i. S. d. Kapitels 2 oder des Kapitels 3 des InvStG (und innerhalb des Kapitels 3 mit oder ohne Transparenzoption) besteuert werden soll. Diese Entscheidung hängt auch hier sowohl von der Art des Anlegers als auch von dem beabsichtigten Anlageuniversum ab.[16] Der Investmentfonds im steuerlichen Sinne unterliegt dabei nicht den Beschränkungen des § 26 InvStG und hat daher tendenziell ein breiteres Anlageuniversum als der Spezial-Investmentfonds,[17] wohingegen Letzterer bei ausgeübter Transparenzoption gem. § 30 Abs. 1 S. 1 oder § 33 Abs. 1 InvStG u. a. die Möglichkeit bietet, die Steuerbelastung bestimmter Einnahmen auf Fondsebene zu vermeiden.

II. Verhältnis von Investmentfonds zu Spezial-Investmentfonds

Die Besteuerung von Investmentfonds ist im InvStG 2018 in Kapitel 2 geregelt, während die Besteuerung von Spezial-Investmentfonds in Kapitel 3 geregelt ist. Dabei ist das Besteuerungssystem der Investmentfonds das zentrale Leitbild für sämtliche kollektive Kapitalanlagevehikel.[18] Dies wird auch durch seinen weiten Anwendungsbereich deutlich, der, wie dargestellt, teilweise sogar über

---

10 Gesetzesbegründung zum InvStRefG, BT-Drucks. 18/8045, 94.

11 *Mann* in Weitnauer/Boxberger/Anders KAGB, § 26 InvStG Rn. 4.

12 Gesetzesbegründung zum InvStRefG, BT-Drucks. 18/8045, 98.

13 Ausführlich *Bödecker/Hartmann* in BeckOK InvStG 2004, § 1 Rn. 74 ff.

14 *Buge* in Herrmann/Heuer/Raupach EStG/KStG, § 26 InvStG Rn. 1.

15 Zur Abgrenzung *Schober/Weiss*, RdF 2019, 306, 307.

16 Vgl. dazu u. a. den Belastungsvergleich unter § 16 sowie bei *Ebner*, RdF 2018, 132, 137; *Jansen/Greger*, RdF 2017, 138, 140; *Michalowski*, ErbStB 2018, 89, 93; *Wenzel* in Brandis/Heuermann, § 26 InvStG Rn. 2.

17 *Schober/Weiss*, RdF 2019, 306, 309.

18 *Helios/Mann*, DB, Sonderausgabe 01/2016, 1, 10; *Mann* in Weitnauer/Boxberger/Anders KAGB, § 26 InvStG Rn. 1.

den des KAGB hinausgeht, und den Umstand, dass im Gegensatz zum InvStG 2004 keine besonderen Anforderungen wie staatliche Aufsicht, Risikomischung bzw. bestimmte erwerbbare Vermögensgegenstände oder ein Rückgaberecht mehr gefordert werden.[19] Nur sofern ein Investmentfonds die besonderen Voraussetzungen der §§ 26 und 27 InvStG erfüllt, qualifiziert er steuerlich als Spezial-Investmentfonds. Nach § 25 InvStG finden die Vorschriften des Kapitels 2 in diesem Fall keine Anwendung. Ziel des Gesetzgebers war es, zwei völlig unterschiedliche Besteuerungssysteme für Investmentfondsanleger und für Spezial-Investmentfondsanleger zu schaffen.[20] Hierdurch sollte es insbesondere für (quasi-)steuerbefreite Anleger auch weiterhin ermöglicht werden, die Steuerbelastung auf Fondsebene für alle Anleger zu vermeiden bzw. steuerlich transparente Masterfondsstrukturen für institutionelle Anleger zu erhalten.[21]

Ein Investmentfonds kann gem. § 24 InvStG nicht mehr als Spezial-Investmentfonds nach § 26 InvStG besteuert werden, sofern er einmal als Investmentfonds besteuert wurde, auch wenn er später die besonderen Voraussetzungen des § 26 InvStG wieder erfüllt.[22] Erfüllt ein Spezial-Investmentfonds die Voraussetzungen des § 26 InvStG nicht mehr, gilt er nach § 52 Abs. 1 S. 1 InvStG als aufgelöst und seine Anteile als veräußert, § 52 Abs. 2 S. 1 InvStG.[23] Die Auflösung führt auf Ebene des Spezial-Investmentfonds zu einer fiktiven Veräußerung der Vermögensgegenstände, was bspw. zu einer Körperschaftsteuerpflicht hinsichtlich als veräußert geltender inländischer Immobilien führen kann.[24] Sofern er weiterhin als Investmentfonds qualifiziert, gilt er gem. § 52 Abs. 1 S. 2 InvStG als neu aufgelegter Investmentfonds und seine Anteile zu dem Zeitpunkt als angeschafft, in dem die Voraussetzungen des § 26 InvStG entfallen sind, § 52 Abs. 3 S. 1 InvStG.

Die zunächst nach § 52 Abs. 2 S. 4 InvStG vorgesehene Stundungsmöglichkeit ist durch das JStG 2019 gestrichen worden, so dass hier ab dem 1.1.2020 eine sofortige Besteuerung erfolgt.[25] Dies wurde in der Literatur kritisch gesehen, da lange keine Auslegungshilfen im Hinblick auf § 26 InvStG seitens der Finanzverwaltung vorlagen und der Statusverlust, wie erwähnt, erhebliche steuerliche Konsequenzen mit sich bringen kann.[26] Aus Sicht des Verfassers stellte die

---

19 Ausführlich oben, § 5 I.

20 *Wenzel* in Brandis/Heuermann, § 25 InvStG Rn. 1; *Mann* in Weitnauer/Boxberger/Anders KAGB, § 26 InvStG Rn. 1.

21 *Bindl/Schober*, BB 2020, 599, 600.

22 *Helios/Mann*, DB, Sonderausgabe 01/2016, 1, 8.

23 Die Rechtsfolge eines wesentlichen Verstoßes gegen § 26 InvStG sollte gesetzessystematisch in engerem Zusammenhang zu diesem stehen und nicht erst am Ende des Kapitels 3 platziert sein, vgl. *Buge* in Herrmann/Heuer/Raupach EStG/KStG, § 26 InvStG Rn. 1.

24 BMF vom 21.5.2019, Az. IV C 1 – S 1980-1/16/10010 :001, BStBl. I 2019, 527, Rn. 52.2.

25 JStG 2019 vom 12.12.2019, BGBl. I 2019, 2451.

26 Kritisch im Hinblick auf den lange fehlenden InvStE zu den Spezial-Investmentfonds *Hagen/Schober*, BB 2019, 1693, 1697.

Steuerfestsetzung mit anschließender Stundung eine sachgerechte Möglichkeit der Anlegerbesteuerung dar, die es an sich zu erhalten und auf andere fiktive Veräußerungstatbestände auszuweiten galt.[27] Die Streichung von § 52 Abs. 2 S. 4 InvStG ist im Hinblick auf eine einheitliche Systematik der fiktiven Veräußerungstatbestände bedauerlich und sollte überdacht werden, gerade weil sie mit erheblichen steuerlichen Konsequenzen verbunden sein kann.

III. Die besonderen Anlagebestimmungen des § 26 InvStG

§ 26 Nr. 1 bis 10 InvStG legt eine Reihe von besonderen Anlagebedingungen fest. Diese müssen zwar nicht wörtlich in die Anlagebedingungen des Spezial-Investmentfonds übernommen werden, sie müssen sich jedoch aus diesen eindeutig sinngemäß ergeben, § 26 Nr. 10 InvStG.[28] An dieser Stelle soll nicht ausführlich auf die einzelnen besonderen Anlagebestimmungen eingegangen werden, da diese Untersuchung neben den Investmentfonds gerade auch die Spezial-Investmentfonds umfasst. Es werden daher nur solche Fonds besprochen, bei denen diese Voraussetzungen gegeben sind. Dennoch sollen sie der Vollständigkeit halber kurz erwähnt werden.

Der Katalog des § 26 InvStG sieht u. a. vor, dass der Spezial-Investmentfonds oder der Verwalter in dem Sitzstaat des Fonds einer qualifizierten Investmentaufsicht unterliegen muss (Nr. 1),[29] dass der Anleger mindestens einmal pro Jahr ein Rückgaberecht ausüben kann (Nr. 2)[30] und dass das Vermögen des Fonds nach den Grundsätzen der Risikomischung angelegt werden muss (Nr. 3).[31] In

27 Dies sollte nach Ansicht des Verfassers das allgemein gültige Procedere Hinblick auf fiktive Veräußerungen unter dem InvStG 2018 sein, vgl. ausführlich oben § 8 III. 3.

28 *Buge/Bujotzek/Steinmüller*, DB 2016, 1594, 1598; teilweise wird allerdings auch eine exakte Übernahme der gesetzlichen Formulierungen angeraten, so *Bödecker* in BeckOK InvStG, § 26 Rn. 302.

29 Diese wird von der Finanzverwaltung angenommen, wenn bspw. die Bonität der Investmentgesellschaft, die Zuverlässigkeit und fachliche Eignung der leitenden Personen sowie die Einhaltung gesetzlicher Vorschriften und der Anlagebedingungen auch nach der Auflage kontrolliert werden, vgl. BMF vom 21.5.2019, Az. IV C 1 – S 1980-1/16/10010 :001, BStBl. I 2019, 527, Rn. 26.7.

30 Ausreichend ist ein für die Mehrheit und nicht nur für einzelne Anleger ggf. auch nur zu bestimmten Terminen oder nach Ablauf einer Lock Up-Periode geltendes Rückgaberecht ohne Abschläge von mehr als 15 %; geschlossene Investmentfonds unterfallen daher regelmäßig Kapitel 2, vgl. *Wenzel* in Brandis/Heuermann, § 26 InvStG Rn. 27; *Bödecker* in BeckOK InvStG, § 26 Rn. 52 ff.

31 Mindestens erforderlich sind hier nach § 26 Nr. 3 S. 2 InvStG mehr als drei Vermögensgegenstände, wobei Finanzverwaltung und BaFin bereits zur Rechtslage unter dem InvStG 2004 von einer gewichteten Zählweise ausgingen, die auch Klumpen- und Emittentenrisiken einbezieht, BaFin vom 28.7.2009, WA 41-Wp 2136-2008/000, BSV 412 Nr. 66; BMF vom 4.6.2014, Az. IV C 1 – S 1980-1/13/10007:002, DStR

Nr. 4 wird ein Katalog zulässiger Anlagegegenstände definiert, wobei es sich hierbei im Wesentlichen um liquide Vermögenswerte,[32] Darlehensforderungen, Immobilien,[33] bewertbare Gesellschaftsbeteiligungen und neuerdings Kryptowerte[34] – kurz um Vermögensgegenstände, die mit einigen Einschränkungen relativ fungibel sind – handelt. Ferner sieht Nr. 4 eine sog. „Schmutzgrenze" i. H. v. 10 % des Fondsvermögens vor, im Rahmen derer insbesondere passive und unbeabsichtigte kurzfristige Abweichungen vom Katalog des § 26 Abs. 4 InvStG unschädlich sind.[35]

Im Hinblick auf die Anlagepolitik und die Beteiligung von Anlegern sieht der Katalog bestimmte Begrenzungen vor. Die Grenze für die Beteiligung an Kapitalgesellschaften liegt im Falle nicht börsennotierter Kapitalgesellschaften bei 20 % des Fondsvermögens, bei Immobilienfonds i. S. v. § 2 Abs. 9 InvStG besteht diese Beschränkung nicht (Nr. 5).[36] Im Falle von direkt oder mittelbar über eine

---

2014, 1168; ebenso *Buge* in Herrmann/Heuer/Raupach EStG/KStG, § 26 InvStG Rn. 20; aufgrund des Gesetzeswortlauts und des Erfordernisses, der eindeutigen Bestimmbarkeit dieses Tatbestandsmerkmals; a. A. *Bödecker* in BeckOK InvStG, § 26 Rn. 90 ff.

32 Es sind insbesondere die für OGAW geltenden Voraussetzungen der §§ 193 und 198 KAGB für Wertpapiere zu erfüllen, die „Umverpackungen" verhindern sollen, zu Einzelheiten vgl. *Stadler/Bindl*, DStR 2016, 1953, 1961; *Buge/Bujotzek/Steinmüller*, DB 2016, 1594, 1598; *Buge* in Herrmann/Heuer/Raupach EStG/KStG, § 26 InvStG Rn. 25; zur Erwerbbarkeit von Wertpapieren unter Zugrundelegung des neuen engeren Wertpapierbegriffs siehe *Stadler/Lechner*, DB 2018, 218.

33 Ausführlich *Bindl/Leidel*, DB 2018, 722; zur weiteren Einschränkung des Wertpapierbegriffs im Hinblick auf in- und ausländische Investmentfonds als zulässige Vermögensgegenstände durch den InvStE vom 16.12.2019 vgl. *Stadler/Sotta*, BB 2020, 279.

34 Eingeführt durch das FoStoG vom 3.6.2021, BStBl. I 2021, 1498; ausführlich *Johannsen*, AG 2021, R196.

35 Die 90 %-Grenze soll sicherstellen, dass nicht jede Abweichung von § 26 InvStG einen Verstoß begründet, BMF vom 21.5.2019, Az. IV C 1 – S 1980-1/16/10010 :001, BStBl. I 2019, 527, Rn. 26.21; vgl. dazu bereits BMF vom 23.10.2014, Az. IV C 1 – S 1980-1/13710007:007, DStR 2014, 2346. Hier darf bspw. in gewerbliche oder gewerblich geprägte Personengesellschaften investiert werden, solange die 10 %-Grenze nicht bewusst und dauerhaft überschritten wird. Kritisch zu der im Vergleich zum InvStE vom 15.6.2018 nun restriktiver aufzufassenden Ansicht der Finanzverwaltung im Hinblick auf bereits getätigte Investitionen *Stadler/Sotta*, BB 2020, 279.

36 Hier soll nach Ansicht der Finanzverwaltung auf die bislang geltende Regelung des § 1 Abs. 1b S. 2 Nr. 6 Satz 2 InvStG 2004 abgestellt werden, da grundsätzlich keine Begrenzung der Anlagemöglichkeiten für Immobilienspezialfonds eingeführt werden sollte. Im Übrigen sollen durch die 20 %-Grenze insbesondere Private Equity-Fonds aus dem Anwendungsbereich der Norm ausgeschlossen werden, *Mann* in Weitnauer/Boxberger/Anders KAGB, § 26 InvStG Rn. 17; zur Besteuerung von Private Equity-Fonds nach dem InvStG 2018 *Niedling/Hempelmann*, RdF 2019, 41.

Personengesellschaft gehaltenen Streubesitzbeteiligungen dürfen nur Beteiligungen von weniger als 10 % des Kapitals der Gesellschaft erworben werden (Nr. 6),[37] es sei denn, es liegen bestimmte Sonderfälle vor, die u. a. einen staatlich gewollten Zweck verfolgen.[38] In Nr. 7 wird die Kreditaufnahme auf 30 % des Fondsvermögens und maximal 60 % bei Immobilienfonds begrenzt.[39] Nr. 8 statuiert die Höchstgrenze von 100 Anlegern, die keine natürlichen Personen sein dürfen, und Nr. 9 als Sanktionierungsmöglichkeit eines Verstoßes gegen Nr. 8 ein Sonderkündigungsrecht des Investmentfonds gegenüber dem Anleger.[40] Nr. 8 sieht weiter bestimmte Bestandsschutzregelungen für eine Übergangszeit bis maximal 1.1.2030 vor, während derer noch natürliche Personen an dem Spezial-Investmentfonds beteiligt sein dürfen, da dies nach der Verwaltungspraxis zum InvStG 2004 erlaubt war.[41]

Etwas ausführlicher soll im Folgenden auf die Regelung des § 26 Nr. 8 InvStG und seine Bestandsschutzregelungen eingegangen werden. Hier stellt sich nämlich die Frage, in welchem Umfang bestehende Strukturen aufgrund des Bestandsschutzes weiterhin genutzt werden können und ob dies sinnvoll ist.

1. Regelungsinhalt von § 26 Nr. 8 InvStG im Einzelnen

§ 26 Nr. 8 S. 1 InvStG legt die Anzahl der zulässigen Anleger, die sich unmittelbar oder mittelbar über Personengesellschaften an dem Spezial-Investmentvermögen beteiligen dürfen, auf maximal 100 fest. Dabei übernimmt die Vorschrift die Regelung des § 15 Abs. 1 S. 1 InvStG 2004, sie will die Beteiligung natürlicher Personen

---

37 Hierdurch soll insbes. eine unternehmerische Einflussnahme auf die Gesellschaft vermieden und die Nutzung des Schachtelprivilegs nach den DBA sowie der Mutter-Tochter-Richtlinie ausgeschlossen werden, Begründung zum AIFM-Steueranpassungsgesetz, BT-Drucks. 18/68, 42. Zum maßgeblichen Zeitpunkt der 10 %-Beteiligung vgl. BMF vom 21.5.2019, Az. IV C 1 – S 1980-1/16/10010 :001, BStBl. I 2019, 527, Rn. 30.25; *Stadler/Sotta*, BB 2020, 279, 281 m. w. N.

38 So auch *Bödecker* in BeckOK InvStG, § 26 Rn. 268.

39 Zu Einzelheiten siehe *Buge* in Herrmann/Heuer/Raupach EStG/KStG, § 26 InvStG Rn. 59; *Bödecker* in BeckOK InvStG, § 26 Rn. 274 ff.

40 Mit Erleichterungen bei Überschreiten der Anlagegrenze in Erbfällen, vgl. BMF vom 21.5.2019, Az. IV C 1 – S 1980-1/16/10010 :001, BStBl. I 2019, 527, Rn. 26.43. Ein Sonderkündigungsrecht wäre auch bei Investmentfonds sinnvoll, vgl. ausführlich oben, § 7 I. 2. Im Rahmen des § 26 InvStG ist ebenfalls noch unklar, wie der Anleger abzufinden ist (es könnte daher wie oben vorgeschlagen ein bestmöglicher Verkauf durch die Verwahrstelle erfolgen), siehe dazu *Buge* in Herrmann/Heuer/Raupach EStG/KStG, § 26 InvStG Rn. 65.

41 Danach waren als institutionelle Anleger in Spezialfonds auch rein vermögensverwaltende, gewerblich tätige, geprägte oder infizierte Personengesellschaften (oHGs, KGs und GbRs) zulässig, bei denen die Gesellschafter ausschließlich natürliche Personen waren, *Lübbehüsen* in Berger/Steck/Lübbehüsen InvStG 2004, § 15 Rn. 12 m. w. N.

allerdings entgegen der Altregelung ausschließen.[42] Dies soll eine Gleichmäßigkeit in der Besteuerung gewährleisten. Grundsätzlich soll sichergestellt sein, dass alle Privatanleger der Besteuerung nach Kapitel 2 unterfallen, und verhindert werden, dass einzelne weiterhin Vorteile aus der Besteuerung nach Kapitel 3 für sich beanspruchen können. Hiermit sind insbesondere die Möglichkeit zur steuerneutralen Thesaurierung von Veräußerungsgewinnen und Stillhalterprämien gemeint.[43] Zumindest in der Theorie stellt diese Thesaurierungsmöglichkeit einen Vorteil dar.[44]

Bei Ermittlung der Höchstgrenze wird durch Personengesellschaften hindurchgeschaut, durch Kapitalgesellschaften und andere Sondervermögen nicht. Treuhandstellen, die für eine Vielzahl von Anlegern Kapital investieren, sollen ebenfalls als ein Anleger gelten.[45]

Ausnahmen hiervon werden nur in drei Fällen zugelassen. Nach § 26 Nr. 8 S. 2 a) InvStG können Spezial-Investmentfondsanteile von natürlichen Personen gehalten werden, wenn sie zum Betriebsvermögen einer Personengesellschaft zählen (so bspw. bei der Verwaltung von Altersvorsorgeverpflichtungen oder Investitionsrücklagen durch Familienunternehmen in Form einer Personengesellschaft).[46] Buchst. b sieht eine Ausnahme für den Fall vor, dass bspw. Fondsmanager aufgrund aufsichtsrechtlicher Vorschriften einen Bestandteil ihrer Vergütung in Anteilen des Fonds erhalten bzw. sich an ihm beteiligen müssen[47] und Buchst. c enthält einen zeitlich begrenzten Bestandsschutz für natürliche Personen, die bereits vor dem 9.6.2016 (Datum der Beschlussfassung des Bundestages über das InvStRefG) Anleger eines Spezial-Investmentfonds waren. Dabei

---

42 *Mann* in Weitnauer/Boxberger/Anders KAGB, § 26 InvStG Rn. 27; zur Vorgängernorm *Lübbehüsen* in Berger/Steck/Lübbehüsen InvStG 2004, § 15 Rn. 13 ff.

43 Gesetzesbegründung zum InvStRefG, BT-Drucks. 18/8045, 102.

44 In der Praxis dürfte ein Vorteil aufgrund der derzeit nicht erhobenen Vorabpauschale und der „prohibitiv“ mit dem gewöhnlichen ESt-Tarif besteuerten Einkünfte natürlicher Personen aus Spezial-Investmentfonds gem. § 34 Abs. 2 S. 1 InvStG nicht gegeben sein, *Stadler/Bindl*, DStR 2016, 1953, 1961.

45 *Bödecker* in BeckOK InvStG, § 26 Rn. 284.

46 Vgl. dazu auch *Ernst*, BB 2017, 2723, 2725; *Jansen/Greger*, RdF 2017, 138, 143; *Neumann*, DB 2016, 1779, 1779.

47 Gesetzesbegründung zum InvStRefG, BT-Drucks. 18/8045, 96; vgl. auch Anhang II.1.m der Richtlinie 2011/61/EU des Europäischen Parlaments und des Rates vom 8.6.2011 über die Verwalter alternativer Investmentfonds und zur Änderung der Richtlinien 2003/41/EG und 2009/65/EG und der Verordnungen (EG) Nr. 1060/2009 und (EU) 1095/2010, Amtsblatt der Europäischen Union vom 1.7.2011, 70, wonach abhängig von der Struktur des AIF mindestens 50 % der Vergütung aus Anteilen des betreffenden AIF bestehen muss, und zu den Anforderungen an das Vergütungssystem von Mitarbeitern der Kapitalverwaltungsgesellschaften gem. § 37 KAGB. Hier steht insbesondere die Vermeidung von Interessenkonflikten und übermäßigen Risiken zu Lasten der Anleger im Vordergrund.

betrug der Bestandsschutz seit Inkrafttreten des InvStG zwei Jahre (bis 1.1.2020), wenn der Spezial-Investmentanteil ab dem 24.2.2016 (Beschluss der Bundesregierung) erworben wurde, und beträgt 12 Jahre (bis 1.1.2030), wenn der Spezial-Investmentanteil vor dem 24.2.2016 erworben wurde. Für Anteilserwerbe nach dem 8.6.2016 besteht kein Bestandsschutz.[48] Den Übergangszeitraum sieht der Gesetzgeber als Phase, in der Investoren sich aus den bestehenden Strukturen zurückziehen können. Bis zu 12 Jahre werden hierfür als ausreichend erachtet.[49]

2. Weiternutzung bestehender Strukturen während des Übergangszeitraums

Fraglich ist, ob professionelle oder semiprofessionelle Anleger i. S. v. § 1 Abs. 19 Nr. 32 oder 33 KAGB,[50] die sich als natürliche Personen im Rahmen einer vermögensverwaltenden GbR gemeinsam an einem Spezial-Sondervermögen nach § 15 InvStG 2004 beteiligt haben, diese Struktur auch weiterhin aktiv nutzen können.[51] Nach dem InvStG 2018 wäre es diesen Anlegern nach dem oben Gesagten nicht mehr möglich, sich an einem Spezial-Investmentfonds i. S. d. § 26 InvStG zu beteiligen, weil insoweit Nr. 8 der Vorschrift entgegensteht. Unterstellt, die Anleger wollen ihr Kapital wegen der Verhaftung im Betriebsvermögen nicht in eine Kapitalgesellschaft oder eine gewerbliche Personengesellschaft einlegen, stehen für sie entsprechend der gesetzgeberischen Intention aus steuerlicher Sicht nur die Investmentfonds nach Kapitel 2 mit der oben beschriebenen Steuerpflicht offen.[52] Im Gegensatz dazu ermöglicht die Besteuerung nach Kapitel 3 grundsätzlich die Thesaurierung bestimmter Erträge.[53]

Der Wortlaut des Gesetzes sieht vor, dass sich der Bestandsschutz auf Beteiligungen (an dem Spezial-Investmentfonds) bezieht, die vor den oben genannten Daten erworben wurden. Der Bestandsschutz bezieht sich also immer auf den einzelnen Fondsanteil.[54] Diejenigen Anleger, die ihre Struktur grundsätzlich noch bis zum 1.1.2030 fortführen können, haben also keine Möglichkeit, weitere Fondsanteile zu erwerben und ihrer Struktur so neues Vermögen zuzuführen, da der Bestandsschutz sich nicht auf neue Fondsanteile erstreckt. Insoweit „friert"

48 *Mann* in Weitnauer/Boxberger/Anders KAGB, § 26 InvStG Rn. 28.
49 Gesetzesbegründung zum InvStRefG, BT-Drucks. 18/8045, 102.
50 Ausführlich oben § 2 IV. sowie *Volhard/Jang* in Weitnauer/Boxberger/Anders KAGB, § 1 Rn. 108 ff.
51 Zur Praxis unter dem InvStG 2004, bei dem auch GbRs aus natürlichen Personen als zulässige Anleger betrachtet wurden, vgl. *Lübbehüsen* in Berger/Steck/Lübbehüsen InvStG 2004, § 15 Rn. 12.
52 Gesetzesbegründung zum InvStRefG, BT-Drucks. 18/8045, 102.
53 Gesetzesbegründung zum InvStRefG, BT-Drucks. 18/8045, 102. Im derzeitigen Umfeld wohl kein Vorteil, *Stadler/Bindl*, DStR 2016, 1953, 1961.
54 *Mann* in Weitnauer/Boxberger/Anders KAGB, § 26 InvStG Rn. 28; *Wenzel* in Brandis/Heuermann, § 26 InvStG Rn. 58.

§ 26 Nr. 8 InvStG den Status Quo zu den genannten Stichtagen ein. Auch eine Beteiligung weiterer Anleger an der Personengesellschaft bei ansonsten gleichem Anteilsbestand ist nicht möglich,[55] wohingegen im Erbfall der Bestandsschutz auf den Gesamtrechtsnachfolger übergeht, § 26 Nr. 8 S. 2 Buchst. c S. 3 InvStG.

Die Anleger können sich in diesem Fall jedoch § 5a InvStG zu Nutze machen.[56] Dieser regelt die Übertragung von Vermögensgegenständen aus dem Privat- oder Betriebsvermögen in einen Investmentfonds. § 25 InvStG steht insoweit auch nicht entgegen, da § 5a InvStG nicht Bestandteil von Kapitel 2 ist.[57] Sofern die Gesellschafter der vermögensverwaltenden GbR also (verhältniswahrend) weiteres Vermögen (bspw. Geld oder Wertpapiere) in den Spezial-Investmentfonds übertragen, kann dies nach § 5a S. 3 InvStG auch ohne die Gewährung neuer Fondsanteile erfolgen. Es bleibt so bei dem vorhandenen Anteilsbestand, dessen Wert sich um den Wert der übertragenen Vermögenswerte erhöht. Dem entsprechend kommt es bei der Übertragung von Vermögen auf den Investmentfonds nach § 5a S. 2 InvStG grundsätzlich immer zu einer Veräußerung.[58] Bei der Übertragung von Geld kommt es dabei jedoch nicht zur Aufdeckung stiller Reserven. Bei Wertpapieren käme es zu einem Veräußerungsvorgang nach § 20 Abs. 2 EStG und einer entsprechenden Versteuerung auf Ebene der Anleger. Die neuen Vermögensgegenstände werden auf Ebene des Investmentfonds mit den Anschaffungskosten in Höhe des im Rahmen der Veräußerung anzusetzenden gemeinen Werts angesetzt.[59] Die Besteuerung etwaiger Gewinne richtet sich nach den §§ 17, 20, 22 und 23 EStG.[60] Bei den Anlegern erhöht die Übertragung die Anschaffungskosten.[61] Unter Berücksichtigung dieser Begleitfaktoren können Anleger daher ihren Spezial-Investmentfonds auch künftig nutzen.

3. Stellungnahme

Die Regelung des § 5a InvStG nimmt die Vorgängerregelung des § 15a Abs. 4 InvStG 2004 auf und definiert ihren neuen Anwendungsbereich für Übertragungen von Vermögenswerten aus dem Betriebs- und Privatvermögen in das Vermögen von Investmentfonds und Spezial-Investmentfonds etwas weitreichender.[62] Die Aufdeckung stiller Reserven hierbei entspricht den allgemeinen steuerlichen

---

55 Gesetzesbegründung zum InvStRefG, BT-Drucks. 18/8045, 96.

56 Siehe dazu BMF vom 21.5.2019, Az. IV C 1 – S 1980-1/16/10010 :001, BStBl. I 2019, 527, Rn. 5a.1 und *Ebner*, RdF 2019, 314.

57 So auch *Mann* in Brandis/Heuermann, § 5a InvStG Rn. 6.

58 *Mann* in Brandis/Heuermann, § 5a InvStG Rn. 1. Vgl. auch BMF vom 21.5.2019, Az. IV C 1 – S 1980-1/16/10010 :001, BStBl. I 2019, 527, Rn. 5a.3.

59 *Mingels* in BeckOK InvStG, § 26 Rn. 51; grundsätzlich dazu *Rössler* in Rössler/Troll BewG, § 9 Rn. 8.

60 BMF vom 21.5.2019, Az. IV C 1 – S 1980-1/16/10010 :001, BStBl. I 2019, 527, Rn. 5a.3.

61 *Mingels* in BeckOK InvStG, § 5a Rn. 59.

62 Die Übertragung aus dem Privatvermögen war bislang von § 15a Abs. 4 InvStG 2004 nicht erfasst, *Mann* in Weitnauer/Boxberger/Anders KAGB, § 5a InvStG Rn. 4.

Grundsätzen[63] und wird durch das InvStG klarstellend in § 5a S. 2 InvStG normiert.[64] Sie führt, wie oben aufgezeigt, dazu, dass vorhandene Investmentstrukturen weiterhin genutzt und nicht nur passiv abgewickelt werden können. Im Hinblick auf die investierten Anleger trägt sie dazu bei, dass es mit Einführung des InvStG nicht sofort zu einer Umstellung und zu möglicherweise weitreichenden Restrukturierungen und Veräußerungen bestehender Spezial-Investmentfonds kommt. Dies sieht der Gesetzgeber aufgrund der gängigen Verwaltungspraxis vor Einführung des InvStG 2018 als sachgerecht an. Anderenfalls könnte eine klarstellende Formulierung in § 26 Nr. 8 S. 2 Buchst. c InvStG aufgenommen werden.

Fraglich ist allerdings, ob durch § 5a InvStG nicht auch weiteres Gestaltungspotential geschaffen wird. Investiert bspw. eine GmbH thesaurierte Gewinne in einen Spezial-Investmentfonds, stellen die Fondsanteile im Rahmen der Betrachtung nach § 13b Abs. 4 Nr. 4 ErbStG grundsätzlich Verwaltungsvermögen dar.[65] Sofern es zu einer Aufstockung des Fondsvermögens kommt, würde dies grundsätzlich zur Anschaffung neuer Fondsanteile nach § 95 Abs. 1 KAGB führen.[66] Diese würden entsprechend den Grundsätzen der bisherigen Rechtsprechung junges Verwaltungsvermögen darstellen,[67] welches bei der Bestimmung der maßgeblichen Verwaltungsvermögensquote grundsätzlich immer als nicht begünstigungsfähiges Vermögen eingestuft wird und nach § 13b Abs. 7 S. 2 ErbStG zum jeweiligen Verkehrswert zu versteuern ist.[68] In diesem Fall kann ebenfalls der Mechanismus des § 5a InvStG dazu genutzt werden, dass keine neuen Fondsanteile angeschafft werden müssen und damit kein junges Verwaltungsvermögen entsteht. Die GmbH könnte dem Spezial-Investmentfonds im Laufe der Zeit weitere thesaurierte Gewinne zuführen.

---

63 *Mann* in Brandis/Heuermann, § 5a InvStG Rn. 7 ff.

64 Einige Steuerpflichtige hatten Vermögenswerte (Beteiligungen an Kapitalgesellschaften) in Fonds überführt und hierbei unter dem InvStG 2004 die Ansicht vertreten, dass der Buchwert fortgeführt werden könne. Weder die Übertragung selbst noch die anschließende Gewinnrealisation auf Fondsebene sollte zu einem steuerpflichtigen Ereignis führen und der Gewinn sollte anschließend auf Fondsebene steuerfrei thesauriert werden, vgl. hierzu *Mingels* in BeckOK InvStG, § 5a Rn. 10.

65 Wertpapiere im Sinne der erbschaftsteuerlichen Verschonungsvorschriften sind ausschließlich solche nach § 2 Abs. 1 WpHG, A 13b.22 ErbStR 2011. Anteile an Investmentvermögen gem. § 1 Abs. 1 KAGB sind in § 2 Abs. 4 Nr. 1 WpHG genannt.

66 *Ebner*, RdF 2019, 314.

67 BFH vom 22.1.2020, Az. II R 8/18, DStRE 2020, 1116; Vorinstanz FG Münster vom 30.11.2017, Az. 3 K 2867/15 Erb, DStRE 2018, 1501.

68 Dazu ausführlich *Korezkij*, DStR 2017, 745, 751; *Viskorf/Löcherbach/Jehle*, DStR 2016, 2425, 2428.

Dies ist aus Sicht der Steuerpflichtigen zu begrüßen. Im Hinblick auf die ohnehin bereits komplexe Ermittlung der maßgeblichen Verwaltungsvermögensquote[69] und den engen Anwendungsbereich der Norm sollte dies evtl. für den begrenzten Übergangszeitraum bis 2030 hingenommen und keinesfalls eine weitere Verkomplizierung in das Gesetz aufgenommen werden, indem bspw. die Anschaffungskosten der vorhandenen Fondsanteile durch eine „insoweit"-Regelung noch einmal in altes und junges Verwaltungsvermögen aufgeteilt werden.

IV. Zusammenfassung zu § 10

Das InvStG bedient sich in § 26 InvStG einer eigenen Definition des Spezial-Investmentfonds. Sein Anwendungsbereich ist wesentlich enger als der des vom Gesetzgeber als Regelfall vorgesehenen Investmentfonds. Er ist grundsätzlich für eine geringere Zahl von Anlegern gedacht, die insbesondere auch keine natürlichen Personen sind. Dabei stehen Investmentfonds und Spezial-Investmentfonds in einem strengen Ausschlussverhältnis. Klassifiziert der Fonds einmal als Investmentfonds, ist ein Wechsel in den Status des Spezial-Investmentfonds aufgrund von § 24 InvStG nicht mehr möglich.

Zentral für die Einordnung als Spezial-Investmentfonds sind die in § 26 InvStG geregelten Voraussetzungen. Hier erlaubt insbesondere die Bestandsschutzregelung des § 26 Nr. 8 InvStG die Weiternutzung bestehender Strukturen, die im Zusammenspiel mit § 5a InvStG auch weiterhin aktiv genutzt werden können. Allerdings entsteht durch die Regelung des § 5a InvStG im Hinblick auf das ErbStG neues Gestaltungspotential. § 5a InvStG mag innerhalb des InvStG und in Verbindung zum Ertragsteuerrecht eine in sich stimmige Regelung sein. Im ErbStG führt sein Mechanismus jedoch zu möglicherweise unerwünschten Begleiterscheinungen. Dies ist aufgrund der zeitlich begrenzten Übergangsregelung bis 2030 hinzunehmen.

---

69 Siehe dazu insbesondere *Meyering*, DStR 2018, 538; *Korezkij*, DStR 2016, 2434; *Korezkij*, DStR 2017, 1729.

§ 11 Die Besteuerung von Spezial-Investmentfonds

I. Überblick

Bei Anwendung der Vorschriften des Kapitels 3 auf den Spezial-Investmentfonds stehen grundsätzlich zwei unterschiedliche Besteuerungssysteme zur Verfügung. Im Grundfall ist dies der Spezial-Investmentfonds ohne ausgeübte Transparenzoption i. S. v. § 29 InvStG.[70] Im gesetzlich als Ausnahme konzipierten Fall kann der Spezial-Investmentfonds die Transparenzoption nach § 30 Abs. 1 S. 1 InvStG oder § 33 Abs. 1 InvStG ausüben und dadurch eine vollkommene Steuerbefreiung erreichen.[71]

Beide Systeme sind maßgeblich durch eine steuerliche Transparenz des Spezial-Investmentfonds gekennzeichnet – ähnlich wie dies unter dem InvStG 2004 der Fall war. Bei beiden Modellen hat der Anleger auch weiterhin (neben den ihm ohnehin zugeflossenen Ausschüttungen und Veräußerungsgewinnen bei Verkauf des Fondsanteils) die nicht ausgeschütteten ausschüttungsgleichen Erträge zu versteuern.[72] Wesentlicher Unterschied ist, dass bei der Variante ohne ausgeübte Transparenzoption (wie bei den Investmentfonds auch) bereits eine Besteuerung genau abgegrenzter inländischer Erträge auf Fondsebene erfolgt.[73] Die Rolle des Spezial-Investmentfonds beschränkt sich in beiden Varianten – abgesehen vom Steuerabzug im Grundmodell – im Wesentlichen auf die Feststellung der Besteuerungsgrundlagen, die der Anleger auf seiner Ebene zu versteuern hat.[74]

II. Besteuerung im Grundfall ohne Ausübung der Transparenzoption

1. Umfang der Steuerpflicht

Im Grundfall der partiellen Steuerpflicht des Spezial-Investmentfonds bestimmt § 29 Abs. 1 InvStG, dass die §§ 6 und 7 InvStG auch für die Besteuerung inländischer Erträge maßgeblich sein sollen, soweit sich aus nachfolgenden Regelungen nichts anderes ergibt. Danach unterliegen auch bei Spezial-Investmentfonds

---

70 Ausführlich unten, § 11 II.

71 *Wolny* in BeckOK InvStG, § 29 Rn. 3. Ausführlich unten, § 11 III.

72 Ausführlich unten, § 12 II. 1., 2.

73 Ausführlich unten, § 11 II. 1.

74 *Ebner*, RdF 2018, 132, 133; *Mann* in Weitnauer/Boxberger/Anders KAGB, § 29 InvStG Rn. 2.

die inländischen Beteiligungseinnahmen i. S. v. § 6 Abs. 3 InvStG, die inländischen Immobilienerträge i. S. v. § 6 Abs. 4 InvStG und die sonstigen inländischen Einkünfte i. S. v. § 6 Abs. 5 InvStG der Steuerpflicht auf Ebene des Spezial-Investmentfonds.[75] Abweichungen können sich insbesondere aus den §§ 30 und 33 InvStG ergeben, die unter bestimmten Voraussetzungen Steuerbefreiungen vorsehen. Durch den Verweis auf die §§ 6 und 7 InvStG soll zunächst ein Gleichlauf mit den Regelungen für Investmentfonds erreicht werden. Auch der Spezial-Investmentfonds stellt im Grundfall ein eigenes KSt-Subjekt dar, für den das Trennungsprinzip mit der Folge gilt, dass die Besteuerungsebenen getrennt zu betrachten sind und Wirtschaftsgüter oder Einkünfte des Spezial-Investmentfonds nicht den Anlegern als eigene Wirtschaftsgüter oder Einkünfte zugerechnet werden.[76]

Die inländischen Beteiligungseinnahmen gem. § 6 Abs. 3 InvStG und die sonstigen inländischen Einkünfte i. S. v. § 6 Abs. 5 InvStG, die einem Steuerabzug unterliegen, werden nach § 7 Abs. 1 InvStG mit einem abgeltenden Steuerabzug von 15 % einschließlich SolZ belegt. Inländische Immobilienerträge i. S. v. § 6 Abs. 4 InvStG und sonstige inländische Einkünfte ohne Steuerabzug werden mit einer KSt i. H. v. 15 % zuzüglich SolZ belegt, die im Wege der Veranlagung erhoben wird.[77] Nach § 29 Abs. 4 InvStG ist der Spezial-Investmentfonds von der GewSt befreit.[78] Da sich den §§ 30 ff. InvStG nichts anderes entnehmen lässt, gilt dies auch für ausländische Spezial-Investmentfonds, die als Vermögensmassen i. S. v. § 2 Abs. 1 KStG angesehen werden.[79]

Steuerfrei auf Ebene des Spezial-Investmentfonds sind nach § 7 Abs. 1 S. 4 InvStG damit alle sonstigen Einkünfte und Gewinne. Dies sind insbesondere Zinsen, ausländische Dividenden und ausländische Mieterträge, (Spezial-)Investmenterträge eines Dachfonds sowie Veräußerungsgewinne aus Aktien, Anleihen, Derivaten und sonstigen Vermögensgegenständen.[80] Die Ermittlung der Einkünfte erfolgt nach § 6 Abs. 7 und 8 InvStG durch Einnahmen-Überschuss-Rechnung.

---

75 Ausführlich zu den steuerpflichtigen Erträgen im Einzelnen oben, § 6 I. bis III.

76 *Buge* in Herrmann/Heuer/Raupach EStG/KStG, § 29 InvStG Rn. 1.

77 *Mann* in Weitnauer/Boxberger/Anders KAGB, § 29 InvStG Rn. 1; *Wolny* in BeckOK InvStG, § 29 Rn. 19; *Patzner/Harm*, BB 2018, 2711, 2712; detailliert zum KapESt-Abzug *Schlund* in BeckOK InvStG, § 7 Rn. 49 ff.

78 Ausführlich zur Gewerbesteuerpflicht von Spezial-Investmenterträgen bei betrieblichen Anlegern gem. § 45 InvStG *Korff*, DStR 2018, 943.

79 *Wolny* in BeckOK InvStG, § 29 Rn. 19; *Buge* in Herrmann/Heuer/Raupach EStG/KStG, § 29 InvStG Rn. 4.

80 *Patzner/Harm*, BB 2018, 2711, 2712; *Helios/Mann*, DB, Sonderausgabe 01/2016, 1, 10; *Stadler/Bindl*, DStR 2016, 1953, 1955; *Delp*, DB 2017, 447, 448; *Mann* in Brandis/Heuermann, § 7 InvStG Rn. 14.

2. Keine Ausnahmen von der grundsätzlichen Steuerpflicht

Aufgrund von § 29 Abs. 3 InvStG sind insbesondere Steuerbefreiungen, die an die Höhe der Beteiligung des Spezial-Investmentfonds an einer Kapitalgesellschaft anknüpfen, nicht anwendbar, wenn dieser die in § 26 Nr. 6 InvStG genannte Schwelle von 10 % überschreitet.[81] Es sollen nur die für Spezial-Investmentfonds geltenden Vorschriften anzuwenden sein und keine anderen Normen, die Einkünfte aus Kapitalgesellschaften regeln.[82] Der Investmentfonds soll keinen steuerlichen Vorteil daraus ziehen können, dass er die zulässige Beteiligungshöhe überschritten hat.[83] Dies gilt nach § 29 Abs. 3 S. 2 InvStG auch bei entgegenstehenden DBA, wodurch Gestaltungsmissbräuche durch zweckwidrige Nutzung von Abkommensvorteilen ausgeschlossen werden sollen.[84] Nach der Vorstellung des Gesetzgebers sollen Spezial-Investmentfonds auf Streubesitzbeteiligungen begrenzt sein, so dass eine unternehmerische Einflussnahme auf die Kapitalgesellschaft ausgeschlossen ist.[85]

Relevant ist die Norm des § 29 Abs. 3 InvStG insbesondere im Hinblick auf Dividendeneinnahmen und § 8b Abs. 4 KStG sowie DBA-Schachtelprivilegien. Vor dem Hintergrund, dass § 6 Abs. 6 InvStG, der nach § 29 Abs. 1 InvStG auch für Spezial-Investmentfonds gilt, die Anwendung von § 8b KStG für alle Investmentfonds bereits ausschließt, wird in der Literatur allerdings die Frage nach dem Anwendungsbereich der Norm aufgeworfen.[86] Auch in Bezug auf gewerbesteuerliche Beteiligungsgrenzen nach § 9 Nr. 2a, 7 und 8 GewStG sei die Norm ohne Bedeutung, da § 29 Abs. 4 InvStG die Befreiung von der GewSt vorsieht.

III. Besteuerung bei Ausübung der Transparenzoption

1. Einkünfte mit Steuerabzug

a) Transparente Besteuerung und KapESt-Abzug bei im Übrigen steuerpflichtigen Anlegern

Die Ausübung der Transparenzoption i. S. v. § 30 Abs. 1 S. 1 InvStG führt gem. § 31 Abs. 1 S. 1 InvStG zur Steuerfreiheit der Einnahmen mit Steuerabzug i. S. v. § 6 Abs. 3 und Abs. 5 InvStG auf Ebene des Spezial-Investmentfonds. Die Ausübung erfolgt durch Erklärung des Vertreters des Investmentfonds gegenüber dem Entrichtungspflichtigen, dass den Anlegern Steuerbescheinigungen

---

81 BMF vom 21.5.2019, Az. IV C 1 – S 1980-1/16/10010 :001, BStBl. I 2019, 527, Rn. 29.5.
82 *Buge* in Herrmann/Heuer/Raupach EStG/KStG, § 29 InvStG Rn. 14.
83 *Mann* in Weitnauer/Boxberger/Anders KAGB, § 29 InvStG Rn. 5.
84 Gesetzesbegründung zum InvStRefG, BT-Drucks. 18/8045, 98.
85 *Mann* in Weitnauer/Boxberger/Anders KAGB, § 26 InvStG Rn. 21.
86 *Buge* in Herrmann/Heuer/Raupach EStG/KStG, § 29 InvStG Rn. 14.

gem. § 45a Abs. 2 EStG ausgestellt werden sollen, § 30 Abs. 1 S. 1 InvStG.[87] Der Fonds „überträgt“ hierdurch seine Steuerpflicht auf den Anleger, der so gestellt wird, als hätte er die Einnahmen selbst erzielt.[88] Es erfolgt materiell-rechtlich eine direkte Zurechnung.[89]

Nach § 31 Abs. 1 S. 1 InvStG gelten auch die Vorschriften des EStG zum KapESt-Abzug so, als wenn dem Anleger die Einkünfte direkt selbst zugeflossen wären.[90] Leitbild des Gesetzgebers hierbei war der Umstand, dass an Spezial-Investmentfonds in der Regel nur wenige Anleger beteiligt sind und diese der KVG bekannt sind.[91] Hier nimmt also bei Dividenden die Verwahrstelle den Abzug von KapESt nach § 43 Abs. 1 S. 1 Nr. 1 EStG vor und berücksichtigt dabei die steuerlichen Merkmale des jeweiligen Anlegers.[92] Im Regelfall wird also 25 % KapESt nach §§ 31 Abs. 1 S. 1 InvStG, 43a Abs. 1 Nr. 1 EStG zzgl. SolZ und, sofern relevant, zzgl. KiSt nach § 51a EStG an das Finanzamt abgeführt, allerdings ohne dass dies abgeltende Wirkung wie im Grundfall des § 29 Abs. 1 InvStG hat.[93] Beim Anleger liegen keine Beteiligungseinnahmen mehr vor, sondern die einzelnen Kapitalerträge nach § 43 EStG.[94]

Die Anrechnung der abgeführten KapESt ist nach § 31 Abs. 3 S. 1 InvStG im Rahmen der persönlichen Veranlagung möglich, wenn der Spezial-Investmentfonds die Voraussetzungen des § 36a EStG erfüllt.[95] Anderenfalls unterbleibt sie i. H. v. 3/5 der KapESt, wodurch im Ergebnis eine Besteuerung zum normalen KSt-Tarif i. H. v. 15 % verbleibt, § 36a Abs. 1 S. 2 EStG.[96]

Die Beteiligungseinnahmen fließen dem Anleger in dem Zeitpunkt steuerlich zu, in dem sie dem Spezial-Investmentfonds zufließen, und der Anleger erhält zur

87 BMF vom 21.5.2019, Az. IV C 1 – S 1980-1/16/10010 :001, BStBl. I 2019, 527, Rn. 30.2.

88 *Wolny* in BeckOK InvStG, § 30 Rn. 39.

89 *Stadler/Bindl*, DStR 2016, 1953, 1962; *Helios/Mann*, DB, Sonderausgabe 01/2016, 1, 20.

90 Der Steuerabzug ist gem. § 31 Abs. 1 S. 1 InvStG unter Berücksichtigung des Status des jeweiligen Anlegers vorzunehmen, vgl. BMF vom 15.12.2017, Az. IV C 1 – S 2401/08/10001 :018, BStBl. I 2018, 13, Rn. 12.

91 Gesetzesbegründung zum InvStRefG, BT-Drucks. 18/8045, S. 100.

92 Gesetzesbegründung zum InvStRefG, BT-Drucks. 18/8045, 98; *Lechner*, RdF 2016, 208, 216; *Stadler/Bindl*, DStR 2016, 1953, 1962.

93 *Hahne/Völker*, BB 2017, 858, 861; *Ronig* in BeckOK InvStG, § 31 Rn. 25.

94 *Buge* in Herrmann/Heuer/Raupach EStG/KStG, § 31 InvStG Rn. 5. Für alle anderen ausgeschütteten und ausschüttungsgleichen Erträge besteht gem. § 50 Abs. 1 Nr. 1 InvStG unabhängig von der Ausübung der Transparenzoption grundsätzlich eine Verpflichtung zur Abführung von KapESt. Dies gilt insbesondere für alle laufenden Einkünfte wie Zinsen, ausländische Dividenden, ausländische Immobilieneinkünfte, Mieten, Veräußerungsgewinne aus Immobilien.

95 Ausführlich sogleich unten, § 11 III. 1. b); sowie *Hahne/Völker*, BB 2017, 858, 861; *Behrens*, RdF 2017, 297, 299.

96 BMF vom 21.5.2019, Az. IV C 1 – S 1980-1/16/10010 :001, BStBl. I 2019, 527, Rn. 31.21 ff.

Erfassung des Vorgangs eine Einzelsteuerbescheinigung.[97] In dieser sind neben den nach § 45a EStG erforderlichen Angaben zusätzlich die in § 31 Abs. 1 S. 2 InvStG genannten Angaben aufzunehmen (insbesondere Zeitpunkt der Zurechnung, Name und Anschrift des Fonds und der Anleger, Gesamtzahl der Anteile und auf den einzelnen Anleger entfallender Anteil der Anteile und der KapESt).[98] Werden die Beteiligungseinnahmen zu einem späteren Zeitpunkt durch den Fonds an die Anleger ausgezahlt, handelt es sich hierbei um die Auszahlung eines sog. Zurechnungsbetrages i. S. v. § 35 Abs. 3 InvStG. Zurechnungsbeträge sind die inländischen Beteiligungseinnahmen und sonstigen inländischen Einkünfte mit Steuerabzug, die dem Anleger bei Ausübung der Transparenzoption steuerlich bereits zugerechnet wurden. Sie können steuerfrei an den Anleger ausgeschüttet werden, da sie bereits dem KapESt-Abzug unterlegen haben.[99]

Der Steuerabzug ist ungeachtet der Regelungen des § 8b KStG oder § 3 Nr. 40 EStG vorzunehmen.[100] Der Anleger hat die Einnahmen im Rahmen seiner Veranlagung zu erklären und dort etwaige Steuerbefreiungen wie § 8b KStG oder § 3 Nr. 40 EStG zu prüfen. § 8b Abs. 1 KStG bspw. kann aufgrund der Beschränkung des § 26 Nr. 6 S. 1 InvStG gem. § 30 Abs. 2 InvStG aber nur in den Fällen zur Anwendung kommen, in denen durchgerechnet eine der besonders gewollten und im öffentlichen Interesse liegenden Beteiligungen größer 10 % besteht (Immobilien-, ÖPP- und EEG-Gesellschaften).[101] Im Falle einer unzulässigen Beteiligung von mehr als 10 % an einer anderen Kapitalgesellschaft kommt § 8b Abs. 1 KStG gem. § 29 Abs. 3 S. 1 InvStG nicht zur Anwendung.[102]

aa) Ausübung der Transparenzoption

Zur Ausübung der Transparenzoption hat der Spezial-Investmentfonds gem. § 30 Abs. 1 S. 1 InvStG gegenüber dem Entrichtungspflichtigen unwiderruflich zu erklären,[103] dass allen Anlegern eine Steuerbescheinigung gem. § 45a Abs. 2

---

97 *Wolny* in BeckOK InvStG, § 30 Rn. 39. Muster in BMF vom 15.12.2017, Az. IV C 1 – S 2401/08/10001 :018, BStBl. I 2018, 13, Rn. 79.

98 Erweitert durch JStG 2019 vom 12.12.2019, BGBl. I 2019, 2451 auf den Zurechnungszeitpunkt (statt Zuflusszeitpunkt) und Gesamtzahl der Anteile (statt Anteilsbestand des Anlegers).

99 *Mann* in Weitnauer/Boxberger/Anders KAGB, § 35 InvStG Rn. 3; *Hörnig* in BeckOK InvStG, § 35 Rn. 41; *Ebner*, RdF 2019, 314, 320.

100 *Ronig* in BeckOK InvStG, § 31 Rn. 25.

101 Ausführlich auch *Ebner*, RdF 2018, 132, 138.

102 *Buge* in Herrmann/Heuer/Raupach EStG/KStG, § 30 InvStG Rn. 10.

103 In der Regel ist dies die Verwahrstelle nach §§ 68 ff. KAGB oder bei ausländischen Investmentfonds die im Inland mit der Verwahrung beauftragte Wertpapiersammelbank (Clearstream Banking AG), Gesetzesbegründung zum InvStRefG, BT-Drucks. 18/8045, 100. Es kann jedoch mehrere Entrichtungspflichtige geben bzw. den Status des Entrichtungspflichtigen kann auch der Schuldner bestimmter Erträge innehaben, bspw. der Schuldner einer Dividendenkompensationszahlung,

EStG ausgestellt werden soll,[104] wobei zu berücksichtigen ist, dass der Fonds eine Einzelsteuerbescheinigung für jede Beteiligungseinnahme ausstellt und seine Anleger nur Kopien dieser Bescheinigung erhalten. Das Original der Steuerbescheinigung verbleibt bei dem Spezial-Investmentfonds.[105] Dadurch wird für die Anleger des Fonds auch ersichtlich, wer die jeweils anderen Investoren sind.[106] Bei einem einstufigen Spezial-Investmentfonds ist dies in der Regel kein Problem, da die Anleger ohnehin in der Vereinbarung zwischen Anleger, KVG und Verwahrstelle (Dreiervereinbarung) als einem der konstituierenden Dokumente des Fonds einzeln aufgeführt sind und diese Vereinbarung bei Aufnahme eines neuen Anlegers zu erweitern ist.[107] Bei mehrstufigen Strukturen sind neben den Anlegern der Ziel-Spezial-Investmentfonds auch die Anleger der Dach-Spezial-Investmentfonds aufzuführen, was unter Datenschutzaspekten als kritisch angesehen wird.[108]

Die Möglichkeit zur Ausübung der Transparenzoption stellt ein Wahlrecht des Spezial-Investmentfonds dar,[109] das je nach Anlegertypus und Anlageschwerpunkt ausgeübt werden sollte.[110] Die Option lässt sich auf einzelne Ertragsarten begrenzen, nicht jedoch auf einzelne Anleger.[111] Zu Beweiszwecken wird dazu geraten, die Erklärung schriftlich oder zumindest elektronisch in Textform abzugeben, auch wenn keine besondere Form oder Frist vorgeschrieben ist.[112]

---

vgl. *Buge* in Herrmann/Heuer/Raupach EStG/KStG, § 30 InvStG Rn. 5; *Wolny* in BeckOK InvStG, § 30 Rn. 19.

104 *Mann* in Weitnauer/Boxberger/Anders KAGB, § 30 InvStG Rn. 5.

105 Es sind sämtliche Anleger zu nennen, Gesetzesbegründung zum InvStRefG, BT-Drucks. 18/8045, 100; BMF vom 15.12.2017, Az. IV C 1 – S 2401/08/10001:018, BStBl. I 2018, 13, Rn. 12.

106 Nach § 31 Abs. 1 S. 2 InvStG sind u. a. Name und Anschrift der Anleger in die Steuerbescheinigung aufzunehmen, vgl. dazu auch BMF vom 21.5.2019, Az. IV C 1 – S 1980-1/16/10010 :001, BStBl. I 2019, 527, Rn. 31.2.

107 Siehe zu Inhalt und rechtlicher Einordnung der Dreiervereinbarung *Schmitz* in Berger/Steck/Lübbehüsen InvStG 2004, § 43 InvG Rn. 8 ff; *Zirlewagen* in Emde/Dornseifer/Dreibus/Hölscher InvG, Vorbemerkung zu §§ 91 bis 95 Rn. 15 ff.

108 *Wolny* in BeckOK InvStG, § 30 Rn. 116.

109 *Mann* in Brandis/Heuermann, § 30 InvStG Rn. 13; *Buge* in Herrmann/Heuer/Raupach EStG/KStG, § 30 InvStG Rn. 5.

110 Siehe dazu bspw. die Darstellung eines Belastungsvergleichs bei Spezialfondsanlegern bei *Ebner*, RdF 2018, 132, 137.

111 Bspw. auf dem Steuerabzug unterliegende oder nicht unterliegende Einnahmen, vgl. BMF vom 21.5.2019, Az. IV C 1 – S 1980-1/16/10010 :001, BStBl. I 2019, 527, Rn. 30.5; *Wolny* in BeckOK InvStG, § 30 Rn. 5; a. A. *Behrens*, RdF 2017, 297, 298.

112 Nach Ansicht von *Buge* in Herrmann/Heuer/Raupach EStG/KStG, § 30 InvStG Rn. 5 ist die Textform ausreichend; für die Schriftform *Mann* in Brandis/Heuermann, § 30 InvStG Rn. 14; *Wolny* in BeckOK InvStG, § 30 Rn. 28. BMF vom 21.5.2019, Az. IV C 1 – S 1980-1/16/10010 :001, BStBl. I 2019, 527, Rn. 30.3.

bb) Unwiderruflichkeit der Transparenzoption

Gem. § 30 Abs. 1 S. 1 InvStG ist die Erklärung gegenüber dem Entrichtungspflichtigen *unwiderruflich* abzugeben. Wie dieses Tatbestandsmerkmal auszulegen ist, war lange ungeklärt. Es hat jedoch große praktische Bedeutung im Hinblick auf den „Lebenszyklus" eines Spezial-Investmentfonds. Eine zunächst ausgeübte Option konnte noch vor dem ersten Ertragszufluss im ersten Geschäftsjahr, das nach dem 31.12.2020 beginnt, widerrufen werden und auch eine noch nicht ausgeübte Option soll zu einem beliebigen späteren Zeitpunkt ausgeübt werden können.[113]

Die Finanzverwaltung nimmt hier eine restriktive Position ein. Sie geht davon aus, dass der Spezial-Investmentfonds die Transparenzoption nur einmal für alle Anleger ausüben kann und ein Widerruf ausgeschlossen ist bzw. der Fonds sogar ausdrücklich auf den Widerruf verzichten muss.[114] Die Ausübung soll zeitlich unbeschränkt für alle Geschäftsjahre des Spezial-Investmentfonds gelten. Auch im Falle einer Verschmelzung mit einem anderen Spezial-Investmentfonds soll die ausgeübte Transparenzoption des aufnehmenden für den übertragenden Spezial-Investmentfonds gelten.[115]

Da sich die Anlegerstruktur und die Struktur der Vermögensgegenstände eines Spezial-Investmentfonds im Laufe der Zeit ändern können, sollte es jedoch auch möglich sein, die Transparenzoption auch später noch zu widerrufen und zumindest jährlich zu ändern.[116] Für die zuvor dargestellte restriktive Auslegung spricht zwar zunächst der Wortlaut der Norm. Das Merkmal „unwiderruflich" differenziert weder zeitlich noch im Hinblick auf einzelne Einnahmen. Es ist fraglich, ob für eine solch strenge Handhabung ein Bedarf besteht, da es sich auch nicht aus der Gesetzesbegründung ableiten lässt.[117] Den Anforderungen der Marktteilnehmer würde es vermutlich eher entsprechen, wenn es einmal im Jahr möglich wäre, innerhalb des steuerlichen Status als Spezial-Investmentfonds über die transparente oder intransparente Ausgestaltung entscheiden zu können, um sich an geänderte Rahmenbedingungen anpassen zu können. Dies dürfte vermutlich ohnehin nicht allzu oft der Fall sein, da sowohl die Anlagerichtlinien für

---

113 BMF vom 21.5.2019, Az. IV C 1 – S 1980-1/16/10010 :001, BStBl. I 2019, 527, Rn. 30.4; BMF vom 21.12.2017, Az. IV C 1 – S 1980-1/16/10010:016, DStR 2018, 194, Rn. 6.

114 BMF vom 21.5.2019, Az. IV C 1 – S 1980-1/16/10010 :001, BStBl. I 2019, 527, Rn. 30.3.

115 BMF vom 21.5.2019, Az. IV C 1 – S 1980-1/16/10010 :001, BStBl. I 2019, 527, Rn. 30.10; so bereits auch *Mann* in Weitnauer/Boxberger/Anders KAGB, § 30 InvStG Rn. 5; *Mann* in Brandis/Heuermann, § 30 InvStG Rn. 15; *Helios/Mann*, DB, Sonderausgabe 01/2016, 1, 8, die zunächst auch eine Erstreckung auf den aufnehmenden Spezial-Investmentfonds forderten; zweifelnd bereits *Kuhn* in BeckOK InvStG, § 23 Rn. 56 ff. und 69 ff.; *Hasbach*, FR 2018, 1117, 1120; vgl. grundlegend zur Verschmelzung von Spezial-Investmentfonds *Hasbach*, FR 2018, 1117.

116 So auch *Wolny* in BeckOK InvStG, § 30 Rn. 30.

117 Gesetzesbegründung zum InvStRefG, BT-Drucks. 18/8045, 98.

gewöhnlich für einen längeren Zeitraum festgelegt werden[118] als auch der Anlegerbestand nicht stark variiert. Es ist auch nicht ersichtlich, dass es durch einen solchen Wechsel zu einer planwidrigen Besteuerungslücke von Einkünften i. S. v. § 6 Abs. 3 bis 5 InvStG kommt, da sie entweder direkt auf Fondsebene oder beim Anleger durch den KapESt-Abzug einer Besteuerung zugeführt werden. Würde dies mit einem festen Stichtag versehen, wäre zudem eine klare zeitliche Abgrenzung der Besteuerungssysteme ähnlich § 22 Abs. 1 InvStG gegeben.[119] Dies gilt ebenso im Falle der Verschmelzung, bei der auch die Gründe für eine solche berücksichtigt und eine erneute Entscheidung getroffen werden können sollte.

Nach einer noch weitergehenden Auffassung sollte auch eine punktuelle Ausübung der Transparenzoption für ganz bestimmte Beteiligungseinnahmen und auch nur für einzelne Anleger möglich sein, da die Ausübung der Option für den einen Anleger vorteilhaft und für den anderen nachteilhaft sein kann. Das Merkmal der Unwiderruflichkeit solle sich nur auf den einzelnen Ertragszufluss beziehen.[120] Ob in der Praxis ein Bedürfnis dafür besteht, für jede einzelne Einnahme die Option neu auszuüben, ist eher fraglich. Aufgrund des damit verbundenen Aufwands erscheint es wenig praktikabel und auch nicht erforderlich, da sich auch die steuerlichen Merkmale des Anlegers und auch seine Anlagepolitik in der Regel nicht allzu häufig ändern.

§ 30 Abs. 1 InvStG sollte daher im Hinblick auf das vorstehend Gesagte wie folgt angepasst werden (Änderungen des Verfassers unterstrichen und kursiv):

> (1) Die Körperschaftsteuerpflicht für die inländischen Beteiligungseinnahmen eines Spezial-Investmentfonds entfällt, wenn der Spezial-Investmentfonds gegenüber dem Entrichtungspflichtigen unwiderruflich *mit Wirkung für das folgende Kalenderjahr* erklärt, dass den Anlegern des Spezial-Investmentfonds Steuerbescheinigungen gem. § 45a Absatz 2 des Einkommensteuergesetzes ausgestellt werden sollen (Transparenzoption). *Die Erklärung ist nur einmal für jedes Kalenderjahr möglich.* Die Anleger gelten in diesem Fall als Gläubiger der inländischen Beteiligungseinnahmen und als Schuldner der Kapitalertragsteuer. *Die Erklärung kann mit Wirkung für das folgende Kalenderjahr zurückgenommen werden*.

---

118 Anlagerichtlinien stellen allgemeine Weisungen des Anlegers an den Vermögensverwalter i. S. v. § 665 BGB dar. Diese konkretisieren die Anlageziele und legen das Anlageuniversum und die Risikoparameter fest und gelten daher für einen langen Zeitraum, siehe dazu *Schäfer* in HdB KapitalanlageR, § 23 Rn. 59 ff.

119 Ausführlich oben, § 9 IV.

120 So *Behrens*, RdF 2017, 297, 298.

b) *Unterbliebener KapESt-Abzug oder KapESt-Abzug bei steuerbefreiten Anlegern*

Nach § 31 Abs. 3 S. 5 InvStG hat der Anleger, wenn ein Steuerabzug im Fall der ausgeübten Transparenzoption unterbleibt oder die KapESt erstattet wird, selbst zu prüfen, ob er die Voraussetzungen des § 36a Abs. 1 S. 1 Nr. 1 bis 3 EStG eingehalten hat, dies gegenüber seinem Finanzamt anzuzeigen und die nicht abgezogene Steuer abzuführen. Diese Pflicht trifft bspw. gemeinnützige Stiftungen als steuerbefreite Anleger i. S. v. § 44a Abs. 7 S. 1 Nr. 1 EStG, die über einen Spezial-Investmentfonds inländische Beteiligungseinnahmen erzielen.[121] Die Ausübung der Transparenzoption ist für diese Anleger grundsätzlich vorteilhaft, da ihnen die Kapitalerträge so unmittelbar zugerechnet und dabei ihre persönlichen Steuermerkmale direkt berücksichtigt werden können.[122] Die Besteuerung der inländischen Beteiligungseinnahmen kann so vermieden werden.

Hier hat der Gesetzgeber durch das JStG 2019 mit Wirkung zum 1.1.2020 eine weitere erhebliche Verschärfung zur Verhinderung der Cum/Cum-Geschäfte eingeführt.[123] § 31 Abs. 3 S. 1 InvStG fordert nämlich, dass zunächst der Spezial-Investmentfonds die Voraussetzungen des § 36a Abs. 1 bis Abs. 3 EStG eingehalten hat und zusätzlich der Anleger die Spezial-Investmentfondsanteile 45 Tage vor und 45 Tage nach dem Zurechnungszeitpunkt der Dividende gehalten hat, während dieser Zeit das volle Wertveränderungsrisiko getragen hat und ebenfalls nicht verpflichtet ist, die Kapitalerträge ganz oder teilweise einem Dritten weiterzuvergüten.[124] Dies stellt im Vergleich zur Vorgängernorm eine erhebliche Verschärfung dar,[125] weil hier auf Anlegerebene mit dem vollen Wertveränderungsrisiko strengere Anforderungen als auf Fondsebene geschaffen werden.[126] Allerdings gilt die Erleichterung der 20.000 Euro-Grenze und der Haltefrist von einem Jahr gem. § 31 Abs. 3 S. 2 InvStG auch hier – Letztere allerdings sowohl auf die Aktie als auch auf den Spezial-Investmentfondsanteil bezogen. Eine weitere Verschärfung liegt darin, dass der Anleger und der Spezial-Investmentfonds gem. § 31 Abs. 3 S. 4 InvStG immer als nahe stehende Personen gelten und es nicht mehr auf eine bestimmte Mindestbeteiligung ankommt, um ggf. Absicherungsgeschäfte des Anlegers in die Betrachtung auf Fondsebene einzubeziehen.

---

121 Zum Umfang der Abstandnahme vom KapESt-Abzug *Lindberg* in Brandis/Heuermann, § 44a EStG Rn. 36 f.

122 *Buge* in Herrmann/Heuer/Raupach EStG/KStG, § 31 InvStG Rn. 15.

123 Eingefügt durch Gesetz zur weiteren steuerlichen Förderung der Elektromobilität und zur Änderung weiterer steuerlicher Vorschriften vom 12.12.2019, JStG 2019, BGBl. I 2019, 2451.

124 Ausführlich *Behrens/Bielinis*, RdF 2020, 105, 107.

125 Zur Vorgängernorm *Schlund*, NWB 2018, 2614, 2617.

126 Kritisch, da dies überwiegend Gestaltungen betreffen soll, die bislang lediglich durch die Finanzverwaltung befürchtet werden, so jedoch noch nicht aufgetreten sind, *Behrens/Bielinis*, RdF 2020, 105, 108.

Im Ergebnis ist dies allerdings sachgerecht, da für die Beurteilung, ob die Voraussetzungen von § 36a EStG eingehalten sind, nach Ansicht des Verfassers auf den Anleger *und* den Spezial-Investmentfonds abgestellt werden muss.[127] Es ist nämlich ohne weiteres möglich, dass im Fonds lediglich Anlagen getätigt werden, während außerhalb des Fonds über eine andere Bankverbindung Absicherungsgeschäfte hinsichtlich der im Fonds eingegangenen Risiken getätigt werden, die dazu führen, dass der Anleger das Wertveränderungsrisiko im Ergebnis nicht zu mehr als 70 % trägt.[128] Bei der Beurteilung lediglich auf den Spezial-Investmentfonds abzustellen, ließe § 36a Abs. 3 S. 1 EStG vollständig außer Acht, der auch die nahe stehenden Personen in die Betrachtung einbezieht.[129]

Lediglich im Hinblick auf den KapESt-Abzug im Zusammenspiel der §§ 36a, 44a Abs. 10 Nr. 3 EStG und 31 Abs. 1 S. 1 InvStG durch den Entrichtungspflichtigen ist es richtig, nur auf den Spezial-Investmentfonds abzustellen, da der Entrichtungspflichtige regelmäßig nur die ihm zur Verfügung stehenden Informationen in seine Prüfung einbeziehen kann.[130]

Die Prüfung, Anmeldung und Entrichtung haben gem. § 31 Abs. 3 S. 6 InvStG bei bilanzierenden Steuerpflichtigen nach Ablauf des Wirtschaftsjahres, bei Investmentfonds nach Ablauf des Geschäftsjahres und bei anderen Steuerpflichtigen nach Ablauf des Kalenderjahres bis zum zehnten des Folgemonats zu erfolgen.[131] Dabei handelt sich um eine Anzeige i. S. d. § 170 Abs. 2 S. 1 Nr. 1 AO. Für die Zahlung der Steuer gelten §§ 155 ff. AO. Das Finanzamt muss die Zahlung gem. § 155 Abs. 1 S. 2, § 157 Abs. 1 S. 1 AO durch einen schriftlichen Steuerbescheid festsetzen.[132]

Die Frist von 10 Tagen kann getrost als viel zu kurz bezeichnet werden, da der Anleger in der Regel auf Unterlagen des Entrichtungspflichtigen angewiesen ist, deren Erstellung einige Zeit in Anspruch nehmen kann. Sodann hat eine

---

127 Teilweise wurde hier zunächst vertreten, dass es bei der Beurteilung nur auf die Ebene des Spezial-Investmentfonds ankommt, so *Buge* in Herrmann/Heuer/Raupach EStG/KStG, § 31 InvStG Rn. 15; *Helios/Mann*, DB, Sonderausgabe 01/2016, 1, 26; *Ronig* in BeckOK InvStG, § 31 Rn. 80.

128 So auch *Ronig* in BeckOK InvStG, § 31 Rn. 80; a. A. *Buge* in Herrmann/Heuer/Raupach EStG/KStG, § 31 InvStG Rn. 15; *Helios/Mann*, DB, Sonderausgabe 01/2016, 1, 26, die ausschließlich auf den Spezial-Investmentfonds abstellen wollen.

129 Ausführlich BMF vom 3.4.2017, Az. IV C 1 – S 2299/16/10002, BStBl. I 2017, 726, Rn. 64.

130 *Schweinitz, v./Thiems*, DStR 2016, 1198, 1202. So auch Stiftungsposition 1-2019 des Bundesverband Deutscher Stiftungen https://www.stiftungen.org/fileadmin/stiftungen_org/Verband/Wer_Wir_sind/Positionen/StiftungsPosition-310119-offene-Anwendungsfragen-Bagatellgrenze.pdf (zuletzt aufgerufen am 5.9.2021).

131 Schon bislang wurde ein unverzügliches Handeln innerhalb einer Frist von zehn Tagen nach Abschluss des Kalenderjahres gefordert, vgl. BMF vom 3.4.2017, Az. IV C 1 – S 2299/16/10002, BStBl. I 2017, 726, Rn. 118.

132 *Ettlich* in Brandis/Heuermann, § 36a EStG Rn. 83.

Prüfung zu erfolgen, die, wenn keine Absicherungsgeschäfte vorgenommen wurden, möglicherweise noch durch den Anleger selbst vorgenommen werden kann. Häufig dürfte er sich hierbei jedoch seines steuerlichen Beraters bedienen müssen, wenn die erforderlichen Fachkenntnisse entweder selbst nicht vorhanden sind oder handelnde Organe das Risiko nicht selbst tragen wollen.[133] Erst danach kann der Anleger Gewissheit darüber haben, ob er Steuern nachzuentrichten hat.

Um den Anlegern entgegenzukommen, wäre hier eine Verlängerung der Frist dringend angeraten. Daher sollte § 31 Abs. 3 S. 6 InvStG wie folgt angepasst werden:

> [...] Die Anzeige, Anmeldung und Entrichtung hat bei Steuerpflichtigen, die ihren Gewinn durch Bestandsvergleich ermitteln, nach Ablauf des Wirtschaftsjahres, bei Investmentfonds nach Ablauf des Geschäftsjahres und bei anderen Steuerpflichtigen nach Ablauf des Kalenderjahres bis zum ~~Zehnten des folgenden~~ *Ende des dritten folgenden* Monats zu erfolgen [...].

c) *Transparenzoption bei Dach-Spezial-Investmentfonds*

Die Steuerfreiheit für Beteiligungseinnahmen und sonstige Einkünfte mit Steuerabzug kann bei Dach-Spezial-Investmentfonds i. S. v. § 2 Abs. 5 S. 2 InvStG dadurch erzielt werden, dass der Dach-Spezial-Investmentfonds gem. § 30 Abs. 4 S. 1 Abs. 1 InvStG gegenüber dem Entrichtungspflichtigen unwiderruflich erklärt, dass den Anlegern des Dach-Spezial-Investmentfonds Steuerbescheinigungen ausgestellt werden sollen.[134] Die Einkünfte gelten dann unmittelbar den Anlegern des Dach-Spezial-Investmentfonds als zugeflossen, § 30 Abs. 1 S. 2 InvStG. Auf Ebene des Ziel-Spezial-Investmentfonds sollte ebenfalls die Transparenzoption ausgeübt werden, da ansonsten der mit der Ausübung der Option verfolgte Zweck ins Leere läuft.[135] Ob die Transparenzoption nur einheitlich für beide Spezial-Investmentfonds-Ebenen ausgeübt werden kann oder nicht, kann letztlich dahinstehen, da der Investor eines Spezial-Investmentfonds dies bei Auflage einer Fondsstruktur in der Regel so konzipieren wird, wie es für ihn sinnvoll ist, und es daher nicht erforderlich ist, dies zwingend festzulegen.[136]

---

133 So auch Stiftungsposition 8-2018 des Bundesverband Deutscher Stiftungen https://www.stiftungen.org/fileadmin/stiftungen_org/Verband/Wer_Wir_sind/Positionen/StiftungsPosition-082018-Jahressteuergesetz.pdf (zuletzt aufgerufen am 5.9.2021).

134 Zur Definition des Dach-Spezial-Investmentfonds und der Frage, ob neben Spezial-Investmentanteilen auch Anteile an Investmentfonds gehalten werden können, siehe *Behrens*, RdF 2017, 297, 299; *Bindl/Stadler*, BB 2017, 1943, 1945, nach deren Ansicht es irrelevant ist, ob der Dach-Spezial-Investmentfonds noch Investmentanteile hält, solange diese die Voraussetzungen des § 26 Nr. 1 bis 7 InvStG erfüllen.

135 *Buge* in Herrmann/Heuer/Raupach EStG/KStG, § 30 InvStG Rn. 20.

136 Siehe dazu *Wolny* in BeckOK InvStG, § 30 Rn. 111 f., der sich dafür ausspricht, dass die Transparenzoption insoweit durch den Dach-Spezial-Investmentfonds auch

Ausgeübt werden sollte die Transparenzoption gegenüber dem Entrichtungspflichtigen des Ziel-Spezial-Investmentfonds, da nur dieser letztlich über die erforderlichen Informationen hinsichtlich der Fondsdaten seiner und der Anleger des Dach-Spezial-Investmentfonds verfügt.[137]

Die Steuerfreiheit für inländische Beteiligungseinahmen und sonstige Einkünfte mit Steuerabzug ist nach § 30 Abs. 4 S. 2 InvStG auf doppelstöckige Strukturen beschränkt.[138] Ist der Anleger eines Dach-Spezial-Investmentfonds also ebenfalls ein Spezial-Investmentfonds, unterliegen die Einkünfte aus dem Dach-Spezial-Investmentfonds auf Ebene des Spezial-Investmentfonds einer definitiven Besteuerung mit KSt i. H. v. 15 %.[139]

2. Einkünfte ohne Steuerabzug

a) Immobilienerträge des Spezial-Investmentfonds

Während § 29 Abs. 1 InvStG für den Grundfall die Steuerpflicht der inländischen Immobilienerträge i. S. v. § 6 Abs. 4 InvStG und der sonstigen inländischen Einkünfte ohne Steuerabzug i. S. v. § 6 Abs. 5 InvStG vorsieht, regelt § 33 Abs. 1 InvStG die Ausnahme hiervon.[140] § 33 InvStG wurde noch vor Inkrafttreten des InvStG durch das StUmgBG geändert.[141] Durch die Änderung sollte insbesondere das Entstehen weißer Einkünfte bei Investitionen ausländischer Anleger über eine doppelstöckige Investmentfonds-Spezial-Investmentfonds-Struktur verhindert werden.[142]

Erzielt ein Spezial-Investmentfonds die vorgenannten Erträge, gilt hierfür technisch ein anders System, als dies bei den Beteiligungseinahmen und Einkünften mit Steuerabzug der Fall ist, da es hier keine Zahlstelle gibt, die einen KapESt-Abzug vornimmt.[143] Um die Besteuerung der Immobilienerträge, die auf

---

für den Ziel-Spezial-Investmentfonds ausgeübt wird. Für eine getrennte Ausübung der Option auf jeder Ebene BMF vom 21.5.2019, Az. IV C 1 – S 1980-1/16/10010 :001, BStBl. I 2019, 527, Rn. 30.34, 30.36, vgl. dazu *Bindl/Schober*, BB 2020, 599, 606.

137 *Wolny* in BeckOK InvStG, § 30 Rn. 109; *Buge* in Herrmann/Heuer/Raupach EStG/KStG, § 30 InvStG Rn. 20.

138 Zur Anrechnung von KapESt im Hinblick auf Cum/Cum-Geschäfte bei Dach-Spezial-Investmentfonds vgl. *Behrens/Bielinis*, RdF 2020, 105, 110.

139 *Buge* in Herrmann/Heuer/Raupach EStG/KStG, § 30 InvStG Rn. 20.

140 *Mann* in Weitnauer/Boxberger/Anders KAGB, § 33 InvStG Rn. 1.

141 Gesetz zur Bekämpfung der Steuerumgehung und zur Änderung weiterer steuerlicher Vorschriften, BGBl. I 2017, 1682.

142 Ausführlich *Ebner*, NWB 2017, 479, 484; *Bindl/Mager*, DStR 2017, 465, 466; *Behrens*, RdF 2017, 297, 299; *Bindl/Stadler*, BB 2017, 1943; *Ebner*, RdF 2019, 314, 320; siehe aber auch *Bindl/Leidel*, DB 2018, 722, die bei der Veräußerung von Anteilen einer vermögensverwaltenden Objekt-Personengesellschaft immer noch steuerfreie Einkünfte des Spezial-Investmentfonds sehen; so auch *Haug*, IWB 2018, 6, 10.

143 *Buge* in Herrmann/Heuer/Raupach EStG/KStG, § 33 InvStG Rn. 1.

der Fondseingangsseite regelmäßig keinem Steuerabzug unterliegen, sicherzustellen, bestehen die beiden folgenden Gesetz gewordenen Möglichkeiten.

Im Grundfall des § 29 Abs. 1 InvStG erfolgt bei den Einkünften ohne Steuerabzug eine Veranlagung auf Ebene des Spezial-Investmentfonds mit 15 % KSt zzgl. SolZ (insgesamt 15,825 %) ohne GewSt.[144] Der Fonds erfüllt damit seine eigene Steuerschuld gegenüber dem Finanzamt.[145]

Im Ausnahmefall des § 33 Abs. 1 InvStG erhebt und führt der Spezial-Investmentfonds auf der Fondsausgangsseite KapESt i. H. v. 15 % zzgl. SolZ auf Ausschüttungen und ausschüttungsgleiche Erträge an das Finanzamt ab, in dessen Bezirk sich der wertvollste Gegenstand des Fondsvermögens befindet, § 4 Abs. 2 Nr. 1 InvStG, und stellt seinen Anlegern Steuerbescheinigungen aus.[146] Hierdurch übt der Spezial-Investmentfonds die Transparenzoption aus und erreicht damit die Steuerfreiheit der Immobilienerträge auf Ebene des Fonds, der nur noch als Zahlstelle fungiert und seine Steuerpflicht an seine Anleger weitergibt.[147]

Bei inländischen Spezial-Investmentfonds wird dieses Wahlrecht nicht als echtes Wahlrecht verstanden, da der inländische Spezial-Investmentfonds gem. § 50 Abs. 1 InvStG zum KapESt-Abzug i. H. v. 15 % verpflichtet ist.[148] Die Finanzverwaltung geht davon aus, dass das Wahlrecht nicht jährlich neu ausgeübt werden sollte, sondern nur einmalig.[149] Nur bei ausländischen Spezial-Investmentfonds geht man von einem echten Wahlrecht aus, da diese nicht zum KapESt-Abzug im Inland verpflichtet werden können.[150]

Die erzielten Erträge bleiben in beiden Varianten stets Einkünfte des Spezial-Investmentfonds und werden nicht wie bei der Transparenzoption nach § 30 Abs. 1 S. 1 InvStG dem Anleger direkt zugerechnet.[151] Es wird vielmehr die Systematik der Ausschüttungen und ausschüttungsgleichen Erträge beibehalten und ein Steuerabzug vorgenommen, soweit in diesen inländische Immobilienerträge enthalten sind.[152]

---

144 *Bindl/Leidel*, DB 2018, 722; *Mann* in Weitnauer/Boxberger/Anders KAGB, § 29 InvStG Rn. 1; *Wolny* in BeckOK InvStG, § 29 Rn. 19; *Patzner/Harm*, BB 2018, 2711, 2712; detailliert zum KapESt-Abzug Schlund in BeckOK InvStG, § 7 Rn. 49 ff.

145 *Wolny* in BeckOK InvStG, § 33 Rn. 27.

146 *Haug*, IWB 2018, 6, 15; *Mann* in Weitnauer/Boxberger/Anders KAGB, § 33 InvStG Rn. 4.

147 *Lechner*, RdF 2016, 208, 216; *Wolny* in BeckOK InvStG, § 33 Rn. 26 ff.

148 *Mann* in Brandis/Heuermann, § 33 Rn. 11; *Stadler/Bindl*, DStR 2016, 1953, 1962.

149 BMF vom 21.5.2019, Az. IV C 1 – S 1980-1/16/10010 :001, BStBl. I 2019, 527, Rn. 33.3; BMF vom 21.12.2017, Az. IV C 1 – S 1980-1/16/10010:016, DStR 2018, 194, Rn. 8; a. A. *Wolny* in BeckOK InvStG, § 33 Rn. 33; *Buge* in Herrmann/Heuer/Raupach EStG/KStG, 33 InvStG Rn. 5.

150 *Neumann*, DB 2016, 1779, 1781; *Mann* in Brandis/Heuermann, § 33 InvStG Rn. 11; *Bindl/Leidel*, DB 2018, 722, 723.

151 *Buge* in Herrmann/Heuer/Raupach EStG/KStG, § 33 InvStG Rn. 1.

152 *Mann* in Brandis/Heuermann, § 33 InvStG Rn. 12.

b) Umqualifizierung von Immobilienerträgen bei Investmentfonds und Dach-Spezial-Investmentfonds

Erhält ein (Dach-)Investmentfonds oder Dach-Spezial-Investmentfonds Ausschüttungen oder ausschüttungsgleiche Erträge, in denen inländische Immobilienerträge enthalten sind, kommt es insoweit nach § 33 Abs. 2 S. 1 und 2 InvStG zu einer Umqualifizierung in dem Steuerabzug unterliegende Einkünfte nach § 6 Abs. 4 InvStG, obwohl es sich an sich um Spezial-Investmenterträge i. S. v. § 20 Abs. 1 Nr. 3a InvStG handeln würde, die auf Dachfondsebene keiner Besteuerung unterliegen würden.[153] Dies gilt immer dann, wenn der Dachfonds die sog. Immobilien-Transparenzoption i. S. v. § 33 Abs. 2 S. 3 InvStG nicht ausgeübt hat und unabhängig davon, ob es sich bei dem Dachfonds um einen Investmentfonds oder einen Dach-Spezial-Investmentfonds handelt.[154] In diesem Fall werden die erzielten Erträge nach § 29 Abs. 1 i. V. m. § 7 Abs. 2 InvStG abgeltend mit 15 % zzgl. SolZ definitiv auf Ebene des Dach-Spezial-Investmentfonds besteuert. Diese steuerliche Vorbelastung wird bei den Anlegern des Dach-Spezial-Investmentfonds im Rahmen der Steuerbefreiung nach § 42 Abs. 5 InvStG berücksichtigt.[155] Der Dach-Spezial-Investmentfonds soll jedoch seinerseits auch den Steuerabzug des § 33 Abs. 1 InvStG vornehmen und damit die vereinnahmten Erträge steuerfrei stellen können.[156]

Von der „Immobilien-Transparenzoption" spricht das Gesetz nur im Zusammenhang mit inländischen Immobilienerträgen, die ein Ziel-Spezial-Investmentfonds erzielt, wenn diese direkt den Anlegern des an ihm beteiligten Dach-Spezial-Investmentfonds zugerechnet werden sollen, § 33 Abs. 2 S. 3 InvStG.[157] Für diesen Fall regelt § 33 Abs. 2 S. 4 InvStG, dass diese dem Anleger direkt zugerechneten Einkünfte ebenfalls umqualifiziert werden, und zwar abhängig von der Art des

---

153 BMF vom 21.5.2019, Az. IV C 1 – S 1980-1/16/10010 :001, BStBl. I 2019, 527, Rn. 33.12; *Behrens*, RdF 2017, 297, 300; *Bindl/Stadler*, BB 2017, 1943, 1947; *Bindl/Mager*, DStR 2017, 465, 466; *Haug*, IWB 2018, 6, 16; *Ebner*, RdF 2019, 314, 320.

154 Das Bedürfnis zur Umqualifizierung besteht allerdings nur, wenn der Steuerabzug auf der Fondsausgangsseite des Ziel-Spezial-Investmentfonds freiwillig ausgeübt wird, *Buge* in Herrmann/Heuer/Raupach EStG/KStG, § 33 InvStG Rn. 5.

155 Gesetzesbegründung zum Gesetz zur Bekämpfung der Steuerumgehung und zur Änderung weiterer steuerlicher Vorschriften (Steuerumgehungsbekämpfungsgesetz – StUmgBG), BT-Drucks. 18/12127, 64. Kritisch dazu im Hinblick auf die definitive Steuerbelastung steuerbefreiter Anleger i. S. v. § 44a Abs. 7 EStG *Bindl/Stadler*, BB 2017, 1943, 1946. Ausführlich unten, § 12 II. 3 f).

156 *Wolny* in BeckOK InvStG, § 33 Rn. 59. Ungeklärt ist hingegen noch die tatsächliche Umsetzbarkeit, da es durch den Steuerabzug auf zwei Fondsebenen zu Erstattungsansprüchen kommen sollte, vgl. hierzu Rn. 62.

157 Die Ausübung erfolgt auch hier durch unwiderrufliche Erklärung, dass den Anlegern Steuerbescheinigungen i. S. v. § 45a Abs. 2 EStG ausgestellt werden sollen, grundlegend dazu *Mann* in Weitnauer/Boxberger/Anders KAGB, § 33 InvStG Rn. 6.

Anlegers in inländische Einkünfte i. S. v. § 49 Abs. 1 Nr. 2 Buchst. f, Nr. 6 oder Nr. 8 EStG (bei beschränkt steuerpflichtigen Anlegern), in inländische Immobilienerträge i. S. v. § 6 Abs. 4 InvStG bei unbeschränkt steuerpflichtigen Anlegern, die Investmentfonds sind, und in Spezial-Investmenterträge bei sonstigen Anlegern. Durch die exakte Qualifizierung der zugerechneten Erträge wird die zuvor angesprochene Besteuerungslücke beseitigt.[158] Durch die Ausübung der Immobilien-Transparenzoption kommt es zur steuerlichen Erfassung auf Ebene des Anlegers bereits bei Zufluss in den Dach-Spezial-Investmentfonds mit der Folge, dass diese bei tatsächlicher Auszahlung an den Anleger keiner Besteuerung mehr unterliegen dürfen, § 35 Abs. 2 und 3a InvStG.[159]

Auch in Bezug auf die Immobilien-Transparenzoption stellten sich die Fragen der zeitlichen Ausübungsmöglichkeit sowie der Beschränkung auf einzelne Einkunftsquellen.[160] Die Ausübung soll nun aber ebenso restriktiv gehandhabt werden wie die Ausübung der Transparenzoption gem. § 30 Abs. 1 S. 1 InvStG.[161]

Die Immobilien-Transparenzoption ist gem. § 33 Abs. 2 S. 6 InvStG allerdings aufgrund der nicht mehr zu gewährleistenden Administrierbarkeit nicht über mehr als zwei Stufen anwendbar. Hier soll es nach Ansicht des Gesetzgebers zu einer definitiven Besteuerung auf oberster Fondsebene mit 15 % KapESt zzgl. SolZ kommen.[162] Sämtliche vorstehenden Ausführungen sollen ohne Besonderheiten auch für ausländische Spezial-Investmentfonds gelten.[163]

c) *Stellungnahme*

Der systematische Bruch bei der Besteuerung der Einkünfte mit Steuerabzug im Vergleich zu den inländischen Immobilienerträgen und sonstigen inländischen Einkünften ohne Steuerabzug wirkt verwunderlich. Bei Ersteren werden dem Anleger die Einkünfte direkt zugerechnet, bei Letzteren bleiben sie Einkünfte des Spezial-Investmentfonds und es gilt weiterhin die alte Systematik der Besteuerung von Ausschüttungen und ausschüttungsgleichen Erträgen.[164] Während

---

158 *Behrens*, RdF 2017, 297, 300.

159 Insoweit wurde hier bereits vor Änderung des § 35 InvStG durch das JStG 2019 zutreffend der Begriff der „Immobilien-Zurechnungsbeträge“ verwandt, *Wolny* in BeckOK InvStG, § 33 Rn. 87.

160 So bereits *Bindl/Stadler*, BB 2017, 1943, 1947; *Behrens*, RdF 2017, 297, 302; *Stadler/Sotta*, BB 2020, 279, 281.

161 BMF vom 21.5.2019, Az. IV C 1 – S 1980-1/16/10010 :001, BStBl. I 2019, 527, Rn. 33.17.

162 Gesetzesbegründung zum StUmgBG, BT-Drucks. 18/12127, 65; kritisch dazu einige Stimmen in der Literatur, die hier auch den Steuerabzug auf der Fondsausgangsseite, verbunden mit der Steuerfreiheit auf Fondsebene ähnlich § 33 Abs. 1 InvStG, als mögliche Regelung gesehen hätten, *Bindl/Stadler*, BB 2017, 1943, 1947; *Buge* in Herrmann/Heuer/Raupach EStG/KStG, § 33 InvStG Rn. 5.

163 *Wolny* in BeckOK InvStG, § 33 Rn. 115 ff.

164 *Buge* in Herrmann/Heuer/Raupach EStG/KStG, § 33 InvStG Rn. 1.

in dem semitransparenten System eine tatsächliche bzw. fiktive Ausschüttung erfolgen muss, ist diese im voll transparenten System der Einkünfte ohne Steuerabzug nicht erforderlich. Dies wirkt sich auch in der zeitlichen Erfassung der Erträge beim Anleger aus. Während ausschüttungsgleiche Erträge dem Anleger am Geschäftsjahresende des Fonds nach § 36 Abs. 4 S. 2 InvStG als zugeflossen gelten[165] und Ausschüttungen bei Ausschüttung zu erfassen sind,[166] kommt es bei der Ausübung der Transparenzoption nach § 30 Abs. 1 InvStG bereits zu einem wesentlich früheren Zeitpunkt zu einer steuerlichen Erfassung der Erträge beim Anleger, nämlich sobald diese dem Spezial-Investmentfonds zugeflossen sind.[167] Ebenso erfolgt dies im Rahmen der Immobilien-Transparenzoption.[168] Hier kann es sogar zu einem Auseinanderfallen des steuerlichen und des handelsrechtlichen Zuflusszeitpunkts kommen.[169] Ferner handelt es sich bei der Transparenzoption des § 30 Abs. 1 InvStG um ein tatsächliches Wahlrecht, während dies im Rahmen des § 33 InvStG zumindest stark eingeschränkt ist.[170]

Führt man sich vor Augen, dass für den Gesetzgeber die Sicherung des deutschen Besteuerungsrechts zentrales Leitmotiv des InvStRefG war und dies unter Einbeziehung ausländischer Anleger nicht anders möglich gewesen wäre,[171] macht es jedoch Sinn, dass grundsätzlich die erste Stelle, die einen Steuerabzug auf die bislang noch unbesteuerten Einkünfte vornehmen kann, diesen auch vornimmt. Anders als bei den Einkünften mit Steuerabzug muss der Spezial-Investmentfonds hier allerdings selbst die Verwahrstelle anweisen, den Steuerabzug vorzunehmen, da dieser nicht aufgrund der §§ 43 ff. EStG erfolgt.[172] I. S. d. Ergebnisses ist es wahrscheinlich auch richtig, an dieser Stelle etwas zusätzliche Komplexität in Kauf zu nehmen.

Kritisiert wurde, dass die Vorschrift systematisch inkonsistent und inhaltlich unvollständig sei. Dabei wurde insbesondere der Aufbau des § 33 InvStG bemängelt.[173] Ferner wurde gefordert, dass Regelungen in diesem System enthalten sein sollten, die dafür sorgen, dass bereits versteuerte Erträge auf Ebene des Anlegers nicht noch einmal versteuert werden.[174] Es sollte also zu einer ähnlichen

---

165 *Wenzel* in Brandis/Heuermann, § 36 InvStG Rn. 37.

166 *Patzner/Harm*, BB 2018, 2711, 2713.

167 *Wolny* in BeckOK InvStG, § 30 Rn. 39.

168 *Mann* in Weitnauer/Boxberger/Anders KAGB, § 33 InvStG Rn. 8.

169 *Wolny* in BeckOK InvStG, § 33 Rn. 87.

170 BMF vom 21.5.2019, Az. IV C 1 – S 1980-1/16/10010 :001, BStBl. I 2019, 527, Rn. 33.3; *Mann* in Brandis/Heuermann, § 33 InvStG Rn. 11; *Stadler/Bindl*, DStR 2016, 1953, 1962.

171 Gesetzesbegründung zum InvStRefG, BT-Drucks. 18/8045, 101; Gesetzesbegründung zum StUmgBG, BT-Drucks. 18/12127, 64 f.

172 *Wolny* in BeckOK InvStG, § 33 Rn. 29.

173 *Buge* in Herrmann/Heuer/Raupach EStG/KStG, § 33 InvStG Rn. 1, 10, 15.

174 *Bindl/Stadler*, BB 2017, 1943, 1946; *Buge* in Herrmann/Heuer/Raupach EStG/KStG, § 33 InvStG Rn. 15.

Freistellung kommen wie bei den inländischen Beteiligungseinnahmen und sonstigen Einkünften mit Steuerabzug durch § 36 Abs. 1 S. 2 InvStG und § 49 Abs. 3 S. 5 InvStG.[175] Bei Dachfondskonstellationen wurde ferner angemerkt, dass es hier an einer entsprechenden Zurechnungsnorm fehlte[176] und das System der definitiven abgeltenden Besteuerung auf Ebene des obersten Dachfonds in einer dreistufigen Dach-Spezial-Investmentfonds-Struktur nicht zwingend sei, sondern auch hier das Wahlrecht bzgl. des Steuerabzugs auf der Fondsausgangsseite mit entsprechender Steuerfreiheit auf Ebene des obersten Dach-Spezial-Investmentfonds ohne Weiteres umsetzbar gewesen wäre.[177]

Der Gesetzgeber hat mit Änderungen der §§ 33 Abs. 2 S. 2, 35 Abs. 3a und 49 Abs. 3 S. 5 InvStG reagiert und insbesondere die Systematik der Zurechnungsbeträge erweitert.[178] Dennoch sollte es eine klare Zurechnungsnorm auch in Dach-Spezial-Investmentfondskonstellationen geben und der Umfang der ausschüttungsgleichen Erträge klar normiert sein. Gleiches gilt für die Voraussetzungen für die Vermeidung der Steuerpflicht auf Ebene des Dach-Spezial-Investmentfonds. Die §§ 33 und 36 InvStG sollten daher wie folgt geändert werden (Änderungen des Verfassers unterstrichen und kursiv).

§ 33 Inländische Immobilienerträge und sonstige inländische Einkünfte ohne Steuerabzug

(1) Die Steuerpflicht für die inländischen Immobilienerträge eines Spezial-Investmentfonds entfällt, wenn der Spezial-Investmentfonds auf ausgeschüttete oder ausschüttungsgleiche inländische Immobilienerträge Kapitalertragsteuer gem. § 50 erhebt, an die zuständige Finanzbehörde abführt und den Anlegern Steuerbescheinigungen gem. § 45a Absatz 2 des Einkommensteuergesetzes ausstellt.

(2) Die ausgeschütteten oder ausschüttungsgleichen inländischen Immobilienerträge gelten bei einem vereinnahmenden Investmentfonds oder Dach-Spezial-Investmentfonds als Einkünfte nach § 6 Absatz 4. Diese unterliegen einem Steuerabzug ohne Berücksichtigung des § 7 Absatz 1 Satz 3. Der Steuerabzug gegenüber einem Dach-Spezial-Investmentfonds entfällt, wenn der Dach-Spezial-Investmentfonds unwiderruflich gegenüber dem Ziel-Spezial-Investmentfonds erklärt, dass den Anlegern des Dach-Spezial-Investmentfonds Steuerbescheinigungen gem. § 45a Absatz 2 des Einkommensteuergesetzes ausgestellt werden sollen (Immobilien-Transparenzoption). *Absatz 1 gilt entsprechend für den Ziel-Spezial-Investmentfonds. Die Anleger des Dach-Spezial-Investmentfonds gelten in diesem Fall als Gläubiger der inländischen Immobilienerträge und als Schuldner der Kapitalertragsteuer.* Bei ausgeübter Immobilien-Transparenzoption gelten

175 *Haug*, IWB 2018, 6, 17.
176 *Buge* in Herrmann/Heuer/Raupach EStG/KStG, § 33 InvStG Rn. 15.
177 *Bindl/Stadler*, BB 2017, 1943, 1947.
178 Vgl. dazu auch *Hahne/Michaelis*, RdF 2019, 196, 202.

1. beschränkt steuerpflichtigen Anlegern unmittelbar Einkünfte i. S. d. § 49 Absatz 1 Nummer 2 Buchstabe f, Nummer 6 oder 8 des Einkommensteuergesetzes,
2. Anlegern, die unbeschränkt steuerpflichtige Investmentfonds oder Dach-Spezial-Investmentfonds sind, Einkünfte nach § 6 Absatz 4 und
3. sonstigen Anlegern Spezial-Investmenterträge

als zugeflossen.

§ 36 Ausschüttungsgleiche Erträge

(1) [...] Keine ausschüttungsgleichen Erträge sind die inländischen Beteiligungseinnahmen und die sonstigen inländischen Einkünfte mit Steuerabzug, wenn die Transparenzoption nach § 30 wahrgenommen wurde. *Keine ausschüttungsgleichen Erträge sind ferner inländische Immobilienerträge und sonstige Einkünfte ohne Steuerabzug, wenn der Spezial-Investmentfonds von seinem Wahlrecht zum Steuerabzug nach § 33 Absatz 1 Satz 1 Gebrauch gemacht hat.* [...]

IV. Zusammenfassung zu § 11

Das InvStG enthält zwei Systeme zur Besteuerung von Spezial-Investmentfonds, die sich im Ergebnis sehr ähnlich sind. Werden die Transparenzoptionen nach den §§ 30 und 33 InvStG nicht ausgeübt, kommt es auf Ebene des Spezial-Investmentfonds zur Besteuerung genau abgegrenzter inländischer Einkünfte. Der Umfang der steuerpflichtigen Einkünfte unterscheidet sich nicht von den Kapitel 2-Investmentfonds. Im Hinblick auf alle übrigen Einkünfte des Spezial-Investmentfonds besteht ein Gleichlauf zwischen den beiden Systemen, das mit der Semitransparenz und den ausschüttungsgleichen Erträgen weiterhin wesentliche Merkmale des InvStG 2004 enthält. Zweifelsfragen haben sich bei der Anwendung bislang insbesondere im Hinblick auf die Unwiderrufbarkeit der Transparenzoption ergeben, zu der sich die Finanzverwaltung nun eine restriktive Meinung gebildet hat und eine Ausübung nur einmalig für die gesamte Lebensdauer des Spezial-Investmentfonds zulassen will. Für die Vergangenheit kommt sie den Marktteilnehmern dadurch entgegen, dass bis zum Jahr 2021 ausgeübte Transparenzoptionen widerrufen werden können. Für die Zukunft soll dies jedoch nicht mehr möglich sein, was den Anforderungen des Marktes nicht entsprechen dürfte. Hier wäre es an sich wünschenswert, wenn die Option bei Bedarf oder bei besonderen Ereignissen wie einer Verschmelzung für das nachfolgende Kalenderjahr in anderer Weise ausgeübt werden könnte.

Die weitere Verschärfung der Anti-Cum/Cum-Regelungen in § 31 Abs. 3 InvStG wird die ohnehin schon aufwendige Umsetzung für die Anleger weiter verkomplizieren. Im Hinblick darauf sind die Fristen zur Ermittlung, Berechnung und Anmeldung evtl. nachzuentrichtender Steuern zu kurz bemessen und sollten verlängert werden.

Bei den Immobilienerträgen ist auffällig, dass der Gesetzgeber diesen zunächst ein merklich geringes Maß an Aufmerksamkeit zukommen ließ. Im Vergleich zu den Einkünften mit Steuerabzug ist hier von Anfang an im Detail wesentlich mehr Nachbesserungsbedarf gegeben gewesen, der sich in der aktuellen Gesetzesfassung teilweise weiter fortsetzt. Zu nennen ist hier insbesondere die Möglichkeit zur Generierung weißer Einkünfte bei Investition über einen ausländischen Spezial-Investmentfonds, die beseitigt wurde. Ferner fällt auf, dass Regelungen, die eine doppelte Besteuerung von Einkünften mit Steuerabzug verhindern, für die Immobilienerträge nicht konsequent nachempfunden wurden und nur schrittweise Eingang in das Gesetz fanden.

Die systematischen Unterschiede im Hinblick auf die Zurechnung von Einkünften mit und ohne Steuerabzug beim Anleger erscheinen ebenfalls nicht zwingend notwendig und sollten im Sinne einer einheitlichen Systematik überdacht werden.

§ 12 Die Besteuerung der Anleger von Spezial-Investmentfonds

I. Überblick

Anleger von Spezial-Investmentfonds werden gem. § 34 Abs. 1 InvStG auf Basis von Ausschüttungen, ausschüttungsgleichen Erträgen und Veräußerungsgewinnen besteuert.[179] Dabei bestimmt § 34 Abs. 1 InvStG als Grundnorm, was als Ertrag aus einem Spezial-Investmentfonds gilt.[180] Die so definierten Spezial-Investmenterträge sind gem. § 20 Abs. 1 Nr. 3a EStG als Einkünfte aus Kapitalvermögen auf Ebene des Anlegers steuerpflichtig, wobei die Abgeltungsteuer nach § 34 Abs. 2 InvStG keine Anwendung findet.[181] Im Betriebsvermögen gelten Spezial-Investmenterträge als Betriebseinnahmen, § 20 Abs. 8 EStG.[182]

Zur weiteren Definition der Spezial-Investmenterträge verweist § 34 Abs. 1 InvStG auf § 35 InvStG (Ausschüttungen), § 36 InvStG (ausschüttungsgleiche Erträge) und § 49 InvStG (Veräußerungsgewinne). Hier wird in § 35 InvStG für Ausschüttungen eine Reihenfolge der auf Fondsebene angefallenen Erträge festgelegt.[183] § 36 InvStG regelt im Wesentlichen, welche Erträge als ausschüttungsgleich gelten und welche Erträge hiervon nicht umfasst sind, sowie die besitzzeitanteilige Zurechnung der Erträge auf Ebene des Anlegers. Zur Ermittlung der Erträge, die über Ausschüttungen oder fiktive Ausschüttungen auf die Ebene des Anlegers gelangen, verweisen die §§ 35 und 36 InvStG auf die §§ 37 bis 41 InvStG, wonach bei in- und ausländischen Spezial-Investmentfonds auf Fondsebene eine Einnahmen-Überschuss-Rechnung i. S. v. § 2 Abs. 2 S. 1 Nr. 2 EStG erstellt wird.[184] Nur diese Nettoerträge sind Gegenstand von Ausschüttungen und ausschüttungsgleichen Erträgen.[185] § 49 InvStG i. V. m. § 48 InvStG bestimmt für den Fall der Veräußerung eines Spezial-Investmentanteils, welche Anteile des Veräußerungsgewinns von der Besteuerung auszunehmen sind und wie sich diese Beträge für den einzelnen Anleger ermitteln.[186]

---

179 *Lechner*, RdF 2016, 208, 216; *Buge/Bujotzek/Steinmüller*, DB 2016, 1594, 1598; *Stadler/Bindl*, DStR 2016, 1953, 1962.

180 *Buge* in Herrmann/Heuer/Raupach EStG/KStG, § 34 InvStG Rn. 1.

181 *Mann* in Brandis/Heuermann, § 34 InvStG Rn. 2.

182 *Mann* in Weitnauer/Boxberger/Anders KAGB, § 34 InvStG Rn. 1; zu Personengesellschaften als Anleger von Spezial-Investmentfonds siehe *Jansen/Greger*, DStR 2018, 282, 284; *Ebner*, RdF 2018, 132.

183 *Buge* in Herrmann/Heuer/Raupach EStG/KStG, § 35 InvStG Rn. 10; *Höring* in BeckOK InvStG, § 35 Rn. 28–34.

184 Dazu ausführlich *Ebner*, RdF 2018, 132, 134.

185 *Buge* in Herrmann/Heuer/Raupach EStG/KStG, § 34 InvStG Rn. 5.

186 BMF vom 28.8.2018, Az. IV C 1 – S 1980-1/16/10010:011, DB 2018, 2214, Tz. II.

Für die so definierten Spezial-Investmenterträge gelten auf Anlegerebene eine Reihe von Steuerbefreiungen, die in einem zweiten Schritt näher beleuchtet werden sollen. Hierbei spielt insbesondere § 42 InvStG eine wesentliche Rolle.[187] Ferner werden Erträge von der Besteuerung freigestellt, die nach einem DBA nicht in Deutschland zu versteuern sind, § 34 i. V. m. § 43 InvStG. Bei den Veräußerungsgewinnen ist die Freistellung der sog. Anleger-Gewinne i. S. v. § 49 InvStG von entscheidender Bedeutung, da der Anleger hierdurch ebenfalls von den steuerlichen Begünstigungen der §§ 3 Nr. 40 EStG und 8b KStG sowie den DBA-Freistellungen profitiert.[188]

Die vorgenannten Regelungen führen in vielen Punkten das unter dem InvStG 2004 bestehende System fort,[189] für das ebenfalls eine Semitransparenz dergestalt kennzeichnend war, dass Anleger und Spezial-Investmentfonds verschiedene Steuersubjekte darstellten.[190] Sie gehen aber über diese Regelungen hinaus und ergänzen das alte System dahingehend, dass im InvStG 2018 bereits steuerlich vorbelastete Erträge existieren, die Ermittlung der Spezial-Investmenterträge anlegerindividuell erfolgt und pauschalierte Steuerbefreiungen zu berücksichtigen sind.[191] Demnach werden alle Erträge und Aufwendungen für jeden Anleger individuell und entsprechend seiner Investitionsdauer in dem betreffenden Spezial-Investmentfonds ermittelt.[192] Dies ist die Konsequenz der Abschaffung des steuerlichen Ertragsausgleichs gem. § 9 InvStG 2004 zur Vermeidung von steuerlichen Gestaltungen,[193] bei dem der Anleger sich in die bislang auf Fondsebene angefallenen Erträge „hineinkaufte“ und dafür den Ertragsausgleich bezahlte.[194] Im neuen System ab 2018 startet jeder Anleger bei Erwerb eines Fondsanteils mit 0 Euro steuerpflichtigem Ertrag.[195] Eine Umqualifizierung in den Fonds eingezahlter Beträge findet zur Vermeidung steuerlicher Gestaltungen nicht mehr statt.

---

187 Ausführlich unten, § 12 II. 3.; zu mehrstufigen Fondsstrukturen *Bindl/Leidel*, BB 2018, 151.

188 *Höring* in BeckOK InvStG, § 34 Rn. 37.

189 Vgl. dazu bspw. *Sprang*, NWB 2013, 442.

190 *Buge* in Herrmann/Heuer/Raupach EStG/KStG, § 34 InvStG Rn. 1.

191 *Ebner*, RdF 2018, 132, 134; *Jensch/Ahrenholz/Ebner*, RdF 2018, 320, 323. Gesetzesbegründung zum InvStRefG, BT-Drucks. 18/8045, 117.

192 Ausführlich unten, § 12 III. 3.; BMF vom 21.5.2019, Az. IV C 1 – S 1980-1/16/10010 :001, BStBl. I 2019, 527, Rn. 35.49; BMF vom 28.8.2018, Az. IV C 1 – S 1980-1/16/10010:011, DB 2018, 2214; *Buge* in Herrmann/Heuer/Raupach EStG/KStG, § 36 InvStG Rn. 20; *Patzner/Harm*, BB 2018, 2711, 2714 ff.

193 Vgl. dazu Gesetzesbegründung zum InvStRefG, BT-Drucks. 18/8045, 106.

194 Ausführlich oben, § 4 III. 4.; *Haase/Dorn*, InvStR, 190.

195 Ausführlich unten, § 12 III. 3.; vgl. auch die Berechnungsbeispiele bei *Jensch/Ahrenholz/Ebner*, RdF 2018, 320, 322 ff.

II. Laufende und dem Anleger zuzurechnende Erträge

1. Ausschüttungen

Ausschüttungen sind gem. § 35 Abs. 1 InvStG die auf Ebene des Spezial-Investmentfonds nach den §§ 37 bis 41 InvStG ermittelten Einkünfte, wenn sie auch tatsächlich ausgeschüttet werden.[196] Nach § 37 InvStG muss es sich dabei um Einkünfte des Spezial-Investmentfonds handeln, d. h. sie müssen ihm steuerlich zuzurechnen sein. Die so ermittelten Einkünfte sind allerdings nur auf Ebene des Anlegers zu versteuern, da für die Besteuerung auf Ebene des Spezial-Investmentfonds allein § 29 InvStG i. V. m. § 6 und § 7 InvStG maßgeblich sind.[197] Insoweit wird die Einkünfteermittlung auch als „virtuell" bezeichnet, da sie lediglich dazu dient, die ausgeschütteten und ausschüttungsgleichen Erträge zu ermitteln.[198]

§ 35 Abs. 2 InvStG legt die Verwendungsreihenfolge der auf der Fondsausgangsseite ausgeschütteten Liquidität fest.[199] Er sieht vor, dass der Spezial-Investmentfonds verschiedene Töpfe zu führen hat, in denen die Bestände der in § 35 Abs. 3 bis 5 InvStG genannten Positionen geführt werden. Aufgrund der anlegerindividuellen Ermittlung der Erträge können für unterschiedliche Anleger unterschiedliche Erträge als ausgeschüttet gelten. Sofern eine Ausschüttung von Liquidität erfolgt und diese zu unterschiedlichen Erträgen bei den Anlegern führt, sind diese in der genannten Reihenfolge mit diesen Töpfen zu verrechnen und anlegerindividuelle Vortragskonten zu führen.[200] Dabei gelten nach § 35 Abs. 2 InvStG vorrangig Zurechnungsbeträge nach § 35 Abs. 3 InvStG, Immobilien-Zurechnungsbeträge nach § 35 Abs. 3a InvStG und Absetzungsbeträge nach § 35 Abs. 4 InvStG als ausgeschüttet.

Dies ist sinnvoll, da es sich bei den Zurechnungsbeträgen um Beteiligungseinnahmen und sonstige inländische Einkünfte mit Steuerabzug handelt, die aufgrund der Ausübung der Transparenzoption nach § 30 Abs. 1 InvStG entstanden sind, dem Anleger bereits zugerechnet und mit KapESt belegt wurden.[201] Gleiches gilt für die Immobilien-Zurechnungsbeträge gem. § 35 Abs. 3a InvStG,

---

196 Ein bloßer Ausschüttungsbeschluss ist hingegen nicht ausreichend, *Buge* in Herrmann/Heuer/Raupach EStG/KStG, § 35 InvStG Rn. 5. Zur Ermittlung der Einkünfte nach § 37 ff. InvStG vgl. BMF vom 21.5.2019, Az. IV C 1 – S 1980-1/16/10010 :001, BStBl. I 2019, 527, Rn. 37.1 ff.

197 *Höring* in BeckOK InvStG, § 35 Rn. 19.

198 *Buge* in Herrmann/Heuer/Raupach EStG/KStG, § 35 InvStG Rn. 5.

199 Vgl. dazu mit weiteren Erläuterungen *Höring* in BeckOK InvStG, § 35 Rn. 30.

200 *Buge* in Herrmann/Heuer/Raupach EStG/KStG, § 35 InvStG Rn. 10; *Jensch/Ahrenholz/Ebner*, RdF 2018, 320, 323. Vgl. dazu auch das Berechnungsbeispiel in BMF vom 21.5.2019, Az. IV C 1 – S 1980-1/16/10010 :001, BStBl. I 2019, 527, Rn. 35.52.

201 Dazu *Behrens*, RdF 2017, 297, 303; *Bindl/Stadler*, BB 2017, 1943, 1946.

da dies diejenigen inländischen Immobilienerträge und sonstigen inländischen Einkünfte ohne Steuerabzug sind, die aufgrund der Ausübung der Immobilien-Transparenzoption gem. § 33 InvStG einem Dach-Spezial-Investmentfonds bereits zugerechnet wurden.[202] In diesem Fall hat der Ziel-Spezial-Investmentfonds bereits KapESt auf die in den ausgeschütteten und ausschüttungsgleichen Erträgen enthaltenen Immobilienerträge einbehalten.[203] Bei den Absetzungsbeträgen handelt es sich um die Einnahmen aus Vermietung und Verpachtung, soweit hierauf AfA oder AfS anfällt.[204] AfA oder AfS mindern auf Fondsebene die Einkünfte des Spezial-Investmentfonds, da sie nach § 39 Abs. 1 S. 2 InvStG als Direktkosten zu den Werbungskosten zählen, die nach § 39 Abs. 4 InvStG von den Einnahmen des Spezial-Investmentfonds abzuziehen sind. Wird der daraus resultierende Liquiditätsüberschuss ausgeschüttet, sollen daher keine ausgeschütteten Erträge vorliegen, die der Anleger zu versteuern hätte.[205]

Erst nach Ausschüttung sämtlicher im laufenden und in allen vorherigen Geschäftsjahren angefallenen Erträge kommt es gem. § 35 Abs. 2 S. 2 InvStG zur Ausschüttung von Substanz. Ob die Ausschüttung zuerst aus ausschüttungsgleichen Erträgen der Vorjahre oder ausgeschütteten Erträgen des laufenden oder des abgelaufenen Jahres gespeist wird, lässt sich dem Gesetzeswortlaut des § 35 Abs. 2 S. 2 InvStG nicht entnehmen.[206] Der Fonds soll diesbezüglich frei sein und auch die Verwendung einzelner Erträge wie Zinsen oder Dividenden frei bestimmen können.[207]

Substanzbeträge gelten nach § 35 Abs. 5 InvStG erst dann als ausgeschüttet, wenn alle Erträge der Vorjahre ausgeschüttet wurden. Sie mindern entsprechend die Anschaffungskosten.[208] Reichen bei einem Anleger die steuerlichen Erträge nicht aus, kommt es ebenfalls zur Ausschüttung von Substanzbeträgen.[209] Dies umfasst jedoch nicht diejenigen Erträge, die nach § 36 Abs. 2 InvStG steuerfrei thesauriert werden können. Es kann also Substanz vorrangig vor thesaurierten Kursgewinnen ausgeschüttet werden.[210] Spätestens nach Ablauf von 15 Jahren gelten diese jedoch als ausschüttungsgleiche Erträge, § 36 Abs. 5 S. 1 InvStG.[211]

---

202 Ausführlich oben, § 11 III. 2. b).

203 *Wenzel* in Brandis/Heuermann, § 35 InvStG Rn. 21.

204 Siehe dazu die Berechnungsbeispiele in der Gesetzesbegründung zum InvStRefG, BT-Drucks. 18/8045, 103 und bei *Wenzel* in Brandis/Heuermann, § 35 InvStG Rn. 21.

205 *Buge* in Herrmann/Heuer/Raupach EStG/KStG, § 35 InvStG Rn. 20.

206 Zustimmend *Höring* in BeckOK InvStG, § 35 Rn. 31. Anders Gesetzesbegründung zum InvStRefG, BT-Drucks. 18/8045, 103.

207 *Buge* in Herrmann/Heuer/Raupach EStG/KStG, § 35 InvStG Rn. 10.

208 *Mann* in Weitnauer/Boxberger/Anders KAGB, § 35 InvStG Rn. 3.

209 *Jensch/Ahrenholz/Ebner*, RdF 2018, 320, 323.

210 *Stadler/Bindl*, DStR 2016, 1953, 1963. Vgl. auch das Berechnungsbeispiel in BMF vom 21.5.2019, Az. IV C 1 – S 1980-1/16/10010 :001, BStBl. I 2019, 527, Rn. 35.41.

211 *Helios/Mann*, DB, Sonderausgabe 01/2016, 1, 22; *Bindl/Mager*, BB 2016, 2711, 2719.

Erhält der Anleger eine Ausschüttung von Erträgen, die dem Spezial-Investmentfonds zugeflossen sind, bevor er seinen Fondsanteil erworben hat, gilt die Ausschüttung gem. § 35 Abs. 6 InvStG insoweit als Substanzauskehr. Dem liegt der Gedanke der strengen besitzzeitanteiligen Zurechnung von Erträgen zugrunde, der auch für die steuerfrei thesaurierbaren Erträge nach § 36 Abs. 2 InvStG greifen soll.[212] Der Anleger erwirbt in diesem Fall zunächst den Fondsanteil mit den aufgelaufenen Erträgen. Erfolgt deren Ausschüttung, wird ihm praktisch gesehen das Geld, das er für diese Erträge bezahlt hat, zurückbezahlt. Die Anschaffungskosten werden angepasst.[213]

2. Ausschüttungsgleiche Erträge

a) Umfang

In § 36 Abs. 1 S. 1 InvStG werden zunächst die ausschüttungsgleichen Erträge als die positiven Einkünfte des Fonds definiert, die ebenfalls nach §§ 37 bis 41 InvStG ermittelt und nicht zur Ausschüttung verwendet werden.[214] Erträge umfassen auch Verluste, so dass die Summe der in S. 1 genannten Erträge auch negativ sein kann. Durch die Formulierung „positive Einkünfte" wird klargestellt, dass ein negativer Betrag kein ausschüttungsgleicher Ertrag sein kann und es demzufolge auch keine Zurechnung von Verlusten geben kann.[215] Verluste können lediglich durch Teilwertabschreibungen und bei Verkauf berücksichtigt werden.[216]

Unter die ausschüttungsgleichen Erträge fallen alle laufenden Kapitalerträge i. S. v. § 20 Abs. 1 EStG (bspw. Zinsen und Dividenden) sowie die außerordentlichen Erträge i. S. v. § 20 Abs. 2 EStG (bspw. Veräußerungsgewinne aus stillen Beteiligungen, partiarischen Darlehen und kapitalbildenden Versicherungsverträgen).[217] Neu unterfallen nach dem InvStG 2018 auch Veräußerungsgewinne aus strukturierten Produkten darunter, die noch unter dem InvStG 2004 ausgenommen waren.[218] Ferner sind Ausschüttungen nach § 16 Abs. 1 Nr. 1 i. V. m. § 2 Abs. 11 InvStG und Vorabpauschalen gem. § 16 Abs. 1 Nr. 2 i. V. m. § 18 InvStG

212 BMF vom 21.5.2019, Az. IV C 1 – S 1980-1/16/10010 :001, BStBl. I 2019, 527, Rn. 35.42. A. A. *Höring* in BeckOK InvStG, § 36 Rn. 90.

213 *Buge* in Herrmann/Heuer/Raupach EStG/KStG, § 35 InvStG Rn. 30.

214 Ausführlich zur Ermittlung der ausschüttungsgleichen Erträge *Dorn*, InvStR, 196; *Ebner*, RdF 2018, 132, 134.

215 Gesetzesbegründung zum InvStRefG, BT-Drucks. 18/8045, 104.

216 *Höring* in BeckOK InvStG, § 36 Rn. 34.

217 Gesetzesbegründung zum InvStRefG, BT-Drucks. 18/8045, 105. Ausführlich auch *Höring* in BeckOK InvStG, § 36 Rn. 30; *Helios/Mann*, DB, Sonderausgabe 01/2016, 1, 21 f.; *Patzner/Harm*, BB 2018, 2711, 2713.

218 Ausführlich dazu *Mann* in Weitnauer/Boxberger/Anders KAGB, § 36 InvStG Rn. 3; anders noch der Regierungsentwurf zur Reform der Investmentbesteuerung, siehe dazu *Stadler/Mager*, DStR 2016, 697, 703; *Kempf/Hirtz*, DStR 2016, 1, 5.

sowie ausgeschüttete oder ausschüttungsgleiche Erträge i. S. v. § 20 Abs. 1 Nr. 3a EStG i. V. m. §§ 35 und 36 InvStG, die ein Dach-Spezial-Investmentfonds aus einer Beteiligung an einem (Spezial-)Investmentfonds erzielt, unter § 36 Abs. 1 Nr. 1 InvStG zu subsumieren.[219] Letztere besitzen eine Doppelnatur, da sie als Spezial-Investmenterträge nach § 20 Abs. 1 Nr. 3a EStG gelten, zum Zwecke der Anlegerbesteuerung jedoch ihren originären Ertragscharakter behalten (doppelte Transparenz).[220]

Nach § 36 Abs. 1 Nr. 2 InvStG werden Mieten, Pachten und Veräußerungsgewinne aus Grundstücken und grundstücksgleichen Rechten ebenfalls den ausschüttungsgleichen Erträgen zugeordnet, und zwar unabhängig davon, wie lange der Spezial-Investmentfonds die Immobilien gehalten hat.[221] Dies ist im Hinblick auf Spezial-Investmentfonds sachgerecht, wenn man davon ausgeht, dass keine natürlichen Personen an diesen beteiligt sein sollen und infolgedessen § 23 Abs. 1 S. 1 Nr. 1 EStG keine Anwendung zu finden braucht.[222]

§ 36 Abs. 1 Nr. 3 InvStG ordnet als Auffangtatbestand alle sonstigen Erträge den ausschüttungsgleichen Erträgen zu, die zuvor nicht genannt und von § 36 Abs. 2 InvStG nicht ausgenommen sind, und definiert diese erstmals als Einkünfte, die nicht unter die §§ 20, 21 und 23 Abs. 1 S. 1 Nr. 1 EStG fallen.[223] Als verbleibende Anwendungsfälle kommen hier etwa Gewinnanteile und Veräußerungsgewinne aus gewerblichen Personengesellschaften,[224] Gewinne aus der Veräußerung von Edelmetallen oder Fremdwährungsbeständen innerhalb der Jahresfrist oder Einkünfte aus der steuerbaren Wertpapierleihe nach § 22 Nr. 3 EStG[225] in Betracht.

Sofern die Transparenzoption gem. § 30 Abs. 1 S. 1 InvStG ausgeübt wurde, wird in § 36 Abs. 1 S. 2 InvStG der zuvor beschriebene Unterschied zwischen diesen beiden Varianten sichtbar. Die Vorschrift nimmt zur Vermeidung einer Doppelbesteuerung die inländischen Beteiligungseinnahmen und sonstigen Einkünfte mit Steuerabzug aus den ausschüttungsgleichen Erträgen heraus, da sie bereits unmittelbar dem Anleger zugerechnet wurden.[226]

---

219 *Wenzel* in Brandis/Heuermann, § 36 InvStG Rn. 15, 16; *Höring* in BeckOK InvStG, § 36 Rn. 33, 34.

220 BMF vom 21.5.2019, Az. IV C 1 – S 1980-1/16/10010 :001, BStBl. I 2019, 527, Rn. 36.7; ausführlich unten, § 12 II. 3. d).

221 *Wenzel* in Brandis/Heuermann, § 36 InvStG Rn. 15; *Buge* in Herrmann/Heuer/Raupach EStG/KStG, § 36 InvStG Rn. 5.

222 So auch *Höring* in BeckOK InvStG, § 36 Rn. 40.

223 *Mann* in Weitnauer/Boxberger/Anders KAGB, § 36 InvStG Rn. 5; *Buge* in Herrmann/Heuer/Raupach EStG/KStG, § 36 InvStG Rn. 15.

224 BMF vom 18.8.2009, Az. IV C 1 – S 1980-1/08/10019, 2009/0539738, BStBl. I 2009, 931, Tz. 14 zum InvStG 2004.

225 *Buge* in Herrmann/Heuer/Raupach EStG/KStG, § 36 InvStG Rn. 15.

226 Gesetzesbegründung zum InvStRefG, BT-Drucks. 18/8045, 105; *Helios/Mann*, DB, Sonderausgabe 01/2016, 1, 21.

Keine ausschüttungsgleichen Erträge sind nach § 36 Abs. 2 InvStG Stillhalterprämien gem. § 20 Abs. 1 Nr. 11 EStG, Gewinne aus der Veräußerung von Anteilen an Körperschaften gem. § 20 Abs. 2 S. 1 Nr. 1 EStG, sonstigen Kapitalforderungen gem. § 20 Abs. 2 S. 1 Nr. 7 EStG, Investment- und Spezial-Investmentanteilen sowie Gewinne im Zusammenhang mit Termingeschäften gem. § 20 Abs. 2 S. 1 Nr. 3 EStG.[227] Diese Erträge gelten jedoch spätestens mit Ablauf des 15. Geschäftsjahres nach dem Jahr des Zuflusses als dem Anleger zugeflossen, sofern sie nicht zuvor bereits ausgeschüttet wurden, § 36 Abs. 5 S. 1 InvStG.[228]

In diesem Zusammenhang drohte zwischenzeitlich eine Verschärfung bei Anteilen i. S. v. § 17 Abs. 1 S. 1 EStG anders als bei solchen i. S. v. § 20 Abs. 2 Nr. 2 EStG. Nur Letztere sollten unter das Fondsprivileg und Erstere unter die nicht thesaurierungsbegünstigten sonstigen Erträge i. S. v. § 36 Abs. 1 Nr. 3 InvStG fallen.[229] Dies ist in dem finalen InvStE jedoch nicht mehr enthalten.[230]

Bei Dach-Spezial-Investmentfonds soll eine Thesaurierung der Erträge i. S. v. § 36 Abs. 2 InvStG nicht möglich sein, da die Finanzverwaltung die von einem Ziel-Spezial-Investmentfonds an den Dach-Spezial-Investmentfonds weitergeleiteten Erträge als ausschüttungsgleiche Erträge qualifizieren möchte.[231] Dies widerspricht der zuvor dargestellten Systematik der semitransparenten Besteuerung und sollte daher aus dem InvStE gestrichen werden.

b) Zurechnung der Erträge

Für die Zurechnung der ausschüttungsgleichen Erträge beim Anleger erfolgt eine Abkehr vom alten System des InvStG 2004, in dem einzig maßgeblich der Thesaurierungszeitpunkt und der Umfang waren, in dem ein Anleger zu diesem Zeitpunkt beteiligt war.[232] Abhängig von der Anzahl der gehaltenen Fondsanteile wurden allen zu diesem Zeitpunkt beteiligten Anlegern die gleichen Erträge zugerechnet, auch wenn sie in der Regel nicht während der gleichen Zeiträume an dem Fonds beteiligt waren. Sofern ein Anleger seine Anteile vor dem Zuflusszeitpunkt veräußerte, flossen ihm auch keine ausschüttungsgleichen Erträge zu.[233] Diese Technik führte zu den beschriebenen Steuergestaltungen im

---

227 *Lechner*, RdF 2016, 208, 217; *Höring* in BeckOK InvStG, § 36 Rn. 59; *Wenzel* in Brandis/Heuermann, § 36 InvStG Rn. 24.

228 Sofern auch Verluste aus den steuerfrei thesaurierbaren Ertragsarten angefallen sind, sind diese zu verrechnen, InvStE-Entwurf vom 16.12.2019, Az. IV C 1 – S 1980-1/19/10008 :005, Rn. 36.44.

229 InvStE-Entwurf vom 16.12.2019, Az. IV C 1 – S 1980-1/19/10008 :005, Rn. 36.35; kritisch, da diese Differenzierung ohne gesetzliche Grundlage erfolgt, *Stadler/Sotta*, BB 2020, 279, 282; *Bindl/Schober*, BB 2020, 599, 607.

230 BMF vom 21.5.2019, Az. IV C 1 – S 1980-1/16/10010 :001, BStBl. I 2019, 527, Rn. 36.57 ff.

231 BMF vom 21.5.2019, Az. IV C 1 – S 1980-1/16/10010 :001, BStBl. I 2019, 527, Rn. 36.8.

232 Ausführlich oben, § 3 II.

233 *Lübbehüsen* in Berger/Steck/Lübbehüsen InvStG 2004, § 2 Rn. 72 f.; *Haase/Dorn*, InvStR, 146.

Zusammenhang mit dem steuerlichen Ertragsausgleich nach § 9 InvStG 2004.[234] Rückblickend kann ihr allerdings ein gewisser Charme, der sich aus der vereinfachten Betrachtungsweise ergibt, nicht abgesprochen werden.

Dagegen verfolgt das InvStG 2018 das Ziel einer vollständigen Transparenz des Spezial-Investmentfonds und einer exakten Zuordnung der durch den Fonds erzielten Erträge, um die alten Gestaltungsmöglichkeiten künftig zu verhindern.[235] Die strenge besitzzeitanteilige Zurechnung der Erträge ersetzt den Ertragsausgleich, der für steuerliche Zwecke ausgeschlossen ist.[236] Im Einzelnen sieht § 36 Abs. 4 S. 1 InvStG daher vor, dass die ebenfalls zuvor nach § 37 InvStG ermittelten Erträge insoweit dem Anleger zuzurechnen sind, als er im Zeitpunkt des Zuflusses der Einnahmen oder des Abflusses der Werbungskosten an dem Spezial-Investmentfonds beteiligt ist.[237] Es kommt also zu einer komplett individuellen Zurechnung von Einnahmen und Ausgaben sowie der Wertveränderungen der Vermögensanlagen.[238] Umgekehrt werden einem Investor keine Erträge oder Kosten zugerechnet, wenn während der Zeit, in der er investiert war, keine Erträge bzw. Kosten angefallen sind. Erwirbt ein Anleger bspw. erst nach der „Dividendensaison" Anteile des Spezial-Investmentfonds und fließen danach keine Dividenden mehr an den Fonds, erhält der Anleger auch keine Dividenden zugerechnet. Dies gilt auch, wenn der Anleger zum Geschäftsjahresende des Spezial-Investmentfonds noch investiert ist.[239]

Der Spezial-Investmentfonds hat bewertungstäglich zu ermitteln, welcher Anleger in welchen Zeiträumen in welchem Umfang Spezial-Investmentanteile gehalten hat und welche Erträge und Werbungskosten dabei entstanden sind.[240] Dabei gilt grundsätzlich eine zeitraumbezogene Betrachtung für laufende Erträge und Kosten. Die für eine gesamte Periode anfallenden Erträge und Kosten werden taggenau abgegrenzt ohne, dass es auf den konkreten Zuflusszeitpunkt ankommt.[241] Nur, wenn erst im Realisationszeitpunkt definitiv feststeht, wie hoch ein Ertrag ist (bspw. bei Dividenden am Ex-Tag oder bei Veräußerungsgewinnen), wird ausnahmsweise auf den Zuflusszeitpunkt abgestellt und die Zurechnung erfolgt nur bei den in diesem Zeitpunkt beteiligten Anlegern.[242] Im Hinblick auf Wertsteigerungen sind den Anlegern ebenfalls nur die Während ihrer Besitzzeit angefallenen Teile des Wertzuwachses bis zur Erzielung

234 Ausführlich oben, § 4 III.

235 *Höring* in BeckOK InvStG, § 36 Rn. 86; *Wenzel* in Brandis/Heuermann, § 36 InvStG Rn. 32.

236 *Stadler/Jetter*, DStR 2015, 1833, 1841.

237 BMF vom 21.5.2019, Az. IV C 1 – S 1980-1/16/10010 :001, BStBl. I 2019, 527, Rn. 36.41.

238 Vgl. dazu *Patzner/Harm*, BB 2018, 2711, 2713.

239 *Höring* in BeckOK InvStG, § 36 Rn. 79.

240 *Wenzel* in Brandis/Heuermann, § 36 InvStG Rn. 33.

241 *Buge* in Herrmann/Heuer/Raupach EStG/KStG, § 36 InvStG Rn. 20.

242 BMF vom 21.5.2019, Az. IV C 1 – S 1980-1/16/10010 :001, BStBl. I 2019, 527, Rn. 35.44.

des Veräußerungsgewinns zuzurechnen.[243] Dürfte schon das normale Anlegerreporting bei den Spezial-Investmentfonds zu erheblichem Aufwand führen,[244] gilt dies erst recht in Bezug auf die zutreffende Abbildung der Veräußerungsgewinne, da dies eine fortlaufende Bewertung bei jedem Neueintritt eines Anlegers voraussetzt, die insbesondere bei Immobilien aufwendig ist.

Gem. § 36 Abs. 4 S. 2 InvStG gelten die ausschüttungsgleichen Erträge am Geschäftsjahresende als zugeflossen. Sofern die Anteile vorher veräußert werden, wird der Zufluss gem. § 36 Abs. 4 S. 3 InvStG auf den Zeitpunkt der Veräußerung vorgezogen.[245] Da es nach unterjährigen Rückgaben von Spezial-Fondsanteilen nicht mehr möglich war, auf ausschüttungsgleiche Erträge KapESt einzubehalten, fügte der Gesetzgeber durch das JStG 2019 in § 36 Abs. 4 InvStG die S. 3 bis 5 ein, die den KapESt-Abzug auf den Zeitpunkt des Verkaufs vorverlegten.[246] Seit dem 1.1.2020 wird auch bei Teilausschüttungen einheitlich entweder auf das Geschäftsjahresende oder auf den Ausschüttungszeitpunkt als jeweiligen Zuflusszeitpunkt beim Anleger abgestellt. Der maßgebliche Zeitpunkt hängt davon ab, ob die Ausschüttung für den Einbehalt der KapESt nach den jeweils individuellen Verhältnissen der Anleger, die auf alle Erträge des abgelaufenen Geschäftsjahres zu entrichten ist, ausreicht.[247] Mit der Vorverlagerung des Besteuerungszeitpunkts wurde die Rechtslage, die unter dem InvStG 2004 mit § 2 Abs. 1 S. 3 und 4 InvStG bestand, wieder hergestellt.[248] Dem Vernehmen nach stellen sich in der Praxis jedoch zahlreiche Folgeprobleme. U. a. verfügt der Spezial-Investmentfonds regelmäßig nicht über die für den KapESt-Abzug erforderliche Liquidität bzw. die Verwahrstellen können systembedingt die KapESt nicht von dem an Anleger auszubezahlenden Betrag einbehalten. Es bleibt abzuwarten, wie hiermit künftig umgegangen wird.

In § 36 Abs. 6 InvStG wird ebenso wie in § 36 Abs. 5 InvStG ein Zufluss ausschüttungsgleicher Erträge fingiert.[249] Hierdurch beabsichtigt der Gesetzgeber ein Hinauszögern der Besteuerung zu verhindern. Es ist künftig kein Beschluss über eine Ausschüttung mehr erforderlich, da nach § 36 Abs. 6 InvStG eine Thesaurierung fingiert wird, wenn nicht bis zu diesem Zeitpunkt eine Ausschüttung erfolgt ist.[250] Nach § 50 Abs. 1 Nr. 1 InvStG hat der Spezial-Investmentfonds auf

---

243 *Höring* in BeckOK InvStG, § 36 Rn. 88; siehe auch *Jensch/Ahrenholz/Ebner*, RdF 2018, 320, 322, die in der Zuordnung von Veräußerungsgewinnen auf die Anleger jeweils nach dem Realisationszeitpunkt eine Zutrittsbarriere für den Erwerb von Anteilen mit aufgelaufenen unrealisierten Gewinnen sehen.

244 *Wenzel* in Brandis/Heuermann, § 36 InvStG Rn. 33.

245 BMF vom 21.5.2019, Az. IV C 1 – S 1980-1/16/10010 :001, BStBl. I 2019, 527, Rn. 36.44.

246 Geändert durch JStG 2019, BGBl. I 2019, 2451.

247 BMF vom 21.5.2019, Az. IV C 1 – S 1980-1/16/10010 :001, BStBl. I 2019, 527, Rn. 36.50; vgl. dazu *Hagen/Schober*, BB 2019, 1693, 1697; *Hahne/Michaelis*, RdF 2019, 196, 202; und zur Erlassregelung *Hensel*, RdF 2019, 204, 210.

248 Zu § 36 Abs. 4 InvStG n. F. auch *Ebner*, RdF 2019, 314, 320.

249 *Höring* in BeckOK InvStG, § 36 Rn. 115.

250 Gesetzesbegründung zum InvStRefG, BT-Drucks. 18/8045, 108.

Ausschüttungen und ausschüttungsgleiche Erträge 15 % KapESt zzgl. SolZ einzubehalten und abzuführen.[251]

3. Steuerbefreiungen gem. § 42 InvStG für laufende Erträge

a) Überblick

Durch die §§ 42 und 43 InvStG soll eine übermäßige Besteuerung der auf Unternehmensebene erwirtschafteten Gewinne durch bestimmte Steuerbefreiungen auf Anlegerebene vermieden werden.[252] Dabei hat sich der Gesetzgeber für eine grundsätzliche Steuerpflicht der Erträge auf Anlegerebene entschieden, ordnet aber für genau definierte Fälle eine Steuerbefreiung an.[253]

§ 42 InvStG beschäftigt sich vereinfacht gesagt in Abs. 1 und Abs. 2 zunächst ausschließlich mit ausländischen Dividenden und in- und ausländischen Veräußerungsgewinnen aus Aktien und (Ziel-)Investmentfonds und ordnet hierfür teilweise unter weiteren Voraussetzungen die Anwendung des Teileinkünfteverfahrens nach § 3 Nr. 40 EStG sowie des Beteiligungsprivilegs gem. § 8b KStG an.[254] § 42 Abs. 2 S. 2 InvStG regelt Ausnahmen, die im Wesentlichen denen der Direktanlage entsprechen (keine anteilige Steuerbefreiung bei Lebens- und Krankenversicherungen, wenn die Spezial-Investmentanteile den Kapitalanlagen zuzurechnen sind, gem. § 30 Abs. 3 Nr. 1 InvStG und bei Kredit-, Finanzdienstleistungsinstituten und Finanzunternehmen gem. §§ 3 Nr. 40 S. 3 und 4 EStG, 8b Abs. 7 KStG).[255] Ferner erstreckt sich die Ausnahme durch Aufnahme des Verweises auf § 16 Abs. 1 Nr. 3 InvStG auch auf Veräußerungsgewinne aus Investmentanteilen.[256] § 42 Abs. 3 InvStG versagt wiederum die Anwendung der anteiligen Steuerbefreiungen für den Fall, dass es sich um nicht steuerlich vorbelastete Erträge handelt.

---

251 *Patzner/Harm*, BB 2018, 2711, 2713; kritisch zum KapESt-Abzug, da es hier zu ungewollten Vermögensverschiebungen zwischen den Anlegern kommen kann *Lange/Schönbach*, RdF 2020, 35, 38.

252 Der hohe Freistellungssatz von 60 % bzw. 100 % berücksichtigt, dass die Erträge bereits auf zwei vorhergehenden Ebenen, der ausschüttenden Kapitalgesellschaft und dem Spezial-Investmentfonds, besteuert wurden, *Brandl* in Brandis/Heuermann, § 42 InvStG Rn. 29.

253 *Lampert* in BeckOK InvStG, § 42 Rn. 1.

254 *Lampert* in BeckOK InvStG, § 42 Rn. 22 und 29; *Link* in Herrmann/Heuer/Raupach EStG/KStG, § 42 InvStG Rn. 6 und 8; *Ebner*, RdF 2018, 132, 132.

255 Siehe dazu bspw. *Ernst*, BB 2017, 2723, 2725; *Haisch*, RdF 2016, 329, 331.

256 Aufgenommen durch JStG 2019, BGBl. I 2019, 2451. Die alte Fassung war nach Ansicht des Gesetzgebers zu weitgehend und umfasste auch die Veräußerung von Gewinnanteilen. Die Änderung sei zwar nur klarstellend, da sich aus § 42 Abs. 3 InvStG ergibt, dass nur steuerlich vorbelastete Körperschaften befreit sein sollen, aber dennoch erforderlich, vgl. Gesetzesbegründung zum JStG 2019, BT-Drucks. 19/13436, 187.

§ 42 Abs. 4 InvStG sieht eine Steuerbefreiung von inländischen Beteiligungseinnahmen und Einkünften mit Steuerabzug vor, wenn diese auf Fondsebene bereits der Besteuerung unterlegen haben, der Fonds also die Transparenzoption nach §§ 30 oder 33 InvStG nicht ausgeübt hat.[257] Für diesen Fall gilt grundsätzlich eine pauschale Steuerbefreiung von 60 % bzw. von 100 %, wenn der Anleger der KSt unterliegt und weitere Voraussetzungen erfüllt.[258] Der Fall, dass die Transparenzoption gem. § 30 Abs. 1 S. 1 InvStG ausgeübt wurde, ist nicht geregelt, da in diesem Fall die Beteiligungserträge direkt dem Anleger zugerechnet wurden und als Zurechnungsbeträge i. S. v. § 35 Abs. 3 und 4 InvStG steuerneutral ausgekehrt werden können.[259] § 42 Abs. 5 InvStG regelt die partielle Steuerbefreiung für inländische Immobilienerträge, wenn diese ebenfalls auf Fondsebene einer Besteuerung unterlegen haben.

Soweit nach den §§ 42 und 43 InvStG eine Steuerbefreiung gewährt wird, wird die Abzugsfähigkeit der mit diesen Erträgen im Zusammenhang stehenden Aufwendungen des Anlegers aufgrund von § 44 InvStG eingeschränkt, der insoweit die entsprechende Anwendung von § 21 InvStG vorsieht.[260] Die entsprechende Anwendung von § 21 InvStG führt zu einer anteiligen Kürzung der Aufwendungen des Anlegers im Umfang der maßgeblichen Teilfreistellung, nicht zu einem generellen Abzugsverbot.[261] Damit soll verhindert werden, dass der Anleger zusätzlich zu den steuerfreien Einnahmen die in wirtschaftlichem Zusammenhang stehenden Ausgaben abziehen kann und damit einen doppelten Steuervorteil erlangt.[262] Die Abzugsbeschränkung bezieht sich dem Wortlaut nach auf Betriebsvermögensminderungen, Betriebsausgaben, Veräußerungskosten oder Werbungskosten, gilt jedoch auch für Teilwertabschreibungen von Spezial-Investmentanteilen oder Anteilen an Ziel-Investmentfonds.[263] Für den wirtschaftlichen Zusammenhang gilt hier ebenso wie im Rahmen des § 21 InvStG und des § 3c EStG das allgemeine Veranlassungsprinzip.[264]

---

257 Gesetzesbegründung zum InvStRefG, BT-Drucks. 18/8045, 113, wobei es sich hierbei eher um den Ausnahmefall handeln dürfte, so auch *Brandl* in Brandis/Heuermann, § 42 InvStG Rn. 8.

258 *Helios/Mann*, DB, Sonderausgabe 01/2016, 1, 22.

259 *Stadler/Bindl*, DStR 2016, 1953, 1964.

260 *Lampert* in BeckOK InvStG, § 44 Rn. 1; teilweise wird in der Literatur die pauschale Verweisung kritisiert, da § 21 InvStG für die pauschale Teilfreistellung konzipiert ist und § 44 InvStG für Konstellationen Geltung entfaltet, in denen nur bestimmte Ertragskomponenten steuerbefreit sind, *Link* in Herrmann/Heuer/Raupach EStG/KStG, § 44 InvStG Rn. 1.

261 *Boxberger* in Weitnauer/Boxberger/Anders KAGB, § 44 InvStG Rn. 2; *Lampert* in BeckOK InvStG, § 44 Rn. 37.

262 *Gloßner* in Brandis/Heuermann, § 44 InvStG Rn. 1.

263 *Helios/Mann*, DB, Sonderausgabe 01/2016, 1, 17.

264 Ausführlich oben, § 9 III.; grundlegend dazu *Desens* in Herrmann/Heuer/Raupach EStG/KStG, § 3c EStG Rn. 55; *Erhard* in Brandis/Heuermann, § 3c EStG Rn. 55.

b) Inländische Beteiligungseinnahmen

Wurde die Transparenzoption nach § 30 Abs. 1 S. 1 InvStG ausgeübt, versteuert der Anleger die inländischen Beteiligungseinnahmen, wie zuvor erwähnt, direkt und grundsätzlich in vollem Umfang. Eine etwaige Steuerbefreiung ist an zusätzliche Voraussetzungen geknüpft und stellt eher den Ausnahmefall dar.[265]

Wird die Transparenzoption dagegen nicht ausgeübt, sind gem. § 29 Abs. 1 InvStG die Vorschriften der §§ 6 und 7 InvStG auch auf Spezial-Investmentfonds anzuwenden. Inländische Beteiligungseinnahmen unterliegen der beschrieben KSt-Steuerbelastung von 15 % inkl. SolZ.[266] Sind in diesem Fall bereits auf Fondsebene versteuerte Beteiligungseinnahmen Teil der ausgeschütteten oder ausschüttungsgleichen Erträge, sind diese nach § 42 Abs. 4 S. 1 InvStG entweder zu 60 % oder nach § 42 Abs. 4 S. 2 InvStG zu 100 % steuerfrei.[267] Die Steuerbefreiung von 60 % stellt dabei den Grundtatbestand dar, der ohne weitere Voraussetzungen immer Anwendung findet – und zwar sowohl bei Anlegern, die ihre Anteile in einem Betriebsvermögen halten, als auch bei Körperschaften.[268] Darüber hinaus besteht für Körperschaften die Möglichkeit zur Anwendung der Steuerbefreiung von 100 %, wenn dem Spezial-Investmentfonds darüber hinaus kein Ermäßigungsanspruch aus einem Doppelbesteuerungsabkommen aufgrund eines Quellensteuerhöchstsatzes von unter 15 % zusteht.[269] Hier wird im Ergebnis die Besteuerung auf Ebene der Körperschaft vollständig durch die Besteuerung auf Ebene des Spezial-Investmentfonds ersetzt.[270] Da die Regelungen der DBA bei inländischen Beteiligungseinnahmen inländischer Spezial-Investmentfonds keine Anwendung finden, betrifft § 42 Abs. 4 S. 2 InvStG ausschließlich ausländische Spezial-Investmentfonds.[271]

---

265 Vgl. § 26 Nr. 6 S. 2 InvStG; ausführlich oben, § 10 III.; BMF vom 21.5.2019, Az. IV C 1 – S 1980-1/16/10010 :001, BStBl. I 2019, 527, Rn. 42.10 ff.

266 Ausführlich oben, § 11 II. 1.

267 Die Steuerbefreiung ist auf den Bruttobetrag anzuwenden, BMF vom 8.11.2017, Az. BMF IV C 1 – S 1980-1/16/10010 :10, DStR 2018, 2736, Tz. 11; a. A. *Bindl/Leidel*, DB 2018, 722, 726.

268 Zu Personengesellschaften als Anleger siehe auch *Jansen/Greger*, DStR 2018, 282, 285; *Ebner*, RdF 2018, 132, 135.

269 Insbesondere soll die 60 % Freistellung nicht ausschließlich für Betriebsvermögen und die 100 % Freistellung nicht ausschließlich für Körperschaften gelten, *Lampert* in BeckOK InvStG, § 42 Rn. 41 f.; *Link* in Herrmann/Heuer/Raupach EStG/KStG, § 42 InvStG Rn. 8. Ein Ausschließlichkeitsverhältnis kann auch der Gesetzesbegründung nicht entnommen werden, Gesetzesbegründung zum InvStRefG, BT-Drucks. 18/8045, 113. Danach gilt die Steuerbefreiung i. H. v. 100 % auch für steuerbefreite Körperschaften.

270 *Brandl* in Brandis/Heuermann, § 42 InvStG Rn. 9.

271 *Link* in Herrmann/Heuer/Raupach EStG/KStG, § 42 InvStG Rn. 8.

c) *Ausländische Beteiligungseinnahmen und Veräußerungsgewinne*

Ausländische Beteiligungseinnahmen und alle Veräußerungsgewinne unterliegen keiner KSt-Pflicht auf Ebene des Spezial-Investmentfonds. Dies gilt sowohl wenn die Transparenzoption nicht ausgeübt wurde, da sie dann nicht in den Anwendungsbereich von § 6 Abs. 2 InvStG fallen, als auch wenn die Transparenzoption ausgeübt wurde.[272] In diesem Fall werden sie allerdings anders als inländische Beteiligungseinnahmen nicht direkt dem Anleger zugerechnet, sondern sind in Ausschüttungen und ausschüttungsgleichen Erträgen gem. § 36 Abs. 1 Nr. 1 InvStG enthalten.[273]

Im Rahmen der Besteuerung auf Anlegerebene soll der steuerliche Effekt jedoch ähnlich wie in der Direktanlage sein.[274] Daher greifen die Steuerbefreiungen des § 42 Abs. 1 und Abs. 2 InvStG mit ihren entsprechenden Rück- und Gegenausnahmen. § 42 Abs. 1 S. 1 InvStG ordnet das Teileinkünfteverfahren insbesondere für ausländische Dividenden, Gewinne aus der Veräußerung von Anteilen inländischer und ausländischer Körperschaften und (Ziel-)Investmentfonds an, soweit diese in Ausschüttungen und ausschüttungsgleichen Erträgen enthalten sind.[275] Gleiches gilt in den dort näher bestimmten Fällen nach § 42 Abs. 2 S. 2 InvStG für die Anwendung des Beteiligungsprivilegs nach § 8b KStG.[276]

Das Teileinkünfteverfahren und das Beteiligungsprivileg kommen nur zur Anwendung, wenn es sich bei den Anlegern nicht um Lebens- oder Krankenversicherungsunternehmen i. S. v. § 30 Abs. 3 Nr. 1 InvStG oder ein Kredit- oder Finanzdienstleistungsinstitut nach § 30 Abs. 3 Nr. 2 InvStG i. V. m. § 3 Nr. 40 S. 3 und S. 4 EStG handelt.[277] Ferner gilt eine Ausnahme gem. § 16 Abs. 1 Nr. 3 InvStG für Veräußerungsgewinne aus Investmentanteilen.[278] Für die Anwendung des Beteiligungsprivilegs auf Dividenden bei Körperschaften muss es sich zusätzlich um eine Beteiligung i. S. v. § 26 Nr. 6 S. 2 InvStG handeln und die Beteiligungsgrenze des einzelnen Anlegers von durchgerechnet 10 % muss erfüllt sein.[279] Ferner ist gem. § 42 Abs. 3 S. 1 InvStG Voraussetzung, dass auf Ebene der ausschüttenden Körperschaft bereits eine Besteuerung von Gewinnen stattgefunden

272 Ausführlich oben, § 11 II. 1.

273 § 36 Abs. 1 S. 1 Nr. 1 InvStG bestimmt als ausschüttungsgleiche Erträge im Wege eines Regel-Ausnahme-Verhältnisses sämtliche Kapitalerträge i. S. d. § 20 EStG mit Ausnahme der in § 36 Abs. 2 InvStG abschließend aufgezählten steuerfrei thesaurierbaren Kapitalerträge, *Mann* in Weitnauer/Boxberger/Anders KAGB, § 36 InvStG Rn. 3.

274 Gesetzesbegründung zum InvStRefG, BT-Drucks. 18/8045, 112.

275 *Lampert* in BeckOK InvStG, § 42 Rn. 21; *Bindl/Leidel*, DB 2018, 722, 727.

276 *Link* in Herrmann/Heuer/Raupach EStG/KStG, § 42 InvStG Rn. 6.

277 Weitere Ausnahmen sind u. a. Unterstützungskassen und Pensionsfonds, siehe dazu *Boxberger* in Weitnauer/Boxberger/Anders KAGB, § 42 InvStG Rn. 4.

278 Aufgenommen durch JStG 2019 vom 12.12.2019, BGBl. I 2019, 2451.

279 Gesetzesbegründung zum InvStRefG, BT-Drucks. 18/8045, 113.

hat,[280] wobei hier wiederum eine Gegenausnahme für REIT-AGs gilt, die gem. §§ 16 Abs. 1, 17 Abs. 1 REITG grundsätzlich von der KSt und der GewSt befreit sind und als steuerlich transparent betrachtet werden.[281] Für die GewSt gelten die vorgenannten Steuerbefreiungen des § 42 InvStG gem. § 45 Abs. 1 S. 1 InvStG nicht.[282]

d) Mehrstufige Fondsstrukturen

Die Gewährung von Steuerbefreiungen bei mehrstufigen Fondsstrukturen ist nicht nur im Hinblick auf die Teilfreistellung nach § 42 InvStG von Bedeutung, sondern auch im Zusammenhang mit der DBA-Befreiung gem. § 43 InvStG sowie der Zinsschranke nach § 46 InvStG und der Anrechnung bzw. dem Abzug ausländischer Steuern nach § 47 InvStG, findet im Gesetz jedoch bislang keine ausdrückliche Erwähnung.[283]

Sowohl der Ziel-Spezial-Investmentfonds als auch der Dach-Spezial-Investmentfonds können die Transparenzoption ausüben. In diesem Fall ist die Transparenzoption entsprechend auf den Dach-Spezial-Investmentfonds anzuwenden und es kommt auf Ebene der Spezial-Investmentfonds gem. § 30 Abs. 4 S. 1 Abs. 1 InvStG zu keiner Besteuerung.[284] Die Erträge unterliegen in voller Höhe auf Ebene des Anlegers der Besteuerung.

Sofern auf einer Ebene die Transparenzoption nicht ausgeübt wird, ist die Anwendung von § 42 Abs. 4 InvStG zu prüfen, da dann durch den Spezial-Investmentfonds versteuerte Erträge i. S. v. § 42 Abs. 4 S. 1 InvStG entstehen. Übt nur der Ziel-Spezial-Investmentfonds die Transparenzoption aus, greift auf Ebene des Anlegers § 42 Abs. 4 InvStG ein, da dem Dach-Spezial-Investmentfonds die inländischen Dividenden unmittelbar zugerechnet und dort mit 15 % KSt inkl. SolZ versteuert werden.[285] Der Anleger des Dach-Spezial-Investmentfonds erzielt also ausgeschüttete oder ausschüttungsgleiche Erträge i. S. v. § 42 Abs. 4 S. 1 InvStG, in denen bereits versteuerte Beteiligungseinnahmen enthalten sind. Die

---

280 Maßgebend ist nach Auffassung der Finanzverwaltung, ob die Körperschaft im Ansässigkeitsstaat unbeschränkt steuerpflichtig ist. Unerheblich soll dagegen sein, ob der Fonds für bestimmte Einkünfte in anderen Staaten beschränkt steuerpflichtig ist, BMF vom 21.5.2019, Az. IV C 1 – S 1980-1/16/10010 :001, BStBl. I 2019, 527, Rn. 42.14; kritisch dazu *Bindl/Schober*, BB 2020, 599, 608.

281 Ausführlich *Schutz/Harrer* in Beck'sches Hdb der AG, § 27 Rn. 15; *Rödding* in Lüdicke/Sistermann UntStR, § 3 Rn. 76; sowie grundlegend *Amort/Blum*, DStR 2009, 1772.

282 Ausführlich *Korff*, DStR 2018, 943, 944.

283 *Bindl/Leidel*, BB 2018, 151, 154; *Bindl/Schober*, BB 2020, 599, 608; grundsätzlich zur Thematik der doppelten Transparenz bei Dachfondsstrukturen *Bindl/Mager*, BB 2016, 2711, 2720; *Bindl/Mager*, DStR 2017, 465, 466; *Bindl/Leidel*, DB 2018, 722, 724.

284 *Wolny* in BeckOK InvStG, § 30 Rn. 108.

285 Vgl. dazu auch *Bindl/Schober*, BB 2020, 599, 606.

			Spezial-Investmentfonds in GmbH ohne TO			Spezial-Investmentfonds in GmbH mit TO
Ebene Fonds	Anlagevermögen		100.000.000	Anlagevermögen		100.000.000
	Inländische Dividenden		175.000	Inländische Dividenden		175.000
	abzgl. 15% KSt inkl. SolZ		26.250			
	Inl. Dividenden netto		148.750			
	zzgl. ausl. Div. brutto		1.575.000	zzgl. ausl. Div. brutto		1.575.000
	abzgl. 15% QSt Ausland		236.250	abzgl. 15% QSt Ausland		236.250
	Ausl. Div. netto		1.338.750	Ausl. Div. netto		1.338.750
	Dividenden gesamt		1.487.500	Dividenden gesamt		1.513.750
	zzgl. Zinsen		100.000	zzgl. Zinsen		100.000
	zzgl. realisierte Kursgewinne Renten (thes.)		100.000	zzgl. realis ierte Kursgewinne Renten (thes.)		100.000
	zzgl. realisierte Kursgewinne Aktien (thes.)		2.800.000	zzgl. real isierte Kursgewinne Aktien (thes.)		2.800.000
	Nettoerträge vor Kosten		4.487.500	Erträge vor Kosten		4.513.750
	abzgl. Kosten für KVG/Verwahrstelle		70.000	abzgl. Kosten für KVG/Verwahrstelle		70.000
	abzgl. Management Fee netto		250.000	abzgl. Management Fee netto		250.000
	Nettoerträge nach Kosten		4.167.500	Nettoerträge nach Kosten		4.193.750
Ebene GmbH	Ausschüttung bzw. agl. Erträge aus Spezial-Investment fonds			Zurechnung inl. Dividenden aufgr. TO		175.000
	inländische Dividenden TF 100% KSt + SolZ	148.750	0			
	inländische Dividenden GewSt TF 0%	148.750	148.750	Ausschüttung bz w. agl. Erträge aus Spezial-Investmentfonds		
	ausl. Dividenden		1.575.000	ausl. Dividenden		1.575.000
	Zinsen		100.000	Zinsen		100.000
	Bemessungsgrundlage KSt + SolZ		1.675.000	Bemessungsgrundlage KSt, SolZ, GewSt		1.850.000
	abzgl. KSt, SolZ 15,825%		265.069	abzgl. KSt, SolZ, GewSt 30,825%		570.263
	Bemessungsgrundlage GewSt		1.823.750			
	abzgl. GewSt		273.563			
	QSt Ausland		236.250	QSt Ausland		236.250
	davon anrechenbar		222.146	davon anrechenbar		201.132
	Steuerbelastung nach Anrechnung		316.486	Steuerbelastung nach Anrechnung		369.131
	Ertrag netto		1.507.264	Ertrag netto		1.480.869
Ebene Gesellschafter	Dividende GmbH		1.507.264	Dividende GmbH		1.480.869
	abzgl. AbgSt gesamt	28,00%	421.962	abzgl. AbgSt gesamt	28,00%	414.573
	Dividende netto		1.085.302	Dividende netto		1.066.296

	ohne TO	mit TO
Vermögen vor Steuern und Kosten	104.750.000	103.530.000
Steuerbelastung	-1.000.948	-952.454
Kosten	-320.000	-365.000
Vermögen nach Steuern und Kosten Ebene GmbH	103.851.014	103.824.619
Vermögen nach Steuern und Kosten Ebene Gesellschafter	103.429.05 2	102.212.546

Tabelle 10: *Behandlung ordentlicher Erträge bei Spezial-Investmentfonds*
(Quelle: Eigene Berechnungen)

Anwendung der Teilfreistellung wäre dementsprechend folgerichtig und vom Wortlaut der Norm gedeckt.[286]

Übt nur der Dach-Spezial-Investmentfonds die Transparenzoption aus, nicht aber der Ziel-Spezial-Investmentfonds, ist die Anwendung der Teilfreistellung nicht mehr ohne Weiteres durch den Wortlaut der Norm gedeckt. Die Steuerbefreiung soll nach Ansicht der Finanzverwaltung jedoch über den Wortlaut hinaus greifen, wenn die Steuer auf einer der untergeordneten Ebenen abgeführt wurde.[287]

286 *Bindl/Leidel*, BB 2018, 151, 152.
287 BMF vom 21.5.2019, Az. IV C 1 – S 1980-1/16/10010 :001, BStBl. I 2019, 527, Rn. 42.18.

In diesem Zusammenhang war zunächst die Rechtsnatur der Erträge des Dach-Spezial-Investmentfonds fraglich. Technisch gesehen erzielt dieser Spezial-Investmenterträge i. S. v. § 20 Abs. 1 Nr. 3a EStG, aufgrund der semitransparenten Besteuerung können jedoch Teile der Erträge unter die Steuerbefreiung der §§ 3 Nr. 40 EStG oder 8b KStG fallen.[288] In der Literatur wurde dazu vertreten, dass die Erträge des Ziel-Spezial-Investmentfonds auf Ebene des Dach-Spezial-Investmentfonds ihre ursprüngliche Natur behalten und eine transparente Durchleitung für Zwecke der Anlegerbesteuerung bei mehrstufigen Fondsstrukturen möglich ist.[289] Durch die vollständige Steuerbefreiung in § 42 Abs. 4 S. 2 InvStG soll für Körperschaften die Besteuerung von der Ebene der Körperschaft auf die Ebene des (der) Spezial-Investmentfonds „vorverlagert" werden.[290] Daher wäre es ebenfalls nicht sachgerecht, wenn im Ergebnis auf einer weiteren Ebene eine Steuerbelastung dadurch entstünde, dass die Teilfreistellung versagt wird.[291] Die Finanzverwaltung geht nun ebenfalls von einer Doppelnatur der Erträge des Dach-Spezial-Investmentfonds bzw. einer mehrfachen Transparenz aus, so dass insbesondere die Steuerbefreiungen hierauf Anwendung finden können.[292]

Somit unterliegen die inländischen Dividenden auf Ebene des Ziel-Spezial-Investmentfonds 15 % KSt zzgl. SolZ. Der Dach-Spezial-Investmentfonds erzielt für ihn steuerfreie Spezial-Investmenterträge i. S. v. § 20 Abs. 1 Nr. 3a EStG und der Anleger kann die Teilfreistellung von bis zu 100 % auf seiner Ebene berücksichtigen. Dieses Ergebnis erscheint sachgerecht, da sichergestellt ist, dass die Dividende besteuert, aber nicht übermäßig besteuert wird. Es wäre zu überlegen, die maximal für doppelstöckige Fondsstrukturen gewährte Transparenzoption bei Dachfonds im Sinne einer einheitlichen Systematik und zur Gewährleistung der Abwicklung und Nachprüfbarkeit auch hier zu normieren.[293]

§ 42 Abs. 4 S. 2 InvStG sollte daher im Hinblick auf das vorstehend Gesagte wie folgt ergänzt werden (Änderungen des Verfassers unterstrichen und kursiv):

> (4) [...] Abweichend von Satz 1 sind die in ausgeschütteten oder ausschüttungsgleichen Erträgen enthaltenen inländischen Beteiligungseinnahmen vollständig steuerbefreit, wenn

---

288 Gesetzesbegründung zum InvStRefG, BT-Drucks. 18/8045, 102.

289 *Bindl/Leidel*, DB 2018, 722, 153; *Stadler/Sotta*, BB 2020, 279, 281; *Ebner*, RdF 2018, 132, 135; *Boxberger* in Weitnauer/Boxberger/Anders KAGB, § 42 InvStG Rn. 11; a. A. *Gloßner* in Brandis/Heuermann, § 43 InvStG Rn. 57.

290 *Brandl* in Brandis/Heuermann, § 42 InvStG Rn. 9.

291 So auch im Ergebnis auch *Bindl/Schober*, BB 2020, 599, 609.

292 BMF vom 21.5.2019, Az. IV C 1 – S 1980-1/16/10010 :001, BStBl. I 2019, 527, Rn. 36.7.

293 Zu Letzterem *Wolny* in BeckOK InvStG, § 30 InvStG Rn. 145; a. A. wohl *Bindl/Leidel*, BB 2018, 151, 153, die vorschlagen, auch durch mehrere nachgeschaltete Spezial-Investmentfonds hindurchzuschauen. Auch die Finanzverwaltung beschränkt ihre Sichtweise nicht auf doppelstöckige Strukturen, BMF vom 21.5.2019, Az. IV C 1 – S 1980-1/16/10010 :001, BStBl. I 2019, 527, Rn. 42.18.

1. der Anleger dem Körperschaftsteuergesetz unterliegt und
2. dem Spezial-Investmentfonds kein Ermäßigungsanspruch aus einem Abkommen zur Vermeidung der Doppelbesteuerung aufgrund eines Quellensteuerhöchstsatzes von unter 15 Prozent zusteht.

Ist der Anleger des Spezial-Investmentfonds ein Dach-Spezial-Investmentfonds, so sind die Sätze 1 und 2 entsprechend auf den Dach-Spezial-Investmentfonds und dessen Anleger anzuwenden. Dies gilt nicht, soweit der Dach-Spezial-Investmentfonds Spezial-Investmentanteile an einem anderen Dach-Spezial-Investmentfonds hält.

e) Stellungnahme

Die vorstehenden Ausführungen belegen ein hohes Maß an Komplexität bei der Besteuerung inländischer Beteiligungserträge, wenn man die Betrachtung um die im Einzelfall anwendbare Teilfreistellung erweitert. Zusammengefasst ergeben sich dadurch (unter Einbeziehung der Investmentfondsbesteuerung) die nachstehend dargestellten Varianten, wie die Ertragsart Dividende einschließlich der Anlegerebene besteuert werden kann.[294]

Zwar hat der Gesetzgeber hier versucht, weitestgehend eine ähnliche steuerliche Belastung wie in der Direktanlage zu erzielen, trotzdem ergeben sich unterschiedliche Ergebnisse und auch der Weg dorthin ist äußerst unterschiedlich. Kennzeichnend ist die Kasuistik, die jedoch eine vereinfachende Systematik vermissen lässt. Um dieser Komplexität Herr zu werden, reicht es nicht aus, einige „Stellschrauben" in dem bestehenden System zu verändern, sondern dies kann nur durch einen grundlegenden Systemwechsel bzw. eine Neuorientierung hin zu einer konsequenten Umsetzung des Vereinfachungsgedankens erreicht werden.[295]

Eine Möglichkeit, dies zu erreichen, könnte darin liegen, die grundsätzliche Entscheidung des Gesetzgebers, eine Besteuerung auf Anlegerebene vorzunehmen,[296] in Frage zu stellen. Die exakte anlegerindividuelle und besitzzeitanteilige Zurechnung der Erträge mit dem Ziel, bestehende Steuerbefreiungen aufgrund des EStG, des KStG oder eines DBA anwenden zu können, führt letztlich zu einem extrem hohen Ermittlungsaufwand. Einer zu einem gewissen Grad pauschalierten Betrachtungsweise des Aktiengewinns, wie sie das InvStG 2004 beinhaltete, hat der Gesetzgeber bereits eine Absage erteilt. Daher könnte der hohe Ermittlungsaufwand letztlich nur dadurch reduziert werden, dass die Besteuerung bestimmter Erträge nicht mehr auf Ebene des Anlegers erfolgt, sondern wie bei den inländischen Beteiligungs- und Immobilienerträgen auch bereits auf

---

294 Für einen vollständigen Belastungsvergleich unten, § 16; weitere Belastungsvergleiche vgl. *Ebner*, RdF 2018, 132, 137 ff.; *Jansen/Greger*, DStR 2018, 282, 286.

295 Ausführlich unten, § 13 I. 1. c).

296 *Lampert* in BeckOK InvStG, § 42 Rn. 1.

Fonds	**Investor**	**Dividende**	
		Inland	**Ausland**
Spezial-Investmentfonds ohne TO	Natürliche Person mit Anteil im BV	Fondsebene: 15 % inkl. SolZ	Fondsebene: 0 %
		Anlegerebene: 60 % TF	Anlegerebene: TEV mit Ausnahmen
	Kapitalgesellschaft	Fondsebene: 15 % inkl. SolZ	Fondsebene: 0 %
		Anlegerebene: 100 % TF	Anlegerebene: volle Besteuerung, § 8b KStG möglich
Spezial-Investmentfonds mit TO	Natürliche Person mit Anteil im BV	Fondsebene: 0 %	Fondsebene: 0 %
		Anlegerebene: TEV	Anlegerebene: TEV
	Kapitalgesellschaft	Fondsebene: 0 %	Fondsebene: 0 %
		Anlegerebene: volle Besteuerung, § 8b KStG möglich	Anlegerebene: volle Besteuerung, § 8b KStG möglich
Investmentfonds	Natürliche Person	Fondsebene: 15 %	Fondsebene: 0 %
		Anlegerebene: 30/ 15 % TF	Anlegerebene: 30/ 15 % TF
	Betriebsvermögen	Fondsebene: 15 %	Fondsebene: 0 %
		Anlegerebene: 60/ 30 % TF	Anlegerebene: 60/ 30 % TF
	Kapitalgesellschaft	Fondsebene: 15 %	Fondsebene: 0 %
		Anlegerebene: 80/ 40 % TF	Anlegerebene: 80/ 40 % TF

Tabelle 11: *Besteuerung von Dividenden bei unterschiedlichen Anlegern*
(Quelle: Eigene Darstellung)

Fondsebene.[297] Die Ausschüttungen und ausschüttungsgleichen Erträge könnten dann auf Ebene des Anlegers ebenfalls entweder zu 60 % oder bei Körperschaften zu 100 % steuerbefreit werden. Dies würde aber auch eine Abkehr von dem semitransparenten System der Besteuerung der Spezial-Investmentfonds bedeuten und im Ergebnis eine weitergehende Besteuerung als bei Kapitel 2-Investmentfonds bedeuten.

297 Im Gesetzgebungsverfahren war zunächst eine solche umfangreichere Besteuerung auf Fondsebene geplant, wovon der Gesetzgeber aber wegen der befürchteten

f) Inländische Immobilienerträge und sonstige Einkünfte ohne Steuerabzug

Für inländische Immobilienerträge und sonstige inländische Einkünfte ohne Steuerabzug gilt gem. § 42 Abs. 5 S. 1 InvStG eine Steuerbefreiung von 20 %. Dabei handelt es sich im Wesentlichen um Einkünfte aus Vermietung und Verpachtung, Gewinne aus der Veräußerung von inländischen Grundstücken sowie Zinsen aus partiarischen Darlehen und stillen Beteiligungen.[298] Sofern der Spezial-Investmentfonds gem. § 33 Abs. 1 InvStG keine KapESt auf der Fondsausgangsseite abführt, unterliegen die vorgenannten Erträge auf Fondsebene einer Besteuerung mit 15 % KSt zzgl. SolZ, also 15,825 %.

Anders als bei den Beteiligungserträgen beläuft sich hier die Teilfreistellung allerdings nur auf 20 %, da ausschließlich auf Fondsebene und nicht zusätzlich auf Ebene der zuvor ausschüttenden Gesellschaft eine Besteuerung erfolgt ist.[299] Nach § 42 Abs. 5 S. 2 InvStG kann hier ebenfalls die vollständige Steuerbefreiung von 100 % für Körperschaften Anwendung finden, wenn dem Spezial-Investmentfonds aus einem DBA kein Ermäßigungsanspruch aufgrund eines Quellensteuerhöchstsatzes von unter 15 % zusteht.[300] Die Steuerbefreiung gilt auch für die Gewerbesteuer, da § 45 Abs. 1 InvStG nur die Anwendung von § 42 Abs. 4 InvStG ausschließt.[301]

Regelbesteuerten Körperschaften ist damit bezüglich der Immobilienerträge von der Ausübung der Transparenzoption nach § 33 Abs. 1 InvStG abzuraten, da sie aufgrund von § 45 Abs. 1 InvStG die GewSt-Belastung vermeiden können, wohingegen sich für natürliche Personen aufgrund der Möglichkeit zur Berücksichtigung von Aufwendungen und Verlusten und für steuerbefreite Anleger zur Vermeidung einer Definitivbelastung die Ausübung der Option empfehlen kann.[302]

Warum die Steuerbefreiung des § 42 Abs. 4 InvStG im Hinblick auf die GewSt nicht für Beteiligungserträge, die des § 42 Abs. 5 InvStG jedoch auch bei der GewSt gelten soll, ist nicht nachvollziehbar. Würde der KSt-pflichtige oder betriebliche Anleger die Immobilienerträge direkt erzielen, unterlägen sie ebenfalls der

---

Benachteiligung inländischer Fonds wieder abrückte, vgl. *Buge/Bujotzek/Steinmüller*, DB 2016, 1594, 1596. Vgl. dazu auch ausführlich unten, § 13 I. 1. c).

298 *Lampert* in BeckOK InvStG, § 42 Rn. 48; *Link* in Herrmann/Heuer/Raupach EStG/KStG, § 42 InvStG Rn. 9.

299 Gesetzesbegründung zum InvStRefG, BT-Drucks. 18/8045, 113. Kritisch, da die Immobilienteilfreistellung nach § 42 Abs. 5 InvStG deutlich von der Immobilienteilfreistellung bei Investmentfonds gem. § 20 Abs. 3 InvStG i. H. v. 60 % abweicht, *Link* in Herrmann/Heuer/Raupach EStG/KStG, § 42 InvStG Rn. 9.

300 *Haug*, IWB 2018, 6, 14.

301 *Korff*, DStR 2018, 943, 945.

302 *Haug*, IWB 2018, 6, 17; vgl. dazu und zu mittelbaren Investitionen über Holding- und Objektgesellschaften *Bindl/Leidel*, DB 2018, 722, 724 ff.

GewSt, sofern die erweiterte GewSt-Kürzung gem. § 9 Nr. 1 S. 2 GewStG nicht greift. Die Finanzverwaltung hat dies ohne Angabe von Gründen zu einem sehr frühen Zeitpunkt bestätigt.[303] Nach Ansicht des Verfassers ist davon auszugehen, dass dies wie viele der Normen im Zusammenhang mit Immobilienerträgen zunächst unvollständig geregelt und nun angepasst werden sollte.

§ 45 Abs. 1 InvStG sollte daher wie folgt angepasst werden (Änderungen des Verfassers unterstrichen und kursiv):

> (1) Bei der Ermittlung des Gewerbeertrags nach § 7 des Gewerbesteuergesetzes sind § 42 Absatz 4 *und Absatz 5* sowie § 3 Nummer 40 des Einkommensteuergesetzes und § 8b des Körperschaftsteuergesetzes nicht anzuwenden auf Kapitalerträge nach § 43 Absatz 1 Satz 1 Nummer 1, 1a und 6 sowie Satz 2 des Einkommensteuergesetzes, *auf inländische Immobilienerträge oder sonstige inländische Einkünfte*, die in den ausgeschütteten oder ausschüttungsgleichen Erträgen enthalten sind, und auf inländische Beteiligungseinnahmen, die dem Anleger nach § 30 Absatz 1 Satz 2 zugerechnet werden. Dies gilt nicht, wenn [...]

Wie bei § 42 Abs. 4 InvStG haben auch in § 42 Abs. 5 InvStG die mehrstufigen Spezial-Investmentfondsstrukturen keine ausdrückliche Berücksichtigung im Gesetzestext gefunden.[304] Auch hier ist denkbar, dass entweder der Dach-Spezial-Investmentfonds oder der Ziel-Spezial-Investmentfonds oder beide die Immobilientransparenzoption nicht ausüben und es daher auf einer Ebene der Investitionsstruktur zu einer steuerlichen Belastung der Erträge mit KSt kommt. Sofern man dabei unterstellt, dass es für die Steuerbefreiung des § 42 Abs. 5 InvStG ebenso wie in § 42 Abs. 4 InvStG ausreichend ist, dass bei einem der Spezial-Investmentfonds in der Kette Steuern auf die Immobilienerträge erhoben wurden,[305] führen aber auch diese Fälle unter Anwendung des § 42 Abs. 5 InvStG zu sachgerechten Ergebnissen.[306] Zur Herstellung von Rechtssicherheit im Hinblick auf Dachfondskonstellationen wäre es allerdings wünschenswert, wenn es hierfür auch eine gesetzliche Regelung gäbe.

§ 42 Abs. 5 InvStG sollte daher im Hinblick auf das vorstehend Gesagte wie folgt ergänzt werden (Änderungen des Verfassers unterstrichen und kursiv):

> (5) Sind in den ausgeschütteten oder ausschüttungsgleichen Erträgen inländische Immobilienerträge oder sonstige inländische Einkünfte enthalten, die von dem Spezial-Investmentfonds versteuert wurden, so sind 20 Prozent dieser ausgeschütteten oder ausschüttungsgleichen Erträge steuerfrei. Absatz 4 Satz 2 ist entsprechend anzuwenden. *Ist der Anleger des Spezial-Investmentfonds ein Dach-Spezial-Investmentfonds, so sind die Sätze 1 und 2 entsprechend auf den Dach-Spezial-Investmentfonds und dessen*

303 BMF vom 8.11.2017, Az. IV C 1 – S 1980-1/16/10010 :010, DStR 2018, 2736, Rn. 12.
304 Ausführlich oben, § 12 II. 3. d) sowie *Bindl/Stadler*, BB 2017, 1943, 1946.
305 BMF vom 21.5.2019, Az. IV C 1 – S 1980-1/16/10010 :001, BStBl. I 2019, 527, Rn. 42.18.
306 Vgl. hierzu die Beispiele bei *Bindl/Leidel*, BB 2018, 151, 154 ff.

Anleger anzuwenden. Dies gilt nicht, soweit der Dach-Spezial-Investmentfonds Spezial-Investmentanteile an einem anderen Dach-Spezial-Investmentfonds hält.

4. Steuerbefreiungen gem. § 43 InvStG für nach DBA freigestellte Erträge, Hinzurechnungsbeträge und Erträge aus Investmentfonds

a) Überblick

§ 43 InvStG enthält drei weitere Steuerbefreiungen auf Ebene des Anlegers, die inhaltlich in keinem direkten Zusammenhang zueinander stehen und systematisch etwas „zusammengewürfelt" wirken. Die Norm verfolgt jedoch das übergeordnete Ziel, bestimmte Vergünstigungen an die Anleger durchzuleiten und dadurch Mehrfachbelastungen zu verhindern.[307] Dieses Ziel lässt sich bereits dem InvStG 2004 sowie dem KAGG[308] entnehmen und findet hier angepasst an das teilweise intransparente System des InvStG 2018 seine Fortsetzung, in dem in Abs. 3 der Vorschrift auch die neuen Steuerbefreiungen gem. § 20 InvStG berücksichtigt werden. Ferner wurde die Vorschrift vereinfacht, da sie künftig nur noch für nicht-natürliche Personen gelten soll.[309] Die Steuerbefreiungen gelten für Anleger in- und ausländischer Spezial-Investmentfonds gleichermaßen.[310]

b) Nach einem DBA freigestellte Erträge

§ 43 Abs. 1 InvStG stellt Einkünfte aus ausländischen Staaten von der Besteuerung auf Ebene des Anlegers frei, wenn Deutschland aufgrund eines DBA mit dem Quellenstaat auf sein Recht zur Besteuerung verzichtet hat, nach dem anwendbaren DBA also abstrakt die Freistellungsmethode angeordnet ist.[311] Freigestellt sind danach vor allem die in Ausschüttungen und ausschüttungsgleichen Erträgen enthaltenen Einkünfte aus unbeweglichem Vermögen gem. Art. 6 OECD-MA, Gewinne aus der Veräußerung von Immobiliengesellschaften gem. Art. 13 OECD-MA (bspw. Mieterträge, Veräußerungsgewinne aus ausländischen Grundstücken und ausländische Dividenden aus Grundstückskapitalgesellschaften)

---

307 *Link* in Herrmann/Heuer/Raupach EStG/KStG, § 43 InvStG Rn. 1; *Lampert* in BeckOK InvStG, § 43 Rn. 1.

308 § 43 Abs. 1 S. 1 InvStG entspricht § 4 Abs. 1 InvStG 2004, dieser wiederum ist die Nachfolgevorschrift zu § 40 Abs. 3 KAGG; § 43 Abs. 2 InvStG entspricht § 2 Abs. 4 InvStG 2004.

309 Gesetzesbegründung zum InvStRefG, BT-Drucks. 18/8045, 113; zu den Ausnahmefällen gem. § 26 Nr. 8 S. 2 InvStG *Link* in Herrmann/Heuer/Raupach EStG/KStG, § 43 InvStG Rn. 5.

310 *Gloßner* in Brandis/Heuermann, § 43 InvStG Rn. 13.

311 So zur alten Rechtslage *Stock/Oberhofer* in Berger/Steck/Lübbehüsen InvStG 2004, § 4 Rn. 19.

und grundsätzlich auch Unternehmensgewinne gem. Art. 7 OECD-MA, wobei letztere aufgrund des eingeschränkten Anlagekatalogs des § 26 InvStG kaum eine Rolle spielen dürften.[312]

Dividenden, für die nach Art. 10 OECD-MA grundsätzlich das Schachtelprivileg bzw. die Freistellungsmethode angeordnet ist, sind aufgrund von § 43 Abs. 1 S. 2 InvStG ebenso wie Ausschüttungen aus Investmentfonds künftig nicht mehr von der Besteuerung auszunehmen. Ziel hierbei ist die Bekämpfung von steuerlichen Gestaltungen.[313] Der Anwendungsbereich der Norm dürfte allerdings gering sein, da die abkommensrechtlichen Bestimmungen zur Anwendung des Schachtelprivilegs an eine Beteiligungsquote von 10 % anknüpfen und Spezial-Investmentfonds nur in den Grenzen des § 26 Nr. 6 InvStG eine solche Beteiligung überhaupt halten dürfen.[314] Für diese seltenen Fälle stellt § 43 Abs. 1 S. 3 InvStG jedoch die ursprüngliche Freistellung nach S. 1 wieder her.[315]

Bei der Beurteilung, welches DBA Anwendung findet, kommt es stets auf den Ansässigkeitsstaat des Anlegers an.[316] Der Anleger hat also zu prüfen, ob er die Voraussetzungen für eine Freistellung erfüllt. Diese Frage stellt sich vor allem im Fall eines ausländischen Spezial-Investmentfonds, über den ein inländischer Anleger in ausländischen Grundbesitz investiert.[317]

§ 43 Abs. 1 InvStG findet gem. § 48 Abs. 2 S. 2 InvStG nur Anwendung, wenn der Spezial-Investmentfonds den Fonds-Abkommensgewinn gem. § 48 Abs. 5 InvStG ermittelt und bekannt macht oder der Anleger ersatzweise den Nachweis hierüber führt.[318] § 43 Abs. 1 (und Abs. 3) InvStG wäre aufgrund seines Regelungsgehalts systematisch besser in § 48 InvStG, der sich ebenfalls mit der Steuerfreistellung aufgrund von DBA-Regelungen befasst, integriert. Dies gilt, soweit ersichtlich, auch für § 43 Abs. 3 InvStG, dem eine systematische Nähe zu § 48 Abs. 6 InvStG nicht abgesprochen werden kann. Vermutlich steht die

---

312 *Bindl/Leidel*, DB 2018, 722, 724; *Link* in Herrmann/Heuer/Raupach EStG/KStG, § 43 InvStG Rn. 5; *Gloßner* in Brandis/Heuermann, § 43 InvStG Rn. 22.

313 Gesetzesbegründung zum InvStRefG, BT-Drucks. 18/8045, 114.

314 *Lampert* in BeckOK InvStG, § 43 Rn. 42.

315 *Lampert* in BeckOK InvStG, § 43 Rn. 48.

316 Ausführlich oben, § 6 V.; *Link* in Herrmann/Heuer/Raupach EStG/KStG, § 43 InvStG Rn. 5; so auch schon zur Rechtslage unter dem InvStG 2004 *Stock/Oberhofer* in Berger/Steck/Lübbehüsen InvG/InvStG 2004, § 4 Rn. 18. Beachte in diesem Zusammenhang auch die Klarstellung in § 6 Abs. 1 InvStG hinsichtlich der unbeschränkten Steuerpflicht inländischer Investmentfonds, wodurch die Abkommensberechtigung aus deutscher Sicht sichergestellt werden soll, eingefügt durch JStG 2019 vom 12.12.2019, BGBl. I 2019, 2451; vgl. dazu *Hahne/Michaelis*, RdF 2019, 196, 200.

317 Siehe dazu auch die Beispiele bei *Stock/Oberhofer* in Berger/Steck/Lübbehüsen InvStG 2004, § 43 Rn. 18.

318 *Wenzel* in Brandis/Heuermann, § 48 InvStG Rn. 17.

„Sammelvorschrift" des § 43 InvStG im Zusammenhang mit § 42 InvStG, da dieser auch „Steuerbefreiungen" regelt, wobei der inhaltliche Zusammenhang zu § 48 InvStG weitaus größer ist.

c) Hinzurechnungsbeträge

Auch § 43 Abs. 2 InvStG wirkt innerhalb der Norm und im Gesamtkontext systematisch deplaziert. Anders als bei den übrigen beiden Absätzen des § 43 InvStG ist aber keine Norm ersichtlich, in dessen Kontext er besser aufgehoben wäre. Dies ist an sich auch nicht verwunderlich, da sich die Anwendung des AStG und des InvStG gem. § 7 Abs. 7 AStG häufig ausschließen und das InvStG als lex specialis vorrangig Anwendung findet.[319]

Trotz dieses grundsätzlichen Ausschlussverhältnisses verbleibt ein Anwendungsbereich für § 43 Abs. 2 InvStG in Fällen, in denen bspw. ein Spezial-Investmentfonds in eine ausländische Zwischengesellschaft i. S. v. § 8 Abs. 1 AStG investiert und dem Anleger deren Einkünfte bereits gem. § 7 Abs. 1 AStG zugerechnet werden.[320] In diesen Fällen ordnet § 43 Abs. 2 InvStG die Anwendung von § 3 Nr. 41a EStG an. Dadurch wird eine doppelte Erfassung von Erträgen im Zusammenhang mit Ausschüttungen aus ausländischen Zwischengesellschaften vermieden.[321]

Ausschüttungen aus der ausländischen Zwischengesellschaft sind steuerfrei, wenn der Steuerpflichtige nachweist, dass in diesem oder in den sieben vorangegangenen Jahren Hinzurechnungsbeträge aus dieser Gesellschaft gem. § 10 Abs. 2 AStG der ESt oder KSt unterlegen haben und nicht nach § 11 AStG freigestellt waren. Anderenfalls entfällt die Steuerfreiheit.[322] Von § 3 Nr. 41a EStG erfasste Ausschüttungen unterliegen gem. § 8 Nr. 5 S. 2 GewStG auch nicht der GewSt. Nach § 3 Nr. 41b EStG gelten auch Gewinne aus der Veräußerung eines Anteils an einer ausländischen Kapitalgesellschaft sowie aus deren Auflösung oder Kapitalherabsetzung als steuerfrei. Diese müssen als Hinzurechnungsbeträge der inländischen Besteuerung unterlegen haben und dürfen nicht als Gewinnanteil im Wege der Ausschüttung nach § 3 Nr. 41a EStG zugeflossen sein.[323]

---

319 *Haug*, IStR 2016, 597, 598; ausführlich aber oben im Hinblick auf das ATADUmsG, § 5 II. 3.; *Herr/Link*, RdF 2020, 20; *Haase*, DStR 2019, 827; *Schnitger/Gebhardt*, IStR 2018, 213; *Kühn/Schienke-Ohletz*, BB 2020, 1562; *Baumgartner*, IStR 2020, 524; noch zur Rechtslage unter dem InvStG 2004 *Lübbehüsen* in Weitnauer/Boxberger/Anders KAGB, Vor §§ 1 ff. InvStG Rn. 89; *Fock*, IStR 2006, 734.

320 *Link* in Herrmann/Heuer/Raupach EStG/KStG, § 43 InvStG Rn. 10; *Gloßner* in Brandis/Heuermann, § 43 InvStG Rn. 50.

321 Steuerfrei ist die gesamte Gewinnausschüttung und nicht nur der bei Anwendung von § 2 Nr. 40 EStG steuerpflichtige Teil, *Erhard* in Brandis/Heuermann, § 3 EStG Rn. 4.

322 *Erhard* in Brandis/Heuermann, § 3 EStG Rn. 7.

323 *Levedag* in Schmidt EStG, § 3 Rn. 147.

Immer dann, wenn allerdings der Spezial-Investmentfonds in Vermögensgegenstände investiert, die als Zwischengesellschaft gem. § 7 Abs. 1 AStG mit aktiven Einkünften qualifizieren, ist das AStG vorrangig anwendbar und nicht mehr das InvStG, was im Hinblick auf die Anwendung der Vorschrift stets eine Einzelfallprüfung hinsichtlich jedes Vermögensgegenstandes des Spezial-Investmentfonds erforderlich macht.[324]

§ 43 Abs. 2 InvStG ist demnach durchaus als sinnvolle und notwendige Vorschrift anzusehen, unabhängig von seiner systematischen Positionierung.

d) Teilfreistellung für Erträge aus Investmentfonds

§ 43 Abs. 3 InvStG ordnet die entsprechende Anwendung der Teilfreistellung gem. § 20 Abs. 1 InvStG auf die Fälle an, in denen ein Anleger mittelbar über einen Spezial-Investmentfonds in einen Aktien-, Misch- oder Immobilienfonds investiert. In diesem Fall soll die Teilfreistellung ebenso zur Anwendung kommen, wie wenn der Anleger direkt investiert hätte, da § 43 InvStG auf den gesamten § 20 InvStG verweist.[325] Hierdurch soll eine Benachteiligung von Dachfondsanlegern vermieden werden. Ohne die Vorschrift würden die genannten Ertragsbestandteile in die ausgeschütteten oder ausschüttungsgleichen Erträge einbezogen und damit voll steuerpflichtig.[326] Nicht begünstigt sind Dach-Spezial-Investmentfonds, die in einen Ziel-Spezial-Investmentfonds investieren.[327]

Voraussetzung für die Anwendung von § 43 Abs. 3 InvStG ist ebenso wie bei Abs. 1, dass der Fonds gem. § 48 Abs. 2 S. 3 InvStG den Fonds-Teilfreistellungsgewinn i. S. v. § 48 Abs. 6 InvStG veröffentlicht oder der Anleger diesen nachweist.[328] Gem. § 45 Abs. 2 InvStG ist die so gewährte Teilfreistellung zu 50 % auch für Zwecke der GewSt zu berücksichtigen.

III. Einmalige Erträge

1. Überblick

Die §§ 48 und 49 InvStG enthalten die Regelung für die Schlussbesteuerung der Investition in einen Spezial-Investmentfonds, wobei für die Definition der Veräußerung in § 49 Abs. 1 S. 1 InvStG und ihr gleichgestellter Vorgänge auf § 2 Abs. 13 InvStG und gem. § 49 Abs. 3 S. 1 InvStG auf § 20 Abs. 4 EStG zurückgegriffen

---

324 *Gloßner* in Brandis/Heuermann, § 43 InvStG Rn. 52.

325 *Ebner*, RdF 2019, 314, 316; *Lampert* in BeckOK InvStG, § 43 Rn. 61; *Stadler/Bindl*, DStR 2016, 1953, 1964.

326 *Link* in Herrmann/Heuer/Raupach EStG/KStG, § 43 InvStG Rn. 15.

327 *Gloßner* in Brandis/Heuermann, § 43 InvStG Rn. 57.

328 *Hartmann* in BeckOK InvStG, § 48 Rn. 48.

werden kann.[329] Im Hinblick auf diese Realisationstatbestände (außerordentliche Erträge) regeln die §§ 48 und 49 InvStG weitere Steuerbefreiungen auf Ebene des Anlegers.

§ 48 InvStG definiert mit dem Fonds-Aktiengewinn, dem Fonds-Abkommensgewinn und dem Fonds-Teilfreistellungsgewinn (sog. „Fonds-Gewinne")[330] zunächst auf Fondsebene die Anteile des Veräußerungsgewinns eines Spezial-Investmentfondsanteils, die im Falle einer Veräußerung oder dessen Bewertung im Rahmen eines Betriebsvermögensvergleichs steuerfrei bleiben.[331] Laufende Erträge wie Dividenden und andere Gewinnausschüttungen sind nicht mehr in den Fonds-Aktiengewinn einzubeziehen, da nach Ansicht des Gesetzgebers ein Spezial-Investmentfonds nur noch Streubesitzdividenden erzielen darf und diese in der Regel bei Körperschaften der Steuerpflicht unterliegen.[332]

§ 49 InvStG ordnet sodann die Anwendung von Steuerbefreiungen wie bspw. § 3 Nr. 40 EStG oder § 8b KStG auf den auf Anlegerebene aus den Fondsgewinnen abzuleitenden Anleger-Aktiengewinn, Anleger-Abkommensgewinn und Anleger-Teilfreistellungsgewinn (sog. „Anleger-Gewinne")[333] an. Da die Anleger ihre Anteile in der Regel zu verschiedenen Zeitpunkten erwerben, sind auf Anlegerebene diese besitzzeitanteiligen Anleger-Gewinne maßgeblich.[334]

2. „Fonds-Gewinne" gem. § 48 InvStG

a) Ermittlung und Bekanntmachung der Fonds-Gewinne

Gem. § 48 Abs. 1 S. 1 InvStG hat der Spezial-Investmentfonds bei jeder Bewertung seines Vermögens den Anleger-Aktiengewinn, den Anleger-Abkommensgewinn und den Anleger-Teilfreistellungsgewinn als absolute Beträge in Euro zu ermitteln und den Anlegern bekannt zu machen. Erfolgt dies nicht, sind gem. § 48 Abs. 2 S. 1 InvStG die Steuerbefreiungen der §§ 42 Abs. 1 bis 3 InvStG und 43 Abs. 1 und Abs. 3 InvStG nicht anzuwenden.

Nach dem Wortlaut der Norm muss der Spezial-Investmentfonds immer dann, wenn eine Bewertung erforderlich ist, den Umfang der o. g. Steuerbefreiungen ermitteln. Eine bewertungstägliche Ermittlung wird damit vom Gesetz nicht

---

329 *Link* in Herrmann/Heuer/Raupach EStG/KStG, § 49 InvStG Rn. 5; *Hartmann* in BeckOK InvStG, § 49 Rn. 1. Zum Begriff der Veräußerung ausführlich oben, § 8 III.

330 *Hartmann* in BeckOK InvStG, § 48 Rn. 2; *Patzner/Harm*, BB 2018, 2711, 2713. BMF vom 21.5.2019, Az. IV C 1 – S 1980-1/16/10010 :001, BStBl. I 2019, 527, Rn. 48.2.

331 Vgl. dazu auch *Ebner*, RdF 2018, 132,139.

332 Gesetzesbegründung zum InvStRefG, BT-Drucks. 18/8045, 118; kritisch dazu, weil die Fälle des § 26 Abs. 6 InvStG keine Berücksichtigung finden, *Link* in Herrmann/Heuer/Raupach EStG/KStG, § 48 InvStG Rn. 15; *Boxberger* in Weitnauer/Boxberger/Anders KAGB, § 48 InvStG Rn. 11.

333 BMF vom 21.5.2019, Az. IV C 1 – S 1980-1/16/10010 :001, BStBl. I 2019, 527, Rn. 49.2.

334 *Wenzel* in Brandis/Heuermann, § 48 InvStG Rn. 2; *Hartmann* in BeckOK InvStG, § 49 Rn. 32.

gefordert.[335] In der Regel sollte es (auch nach den aufsichtsrechtlichen Vorschriften der §§ 278 ff. KAGB) ausreichend sein, den Rücknahmepreis und damit die Bewertung bei jeder Möglichkeit von Rückgaben oder Veräußerungen zu ermitteln.[336] Dies ist insbesondere deshalb sinnvoll, weil nicht sämtliche Anlagegegenstände (bspw. Immobilien) täglich eine Bewertung erfordern. Kommt es im Falle der Veräußerung von Anlagegegenständen zu einer späteren Korrektur der bisherigen Bewertung, soll dies im Rahmen der Ermittlung der Fonds-Gewinne berücksichtigt werden.[337] Es kommt also nicht zu Besteuerungslücken, sofern nicht börsentäglich eine Bewertung vorgenommen wird, sondern lediglich zu einem späteren Ausweis des bislang unrealisierten Wertes, auf den die Steuerbefreiungen entsprechende Anwendung finden.[338]

Die Fonds-Gewinne sind, anders als noch unter dem InvStG 2004, als absolute Beträge in Euro zu ermitteln. Hierdurch soll im Vergleich zu der prozentual auf den Anteilspreis bezogenen Ermittlung der Steuerbefreiung im alten Recht eine Verfahrenserleichterung erreicht werden, da diese insbesondere bei Dachfonds für Intransparenz gesorgt hat.[339] Die Bekanntmachung der ermittelten Werte an den Anleger setzt keine bestimmte Form voraus. Sie müssen dem Anleger bspw. durch Brief, E-Mail oder Veröffentlichung auf der (ggf. passwortgeschützten) Internetseite des Spezial-Investmentfonds oder der Verwaltungsgesellschaft mitgeteilt werden.[340] Nicht ausreichend ist es dagegen, die Fonds-Gewinne nur über Finanzdienstleister wie WM-Datenservice zum Abruf bereit zu stellen.[341]

Wichtig ist, dass sich die Fonds-Gewinne gem. § 48 Abs. 1 S. 2 InvStG durch die Ausgabe oder Rücknahme von Anteilen nicht verändern. Hat ein Spezial-Investmentfonds bspw. 100 Anteile an einen Anleger ausgegeben und beläuft sich der Fonds-Aktiengewinn auf 1.000 Euro, entspräche dies 10 Euro je Anteil. Gibt

---

335 *Boxberger* in Weitnauer/Boxberger/Anders KAGB, § 48 InvStG Rn. 4; *Dorn*, InvStR, 231; *Link* in Herrmann/Heuer/Raupach EStG/KStG, § 48 InvStG Rn. 5 sowie die Gesetzesbegründung zum InvStRefG, BT-Drucks. 18/8045, 117.

336 Maßgeblich sind insbesondere § 279 Abs. 1 und Abs. 2 KAGB, wonach die Bewertungshäufigkeit sich danach zu richten hat, was im Einzelfall für die durch den Fonds gehaltenen Vermögensgegenstände sinnvoll ist, mindestens jedoch einmal pro Jahr, sowie Art. 74 der Level-II-Verordnung, wonach eine Bewertung bei jeder Berechnung des Nettoinventarwerts, insbesondere bei Ausgaben und Rücknahmen von Anteilen, zu erfolgen hat, *Hartmann* in BeckOK InvStG, § 48 Rn. 31; *Hartmann* in BeckOK InvStG 2004, § 5 Rn. 209 ff.

337 BMF vom 21.5.2019, Az. IV C 1 – S 1980-1/16/10010 :001, BStBl. I 2019, 527, Rn. 48.26.

338 Unklar ist hingegen, wie die Verpflichtung gegenüber ausländischen Spezial-Investmentfonds vollstreckt werden kann, *Wenzel* in Brandis/Heuermann, § 48 InvStG Rn. 13.

339 Gesetzesbegründung zum InvStRefG, BT-Drucks. 18/8045, 117.

340 *Hartmann* in BeckOK InvStG, § 48 Rn. 29; *Link* in Herrmann/Heuer/Raupach EStG/KStG, § 48 InvStG Rn. 5.

341 BMF vom 21.5.2019, Az. IV C 1 – S 1980-1/16/10010 :001, BStBl. I 2019, 527, Rn. 48.9 f.

der Anleger die Hälfte seiner Anteile zurück, würde sich der Fonds-Aktiengewinn auf die Hälfte der Anteile verteilen und läge damit bei 20 Euro je Anteil. Im umgekehrten Fall, in dem neue Anteile des Spezial-Investmentfonds ausgegeben werden, käme es zu einer Verringerung des Fonds-Aktiengewinns, wenn sich dieser auf die doppelte Anzahl von Anteilen verteilen würde.[342] Da dadurch weitestgehend vom Zufall abhängig wäre, wie hoch der Aktien-Gewinn je Anteil ist, hat der Fonds einen Ausgleichsposten zu bilden, über den die Systematik des unter dem InvStG 2004 geltenden und im InvStG 2018 abgeschafften Ertragsausgleichs i. S. v. § 9 InvStG 2004 beibehalten wird.[343] Ohne einen solchen Hilfsposten würden sich die Fonds-Gewinne durch den Ein- und Austritt von Anlegern konträr zu § 48 Abs. 1 S. 2 InvStG verändern. Für neu ausgegebene Anteile beträgt der Fonds-Aktiengewinn immer 0 Euro.[344]

Dazu, wie dies in der Praxis umzusetzen ist, gab es zunächst zwei Auffassungen. Zum einen wurden teilweise die Fonds-Gewinne je Anteil konstant gehalten (unveränderbare *anteilsbezogene* Fonds-Gewinne), zum anderen wurden die Fonds-Gewinne aller Anteile eines Anlegers nicht verändert (unveränderbare *absolute* Fonds-Gewinne).[345] Die Finanzverwaltung hat sich in Abkehrung von der alten Rechtslage des InvStG 2004 für unveränderbare absolute Fonds-Gewinne ausgesprochen, bei der die Fonds-Gewinne linear auf die ausgegebenen Anteile eines Anlegers verteilt werden.[346] Ebenso wirken sich Minderungen der Fonds-Gewinne auf alle Anteile eines Anlegers aus. Veräußert der Anleger einen Anteil, wird in Höhe des auf diesen Fondsanteil entfallenden Fonds-Gewinns ein Korrekturposten zum Ausgleich des auf Anlegerebene realisierten Gewinns erfasst („Korrekturposten Ausstiegs-Fonds-Aktiengewinn").[347]

Auffällig ist, dass auch das InvStG 2018 nicht ohne einen Mechanismus wie den an sich nicht mehr erwünschten Ertragsausgleich auskommt. Die Korrekturposten führen hier zwar anders als im InvStG 2004 nicht mehr zu einer steuerlichen Umqualifizierung von Einzahlungen auf Fondsebene,[348] sind aber dennoch in den einzelnen Schedulen der Fonds-Gewinne erforderlich, um die wünschenswerte

342 Vgl. dazu die ausführlichen Berechnungsbeispiele in BMF vom 28.8.2018, Az. IV C 1 – S 1980-1/16/10010 :001, DB 2018, 2214, Tz. II.1. und BMF vom 21.5.2019, Az. IV C 1 – S 1980-1/16/10010 :001, BStBl. I 2019, 527, Rn. 48.20 sowie die Erläuterungen von *Jensch/Ahrenholz/Ebner*, RdF 2018, 320, 324.

343 *Wenzel* in Brandis/Heuermann, § 48 InvStG Rn. 13; *Link* in Herrmann/Heuer/Raupach EStG/KStG, § 48 Rn. 5.

344 BMF vom 21.5.2019, Az. IV C 1 – S 1980-1/16/10010 :001, BStBl. I 2019, 527, Rn. 48.18.

345 Ersteres entspricht § 5 Abs. 2 S. 2 InvStG 2004, während unter dem InvStG 2018 beide Methoden vom Gesetzeswortlaut gedeckt sind, *Hartmann* in BeckOK InvStG, § 48 Rn. 38.

346 BMF vom 21.5.2019, Az. IV C 1 – S 1980-1/16/10010 :001, BStBl. I 2019, 527, Rn. 48.19.

347 BMF vom 21.5.2019, Az. IV C 1 – S 1980-1/16/10010 :001, BStBl. I 2019, 527, Rn. 48.22 und *Jensch/Ahrenholz/Ebner*, RdF 2018, 320, 324 f.; *Patzner/Harm*, BB 2018, 2711, 2715.

348 Ausführlich oben, § 4 III. 4.

Steuerfreiheit bestimmter Erträge auf Anlegerebene zu erreichen. Geändert hat sich mit dem InvStG 2018 nur, dass nicht mehr *ein* Korrekturposten (Ertragsausgleich) für den gesamten Fonds erforderlich ist, sondern, dass Korrekturposten für jeden Anleger und für jeden der drei Fonds-Gewinne zu bilden sind. Von einer Vereinfachung kann also auch hier keineswegs gesprochen werden.

Die Finanzverwaltung will es nicht beanstanden, wenn die Fonds-Gewinne während einer Übergangszeit bis zum 31.12.2019 anteilsbezogen ermittelt wurden.[349] In letzteren Fällen muss jedoch gewährleistet sein, dass sich hierdurch keine abweichenden Rechtsfolgen im Vergleich zu den absoluten Fonds-Gewinnen ergeben, was für den Übergang wiederum die Bildung von Korrekturposten erforderlich macht.[350] Bei ausschließlich steuerbefreiten Anlegern oder ausschließlich im Ausland ansässigen Anlegern kann von der Ermittlung der Fonds-Gewinne abgesehen werden.[351]

Bei Spezial-Investmentfonds mit nur einem Anleger greift ebenfalls eine Vereinfachung. Hier wird es die Finanzverwaltung nicht beanstanden, wenn auch für zu unterschiedlichen Zeitpunkten ausgegebene Anteile nur einheitliche Fonds-Gewinne geführt werden.[352] Diese Regelung ist zu begrüßen, da sie ein deutlich weniger administrativ und technologisch aufwendiges Reporting für Spezial-Investmentfonds mit nur einem Anleger mit sich bringt, die einen Großteil dieser Investmentmodelle darstellen.[353]

Im Zusammenhang mit der besitzzeitanteiligen Zurechnung der Erträge beim Anleger nach § 35 Abs. 6 InvStG hat der Spezial-Investmentfonds also unterschiedliche Fonds-Gewinne für zu unterschiedlichen Zeitpunkten beteiligte Anleger und für zu unterschiedlichen Zeitpunkten erworbene Spezial-Investmentfondsanteile zu ermitteln.[354] Nach § 51 Abs. 1 InvStG sind die Fonds-Gewinne gegenüber dem Spezial-Investmentfonds und dem Anleger einheitlich und gesondert festzustellen.

Die Beispielrechnungen der Finanzverwaltung[355] belegen ein hohes Maß an Komplexität der Ermittlung der Fonds-Gewinne. Hierbei ist zu bedenken, dass

349 BMF vom 21.5.2019, Az. IV C 1 – S 1980-1/16/10010 :001, BStBl. I 2019, 527, Rn. 48.18, mit ausführlichen Berechnungsbeispielen ab Rn. 48.20.

350 BMF vom 21.5.2019, Az. IV C 1 – S 1980-1/16/10010 :001, BStBl. I 2019, 527, Rn. 48.30 ff., vgl. dazu auch die ausführlichen Berechnungsbeispiele; zur Überleitung bei Dach-Spezial-Investmentfonds vgl. auch *Jensch/Ahrenholz/Ebner*, RdF 2018, 320, 325.

351 BMF vom 21.5.2019, Az. IV C 1 – S 1980-1/16/10010 :001, BStBl. I 2019, 527, Rn. 48.7.

352 BMF vom 28.8.2018, Az. IV C 1 – S 1980-1/16/10010:011, DB 2018, 2214, Tz. III.; *Link* in Herrmann/Heuer/Raupach EStG/KStG, § 48 InvStG Rn. 5.

353 *Patzner/Harm*, BB 2018, 2711, 2715.

354 *Jensch/Ahrenholz/Ebner*, RdF 2018, 320, 324; *Wenzel* in Brandis/Heuermann, § 48 InvStG Rn. 13; zur Wechselwirkung von § 35 Abs. 6 InvStG im Hinblick auf den Zuflusszeitpunkt von Teilausschüttungen gem. § 36 Abs. 4 und Abs. 5 InvStG vgl. *Hagen/Schober*, BB 2019, 1693, 1697.

355 BMF vom 28.8.2018, Az. IV C 1 – S 1980-1/16/10010 :001, Tz. II.1., DB 2018, 2214 und BMF vom 21.5.2019, Az. IV C 1 – S 1980-1/16/10010 :001, BStBl. I 2019, 527, Rn. 48.20.

es sich bei den viele Seiten des BMF-Schreibens füllenden Berechnungen nur um vereinfachte und abstrakte Beispielrechnungen handelt. Dem Vernehmen nach kann die Ermittlung der notwenigen Daten für die einheitliche und gesonderte Feststellung nach § 51 Abs. 1 InvStG aufgrund der erforderlichen Summen- und Saldenlisten sowie der Unterlagen zur Aufteilung der Einkünfte auf die einzelnen Anleger gem. § 51 Abs. 4 Nr. 6 und Nr. 7 InvStG unter Einbeziehung „echter" Wertpapiertransaktionen und bei einer Vielzahl von Anlegern leicht ein Ausmaß von 100 (!) Aktenordnern erreichen. Da die Besteuerungsgrundlagen gem. § 150 Abs. 1 S. 3 AO durch den Erklärungspflichtigen selbst festgestellt werden, und nicht erst in einem förmlichen Steuerbescheid der Finanzverwaltung, gelten sie mit Eingang unter dem Vorbehalt der Nachprüfung nach § 164 AO als festgestellt (Steueranmeldung).[356] Erfolgt bspw. im Zuge einer Außenprüfung gem. § 5 Abs. 2 S. 1 Nr. 3 InvStG zu einem späteren Zeitpunkt eine Änderung, wirkt sich die Änderung im Fehlerjahr aus und hat damit Auswirkungen auf die Steuerfestsetzung der Anleger des Spezial-Investmentfonds in diesem Fehlerjahr.[357] Damit sind die Besteuerungsgrundlagen erneut zutreffend zu ermitteln – mit entsprechenden Auswirkungen auf die möglicherweise ebenfalls bereits in der Vergangenheit liegenden Folgejahre.

An dieser Stelle sollte man sich noch einmal die ursprüngliche Intention des Gesetzgebers für die Einführung des InvStG 2018 vor Augen führen, die nicht zuletzt einen Vereinfachungsgedanken beinhaltete.[358] Statt einer Vereinfachung enthalten die Regelungen zur Ermittlung des Fonds-Aktiengewinns ein kaum mehr zumutbares Maß an Einzelfallgenauigkeit und tragen durch das Modell der Steueranmeldung darüber hinaus auch noch ein erhebliches Risiko nachträglicher Änderungen in sich. Zwar beschleunigt die Steueranmeldung das Steuerfestsetzungsverfahren,[359] sie birgt jedoch auch ein höheres Risiko für spätere Änderungen, da wegen der Komplexität der Materie eine abschließende Prüfung in der Praxis regelmäßig erst im Rahmen einer Außenprüfung erfolgt.[360] Im Sinne der Rechtssicherheit stellt dies für alle Beteiligten einen unbefriedigenden Zustand dar.

b) Umfang des Fonds-Aktiengewinns

In den Fonds-Aktiengewinn werden gem. § 48 Abs. 3 Nr. 1 und Nr. 2 InvStG sowohl realisierte als auch nicht realisierte Wertveränderungen (Gewinne und Verluste)[361] aus direkten Beteiligungen des Spezial-Investmentfonds an Aktiengesellschaften,

---

356 Einer Feststellung der Besteuerungsgrundlagen durch Bescheid bedarf es nur, wenn diese abweichend von der Erklärung zu erfolgen hat oder die Feststellungserklärung nicht abgeben wurde, *Schmidt* in BeckOK InvStG, § 51 Rn. 65.

357 *Schmidt* in BeckOK InvStG, § 51 Rn. 66.

358 Gesetzesbegründung zum InvStRefG, BT-Drucks. 18/8045, 56.

359 *Cöster* in Koenig AO, § 168 Rn. 1.

360 *Boxberger* in Weitnauer/Boxberger/Anders KAGB, § 51 InvStG Rn. 12.

361 Gesetzesbegründung zum InvStRefG, BT-Drucks. 18/8045, 118.

GmbHs und anderen Körperschaften, Personenvereinigungen und Vermögensmassen, die zu Einkünften i. S. v. § 20 Abs. 1 Nr. 1 EStG führen, einbezogen (sog. originärer Fonds-Aktiengewinn).[362] Ebenso werden durch § 48 Abs. 3 Nr. 3 und Nr. 4 InvStG auch diejenigen realisierten und unrealisierten Gewinne eines Dach-Spezial-Investmentfonds aus den vorgenannten Anteilen erfasst, die aus mittelbar über Ziel-Investmentfonds gehaltenen Beteiligungen erzielt werden (sog. derivativer Fonds-Aktiengewinn).[363] Die Aufzählung in § 43 Abs. 3 InvStG ist abschließend.[364] Bei Letzteren nimmt der Dach-Spezial-Investmentfonds die Stellung des Anlegers des Ziel-Spezial-Investmentfonds ein, so dass bei ihm die Anleger-Gewinne i. S. v. § 49 InvStG sowohl für realisierte (§ 48 Abs. 3 Nr. 3 InvStG) als auch für unrealisierte (§ 48 Abs. 3 Nr. 4 InvStG) Wertveränderungen auf Ebene der Zielfonds in den Fonds-Aktiengewinn einbezogen werden.[365]

Fonds-Aktiengewinne können nur solche Gewinne sein, die der Spezial-Investmentfonds noch nicht ausgeschüttet hat und die auch nicht aufgrund der Ausschüttungsfiktion in § 36 InvStG ausschüttungsgleiche Erträge darstellen, § 48 Abs. 3 S. 1 InvStG.[366] Sofern die ausschüttende Gesellschaft in ihrem Ansässigkeitsstaat keiner Ertragsbesteuerung unterliegt oder hiervon befreit ist, greift die Ausnahme in § 48 Abs. 4 Nr. 1 und Nr. 2 InvStG, wonach diese Ertragsbestandteile nicht in den (später ebenfalls steuerbefreiten) Fonds-Aktiengewinn einzubeziehen sind.[367] Um auch die ausgeschütteten Gewinne ausländischer REIT-Gesellschaften zu erfassen, die auf Ebene des REIT häufig steuerbefreit sind, sofern sie ausgeschüttet werden, sind diese nach § 48 Abs. 4 Nr. 3 InvStG ebenfalls nicht in den Fonds-Aktiengewinn einzubeziehen.[368]

Einzubeziehen sind gem. § 48 Abs. 4 S. 2 InvStG dagegen Verluste aus Derivaten, sofern dies der Vermeidung von steuerlichen Gestaltungen, insbesondere von Kopplungsgeschäften, dient.[369] Dies meint bspw. den Fall, dass der Spezial-Investmentfonds eine Aktie zu einem bestimmten in der Zukunft liegenden Zeitpunkt und einem bei Abschluss des Termingeschäfts fest vereinbarten Preis verkauft, wobei er sich auch

---

362 *Hartmann* in BeckOK InvStG, § 48 Rn. 60; zur unterschiedlichen Behandlung der realisierten Veräußerungsgewinne bei der Zurechnung der Einkünfte nach § 35 InvStG und bei der Ermittlung des anlegerspezifischen Fonds-Aktiengewinns *Patzner/Harm*, BB 2018, 2711, 2715.

363 *Link* in Herrmann/Heuer/Raupach EStG/KStG, § 48 InvStG Rn. 15; *Hartmann* in BeckOK InvStG, § 48 Rn. 66. Dagegen fallen Anteile an körperschaftlich strukturierten (Spezial-)Investmentfonds nicht in den Anwendungsbereich der Norm, BMF vom 21.5.2019, Az. IV C 1 – S 1980-1/16/10010 :001, BStBl. I 2019, 527, Rn. 48.63.

364 *Boxberger* in Weitnauer/Boxberger/Anders KAGB, § 48 InvStG Rn. 9.

365 *Hartmann* in Herrmann/Heuer/Raupach EStG/KStG, § 48 InvStG Rn. 15.

366 Gesetzesbegründung zum InvStRefG, BT-Drucks. 18/8045, 118.

367 BMF vom 21.5.2019, Az. IV C 1 – S 1980-1/16/10010 :001, BStBl. I 2019, 527, Rn. 48.65.

368 Gesetzesbegründung zum InvStRefG, BT-Drucks. 18/8045, 119.

369 Siehe dazu das Beispiel in der Gesetzesbegründung zum InvStRefG, BT-Drucks. 18/8045, 110 f., sowie BMF vom 21.5.2019, Az. IV C 1 – S 1980-1/16/10010 :001, BStBl. I 2019, 527, Rn. 39.15 ff.; ausführlich zu Kopplungsgeschäften *Völker*, DStR 2016,

das Recht auf einen Differenzausgleich vorbehält.[370] Gleichzeitig erwirbt er eine Option, die ihn dazu berechtigt, die Aktie zum besagten Datum zum gleichen Preis zu beziehen. Steigt die Aktie über den vereinbarten Preis, übt er die Option aus und verkauft anschließend die zuvor physisch gelieferten Aktien mit Gewinn, der in den steuerbefreiten Aktiengewinn gem. § 48 Abs. 3 Nr. 1 InvStG einbezogen würde. Der Verlust aus dem Termingeschäft in Höhe des Differenzausgleichs zwischen Kurswert und vereinbartem Verkaufspreis wäre ohne § 48 Abs. 4 S. 2 InvStG nicht dem Fonds-Aktiengewinn, sondern den Termingeschäftsverlusten zuzuordnen.[371]

Voraussetzung für die Einbeziehung der Termingeschäftsverluste in den Aktiengewinn, und damit für deren Neutralisierung, ist jedoch eine konzeptionelle Gestaltung, die sich nicht notwendigerweise auf dieselbe Aktie beziehen muss, sondern auch bei unterschiedlichen Aktiengattungen oder Aktienkörben zur Anwendung kommen soll.[372] Der Begriff der „konzeptionellen Gestaltung" ist sehr weit gefasst und vermutlich bewusst nicht näher definiert. Sie soll bspw. dann gegeben sein, wenn beide Geschäfte gleichzeitig und mit einer Gegenpartei vereinbart werden.[373] Sofern die Investoren des Spezial-Investmentfonds also bereit wären, ein aus den beiden Geschäften resultierendes Kursrisiko zu tragen, das sich daraus ergibt, dass beide Geschäfte nicht zu 100 % deckungsgleich geschlossen werden, könnte im Umkehrschluss möglicherweise das Merkmal der konzeptionellen Gestaltung vermieden werden. Ferner könnten entsprechende Geschäfte nur gelegentlich und nicht ausschließlich betrieben werden, so dass sich der steuerliche Vorteil lediglich eine Begleiterscheinung darstellen könnte. Dies entsprechend zu gestalten, sollte keine allzu große Herausforderung darstellen.[374]

Trotz des weiten Verständnisses des Gesetzgebers der von § 39 Abs. 3 und § 48 Abs. 4 S. 2 InvStG erfassten Geschäfte[375] weisen die Normen Unzulänglichkeiten auf. Zwar sind die bekannten Gestaltungen unattraktiv geworden und dem Ziel des InvStRefG, unerwünschte Gestaltungen einzudämmen, ist somit in einem

265; *Völker*, DStR 2016, 334; zur Rechtslage unter dem InvStG 2004 *Köhler/Höfer-Grosjean*, RdF 2021, 114.

370 *Ratschow* in Brandis/Heuermann, § 20 EStG Rn. 368 und Rn. 425.

371 Insoweit ist § 48 Abs. 4 S. 2 InvStG Parallelregelung zu § 39 Abs. 3 InvStG, der die Kopplungsgeschäfte auch bei der Berücksichtigung von Werbungskosten berücksichtigt. Vgl. in diesem Zusammenhang die Ausführungen zu § 39 Abs. 3 InvStG von *Mann* in Weitnauer/Boxberger/Anders KAGB, § 39 InvStG Rn. 3.

372 Gesetzesbegründung zum InvStRefG, BT-Drucks. 18/8045, 111; BMF vom 21.5.2019, Az. IV C 1 – S 1980-1/16/10010 :001, BStBl. I 2019, 527, Rn. 39.18.

373 *Klein* in Herrmann/Heuer/Raupach EStG/KStG, § 39 InvStG Rn. 15.

374 In die gleiche Richtung zielt auch § 49 Abs. 4 InvStG, der die entsprechende Anwendung von § 15b EStG auf Verluste aus dem Verkauf von Spezial-Investmentfondsanteilen anordnet, *Wenzel* in Brandis/Heuermann, § 49 InvStG Rn. 27; der Verweis wird jedoch als missglückt bezeichnet, da § 15b EStG in der Regel keine Anwendung auf Spezial-Investmentfonds finden sollte, *Hartmann* in BeckOK InvStG, § 49 Rn. 50, 51; *Wenzel* in Brandis/Heuermann, § 49 InvStG Rn. 28.

375 Gesetzesbegründung zum InvStRefG, BT-Drucks. 18/8045, 110, f.

gewissen Maße Rechnung getragen. Ferner entsteht durch die vage Formulierung im Zusammenhang mit einer möglichen späteren Außenprüfung ein gewisses Maß an Rechtsunsicherheit, dass sich u. U. abschreckend auswirken könnte. Dennoch kann der Mechanismus der Kopplungsgeschäfte auch unter dem InvStG 2018 weiter genutzt werden. Hierfür ist lediglich erforderlich, dass das „Grundgeschäft" nicht den Kauf einer Aktie, sondern bspw. den eines ETFs beinhaltet. Sofern der ETF als Aktienfonds i. S. v. § 2 Abs. 6 InvStG qualifiziert, fällt ein hieraus resultierender Veräußerungsgewinn nicht in den Fonds-Aktiengewinn gem. § 48 Abs. 3 InvStG, sondern in den Fonds-Teilfreistellungsgewinn i. S. v. § 48 Abs. 6 Nr. 2 InvStG,[376] der in vollem Umfang von der Besteuerung freizustellen und für den keine Verrechnung mit Derivateverlusten vorgesehen ist.[377] Um auch diesen Einzelfall künftig zu verhindern, bedürfte es einer gesetzlichen Ergänzung. Das Bespiel zeigt, dass sich die Vermeidung von Gestaltungen im InvStG 2018 häufig auf die Regelung (bekannter) unerwünschter Einzelfälle bezieht, statt eine grundsätzliche Lösung zu normieren, die für eine Vielzahl von Fällen Anwendung finden kann.

§ 48 Abs. 6 InvStG sollte im Hinblick auf das vorstehend Gesagte um einen S. 3 ergänzt werden (Änderungen des Verfassers unterstrichen und kursiv):

> [...] *Verluste aus Finanzderivaten mindern den Fonds-Teilfreistellungsgewinn, wenn der Spezial-Investmentfonds im Rahmen einer konzeptionellen Gestaltung Verluste aus Finanzderivaten und in gleicher oder ähnlicher Höhe Wertveränderungen nach Satz 2 Nummer 2 herbeigeführt hat.*

c) Umfang des Fonds-Abkommensgewinns

Der grundsätzlichen Logik des Fonds-Aktiengewinns folgend, definiert § 48 Abs. 5 InvStG den steuerfreien Fonds-Abkommensgewinn, also diejenigen Erträge und realisierten sowie nicht realisierten Wertveränderungen, die nach § 43 Abs. 1 S. 1 InvStG aufgrund eines Doppelbesteuerungsabkommens im Inland steuerbefreit sind.[378] Hierunter fallen wie bereits erwähnt insbesondere direkt bezogene laufende Immobilienerträge wie Mieten oder Pachten und Veräußerungsgewinne aus Immobilien und Immobiliengesellschaften, wenn ihr Vermögen zu mehr als 50 % aus Immobilien besteht (sog. originärer Fonds-Abkommensgewinn).[379] Werbungskosten sind im Rahmen der Ermittlung des Fonds-Abkommensgewinns

376 Ausführlich unten, § 12 III. 2. d).

377 BMF vom 21.5.2019, Az. IV C 1 – S 1980-1/16/10010 :001, BStBl. I 2019, 527, Rn. 48.75.

378 Gesetzesbegründung zum InvStRefG, BT-Drucks. 18/8045, 119; ausführlich zu § 43 InvStG oben, § 12 II. 4. b).

379 *Link* in Herrmann/Heuer/Raupach EStG/KStG, § 48 InvStG Rn. 25; *Hartmann* in BeckOK InvStG, § 48 InvStG Rn. 103; siehe zu Immobilieninvestitionen über Spezial-Investmentfonds auch *Bindl/Leidel*, DB 2018, 722; *Bindl/Stadler*, BB 2017, 1943.

zum Abzug zu bringen.[380] Abkommensrechtliche Subject-to-Tax-Klauseln oder Limitation-on-Benefits-Klauseln und nationale Beschränkungen der Freistellung wie etwa § 50d Abs. 9 EStG gelten auch hier.[381]

Die Steuerbefreiung gilt sowohl für direkt gehaltene Vermögenswerte als auch für mittelbar gehaltene Vermögenswerte in Dach-Spezialinvestmentfonds-Konstellationen nach § 48 Abs. 5 Nr. 3 und Nr. 4 InvStG.[382] Bei Letzteren nimmt der Dach-Spezial-Investmentfonds die Stellung des Anlegers des Ziel-Spezial-Investmentfonds ein, so dass bei ihm die Anleger-Gewinne i. S. v. § 49 InvStG sowohl für realisierte (§ 48 Abs. 5 Nr. 3 InvStG) als auch für unrealisierte (§ 48 Abs. 5 Nr. 4 InvStG) Wertveränderungen auf Ebene der Zielfonds in den Fonds-Abkommensgewinn einbezogen werden (sog. derivativer Fonds-Abkommensgewinn).[383] Voraussetzung für die Einbeziehung in den Fonds-Abkommensgewinn ist gem. § 48 Abs. 5 S. 1 InvStG, dass die Erträge nicht bereits ausgeschüttet wurden oder als ausgeschüttet gelten.

d) Umfang des Fonds-Teilfreistellungsgewinns

Auch in Bezug auf den Fonds-Teilfreistellungsgewinn gem. § 48 Abs. 6 InvStG setzt sich die Systematik des Fonds-Aktien- und des Fonds-Abkommensgewinns weiter fort.[384] Die Steuerbefreiungen, die § 20 InvStG bei Investitionen in Investmentfonds vorsieht, sollen sowohl bei einer direkten Investition des Spezial-Investmentfonds als auch bei einer mittelbaren Investition in Dach-Spezial-Investmentfonds-Konstellationen an den Anleger vermittelt werden.[385] Die Steuerbefreiung gilt für sämtliche Erträge i. S. d. § 16 Abs. 1 Nr. 1 bis Nr. 3 InvStG, also für Ausschüttungen, Vorabpauschalen und Veräußerungsgewinne, die nicht bereits ausgeschüttet wurden oder als ausgeschüttet gelten, § 48 Abs. 6 S. 2 InvStG. Im Gegensatz zum Fonds-Aktien- und Fonds-Abkommensgewinn hat der Spezial-Investmentfonds allerdings nicht nur einen Fonds-Teilfreistellungsgewinn zu ermitteln, sondern die Differenzierung des § 20 InvStG fortzuführen.[386] Daher ist auf Ebene des Spezial-Investmentfonds für jeden Anleger besitzzeitanteilig der Fonds-Teilfreistellungsgewinn für private Anleger, für betriebliche Anleger und für Kapitalgesellschaften zu ermitteln und dabei die Teilfreistellung des Zielfonds zu

---

380 *Wenzel* in Brandis/Heuermann, § 48 InvStG Rn. 32.

381 BMF vom 21.5.2019, Az. IV C 1 – S 1980-1/16/10010 :001, BStBl. I 2019, 527, Rn. 48.69.

382 BMF vom 21.5.2019, Az. IV C 1 – S 1980-1/16/10010 :001, BStBl. I 2019, 527, Rn. 48.68.

383 *Link* in Herrmann/Heuer/Raupach EStG/KStG, § 48 InvStG Rn. 25; *Hartmann* in BeckOK InvStG, § 48 Rn. 109.

384 *Ebner*, RdF 2018, 132, 139.

385 Die mittelbare Anlage über Ziel-Spezial-Investmentfonds in begünstigte Investmentfonds kann auch mittels einer drei- oder mehrstufigen Fondsstruktur geschehen, vgl. BMF vom 21.5.2019, Az. IV C 1 – S 1980-1/16/10010 :001, BStBl. I 2019, 527, Rn. 48.71. Zu den Begrifflichkeiten *Bindl/Stadler*, BB 2017, 1943, 1945.

386 *Wenzel* in Brandis/Heuermann, § 48 InvStG Rn. 36.

berücksichtigen.[387] Je nachdem, ob es sich um einen Aktien-, Misch- oder Immobilienfonds i. S. v. § 20 Abs. 1, Abs. 2 oder Abs. 3 InvStG handelt, ist bei Ermittlung des Fonds-Teilfreistellungsgewinns eine Steuerbefreiung zwischen 15 % und 80 % zu berücksichtigen.[388]

Während der Fonds-Teilfreistellungsgewinn im Hinblick auf die Privatanleger wegen der Beschränkung in § 26 Nr. 8 InvStG eine untergeordnete Rolle spielen dürfte, kommt der Steuerbefreiung für betriebliche Anleger und Kapitalgesellschaften erhebliche Bedeutung zu. Auch für Lebens- und Krankenversicherungsunternehmen gelten die Befreiungen für Privatanleger, wenn deren Spezial-Investmentfondsanteile den Kapitalanlagen zuzurechnen sind, sowie für Kredit- und Finanzdienstleistungsinstitute bei Zuordnung zum Handelsbestand oder wenn die Erzielung kurzfristiger Eigenhandelserfolge angestrebt ist.[389] Für institutionelle Anleger von Spezial-AIF, die bis zum 31.12.2017 auch steuerlich als Spezialfonds qualifizierten, eröffnet sich so die Möglichkeit, das Freistellungspotential ihres vorhandenen Aktienbestands durch Gründung eines weiteren Spezial-AIF zu heben. Qualifiziert dieser als steuerlicher Aktienfonds nach § 2 Abs. 6 InvStG, kann die volle Steuerbefreiung nach § 20 Abs. 1 bis Abs. 3 InvStG vermittelt werden.[390]

Auch hier wird die gesteigerte Komplexität des InvStG 2018 sichtbar. Nach § 48 Abs. 6 InvStG ist nicht ein Fonds-Teilfreistellungsgewinn zu ermitteln, sondern drei für drei verschiedene Anlegergruppen. Dadurch sind hier 16 unterschiedliche Gründe[391] für eine Steuerbefreiung auf Anlegerebene zu berücksichtigen. So mag im Einzelfall zwar eine halbwegs sachgerechte Besteuerung erreicht werden, von Vereinfachung kann jedoch keine Rede sein.

3. „Anleger-Gewinne“ gem. § 49 InvStG

a) Umfang und Ermittlung der Anlegergewinne

Gewinne und Verluste aus der Veräußerung von Spezial-Investmentfonds führen bei Anlegern zu Spezial-Investmenterträgen gem. § 20 Abs. 1 Nr. 3a EStG i. V. m. § 34 Abs. 1 Nr. 3 InvStG. Werden die Spezial-Investmentanteile in einem Betriebsvermögen gehalten, sind die Spezial-Investmenterträge den Einkünften aus Gewerbebetrieb zuzurechnen, § 20 Abs. 8 Satz 1 EStG.[392] Wird ein Anteil an

387 *Hartmann* in BeckOK InvStG, § 48 Rn. 115 ff.

388 Vgl. zu den Teilfreistellungssätzen die Tabelle unter § 9 II. 1. sowie die Berechnungsbeispiele in BMF vom 21.5.2019, Az. IV C 1 – S 1980-1/16/10010 :001, BStBl. I 2019, 527, Rn. 48.76 ff.

389 *Hartmann* in BeckOK InvStG, § 48 Rn. 116.

390 Vgl. dazu *Ebner*, RdF 2018, 132, 139. Die Aktien können dabei entweder durch Veräußerung oder durch Sacheinlage auf den Zielfonds übertragen werden.

391 Ausführlich oben, § 9 II. 1.

392 BMF vom 21.5.2019, Az. IV C 1 – S 1980-1/16/10010 :001, BStBl. I 2019, 527, Rn. 49.1. Auch bei Beteiligungen > 1 % ist § 17 EStG nicht anwendbar, vgl. *Wenzel* in Brandis/Heuermann, § 49 InvStG Rn. 21.

einem Spezial-Investmentfonds veräußert oder wird ein Gewinn auf andere Weise realisiert, so kommt es nach § 49 Abs. 1 S. 1 Nr. 1 InvStG zur Anwendung des Teileinkünfteverfahrens gem. § 3 Nr. 40 EStG und des Schachtelprivilegs i. S. v. § 8b KStG auf den Anleger-Aktiengewinn. Gleichgestellt sind gem. § 2 Abs. 13 InvStG die Rückgabe, Abtretung, Entnahme oder verdeckte Einlage.[393] Der Anleger-Abkommensgewinn sowie der Anleger-Teilfreistellungsgewinn sind nach § 49 Abs. 1 S. 1 Nr. 2 und Nr. 3 InvStG vollständig steuerbefreit. In allen drei Fällen ist § 44 InvStG anzuwenden, d. h. Aufwendungen, die im Zusammenhang mit steuerfreien Einnahmen stehen, können insoweit nicht zum Abzug gebracht werden.[394]

§ 49 InvStG steht in engem Zusammenhang zu § 48 InvStG. Während Letzterer vorschreibt, welche Werte der Spezial-Investmentfonds auf Fondsebene zu ermitteln hat, leitet § 49 InvStG daraus die für den jeweiligen Anleger maßgeblichen Werte ab.[395] Dies ist erforderlich, da bei einer Vielzahl von Anlegern und Erwerbszeitpunkten nur die Fondsgewinne bei dem einzelnen Anleger erfasst bzw. herausgefiltert werden sollen, die während seiner Besitzzeit angefallen sind.[396] Deshalb ist der Wert des Investmentanteils bei Veräußerung oder Bewertung in die Fonds-Anlegergewinne aufzuteilen.[397] Insoweit stellen die Fonds-Gewinne lediglich eine Stichtagsbetrachtung ohne direkte Auswirkungen beim Anleger dar.[398]

Während § 49 Abs. 1 InvStG den Begriff der Anleger-Gewinne einführt, werden sie in Abs. 2 näher definiert. Nach § 49 Abs. 2 S. 1 InvStG ist die Differenz zwischen dem Fonds-Aktiengewinn bei Veräußerung und bei Erwerb des Anteils, bereinigt um etwaige Teilwertzu- oder -abschreibungen gem. § 49 Abs. 2 S. 4 und S. 5 InvStG, zu ermitteln. Die positiven Anleger-Gewinne mindern (außerbilanziell) den steuerpflichtigen Gewinn aus der Veräußerung. Umgekehrt können jedoch auch negative Anleger-Gewinne entstehen, die bei einer Veräußerung des Spezial-Investmentanteils außerbilanziell hinzuzurechnen sind und damit die Steuerlast des Anlegers erhöhen.[399] Entsprechendes gilt für den Anleger-Abkommensgewinn und den Anleger-Teilfreistellungsgewinn, sofern sich keine abweichenden Regelungen finden.[400]

---

393 So auch der Ansatz über dem Buchwert bei Vorgängen nach UmwStG, BMF vom 21.5.2019, Az. IV C 1 – S 1980-1/16/10010 :001, BStBl. I 2019, 527, Rn. 49.4.

394 Ausführlich oben, § 9 III. Die Finanzverwaltung vertritt die Auffassung, dass bei einer Bewertung der Spezial-Investmentfondsanteile die Reihenfolge in § 49 Abs. 1 Satz 1 InvStG einzuhalten ist bzw. der Anleger an eine davon abweichende Reihenfolge gebunden sei, vgl. BMF vom 21.5.2019, Az. IV C 1 – S 1980-1/16/10010 :001, BStBl. I 2019, 527, Rn. 49.27.

395 *Hartmann* in BeckOK InvStG, § 49 Rn. 2.

396 *Link* in Herrmann/Heuer/Raupach EStG/KStG, § 49 InvStG Rn. 1.

397 *Dorn*, InvStR, 242.

398 *Wenzel* in Brandis/Heuermann, § 49 InvStG Rn. 10.

399 Gesetzesbegründung zum InvStRefG, BT-Drucks. 18/8045, 117.

400 BMF vom 21.5.2019, Az. IV C 1 – S 1980-1/16/10010 :001, BStBl. I 2019, 527, 49.12.

Sofern ausnahmsweise noch Anteile eines Spezial-Investmentfonds im Privatvermögen gehalten werden, gelten gem. § 49 Abs. 3 S. 1 InvStG für die Ermittlung des Gewinns aus der Veräußerung § 20 Abs. 4 EStG und das Berechnungsschema in § 49 Abs. 3 S. 2 bis S. 5 InvStG.[401] Wenn die Anteile im Betriebsvermögen gehalten werden, sind die Modifikationen des Ermittlungsschemas der S. 2 bis S. 5 zu berücksichtigen.[402] Bilanzierende Anleger haben bereits während der Haltedauer der Spezial-Investmentanteile entsprechende Ausgleichsposten in der Bilanz zu bilden, die bei Realisierung aufzulösen sind.[403] Der Gewinn ist gem. § 34 Abs. 1 Nr. 3 InvStG unter die Spezial-Investmenterträge i. S. v. § 20 Abs. 1 Nr. 3a EStG zu fassen und unterliegt gem. § 50 Abs. 1 S. 2 Nr. 2 InvStG dem KapESt-Abzug i. H. v. 15 % durch den Spezial-Investmentfonds als Entrichtungspflichtigen i. S. v. § 50 Abs. 1 S. 1 InvStG.[404]

Der Veräußerungsgewinn ist gem. § 49 Abs. 3 S. 2 InvStG um die bereits während der Besitzzeit besteuerten ausschüttungsgleichen Erträge zu mindern sowie um die auf diese Erträge gezahlten inländischen und ausländischen Steuern zu erhöhen. Erstattete Steuern sind wiederum zum Abzug zu bringen. Dies ist im Hinblick auf die ausschüttungsgleichen Erträge folgerichtig, um eine doppelte Besteuerung zu verhindern, und entspricht § 8 Abs. 5 S. 3 InvStG 2004.[405] Hintergrund der Erhöhung des vorläufigen Veräußerungsgewinns um die in- und ausländischen Steuern ist, dass sich die ausschüttungsgleichen Erträge nicht in vollem Umfang im Wert des Fondanteils niederschlagen, sondern nur insoweit, wie sie sich nach Einbehalt der vorgenannten Steuern darstellen. Insbesondere in- und ausländische Quellensteuern, Steuern auf Ebene des Spezial-Investmentfonds (§ 29 InvStG) sowie einbehaltene Quellensteuern auf der Fondsausgangsseite (§ 50 Abs. 1 S. 2 Nr. 1 InvStG) führen dazu, dass hier nicht nur der dem Fonds verbleibende Nettobetrag berücksichtigt werden soll, sondern eine Korrektur um den Bruttobetrag erfolgt.[406] Dementsprechend sind erstattete Steuern gegenzurechnen, § 49 Abs. 3 S. 2 Nr. 2 2. HS InvStG.

Gem. § 49 Abs. 3 S. 3 InvStG sind tatsächlich ausgeschüttete ausschüttungsgleiche Erträge der Vorjahre dem Veräußerungserlös hinzuzurechnen. Grund hierfür ist, dass der Anteilswert durch die Ausschüttung sinkt, die, weil sie bereits

---

401 Vgl. die Berechnungsbeispiele BMF vom 21.5.2019, Az. IV C 1 – S 1980-1/16/10010 :001, BStBl. I 2019, 527, Rn. 49.17 ff.

402 *Hartmann* in BeckOK InvStG, § 49 Rn. 41; *Link* in Herrmann/Heuer/Raupach EStG/KStG, § 49 InvStG Rn. 15, der sowohl den Wortlaut als auch die systematische Stellung der Norm für missglückt hält.

403 Gesetzesbegründung zum InvStRefG, BT-Drucks. 18/8045, 121.

404 *Wenzel* in Brandis/Heuermann, § 49 InvStG Rn. 21.

405 Dazu *Büttner/Mücke* in Berger/Steck/Lübbehüsen InvStG 2004, § 8 Rn. 177. Vgl. auch BMF vom 21.5.2019, Az. IV C 1 – S 1980-1/16/10010 :001, BStBl. I 2019, 527, Rn. 49.39.

406 *Link* in Herrmann/Heuer/Raupach EStG/KStG, § 49 InvStG Rn. 15.

aufgrund von § 36 InvStG versteuert wurde, für den Anleger steuerfrei ist.[407] Die Regelung soll eine Nichtbesteuerung dieser Erträge verhindern. Gleiches gilt für die Erhöhung des Gewinns um Substanz- und Abesetzungsbeträge.[408] Dieser Logik folgend, werden nach § 49 Abs. 3 S. 5 InvStG die inländischen Beteiligungseinnahmen und sonstigen inländischen Erträge, die dem Anleger unmittelbar zugerechnet und bereits von ihm versteuert wurden, durch Minderung des Veräußerungsgewinns nicht noch einmal besteuert.[409] Mit dem JStG 2019[410] wurde in § 35 Abs. 3a InvStG der sog. Immobilien-Zurechnungsbetrag eingefügt.[411] Als Folgeänderung bestimmt der neu gefasste § 49 Abs. 3 S. 5 InvStG, dass Veräußerungsgewinne aus Spezial-Investmentfondsanteilen um die Immobilien-Zurechnungsbeträge gekürzt werden, sofern diese nicht ausgeschüttet wurden.[412]

Der Veräußerungsgewinn gem. § 49 Abs. 3 InvStG lässt sich schematisch wie folgt ermitteln:

Um eine doppelte Steuerbefreiung bei Zurechnung der ausschüttungsgleichen Erträge als auch bei der Anleger-Abkommensgewinn- und Anleger-Teilfreistellungsgewinnberechnung zu verhindern, sind die Anleger-Gewinnberechnungen um die nach § 43 Abs. 1 und 3 InvStG freigestellten Erträge zu korrigieren.[413] Der Anleger hat ausschüttungsgleiche Erträge durch Bildung eines aktiven Ausgleichspostens in der Steuerbilanz zu erfassen, wovon jedoch die Erträge, die unter den Fonds-Abkommensgewinn und den Fonds-Teilfreistellungsgewinn fallen, außerbilanziell abzuziehen sind. Daher ist der Anleger-Abkommensgewinn und der Anleger-Teilfreistellungsgewinn bei Veräußerung insoweit zu korrigieren (zu erhöhen), wie sie bei der nachlaufenden Erfassung der ausschüttungsgleichen Erträge nach § 43 Abs. 1 und Abs. 3 InvStG freigestellt werden. Der gebildete Ausgleichsposten ist aufwandswirksam aufzulösen.[414] Sofern der Anleger nicht sämtliche Anteile am gleichen Tag zurückgibt, ist es ihm nicht möglich, selbst die Korrektur des bei den Veräußerungen zu berücksichtigenden Anleger-Abkommensgewinns und Anleger-Teilfreistellungsgewinns zu berechnen, sondern er ist hierfür darauf angewiesen, dass die KVG ihm für jede zurückgegebene Tranche die Besteuerungsgrundlagen mitteilt.[415]

---

407 *Hartmann* in BeckOK InvStG, § 49 Rn. 42.

408 *Hartmann* in BeckOK InvStG 2004, § 8 Rn. 71; *Link* in Herrmann/Heuer/Raupach EStG/KStG, § 49 InvStG Rn. 15.

409 *Link* in Herrmann/Heuer/Raupach EStG/KStG, § 49 InvStG Rn. 15. Vgl. dazu auch das Berechnungsbeispiel in BMF vom 21.5.2019, Az. IV C 1 – S 1980-1/16/10010 :001, BStBl. I 2019, 527, Rn. 49.40.

410 JStG 2019 vom 12.12.2019, BGBl. I 2019, 2451.

411 Ausführlich oben, § 12 II. 1.

412 Vgl. dazu *Ebner*, RdF 2019, 314, 320.

413 BMF vom 21.5.2019, Az. IV C 1 – S 1980-1/16/10010 :001, BStBl. I 2019, 527, 49.39.

414 *Hartmann* in BeckOK InvStG, § 49 Rn. 45.4.

415 *Hartmann* in BeckOK InvStG, § 49 Rn. 44 mit ausführlichem Beispiel.

Schritt 1		Veräußerungs- oder Rücknahmepreis (abzgl. Der im unmittelbaren sachlichen Zusammenhang stehenden Aufwendungen)
Schritt 2	./.	Anschaffungskosten (inklusive Anschaffungsnebenkosten)
Schritt 3	./.	Besitzzeitanteilige ausschüttungsgleiche Erträge
Schritt 4	+	Auf diese Beträge gezahlte in- und ausländische Steuern, vermindert um die erstatteten Steuern
Schritt 5	+	Besitzzeitanteilige Ausschüttungen ausschüttungsgleicher Erträge der Vorjahre
Schritt 6	+	Während der Besitzzeit ausgeschüttete Substanzbeträge und Abzugsbeträge
Schritt 7	./.	Nach § 30 Abs. 1 InvStG dem Anleger bereits direkt zugerechnete, aber nicht ausgeschüttete inländische Beteiligungseinnahmen und sonstige inländische Einkünfte
	=	Gewinn aus der Veräußerung der Investmentanteile nach § 49 Abs. 3 InvStG

Tabelle 12: *Ermittlung des Veräußerungsgewinns gem. § 49 Abs. 3 InvStG*

(Quelle: *Dorn*, InvStR, 245; geringfügig abweichend *Wenzel* in Brandis/Heuermann, § 49 InvStG Rn. 23. So auch in BMF vom 21.5.2019, Az. IV C 1 – S 1980-1/16/10010:001, BStBl. I 2019, 527, Rn. 49.44 mit einem Berechnungsschema gem. Steuerbilanz).

b) Stellungnahme

Hier wird abermals die gesteigerte Komplexität des InvStG offensichtlich. Wenn der Anleger nicht selbst in der Lage ist, seine Besteuerungsgrundlagen zutreffend zu ermitteln, sondern hierfür auf Daten der KVG angewiesen ist, dürfte es auch der Finanzverwaltung schwerfallen, die Angaben zu überprüfen. In genau dieser Situation befanden sich jedoch auch Anleger und Finanzverwaltung unter dem InvStG 2004, was als einer der Gründe für eine Reform der Investmentbesteuerung angegeben wurde.[416] Insbesondere wurde dort bemängelt, dass die Besteuerungsgrundlagen üblicherweise von Banken ermittelt und von den Anlegern in ihre Steuererklärung übernommen werden, dies aber derart komplex ist und Kenntnis der Geschäftsvorfälle des Fonds voraussetzt, dass weder Anleger noch die Veranlagungsbeamten dies überprüfen können. Hieran hat sich durch das InvStRefG nichts geändert. Im Hinblick auf die §§ 48 und 49 InvStG wäre es sinnvoll gewesen, wenn der Gesetzgeber im Gesetzgebungsverfahren mehr Zeit investiert hätte, um eine weniger komplexe Lösung zu finden.

416 Gesetzesbegründung zum InvStRefG, BT-Drucks. 18/8045, 52.

In diesem Zusammenhang soll das Motiv des Gesetzgebers, die Besteuerung der Erträge auf Ebene des Anlegers vorzunehmen,[417] nochmals in Frage gestellt werden. Durch eine Besteuerung der Aktiengewinne bereits auf Fondsebene in Verbindung mit einer pauschalierten Steuerbefreiung auf Anlegerebene wie bei den Investmentfonds könnte der extrem hohe Ermittlungsaufwand besitzzeitanteiliger Erträge aller Anleger eingespart werden. U. U. könnten auch auf Ebene des Spezial-Investmentfonds eine noch umfassendere Besteuerung sämtlicher Erträge gewählt werden und dafür im Gegenzug Ausschüttungen, ausschüttungsgleiche Erträge und Veräußerungsgewinne auf Anlegerebene vollständig von der Steuer befreit werden. Inwieweit sich dies in das System der Investmentbesteuerung im europäischen Kontext integrieren ließe, müsste dann allerdings einer vertiefenden Betrachtung unterworfen werden.[418]

Das vorstehend Gesagte gilt umso mehr, da untenstehende vereinfachende Gegenüberstellung der Investmentfondsbesteuerung und der Spezial-Investmentfondsbesteuerung belegt, dass die Ergebnisse nicht gravierend auseinanderfallen, wenn man etwaige Spezialitäten bei der Betrachtung außen vor lässt. Vielmehr zeigt sich für einen GmbH-Anleger im günstigsten Fall ein Unterschied von etwa 88.000 Euro bezogen auf eine Anlagesumme von 100 Mio. Euro. Dies entspricht ca. 0,01 % bezogen auf die Anlagesumme. Es belegt, dass das hohe Maß an Komplexität der Spezial-Investmentfondsbesteuerung wirtschaftlich gar nicht notwendig ist und die Vielzahl der Anleger mit der Investmentfondsbesteuerung „auskommen“ sollten, da sie auf Anlegerebene wesentlich einfacher zu handhaben ist und dadurch dort zu wirtschaftlichen Vorteilen führen sollte.[419]

IV. Zusammenfassung zu § 12

Bei der Besteuerung der Anleger von Spezial-Investmentfonds werden wesentliche Elemente des InvStG 2004 erhalten und um Normen erweitert, welche mit der partiellen Steuerpflicht auf Fondsebene bzw. der vollständigen Transparenz umgehen. Dabei wird das grobe Gerüst der Besteuerung von Ausschüttungen, ausschüttungsgleichen Erträgen und Veräußerungsgewinnen beibehalten. Die §§ 42, 43, 48 und 49 InvStG sorgen dafür, dass in diesem System die Steuerbefreiungen der §§ 8b KStG und 3 Nr. 40 EStG auf Ebene des Anlegers Anwendung finden können oder sie in pauschalierter Form nachempfunden werden. Weiter werden die Steuerbefreiungen aufgrund eines DBA oder die Teilfreistellung aufgrund der Beteiligung an Ziel-Investmentfonds nach Kapitel 2 an die Anleger

417 *Lampert* in BeckOK InvStG, § 42 Rn. 1.
418 Vgl. auch unten, § 13 I 1. c).
419 Maßgeblich sind auch hier die Berechnungsannahmen aus § 9 II. 3. Für einen vollständigen Belastungsvergleich unten, § 16.

			Investmentfonds in GmbH bei Verkauf aller Fondsanteile
Ebene Fonds	Anlagevermögen		100.000.000
	Inländische Dividenden		175.000
	abzgl. 15% KSt inkl. SolZ		26.250
	Inl. Dividenden netto		148.750
	zzgl. ausl. Div. brutto		1.575.000
	abzgl. 15% QSt Ausland		236.250
	Ausl. Div. netto		1.338.750
	Dividenden gesamt		1.487.500
	zzgl. Zinsen		100.000
	zzgl. realisierte Kursgewinne Renten		100.000
	zzgl. realisierte Kursgewinne Aktien		2.800.000
	Nettoerträge vor Kosten		4.487.500
	abzgl. Kosten für KVG/Verwahrstelle		70.000
	abzgl. Management Fee netto		250.000
	Nettoerträge nach Kosten		4.167.500
Ebene GmbH			
	Veräußerung Investmentfonds		4.167.500
	Bemessungsgrundl. KSt + SolZ nach TF	80%	833.500
	abzgl. KSt + SolZ	15,825%	131.901
	Bemessungsgrundl. GewSt nach TF	40%	2.500.500
	abzgl. GewSt	15%	375.075
	Erträge netto		3.660.524
Ebene Gesellschafter	Dividende GmbH		3.660.524
	abzgl. AbgSt gesamt	28,00%	1.024.773
	Dividende netto		2.635.751
Vermögen vor Steuern und Kosten			104.750.000
Steuerbelastung			-1.794.249
Kosten			-320.000
Vermögen nach Steuern und Kosten Ebene GmbH			103.660.524
Vermögen nach Steuern und Kosten Ebene Gesellschafter			102.635.751

Tabelle 13: *GmbH mit Anlage in Investmentfonds*
(Quelle: Eigene Berechnungen)

		Spezial-Investmentfonds in GmbH ohne TO bei Verkauf			Spezial-Investmentfonds in GmbH mit TO bei Verkauf
Anlagevermögen		100.000.000	Anlagevermögen		100.000.000
Inländische Dividenden		175.000	Inländische Dividenden		175.000
abzgl. 15% KSt inkl. SolZ		26.250			
Inl. Dividenden netto		148.750			
zzgl. ausl. Div. brutto		1.575.000	zzgl. ausl. Div. brutto		1.575.000
abzgl. 15% QSt Ausland		236.250	abzgl. 15% QSt Ausland		236.250
Ausl. Div. netto		1.338.750	Ausl. Div. netto		1.338.750
Dividenden gesamt		1.487.500	Dividenden gesamt		1.513.750
zzgl. Zinsen		100.000	zzgl. Zinsen		100.000
zzgl. realisierte Kursgewinne Renten		100.000	zzgl. realisierte Kursgewinne Renten		100.000
zzgl. realisierte Kursgewinne Aktien		2.800.000	zzgl. realisierte Kursgewinne Aktien		2.800.000
Nettoerträge vor Kosten		4.487.500	Erträge vor Kosten		4.513.750
abzgl. Kosten für KVG/Verwahrstelle		70.000	abzgl. Kosten für KVG/Verwahrstelle		70.000
abzgl. Management Fee netto		250.000	abzgl. Management Fee netto		250.000
Nettoerträge nach Kosten		4.167.500	Nettoerträge nach Kosten		4.193.750
Agl. Erträge und Veräußerungsgewinn Spezial-Investmentfonds			Agl. Erträge und Veräußerungsgewinn Spezial-Investmentfonds		
inländische Dividenden KSt + SolZ TF	100%	0	Zurechnung inl. Divide nden aufgr. TO		175.000
inländische Dividenden GewSt TF	0%	148.750			
ausl. Dividenden		1.575.000	ausl. Dividenden		1.575.000
Zinsen		100.000	Zinsen		100.000
Kursgewinne Renten		100.000	Kursgewinne Renten		100.000
Anleger-Aktiengewinn 8b KStG	95%	140.000	Anleger-Aktiengewinn 8b K StG	95%	140.000
Bemessungsgrundlage KSt + SolZ		1.915.000	Bemessungsgrundlage KSt+ SolZ		2.090.000
abzgl. KSt + SolZ	15,825%	303.049	abzgl. KSt + SolZ	15,825%	330.743
Bemessungsgrundlage GewSt		2.063.750	Bemessungsgrundlage GewSt		2.090.000
abzgl. GewSt	15%	309.563	abzgl. GewSt	15%	313.500
QSt Ausland		236.250	QSt Ausland		236.250
davon anrechenbar		194.305	davon anrechenbar		178.035
Steuerbelastung nach Anrechnung		418.306	Steuerbelastung nach Anrechnung		466.207
Ertrag netto		4.305.444	Ertrag netto		4.750.000
Dividende GmbH		4.305.444	Dividende GmbH		4.750.000
abzgl. AbgSt gesamt	28,00%	1.205.320	abzgl. AbgSt gesamt	28,00%	1.329.774
Dividende netto		3.100.124	Dividende netto		3.420.226
		104.750.000			104.750.000
		-1.886.126			-2.032.232
		-320.000			-320.000
		103.749.194			103.727.543
		102.543.874			102.397.768

Tabelle 14: *GmbH mit Anlage in Spezial-Investmentfonds*
(Quelle: Eigene Berechnungen)

des Spezial-Investmentfonds weitergegeben. Dies gilt sowohl für die laufenden Erträge als auch für Veräußerungsgewinne.

Kennzeichnend ist dabei die strenge besitzzeitanteilige Ermittlung der Erträge je Anleger, die auf jegliche pauschalierte Betrachtungsweise verzichtet und einen erheblichen Komplexitätszuwachs bedeutet. Sie führt zu einem exponentiell gesteigerten Reporting- und Deklarationsaufwand und dazu, dass die Besteuerungsgrundlagen nur noch in steuerlichen Außenprüfungen überprüft und ggf. für die Vergangenheit geändert werden dürften. Durch die Kombination der drei

Besteuerungssysteme auf Fondsebene (einschließlich der Kapitel 2-Fonds), der unterschiedlichen Anlegertypen sowie der Unterscheidung zwischen inländischer und ausländischer Dividende und den Steuerbefreiungen auf Anlegerebene entsteht eine unübersichtliche Kasuistik. Auch wenn diese grundsätzlich etwas für den Anleger Positives bewirken soll, stellt sich die Frage, ob dieses Maß an Komplexität vor dem Hintergrund ähnlicher wirtschaftlicher Ergebnisse wirtschaftlich gerechtfertigt ist.

Dafür werden bisherige Steuerbefreiungen wie bspw. von Immobilienveräußerungen auch bei Spezial-Investmentfonds aufgegeben. Auch das Thesaurierungsprivileg wird durch einen fingierten Zufluss nach Ablauf von 15 Jahren eingeschränkt und betrifft wohl künftig nicht mehr sämtliche Veräußerungsgewinne.

Um den hohen Ermittlungsaufwand der strengen besitzzeitanteiligen Zurechnung der Erträge einzudämmen, bliebe bspw. eine Abkehr von der grundsätzlichen Idee, alle Erträge auf Ebene des Anlegers besteuern zu wollen. Anstelle dessen könnte eine Verlagerung der Besteuerung auf die Ebene des Spezial-Investmentfonds wie bei Investmentfonds das Steueraufkommen sicherstellen. Noch weitergehend könnten sämtliche Erträge bereits dort versteuert werden und bei Ausschüttungen, ausschüttungsgleichen Erträgen und Veräußerungsgewinnen auf Anlegerebene vollständig auf eine Besteuerung verzichtet werden. Damit würde eine Abkehr von dem semitransparenten hin zu einem weitgehend intransparenten System auch bei den Spezial-Investmentfonds erfolgen.

Im Hinblick auf mehrstufige Fondsstrukturen fällt auf, dass der Gesetzgeber diese zunächst nur in geringem Maße berücksichtigt hat und nun schrittweise Normen in das Gesetz aufnimmt bzw. diese Sachverhalte auch heute noch unvollständig geregelt sind. Ebenfalls unvollständig sind die Normen, die eine erneute Besteuerung bereits zugerechneter Erträge verhindern sollen.

Dabei gelingt mit Einführung des InvStG 2018 auch im Übrigen keine vollständige Abkehr vom alten System des InvStG 2004, da bspw. an Stelle des steuerlichen Ertragsausgleichs künftig mit einem Ausgleichsposten zu arbeiten sein wird, um eine zutreffende Anlegerbesteuerung zu gewährleisten. Im Bereich der Spezial-Investmentfonds bleiben Anleger und Finanzverwaltung bei der Ermittlung der Besteuerungsgrundlagen auf die Daten der KVG angewiesen. Ebenso bleibt in Teilen die Gestaltungsanfälligkeit erhalten, da bspw. auch Kopplungsgeschäfte in leicht abgewandelter Form möglich bleiben und die Teilfreistellung, wenn auch keine missbräuchliche Gestaltung, so aber wohl zumindest steuerliche Optimierungen ermöglicht, wenn bspw. Aktienquoten in eigenständige reine Aktienfonds ausgelagert werden.

Für den Großteil der Anleger ist daher das System der Spezial-Investmentfondsbesteuerung grundsätzlich in Frage zu stellen und zu prüfen, ob eine Besteuerung nach Kapitel 2 nicht auszuweiten und die Besteuerung nach Kapitel 3 eng abgegrenzten Ausnahmefällen vorbehalten sein oder gänzlich überarbeitet bzw. abgeschafft werden sollte.

Kapitel IV: Rechtspolitische Folgerungen

Das folgende Kapitel fasst die Konsequenzen, die aus der vorangegangenen Analyse für das deutsche Recht zu ziehen sind, zusammen. Dazu soll zunächst eine Evaluierung erfolgen, ob die Regelungsziele des InvStRefG erreicht wurden. Sodann werden weitere aus der vorangegangenen Untersuchung abzuleitende Denkanstöße und Forderungen für eine Novellierung des InvStG dargestellt. Dies mündet in einem Ausblick und einem konkreten Gesetzgebungsvorschlag.

§ 13 Reformbedürftigkeit des InvStG

I. Regelungsziele und ihre Verwirklichung

1. Vereinfachung

a) Überwiegende Zielerreichung bei Investmentfonds

Eines der zentralen Ziele des InvStRefG war die Vereinfachung der Investmentbesteuerung.[1] Der aus Sicht des Gesetzgebers beträchtliche administrative Aufwand für die Ermittlung von bis zu 33 Besteuerungsgrundlagen nach § 5 InvStG 2004 und zwölf Verlustverrechnungskreisen sollte durch die Abschaffung des Transparenzprinzips beseitigt werden. Bei der Ermittlung der Besteuerungsgrundlagen sollten Anleger und Veranlagungsbehörden nicht auf die Angaben der Fondsgesellschaften vertrauen müssen, da sie selbst die ermittelten Zahlen ohne Kenntnis der Geschäftsvorfälle des Fonds nicht nachvollziehen konnten.

Es ist festzustellen, dass im Bereich der Investmentfonds einige wesentliche Vereinfachungen erzielt wurden. Dies betrifft insbesondere die Ermittlung der Besteuerungsgrundlagen des Anlegers aufgrund von lediglich vier Kennzahlen.[2] Dadurch wird nicht nur die Besteuerung im für Investmentfondsanleger typischen Massenverfahren erheblich vereinfacht. Vielmehr werden auch die Anlagemöglichkeiten der Investoren wesentlich erweitert, da sie in im Ausland domizilierende Investmentfonds investieren können, ohne für diese ggf. die für die Ermittlung der Besteuerungsgrundlagen erforderlichen Daten beschaffen zu müssen, um keine steuerlichen Nachteile zu erleiden.[3]

Die Steuerbefreiung für Anleger in Form der Teilfreistellung nach § 20 InvStG verursacht aufgrund ihrer pauschalen Wirkungsweise keine zusätzliche Komplexität, sondern führt erfreulicherweise ebenfalls zu einer echten Vereinfachung, da es für die Gewährung der Steuerbefreiung keine Rolle spielt, ob der Investmentfonds überhaupt steuerpflichtige Einnahmen bezogen hat. Entscheidend ist einzig und allein der steuerliche Status als Aktien-, Misch- oder sonstiger Fonds. Auch die Höhe der Steuerbefreiungen in § 20 InvStG ist vom Grundsatz her durchaus angemessen. Im Grundsatz bringt das InvStG 2018 damit also echte Vereinfachungen mit sich, die sich positiv für eine Vielzahl von Anlegern auswirken.

---

1 Gesetzesbegründung zum InvStRefG, BT-Drucks. 18/8045, 52. Ausführlich oben, § 4 I.

2 Ausführlich oben, § 8 I.

3 Ausführlich oben, § 8 IV.

Einzig die (grundsätzlich zwar zu begrüßende, im Einzelfall jedoch nicht komplexitätsreduzierend wirkende) Intention des Gesetzgebers, von dem gewählten System der Steuerpflicht mit Kompensation Ausnahmen zuzulassen, bewirkt, dass sich der vereinfachende Charakter des InvStRefG nicht in allen Bereichen durchzusetzen vermag. Ein Beispiel hierfür ist insbesondere die anteilige Steuerbefreiung auf Ebene des Investmentfonds gem. § 8 InvStG, wenn an diesem neben steuerpflichtigen auch steuerbefreite Anleger beteiligt sind.[4] Hier wird, ohne dass dies zwingend wirtschaftlich geboten wäre, ein kompliziertes Nachweis- und Erstattungsverfahren eingeführt, dass zwar grundsätzlich die steuerbefreiten Anleger begünstigt, aber dabei den Gedanken der Vereinfachung aus den Augen verliert. Hier wäre es durchaus vertretbar gewesen, unter Inkaufnahme geringer wirtschaftlicher Nachteile des Anlegers, die weitaus geringer sind als die durchschnittlichen Schwankungen an den Kapitalmärkten, sehr viel Vereinfachungspotential zu schaffen, indem eine Steuerbefreiung nur in den Fällen des § 10 InvStG gewährt worden wäre.[5]

Hierin zeigt sich auch das grundsätzliche Dilemma des InvStG 2018. Auf der einen Seite führt der Gesetzgeber eine Steuerpflicht auf Fondsebene ein. Gleichzeitig will er jedoch bestimmte Anleger nicht über Gebühr belasten und versucht dies durch Steuerbefreiungen zu kompensieren. Letztlich sind es aber genau diese grundsätzlich zu begrüßenden Steuerbefreiungen, die im InvStG 2018 zu einem weitaus höheren Maß an Komplexität führen, als es das alte Recht aufwies.

b) Keine Zielerreichung bei Spezial-Investmentfonds

Während dies im Bereich der Investmentfonds für die steuerbefreiten Anleger vergleichsweise geringe Auswirkungen hat, kommt es bei den Spezial-Investmentfonds zu gravierenden Auswirkungen. Hier hat sich insbesondere bei der Ermittlung des Veräußerungsgewinns nach § 49 InvStG keine Verbesserung ergeben. Der Anleger ist, wie aufgezeigt, immer noch auf die KVG angewiesen, die ihm die Daten für eine zutreffende Ermittlung der steuerbefreiten Anleger-Gewinne mitteilen muss.[6] Auch die strenge besitzzeitanteilige Ermittlung der steuerbefreiten Fonds-Gewinne nach § 48 InvStG führt zu einem deutlich gesteigerten Ermittlungs- und Erklärungsaufwand, der ohne die Fondsgesellschaften ebenfalls nicht zu beherrschen ist und allenfalls im Rahmen einer Außenprüfung überprüft werden kann.[7]

Nichts Anderes gilt im Hinblick auf die Steuerbefreiungen des § 42 InvStG. Hier wird letztlich zwar ebenfalls eine Steuerbefreiung gewährt, jedoch geht sie ebenfalls erheblich zu Lasten des Vereinfachungsgedankens. § 42 InvStG führt

---

4 Ausführlich oben, § 7 II. 3.
5 Ausführlich oben, § 7 II. 4.
6 Ausführlich oben, § 12 III. 3.
7 Ausführlich oben, § 12 III. 2.

im Zusammenspiel mit § 30 InvStG zu einer Vielzahl unterschiedlicher Ergebnisse in Bezug auf die Besteuerung der Ertragsart Dividende, was jegliche Systematik vermissen lässt.[8]

Es kann also festgehalten werden, dass das Ziel des Gesetzgebers, den administrativen Aufwand zu verringern und die Besteuerungsgrundlagen überprüfbar zu machen, lediglich für die Investmentfonds erreicht wurde, nicht aber für die Spezial-Investmentfonds. Hier ist es eher zu einer Verschlechterung der Situation durch eine massive Steigerung der Komplexität gekommen.

Eine Beschränkung des Wahlrechts des Anlegers auf ein transparentes System oder ein vollständig intransparentes System hätte auch im Bereich der Spezial-Investmentfonds zu einer erheblichen Vereinfachung geführt. In ersterem Fall hätte das vollständige für Investmentfonds geltende System mit Teilfreistellung auch der Regelfall für die Spezial-Investmentfonds sein können. Durch Ausübung der Transparenzoption gem. § 30 InvStG hätte der Anleger die vollständige Transparenz wählen können, so dass es zu keinerlei steuerlicher Belastung auf Fondsebene kommen würde. Das sich gedanklich dazwischen befindende System der Spezial-Investmentfonds-Besteuerung ohne Transparenzoption ist bei konsequenter Umsetzung des Vereinfachungsgedankens und eines intransparenten Systems der Investmentbesteuerung überflüssig. Durch ein klares Entweder/Oder wäre eine Vielzahl von Problemfeldern vermieden worden. Sämtlichen Spezial-Investmentfonds-Investoren, für die eine Steuerpflicht auf Fondsebene nachteilhaft ist, wäre durch das transparente System ausreichend Rechnung getragen worden. Unterstrichen wird dies durch die wirtschaftliche Betrachtungsweise, aus der sich ohnehin kaum Rechtfertigungsgründe für das gesamte System der Spezial-Investmentfondsbesteuerung ableiten lassen.

c) Ist ein alternatives System denkbar?

Theoretisch möglich wäre auch ein grundlegend anderes System der Investmentbesteuerung, das hier nur anhand von einigen Punkten kurz skizziert werden soll. Da, wie aufgezeigt, die als Ausgleich für die Steuerbelastung auf Fondsebene gewährten Steuerbefreiungen für einen Großteil der gesteigerten Komplexität des InvStG im Vergleich zum InvStG 2004 verantwortlich sind, wäre es theoretisch denkbar, sämtliche Investmenterträge, also Ausschüttungen und Veräußerungsgewinne (eine Vorabpauschale wäre in diesem System nicht mehr erforderlich), auf Ebene des Anlegers steuerfrei zu stellen. Damit keine Besteuerungslücke entsteht, könnten sämtliche Kapitalerträge bereits auf Ebene eines ebenfalls intransparenten Investmentfonds abgeltend besteuert werden. Die Grundsätze der abgeltenden Besteuerung für Privatanleger könnten auf die Ebene des Fonds vorverlagert werden, so dass sämtliche Erträge des Fonds im Zeitpunkt ihres Entstehens besteuert würden. Im Gesetzgebungsverfahren zum InvStRefG war

---

8 Ausführlich oben, § 12 II. 3. e).

zunächst eine ähnlich umfangreiche Besteuerung auf Fondsebene geplant. Man fürchtete jedoch eine Benachteiligung inländischer Fonds gegenüber ausländischen, weshalb der Gesetzgeber hiervon wieder abrückte.[9]

Auch bei den Spezial-Investmentfonds würde eine Verlagerung der Besteuerung von der Anleger- auf die Fondsebene den vollständigen Ermittlungsaufwand für die besitzzeitanteilige Zurechnung obsolet werden lassen, wenn die Auskehrung der Erträge an den Anleger ähnlich der Zurechnungsbeträge steuerfrei wäre.[10] In diesem Fall würden sämtliche Steuerbefreiungen überflüssig. Ein Aufschub der Besteuerung würde nicht mehr stattfinden, weshalb dieses Modell aus Sicht des Fiskus attraktiv erscheinen müsste. Auch bei mehrstufigen Fondsstrukturen würde es ein erhebliches Maß an Vereinfachung mit sich bringen, wenn die Erträge gleich auf der untersten Ebene in der Beteiligungskette besteuert würden und anschließend steuerfrei an darüber liegende Investmentfonds oder Spezial-Investmentfonds weitergeleitet würden. Sofern es sich bei den Anlegern um steuerbefreite Anleger handelt, könnte – ähnlich wie bei den Investmentfonds – bereits auf Fondsebene von einer Besteuerung abgesehen werden, wenn die Voraussetzungen des § 36a EStG erfüllt sind.

Während diese Variante auf den ersten Blick einfach erscheint und in Bezug auf rein nationale Sachverhalte im Rahmen einer langfristigen Gesamtbetrachtung möglicherweise auch keine Nachteile mit sich bringen würde, erscheint sie im internationalen Kontext auf den ersten Blick nicht attraktiv und könnte wie befürchtet zu einer Schwächung des Investitionsstandorts Deutschland führen, da in den meisten Ländern der Investmentfonds noch als steuerlich transparentes Gebilde betrachtet wird und demzufolge auch die Anleger mit den Erträgen aus den Investmentfonds in ihrem Ansässigkeitsstaat steuerpflichtig sind.[11]

Das hier angedachte System würde für ausländische Anleger in inländischen Investmentvermögen u. U. zu einer echten Doppelbesteuerung führen, sofern die nationalen Staaten dies nicht wiederum in ihrem Steuersystem berücksichtigen würden. Ferner würde es im Ergebnis zu einer erheblichen Ausweitung der inländischen Einkünfte i. S. v. § 49 EStG führen, wenn über einen Investmentfonds investiert wird, da bspw. Zinsen für beschränkt Steuerpflichtige nur in Ausnahmefällen im Inland steuerpflichtig sind, während dies in dem hier angedachten alternativen System bei Fondsinvestments der Regelfall wäre. Ob

---

9 *Buge/Bujotzek/Steinmüller*, DB 2016, 1594, 1596.

10 Ausführlich oben, § 12 III. 3.

11 In den europäischen Fondsverwaltungsstandorten ist es üblich, dass die Verwaltung eines ausländischen Fonds im Inland keine Steuerverhaftung der Fonds im Inland auslöst. Diese lokalen Regelungen flankieren die durch die UCITS IV-RL und AIFM-RL europaweit eingeführte Möglichkeit der grenzüberschreitenden Fondsverwaltung (sog. Verwaltungspass), z. B. Großbritannien: Sec. 363A Taxation Act 2010; Irland: IRC, Notes for Guidance, 30.12.2014; Luxemburg: Art. 179 2010 Law; Frankreich: DLF, 26.09.2012, vgl. dazu *Haisch*, RdF 2015, 294, 300.

und inwieweit sich dieses Problem durch Steuererstattungsanträge über das BZSt entschärfen ließe, soll hier nicht weiter diskutiert werden. Fraglich wäre auch, wie die Besteuerung ausländischer Spezial-Investmentfonds bei der Beteiligung inländischer Anleger sichergestellt würde. Um hier keine Insellösung zu schaffen, müsste eine Harmonisierung auf europäischer Ebene erfolgen.

Diese Überlegungen sollen zeigen, dass sich durch eine konsequente Besteuerung auf Fondsebene u. U. zahlreiche Problemfelder vermeiden ließen.[12] Letztlich würde damit der bereits bei den Investmentfonds eingeschlagene Weg hin zu einem intransparenten Besteuerungssystem nur konsequent fortgesetzt. Auf europäischer Ebene würde dies Anpassungsbedarf und ebenfalls einen Systemwechsel erfordern, jedoch könnten andere Staaten u. U. ähnliche Vereinfachungen erzielen. Ohnehin sind die Bestrebungen nach einer Kapitalmarktunion nicht mehr zu übersehen, auch wenn derzeit noch andere Themen im Vordergrund stehen und aufgrund jüngster Entwicklungen insbesondere eine starke europäische Marktaufsicht gefordert wird.[13] Im Zuge dieser Entwicklungen erscheint eine Weiterentwicklung des Steuerrechts für Kapitalanlagen nicht ausgeschlossen. Für den Erfolg der Investmentfonds spielt letztlich das Steuerrecht eine bedeutende Rolle, da die Fondsanlage unattraktiv wird, wenn die Kapitalanlage über einen Investmentfonds steuerlich nicht mit der Direktanlage durch den Anleger selbst vergleichbar ist.[14] Eine ähnlich gelagerte Besteuerung wie die des Anlegers bereits auf Fondsebene vorzunehmen, würde dem grundsätzlich nicht widersprechen. Sollte die vorstehend skizzierte Alternative zu weitgehend sein, könnte auch durch eine Ausdehnung der Besteuerung nach Kapitel 2 auf Spezial-Investmentfonds eine wesentliche Vereinfachung bringen.

2. Vermeidung von Steuergestaltungen

Zur Vermeidung steuerlicher Gestaltungen war dem Gesetzgeber sehr daran gelegen, ein grundlegend neues System zu schaffen, in dem die bekannten aggressiven Gestaltungen nicht mehr möglich sind.[15] Dies sollte u. a. durch einen kompletten Systemwechsel erfolgen, auch wenn teilweise bereits die gesetzgeberischen Maßnahmen gegriffen hatten, um die bekannten Gestaltungen wie bspw. die Cum/Ex-Geschäfte zu unterbinden.[16] Das Beispiel des steuerlichen

---

12 Ein anderer Vorschlag für ein alternatives System zielt auf eine ausschließliche Besteuerung der Anleger bei Verkauf/Rückgabe der Fondsanteile. Vgl. dazu *Terhürne/Otto*, DStR 2013, 2037, 2040. Dies ist jedoch sehr aus Sicht des Steuerpflichtigen gedacht, da eine Stundung der Besteuerung bis zum Zeitpunkt der Rückgabe/Veräußerung der Fondsanteile dem Erfordernis eines regelmäßigen Steueraufkommen zuwider laufen würde.

13 *Krahnen*, RdF 2020, Umschlagteil, 161.

14 *Bödecker* in BeckOK InvStG 2004, Einleitung zum InvStG Rn. 4.

15 Gesetzesbegründung zum InvStRefG, BT-Drucks. 18/8045, 49 ff.

16 Ausführlich oben, § 4 III.

Ertragsausgleichs gem. § 9 InvStG 2004 als einem der grundlegenden Mechanismen des alten Rechts zeigt aber, dass es vermutlich mit einer bloßen Anpassung des alten Systems nicht getan gewesen wäre, da die Gestaltungsmöglichkeiten gerade hier sehr vielfältig waren.[17]

Ob mit dem seit 2018 geltenden InvStG ein System geschaffen wurde, das steuerliche Gestaltungen gänzlich ausschließt, darf bezweifelt werden.[18] Es ist aber ohnehin die Frage, ob dies überhaupt möglich ist. Seit seinem Inkrafttreten ist das InvStG bereits mehrfach geändert worden. Hierdurch sind bereits Gestaltungsmöglichkeiten ausgeschlossen worden, die im neuen Recht entweder aufgrund lückenhafter Gesetzesregelungen oder aufgrund einer anderen Regelungsintention zunächst möglich schienen.[19] Dagegen ist es immer noch möglich, durch gezielte Nutzung der verbliebenen Spielräume seine steuerliche Situation zu verbessern. Zu nennen sind hier insbesondere die Steuerbefreiungen aufgrund der Teilfreistellung, die Thesaurierungsmöglichkeiten durch die (derzeit) sehr geringe Vorabpauschale, Gestaltungen bei ausländischen gemeinnützigen Stiftungen oder Kopplungsgeschäfte in leicht abgewandelter Form. Sicherlich werden im Laufe der Zeit noch weitere Gestaltungsansätze bekannt.

Dennoch können diese Möglichkeiten der steuerlichen Optimierung wohl nicht als derart aggressive Steuergestaltung bezeichnet werden, wie sie für die Cum/Ex-Geschäfte kennzeichnend war. Ferner ermöglichen sie auch kein beliebiges Hineinstrukturieren bzw. Umwandeln von Einzahlungen in begünstigte Erträge bei gleichzeitiger Schaffung von Verlustverrechnungspotential, wie dies durch Nutzung des steuerlichen Ertragsausgleichs möglich war.[20] Ob unter dem InvStG 2018 tatsächlich auch aggressive Steuergestaltungen völlig ausgeschlossen sind, wird sich aber erst in einigen Jahren abschätzen lassen.

3. Ausräumung EU-rechtlicher Risiken

Der deutsche Gesetzgeber hat sich mit dem System der Dividendenbesteuerung im InvStG 2018 ebenso wie in der Direktanlage[21] dafür entschieden, inländische Investmentfonds steuerlich so schlecht zu stellen wie ausländische und hat eine Steuerpflicht für Einkünfte eingeführt, für die Deutschland „nach allgemeinen völkerrechtlichen Grundsätzen" das Besteuerungsrecht zusteht.[22] Dabei verbleiben Zweifel daran, ob die EU-rechtlichen Risiken, die im Geltungsbereich des InvStG 2004 bestanden, vollständig ausgeräumt werden konnten oder auf

17 Ausführlich oben, § 4 III. 4.

18 Vgl. dazu beck-aktuell vom 10.9.2020, becklink 2017421, wonach angeblich immer noch Cum/Ex-Geschäfte in leicht abgewandelter Form möglich sein sollen.

19 Ausführlich oben, § 6 VII.

20 Ausführlich oben, § 4 III. 4.

21 Umgesetzt durch das Gesetz zur Umsetzung des EuGH-Urteils vom 20.20.2011 in der Rechtssache C-284/09, BGBl. I 2013, 561.

22 Gesetzesbegründung zum InvStRefG, BT-Drucks. 18/8045, 54.

andere Weise neue Risiken geschaffen wurden.[23] Dies ist der Rechtsanwendung jedoch immanent und wird sich nie vollständig vermeiden lassen, klären doch BFH, BVerfG und EuGH häufig erst viele Jahre nach Einführung einer Norm über deren Bedeutung oder Vereinbarkeit mit Verfassungs- oder Unionsrecht auf.

Es sind auch nicht ohne Weiteres alternative Regelungsansätze erkennbar, welche keine verbleibenden Unsicherheiten mit sich gebracht hätten und sich möglicherweise nicht zu Lasten des einen oder anderen Ziels des InvStRefG ausgewirkt hätten oder in einer weiteren Verkomplizierung des alten Rechts gemündet hätten. Für den Moment erscheinen die EU-rechtlichen Risiken in Bezug auf die Dividendenbesteuerung zunächst einmal vermindert und die Argumentation, auf die neue Erstattungsanträge gestützt werden könnten, zumindest erschwert.[24]

Für den inländischen Anleger ist dies auch nicht mit wesentlichen Nachteilen verbunden, da zahlreiche Steuerbefreiungen die Steuerbelastung auf Fondsebene kompensieren bzw. für in- und ausländische Anleger Möglichkeiten zur Steuerbefreiung bzw. Transparenz auf Fondsebene geschaffen wurden. Der Gesetzgeber hat gut daran getan, nicht zu versuchen, seine Gesetzgebungskompetenz der aller ausländischen Staaten unterzuordnen, nur um für ausländische Anleger eine möglichst optimale Steuersystematik zu schaffen. Der ausländische Anleger hat die Möglichkeit, sich vor einem Investment in deutsche Investmentfonds bzw. in deutsche Aktien innerhalb eines ausländischen Investmentfonds mit der Besteuerung auseinanderzusetzen und seine Investition so zu steuern, dass für ihn ein annehmbares Ergebnis erzielt wird. Ebenso hat ein deutscher Anleger bei Auslandsinvestitionen mit dortigen lokalen Steuern wie bspw. der Luxemburger *taxe d'abonnement*[25] oder der eidgenössischen Stempelabgabe[26] umzugehen und diese ggf. in Kauf zu nehmen.

4. Beseitigung bestimmter Systemfehler

Die Beseitigung der Systemfehler wie der nachlaufenden Fehlerkorrektur ist, soweit ersichtlich, bislang nicht wahrnehmbar thematisiert worden und steht auch nicht im Fokus dieser Untersuchung. Der Gesetzgeber dürfte aber mit den gewählten Maßnahmen der Vereinfachung der Ermittlung der Besteuerungsgrundlagen im Bereich der Investmentfonds sein Ziel erreicht haben, dass sich das Problem hier nicht mehr stellt. Im Bereich der Spezial-Investmentfonds kann

23 Ausführlich oben, § 9 V.

24 Ausführlich oben, § 9 V.

25 Vgl. dazu https://guichet.public.lu/de/entreprises/sectoriel/organisme-placement-collectif/taxe-abonnement.html (zuletzt abgerufen am 3.10.2021).

26 Vgl. dazu https://www.estv.admin.ch/estv/de/home/verrechnungssteuer/stempelabgaben/fachinformationen/stempelabgaben.html (zuletzt abgerufen am 3.10.2021).

die nachträgliche Korrektur fehlerhafter Besteuerungsgrundlagen aufgrund der strengen besitzzeitanteiligen und anlegerbezogenen Ermittlung der Erträge als gegeben angesehen werden. Selbst nach dem Verkauf von Fondsanteilen und für Erträge, die dem Fonds außerhalb der Haltedauer des Anlegers zufließen, ist eine Zurechnung möglich, so dass Änderungen der Besteuerungsgrundlagen aufgrund einer steuerlichen Außenprüfung auch nachträglich beim Anleger erfasst werden können. Damit wird insbesondere eines der wesentlichen Probleme, die im Zusammenhang mit den Cum/Ex-Geschäften offensichtlich geworden sind, ausgeräumt. Hier konnte häufig der Anleger nicht mehr in Anspruch genommen werden, da der Fonds zum Zeitpunkt der Außenprüfung bereits lange liquidiert worden war.[27]

5. Bewertung der Steuerbefreiungen im Hinblick auf die Verwirklichung der Regelungsziele

Wie ausgeführt, hat der Gesetzgeber es nur im Fall der Investmentfonds geschafft, eine echte Vereinfachung zu erzielen. Schon bei den steuerbefreiten Anlegern in Investmentfonds wird die Komplexität gesteigert, bis sie schließlich im Bereich der Spezial-Investmentfonds ihren Höhepunkt erreicht. Grund hierfür ist im Wesentlichen die komplexe Ermittlung steuerbefreiter Erträge. Auch im Hinblick auf die Vermeidung von steuerlichen Gestaltungen bleiben letztlich Möglichkeiten zur steuerlichen Optimierung, die mit den Steuerbefreiungen im Zusammenhang zu sehen sind. Das Gleiche gilt im Hinblick auf die Beseitigung unionsrechtlicher Risiken. Auch hier bewirkt eine Steuerbefreiung, dass Zweifel an der vollständigen Verwirklichung der Regelungsziele des InvStRefG verbleiben.

Sind die Steuerbefreiungen im InvStG daher schlecht und sollten zu Gunsten der Vereinfachung, Gestaltungsanfälligkeit oder Unionsrechtskonformität aufgegeben werden? Sicherlich nicht, da sie für die Anleger von entscheidender Bedeutung sind und grundlegende Wesensmerkmale des geltenden Steuerrechts wie § 8b KStG oder § 3 Nr. 40 EStG möglichst auch im Rahmen der Fondsanlage ihren Niederschlag finden sollten, um Fondsinvestitionen gegenüber der Direktinvestition nicht zu benachteiligen. Der zusätzliche Aufwand und verbleibende Risiken sind daher für den Moment hinzunehmen.

Im geltenden System sollten die Steuerbefreiungen erhalten bleiben, jedoch sollten die Varianten der Besteuerung von Investmentfonds und Spezial-Investmentfonds sowie ihrer Anleger reduziert werden.[28] Durch weniger Ausnahmen von der Regel könnte bereits auch eine gewisse Vereinfachung erreicht werden.

---

27 Ausführlich oben, § 4 III. 1.

28 Ausführlich oben, § 7 II. 4 und § 12 IV.

Ferner sollte aber grundsätzlich überprüft werden, ob im Bereich der Spezial-Investmentfonds nicht auch mit einer weitergehenden Besteuerung auf Fondsebene und pauschalen Teilfreistellungen gearbeitet werden sollte, anstatt die Fonds- und Anlegergewinne so genau wie möglich unter Inkaufnahme eines immensen Verwaltungsaufwands zu ermitteln. Möglicherweise könnte die Besteuerung auch vollständig auf die Fondsebene vorverlagert werden, so dass für die Besteuerung auf Anlegerebene schlicht kein Bedürfnis mehr bestünde. Insoweit würde dann im Hinblick auf die Spezial-Investmentfonds wie bei den Investmentfonds auch das semi-transparente Besteuerungssystem durch ein intransparentes System ersetzt und der bereits beschrittene Weg konsequent zu Ende gegangen.

II. Grundsätzliche Forderungen für eine Novellierung des InvStG

1. Vereinfachung

Der Vereinfachungsgedanke solle stets und bei allen Änderungen des InvStG eine tragende Rolle spielen. Die Umsetzung bedarf im Einzelfall sicherlich gesteigerter Anstrengungen und ggf. auch eines Loslassens von übertriebener Einzelfallgenauigkeit oder sogar bestehenden Systemen. Eine konsequente Umsetzung würde auch gesteigerte Anstrengungen auf europäischer Ebene mit sich bringen, wenn tatsächlich das Modell der intransparenten Besteuerung weiter vorangetrieben und auch auf die Spezial-Investmentfonds ausgedehnt werden sollte, damit Deutschland im internationalen Vergleich nicht isoliert wird. Der Gesetzgeber täte dabei auch gut daran, den Rechtsanwender in diesen Prozess stärker einzubeziehen, um den Praxisbezug nicht aus den Augen zu verlieren. Ferner sollte er nicht davon ausgehen, dass jeder steuerliche Vorteil einer neuen Missbrauchsbekämpfungsvorschrift mit Rechtsverordnungscharakter bedarf, die wiederum den Vereinfachungsgedanken konterkariert.

2. Gewährleistung der Nachprüfbarkeit und Nachvollziehbarkeit

Die Nachprüfbarkeit und Nachvollziehbarkeit der Besteuerungsgrundlagen sollte stets gewährleistet sein. Im Bereich der Investmentfonds ist dies geglückt. Hier reichen vier Kennzahlen zur Ermittlung der maßgeblichen Erträge aus. Für den Bereich der Spezial-Investmentfonds drängt sich in dem bestehenden System derzeit keine schnelle Lösung auf. Eine Möglichkeit, dies auch bei den Spezial-Investmentfonds zu erreichen, könnte, wie aufgezeigt, darin liegen, die Besteuerung auf die Fondsebene zu verlagern und auf Anlegerebene ggf. mit pauschalierten Steuerbefreiungen oder einer vollständigen Steuerbefreiung zu arbeiten. Die Ermittlung der Besteuerungsgrundlagen könnte sich dann ebenfalls an den Investmentfonds orientieren und ließe sich auf einige wenige Kennzahlen reduzieren.

Für den Steuerpflichtigen kann durch einen Online-Lesezugang zu den Geschäftsvorfällen innerhalb des Spezial-Investmentfonds ein größeres Maß an Transparenz geschaffen werden. Auch dann verbleibt jedoch die Komplexität der rechtlichen Beurteilung der Geschäftsvorfälle unter Zugrundelegung des InvStG. Ein automatisierter Abruf der Fondsdaten durch die Finanzverwaltung wäre ebenfalls denkbar, stellt jedoch zum derzeitigen Zeitpunkt keine vorschlagswürdige Vorgehensweise dar.

3. Nachweismöglichkeiten des Anlegers zulassen

An vielen Stellen im InvStG kommt es zu einer Nichtbeachtung der tatsächlichen Umstände des Einzelfalls mit dem Argument, dass dies dem Charakter eines Massenverfahrens widersprechen würde bzw. im Rahmen der des KapESt-Abzugsverfahrens nicht möglich sei. Dem mag zuzustimmen sein, jedoch sollte dem Anleger in Konsequenter Umsetzung der EuGH-Rechtsprechung stets die Möglichkeit eines Nachweises für ihn günstigerer Besteuerungsgrundlagen offenstehen. Zu denken ist hier insbesondere an die Kapitalbeteiligungen, die über Personengesellschaften gehalten werden. Es kann nicht sein, dass an anderer Stelle (Holdinggesellschaften) eine Durchschau vorgenommen wird, nur weil dies für den Fiskus u. U. zu einem günstigen Ergebnis führt.

3. Beachtung grundlegender Prinzipien des Steuerrechts

Grundlegende Prinzipien des Steuerrechts sollten stets berücksichtigt werden. So sollte bspw. die steuerliche Transparenz einer Personengesellschaft auch konsequente Berücksichtigung im InvStG finden. Insellösungen, wie sie etwa in Bezug auf die von Personengesellschaften gehaltenen Kapitalbeteiligungen im InvStG normiert sind, sollten im fortlaufenden Gesetzgebungsverfahren angepasst werden. Eine homogene Anwendung der für Personengesellschaften geltenden Prinzipien ist für die Einhaltung der Systematik des Steuerrechts elementar und sollte stets als Orientierung bei der Neufassung von Normen dienen.

4. Beachtung der Wirtschaftlichkeit

Bei allen Überlegungen sollte die Wirtschaftlichkeit als Orientierung dienen. Sind grundsätzlich positive Effekte nur mittels unangemessen hohen Aufwands erzielbar, sollte über Alternativen nachgedacht werden, auch wenn dies zu pauschalierten Regelungen führt oder kleinere Vorteile entfallen. Durch eine Reduzierung der Möglichkeiten und ein klares Entweder/Oder-System im Hinblick auf die Besteuerung auf Fonds- oder auf Anlegerebene werden Hybridlösungen mit gesteigertem Aufwand für alle Marktteilnehmer verhindert. Wirtschaftlichkeit und Vereinfachung dürfen jedoch nicht als Scheinargument für eine unangemessene Benachteiligung des Steuerpflichtigen herangezogen werden, die sich bspw. in den angesprochenen fehlenden Nachweismöglichkeiten zur Minderung der Steuerlast ausdrücken.

5. Vermeidung von Doppelspurigkeiten

Ein und derselbe Sachverhalt sollte nicht aufgrund der Normen zweier unterschiedlicher Gesetze zu beurteilen sein. Insbesondere bei den ausländischen Investmentvermögen hätten sich aufgrund der Änderungen des AStG u. U. Überschneidungen zwischen InvStG und AStG ergeben können. Hier und auch im Verhältnis zum EStG oder KStG sollte eine klare Abgrenzung durch Beibehaltung des Charakters des InvStG als lex specialis erfolgen. Es sollte nicht sein, dass zwei spezialisierte Gesetze nebeneinander stehen und sich in ihren Auswirkungen möglicherweise überschneiden.

6. Schaffung eines verlässlichen Rechtsrahmens für den Rechtsanwender

Investoren benötigen Verlässlichkeit. Daher sollten jetzt, wo die ersten Erfahrungen mit dem neuen Recht gesammelt werden konnten, die Finanzverwaltung dabei ist, ihre Auffassung zu den Anwendungsfragen zum InvStG zu finalisieren, und bereits einige Novellierungen des InvStG seit seiner Verkündung erfolgt sind, weitere Änderungen sorgsam abgewogen werden und sich nicht zu Lasten des Steuerpflichtigen auswirken. Nachträgliche Verschärfungen, die insbesondere im Erlasswege umgesetzt werden, sollten im Hinblick auf bereits getroffene Dispositionen und Anlageentscheidungen vermieden werden, da sie die Marktteilnehmer verunsichern und u. U. zu großen wirtschaftlichen Schäden oder gesteigertem Aufwand in der Rückabwicklung führen können, ohne dass die steuerlichen Folgen rückwirkend beseitigt werden können.

7. Reduzierung der Gestaltungsanfälligkeit ohne zusätzliche Komplexität

Bei sämtlichen Bemühungen zur Verringerung der Gestaltungsanfälligkeit sollte es stets das Bestreben sein, zusätzliche Komplexität zu vermeiden. Missbrauchsbekämpfungsvorschriften sollen häufig eine Vielzahl von Einzelfällen erfassen und verhindern. Dadurch entstehen Normen mit Rechtsverordnungscharakter, die unübersichtlich und häufig nicht aufeinander abgestimmt sind. Bestes Beispiel hierfür sind die §§ 36a, 44a Abs. 10 Nr. 3 und 50j EStG, die bereits heute teilweise als Übergangsvorschriften angesehen werden und zu deren Auslegung ein umfangreicher Erlass erforderlich ist. Dabei gilt es vor allem, die Verhältnismäßigkeit nicht aus den Augen zu verlieren.

8. Keine übermäßige Besteuerung

Die Belastung der Steuerpflichtigen sollte nicht weiter ansteigen. Auch dort, wo es vermeintlich einfach und daher verlockend erscheint, das Steueraufkommen zu erhöhen, sollten die bestehenden Steuerbefreiungen nicht leichtfertig eingeschränkt oder abgeschafft werden. Dies ist insbesondere im Hinblick auf die Änderung der Teilfreistellungssätze denkbar. Auch bei mehrstufigen Investitionsstrukturen sollte stets darauf geachtet werden, dass in der Gesamtschau der verschiedenen Ebenen des die Gewinne erwirtschaftenden Unternehmens, eines oder mehrerer Investmentvermögen und des Anlegers eine Kumulation verschiedener Steuern nicht zu einer übermäßigen Besteuerung des Anlegers führt. Veränderungen und insbesondere Verschärfungen sollten sorgfältig abgewogen und stets im Zusammenhang überprüft werden.

Schluss

§ 14 Resümee

Die vorstehende Untersuchung hat gezeigt, dass das Investmentsteuerrecht umfangreicher und komplexer geworden ist. Statt in einem semitransparenten System muss sich der Rechtsanwender in mehreren intransparenten und semitransparenten Systemen zurechtfinden. Zur Steigerung der Komplexität tragen insbesondere die Spezial-Investmentfonds bei. Gerade die Steuerbefreiungen fördern diese Komplexität, obwohl sie grundsätzlich wünschenswert sind und eine übermäßige Besteuerung von Erträgen verhindern.

Dabei lässt sich auch festhalten, dass zumindest die für die Reform des InvStG angeführten Gründe in weiten Teilen keine umfassende Gesetzesnovellierung rechtfertigen, da bereits lange vor Inkrafttreten des InvStG Abhilfe auf andere Weise geschaffen werden konnte. Insofern ergeben sich erhebliche Zweifel daran, ob der hohe Aufwand und die damit verbundenen Kosten für die Umsetzung eines vollständig neuen Gesetzes überhaupt erforderlich waren. Letztlich muss davon ausgegangen werden, dass sich der Gesetzgeber aufgrund der bekannt gewordenen Gestaltungen in einer schwierigen Situation befand, in der nicht absehbar war, ob noch weitere aggressive Gestaltungen möglich waren. Um einmal „reinen Tisch" zu machen und bekannten wie unbekannten Gestaltungen den Boden zu entziehen, wurden die Folgewirkungen in Kauf genommen.

Wie sich ferner gezeigt hat, ist das Investmentsteuerrecht an vielen Stellen noch nicht vollständig. Insbesondere dort, wo Immobilieninvestitionen und mehrstufige Fondsstrukturen zu begutachten sind, fällt gesteigerter nachträglicher Regelungsbedarf auf, der insbesondere auch die Aufrechterhaltung einer einmal gewährten Steuerbefreiung betrifft. Diese muss auch über mehrere Investitionsebenen erhalten bleiben.

Aus den Regelungen, die für steuerbefreite Anleger die anteilige Steuerbefreiung von Investmentfonds ermöglichen, lässt sich bei wohlwollender Betrachtung die Intention des Gesetzgebers ablesen, für möglichst viele Anlegergruppen eine passende Besteuerung zu ermöglichen. Hierdurch entsteht jedoch ein wirtschaftlich nicht vertretbares Maß an Einzelfallgenauigkeit. Diese Einzelfallgenauigkeit setzt sich bei den Regelungen zur Besteuerung der Anleger von Spezial-Investmentfonds fort und erreicht hier ihren Höhepunkt.

Wie insbesondere im InvStE zu den Spezial-Investmentfonds deutlich wird, versucht die Finanzverwaltung auch, im Erlasswege Steuerverschärfungen auf den Weg zu bringen. Die in Teilen noch unklare Situation soll offenbar gezielt genutzt werden, um bestimmte Regelungen durch eine „Klarstellung" profiskalisch zu interpretieren.

Die Untersuchung hat jedoch auch gezeigt, dass die bestehenden Steuerbefreiungen in ihrer Art und ihrem Umfang durchaus positiv zu bewerten sind. Dies gilt insbesondere im Bereich der Kapitel 2-Investmentfonds, wo sich durch die Steuerbefreiungen auf Anlegerebene aufgrund ihres pauschalen Charakters auch keine gesteigerte Komplexität ergibt. Gerade weil dies hier so ist und man den Systemwechsel an dieser Stelle durchaus als geglückt bezeichnen kann, stellt sich die Frage, warum der Gesetzgeber den Gedanken eines intransparenten Systems nicht auch bei den Spezial-Investmentfonds weiterverfolgt hat. Hier wäre möglicherweise mit etwas Mehraufwand auch eine entsprechende Regelung möglich gewesen, die den Anlegerinteressen auf pauschalierte Weise Rechnung getragen hätte. Es sollte im weiteren Gesetzgebungsverfahren auf jeden Fall das Ziel sein, insbesondere bei der Besteuerung der Spezial-Investmentfonds-Anleger die Komplexität zu verringern. Wenn dies durch eine Ausweitung des intransparenten Besteuerungssystems bei gleichzeitiger Berücksichtigung der Belange steuerbefreiter und institutioneller Anleger gelingen würde, wäre dies im Sinne eines funktionierenden Finanzplatzes sehr zu begrüßen. Um dies zu erreichen, müssten sich die Normen in das europäische System der Fondsbesteuerung einfügen lassen bzw. es dürften dem Anleger keine Nachteile dadurch entstehen. Ob und mit welchem zeitlichen Horizont sich dies umsetzen ließe, ist derzeit zwar nicht absehbar, sollte aber angesichts des erheblichen Vereinfachungspotentials im Rahmen der Bestrebungen zur Kapitalmarktunion weiterverfolgt werden. Abgesehen von diesem übergeordneten und langfristigen Ziel ergibt sich aber der aufgezeigte Änderungsbedarf, der kurzfristig umzusetzen wäre.

§ 15 Konsolidierter Gesetzgebungs- und Erlassvorschlag zur Änderung des InvStG, des InvStE und des AStG

I. Investmentsteuergesetz

Im Folgenden werden die im Laufe der vorstehenden Untersuchung herausgearbeiteten Vorschläge zur Anpassung des InvStG in konsolidierter Form zusammengefasst.

§ 1 Anwendungsbereich

[...]

(2) Investmentfonds sind Investmentvermögen nach § 1 Absatz 1 des Kapitalanlagegesetzbuchs. Für Zwecke dieses Gesetzes besteht keine Bindungswirkung an die aufsichtsrechtliche Entscheidung nach § 5 Absatz 3 des Kapitalanlagegesetzbuches. Als Investmentfonds im Sinne dieses Gesetzes gelten auch

1. Organismen für gemeinsame Anlagen, bei denen die Zahl der möglichen Anleger auf einen Anleger begrenzt ist, wenn die übrigen Voraussetzungen des § 1 Absatz 1 des Kapitalanlagegesetzbuchs erfüllt sind,

~~2. Kapitalgesellschaften, denen nach dem Recht des Staates, in dem sie ihren Sitz oder ihre Geschäftsleitung haben, eine operative unternehmerische Tätigkeit untersagt ist und die keiner Ertragsbesteuerung unterliegen oder die von der Ertragsbesteuerung befreit sind, und~~

~~3.~~2. von AIF-Kapitalverwaltungsgesellschaften verwaltete Investmentvermögen nach § 2 Absatz 3 des Kapitalanlagegesetzbuchs.

[...]

§ 2 Begriffsbestimmungen

[...]

(8) Kapitalbeteiligungen sind *unmittelbar oder mittelbar über eine Personengesellschaft gehaltene*

1. zum amtlichen Handel an einer Börse zugelassene oder auf einem organisierten Markt notierte Anteile an einer Kapitalgesellschaft *und Finanzinstrumente, die zu Einnahmen nach § 43 Absatz 1 Nummer 1 und 1a Einkommensteuergesetz führen,*

[...]

alternativ:

(8) ... Auch nicht als Kapitalbeteiligungen gelten

1. Anteile an Personengesellschaften, auch wenn die Personengesellschaften Anteile an Kapitalgesellschaften halten; *in diesem Fall steht dem Steuerpflichtigen jedoch die Möglichkeit des Nachweises im Veranlagungsverfahren offen.*

[...]

[5]Auch nicht als Kapitalbeteiligungen gelten

[...]

3. Anteile an ~~Kapitalgesellschaften~~, *Körperschaften, Personenvereinigungen und Vermögensmassen*, die von der Ertragsbesteuerung befreit sind, soweit sie Ausschüttungen vornehmen, es sei denn, die Ausschüttungen unterliegen einer Besteuerung von mindestens 15 Prozent und der Investmentfonds ist nicht davon befreit und

[...]

(9) [...] [4]Investmentanteile an Immobilienfonds oder an Auslands-Immobilienfonds gelten i. H. v. 51 Prozent des Wertes des Investmentanteils als Immobilien *oder ausländische Immobilien*. Sieht ein Immobilienfonds oder ein Auslands-Immobilienfonds in seinen Anlagebedingungen einen höheren Prozentsatz als 51 Prozent seines Aktivvermögens für die fortlaufende Mindestanlage in Immobilien vor, gilt der Investmentanteil im Umfang dieses höheren Prozentsatzes als Immobilie *oder ausländische Immobilie*. Anteile an Körperschaften, Personenvereinigungen oder Vermögensmassen, bei denen nach gesetzlichen Bestimmungen oder nach deren Anlagebedingungen das Bruttovermögen zu mindestens 75 Prozent aus unbeweglichem Vermögen besteht, gelten i. H. v. 75 Prozent des Wertes der Anteile als Immobilien *oder ausländische Immobilien*, wenn die Körperschaften, Personenvereinigungen oder Vermögensmassen einer Ertragsbesteuerung i. H. v. mindestens 15 Prozent unterliegen und nicht von ihr befreit sind oder wenn deren Ausschüttungen einer Besteuerung von mindestens 15 Prozent unterliegen und der Investmentfonds nicht davon befreit ist.

[...]

(10) Ausschüttungen sind die dem Anleger gezahlten oder gutgeschriebenen Beträge einschließlich des Steuerabzugs auf den Kapitalertrag, *soweit sie nicht als steuerfreie Kapitalrückzahlung gelten. Eine steuerfreie Kapitalrückzahlung liegt vor, soweit der letzte in diesem Kalenderjahr festgesetzte Rücknahmepreis die fortgeführten Anschaffungskosten unterschreitet. Maßgeblich für die Zwecke des Satzes 1 sind bei bestandsgeschützten Alt-Anteilen die fiktiven Anschaffungskosten nach § 56 Absatz 2 Satz 2 und 3. Im Übrigen ist auf die tatsächlichen Anschaffungskosten abzustellen. Die Anschaffungskosten eines Investmentanteils sind um die Ausschüttungen, die nach S. 1 nicht zu den Erträgen gehören, zu mindern.* [...]

§ 8 Investmentfonds oder Anteilklassen für steuerbegünstigte Anleger; Nachweis der Steuerbefreiung

(1) Investmentfonds oder Anteilklassen sind steuerbefreit, wenn sich an dem Investmentfonds nach den Anlagebedingungen nur

1. *Anleger, die die Voraussetzungen des § 44a Absatz 7 Satz 1 des Einkommensteuergesetzes erfüllen, oder vergleichbare ausländische Anleger mit Sitz und Geschäftsleitung in einem Amts- und Beitreibungshilfe leistenden ausländischen Staat beteiligen dürfen, oder*
2. *die Anteile an dem Investmentfonds im Rahmen von Altersvorsorge- oder Basisrentenverträgen gehalten werden, die nach den §§ 5 oder 5a des Altersvorsorgeverträge-Zertifizierungsgesetzes zertifiziert wurden.*

Inländische Beteiligungseinnahmen sind nur steuerbefreit, wenn der Investmentfonds die Voraussetzungen für eine Anrechenbarkeit der Kapitalertragsteuer nach § 36a des

Einkommensteuergesetzes erfüllt. Der vorübergehende Erwerb durch Kreditinstitute im Rahmen des Eigenhandels ist unschädlich.

(2) Inländische Immobilienerträge *oder sonstige inländische Einkünfte* eines Investmentfonds oder einer Anteilklasse sind steuerbefreit, wenn sich nur steuerbegünstigte Anleger nach *Absatz 1 oder inländische juristische Personen des öffentlichen Rechts, soweit die Investmentanteile nicht einem nicht von der Körperschaftsteuer befreiten Betrieb gewerblicher Art zuzurechnen sind, beteiligen dürfen und soweit diese Einkünfte im Falle der Direktanlage nicht steuerpflichtig sind.*

(3) Die Steuerbefreiung nach den Absätzen 1 und 2 setzt voraus, dass die Anlagebedingungen nur eine Rückgabe von Investmentanteilen an den Investmentfonds zulassen und die Übertragung von Investmentanteilen ausgeschlossen ist.

(4) Die Anleger haben ihre Steuerbefreiung gegenüber dem Investmentfonds nachzuweisen. Zum Nachweis der Steuerbefreiung hat

3. *ein Anleger nach Absatz 1 Nummer 1* eine gültige Bescheinigung nach § 9 Absatz 1 Nr. 1 oder Nr. 2 an den Investmentfonds zu übermitteln und
4. der Anbieter eines Altersvorsorge- oder Basisrentenvertrags gegenüber dem Investmentfonds mitzuteilen, dass er die Investmentanteile ausschließlich im Rahmen von Altersvorsorge- und Basisrentenverträgen erwirbt.

(5) Bei der Auszahlung von Kapitalerträgen an steuerbefreite Investmentfonds oder Anteilklassen ist kein Steuerabzug vorzunehmen.

§ 12 Leistungspflicht gegenüber steuerbegünstigten Anlegern

(1) Der Investmentfonds hat den steuerbegünstigten Anlegern einen Betrag in Höhe der aufgrund *des* ~~der~~ §§ 8 ~~und 10~~ nicht erhobenen Steuer und der nach § 7 Absatz 5 oder nach § 11 Absatz 1 Satz 1 Nummer 2 erstatteten Steuer (Befreiungsbetrag) auszuzahlen *oder ohne Ausgabe neuer Investmentanteile dem Fondsvermögen zuzuführen*. [...]

§ 13 Wegfall der Steuerbefreiung eines Anlegers

(1) Fallen die Voraussetzungen für eine Steuerbefreiung eines Anlegers eines Investmentfonds oder einer Anteilklasse nach § 10 weg, so ist der Anleger verpflichtet, dies dem Investmentfonds innerhalb eines Monats nach dem Wegfall der Voraussetzungen mitzuteilen. Das Gleiche gilt, wenn ein Anleger seine Investmentanteile an einem Investmentfonds oder einer Anteilklasse nach § 10 auf einen anderen Anleger überträgt. *Entfällt die Steuerbefreiung des Anlegers, so ist dieser verpflichtet, seine Anteile an dem Investmentfonds unverzüglich zurückgeben. Andernfalls ist die depotführende Stelle berechtigt, die Anteile auch ohne Zustimmung des Anlegers zu veräußern. Dem Investmentfonds steht insoweit ein Sonderkündigungsrecht zu.* [...]

§ 20 Teilfreistellung

[...]

(4) Der Nachweis, ~~Weist der Anleger nach,~~ dass der Investmentfonds die Aktienfonds-oderMischfonds-KapitalbeteiligungsquoteoderImmobilienfonds-oder

Auslands-Immobilienfondsquote während des ~~Geschäftsjahres~~ *Kalenderjahres* tatsächlich durchgehend überschritten hat, ~~so~~ ist ~~die Teilfreistellung~~ auf Antrag des Anlegers in der Veranlagung ~~anzuwenden~~ *zu führen. Im Hinblick auf die durchgehende Überschreitung der Anlagegrenzen steht dem Anleger ein Auskunftsanspruch gegen den Investmentfonds zu*.

(5) Bei der Ermittlung des Gewerbeertrags nach § 7 des Gewerbesteuergesetzes sind die Freistellungen nach den Absätzen 1 bis 3 nur zur Hälfte zu berücksichtigen, *sofern auf Ebene des Investmentfonds keine Gewerbesteuer entstanden ist. Anderenfalls sind die Freistellungen nach den Absätzen 1 bis 3 in voller Höhe zu berücksichtigen*.

§ 19 Gewinne aus der Veräußerung von Investmentanteilen

[...]

(2) Fällt ein Investmentfonds nicht mehr *oder eine Kapitalgesellschaft erstmalig* in den Anwendungsbereich dieses Gesetzes, so gelten seine ~~Anteile~~ *oder die Anteile der Kapitalgesellschaft* als veräußert. Als Veräußerungserlös gilt der gemeine Wert der Investmentanteile zu dem Zeitpunkt, zu dem der Investmentfonds nicht mehr in den Anwendungsbereich fällt.

§ 21 Anteilige Abzüge aufgrund einer Teilfreistellung

[...]

[3]Für die Anwendung der Sätze 1 und 2 ist die Absicht zur Erzielung von Betriebsvermögensmehrungen oder von Erträgen aus Aktien-, Misch- oder Immobilienfonds ausreichend. *§ 20 Abs. 9 Einkommensteuergesetz bleibt unberührt.*

§ 22 Änderung des anwendbaren Teilfreistellungssatzes

[...]

(3) Der Gewinn aus der fiktiven Veräußerung nach Absatz 1 ~~gilt in dem Zeitpunkt als zugeflossen~~ *wird durch die depotführenden Stellen nach den zur Zeit der Veräußerung maßgeblichen steuerlichen Merkmalen des Anlegers ermittelt und bis zu dem Zeitpunkt vorgetragen,* in dem der Investmentanteil tatsächlich veräußert wird. *Etwaige festgestellte negative Steuerbeträge können bei der Veräußerung von den nach Satz 1 ermittelten Steuerbeträgen in Abzug gebracht werden.*

§ 29 Steuerpflicht des Spezial-Investmentfonds

(1) Die Vorschriften der §§ 6 und 7 für die Besteuerung von Investmentfonds sind auf Spezial-Investmentfonds anzuwenden, soweit sich aus den nachfolgenden Regelungen keine Abweichungen ergeben.

(2) In der Statusbescheinigung nach § 7 Absatz 3 ist der Status als Spezial-Investmentfonds zu bestätigen.

~~(3) Bei einer Überschreitung der zulässigen Beteiligungshöhe nach § 26 Nummer 6 sind auf den Spezial-Investmentfonds keine Besteuerungsregelungen anzuwenden, die eine über dieser Grenze liegende Beteiligungshöhe voraussetzen. Dies gilt auch, wenn in Abkommen zur Vermeidung der Doppelbesteuerung Abweichendes geregelt ist.~~

(~~4~~3) Spezial-Investmentfonds sind von der Gewerbesteuer befreit.

§ 30 Inländische Beteiligungseinnahmen und sonstige inländische Einkünfte mit Steuerabzug

(1) Die Körperschaftsteuerpflicht für die inländischen Beteiligungseinnahmen eines Spezial-Investmentfonds entfällt, wenn der Spezial-Investmentfonds gegenüber dem Entrichtungspflichtigen unwiderruflich *mit Wirkung für das folgende Kalenderjahr* erklärt, dass den Anlegern des Spezial-Investmentfonds Steuerbescheinigungen gem. § 45a Absatz 2 des Einkommensteuergesetzes ausgestellt werden sollen (Transparenzoption). *Die Erklärung ist nur einmal für jedes Kalenderjahr möglich.* Die Anleger gelten in diesem Fall als Gläubiger der inländischen Beteiligungseinnahmen und als Schuldner der Kapitalertragsteuer. *Die Erklärung kann mit Wirkung für das folgende Kalenderjahr zurückgenommen werden.*

[…]

§ 31 Steuerabzug und Steueranrechnung bei Ausübung der Transparenzoption

(3) […] [6]Die Anzeige, Anmeldung und Entrichtung hat bei Steuerpflichtigen, die ihren Gewinn durch Bestandsvergleich ermitteln, nach Ablauf des Wirtschaftsjahres, bei Investmentfonds nach Ablauf des Geschäftsjahres und bei anderen Steuerpflichtigen nach Ablauf des Kalenderjahres bis zum ~~Zehnten des folgenden~~ *Ende des dritten folgenden* Monats zu erfolgen. […]

§ 33 Inländische Immobilienerträge und sonstige inländische Einkünfte ohne Steuerabzug

(1) Die Steuerpflicht für die inländischen Immobilienerträge eines Spezial-Investmentfonds entfällt, wenn der Spezial-Investmentfonds auf ausgeschüttete oder ausschüttungsgleiche inländische Immobilienerträge Kapitalertragsteuer gem. § 50 erhebt, an die zuständige Finanzbehörde abführt und den Anlegern Steuerbescheinigungen gem. § 45a Absatz 2 des Einkommensteuergesetzes ausstellt.

(2) Die ausgeschütteten oder ausschüttungsgleichen inländischen Immobilienerträge gelten bei einem vereinnahmenden Investmentfonds oder Dach-Spezial-Investmentfonds als Einkünfte nach § 6 Absatz 4. Diese unterliegen einem Steuerabzug ohne Berücksichtigung des § 7 Absatz 1 Satz 3. Der Steuerabzug gegenüber einem Dach-Spezial-Investmentfonds entfällt, wenn der Dach-Spezial-Investmentfonds unwiderruflich gegenüber dem Ziel-Spezial-Investmentfonds erklärt, dass den Anlegern des Dach-Spezial-Investmentfonds Steuerbescheinigungen gem. § 45a Absatz 2 des Einkommensteuergesetzes ausgestellt werden sollen (Immobilien-Transparenzoption). *Absatz 1 gilt entsprechend für den Ziel-Spezial-Investmentfonds. Die Anleger des Dach-Spezial-Investmentfonds gelten in diesem Fall als Gläubiger der inländischen Immobilienerträge und als Schuldner der Kapitalertragsteuer.* Bei ausgeübter Immobilien-Transparenzoption gelten

1. beschränkt steuerpflichtigen Anlegern unmittelbar Einkünfte i. S. d. § 49 Absatz 1 Nummer 2 Buchstabe f, Nummer 6 oder 8 des Einkommensteuergesetzes,

2. Anlegern, die unbeschränkt steuerpflichtige Investmentfonds oder Dach-Spezial-Investmentfonds sind, Einkünfte nach § 6 Absatz 4 und
3. sonstigen Anlegern Spezial-Investmenterträge als zugeflossen.

§ 36 Ausschüttungsgleiche Erträge

(1) [...] [2]Keine ausschüttungsgleichen Erträge sind die inländischen Beteiligungseinnahmen und die sonstigen inländischen Einkünfte mit Steuerabzug, wenn die Transparenzoption nach § 30 wahrgenommen wurde. *Keine ausschüttungsgleichen Erträge sind ferner inländische Immobilienerträge und sonstige Einkünfte ohne Steuerabzug, wenn der Spezial-Investmentfonds von seinem Wahlrecht zum Steuerabzug nach § 33 Absatz 1 Satz 1 Gebrauch gemacht hat.* [...]

§ 42 Steuerbefreiung von Beteiligungseinkünften und inländischen Immobilienerträgen

(4) [...] [2]Abweichend von Satz 1 sind die in ausgeschütteten oder ausschüttungsgleichen Erträgen enthaltenen inländischen Beteiligungseinnahmen vollständig steuerbefreit, wenn

1. der Anleger dem Körperschaftsteuergesetz unterliegt und
2. dem Spezial-Investmentfonds kein Ermäßigungsanspruch aus einem Abkommen zur Vermeidung der Doppelbesteuerung aufgrund eines Quellensteuerhöchstsatzes von unter 15 Prozent zusteht.

Ist der Anleger des Spezial-Investmentfonds ein Dach-Spezial-Investmentfonds, so sind die Sätze 1 und 2 entsprechend auf den Dach-Spezial-Investmentfonds und dessen Anleger anzuwenden. Dies gilt nicht, soweit der Dach-Spezial-Investmentfonds Spezial-Investmentanteile an einem anderen Dach-Spezial-Investmentfonds hält.

(5) Sind in den ausgeschütteten oder ausschüttungsgleichen Erträgen inländische Immobilienerträge oder sonstige inländische Einkünfte enthalten, die von dem Spezial-Investmentfonds versteuert wurden, so sind 20 Prozent dieser ausgeschütteten oder ausschüttungsgleichen Erträge steuerfrei. Absatz 4 Satz 2 ist entsprechend anzuwenden. *Ist der Anleger des Spezial-Investmentfonds ein Dach-Spezial-Investmentfonds, so sind die Sätze 1 und 2 entsprechend auf den Dach-Spezial-Investmentfonds und dessen Anleger anzuwenden. Dies gilt nicht, soweit der Dach-Spezial-Investmentfonds Spezial-Investmentanteile an einem anderen Dach-Spezial-Investmentfonds hält.*

§ 45 Gewerbesteuer bei Spezial-Investmenterträgen

(1) Bei der Ermittlung des Gewerbeertrags nach § 7 des Gewerbesteuergesetzes sind § 42 Absatz 4 *und Absatz 5* sowie § 3 Nummer 40 des Einkommensteuergesetzes und § 8b des Körperschaftsteuergesetzes nicht anzuwenden auf Kapitalerträge nach § 43 Absatz 1 Satz 1 Nummer 1, 1a und 6 sowie Satz 2 des Einkommensteuergesetzes, *auf inländische Immobilienerträge oder sonstige inländische Einkünfte*, die in den ausgeschütteten oder ausschüttungsgleichen Erträgen enthalten sind, und auf inländische Beteiligungseinnahmen, die dem Anleger nach § 30 Absatz 1 Satz 2 zugerechnet werden. Dies gilt nicht, wenn [...]

§ 48 Fonds-Aktiengewinn, Fonds-Abkommensgewinn, Fonds-Teilfreistellungsgewinn

[...]

(6) [...]

4. Anleger-Teilfreistellungsgewinne eines Dach-Spezial-Investmentfonds aus dem Besitz eines Spezial-Investmentanteils an einem Ziel-Spezial-Investmentfonds, die bei der Bewertung des Dach-Spezial-Investmentfonds ermittelt werden. *Verluste aus Finanzderivaten mindern den Fonds-Teilfreistellungsgewinn, wenn der Spezial-Investmentfonds im Rahmen einer konzeptionellen Gestaltung Verluste aus Finanzderivaten und in gleicher oder ähnlicher Höhe Wertveränderungen nach Satz 2 Nummer 2 herbeigeführt hat.*

§ 56 Anwendungs- und Übergangsvorschriften zum Investmentsteuerreformgesetz

[...]

(3) *Die Steuer für den* ~~Der~~ nach den am 31. Dezember 2017 geltenden Vorschriften ermittelte*n* Gewinn aus der fiktiven Veräußerung nach Absatz 2 Satz 1 einschließlich außerbilanzieller Hinzurechnungen und Abrechnungen ist zu dem Zeitpunkt *zu ermitteln und festzusetzen* ~~berücksichtigen~~, zu dem der Alt-Anteil tatsächlich veräußert wird. Bei der tatsächlichen Veräußerung von Altanteilen gelten die zuerst angeschafften Anteile als zuerst veräußert. *Die Steuer für den* ~~Der~~ Gewinn aus der fiktiven Veräußerung nach Absatz 2 Satz 1 *ist bis* ~~unterliegt~~ zum Zeitpunkt der tatsächlichen Veräußerung des Alt-Anteils *zinslos zu stunden*. ~~dem Steuerabzug nach § 43 Absatz 1 Satz 1 Nummer 9 des Einkommensteuergesetzes.~~ [...]

(4) Die inländische Stelle, die die Alt-Anteile verwahrt oder verwaltet, hat bis zum 31. Dezember 2020 Folgendes zu ermitteln und bis zur tatsächlichen Veräußerung vorzuhalten:

1. *die Steuer* ~~den Gewinn~~ aus der fiktiven Veräußerung nach Absatz 2 Satz 1 und
2. die Erträge nach § 7 Absatz 1 Satz 1 Nummer 3 und 4 des Investmentsteuergesetzes in der bis zum 31. Dezember 2017 geltenden Fassung. [...]

II. InvSt-Erlass

Die vorgeschlagenen Änderungen des InvSt-Erlasses stellen sich wie folgt dar:

Rn. 2.6

[...] [4]~~Demgegenüber~~ *Ebenso* erfüllen Investmentfonds, die nach den Anlagebedingungen die Wertentwicklung von Kapitalbeteiligungen (auch) synthetisch mittels Finanzderivaten (z. B. Aktien-Swaps) abbilden können, ~~nicht~~ die Voraussetzungen des § 2 Absatz 6 oder 7 InvStG~~, es sei denn, die Anlagebedingungen sehen (ergänzend) eine Mindestbeteiligungsquote von 51 Prozent unmittelbar in Kapitalbeteiligungen vor.~~ [...]

Rn. 2.28

[...] [5]Kapitalbeteiligungen i. S. d. § 2 Absatz 8 InvStG *sind*:

- Hinterlegungsscheine auf Aktien (sog. Depositary Receipts, z. B. American Depositary Receipts (ADR), Global Depositary Receipts (GDR), European Depositary Receipts (EDR)),
- *im Vermögen und für Rechnung eines Investmentfonds abgeschlossene Swap-Geschäfte, welche die Wertentwicklung eines Aktienindex nachbilden,*
- *Eigenkapitalgenussrechte i. S. v. § 20 Abs. 1 S. 1 Nr. 1 EStG.*

[...]

Rn. 9.2

Bei gemeinnützigen, mildtätigen oder kirchlichen Anlegern ist eine NV-Bescheinigung nach § 44a Absatz 7 Satz 2 EStG erforderlich (NV-Art 03). Es wird jedoch nicht beanstandet, wenn dem Entrichtungspflichtigen statt der NV-Art 03-Bescheinigung einer der folgenden Nachweise überlassen wird:

- amtlich beglaubigte Kopie des zuletzt erteilten Freistellungsbescheides, der für einen nicht länger als ~~drei~~ *fünf* Jahre zurückliegenden Veranlagungszeitraum vor dem Veranlagungszeitraum des Zuflusses der Kapitalerträge erteilt worden ist oder
- amtlich beglaubigte Kopie eines Körperschaftsteuerbescheides nebst dessen Anlage, in der die Steuerbefreiung für den steuerbegünstigten Bereich bescheinigt wird und der für einen nicht länger als ~~drei~~ *fünf* Jahre zurückliegenden Veranlagungszeitraum vor dem Veranlagungszeitraum des Zuflusses der Kapitalerträge erteilt worden ist.

Rn. 10.22

Nach § 10 Absatz 4 Satz 2 InvStG haben die Anleger i. S. d. § 8 Absatz 1 Nummer 1 InvStG als Nachweis ihres steuerlichen Status eine Bescheinigung nach § 44a Absatz 7 Satz 2 EStG oder eine Befreiungsbescheinigung nach § 9 Absatz 1 Nummer 2 InvStG dem Investmentfonds zu übermitteln. ~~Darüber hinaus ist für Anleger i. S. d. § 8 Absatz 2 InvStG auch eine NV-Bescheinigung i. S. d. § 44a Absatz 8 Satz 2 EStG (NV-Art 04) als Nachweis für die Steuerbefreiung anzuerkennen.~~ Der Nachweis ist bei erstmaligem Anteilserwerb und bei Ablauf der Gültigkeit einer Bescheinigung nach § 44a Absatz 7 Satz 2 EStG~~, nach § 44a Absatz 8 Satz 2 EStG~~ oder einer Befreiungsbescheinigung nach § 9 Absatz 1 Nummer 2 InvStG zu erbringen.

III. Außensteuergesetz

Die vorgeschlagene Änderung des AStG beschränkt sich auf § 8 und stellt sich wie folgt dar:

§ 8 Einkünfte von Zwischengesellschaften

[...]

Ungeachtet des Absatzes 1 ist eine ausländische Gesellschaft nicht Zwischengesellschaft für Einkünfte, für die nachgewiesen wird, dass die Gesellschaft in dem Staat, in dem sie ihren Sitz oder ihre Geschäftsleitung hat, insoweit einer wesentlichen wirtschaftlichen Tätigkeit nachgeht. Dies setzt insbesondere den Einsatz der für die Ausübung der Tätigkeit erforderlichen sachlichen und personellen Ausstattung in diesem Staat voraus. Die Tätigkeit muss durch hinreichend qualifiziertes Personal selbständig und eigenverantwortlich ausgeübt werden. Der wesentlichen wirtschaftlichen Tätigkeit der Gesellschaft sind nur Einkünfte der Gesellschaft zuzuordnen, die durch diese Tätigkeit erzielt werden und dies nur insoweit, als der Fremdvergleichsgrundsatz (§ 1) beachtet worden ist. Die Sätze 1 bis 3 gelten nicht, wenn die Gesellschaft ihre wesentliche wirtschaftliche Tätigkeit überwiegend durch Dritte besorgen lässt. *Abweichend von Satz 1 ist eine Gesellschaft Zwischengesellschaft im vorgenannten Sinne, wenn ihr Finanzanlagevermögen 90 % der Summe ihrer Aktiva entspricht. Soweit Satz 6 keine Anwendung findet und die Einkünfte der Gesellschaft aus Vermögen stammen, dessen gemeiner Wert nach Abzug der Schulden 50 % des gemeinen Werts der Gesellschaft übersteigt, stellen diese Einkünfte solche i. S. v. § 13 AStG dar.* [...]

§ 16 Vollständiger Belastungsvergleich

Anlagevolumen (Euro)		100.000.000		
Anteil Aktien	70%	70.000.000		
Anteil Aktien Inland	10%	7.000.000		
Dividenden Inland	2,5%	175.000		
Anteil Aktien Ausland	90%	63.000.000	Ausl. QSt (15%)	Div. Netto
Dividenden Ausland	2,5%	1.575.000	236.250	1.338.750
Realisierte Kursgewinne Aktien	4%	2.800.000		
Anteil Renten	25%	25.000.000		
Kursgewinne Renten	0,4%	100.000		
Zinsen	0,4%	100.000		
Liquidität	5%	5.000.000		
Zinsen	0%	0		

Teilfreistellung Investmentfonds	ESt/KSt	GewSt
Privatvermögen	30%	
GmbH & Co. KG	60%	30%
GmbH	80%	40%

Kosten Spezial-AIF		100.000.000
KVG	0,0500%	50.000
Verwahrstelle	0,0200%	20.000
Management Fee netto	0,250%	250.000
Management Fee brutto	0,298%	297.500

Persönliche Steuermerkmale Anleger		
Einkommensteuer		45%
SolZ	5,50%	2,48%
KiSt	9,00%	4,05%
ESt gesamt		51,53%
AbgSt		24,45%
SolZ	5,50%	1,34%
KiSt	9,00%	2,20%
AbgSt gesamt		28,00%

	Direktanlage im Privatvermögen			Investmentfonds im Privatvermögen bei Verkauf aller Fondsanteile		
Ebene Fonds				Anlagevermögen		100.000.000
				Inländische Dividenden		175.000
				abzgl. 15% KSt inkl. SolZ		26.250
				Inl. Dividenden netto		148.750
				zzgl. ausl. Div. brutto		1.575.000
				abzgl. 15% QSt Ausland		236.250
				Ausl. Div. netto		1.338.750
				Dividenden gesamt netto		1.487.500
				zzgl. Zinsen		100.000
				zzgl. realisierte Kursgewinne Renten		100.000
				zzgl. realisierte Kursgewinne Aktien		2.800.000
				Nettoerträge vor Kosten		4.487.500
				abzgl. Kosten für KVG/Verwahrstelle		70.000
				abzgl. Management Fee netto		250.000
				Nettoerträge nach Kosten		4.167.500
Ebene Anleger	Anlagesumme		100.000.000			
	Dividenden		1.750.000	Veräußerung Investmentfonds		4.167.500
	zzgl. Zinsen		100.000	Bemessungsgrundlage AbgSt nach TF	30%	2.917.250
	zzgl. realisierte Kursgewinne Renten		100.000			
	zzgl. realisierte Kursgewinne Aktien		2.800.000			
	Ertrag brutto		4.750.000			
	abzgl. 50% der All-In-Fee		148.750			
	Bemessungsgrundlage AbgSt		4.601.250			
	abzgl. AbgSt gesamt	28,00%	1.288.131	abzgl. AbgSt gesamt	28,00%	816.691
	abzgl. Management Fee brutto		297.500			
	Ertrag nach Steuern und Kosten		3.164.369	Veräußerungserlös netto		3.350.809

Vermögen vor Steuern und Kosten	104.750.000	104.750.000
Steuerbelastung gesamt	-1.288.131	-1.079.191
Kosten gesamt	-297.500	-320.000
Vermögen nach Steuern und Kosten	103.164.369	103.350.809

			Direktanlage in GmbH			Investmentfonds in GmbH bei Verkauf aller Fondsanteile			Spezial-Investmentfonds in GmbH ohne TO bei Verkauf			Spezial-Investmentfonds in GmbH mit TO bei Verkauf
Ebene Fonds				Anlagevermögen		100.000.000	Anlagevermögen		100.000.000	Anlagevermögen		100.000.000
				Inländische Dividenden		175.000	Inländische Dividenden		175.000	Inländische Dividenden		175.000
				abzgl. 15% KSt inkl. SolZ		26.250	abzgl. 15% KSt inkl. SolZ		26.250			
				Inl. Dividenden netto		148.750	Inl. Dividenden netto		148.750			
				zzgl. ausl. Div. brutto		1.575.000	zzgl. ausl. Div. brutto		1.575.000	zzgl. ausl. Div. brutto		1.575.000
				abzgl. 15% QSt Ausland		236.250	abzgl. 15% QSt Ausland		236.250	abzgl. 15% QSt Ausland		236.250
				Ausl. Div. netto		1.338.750	Ausl. Div. netto		1.338.750	Ausl. Div. netto		1.338.750
				Dividenden gesamt		1.487.500	Dividenden gesamt		1.487.500	Dividenden gesamt		1.513.750
				zzgl. Zinsen		100.000	zzgl. Zinsen		100.000	zzgl. Zinsen		100.000
				zzgl. realisierte Kursgewinne Renten		100.000	zzgl. realisierte Kursgewinne Renten		100.000	zzgl. realisierte Kursgewinne Renten		100.000
				zzgl. realisierte Kursgewinne Aktien		2.800.000	zzgl. realisierte Kursgewinne Aktien		2.800.000	zzgl. realisierte Kursgewinne Aktien		2.800.000
				Nettoerträge vor Kosten		4.487.500	Nettoerträge vor Kosten		4.487.500	Erträge vor Kosten		4.513.750
				abzgl. Kosten für KVG/Verwahrstelle		70.000	abzgl. Kosten für KVG/Verwahrstelle		70.000	abzgl. Kosten für KVG/Verwahrstelle		70.000
				abzgl. Management Fee netto		250.000	abzgl. Management Fee netto		250.000	abzgl. Management Fee netto		250.000
				Nettoerträge nach Kosten		4.167.500	Nettoerträge nach Kosten		4.167.500	Nettoerträge nach Kosten		4.193.750
Ebene GmbH	Anlagesumme		100.000.000				Agl. Erträge und Veräußerungsgewinn Spezial-Investmentfonds			Agl. Erträge und Veräußerungsgewinn Spezial-Investmentfonds		
	Dividenden		1.750.000	Veräußerung Investmentfonds		4.167.500	inländische Dividenden KSt + SolZ TF	100%	0	Zurechnung inl. Dividenden aufgr. TO		175.000
	zzgl. Zinsen		100.000				inländische Dividenden GewSt TF	0%	148.750			
	zzgl. realisierte Kursgewinne Renten		100.000				ausl. Dividenden		1.575.000	ausl. Dividenden		1.575.000
	Bemessungsgrundlage		1.950.000				Zinsen		100.000	Zinsen		100.000
	abzgl. KSt, SolZ, GewSt 30,825%		601.088				Kursgewinne Renten		100.000	Kursgewinne Renten		100.000
				Bemessungsgrundl. KSt + SolZ nach TF	80%	833.500	Anleger-Aktiengewinn 8b KStG	95%	140.000	Anleger-Aktiengewinn 8b KStG	95%	140.000
	Realisierte Kursgewinne Aktien		2.800.000	abzgl. KSt + SolZ	15,825%	131.901	Bemessungsgrundlage KSt + SolZ		1.915.000	Bemessungsgrundlage KSt+ SolZ		2.090.000
	Bemessungsgrundlage 5% aufgr. 8b KStG		140.000				abzgl. KSt + SolZ	15,825%	303.049	abzgl. KSt + SolZ	15,825%	330.743
	abzgl. KSt, SolZ, GewSt 30,825%		43.155	Bemessungsgrundl. GewSt nach TF	40%	2.500.500						
				abzgl. GewSt	15%	375.075	Bemessungsgrundlage GewSt		2.063.750	Bemessungsgrundlage GewSt		2.090.000
							abzgl. GewSt	15%	309.563	abzgl. GewSt	15%	313.500
	abzgl. Management Fee netto		250.000									
							QSt Ausland		236.250	QSt Ausland		236.250
							davon anrechenbar		194.305	davon anrechenbar		178.035
							Steuerbelastung nach Anrechnung		418.306	Steuerbelastung nach Anrechnung		466.207
	Ertrag netto		3.855.758	Erträge netto		3.660.524	Ertrag netto		4.305.444	Ertrag netto		4.750.000
Ebene Gesellschafter	Dividende GmbH		3.855.758	Dividende GmbH		3.660.524	Dividende GmbH		4.305.444	Dividende GmbH		4.750.000
	abzgl. AbgSt gesamt	28,00%	1.079.429	abzgl. AbgSt gesamt	28,00%	1.024.773	abzgl. AbgSt gesamt	28,00%	1.205.320	abzgl. AbgSt gesamt	28,00%	1.329.774
	Dividende netto		2.776.329	Dividende netto		2.635.751	Dividende netto		3.100.124	Dividende netto		3.420.226

Vermögen vor Steuern und Kosten	104.750.000	104.750.000	104.750.000	104.750.000
Steuerbelastung	-1.723.671	-1.794.249	-1.886.126	-2.032.232
Kosten	-250.000	-320.000	-320.000	-320.000
Vermögen nach Steuern und Kosten Ebene GmbH	103.855.758	103.660.524	103.749.194	103.727.543
Vermögen nach Steuern und Kosten Ebene Gesellschafter	102.776.329	102.635.751	102.543.874	102.397.768

Ebene	Direktanlage in GmbH & Co. KG		
Ebene Fonds			
Ebene GmbH & Co. KG	Anlagevermögen		100.000.000
	Dividenden		1.750.000
	Realisierte Kursgewinne Aktien		2.800.000
			4.550.000
	Ansatz zu 60% (TEV)		2.730.000
	zzgl. Zinsen		100.000
	zzgl. realisierte Kursgewinne Renten		100.000
	Anzusetzende Erträge		2.930.000
	abzgl. Management Fee netto		250.000
	Ansatz Management Fee zu 60% (TEV)		150.000
	Steuerlich relevanter Ertrag		2.780.000
	Gewerbeertrag		2.780.000
	abzgl. Freibetrag		24.500
	Gewerbeertrag		2.755.500
	x Gewerbemesszahl		3,5%
	Steuermessbetrag		96.443
	x Hebesatz		400%
	GewSt		385.770
Ebene Gesellschafter	Gewerblicher Gewinn		2.780.000
	abzgl. GewSt		385.770
	Gewerblicher Gewinn nach GewSt		2.394.230
	ESt gesamt	51,53%	1.233.627
	abzgl. anrechenbare GewSt		366.482
	Festzusetzende ESt		867.146

Investmentfonds in GmbH & Co. KG bei Verkauf aller Fondsanteile		
Anlagevermögen		100.000.000
Inländische Dividenden		175.000
abzgl. 15% KSt inkl. SolZ		26.250
Inl. Dividenden netto		148.750
zzgl. ausl. Div. brutto		1.575.000
abzgl. 15% QSt Ausland		236.250
Ausl. Div. netto		1.338.750
Dividenden gesamt		1.487.500
zzgl. Zinsen		100.000
zzgl. realisierte Kursgewinne Renten		100.000
zzgl. realisierte Kursgewinne Aktien		2.800.000
Nettoerträge vor Kosten		4.487.500
abzgl. Kosten für KVG/Verwahrstelle		70.000
abzgl. Management Fee netto		250.000
Nettoerträge nach Kosten		4.167.500
Veräußerung Investmentfonds		4.167.500
Bemessungsgrundlage GewSt nach TF	30%	2.917.250
Gewerbeertrag		2.917.250
abzgl. Freibetrag		24.500
Gewerbeertrag		2.892.750
x Gewerbemesszahl		3,5%
Steuermessbetrag		101.246
x Hebesatz		400%
GewSt		404.985
Gewerblicher Gewinn		4.167.500
Bemessungsgrundlage ESt nach TF	60%	1.667.000
abzgl. GewSt		404.985
Gewerblicher Gewinn nach GewSt		1.262.015
ESt gesamt	51,53%	650.253
abzgl. anrechenbare GewSt		384.736
Festzusetzende ESt		265.517

Spezial-Investmentfonds in GmbH & Co. KG ohne TO bei Verkauf		
Anlagevermögen		100.000.000
Inländische Dividenden		175.000
abzgl. 15% KSt inkl. SolZ		26.250
Inl. Dividenden netto		148.750
zzgl. ausl. Div. brutto		1.575.000
abzgl. 15% QSt Ausland		236.250
Ausl. Div. netto		1.338.750
Dividenden gesamt		1.487.500
zzgl. Zinsen		100.000
zzgl. realisierte Kursgewinne Renten		100.000
zzgl. realisierte Kursgewinne Aktien		2.800.000
Nettoerträge vor Kosten		4.487.500
abzgl. Kosten für KVG/Verwahrstelle		70.000
abzgl. Management Fee netto		250.000
Nettoerträge nach Kosten		4.167.500
Erträge aus Spezial-Investmentfonds		
inländische Dividenden GewSt TF	0%	148.750
ausl. Dividenden GewSt nach TF	0%	1.575.000
zzgl. Zinsen		100.000
Kursgewinne Renten		100.000
Anleger-Aktiengewinn (TEV) Ansatz zu	60%	1.680.000
Anzusetzende Erträge		3.603.750
Gewerbeertrag		3.603.750
abzgl. Freibetrag		24.500
Gewerbeertrag		3.579.250
x Gewerbemesszahl		3,5%
Steuermessbetrag		125.274
x Hebesatz		400,0%
GewSt		501.095
inländische Dividenden ESt TF	60%	59.500
ausl. Dividenden ESt + AAG (TEV) Ansatz zu	60%	2.483.250
Zinsen + Kursgewinne Renten		200.000
Anzusetzende Erträge		2.742.750
Gewerblicher Gewinn		2.742.750
abzgl. GewSt		501.095
Gewerblicher Gewinn nach GewSt		2.241.655
ESt gesamt	51,53%	1.155.013
abzgl. anrechenbare GewSt		476.040
Festzusetzende ESt		678.972

Spezial-Investmentfonds in GmbH & Co. KG mit TO bei Verkauf		
Anlagevermögen		100.000.000
Inländische Dividenden		175.000
zzgl. ausl. Div. brutto		1.575.000
abzgl. 15% QSt Ausland		236.250
Ausl. Div. netto		1.338.750
Dividenden gesamt		1.513.750
zzgl. Zinsen		100.000
zzgl. realisierte Kursgewinne Renten		100.000
zzgl. realisierte Kursgewinne Aktien		2.800.000
Erträge vor Kosten		4.513.750
abzgl. Kosten für KVG/Verwahrstelle		70.000
abzgl. Management Fee netto		250.000
Nettoerträge nach Kosten		4.193.750
Zurechnung inl. Dividenden aufgr. TO		175.000
ausl. Dividenden		1.575.000
		1.750.000
Ansatz zu 60% (TEV)		1.050.000
zzgl. Zinsen		100.000
Kursgewinne Renten		100.000
Anleger-Aktiengewinn (TEV) Ansatz zu	60%	1.680.000
Anzusetzende Erträge		2.930.000
Gewerbeertrag		2.930.000
abzgl. Freibetrag		24.500
Gewerbeertrag		2.905.500
x Gewerbemesszahl		3,5%
Steuermessbetrag		101.693
x Hebesatz		400,0%
GewSt		406.770
Gewerblicher Gewinn		2.930.000
abzgl. GewSt		406.770
Gewerblicher Gewinn nach GewSt		2.523.230
ESt gesamt	51,53%	1.300.094
abzgl. anrechenbare GewSt		386.432
Festzusetzende ESt		913.663

	Direktanlage in GmbH & Co. KG	Investmentfonds in GmbH & Co. KG bei Verkauf aller Fondsanteile	Spezial-Investmentfonds in GmbH & Co. KG ohne TO bei Verkauf	Spezial-Investmentfonds in GmbH & Co. KG mit TO bei Verkauf
Vermögen vor Steuern und Kosten	104.750.000	104.750.000	104.750.000	104.750.000
Steuerbelastung	-1.252.916	-933.002	-1.442.567	-1.556.683
Kosten	-250.000	-320.000	-320.000	-320.000
Vermögen nach Steuern und Kosten	103.247.084	103.496.998	102.987.433	102.873.317

Verzeichnis der zitierten Literatur

Altvater, Christian/Buchholz, Felix, Steueranrechnung aus belieferten Aktiengeschäften über den Dividendenstichtag ("Cum/Cum"), RdF 2016, 132–140.

Amort, Matthias/Blum, Hannes, Real Estate Investment Trusts (REITs): Alternativen und Besteuerung, DStR 2009, 1772–1778.

Anemüller, Christian, Beschränkung der Anrechenbarkeit der Kapitalertragsteuer nach § 36a EStG, ErbStB 2017, 352–358.

Anzinger, Heribert, Cum/Fake – Rechts-, Technik- oder Marktversagen?, RdF 2019, Umschlagteil I, 1.

Asmus, Thomas/Werneburg, Martin, Cum/Ex-Geschäfte: Die Verjährungsfrage, DStR 2018, 1527–1535.

Assmann, Heinz-Dieter/Schütze, Rolf A./Buck-Heeb, Petra (Hrsg.), Handbuch des Kapitalanlagerechts, 5. Auflage, Verlag C. H. Beck, München 2020, zitiert: Bearbeiter in HdB KapitalanlageR.

Assmann, Heinz-Dieter/Wallach, Edgar/Zetzsche, Dirk A. (Hrsg.), Kapitalanlagegesetzbuch, 1. Auflage, Verlag Dr. Otto Schmidt KG, Köln 2019, zitiert: Bearbeiter in Assmann/Wallach/Zetzsche KAGB.

Bachmann, Carmen/Richter, Konrad, Kapital-Investitionsgesellschaften im Spannungsfeld zwischen InvStG und Hinzurechnungsbesteuerung, DB 2015, 274–277.

Bärsch, Sven-Eric/Ditz, Xaver/Engelen, Christian/Quilitzsch, Carsten, Die Reform des § ASTG § 1 AStG – Überblick und erste kritische Würdigung, DStR 2021, 1785–1792.

Barz, Katja/Meyding-Metzger, Angelika/Weigel, Wolfgang, Bilanzielle Saldierung von derivativen Finanzinstrumenten (insbes. Zinsswaps) des Handelsbestands nach HGB und IFRS bei Kreditinstituten, IRZ 2015, 285–293.

Bauerfeind, Tobias, Die Möglichkeit der Sachauskehr aus kapitalanlagerechtlicher Perspektive, GWR 2018, 192–195.

Baumbach, Adolf/Hopt, Klaus (Hrsg.), Handelsgesetzbuch mit GmbH & Co., Handelsklauseln, Bank- und Kapitalmarktrecht, Transportrecht (ohne Seerecht), 39. Auflage, Verlag C. H. Beck, München 2020, zitiert: Bearbeiter in Baumbach/Hopt HGB.

Baumgartner, Raphael, Mögliche Änderungen der Hinzurechnungsbesteuerung durch den zweiten Referentenentwurf eines ATADUmsG, IStR 2020, 524–529.

Bäuml, Swen Oliver, Erbschaftsteuerreform 2016 – Überblick über die gesetzlichen Neuregelungen aus Sicht der Praxis, NWB 2016, 3516–3526.

Baur, Jürgen/Tappen, Falko (Hrsg.), Investmentgesetze Kommentar zum KAGB und Investmentsteuergesetz, 3. Auflage, Verlag de Gruyter, Berlin 2016, zitiert: Bearbeiter in Baur/Tappen Investmentgesetze.

Becker, Jan Dierk/Loose, Thomas, Beteiligungserträge in der Hinzurechnungsbesteuerung nach dem ATAD-Umsetzungsgesetz, IStR 2021, 373–380.

Beckert, Daniel/Schober, Franz, Änderungen beim Kapitalertragsteuerabzug – ein verspätet richtiger Schritt?, RdF 2021, 49–56.

Behnes, Stephan/Hoene, Cornelia, Zurechnung von Aktien zum Eigentümer nach § 39 AO, RdF 2022, 116–123.

Behrens, Stefan, Transparenz- und Immobilien-Transparenzoption nach dem InvStG 2018, RdF 2017, 297–304.

Behrens, Stefan/Bielinis, Andriua, Cum/cum-Geschäfte und Spezial-Investmentfonds, RdF 2020, 105–112.

Benz, Sebastian/Jetter, Jann, Die Neuregelung zur Steuerpflicht von Streubesitzdividenden, DStR 2013, 489–496.

Berger, Hanno/Steck, Kai-Uwe/Lübbehüsen, Dieter (Hrsg.), Investmentgesetz, Investmentsteuergesetz: Kommentar, Verlag C. H. Beck, München 2010, zitiert: Bearbeiter in Berger/Steck/Lübbehüsen InvStG 2004.

Berwanger, Jörg, Die deutsche Pkw-Maut – ein Fall für die Staatshaftung?, NVwZ 2019, 1642–1643.

Bindl, Elmar/Haisch, Martin, Rückforderungsansprüche bei Cum/Cum-Geschäften – Gleichzeitig ein Beitrag zur Dogmatik des 37 Abs. 2 AO, DStR 2021, 1520–1525.

Bindl, Elmar/Leidel, Sebastian, Immobilieninvestments über Spezial- Investmentfonds nach dem InvStG 2018, DB 2018, 722–728.

Bindl, Elmar/Leidel, Sebastian, Die Steuerbefreiungen nach § 42 Abs. 4 und 5 InvStG 2018 bei mehrstufigen Fondsstrukturen, BB 2018, 151–157.

Bindl, Elmar/Leidel, Sebastian, Änderungen im Investmentsteuerrecht durch das „Jahressteuergesetz 2018“ (UStAVermG), DStR 2019, 241–244.

Bindl, Elmar/Mager, Martin, Ausgewählte Zweifelsfragen und Lösungsvorschläge zum InvStG n. F., BB 2016, 2711–2722.

Bindl, Elmar/Mager, Martin, Besteuerung von Dachfonds nach dem InvStG 2018, DStR 2017, 465–469.

Bindl, Elmar/Schober, Franz, Investmentsteuererlass-Entwurf zu Spezial-Investmentfonds, BB 2020, 599–611.

Bindl, Elmar/Stadler, Rainer, Die Immobilientransparenz gem. § 33 Abs. 2 InvStG 2018 bei Dach- und Masterfonds-Strukturen, BB 2017, 1943–1947.

Bochmann, Christian/Bron, Jan, Die nächste Stufe der Modernisierung des Personengesellschaftsrechts: Vom MoPeG zum KöMoG, NZG 2021, 613–620.

Bodden, Guido/Demuth, Ralf, Die Neuregelung der Erbschaftsteuer – Grundlagen, Auswirkungen und erste Gestaltungsüberlegungen, Kösdi 2016, 20085.

Bödecker, Carsten/Ernst, Carsten/Hartmann, Holger (Hrsg.), Beck'scher Online Kommentar Investmentsteuergesetz 2004, 19. Edition, Verlag C. H. Beck, München 2021, zitiert: Bearbeiter in BeckOK InvStG 2004.

Bödecker, Carsten/Ernst, Carsten/Hartmann, Holger (Hrsg.), Beck'scher Online Kommentar Investmentsteuergesetz, 12. Edition, Verlag C. H. Beck, München 2022, zitiert: Bearbeiter in BeckOK InvStG.

Boos, Karl-Heinz/Fischer, Reinfried/Schulte-Mattler, Hermann (Hrsg.), KWG, CRR-VO, 5. Auflage, Verlag C. H. Beck, München 2016, zitiert: Bearbeiter in Boos/Fisher/Schulte-Mattler KWG.

Brabender, Martina/Winter, Andreas, Vorsicht vor der 90 %-Grenze nach § 13b Abs. 2 S. 2 ErbStG oder ist Verwaltungsvermögen gleich Verwaltungsvermögen?, ZEV 2017, 81–85.

Brühl, Manuel/Holle, Florian/Weiss, Martin, Das BMF-Schreiben zu Cum/Cum-Transaktionen – eine einsame Auffassung der Finanzverwaltung?, DStR 2017, 2093–2098.

Brühl, Manuel/Weiss, Martin, Die Option zur Körperschaftsbesteuerung nach der endgültigen Fassung des KöMoG, DStR 2021, 1617–1623.

Brühl, Manuel/Weiss, Martin, „Check the box" from good old Germany – Die Option zur Besteuerung als Körperschaft nach dem Entwurf des KöMoG, DStR 2021, 889–897.

Buck-Heeb, Petra, Das Kleinanlegerschutzgesetz, NJW 2015, 2535–2541.

Buge, Ronald/Bujotzek, Peter/Steinmüller, Jens, Die InvSt-Reform ist verabschiedet, DB 2016, 1594–1600.

Bünning, Martin, FG Düsseldorf: Rechtliche Gestaltung im Zusammenhang mit Bondstripping kann rechtsmissbräuchlich sein, RdF 2019, 347.

Carlé, Thomas, Die Besteuerung von Kapitalerträgen nach dem Investmentsteuergesetz, DStZ 2004, 74–77.

Carlé, Thomas, Die Reform der Investmentbesteuerung ab dem 1.1.2018, ErbStB 2017, 20–23.

Cloer, Adrian/Schleis, Nadine, Gewerbesteuerliches Drittstaatenschachtelprivileg europarechtswidrig, DStRK 2018, 317.

Crezelius, Georg, Erbschaftsteuerreform 2016: Ein rechtssystematischer Überblick, ZEV 2016, 541–546.

Dannecker, Achim, Unternehmensnachfolge bei Kapitalgesellschaften: erbschaftsteuerliche und ertragsteuerliche Aspekte, DStR 2020, 853–865.

Delp, Udo, Investmentsteuerreform aus privater Anlegersicht, DB 2017, 447–457.

Demuth, Ralf/Bodden, Guido, Der koord. Ländererlass zum neuen Unternehmenserbschaftsteuerrecht– Auswirkungen und erste Gestaltungsüberlegungen, Kösdi 2017, 20481–20497.

Dorn, Katrin, Investmentsteuerrecht Einführung, 2. Aufl. 2018, Verlag Springer Gabler, Wiesbaden 2018, zitiert: Dorn, InvStR.

Drinhausen, Florian/Eckstein, Hans-Martin (Hrsg.), Beck'sches Handbuch der AG, 3. Auflage, Verlag C. H. Beck, München 2018, zitiert: Bearbeiter in Beck'sches Hdb der AG.

Eberhardt, David, Abkommensrechtliche Missbrauchsvermeidung bei Investmentvermögen, IStR 2013, 377–386.

Eberhardt, David, Pflicht zur Umsetzung der Mutter-Tochter-Richtlinie im Rahmen der Gewerbesteuer, IStR 2019, 584–589.

Ebner, Christian, Aktiengewinn und Kopplungsgeschäfte, RdF 2016, 218–227.

Ebner, Christian, Cum/Cum-Geschäfte nach § 36a EStG, NWB 2017, 2110–2119.

Ebner, Christian, Investmentfonds im ausländischen Kontext, NWB 2017, 479–487.

Ebner, Christian, Teilfreistellung bei Investmentfonds in der Praxis, RdF 2017, 305–312.

Ebner, Christian, Belastungsvergleiche bei (Spezial-)Investmentfonds, RdF 2018, 132–140.

Ebner, Christian, Investmentsteuererlass vom 21.5.2019 und JStG 2019 unter besonderer Berücksichtigung von Spezial-Investmentfonds, RdF 2019, 314–320.

Ebner, Christian, BMF: Steuerbescheinigungen bei American Depository Receipts auf inländische Aktien, RdF 2019, 169.

Egner, Thomas/Wölfert, Jessica, Pauschalbesteuerung von Investmenterträgen i. S. des § 6 InvStG, DStR 2013, 381–388.

Einsele, Dorthee, Bank- und Kapitalmarktrecht, 3. Auflage, Verlag Mohr Siebeck, Heidelberg 2014, zitiert: Einsele, Bank- und KapitalmarktR.

Elser, Thomas/Stadler, Rainer, Einschneidende Änderungen der Investmentbesteuerung nach dem nunmehr in Kraft getretenen AIFM-Steuer-Anpassungsgesetz, DStR 2014, 233–241.

Elser, Thomas/Stiegler, Tobias, Inbound-Investments in deutsche Vermögensgegenstände nach dem Investmentsteuerreformgesetz, IStR 2017, 567–572.

Emde, Thomas/Dornseifer, Frank/Dreibus, Alexandra (Hrsg.), KAGB, 2. Auflage, Verlag C. H. Beck, München 2019, zitiert: Bearbeiter in Emde/Dornseifer/Dreibus KAGB.

Emde, Thomas/Dornseifer, Frank/Dreibus, Alexandra/Hölscher, Luise (Hrsg.), Investmentgesetz, 1. Auflage, Verlag C. H. Beck, München 2013, zitiert: Bearbeiter in Emde/Dornseifer/Dreibus/Hölscher InvG.

Erkis, Gülsen, Die Neuregelung des Verschonungssystems für Betriebsvermögen im ErbStG – Vorgaben des BVerfG-Urteils v. 17.12.2014 umgesetzt?, DStR 2016, 1441–1448.

Ernst, Markus, Reform der Investmentbesteuerung und Auswirkungen auf die Durchführung der betrieblichen Altersvorsorge, BB 2017, 2723–2727.

Faller, Patrick, BFH: Europarechtliche Zweifelsfragen im Zusammenhang mit der Besteuerung von Erträgen aus "schwarzen" Fonds nach dem AuslInvestmG, RdF 2014, 78–70.

Faller, Patrick, EuGH: Bestandsschutz für die pauschale Besteuerung von Erträgen aus "schwarzen" Fonds nach dem AuslInvestmG, RdF 2015, 251–253.

Feyerabend, Hans-Jürgen A./Vollmer, Thorsten, Investmentfondsbesteuerung und Abgeltungsteuer, BB 2008, 1088–1097.

Fiand, Andreas, Die Steigerung von Cum/Ex: Cum/Cum?, NWB 2016, 344–351.

Fischer, Daniel Kai, Investmentsteuerrecht – Teilfreistellungen auf Anlegerebene, NWB 2018, 163–167.

Fischer, Marius, Aufsichtsrechtliche Produktintervention und Tokenplatzierungen, WM 2019, 2004–2008.

Flick, Hans/Wassermeyer, Franz/Baumhoff, Hubertus/Schönfeld, Jens (Hrsg.), Außensteuerrecht Kommentar, 99. Aktualisierung, Verlag Otto Schmidt, Köln 2021, zitiert: Bearbeiter in Flick/Wassermeyer/Baumhoff/Schönfeld AStG.

Florstedt, Tim, Cum/ex-Geschäfte und Vorstandshaftung, NZG 2017, 601–611.

Florstedt, Tim, Zur haftungsrechtlichen Aufarbeitung von außerbörslichen Cum/ex- Geschäften – Teil I: Die steuerrechtliche Außenhaftung, DStR 2019, 655–660.

Florstedt, Tim, Digitalisierung und Straffung des Verfahrens zur Entlastung von KapErtrSt, BB 2021, 1757–1761.

Fock, Till, Investmentsteuerrecht und Außensteuergesetz, IStR 2006, 734–739.

Fuchs, Andreas (Hrsg.), Wertpapierhandelsgesetz (WpHG) Kommentar, 2. Auflage, Verlag C. H. Beck, München 2016, zitiert: Bearbeiter in Fuchs WpHG.

Geck, Reinhard, Erbschaftsteuerreform 2016: Die neuen Voraussetzungen der Verschonung von Unternehmensvermögen unter Einschluss der Nachsteuertatbestände, ZEV 2016, 546–553.

Geurts, Matthias/Schubert, Leif, Folgen der Neudefinition geschlossener Fonds, WM 2014, 2154–2160.

Goebel, Sören/Palm, Annette, Der Motivtest – Rettungsanker der deutschen Hinzurechnungsbesteuerung?, IStR 2007, 720–726.

Goette, Wulf/Habersack, Mathias/Kalss, Susanne (Hrsg.), Münchner Kommentar zum Aktiengesetz, Band 4, 5. Auflage, Verlag C. H. Beck, München 2021, zitiert: Bearbeiter in MüKo AktG.

Gosch, Dietmar (Hrsg.), Körperschaftsteuergesetz Kommentar, 4. Auflage, Verlag C. H. Beck, München 2020, zitiert: Bearbeiter in Gosch KStG.

Gosch, Dietmar/Hoyer, Andreas (Hrsg.), Abgabenordnung/Finanzgerichtsordnung, Loseblattwerk, 165. Lieferung, 2022, 1. Auflage 1995, Verlag Stollfuß Medien GmbH & Co. KG, 2019, zitiert: Bearbeiter in Gosch AO/FGO.

Haarmann, Wilhelm, Die Missbrauchsverwirrung, IStR 2018, 561–574.

Haase, Florian, Die neue Hinzurechnungsbesteuerung, DStR 2019, 827–835.

Haase, Florian/Dorn, Katrin, Investmentsteuerrecht Einführung, 2. Aufl. 2015, Verlag Imprint: Springer Gabler, Wiesbaden 2015, zitiert: Haase, Dorn, InvStR.

Haase, Florian/Dorn, Katrin, Probleme des Kapitalertragsteuerabzugs bei Dividendenbezug über ausländischen Investmentfonds – Handlungsbedarf für den Gesetzgeber, DStR 2015, 1158–1161.

Habammer, Christoph, Die Haftung der Depotbanken bei Cum/Ex-Fällen, DStR 2017, 1958–1963.

Habammer, Christoph, Cum/Cum-Altfälle: Inländische Investmentfonds als Erstattungsverpflichtete, RdF 2019, 212–217.

Hagen, Alexander/Schober, Franz, Referentenentwurf eines Gesetzes zur weiteren Förderung der Elektromobilität – Auswirkungen auf die Besteuerung von Kapitalanlagen und (Spezial-)Investmentfonds – Teil II, BB 2019, 1693–1698.

Hagen, Alexander/Schober, Franz, Referentenentwurf eines Gesetzes zur weiteren Förderung der Elektromobilität – Auswirkungen auf die Besteuerung von Kapitalanlagen und (Spezial-)Investmentfonds – Teil I, BB 2019, 1630–1636.

Hahne, Klaus, FG Münster zur Besteuerung ausländischer Sondervermögen: Eine erste Analyse, BB 2017, 2010–2015.

Hahne, Klaus, Zur Besteuerung inländischer Beteiligungseinnahmen von Investmentfonds nach der Investmentsteuerreform 2018, DStR 2017, 2310–2317.

Hahne, Klaus, Der Entwurf neuer Verwaltungsregelungen zum Anwendungsbereich des § 4 Nr. 8 h UStG nach der Investmentsteuerreform 2018, MwStR 2017, 604–610.

Hahne, Klaus D, Geplante BMF-Regelungen zur Besteuerung von Dividendenersatzzahlungen an Investmentfonds nach dem InvStG 2018, DStR 2018, 557–560.

Hahne, Klaus/Michaelis, Tobias, Entwurf eines "JStG 2019": Vorgeschlagene Änderungen bei der Abgeltungsteuer und der Investmentbesteuerung, RdF 2019, 196–203.

Hahne, Klaus/Schober, Franz, Zweifelsfragen bezüglich der Berechnung der Immobilieninvestitionsquote bei steuerbegünstigten Immobilienfonds, BB 2021, 86–94.

Hahne, Klaus/Völker, Christian, Anwendungsfragen des § 36a EStG bei Investmentfonds nach geltendem und künftigem Recht, BB 2017, 858–866.

Hahne, Klaus/Völker, Christian, § 36a EStG: Konkretisierungen, verbleibende Zweifelsfragen und Ungereimtheiten nach dem dritten BMF-Entwurf, RdF 2017, 50–58.

Haisch, Martin, Investmentsteuerreform – Wird jetzt alles gut?, RdF 2015, 294–302.

Haisch, Martin, Führt die Bekämpfung von "Cum/Cum" zu Kollateralschäden beim deutschen Aktienhandel?, RdF 2016, 85–86.

Haisch, Martin, Abzugsverbot bei den Teilfreistellungen nach § 20 InvStG n. F. im Lichte des BFH-Urteils I R 61/14, RdF 2016, 329–335.

Haisch, Martin, Handels- und steuerbilanzielle Behandlung von echten strukturierten Finanzinstrumenten, RdF 2018, 159–165.

Haisch, Martin/Helios, Marcus (Hrsg.), Rechtshandbuch Finanzinstrumente, 1. Auflage, Verlag C. H. Beck, München 2011, zitiert: Bearbeiter in Haisch/Helios RHdB Finanzinstrumente.

Haisch, Martin/Helios, Marcus, Steuerpflicht von Streubesitzdividenden in der Direkt- und Fondsanlage, DB 2013, 724–731.

Haisch, Martin/Hüniken, Jan, Erhebliche Verschärfung der Steueranrechnung bei deutschen Aktien geplant, BB 2016, 345–350.

Hammer, Markus, Spezialfonds im Steuerrecht aus Investorensicht, Verlag Knapp, Frankfurt am Main 2007, zitiert: Hammer, Spezialfonds.

Hannes, Frank, Erbschaftsteuerreform 2016: Neuregelungen zur Bewertung und zum Umfang der Verschonung, ZEV 2016, 554–561.

Hansen, Andy/Haselmann, Jan/Holle, Florian, Cum/Cum-Wertpapierleihe – Stellt der BFH durch BFH Aktenzeichen I R 40/17 alles zurück auf Anfang?, DStR 2022, 1407–1413.

Harrer, Herbert/King, Peter, Aktien- und kapialmarktrechtliche Aspekte bei Amrican Depository Receipts, IStR 1999, 188.

Hartrott, Sebastian/Goller, Sascha, Immobilienfonds nach dem Kapitalanlagegesetzbuch, BB 2013, 1603–1612.

Hasbach, Alexander, Die Verschmelzung von (Spezial-)Investmentfonds – Ein Überblick über die steuerlichen Folgen und ausgewählte Fragen, FR 2018, 1117–1125.

Haselmann, Jan/Holle, Florian, Geändertes BMF-Schreiben zu Cum/Cum-Transaktionen: Besteht eine Anzeigepflicht nach § AO § 153 AO?, DStR 2021, 2425–2431.

Haug, Felix, Investmentfonds und Außensteuerrecht: Abgrenzungsfragen nach dem InvStRefG, IStR 2016, 597–608.

Haug, Felix, Inbound-Investitionen in inländischen Grundbesitz nach dem InvStG 2018, IWB 2018, 6–17.

Haug, Felix, Abkommensberechtigung und Quellensteuerentlastung bei Outbound-Investments inländischer (Spezial-)Investmentfonds, IStR 2020, 866–874.

Häuselmann, Holger, Kapitalertragsteuerbescheinigungen für 2009 – Muster ohne Wert? Anrechnungsrisiken für betriebliche Dividendenbezieher nach dem BMF-Schreiben vom 5. 5. 2009, DStR 2009, 1996–1997.

Häuselmann, Holger, Investmentanteile Recht – Bilanzen – Steuern, 1. Auflage, Verlag C. H. Beck, München 2019, zitiert: Häuselmann, Investmentanteile.

Heckerodt, David/Lück, Nicola van, Die deutsche Hinzurechnungsbesteuerung im Drittstaatenfall, IStR 2020, 857–866.

Heilbock, Jürgen/Geissler, Dennis, Rechtsprechung zum Cum-Ex-Skandal – Der Fall Sarasin, GWR 2019, 120–123.

Heinsen, Oliver/Gsödl, Markus/Dietrich, Marco, Reform der Hinzurechnungsbesteuerung – Zum geänderten Motivtest (§ 8 Abs. 2–4 AStG-RefE), IStR 2020, 729–735.

Helios, Marcus/Lenz, Thomas, Steuerliche Behandlung von Cum/Cum-Transaktionen nach dem BMF-Schreiben vom 17.07.2017, DB 2017, 1738–1744.

Helios, Marcus/Mann, Alexander, Das Gesetz zur Reform der Investmentbesteuerung – Darstellung, Meinung und Handlungsempfehlungen, DB, Sonderausgabe 01/2016, 1–31.

Hennrichs, Joachim/Kleindiek, Detlef/Watrin, Christoph (Hrsg.), Münchener Kommentar zum Bilanzrecht, Band 2, 1. Auflage, Verlag C. H. Beck, München 2013, zitiert: Bearbeiter in MüKo BilR.

Hensel, Matthias, Zehn Highlights aus dem ersten Teil des BMF-Schreibens zur Anwendung des InvStG 2018, RdF 2019, 204–211.

Herr, Stefan/Link, Matthias, Verhältnis zwischen InvStG und AStG – Ende der Sperrwirkung aufgrund der ATAD I-Richtlinie?, RdF 2020, 20–26.

Herr, Stefan/Stiefel, Dirk, Europarechtliche Diskriminierung ausländischer Investmentfonds auch unter dem InvStG 2018?, IStR 2019, 929–933.

Herr, Stefan/Stiefel, Dirk, Vorabpauschale und Teilfreistellung – Praktische Anwendungsfragen bei der Besteuerung von Investmentfonds nach dem JStG 2018, DStR 2019, 908–913.

Herring, Frank/Dahmen, Lennart, AIFMD Review: Meilensteine auf dem Weg zur AIFMD II, RdF 2021, 4–11.

Herrmann, Carl/Heuer, Gerhard/Raupach, Arndt/Tiedchen, Susanne (Hrsg.), Einkommensteuer- und Körperschaftsteuergesetz: Loseblattwerk mit 308. Aktualisierung, Verlag Otto Schmidt, Köln 2021, zitiert: Bearbeiter in Herrmann/Heuer/Raupach EStG/KStG.

Heuer, Heiko, Steuerliche Behandlung verschiedener Formen von Kapitalanlagen – Stopft das BMF die Schlupflöcher?, DStR 1993, 1322–1324.

Heuermann, Bernd/Brandis, Peter (Hrsg.), Ertragsteuerrecht 159. Ergänzungslieferung, Loseblattausgabe, Verlag Franz Vahlen, München 2021, zitiert: Bearbeiter in Brandis/Heuermann.

Hoch, Veronica/Preller, Florian, Die zivilrechtsdogmatischen Beziehungen innerhalb des Investmentvielecks, BKR 2019, 22–29.

Höfer, Reinhold/Groot, Simone Evke de/Küpper, Peter (Hrsg.), Betriebsrentenrecht, Loseblattwerk, 27. Ergänzungslieferung, Band I Arbeitsrecht, Verlag Franz Vahlen, München 2022, zitiert: Bearbeiter in Höfer/de Groot BetrAVG.

Hoffmann, Daniel/Watzlaw, Anne-Kathrin, Die 45a, 45b und 45c EStG-E im Regierungsentwurf eines Abzugsteuerentlastungsmodernisierungsgesetzes (AbzSt-EntModG), DStR 2021, 633–643.

Hofmann, Ekkehard, Die gescheiterte Infrastrukturabgabe: Ende eines Irrwegs?, NVwZ 2019, 1257–1260.

Hoor, Oliver/Medler, Andreas, Luxemburg – Der neue Reserved Alternative Investment Fund, IStR 2017, 401–406.

Hopt, Klaus (Hrsg.), Handelsgesetzbuch mit GmbH Co., Handelsklauseln, Bank- und Kapitalmarktrecht, Transportrecht (ohne Seerecht), 40., neubearbeitete Auflage, Verlag C. H. Beck, München 2021, zitiert: Bearbeiter in Hopt HGB.

Höring, Johannes, Zweifelsfragen zu Ertragsausgleich und Zwischengewinn bei einem Investmentvermögen, SteuK 2010, 201.

Höring, Johannes, Das Ertragsausgleichsverfahren bei ausländischen Investmentvermögen – kritische Würdigung des BMF-Schreibens vom 18.8.2009, DStZ 2010, 84–88.

Höring, Johannes, Zum Vorliegen eines Steuerstundungsmodells bei hohen negativen Zwischengewinnen, GStB 2018, 6–7.

Hörster, Ralf, Kabinett beschließt „Jahressteuergesetz 2018“ unter neuem Namen, NWB 2018, 2538–2545.

Ising, Peter, Bewertung offener Immobilienfonds in der Krise, NZG 2012, 651–657.

Jacobs, Helge/Stabenow, Norbert, Umsatzsteuerbefreiung der Verwaltung von Investmentvermögen, UR 2018, 75–81.

Jansen, Bela, FG Düsseldorf: Zur Besteuerung von ausgeschütteten Erträgen einer Luxemburgischen SICAV an eine deutsche Kapitalgesellschaft, RdF 2018, 88–89.

Jansen, Bela/Greger, Veronika, Investmentsteuerreformgesetz – Folgen für betriebliche Anleger und die betriebliche Altersversorgung, RdF 2017, 138–145.

Jansen, Bela/Greger, Veronika, InvStG 2018 – erste Praxis- und Anwendungsfragen – Teil II, BB 2018, 1243–1248.

Jansen, Bela/Greger, Veronika, InvStG 2018: Übergang zum neuen Recht, erste Praxis- und Anwendungsfragen, BB 2018, 407–411.

Jansen, Bela/Greger, Veronika, InvStG 2018 – im Fokus: Personengesellschaften als Anleger, DStR 2018, 282–287.

Jarass, Lorenz/Schick, Gerhard, Kapitalertragsteuerbetrug einfach verhindern, BB 2019, 1568–1570.

Jehke, Christian/Blank, Michael, „Cum/Ex-Geschäfte“ mit inländischer Depotbank auf Verkäuferseite: Vorrang der Haftung vor der Rücknahme der Anrechnungsverfügung?, DStR 2017, 905–912.

Jensch, Philip/Ahrenholz, Marco/Ebner, Christian, Anwendungsfragen zum InvStG für Spezial-Investmentfonds: Anmerkungen zum BMF-Schreiben vom 28.8.2018, RdF 2018, 320–327.

Jensch, Philip/Petzold, Gabriele/Ebner, Chrisitan, Kapitalbeteiligungs- und Immobilienquote bei Investmentfonds: Praktische Probleme der Quotenermittlung, RdF 2020, 200–207.

Jensch, Philip/Rüdiger, Christian, Steuerabzug auf Kapitalerträge gem. § 36a EStG bei Investmentfonds – Umsetzungsprobleme und Anlegergleichbehandlung, RdF 2016, 319–328.

Jetter, Jann/Mager, Martin, Der Referentenentwurf eines Gesetzes zur Reform der Investmentbesteuerung, SteuK 2016, 23–30.

Johannsen, Sven, Referentenentwurf für ein Fondsstandortgesetz vorgelegt, AG 2021, R20–R22.

Johannsen, Sven, Update Fondsstandortgesetz, AG 2021, R196–R198.

Johannsen, Sven, Update Fondsstandortgesetz – Der Regierungsentwurf liegt vor, AG 2021, R84–R85.

Kahle, Christian/Hafner, Lisa, Ende einer Dienstfahrt – Deutsche Pkw-Maut vor dem Aus, NJW 2019, 2353–2355.

Kahlenberg, Christian/Quilitzsch, Carsten, Das Ende der Hinzurechnungsbesteuerung in Drittstaatenfällen?, IStR 2021, 135–140.

Kainer, Friedemann/Fischinger-Corbo, Berina, Inländergleichbehandlung und Stand still-Gebot: Neue Fragen durch das Maut-Urteil, EuZW 2019, 894–901.

Kammeter, Susann, Änderungen durch die geplante Reform der Investmentbesteuerung – vom Referentenentwurf (18.12.2015) bis zum Regierungsentwurf (24.2.2016) des InvStRefG, ISR 2016, 99–106.

Kelterborn, Lars/Küpper, Volker, Investmentsteuerreform: Praxishinweise und Erleichterungen aus dem BMF, BB 2017, 2263–2267.

Kempf, Tillman/Hirtz, Julius, Schwerpunkte des Referentenentwurfs eines Gesetzes zur Reform der Investmentbesteuerung, DStR 2016, 1–8.

Kempf, Tillman/Seledina, Kristina, Die neuen Fondskategorien im Investmentsteuerrecht, SteuK 2014, 467–470.

Kirchhof, Gregor/Kulosa, Egmont/Ratschow, Eckart (Hrsg.), Beck'scher Online-Kommentar Einkommensteuergesetz, 13. Edition, Verlag C. H. Beck, München 2022, zitiert: Bearbeiter in BeckOK EStG.

Klebeck, Ulf, Neue Richtlinie für Verwalter von alternativen Investmentfonds?, DStR 2009, 2154–2160.

Klein, Franz (Hrsg.), Abgabenordnung einschließlich Steuerstrafrecht Kommentar, 15. Auflage, Verlag C. H. Beck, München 2020, zitiert: Bearbeiter in Klein AO.

Kleinert, Jens, BFH: Zum Vorliegen eines Steuerstundungsmodells gem. § 20 Abs. 2b EStG (§ 20 Abs. 7 EStG n. F.) bei hohen negativen Zwischengewinnen, RdF 2017, 342–344.

Kleinert, Jens, BFH: Zwischengewinne als Verlust i. S. des § 15b Abs. 1 EStG, RdF 2019, 266–267.

Kleinert, Jens, Dividendenkapitalertragsteuer für beschränkt steuerpflichtige Investmentfonds unionsrechtskonform?, IStR 2020, 210–222.

Kleinert, Jens/Lübbehüsen, Dieter, (Sehr begrenzter) Anwendungsbereich von §§ 20 Abs. 7 i. V. m. 15b EStG bei der Investmentfondsanlage, RdF 2015, 140–143.

Klenk, Friedrich, Die rechtliche Behandlung des Investmentanteils unter Berücksichtigung der Anteilberechtigung des Investmentratensparers, Verlag Institut für Bankwirtschaft und Bankrecht, Köln 1967, zitiert: Klenk, Rechtliche Behandlung des Investmentanteils.

Kleutgens, Ingo/Geißler, Cornelia, Internationale Aspekte des Investmentsteuergesetzes auf der Grundlage des AIFM-Steueranpassungsgesetzes, IStR 2014, 280–286.

Klostermann, Guido, Die niederländische privatrechtliche Stiftung – Das Stiftungsrecht der Gegenwart und seine Geschichte, 32, 1. Auflage, Verlag Waxmann, Münster, New York, München, Berlin 2003, zitiert: Klostermann, Die niederländische Stiftung.

Knauer, Christoph/Schomburg, Sören, Cum/Ex-Geschäfte – kommen Strafrechtsdogmatik und Strafrechtspraxis an ihre Grenzen?, NStZ 2019, 305–317.

Knebel, Andreas, Dividendenbesteuerung ausländischer Pensionsfonds verstößt gegen die Kapitalverkehrsfreiheit, IStR 2019, 595–597.

Knobloch, Alois, Steuerarbitrage um den Ausschüttungstermin von Kapitalgesellschaften, DB 2016, 1825.

Koenig, Ulrich (Hrsg.), Abgabenordnung, 4. Auflage, Verlag C. H. Beck, München 2021, zitiert: Bearbeiter in Koenig AO.

Köhler, Birgit/Höfer-Grosjean, Sandra, Kopplungsgeschäfte im Rahmen der Aktiengewinnermittlung – Aufforderung des BMF zur Berichtigung nach § 153 AO, RdF 2021, 114–121.

Köhler, Stefan, BMF zu Gegenbeweis bei Hinzurechnungsbesteuerung – Gegendarstellung leider notwendig, ISR 2021, 201–213.

Köhler, Stefan/Eicker, Klaus, Wichtige EuGH-Entscheidungen zur Hinzurechnungs- und Wegzugsbesteuerung Anmerkungen zu den EuGH-Urteilen vom 7. 9. 2006, „N" und vom 12. 9. 2006, Cadbury Schweppes, DStR 2006, 1871–1874.

Korezkij, Leonid, Neuer Verwaltungsvermögenstest im Konzern aus der Sicht eines Rechtsanwenders – Der Weg vom begünstigungsfähigen zum begünstigten Vermögen nach § 13b Abs. 2–10 ErbStG, DStR 2016, 2434–2447.

Korezkij, Leonid, Erbschaftsteuerreform: Ausgewählte Zweifelsfragen rund um die Betriebsvermögensnachfolge, DStR 2017, 745–752.

Korezkij, Leonid, Anwendungserlasse zur Erbschaftsteuerreform: Eine erste Bestandsaufnahme, DStR 2017, 1729–1737.

Korff, Matthias, Gewerbesteuer bei Beteiligungserträgen über Spezial-Investmentfonds nach dem InvStG 2018, DStR 2018, 943–949.

Körner, Andreas, Alternativkonzept zur Abgeltungsteuer, DB 2015, 397–405.

Kotzenberg, Bernd/Jülicher, Marc, Erbschaftsteuerreform: Die gesetzlichen Neuregelungen für die Unternehmensnachfolge, GmbHR 2016, 1135–1141.

Kraft, Gerhard (Hrsg.), Außensteuergesetz Kommentar, 2. Auflage, Verlag C. H. Beck, München 2019, zitiert: Bearbeiter in Kraft AStG.

Krahnen, Jan Pieter, Wie Europa die Kapitalmarktunion realisieren kann, RdF 2020, Umschlagteil, 161.

Kral, André/Watzlaw, Anne-Kathrin, Die geplante Reform der Investmentbesteuerung – Praxishinweise und Handlungsbedarf aus Sicht einer depotführenden Stelle, BB 2015, 2198–2204.

Kral, André/Watzlaw, Anne-Katrin, Die Vorabpauschale nach Einführung der Investmentsteuerreform, BB 2018, 2717–2722.

Kral, André/Watzlaw, Anne-Katrin, Anwendung des Freibetrags für bestandsgeschützte Alt-Anteile nach Einführung der Investmentsteuerreform – Praxishinweise unter Berücksichtigung der Änderungen durch das UStAVermG, BB 2019, 471–476.

Kratz, Sebastian, BFH: Umsatzsteuerfreie Verwaltung von Sondervermögen erfordert Erfüllung regulatorischer Mindeststandards, RdF 2020, 77–78.

Kraus, Eva-Maria, Veränderungen beim Kapitalertragsteuerabzug für gemeinnützige Organisationen, npoR 2018, 97–100.

Kraushaar, Jan, Die Funktion der Verwahrstelle bei der Abwicklung von Wertpapierfonds, WM 2016, 1377–1384.

Kretzschmann, Jens, FG Düsseldorf: Gezahlter Zwischengewinn führt zu negativen Einnahmen aus Kapitalvermögen, RdF 2018, 87.

Kretzschmann, Jens/Schwarz, Sebastian, Verschärfte Anforderungen an die Anrechenbarkeit der Kapitalertragsteuer gem. § 36a EStG, FR 2017, 223–235.

Kudert, Stephan/Schade, Filip, Steuerliche Behandlung von Beteiligungsveräußerungen an deutschen Immobilienpersonengesellschaften im Abkommensrecht, IStR 2017, 605–613.

Kühn, Michael/Schienke-Ohletz, Tanja, Die geplante Reform der Hinzurechnungsbesteuerung nach §§ 7 ff. AStG unter Beachtung europarechtlicher Vorgaben, BB 2020, 1562–1570.

Kußmaul, Heinz/Gottfreund, Manuel, Die Option zur Körperschaftsbesteuerung nach § 1a KStG-E, StB 2021, 161–166.

Kußmaul, Heinz/Kloster, Florian, Bondstripping-Gestaltungen im Einkommen- und Investmentsteuerrecht, StB 2017, 22–28.

Lange, Gabriele/Schönbach, Christiane, Steuerrückstellungen und Kapitalertragsteuer bei Investmentfonds und Spezial-Investmentfonds, RdF 2020, 35–42.

Langenbucher, Katja/Bliesener, Dirk/Spindler, Gerald (Hrsg.), Bankrechts-Kommentar, 3. Auflage, Verlag C. H. Beck, München 2020, zitiert: Bearbeiter in Langenbucher/Bliesener/Spindler Bankrechts-Kommentar.

Lechner, Florian, (Erneute) Reform der Investmentbesteuerung – ein Überblick, RdF 2016, 208–217.

Lechner, Florian, BMF: Viertes Anwendungsschreiben zur Investmentsteuerreform, RdF 2018, 172.

Lechner, Florian, Haftung der Depotbank des Aktienkäufers in Cum/Ex-Fällen, RdF 2019, 218–222.

Lechner, Florian, Cum-Ex-Geschäfte – der aktuelle Stand, BB 2020, Umschlagteil I.

Lechner, Florian/Schober, Franz, Wertpapierdarlehen und -pensionsgeschäfte mit Investmentfonds – BMF-Schreiben vom 15.5.2018, BB 2018, 1691–1697.

Lechner, Humbert, Steuerliche Gestaltung mit offenen Investmentfonds, BB 2005, 1771–1774.

Lehmann, Matthias, Das Gesetz zur Einführung von elektronischen Wertpapieren, NJW 2021, 2318–2323.

Leich, Franziska, Zur Unionsrechtswidrigkeit der Kapitalertragsteuer-Erhebung auf Portfoliodividenden bei ausländischen Anteilseignern in Verlustsituationen, IStR 2020, 121–124.

Lieder, Jan/Wilk, Cornelius/Ghassemi-Tabar, Nima (Hrsg.), Münchner Handbuch des Gesellschaftsrechts, Band 8, 5. Auflage, Verlag C. H. Beck, München 2018, zitiert: Bearbeiter in MünchHdB GesR VIII.

Lindermann, Florian, Gestaltungsgrenzen des Dividendenstrippings nach § 42 AO im Lichte des europäischen Missbrauchsverbots, DStR 2019, 1549–1558.

Linn, Alexander, Quellensteuererstattungsansprüche ausländischer Investmentfonds in Deutschland Zugleich Anmerkung zu EuGH, Urt. v. 10. 5. 2012, verb.

Rs. EUGH Aktenzeichen C-338/11 bis EUGH Aktenzeichen C-347/11, FIM Santander u. a., IStR 2012, 455–459.

Linn, Alexander, Das Gesetz zur Umsetzung des EuGH-Urteils vom 20. 10. 2011 in der Rechtssache C-284/09 (Streubesitzdividenden), IStR 2013, 235–238.

Loritz, Karl-Georg, Der Streit um Cum-Ex-Geschäfte – Rückbesinnung auf die Grundlagen, Auslegung des Steuerrechts an den Realitäten und Wahrung rechtsstaatlicher Prinzipien, WM 2017, 309–319.

Loritz, Karl-Georg, Der Streit um Cum-Ex-Geschäfte – Rückbesinnung auf die Grundlagen, Auslegung des Steuerrechts an den Realitäten und Wahrung rechtsstaatlicher Prinzipien – Teil II, WM 2017, 353–361.

Loritz, Karl-Georg, Die Realität des Aktientransfers in Zeiten der Dauerglobalurkunde – Sachgerechtes Verständnis des Zivilrechts als Grundlage zur Vermeidung steuerlicher Irrwege – Teil 1, BB 2017, 2327–2339.

Loritz, Karl-Georg, Die Realität des Aktientransfers in Zeiten der Dauerglobalurkunde – Sachgerechtes Verständnis des Zivilrechts als Grundlage zur Vermeidung steuerlicher Irrwege – Teil II, BB 2017, 2394–2403.

Lüdicke, Jochen/Eiling, Astrid, Erste Überlegungen zum Entwurf eines Gesetzes zur Modernisierung des Körperschaftsteuerrechts, BB 2021, 1439–1445.

Lüdicke, Jochen/Sistermann, Christian (Hrsg.), Unternehmensteuerrecht, 2. Auflage, Verlag C. H. Beck, München 2018, zitiert: Bearbeiter in Lüdicke/Sistermann UntStR.

Maciejewski, Tim/Rehr, Ruben, Streubesitzdividenden bei inländischen Kapitalgesellschaften (leider) voll steuerpflichtig, DStR 2015, 1481–1484.

Manger-Nestler, Cornelia/Will, Ulrike, „Ärger mit der Infrastrukturabgabe", JA 2020, 41–48.

Mannefeld, Meike, Zukunft der Abgeltungsteuer, ErbStB 2017, 289–294.

Martini, Ruben/Valta, Matthias, Generalthema II: Withholding tax in the era of BEPS, CIVs and digital economy, IStR 2018, 623–628.

Meinhardt, Sebastian, Steuerliche Gestaltungsmöglichkeiten bei Investmentfonds, DStR 2003, 1234–1239.

Meinhardt, Sebastian/Harm, Stefan, Zweifelsfragen und Gesetzesänderungen zu § 56 InvStG, DStR 2019, 1023–1030.

Meyer, Andreas/Veil, Rüdiger/Rönnau, Thomas (Hrsg.), Handbuch zum Marktmissbrauchsrecht, 1. Auflage, Verlag C. H. Beck, München 2018, zitiert: Bearbeiter in Meyer/Veil/Rönau Hdb Marktmissbrauchsrecht.

Meyering, Stephan, Meyering: Bestimmung des begünstigten und des nicht begünstigten Vermögens nach dem ErbStAnpG, DStR 2018, 538–541.

Michalowski, Klaus, Vermögensrendite nach dem Investmentsteuerreformgesetz, ErbStB 2018, 89–95.

Mihm, Asmus, Disproportionale Gewinnverteilung bei Private-Equity-Investitionen – Zur Besteuerung von Carried Interest und Managementbeteiligungen, RdF 2020, 113–120.

Möslein, Florian/Omlor, Sebastian/Urbach, Nils, Grundfragen eines Blockchain-Kapitalgesellschaftsrechts, ZIP 2020, 2149–2164.

Müller, Magnus/Günther, Johannes, Cum/Cum, die Nächste – Erkenntnisse und Praxisfolgen der Entscheidung des FG Hessen vom 20.1.2020 – 4 K 890/17, RdF 2020, 289–296.

Nagler, Jürgen/Niedling, Dirk/Patzner, Andreas, Cum/Cum-Gestaltungen und die Erstattung unionsrechtswidrig erhobener Kapitalertragsteuern, RdF 2017, 289–296.

Neumann, Steffen, Abkommensberechtigung inländischer Investmentfonds ab 2018, FR 2018, 457–461.

Neumann, Stefffen, Investmentsteuerreformgesetz: Ausgewählte Problemfelder, DB 2016, 1779–1783.

Niederwettberg, Max/Drinhausen, Heinrich/Kraus, Eva-Maria, Wertänderungsrisiko i. S. d. § 36a EStG – Vorgehen, Bewertung, Berechnung, RdF 2020, 27–34.

Niedling, Dirk/Hempelmann, Jan, Private Equity Fonds und das seit 2018 geltende Investmentsteuerrecht – praktische (Anwendungs-)Fragen, RdF 2019, 41–48.

Niedner, Claude/Städter, Stefan, Europäische langfristige Investmentfonds (ELTIF) in der Praxis – Sind die Anfangsschwierigkeiten überwunden?, EuZW 2019, 68–73.

Niewerth, Johannes/Rybarz, Jonas C., Änderung der Rahmenbedingungen für Immobilienfonds – das AIFM-Umsetzungsgesetz und seine Folgen, WM 2013, 1154–1167.

Ohl, Karl, Die Rechtsbeziehungen innerhalb des Investment-Dreiecks, 1. Auflage, Verlag Duncker & Humblot, Berlin 1989, zitiert: Ohl, Rechtsbeziehungen im Investmentdreieck.

Ortmann-Babel, Martina/Bolik, Andreas, Das „Jahressteuergesetz 2018“, DB 2018, 1876–1885.

Patz, Anika, Das Zusammenwirken zwischen Verwahrstelle, Bewerter, Abschlussprüfer und BaFin bei der Aufsicht über Investmentvermögen nach dem KAGB – Zuständigkeiten bei der Überprüfung der Einhaltung der Bewertungsmaßstäbe und -verfahren für Vermögensgegenstände von AIF und OGAW, BKR 2015, 193–205.

Patzner, Andreas, Anmerkung zum EuGH Urteil vom 21.6.2018, C-480/16, Fidelity Funds ua/Skatteministeriet, IStR 2018, 597–602.

Patzner, Andreas/Döser, Achim/Kempf, Ludger (Hrsg.), Investmentrecht, 3. Auflage, Verlag Nomos, Baden-Baden 2017, zitiert: Bearbeiter in Patzner/Döser/Kempf InvestmentR.

Patzner, Andreas/Harm, Stefan, Steuerliche Behandlung von Spezial-Investmentfonds nach dem Investmentsteuerreformgesetz ab 2018, BB 2018, 2711–2716.

Patzner, Andreas/Nagler, Jürgen, Die EuGH-Verfahren in den Rechtssachen EUGH Aktenzeichen C-338/11 bis EUGH Aktenzeichen C-347/11 FIM Santander u. a. als Wegbereiter für die Kapitalertragsteuererstattung an Investment-Fonds?, IStR 2012, 255–257.

Patzner, Andreas/Nagler, Jürgen, EuGH-Urteil vom 21.5.2015, Wagner-Raith: Neue Erkenntnisse zur Stillhalteklausel bei finanzdienstleistungskohärentem Kapitalverkehr, IStR 2015, 511–515.

Patzner, Andreas/Nagler, Jürgen, Zum Seminar I: Kernpunkte des ab 2018 in Deutschland geltenden deutschen Investmentsteuerregimes, IStR 2016, 725–729.

Patzner, Andreas/Nagler, Jürgen, RdF-Rechtsprechungsreport zu 2017–2019 veröffentlichten EuGH-Urteilen zu "Finanzinstrumenten", RdF 2019, 330–338.

Patzner, Andreas/Wiese, Frank, Neuordnung der Investmentbesteuerung bei der Umsetzung der AIFM-Richtlinie durch das AIFM-Steueranpassungsgesetz, IStR 2013, 73–76.

Piltz, Detlev J., Auch nach der Erbschaftsteuerreform 2016: Die Schuldenfalle bei begünstigtem Vermögen im ErbStG, ZEV 2017, 255–258.

Pöllath, Reinhard/Rodin, Andreas/Wewel, Uwe (Hrsg.), Private Equity und Venture Capital Fonds, 1. Auflage, Verlag C. H. Beck, München 2018, zitiert: Bearbeiter in Pöllath/Rodin/Wewel PE und VC Fonds.

Preuße, Thomas/Wöckener, Karsten/Gillenkirch, Daniel, Das Gesetz zur Einführung elektronischer Wertpapiere, BKR 2021, 460–465.

Rau, Stephan, Cum-Ex-Geschäfte und Leerverkäufe nach dem Urteil des FG Hessen v. 10.3.2017, DStR 2017, 1852–1858.

Rau, Stephan, Kompensatorische Bewertung von Finanzinstrumenten (Bewertungseinheiten) in der Steuerbilanz, DStR 2017, 737–743.

Rau, Stephan, „Cum/Ex" und „Cum/Cum" abgeschlossene Aktiengeschäfte über den Dividendenstichtag, DStR 2021, 6–13.

Rechid, Salar/Schäfer, Peter, ATAD-Umsetzungsgesetz: Reform der Hinzurechnungsbesteuerung – Mögliche Konsequenzen in der Praxis von deutschen Kreditinstituten – Teil I, BB 2020, 2071–2080.

Rechid, Salar/Schäfer, Peter, ATAD-Umsetzungsgesetz: Reform der Hinzurechnungsbesteuerung – Mögliche Konsequenzen in der Praxis von deutschen Kreditinstituten – Teil II, BB 2020, 2199–2207.

Rehm, Helmut/Nagler, Jürgen, Fallstricke bei der geplanten Reform der Investment-Besteuerung, BB 2015, 1248–1252.

Rehm, Helmut/Nagler, Jürgen, Der jüngste Diskussionsentwurf eines Investmentsteuerreformgesetzes im Fokus des Unionsrechts, BB 2015, 2006–2009.

Reich, Manfred, Das neue Unternehmenserbschaftsteuerrecht, BB 2016, 2647–2651.

Reich, Manfred, Der koordinierte Ländererlass zum Unternehmenserbschaftsteuerrecht aus Sicht der Beratungs- und Gestaltungspraxis, DStR 2017, 1858–1863.

Reislhuber, Andre, BFH: Keine außerbilanzielle Hinzurechnung eines sog. negativen Aktiengewinns aus der Rückgabe von Anteilsscheinen an einem Wertpapier-Sondervermögen zum Steuerbilanzgewinn, RdF 2014, 346–347.

Rhodius, Oiver/Lofing, Johannes, Kapitalertragsteuer und Abgeltungsteuer verstehen – Besteuerung von Kapitalerträgen im Privatvermögen, 3. Auflage, Verlag Springer Gabler, Wiesbaden 2015, zitiert: Rhodius, Lofing, KapESt/AbgSt 2015.

Rhodius, Oiver/Lofing, Johannes, Kapitalertragsteuer und Abgeltungsteuer verstehen – Besteuerung von Kapitalerträgen im Privatvermögen, 5. Auflage, Verlag Springer Gabler, Wiesbaden 2019, zitiert: Rhodius, Lofing, KapESt/AbgSt 2019.

Richter, Konrad/Moser, Till, Zweifelsfragen im Zusammenspiel der Hinzurechnungsbesteuerung nach den §§ 7–14 AStG mit dem InvStG, FR 2015, 888–891.

Rössler, Rudolf/Troll, Max (Hrsg.), Bewertungsgesetz, 31. Auflage, Verlag Franz Vahlen, München 2020, zitiert: Bearbeiter in Rössler/Troll BewG.

Roth, Hans-Peter, Gesetz zur Reform der Investmentbesteuerung, GWR 2016, 457–463.

Rott, Peter, Thesen zur Durchsetzung des Verbraucherschutzrechts durch die BaFin, WM 2019, 1189–1196.

Säcker, Jürgen/Rixecker, Roland/Oetker, Hartmut/Limperg, Bettina (Hrsg.), Münchener Kommentar zum Bürgerlichen Gesetzbuch, Band 3, 8. Auflage, Verlag C. H. Beck, München 2019, zitiert: Bearbeiter in MüKo BGB.

Salzmann, Stephan/Heufelder, Sarah, Ist die weitere Bekämpfung von „Cum/Cum-Geschäften" im grenzüberschreitenden Kontext durch den Gesetzgeber gerechtfertigt?, IStR 2017, 125–129.

Salzmann, Stephan/Heufelder, Sarah, Die Versagung der Entlastung von Kapitalertragsteuern gemäß § 50j EStG – ein Beispiel unverhältnismäßiger Gesetzgebung, IStR 2018, 62–65.

Sartorius, Matthias/Henckel, Christoph, Causa Cum/Ex finita? – Die steuerstrafrechtliche Bewertung von Cum/Ex-Transaktionen nach den Grundsatzurteilen von BGH und BFH, DStR 2022, 1022–1030.

Schäfer, Frank/Sethe, Rolf/Lang, Volker (Hrsg.), Handbuch der Vermögensverwaltug, 2. Auflage, Verlag C. H. Beck, München 2016, zitiert: Bearbeiter in Schäfer/Sethe/Lang, Vermögensverwaltung-HdB.

Schäfer, Jürgen/Conzen, Georg (Hrsg.), Praxishandbuch Immobilien-Investitionen, 4. Auflage, Verlag C. H. Beck, München 2020, zitiert: Bearbeiter in Schäfer/Conzen Praxishdb. Immobilien-Investitionen.

Schäfer, Peter, Neue Haftungsrisiken für Steuerberater bei Anlagen in Investmentfonds im Zuge der Investmentsteuerreform 2018 (Teil I), BB 2019, 1879–1885.

Schäfer, Peter, Überführung von Investmentfonds mit gemischter Anlegerstruktur in steuerprivilegierte Investmentfonds i. S. d. § 10 InvStG, BB 2020, 23–29.

Schäfer, Peter, Freibetrag nach § 56 Abs. 6 S. 1 Nr. 2 InvStG: Geltendmachung im Rahmen der Steuererklärung und Nutzung im Rahmen der Nachfolgeplanung, StB 2021, 85–97.

Schaflitzl, Andreas/Weidmann, Matthias, Einschränkungen bei der Entlastung deutscher Abzugssteuern nach § 50d Abs. 3 Satz 1 EStG – aktuelle Anwendungsfragen, DStR-Beih 2013, 30–36.

Schauhoff, Stephan, Verlust der Gemeinnützigkeit durch Verluste?, DStR 1998, 701–706.

Scherer, Peter, Depotgesetz (DepotG) Kommentar, 1. Auflage, Verlag C. H. Beck, München 2012, zitiert: Scherer, Scherer DepotG.

Schimansky, Herbert/Bunte, Hermann-Josef/Lwowski, Hans-Jürgen (Hrsg.), Bankrechts-Handbuch Band 1, 5. Auflage, Verlag C. H. Beck, München 2017, zitiert: Bearbeiter in Schimansky/Bunte/Lwowski BankR-HdB Bd. 1.

Schimansky, Herbert/Bunte, Hermann-Josef/Lwowski, Hans-Jürgen (Hrsg.), Bankrechts-Handbuch Band 2, 5. Auflage, Verlag C. H. Beck, München 2017, zitiert: Bearbeiter in Schimansky/Bunte/Lwowski BankR-HdB Bd. 2.

Schlund, Albert, Die Anwendungs- und Übergangsvorschriften des neuen InvStG – Was passiert zum Jahreswechsel eigentlich genau?, DStR 2017, 2710–2719.

Schlund, Albert, JStG 2018: Ausgewählte Regelungen des Einkommensteuer- und Investmentsteuergesetzes, NWB 2018, 2614–2622.

Schmid, Hubert, Wirtschaftliches Eigentum an börsennotierten Aktien, DStR 2022, 1142–1147.

Schmidt, Karsten/Ebke, Werner (Hrsg.), Münchener Kommentar zum Handelsgesetzbuch, Band 4, 4. Auflage, Verlag C. H. Beck, München 2020, zitiert: Bearbeiter in MüKo HGB.

Schmidt, Ludwig/Weber-Grellet, Heinrich (Hrsg.), Einkommensteuergesetz, 40. Auflage, Verlag C. H. Beck, München 2021, zitiert: Bearbeiter in Schmidt EStG.

Schmidt, Lutz, BMF: Gesetzliche Neuregelung der Besteuerung des Bondstripping im Privatvermögen, RdF 2017, 90.

Schmitt, Bernd, Ertragsausgleich bei Investmentfonds – Ende der Diskussion in Sicht, DStR 2010, 1610–1611.

Schneider, Sarah Vanessa, Der europäische langfristige Investmentfonds („ELTIF"), GWR 2016, 287–290.

Schnitger, Arne/Gebhardt, Ronald, „Ausschüttungsabhängigkeit" und Dividenden in der Hinzurechnungsbesteuerung – AStG vs. ATAD, IStR 2018, 213–218.

Schober, Franz, FG Köln: Gezahlte Zwischengewinne als negative Einkünfte aus Kapitalvermögen, RdF 2019, 90.

Schober, Franz/Weiss, Jochen, Allgemeiner offener Spezial-AIF nach § 282 KAGB als Anlagevehikel für Alternative Investments, RdF 2019, 306–313.

Schönbach, Christiane/Welzel, Robert, Zwischengewinn und Ertragsausgleich – systematisch notwendige Einschränkung oder Glücksspiel für Fondsanleger?, IStR 2009, 675–680.

Schraufl Martin, Investmentsteuerreform „im Anmarsch“: Ab dem 1.1.18 gelten völlig neue Spielregeln!, GStB 2017, 342–348.

Schultz-Süchting, Niko/Thomas, Gunther, Fremdfinanzierung offener Immobilienfonds, WM 2009, 2156–2163.

Schwark, Eberhardt/Zimmer, Daniel (Hrsg.), Kapitalmarktrechts-Kommentar, 5. Auflage, Verlag C. H. Beck, München 2020, zitiert: Bearbeiter in Schwark/Zimmer KMRK.

Schwartz, Tobias/Höpfner, Andreas, Verteidigungsansätze bei Vermögensanlagen in Millionärsfonds, PStR 2016, 298.

Schwarz, Daniel/Kohl, Benedikt, Qualifikation investmentsteuerlicher Fondstypen nach dem InvStG 2018, DB 2018, 1947–1951.

Schweinitz, Oliver v./Thiems, Stefan, Die Umsetzungspflichten für Depotbanken bei Publikumsfonds nach dem Regierungsentwurf des Gesetzes zur Reform der Investmentbesteuerung, DStR 2016, 1198–1203.

Schwennicke, Andreas/Auerbach, Dirk (Hrsg.), Kreditwesengesetz (KWG) mit Zahlungsdiensteaufsichtsgesetz (ZAG) und Finanzkonglomerate-Aufsichtsgesetz (FKAG) Kommentar, 4. Auflage, Verlag C. H. Beck, München 2021, zitiert: Bearbeiter in Schwennicke/Auerbach KWG.

Seer, Roman/Krumm, Marcel, Die Kriminalisierung der Cum-/Ex-Dividende-Geschäfte als Herausforderung für den Rechtsstaat (Teil 2), DStR 2013, 1814–1818.

Servatius, Wolfgang, Neuregelungen für Offene Immobilienfonds – Kleine Schritte in die richtige Richtung, ZfIR 2013, 709.

Spengel, Christoph, Dringender Handlungsbedarf bei Cum/Cum Geschäften, DB 2016, 2988–2995.

Spengel, Christoph/Eisgruber, Thomas, Die nicht vorhandene Gesetzeslücke bei Cum/Ex-Geschäften, DStR 2015, 785–801.

Spengel, Christoph/Ernst, Christof, Private Kapitalanlagen vor und nach der Einführung der Abgeltungsteuer – eine steuerplanerische Analyse, DStR 2008, 835–841.

Spiegelberger, Sebastian (Hrsg.), Vermögensnachfolge, 3. Auflage, Verlag C. H. Beck, München 2020, zitiert: Bearbeiter in Spiegelberger, Vermögensnachfolge.

Spilker, Bettina/Kremer, Kai, Cum/Cum-Bankgeschäfte unter dem Radar der Gerichte und Behörden, BB 2018, 2775–2780.

Spindler, Gerald/Tancredi, Sara, Die Richtlinie über Alternative Investmentfonds (AIFM-Richtlinie) – Teil I, WM 2011, 1393–1405.

Spindler, Gerald/Tancredi, Sara, Die Richtlinie über Alternative Investmentfonds (AIFM-Richtlinie) – Teil II, WM 2011, 1441–1451.

Sprang, Martin, Besteuerung von Erträgen aus einem inländischen Spezial-Sondervermögen, NWB 2013, 442–449.

Sradj, Martina/Schmitt, Bernd/Krause, Haiko, Ausgewählte Aspekte des neuen BMF-Schreibens zum Investmentsteuergesetz, DStR 2009, 2283–2289.

Stadler, Rainer/Bindl, Elmar, Das neue InvStG – Überblick und Korrekturbedarf, DStR 2016, 1953–1966.

Stadler, Rainer/Bindl, Elmar, Die Übergangsvorschriften zum neuen InvStG – Überblick und Handlungsempfehlungen, DStR 2017, 1409–1415.

Stadler, Rainer/Jetter, Jann, Der Diskussionsentwurf zum Investmentsteuerreformgesetz (InvStRefG), DStR 2015, 1833–1844.

Stadler, Rainer/Lechner, Florian, Erwerbbarkeit von Wertpapieren durch Spezial-Investmentfonds nach dem InvStG 2018, DB 2018, 218–223.

Stadler, Rainer/Mager, Martin, Der Regierungsentwurf des Gesetzes zur Reform der Investmentbesteuerung, DStR 2016, 697–704.

Stadler, Rainer/Mager, Martin, Der neue Investmentsteuererlass zu Anwendungsfragen zum Investmentsteuergesetz vom 21.5.2019 – Vergleich zum Entwurf vom 15.6.2018, BB 2019, 1760–1765.

Stadler, Rainer/Sotta, Christian, Das Entwurf-Schreiben des BMF zu Spezial-Investmentfonds vom 16.12.2019 – erste Anmerkungen, BB 2020, 279–283.

Stadler, Rainer/Sotta, Christian, Investmentfonds und Hinzurechnungsbesteuerung nach dem ATAD-UmsG – eine kritische Analyse des Referentenentwurfs vom 24.3.2020, BB 2020, 1943–1952.

Steinmüller, Jens, Geplante Neukonzeption des Investmentsteuerrechts – Überblick und erste Einordnung, RdF 2012, 127–130.

Stöber, Michael, Die Informationsrechte von Genussrechtsinhabern, NZG 2017, 1401–1407.

Stöber, Michael/Kleinert, Jens, Kein Erfordernis der Fremdverwaltung im Investmentsteuerrecht – Zu den Grenzen der Gesetzesauslegung im Steuer(straf)recht, BB 2016, 278–286.

Stöber, Michael/Kleinert, Jens, Millionärsfonds im Steuer(straf)recht: Wie geht es weiter?, BB 2019, 1174–1181.

Streck, Michael, Besteuerung inländischer und ausländischer Einkünfte aus Kapitalvermögen – Vortrag auf dem 15. Deutschen Steuerberatertag 1992 in Berlin, DStR 1993, 342–346.

Strothenke, Stefan, Abschaffung des „Bond Stripping" im Privatvermögen, DStR 2016, 2893–2895.

Stumpf, Wolf/Kotte, Madlen, Offene Immobilienfonds als Adressat von Anlegerklagen – Resümee und Ausblick, BB 2013, 1613–1620.

Terhürne, Markus/Otto, Frank, Reformansätze zur Weiterentwicklung des InvStG im Rahmen der privaten Kapitalanlage, DStR 2013, 2037–2041.

Thiede, Frank, Referentenentwurf zum JStG 2018 und Verschärfung des GrEStG bei Share Deals, NWB 2018, 264–267.

Thom, Matthias/Dürre, Pia, Venture Debt: Gewährung von Gelddarlehen durch Investmentfonds nach dem KAGB – ein Erfolgsrezept?, WM 2018, 502–508.

Töben, Thomas, Feststellungsverfahren für mittelbar bezogene Einkünfte eines ausländischen Private Equity-Fonds, DStR 2019, 2105–2110.

Troll, Max/Gebel, Dieter/Jülicher, Marc/Gottschalk, Paul Richard (Hrsg.), Erbschaftsteuer- und Schenkungsteuergesetz: ErbStG, Loseblatt, Kommentar, 62. Auflage, Verlag Franz Vahlen, München 2021, zitiert: Bearbeiter in Troll/Gebel/Jülicher/Gottschalk ErbStG.

Verfürth, Ludger C./Hecht, Arne, Die neue Teilinvestmentvermögensfähigkeit geschlossener Investmentgesellschaften nach dem KAGB – aufsichtsrechtliche und steuerrechtliche Praxishinweise, BB 2020, 1927–1935.

Viskorf, Stephan/Löcherbach, Sebastian/Jehle, -Dorothea, Die Erbschaftsteuerreform 2016 – Ein erster Überblick, DStR 2016, 2425–2434.

Vogel, Klaus/Lehner, Moris (Hrsg.), Doppelbesteuerungsabkommen der Bundesrepublik Deutschland auf dem Gebiet der Steuern vom Einkommen und Vermögen: Kommentar auf der Grundlage der Musterabkommen, 7. Auflage, Verlag C. H. Beck, München 2021, zitiert: Bearbeiter in Vogel/Lehner DBA.

Völker, Christian, Optimierung des Fonds-Aktiengewinns durch „Kopplungsgeschäfte"? (Teil I), DStR 2016, 265–269.

Völker, Christian, Optimierung des Fonds-Aktiengewinns durch „Kopplungsgeschäfte"? (Teil II), DStR 2016, 334–339.

Wachter, Thomas, Ausgewählte Fallbeispiele zur Erbschaftsteuerreform 2016, DB 2017, 804–813.

Wagner, Klaus-R., Geschlossene Fonds gemäß dem KAGB, ZfBR 2015, 113–118.

Walter, Andreas/Glaßl, Ramón/Löschan, Hanna, Ex und hopp – Ausschluss von Vergabeverfahren wegen Beteiligung an Cum-Ex-Geschäften, BB 2020, 642–651.

Wassermeyer, Franz/Kaeser, Christian/Schwenke, Michael/Drüen, Klaus-Dieter (Hrsg.), Doppelbesteuerung – Kommentar zu allen deutschen

Doppelbesteuerungsabkommen, 155. Ergänzungslieferung, Band 1, Verlag C. H. Beck, München 2021, zitiert: Bearbeiter in Wassermeyer DBA.

Watrin, Christoph/Eberhardt, David, Problembereiche der Anlegerbesteuerung bei Kapital-Investitionsgesellschaften, DB 2014, 795–801.

Weber, Johannes/Krauß, Wilfried W., ADRs, Pre-Release ADRs und „Phantom-Aktien“: Zivil- und steuerrechtliche Konsequenzen der (unterbliebenen) Aktienhinterlegung, DStR 2019, 960–965.

Weidemann, Jürgen, Cum-Ex-Dividende-Geschäfte (steuer)strafrechtlich betrachtet: Die strafrechtliche Garantiefunktion des Steuertatbestands, BB 2014, 2135–2139.

Weiss, Martin, Die Besteuerung einer Personenhandelsgesellschaft als Körperschaft nach dem KöMoG, BC 2021, 322–327.

Weitnauer, Wolfgang (Hrsg.), Handbuch Venture Capital – Von der Innovation zum Börsengang, 6. Auflage, Verlag C. H. Beck, München 2019, zitiert: Bearbeiter in Weitnauer, Hdb Venture Capital.

Weitnauer, Wolfgang/Boxberger, Lutz/Anders, Dietmar (Hrsg.), KAGB Kapitalanlagegesetzbuch mit Investmentsteuergesetz, EuVECA-VO, EuSEF-VO und ELTIF-VO, 3. Auflage, Verlag C. H. Beck, München 2021, zitiert: Bearbeiter in Weitnauer/Boxberger/Anders KAGB.

Wellisch, Dietmar/Quast, Eike/Lenz, Sven-Oliver, Besonderheiten bei der Besteuerung und Bilanzierung inländischer und ausländischer Investmentvermögen, BB 2008, 490–494.

Wieneke, Laurenz/Kunz, Jens, Das Gesetz zur Einführung von elektronischen Wertpapieren, NZG 2021, 316–323.

Wilhelm, Helene, Die Voraussetzungen für eine Entlastungsberechtigung ausländischer Gesellschaften von inländischer Quellensteuer – § 50d Abs. 3 EStG, SteuK 2012, 201–2014.

Wollenhaupt, Markus/Beck, Rocco, Neues Infrastruktur-Sondervermögen nach dem FoStoG-RegE – Erweiterung der Angebotspalette für Fondsanbieter, RdF 2021, 98–105.

Wünsche, Sybille/Brielmaier, Bernhard, Erhebung von Quellensteuern auf Dividenden bei Investmentfonds, BB 2012, 2467–2473.

Zetzsche, Dirk, Analoge Anwendung von § 11 InvStG auf ausländische Investmentfonds wegen ungleichen Quellensteuerabzugs auf inländische Dividenden! – Eine Nachlese zum Emerging Markets-Urteil des EuGH, IStR 2015, 8–14.

www.ingramcontent.com/pod-product-compliance
Ingram Content Group UK Ltd.
Pitfield, Milton Keynes, MK11 3LW, UK
UKHW022104051026
15623UKWH00003B/669

9 783631 882849